바울과 그 해석자들

IVP(InterVarsity Press)는
캠퍼스와 세상 속의 하나님 나라 운동을 지향하는
IVF(InterVarsity Christian Fellowship)의 출판부로
생각하는 그리스도인을 위한 문서 운동을 실천합니다.

© Nicholas Thomas Wright 2015
This translation of *Paul and His Recent Interpreters*
first published in 2015 is published by arrangement with
The Society of Promoting Christian Knowledge, London, England, UK
through rMaeng2, Seoul, Republic of Korea.

This Korean edition © 2023 by Korea InterVarsity Press
156-10 Donggyo-ro, Mapo-gu, Seoul 04031, Republic of Korea.
All rights reserved.

이 한국어판의 저작권은 알맹2를 통하여
The Society of Promoting Christian Knowledge와 독점 계약한 IVP에 있습니다.
신 저작권법에 의하여 한국 내에서 보호받는 저작물이므로
무단 전재와 무단 복제를 금합니다.

바울과
그 해석자들
현대 바울 연구의 주요 논의

N. T. 라이트
최현만 옮김

PAUL

lvp

과거와 현재 나의 학생들에게

차례

서문 11
약어 30

1부 _ 유대인과 이방인 사이의 바울?

1장. 무대 설정

1. 서론 35
2. 역사와 '종교사' 45
   1) 서론 45
   2) '유대교'와 '헬레니즘' 사이에 낀 바울? 51
   3) 바우르 52
   4) 바우르 이후의 삶 58
   5) 이방 기원? 61
   6) 유대교 기원? 64
   7) '종교사'를 넘어서? 70
3. 역사에서 신학으로? 74

2장. 신학적 질문

1. 서론: 불꽃놀이와 틀 77
2. 슈바이처에서 샌더스로: 필연적인 인상파 스케치 91

3장. 새 관점과 그 너머

    1. 저항의 개시   145

    2. 유대교에 관한 샌더스의 주장   155

    3. 곤경, 해답, 비판   169

    4. 바울 자신의 사고   174

4장. 샌더스 이후의 삶

    1. 서론   191

    2. 새 관점 내부의 새로운 과제   194

5장. '묵은 것이 더 좋다?'

    1. 서론   223

    2. 반응   224

    3. '샌더스 이후의 삶' 이후의 삶   265

2부 _ '묵시'의 귀환

6장. '묵시'의 이상한 경력

    1. 서론   273

    2. '묵시'란 무엇인가?   278

7장. 케제만에서 베커까지

    1. 케제만 혁명   291

    2. 지금 그리고 아직은 아닌 승리: 베커   300

8장. '유니언 학파'? 드 보어와 마틴

    1. 드 보어   309

    2. 루이스 마틴   331

9장. 로마서의 묵시적 재해석? 더글러스 캠벨

    1. 서론   367

    2. 캠벨의 로마서 재해석   398

    3. 결론: 옛 관점과 새 관점을 넘어서?   419

3부 _ 바울의 세계 속 바울 – 그리고 우리의 세계 속 바울?

10장. 사회사와 바울의 공동체

    1. 서론   427

    2. 사회사, 사회 과학, 두터운 묘사를 향한 탐구   433

        1) 서론   433

        2) 세부 사항을 향한 결연한 욕구   434

        3) 선구자들   441

4) 느슨한 연대에서 나온 새로운 제안　　　　　　　454
　　5) 상징 세계의 지도를 그리고 모델링하기　　　　　466
　　6) 종파인가 개혁 운동인가? 바울에 관한 사회적 연구　487

11장. 사회적 연구, 사회적 윤리: 믹스와 호렐

　1. 1세기 기독교와 도시 문화　　　　　　　　　　　493
　2. 연대와 차이: 역사와 해석학　　　　　　　　　　543

12장. 시장 속의 바울: 더 넓은 맥락으로?

　1. 다시 아레오파고스로　　　　　　　　　　　　　579
　　1) 서론　　　　　　　　　　　　　　　　　　　579
　　2) 바울, 시간, 조르조 아감벤　　　　　　　　　　597
　　3) 바울, 생명정치, 존 밀뱅크　　　　　　　　　　611
　　4) 결론　　　　　　　　　　　　　　　　　　　622
　2. 역사, 신학, 해석학에서의 바울　　　　　　　　　623
　3. 다수의 시선으로 본 안디옥　　　　　　　　　　 639

참고 도서　　　　　　　　　　　　　　　　　　　　653
고대 자료 찾아보기　　　　　　　　　　　　　　　　683
현대 저자 찾아보기　　　　　　　　　　　　　　　　692

일러두기
본서의 신약 인용은 라이트 성경 사역의 한국어판인 『모든 사람을 위한 하나님 나라 신약성경』(IVP)을, 구약 인용은 개역개정을 기본으로 하되 원서의 맥락을 반영했습니다.

서문

이 책을 최종 형태로 퇴고하면서 기발한 기사 하나가 생각났다. 언론인 버나드 레빈(Bernard Levin)이 쓴 한 철도 애호가에 관한 기사다. 이 철도 애호가는 "영국의 일부 소형 철도 신호소들"(Some Smaller English Signal-Boxes)이라는 제목의 기사 시리즈를 썼는데, 레빈은 이 이상하고 변변찮은 기획 뒤에 숨겨진 삶의 이야기를 상상하고 있다. 아마도 그 남자는 어린 시절부터 '세계의 철도 신호소' 연구를 시작했을 것이다. 하지만 성인이 되어 책임질 일이 늘어나자, 연구 범위를 '영국'의 철도 신호소로 좁히기로 했을 것이다. 시간이 흘러 중년이 되자, 좀 더 범위를 좁힐 필요성을 인식하고는 영국의 '소형' 철도 신호소만 연구 대상으로 삼기로 했을 것이다. 마지막으로 은퇴할 때가 다가오자 그 남자는 완벽한 연구는 불가능하다는 사실을 마주해야 했고, 논문 제목에 '일부'(some)라는 티 나는 형용사를 넣게 되었을 것이다.[1]

---

1 원 기사는 1978년 11월 24일 「더 타임즈」(*The Times*)에 실렸고, Levin 1982, pp. 88-91에서

이 책의 독자들은 영어 원서의 부제(Some Contemporary Debates)에도 '일부'라는 단어가 포함되어 있다는 사실을 알 수 있을 것이다. '전 세계 바울학계'에 관한 책을 썼다면 좋았겠지만, 나는 영어권에서 현재 진행 중인 특정 논쟁에만 내 연구를 제한할 수밖에 없었다. 내 이야기가 레빈의 주제만큼 기발하지는 않지만, 그 주제가 주인공답지 않은 주인공이라는 면에서는 서로 비슷하다고 할 수 있겠다.

1970년대 초 바울을 주제로 대학원 공부를 시작할 무렵, 우리는 우리가 처한 상황을 대충은 알고 있었다. 여전히 학계는 독일 학자들이 주도했다. 우리 사이에도 의견 차이는 있었겠지만, 우리 의견은 불트만(Bultmann), 보른캄(Bornkamm), 콘첼만(Conzelmann), 예레미아스(Jeremias), 케제만(Käsemann) 등의 (사실 그들도 매우 다르다) 관점과는 달랐다. 일부 학자들은 이들의 관점이 브레데(Wrede)와 슐라터(Schlatter) 같은 이전 세대의 권위자들까지 거슬러 올라감을 알려 주었다.[2] 우리 중 일부는 알베르트 슈바이처(Albert Schweitzer)의 글을 읽고 그의 관점이 주류에 편입되지 못한 현실에 의아해하기도 했다.[3] [아마도 그 이유는 그가 아프리카에서 의료 선교사로 일했기 때문일 것이다. 가끔 독일에 귀국했을 때도 그는 세미나에서 바우르(F. C. Baur)와 토론을 벌이기보다는 오르간으로 바흐(J. S. Bach)의 곡을 연주했을 가능성이 더 크다.] 우리가 연구했던 학자들 대부분은 개신교 진영(대부분 루터파)의 패러다임 내에서 더 세밀한 개념과 씨름하고 있었다. 여전히 많은 학자의 작업은 불트만의 책에 각주를 다는 차원이었다. 이와 대조를 이루는 독일의 오랜 전통[종종 '구원사'(salvation history)라는 혼란스러운 이름으로 불렸다]은 일반적으로 이야기에서

확인할 수 있다. 언급된 글을 Bernard Levin의 책에서 확인할 때 생길 수 있는 문제가 있는데, 이 문제는 Albert Schweitzer의 책을 들춰 볼 때 생기는 문제와도 비슷하다. 일단 책을 펴면 닫을 수가 없다.
2   특히, Morgan 1973을 보라.
3   Schweitzer 1912; 1931 [1930]을 보라.

지워졌다.⁴

그러는 동안 프랑스 학자들은 구조주의의 통찰을 도입했다. 영국에서는 여전히 도드(C. H. Dodd)를 읽었고, 케임브리지(Cambridge)의 찰리 모울(Charlie Moule), 더럼(Durham)의 배럿(C. K. Barrett), 옥스퍼드(Oxford)의 조지 케어드(George Caird) 같은 거장의 가르침을 들었다. 미국에서는 그보다 더 이전의 인물인 존 녹스(John Knox)의 글이 여전히 영향을 미치고 있었지만, 새로운 경향도 찾아볼 수 있었다. 예의 그렇듯이 독일인은 방법론을 개발하고, 미국인은 그것을 적용하며, 영국의 실용주의자들은 둘 사이에 앉아 그저 본문 해석에 진력한다고 주장한다. 로마 가톨릭 성경학자들은 1965년 제2차 바티칸 공의회에서 "계시 헌장"(*Dei Verbum*)이 발표되면서 날개를 달 수 있는 공식 승인을 받았다. 그 이후로 많은 로마 가톨릭의 주해자들이 바울에 관한 훌륭한 저작을 내놓고 있다. 이를테면, 장 노엘 알레띠(Jean-Noel Aletti)는 로마서에 관한 창의적이고 혁신적인 연구를 수행했다.⁵ 최근에는 『바울에 관한 가톨릭의 관점』(*The Catholic Perspective on Paul*)이라는 제목을 단 다소 야심 찬 책도 출간되었다. 이 책의 저자는 내가 속한 종파에서 최근 개종한 분으로, 그는 교파를 막론하고 현대 학계의 주장을 다루는 작업보다는 바울이 훌륭한 가톨릭 신자였음을 증명하는 데 관심이 더 크다.⁶

이러한 모든 움직임은 지금도 계속되고 있다. 옛 논쟁들도 여전히 진행 중이며, 열정적으로 이를 따르는 사람도 여전히 많다. 하지만 전체적인 풍경은 완전히 바뀌었다. 이 책은 그 변화를 묘사하려는 시도다. 물론 더 나아가

---

4   구체적으로, Yarbrough 2004를 보라.
5   예를 들면, Aletti 2010 [1992].
6   Marshall 2010. Marshall은 내 책에 경의를 표했고, 부록(pp. 219-227)에서 열 가지 질문을 제시하며 나에게 고려해 볼 것을 권했다. 나는 그 질문을 두고 고민하는 중이다.

설명도 해 보려 한다.

예화를 하나 들면 도움이 될 것이다. 1950년대 런던에서 자라난 사람 가운데 지금도 여전히 그곳에 살면서 비슷한 삶을 영위하고 있는 사람이 있을 것이다. 하지만 그런 사람도 이제는 세계 각국의 다양한 문화권에서 온 수백만 명의 사람과 그 도시를 공유해야 한다. 증권업자와 래퍼가 같은 거리를 걷는다. 하지만 그들은 판이한 삶을 산다. 비슷하게, 바울에 관한 학계의 논의는 익히 알려진 질서 잡힌 방식을 따라 진행되곤 했다. 하지만 런던의 거리와 마찬가지로 바울 본문은 이제 다양한 범위의 서로 다른 해석 문화를 손님으로 받아들이고 있다. 이 해석들은 서로 다른 지점에서 출발해 서로 다른 질문을 던지고, 서로 다른 대화 상대를 다루고, 당연히 당혹스러울 정도로 서로 다른 결론에 도달한다. 증권업자와 래퍼가 스타벅스에 나란히 앉아 있다가 우연히 대화를 시작할 수 있다. 물론 서로의 차이만 드러낼 수도 있지만 말이다. 마찬가지로 바울 학계에 포함된 서로 다른 세계들도 서로 놀랄 정도로 가까이 있으며 언제든 대화가 가능하다는 사실을 발견하는 때가 있을 것이다. 이 책의 목적 가운데 하나는 이 다른 세계들을 나란히 모아 두는 것, 그리고 서로가 대화를 원한다는 사실을 알리는 것이다.

비유상의 지리가 아닌 실제 지리로 돌아오자. 내 평생을 돌이켜 보면 넓게는 신약학계, 좁게는 바울 연구의 지리적 중심지가 독일에서 미국으로 이동했다. 이 변화는 심각한 과잉 생산과도 시기가 일치한다. 진지한 논의, 사소한 논의가 매일 인터넷상에 등장한다. 연구서들도 넘쳐난다. 상황이 이러니 종합이 불가능하다. 이를테면, 독일에서 일어나는 어떤 단일한 흐름을 지적하면서 독일의 바울 학계는 말할 것도 없고 '현재 독일의 신약학계는 이런 방향으로 흘러가고 있습니다'라고 말할 수 없다는 이야기다.[7] 같은 이

---

7   하지만 최근에 나온 굉장히 유익한 책이 두 권 있다. Frey and Schliesser 2013(특히 Wolter

야기가 영국과 미국에도 적용되며, 더하면 더했지 덜하지는 않을 것이다. 옛 독일 학자들에게 비독일인 학자에 대한 논의는커녕 언급도 하지 않으려는 경향이 있었듯이,[8] 현재 영어권 학계도 과거에 받은 대로 돌려주는 모양새다. 이 책도 (내 경우에는) 시간과 공간의 제약 때문이지만, 그런 경향을 답습하고 있다는 점이 유감이다.

이와는 다른 변화도 일어났다. 이 변화는 본서에서 하려는 이야기에서 핵심 요소들과도 관련된 사회적·문화적 환경을 조성했다. 1960년대만 해도 바울에 관한 글을 쓰는 사람들은 대부분(중요한 예외도 있었다) 어떤 교파든 일단 기독교 신앙 내부의 사람이었다. 하지만 이제는 상당한 성경 연구가 (특히 미국에서는) '종교학' 분야에서 진행되고 있다. 이 분야의 사람들은 그들의 연구 배경 때문에 그들의 작업이 '객관적'일 수 있다는 암시를 주곤 한다. 신학대학원, '신학교' 혹은 나아가 교회에서 진행하는 '주관적' 혹은 신앙을 따른 학문 작업과 비교할 때, 자신들의 작업은 객관적이라는 것이다. 영국을 포함해 유럽에서는 교회와 학계 사이에 정기적으로 의견을 교환했다. 물론 최근에는 많이 드물어졌다. 하지만 미국에서는 위험하고 낡은 미신과 완전히 단절하고자 하는 세속주의자뿐만 아니라, 복잡한 공적 삶을 포기한 그리스도인들 역시 교회와 국가 사이의 분리를 계속해서 고수하고 있다. 이 새로운 양자택일 구도는 굉장히 쉽게 이 문화 속의 다른 사회적·문화적·정

2011을 논의한다); Horn 2013. Rengstorf 1969(매우 독창적인 논문 모음집)가 출간되었을 때 많은 사람이 도움을 받았는데, 늦어도 그 책의 50주년에 맞춰서는 비슷한 기획을 다시 시도해야겠다는 바람이 들 수도 있을 것이다. 그전까지는, Frey and Schliesser 책에 실린 Simon Gathercole의 논문(2013)이 관련 사안들을 명확하게 확인하는 데 도움이 될 것이다.

8 Schweitzer는 그가 영국과 미국에서 이루어진 연구를 다루지 않는 이유를, 그가 그 연구들을 모두 구할 수가 없다는 사실과 '영어를 충분히 숙지하지 못한' 탓에 생기는 장벽의 문제로 설명했는데, 이는 굉장히 와닿는 이야기다(1912, p. xi). 여가를 이용해 예수와 바울, 괴테와 바흐에 관한 책을 쓸 정도로 능력 있고 위대한 의료 선교사인 그에게도 지적인 한계가 있었다는 사실은 위안이 된다.

치적 사안들과 연결되었다.[9]

이와 같은 미국 중심, '종교 연구' 중심으로의 이동은 바울 및 그의 사상과 관련된 큰 그림을 이해하는 데도 많은 파급 효과를 가져왔다. 이러한 흐름에서 등장한 초기의 두 대작은 여전히 중요하다. 그중 하나는 1부에서, 다른 하나는 3부에서 다룰 것이다(2부와 관련한 내용도 곧 이야기할 것이다.)

첫 번째 대작은 샌더스(E. P. Sanders)의 『바울과 팔레스타인 유대교』(Paul and Palestinian Judaism)다. 이 책의 부제를 보면 이 책이 신학 작업이 아니라 '종교 유형 비교'라는 사실이 분명해진다. 다른 하나는 웨인 믹스(Wayne Meeks)의 『1세기 기독교와 도시 문화』(The First Urban Christians)다.[10] 내 판단으로는, 믹스의 바울 공동체 분석이 샌더스와 비교하면 훨씬 더 빈틈없고 역사적 기반도 탄탄하다. 샌더스가 실제로 해낸 정말로 중요한 작업은 유대 세계에 관한 그릇된 설명에 항거한 것인데, 그가 소위 바울에 관한 특정 '관점'의 창시자가 되었다는 사실은 아이러니하다. 나는 바울 공동체에 관한 믹스의 작품이 그 공동체들이 실제로 믿었던 내용 핵심에 가깝게 도달했다고 본다. 그런데 이 두 작품 모두 내가 이야기하고 있는 이중 이동, 즉 독일에서 미국으로의 이동, 신학적(보통 루터파의) 틀에서 세속적인 '종교' 연구로의 이동을 드러내는 증후다. 소위 '새 관점'에 관한 민감하고 혼란스러운 반응 가운데 일부는 내용만큼이나 맥락과도 관련이 있다(본서 5장을 보라).

유대교에 대한 그릇된 이해에 항거한 측면에서 샌더스의 직속 선배는 미국인도 세속인도 아니었다. 크리스터 스텐달(Krister Stendahl)은 한 유명한 논문에서 그 당시의 지배적인 바울 이해에 이의를 제기했다. 하지만 나중에

---

9 나는 다양한 책에서 이 문제에 관한 이야기를 했다. 예를 들면, Wright 2014c, 특히 7-12장을 보라. 이러한 양자택일의 압력이 그다지 미묘하지 않은 경우도 있다. 예를 들면, Boer 2010을 보라.
10 Sanders 1977; Meeks 1983을 보라.

그의 고향인 스웨덴에서 주교직을 맡기도 한 스텐달은 '종교'와 관련해 단순한 이론가가 아닌 실천가였다. 케제만은 스텐달에 대한 반응으로 루터파 신자가 그런 이야기를 할 수 있다는 사실에 놀랐다고 했다. 어떤 사람은 나에게 (아마도 전형적인 영국 관점을 표현한 것일 테다!) 왜 우리가 스웨덴의 루터파 신자와 독일의 루터파 신자 사이의 논쟁에 신경을 써야 하는지 묻기도 했다.[11] 어쨌든 이 논쟁은 1970년대 초에 우리의 시선을 사로잡았다.

그런 논의들, 그리고 거기서 파생된 다른 논의들이 끊이지 않고 지속하고 있다. 하지만 1970년대와 1980년대 이후로 특별히 미국에서는 바울 사상과 관련된 몇몇 새로운 학파가 등장했다. 학생과 교사가 모두 직면한 문제가 있는데, 이 학파들의 연구가 서로 고립된 채로, 또한 (굉장히 자주) 논의의 틀 역할을 했던 과거의 논의와도 고립된 채로 진행되는 경우가 빈번했다는 사실이다. 이런 상황에서 우리에게 필요한 것은 지도며, 이 책의 목적은 바로 그 지도를 제공하는 것이다.

당연히 지도는 완전히 정확하면서도 동시에 완전히 부정확할 수도 있다. 도시와 관련된 또 다른 예화가 떠오른다. 런던의 지하철 지도다. 나는 청년 때 몇 번 런던을 방문한 적이 있는데, 그때마다 실제 지하철 노선이 카드에 그려진 지하철 지도와 비교해 훨씬 더 굴곡이 많다는 사실에 당혹스러워하곤 했다. 나는 지하철 지도가 딱 필요한 정보는 정확히 알려 주지만, 그 이상은 아니라는 사실을 깨달았다. 지하철 지도는, 예를 들어 새로운 건물을 짓기 위한 기초를 닦으면서 그 땅 아래 존재하는 터널을 피해 땅을 파야 하

---

11 나에게 편지를 쓴 사람은 David L. Edwards 사제로, 1981년에 사적으로 보낸 편지에 있던 내용이다. Käsemann이 놀랐다는 부분에 대해서는, Käsemann 1971 [1969], p. 61를 보라. Stendahl의 원저는 Stendahl 1976, pp. 78-96에 있는데, 1963년 HTR의 논문을 포함하고 있다. 1963년 논문도 그전에 스웨덴어로 쓴 논문에 기초한 것이다. Stendahl과 Sanders 배후에는 G. F. Moore의 거대한 작업이 있다. Moore 1921과 그의 걸작인 Moore 1927-1930을 보라. 장로교의 성직자인 Moore는 '종교의 역사'와 기독교 선교를 결합한 초기 미국 신학을 담아냈다.

는 공사장 인부에게는 아무 쓸모가 없다.

모든 역사는 어떤 면에서는 지도 만들기 작업이며, 지도 만들기 작업에서 마주하는 것과 같은 도전에 직면할 수밖에 없다. 지도처럼 역사도 소수의 특정 내용을 강조하기 위해 다른 많은 내용을 배제한다. 고대 역사에서는 종종 자료 자체(혹은 자료의 부족)가 배제의 기능을 한다. 현대 역사—이 책은 바울 해석과 관련된 현대 역사의 일부를 제시한다—는 상세한 항공지도보다는 런던 지하철 지도와 훨씬 더 유사한 결과물을 만들 수밖에 없다. 이런 지도가 존재하는 주목적은 철도의 본선이 가는 방향을 쉽게 확인할 수 있도록 돕고, 또한 잘못 갈아타는 것을 예방하는 데 있다. 런던의 킹스크로스역에 정차하는 지하철이 모두 같은 노선의 차량도 아니며, 같은 목적지로 향하는 것도 아니다. 한 지하철역에도 승강장이 여러 개일 수 있고, 이런저런 통로와 승강기로 헷갈리게 연결되어 있다. 로마서 주석이나 바울 기독론도 상황이 같다.

이 책은 크게 세 부분으로 구성되었는데, 이 구분 자체가 그런 상황을 잘 보여 준다. 1부에서는 상황을 설명하는 첫 장에 이어 '새 관점'을 이야기할 것이다. 일반적으로 1977년 샌더스의 작품이 새 관점의 발단으로 간주된다. 2부에서는 소위 바울에 관한 '묵시적' 해석의 부활을 살펴볼 것인데, 이 현상은 1980년 출간된 베커(J. C. Beker)의 책과 1997년 출간된 마틴(J. L. Martyn)의 갈라디아서 주석과 관련이 있다. 3부에서는 논의 범위를 넓혀 바울의 사회적·문화적 상황에 초점을 둔 흐름을 살펴볼 것인데, 이 흐름의 주요한 시초는 여전히 웨인 믹스의 1983년 작품이다. 이 세 흐름은 한 세대 동안 별개로 진행되었다. 각각은 서로에 대한 언급을 많이 하지 않으면서 자기 의제를 추구해 왔다.

좋게 표현하자면 이러한 상황은 혼란을 부추겼다. 최근의 한 갈라디아서 주석은 '피스티스 크리스투'(*pistis Christou*)의 '능동적' 의미('그리스도의 신실함')를 바울에 관한 '구원 역사적' 설명과 연결했다. 이와 같은 설명이 실제로 종종 관찰되기도 한다. 그런데 이 저자가 이런 설명의 실례로 언급하는 것이 마틴의 주석이다. 문제는 마틴이 '피스티스 크리스투'의 '능동적' 의미를 옹호한 것은 확실하지만, 그것이 '구원 역사'라 불릴 수 있는 주장에 **반대하는** 한결같은 변론을 하는 와중이었다는 것이다.[12] 우리는 모두 정확한 지하철역에 제대로 도착은 하지만, 다른 열차로 갈아타는 우를 범할 위험에 처해 있다. 정기적으로 갱신되는 지도 그리기 작업이 필요한 이유가 바로 여기에 있다.

방금 언급한 주요 세 영역은 본서의 1, 2, 3부에서 초점이 될 내용으로, 더 세분된다. 당연히 더 큰 혼란이 초래될 수 있다. 여기서 나는 열 가지 세부 내용을 나열하려 한다. 물론 더 많은 내용이 있지만, 이 열 가지는 출발점으로 삼을 만하다. 1부는 첫 네 가지를, 2부는 다섯 번째 한 가지를, 3부는 나머지 다섯 가지를 다룰 것이다. 내가 여기서 이 목록을 제시하는 이유는 본서가 초점을 맞출 대상을 알리려는 것이고, 또 하나는 관련 논의를 본서가 아닌 『바울과 하나님의 신실하심』(Paul and the Faithfulness of God)에서 확인할 수 있는 부분을 언급하기 위해서다.[13]

1. 소위 '바울에 관한 새 관점'은 통상 샌더스, 던(J. D. G. Dunn) 및 나의 작품과 연관된다. 그런데 샌더스는 미국의 '종교 연구' 운동에 속한 학자고, 던과 나는 더 전통적인 배경에서 연구하고 있다. 새 관점이라는 유사성이 있다고 해서 서로 간의 근본적인 의견 차이가 간과되어서는 안 된다. 샌더스의 작품은 특정한 하위 범주, 말하자면 바울 자신의 '종교'에 관한 연구다.

---

12 Moo 2013, p. 160. Moo는 Martyn도 토라의 '옛 시대'와 그리스도의 '새 시대'를 대조한다고 언급한다. 하지만 Martyn은 이 대조와 '구원 역사' 사이에 분명하게 선을 긋는다.
13 앞으로는 줄임말 PFG(London and Minneapolis: SPCK and Fortress Press, 2013)를 사용하겠다. 본서와 PFG를 포함하는 3부작과 본서의 관계는 아래 내용을 참고하라.

2. '새 관점'은 격렬한 반응을 촉발했다. 이 반응은 이제 그 나름의 세력을 형성했고, 종종 자신을 '옛 관점'이라 칭하며, 다른 범주에 해당하는 내용은 최소한으로만 언급하면서 작업하는 경우가 빈번하다. 그들은 바울 신학의 성격과 핵심에 관한 과거의 논쟁을 지속하고 있다.

3. 바울에 관한 '새 관점'의 해석이라는 넓은 범주 내부에서, 바울의 이스라엘 성경 활용과 같은 영역에서 중요한 발전이 있었다. 이 작업은 다른 모든 범주와도 연결되어야 하지만, 자주 무시되고 있다.

4. 샌더스의 작품은 바울을 유대인으로 연구해야 한다는 의견에 새로운 활력을 불어넣은 것으로 간주하며, 이는 옳다. 바울은 자신이 성장한 유대 세계를 어떻게 이야기했는가? 그의 메시아 신앙은 어떤 변화를 가져왔는가?

5. 적어도 미국에서 가장 왕성한 최근 흐름 중 하나는 바울을 '묵시론자'로 이해하려는 시도다. 마틴의 갈라디아서 주석을 중심으로 하는 이 흐름은 주석가뿐만 아니라 신학자 사이에서도 인기를 얻고 있다. 내 작업이 (전부는 아니지만) 여러 면에서 마틴과 그의 추종자들이 취하는 노선에 해당하므로, 2부에서 나는 1부와 3부에서 탐구할 학자들과 비교해 더 직접적인 방식으로 이 학파 전체와 정면 대결을 벌이려 한다.

6. 1983년 출간된 믹스의 책 『1세기 기독교와 도시 문화』를 발단으로 하는 바울의 사회적 세계에 관한 연구도 수그러들지 않고 지속되고 있다. 어떻게 하면 바울 공동체를 적절하게 묘사할 수 있을까? 또한 그러한 작업을 통해 그들의 신념과 정체성에 대해 어떤 결론을 도출할 수 있을까?

7. 이 왕성한 흐름 자체도 다시 세분되는데, 하나는 믹스가 대변하는 '사회사'(social history) 분파, 다른 하나는 자칭 '상황 그룹'(Context Group)의 연구로 예시된 '사회 인류학'(social anthropological) 분파다. 후자의 경우 '지중해 세계'에 관한 인류학적 분석을 바울에 도입하는 반면, 믹스와 그의 추종

자들은 밑바닥에서 시작하는 철저한 작업을 선호한다. 나는 10장과 11장에서 여섯 번째와 일곱 번째 범주를 논의할 것이다.

8. '묵시적' 관점과 '사회 상황적' 관점을 종합하면, 바울에 관한 '정치적' 해석을 기대해야 한다. 이러한 내용은 보통 마틴이나 믹스의 세계와 연결되지는 않지만 또 다른 연구들에서 발견되는 것들이다. 여기에도 세부적인 구분이 있다. 북미라는 환경에서 연구한 호슬리(Horsley)와 다른 학자들은 바울과 '제국' 사이의 가능한 관계를 탐구해 왔다.

9. 반면 유럽에서는 급진적인 철학자들이 지속되고 있는 현대 정치적 딜레마와 관련해서 바울이 가질 수 있는 잠재적 함의를 탐구해 왔다. 이 탐구와 많은 부분을 공유하고 있는 것처럼 보이는 다른 범주들과 이 탐구는 대체로 서로를 무시하고 있다. 나는 여기서 범주 8이나 범주 9 모두에 바울의 경제적 환경을 다루려는 시도가 그다지 많지 않았다는 사실도 지적해야겠다. 이와 관련된 중요한 움직임은 시작되었지만, 아직은 현재 진행 중인 연구에 있어 독립된 범주로 보기는 어렵다.[14]

10. 바울 당시의 철학 운동과 바울 사이의 관련성을 탐구해 온 학자들도 있다(내가 '관련성'이란 표현을 쓴 것은 바울이 당시 비유대인들에게서 개념을 차용했는지 혹은 그들에게 이의를 제기했는지 혹은 둘 다인지의 문제를 열어 두겠다는 의미다). 이 탐구는 앞서 말한 다른 범주들과 연계되는 것이 이상적이겠지만, 실상을 보면 보통은 그렇지 못한 상태다.[15]

이 열 가지 흐름은 내가 이 글을 집필하고 있는 지금도 건재하지만, 소수

---

14 특히, Longenecker 2010과 (넓게 보면 '사회사' 범주에 들어가는) Meggitt 1998을 보라. Steven Friesen의 작품도 여기서 중요하다. 이를테면, Friesen 2010을 보라.
15 이 범주들 가운데 다수가 이 책에서 논의될 것이다. 많지는 않지만 논의되지 않을 내용도 있다. 바울의 종교에 관해서는 *PFG* 13장을, 바울의 성경 사용 방식과 당시 유대 세계와 바울의 관계에 관해서는 *PFG* 15장을, 바울과 제국에 관해서는 *PFG* 12장을, 바울과 철학자들에 관해서는 Martin 1995, Rowe 2015, Engberg-Pedersen의 연구를 보라. 이 주제에 대한 논의는 *PFG* 14장에 있다.

예외를 제외하면 서로 간의 대화가 없는 실정이다. 이 책의 부분적인 목적은, 물론 어렵겠지만 서로 대화해야 한다는 간청이다. 이 흐름들은 그동안 계속해서 나의 관심사였다. 당연히 어떤 부분에 더 관심을 가지기도 하지만, 시간에 따라 그 모두에 관심을 쏟았다. 나는 이 흐름을 세 개의 넓은 범주로 이해하는데, 그 셋을 따라 이 책을 구성했다. 이 책의 1부인 바울과 그의 유대 세계는 범주 1-4를 다루고, 2부인 바울과 '묵시'는 범주 5를, 3부인 바울과 그의 '사회적 세계'는 범주 6-10을 다룬다. 따라서 유럽 학계와 그 밖의 넓은 지역에서 일어나고 있는 다른 많은 흐름을 여기서 모두 다룰 수 없다는 사실이 여전히 유감스럽지만, 그래도 이 책이 출발점 역할을 할 수 있을 것이다. 이러한 다양한 생각의 흐름을 구분하고 그것들을 적어도 이 학계의 간략한 사회사 안에 자리매김시킴으로써, 바울 연구에 다가가는 독자들에게 이 영역의 모습에 대한 감각과, 학계의 상당 부분에서 초점을 맞춰 온 구체적인 주제들에서 종종 간과해 왔던 연결점과 중첩 지대에 관한 단서를 제공할 것이다.

증권업자와 래퍼는 우리 예상한 것보다 나눌 말이 많을지도 모른다. 런던 지하철을 헤매며 길을 찾았던 경험을 공감하며 나눌 수도 있다. 그러다 보면 어느새 서로 겹치고 맞물리는 네 가지 과제를 하고 있을지도 모른다. 바울 연구에 포함된 모든 범주도 적어도 함축적으로는 이 네 가지 과제(종종 각각에 다른 중요성을 부여하지만)에 관여한다. 이 과제들은 잘 알려져 있으니, 바로 역사, 신학, 주해, 그리고 현대와의 관련성이다. 이 네 과제가 이 책의 진정한 출발점이기에, 첫 장에서 이들 각각에 관해 더 자세히 이야기할 것이다.

여기서는 이 책의 기록 방법과 목적에 대해 간단히 언급하겠다. 방금 바울 연구의 열 가지 영역을 나열했다. 하지만 내가 바울 연구의 '배경 이야기'와 관련해 최초로 읽었던 책에서는 바울 관련 연구를 크게 두 가지 질문의 관점에서 범주화했는데, 이 두 질문은 내가 열거한 열 가지 범주를 직접 담아내지는 못한다. 첫 번째 질문은 '바울을 그의 유대교 배경과 비유대교 배경 중 어느 관점에서 설명하는 것이 최선인가?'다. 이와 관련된 두 번째 질문은 "바울 사상의 '중심'은 무엇인가? '칭의'인가 아니면 '그리스도 안에 있음'인가?"다.

이 연구의 개요를 제공한 알베르트 슈바이처는 달 표면 이미지를 사용한다. 그에게 '그리스도 안에 있음'은 '주 분화구'로서, 바울이라는 운석이 인류 역사라는 표면에 남긴 영향을 고스란히 드러내고 있다. 반면 '칭의'는 부분화구(Nebenkrater)로서, 큰 주 분화구 내부에 형성된 작은 분화구다. 그는 큰 분화구를 '신비주의'(Mysticism)라 불렀는데, 이는 오해의 소지가 있는 표현이다.[16]

슈바이처의 판단과 비유는 지난 100년 동안 바울 학계에서 반향을 불러 일으켜 왔다. 정작 슈바이처의 주장 자체는 무시당하는 경우가 상당히 빈번했지만 말이다. 주요한 이 두 용어는 계속해서 연구되고 변화를 겪었으며, 때로는 서로 대립하는 위치에 놓이기도 하고, 때로는 신선하게 결합하기도 했다. 하지만 그러한 논의들도 이미 상정된 한 쌍의 질문 **내부에서** 벌어졌다. 그 질문들은 '바울을 역사적으로 어떻게 자리매김시킬 것인가?', 그리고 '바울을 신학적으로 어떻게 이해할 것인가?'다. 현재 학문 동향은 이 두 질문을 갈가리 분해해 버렸다. 내 연구는 이 질문들을 한층 더 나아간 관점에서 다시 한번 묶어 보려는 시도다. 나는 특별히 이 책의 원가지(이 책은 그 책의 곁가지다)에 해당하는 책에서 그 작업을 진행했다. 내가 제안한 종합은 슈바이처의 제안과 일부 유사하지만, 더 넓은 증거를 기반으로 모든 요소를 조사하고 슈바이처가 제기한 다른 많은 쟁점에 비추어 숙고했다. 슈바이처

---

16 Schweitzer 1931, p. 225.

는 의학과 음악에 몰두하느라 그 쟁점들을 자세히 다루지 않았다.

달 이미지는 다른 이유로 이 책에도 등장한다. 우리 행성 주변을 도는 달처럼 이 책도 더 큰 전체의 일부로 태어났다. 이 책은 원래 바울 사상을 상세하게 풀어 쓴 내 책 *PFG*의 서론에 포함되는 내용이었다. 그런 단락, 혹은 (이제는) 그런 책의 목적은 학자들 자신을 위해 학자들의 영토에 속한 거대하고 복잡한 영역의 지도를 그리는 것이 아니라, 내 책에서 특정 주제가 특별히 강조되는 이유, 일부 쟁점이 특별히 중요하게 대두된 이유, 이 시점에서 특정 문제에 신선한 시각이 필요하게 된 이유를 설명하는 데 있다. 그런데 이 지도 그리기 작업이 내가 생각했던 것보다 훨씬 더 복잡해졌고, 그래서 *PFG*에 더는 포함할 수 없을 정도가 되었다. *PFG* 자체가 이미 너무 두껍다고 평하는 사람도 있었다. *PFG*가 더 두꺼운 책이 되지 않도록 막는 확실한 방법 하나가 이 주제를 따로 빼서 다루는 것이었다.

이 책의 목적은 달처럼 *PFG* 주변을 돌며 때로는 이 각도에서, 때로는 저 각도에서 *PFG*에 다양하고 (내 바람으로는) 기분 좋은 빛을 비추는 것이다. 이 책이 마치 보름달처럼 빛나며 특정한 쟁점과 작가들을 밝히 비추는 때도 있을 것이다. 때로는 초승달과 그믐달처럼 감질나게 비추면서 일부 사물을 겨우 알아볼 정도로 그다지 많지 않은 빛을 비출 때도 있을 것이다. 때로는 이 달이 전혀 빛을 발하지 못할 때도 있을 것이다. 이 책은 모든 내용을 철저히 다루었다고 주장하지 않는다.

결국 이런 작업에는 어려운 선택이 따를 수밖에 없다. 감사 연설을 할 때 모든 사람을 언급하고 싶은데 딱 한 사람만 언급해야 하는 상황이 있는 것처럼, 이 책에서 모든 사안을 언급하는 것은 불가능하다. 그렇게 했다면 이 책은 가볍게 주석을 단 참고 도서 목록에 지나지 않았을 것이다. 대안은 당일치기 영국 여행 같은 글을 쓰는 것이다. 아침은 옥스퍼드에서 '해결하고', 오후에는 스트랫퍼드어폰에이번(Stratford-upon-Avon; 윌리엄 셰익스피어가 태어나고 죽은 곳—옮긴이)에 들른 후, 다시 빨리 런던으로 돌아와 빅 벤(Big Ben)과 버킹엄 궁전(Buckingham Palace)을 본 후, 다음 날 비행기를 타고 파리로 가는 식이다. 나는 이 책을 집필하면서 모든 사람에게 인사를 하는 쪽보다는 (그런 면이 과도하지 않기를 바라지만) 당일치기 런던 여행 쪽을 택하는 위험을 감수했다. 수많은 논문과 저서가 쏟아져 나오고, 때로는 상호작용이 있기도 하고 없기도 한 다양한 질문들이 대두된 현재 신약학계의 상황을 알고 있는 사람이라면 누구나 이 문제를 이해할 것이다. 비슷한 이유로 나는 여기서 논의할 책들에 대한 서평이나 같은 저자의 다른 책을 검토하려고 시도하지 않았다. 이처럼 생략한 부분이 많다는 사실이 유감스러운데, 특히나 이런 모습이 독단적으로 비칠 것이기 때문이다.[17]

*PFG*와 달리 이 책의 목적은 선택 영역에 대한 유익한 개론서로 손색이 없으면서도 군살 없는 설명을 제시하는 데 있다. 따라서 일부 주제는 완전히 빼 버렸다. 소위 바울의 '회심'에 대한 논의도,[18] 바울서신의 연대 순서에 관한 질문도, 바울서신과 사도행전의 관계에 대한 논의도, 바울 저작권 논란에 대한 논의도 없다.[19] 또한 종종 등장하곤 했던 다른 연구들도 다루지 않았다. 이들 모두가 (본서도 마찬가지이지만) 혼란스러울 정도로 넘쳐나는 새로운 노선의 연구와 시각들을 논의하느라 몸부림치고 있다.[20] 이 역시 신약

---

17 전에도 했던 말인데(Neill and Wright 1988, p. v), 오늘날에는 더욱더 맞는 이야기다.
18 이 내용에 대해서는, *PFG*, pp. 1417-1426를 보라.
19 바울 저작권에 대해서는 논란이 되지만 흥미진진한 Campbell 2014의 제안을 보라.
20 이를테면, Zetterholm 2009는 흥미롭지만 완전히 표적을 맞히지는 못했다. Seesengood 2010은 곤혹스러울 정도로 신빙성이 떨어진다(*JTS* n.s. 63.1, April 2012, pp. 263-265에 실린 나의 서평을 보라). Given 2010의 논문집은 앞서 언급한 현대 쟁점 몇몇을 특정한 관점에서 제기한다. Bird 2012에 있는 논란들은 바울에 대한 상충되는 네 관점 사이가 놀라울 정도로 단절되어 있음을 보여 준다. Westerholm 2004의 내실 있는 연구의 경우는 다른 차원에 속한다. 그 책의 부제 "'루터파의' 바울과 그의 비판자들"(The 'Lutheran' Paul and his Critics)은 그의 연구의 분명한 초점과 한계를 나타낸다. 본서 5장에 나오는 논의를 보라. 이 분야에는 완전한 풍경을 그려 줄 정도의 배포를 가진 학자가 절실하게 필요한 상태다. 이 말은 한 세대 전에 Sanders가 이미 한 말이지만, 아직도 실현되지 않았다. 그리고 그 과제는 이제 훨씬 더 거대하고 복잡해졌다. 주류 학계가 Schweitzer의 통찰을 실제로는 결코 제대

학계 전체의 지도를 그리는 벅찬 작업과 비교해 보면 아무것도 아니다.[21]

이 모든 상황 때문에 벌어진 일에 특별히 사과해야겠다. 유럽 대륙에도 소중한 동료들이 많은데, 그들의 작업을 정당하게 논의하기는커녕 소개하지도 못했다. 독일에는 영어로 된 책을 무시하는 전통이 있었다는 사실이 변명이 될 수는 없다. 또한 소위 서부 유럽에 해당하는 '제2세계' 학계 및 대부분 인류에 해당하는 소위 '제3세계' 학계와 관련된 더 거대한 공백도 존재한다. 제3세계에는 가장 열정적인 (그리고 때로는 가장 핍박을 받는) 교회 중 다수가 포함되어 있다. 서구 학계에 속한 우리는 그러한 다른 독자들에게서 배워야 할 게 많지만, 그들의 입장에서는 그들이 왜 우리에게서 배워야 하는지 궁금할 것이다. 아프리카, 아시아, 라틴 아메리카에서 바울을 읽는 사람들은 내가 여기서 논의하는 내용을 마치 내가 이웃의 벌집을 바라보는 것처럼 지켜볼지도 모른다. '벌들이 바쁘게 윙윙거리면서 다니고 있으니 이웃집 주인은 좋은 꿀을 얻을 것이라 믿는다. 하지만 나는 내 닭과 양을 키우는 것만으로도 충분히 바쁘니 그럼 이만.' 더 나쁜 반응이 있다. 그런 교회들은 서구 교회가 학문에 집착하는 모습을 자기중심적이며 이기적인 오만함의 또 다른 증거로 간주할 수 있다. '식민지 시대 이후' 연구가 매력적인 서양권 외부의 저작에 대한 새로운 관심과 통합을 이루기 시작한 것이라고 생각하면 좋겠다.

주교 스티븐 닐(Stephen Neill)이 집필한 책(그의 요청으로 그의 사후에 내가 개정했다)의 마지막 장과 이 책 사이에는 겹치는 부분이 있을 수밖에 없다.[22]

로 소화하지 못했다는 사실과, Schweitzer에 대한 간략하지만 특유의 날카로운 요약(pp. 434-442)을 하는 과정 중에 있는 Sanders 1977, p. 435를 보라.
21 이 더 큰 기획에 대해서는, Neill and Wright 1988 [1964]과 더불어 Kümmel 1972/3 [1970]; Riches 1993; 그리고 탁월한 세 권짜리 전집인 Baird 1992, 2003, 2013의 연구를 보라. 우리 세대와는 아주 다른 세대의 관점을 드러내는 더 오래된 작품들 가운데서는, Hunter 1951; Ellis 1961; Fuller 1963 [1962]를 비교해 보라.
22 Neill and Wright 1988 [1964], pp. 403-430.

슈바이처, 불트만, 데이비스에 관한 충분한 설명에서 얻은 게 많은 사람이라면 그 책을 찾아보고 싶을 수 있겠다. 본서의 케제만과 샌더스 관련 논의는 백지 상태에서 다시 시작한 게 아니라 이전 논의를 보충한 내용이 될 것이다. 게다가 나는 2012년에 '현재 영어권 학계의 바울'에 관한 비평 논문을 썼다.[23] 그 내용 중 일부도 여기에서 반복될 수밖에 없겠지만, 대부분은 더 개진되고 확장되었다. 마지막으로, 나는 2014년 1월 주디스 류(Judith Lieu) 교수의 케임브리지 세미나에서 바울 학계에서―특별히 바울 신학과 관련해―일어나고 있는 '패러다임 이동'(shifting paradigms)에 관한 논문을 발표했다. 그 논문의 내용 일부 역시 이 책에 포함했다. 그 당시 있었던 흥미진진한 논의에 대해 류 교수와 그의 동료들에게 감사한다.

이제 본격적인 작업에 착수할 시점에서, 지난 수년간 생각을 자극하는 대화를 함께 해 준 것에 대해 세인트앤드루스(St Andrews) 대학교 세인트메리스 칼리지(St Mary's College)의 동료들과 신약학회(Society for New Testament Studies) 및 성서학회(Society of Biblical Literature)에 소속된 다양한 토론 모임에 감사의 마음을 전하고 싶다. 『바울과 하나님의 신실하심』과 더불어 이 책을 계획하고 부분적인 연구를 진행했던 2009년 안식년에, 나를 위한 자리를 마련해 준 프린스턴(Princeton)의 신학연구센터(Center of Theological Inquiry)와 그 기간 조력자가 되어 준 채드 마셜(Chad Marshall)에게도 특별한 고마움을 표하고 싶다. 현재 내 조교인 제이미 데이비스 박사(Dr Jamie Davies)는 이 책에서 다룬 주제 중 다수에 나름의 관심을 가지고 발전시키고 있는데, 특별히 '묵시' 주제에 관심이 많다. 이 주제에 대해 많은 대화를 나누다 보니, 어떤 생각이 원래 내 것이었는지 그의 것이었는지 더는 구분

---

[23] *Expository Times* [123, no. 8 (2012), pp. 367-381]에 실렸고, 이번에 필자의 *Pauline Perspectives* 29장(pp. 474-488)에도 다시 실렸다.

이 안 될 정도다. 그중 어떤 것은 우리의 계속되는 대화 중에 나타나기도 했을 것이다. 당연히 그 문제들에 대해 내가 여기에 적은 내용은 그의 책임이 아니다(물론 모든 단계에서 그의 도움은 말할 수 없이 귀중했다). 이런 개념들을 두고 함께 토론해 온 다른 동료들인 스콧 헤이프만(Scott Hafemann), 그랜트 매캐스킬(Grant Macaskill), 앨런 토런스(Alan Torrance), 리처드 헤이스(Richard Hays)도 마찬가지인데, 그들은 적어도 일부 내용에 대해서는 나와 의견이 다를 것이다. 그리고 데이비드 모핏(David Moffitt), 데이비드 호렐(David Horrell), 토드 스틸(Todd Still), 캐리 뉴먼(Carey Newman)이 마지막 단계에서 해 준 세심한 논평에도 심심한 감사의 마음을 표한다. 그들 역시 이 책에 관해서는 아무런 책임이 없다. 그것은 현대 정치 철학과 관련된 일부 문제에 대해 다시 한번 생각할 수 있도록 도움을 준 내 아들 줄리안(Julian)도 마찬가지다. SPCK와 포트레스 출판사(Fortress Press)에 있는 내 친구들에게도 늘 감사한다는 사실을 전해야겠다. 그들은 나나 그들이 통상 생각하는 시간보다 훨씬 더 많은 시간을 기다려 주었다. 특별히 사이먼 킹스턴(Simon Kingston)에게 감사한다. 그는 지난 오랜 시간 동안, 그리고 이번에는 이 기획과 관련해 많은 지혜를 나누어 주고 힘을 북돋아 주었다. 또한 SPCK와 포트레스 출판사를 각각 책임지고 있는 샘 리처드슨(Sam Richardson)과 윌 베르흐캄프(Will Bergkamp)에게, 늘 유쾌하게 나를 뒷받침해 준 필립 로(Philip Law), 앨런 모듀(Alan Mordue), 조 라일리(Joe Riley), 에이미 슬레퍼(Amy Sleper)에게, 내 책을 만들고 유통해 주는 런던과 미니애폴리스의 열정적인 팀에게 감사를 전한다.

나는 이 책이 바울 연구를 처음 접하는 이들에게 특별히 관심을 받을 것으로 생각하기에, 이 책을 여기 세인트메리스 칼리지에 있는 내 학생들에게 헌정한다. 성경 주해 시간에 나누는 생생한 토론과 그들이 보여 주는 열정에 기분이 상쾌해진다. 이 책의 초안에서 힘을 다해 내 실수를 찾아 주는 모습을 보며 즐거웠다. 물론 늙은이들도 여전히 탐험가여야 한다. 하지만 젊은이들에게 늙은이들이 줄 수 있는 선물은 아마도 그들이 과거에 겪은 여정을 요약한 간략한 지도일 것이다. 그러면 나중에 찾아온 이들도 최소한 선배들이 왜 그들이 한 일에 흥분했는지, 그리고 왜 그런 실수를 저질렀는지 이해할 수 있을 것이다.

N. T. 라이트
스코틀랜드의 세인트앤드루스 대학교
세인트메리스 칼리지에서
2015년 부활절에

약어
---

1. 일반

ad loc.	at the [relevant] place
cf.	confer
ch(s).	chapter(s)
Cn.	*nth* century
cp.	compare
ed(s).	edited by
edn(s).	edition(s)
e.g.	for example
esp.	especially
et al.	and others
etc.	et cetera
f.	and the following (verse, page or line)
idem.	the same person
i.e.	that is
introd.	introduction/introduced by
loc. cit.	in the place cited
MS(S)	manuscript(s)
n.	(foot/end)note
n.s.	new series
orig.	originally
passim	throughout
pub.	published
ref(s).	reference(s)

rev.	revision/revised by
sc.	presumably
sic	thus (acknowledging an error in original)
tr.	translation/translated by
v(v)	verse(s)
vol(s).	volume(s)

2. 1차 자료

1QS	Rule of the Community
2 Bar.	*2 Baruch*
4 Ez.	*4 Ezra*
4QMMT	Halakhic Letter
bB.M.	Babylonian Talmud, Baba Metzia
bYom.	Babylonian Talmud, Yoma
Eumen.	Aeschylus, *Eumenides*
Jos.	Josephus (*Ant.*=*Jewish Antiquities*; *War*=*The Jewish War*)
LXX	Septuagint version of the Old Testament
mAb.	Mishnah, Abodah Zarah
mBer.	Mishnah, Berakhot
mB.M.	Mishnah, Baba Metzia
mKid.	Mishnah, Kiddushin
MMT	Halakhic Letter
mPe'ah	Mishnah, Pe'ah
mSanh.	Mishnah, Sanhedrin
NT	New Testament
OT	Old Testament

3. 2차 자료 및 기타

CD	Karl Barth, *Church Dogmatics*. Edinburgh: T & T Clark, 1936-1969.
Exp. T.	*Expository Times*
FS	Festschrift
HTR	*Harvard Theological Review*
JBL	*Journal of Biblical Literature*

JSNT	*Journal for the Study of the New Testament*
JT	Justification Theory
JTS	*Journal of Theological Studies*
LSJ	H. G. Liddell and R. Scott, *Greek-English Lexicon*, 9th edn. by H. S. Jones and R. McKenzie, with suppl. by P. G. W. Glare and A. A. Thompson. Oxford: Oxford University Press, 1996 [1843].
NP	'new perspective' (on Paul)
NRSV	New Revised Standard Version
PPJ	E. P. Sanders, *Paul and Palestinian Judaism: A Comparison of Patterns of Religion*. Philadelphia/London: Fortress/SCM Press, 1977.『바울과 팔레스타인 유대교』(알맹e).
RSV	Revised Standard Version
TFUC	W. A. Meeks, *The First Urban Christians: The Social World of the Apostle Paul*. New Haven: Yale University Press, 1983.『1세기 기독교와 도시 문화』(IVP).

4. N. T. 라이트의 저서 (상세한 정보는 참고 도서를 참고)

Climax	*The Climax of the Covenant: Christ and the Law in Pauline Theology*, 1991.
JVG	*Jesus and the Victory of God* (vol. 2 of Christian Origins and the Question of God), 1996.『예수와 하나님의 승리』(CH북스).
NTPG	*The New Testament and the People of God* (vol. 1 of Christian Origins and the Question of God), 1992.『신약성서와 하나님의 백성』(CH북스).
Perspectives	*Pauline Perspectives: Essays on Paul 1978-2013*, 2013.
PFG	*Paul and the Faithfulness of God* (vol. 4 of Christian Origins and the Question of God), 2013.『바울과 하나님의 신실하심』(CH북스).
Romans	'Romans' in *New Interpreter's Bible*, vol. 10, 2002, pp. 393-770.『로마서』(에클레시아북스).
RSG	*The Resurrection of the Son of God* (vol. 3 of Christian Origins and the Question of God), 2003.『하나님 아들의 부활』(CH북스).

1부

유대인과
이방인 사이의 바울?

1장

무대 설정

1. 서론

바울에 대해 알려진 바가 전혀 없던 상황에서 그의 편지가 이집트 사막에 오랫동안 묻혀 있던 파피루스 뭉치에서 어느 날 갑자기 빛을 보았다고 생각해 보자. 사람들은 틀림없이 다음과 같은 질문을 던질 것이다. 이 편지를 누가 썼을까? 한 사람이 이 편지를 모두 썼을까, 아니면 일부만 썼을까? 그 사람은 어떤 문화에서 살았을까? 당시 문화를 이해하면 편지에 담긴 내용을 이해하는 데 어떤 도움이 될까? 이 편지들은 언제 집필되었을까? 실제 편지였을까, 아니면 가르침의 수단으로 채택한 문학 형태였을까? 진짜 편지라면 누구에게 보낸 편지였을까? 이 편지를 받은 사람들은 이 편지의 내용을 어떻게 이해했을까? 저자와 독자가 살았던 더 큰 세계에 대한 단서를 이 편지에서 얻을 수 있을까? 우리가 재구성할 수 있는 한도 내에서, 편지 자체와 그것들의 상황에서 인간적 동기를 알아 낼 수 있을까? 역사가들은 늘 이런 질문을 던진다. 2,000년 전에 기록된 편지의 집필자였던 바울을 전문적으로 연구하는 작업이라면, 당연히 우리가 가진 모든 수단을 동원해 이런 질문들에 대답하려고 시도해야 하며, 그런 시도들이 밑바탕이 되어야 한다. 그럴 때 늘 목적은 '주해'(exegesis), 즉 본문**으로부터** 거기 있는 내용을 끄집어내는 것이어야지, 다른 곳에서 유래한 개념을 본문에 부과하는 '자의적 해석'(eisegesis)이어서는 안 된다.

우리가 이 역사 작업에 뛰어든 것은 단순한 골동품 수집의 목적도 아니며, 오랫동안 잊혀 있던 과거에 대한 향수 때문도 아니다. 그것은 우리가 진정한 이해를, 그리고 과거의 정신과의, 나아가 그 세계와의 진정한 만남을 간절히 원하기 때문이다. 이런 생각을 하게 되면 곧장 깨닫게 되는 사실이 있는데, 우리와 다른 환경에서 유래한 본문을 읽을 때는 두 가지 위험을 피하고자 최선을 다해야 한다는 것이다. 하나는 이전 **시간**에 살았던 인물들도 지금의 우리처럼 세상을 이해할 것으로 생각하는 시대착오(anachronism)의 위험이고, 다른 하나는 나와 다른 **지역**에 사는 사람도 나처럼 상황을 이해할 것으로 생각하는 [콜리지(Coleridge)가 명명한] 아나**토피**즘(anatopism; 특정 공간에 어울리지 않는 대상이 그 공간에 등장하는 것—옮긴이)의 위험이다.[1] 당연히 우리는 각자 선호하는 방식으로 본문을 읽을 자유가 있다. 악명 높은 이야기지만, 고대 두루마리와 사본을 관장했던 이들이 때때로 그것을 구두 가죽이나 땔감으로 사용했듯이 말이다. 하지만 우리는 사용과 남용의 차이를 본능적으로 알 수 있다. 역사는 무엇이 일어났는지, 또 그 사건이 왜 일어났는지에 관한 이야기다. 우리 자신의 성격이나 문화적 전제를 다른 시대, 다른 공간에서 온 자료에 투사하는 식으로는 탐험을 진전시킬 수 없다.

---

1   Coleridge 1836, 1.317. 지리를 기준으로 책을 정리하는 사서는 '아나토피즘을 피하려다 시대착오를 저지르기 마련이다.'

당연히 우리는 우리 자신의 눈을 통해 세상을 보고, 우리 자신의 사고 체계 안에서 세상을 생각한다. 하지만 역사란 증거에 우리를 맡기고, 증거의 인도를 따라서 다른 사람의 눈을 통해 바라보고, 다른 사람의 관점으로 세상을 생각하는 법을 배우는 것이다. 이 작업은 우리가 할 수 있는 한 우리 자신의 세계가 아닌 다른 세계 속에서 살아가고 생각하고 상상하고 믿는다는 것이 어떤 모습인지 이해하려고 노력하는 것이다. 타자성(otherness)은 중요하며, 여전히 그렇다. 물론 우리는 절대로 완전한 지식, '전지적 시점'을 가질 수 없다. 그렇다고 앎이라는 행위가 우리 자신의 선입관이 투사되는 행위 정도로 격하되어서도 안 된다. 우리는 실증주의자(positivist)도 아니지만, 유아론자(solipsist; 자신만이 존재하고 타인이나 그 밖의 다른 존재물은 자신의 의식 속에 있다고 하는 태도—옮긴이)도 아니다.[2]

옛 세계의 다른 장소에서 나온 새로운 문헌과 마주했을 때 역사 작업의 과제 중 하나는, 그 문헌에서 표현되는 사고의 흐름과 그 배후에 있는 저자의 마음을 이해하려는 노력이다. 우리는 보통 저자의 관점에서 어느 정도 의미 있는 사고의 흐름이 **존재할 것**으로 가정한다. 물론 사람들은 때때로 고의로 '터무니없는 내용'을 적지만, 그런 경우에도 보통 어떤 목적이 있기 마련이다. 달리 말해, '누가', '언제', '어디서', '어떻게'와 관련된 일반적인 역사적 질문 내부에는 '**무엇을**'과 '**왜**'라는 더 좁은 초점의 질문이 놓여 있다. 이 글에서 저자는 도대체 무슨 이야기를 하는 것이며, 이 이야기를 하는 이유는 무엇인가? 고대 파피루스 문서 중에도 종종 이런 질문에 대한 답을 쉽게 찾을 수 있는 사례가 있다. 어떤 병사가 집으로 보낸 편지, 구매품 목록, 차용증처럼 말이다. 하지만 많은 문헌의 경우, 그것이 시든 철학책이든 희곡

---

2   *The New Testament and the People of God (NTPG)* 4장에 있는 나의 논의를 보라. 그 논의는 같은 책 2장에 나오는 지식 모델에 관한 논의에 입각한 내용이다. 또한, *PFG*, pp. 48-56를 보라.

이든 전기든, 내부적인 사고의 흐름을 파악하고 다양한 개념이 어떤 식으로 서로 연관되어 표현되는지 이해하는 데는 시간이 걸릴 수 있다. 하지만 목적은 같다. 그 문서에 담긴 **주제와 사상**을 **역사적으로** 묘사하는 방향으로 나아가는 것이다. 바울의 경우가 그렇지만, 핵심 주제로 반복해서 강조되는 대상이 호 테오스(*ho theos*), 즉 '신'으로 지칭되는 존재, 그리고 이 신적 존재가 행해 왔고 행하려는 내용, 그리고 저자와 독자 모두가 이 존재와 관련되어야 할 방식인 경우라면, 자연스럽게 우리는 우리가 발견하는 주제와 개념에 특별한 이름표를 붙이게 된다. 우리는 그것을 '신학'이라 부른다.

이 시점에서 시대착오와 아나토피즘의 위험이 맹렬한 기세로 되살아난다. 서구 사회에서 살아가는 우리는 '신학'에 관해 조금은 알고 있다. 적어도 '신학'을 가르치거나 그와 관련된 내용을 노래로 부르는 전통에 소속된 사람이라면 말이다. (관건이 되는 주제가 의학인 경우에도 같은 상황이 벌어질 수 있는데, 우리는 의학에 관해서도 조금은 알고 있다. 철학도 마찬가지다. 우리는 모두 철학을 배운 적이 있다.) 우리는 과거 문헌에 신학과 관련된 전문 용어가 등장하면 그 의미가 현재 세계에서 사용되는 유사한 용어들과 같을 것이라고 쉽게 가정한다. 또한 양립할 수 있거나 양립할 수 없다고 생각되는 익숙한 개념들이 그 문헌 안에서도 같은 식으로 받아들여질 것으로 가정한다. 그리고 이 시대에 설득력 있다고 받아들이는 주장들이 그 당시에도 설득력 있는 내용일 것이라는 가정도 쉽게 한다. 그런데 당장 중요한 것은 우리가 본문에 귀를 기울이고, 본문이 본연의 모습을 드러내고, 본문과의 대화에 참여하고, 본문을 제대로 이해하는 방향으로 나아가기 위해서는 반드시 기본적 질문(누가, 누구에게, 어느 시기에, 어떻게 그 본문을 기록했는가?)의 도움을 받아 역사적 질문에 접근해야 한다는 사실이다. 말하자면, 이 본문은 무슨 이야기를 하는가? 그 당시 저자와 독자에게 어떤 의미였을까? 특별히 이 저자가 이 내용을 이 사람들에게 그 시점에 이야기하려 한 이유는 무엇일까? (실제로 현실은 일사천리로 진행되지 않는다. 누가 왜 그 편지를 썼는지 알아내기 위해 먼저 편지 속의 사고 흐름을 확실하게 포착해야 하는 경우도 종종 있다.) 따라서 새로 발견한 문서에 관한 역사 연구 작업에는 반드시 의미와 동기에 관한 역사 연구가 포함된다. 연구의 핵심 대상이 **호 테오스**와 관련된 경우라면, 그 **의미**와 **동기**는 신학과 관련된다.

이 작업에는 언제나 해석자가 **관여된다**. 우리는 앞서 말했던 '전지적 시점'은커녕 단순한 관찰자 역할도 결코 맡지 못한다. 이 관여, 즉 본문과 해석자 사이에서 일어나는 대화는 '이 내용이 오늘날 우리에게 어떤 의미를 줄 수 있을까'라는 질문으로 인해 혼선이 일어나기 쉽다. 하지만 현명한 해석자라면 '내 눈을 통해 쭉 훑어보는바 이 본문에는 무슨 일이 일어나고 있는가?'와 '이 본문이 X를 말한다면, 이 X는 오늘날 우리 세계에 어떻게 적용될까?'의 차이를 늘 인식할 것이다. 따라서 해석 작업에는 실생활의 대화와 마찬가지로 쌍방을 오가는 과정이 포함된다. 물론, 우리 주변을 둘러보면 다른 사례도 보인다. 이를테면, 정치인들이 라디오에서 인터뷰하는 이야기를 들으면 서로 벽에 대고 이야기하는 것 같다. 진정한 대화는 이해를 위한 과정이다. 말하자면, 대화는 '해석' 작업이요, '해석학'이 관련되는 작업이다. (우리 세계 안에도 문화 사이의 차이가 존재한다. 몬트리올—적어도 내가 거기 살 때는—에는 클래식 음악을 내보내는 두 채널이 있었다. 영어를 사용하는 채널은 누가 그 음악을 '연주하는지' 알려 주었지만, 프랑스어를 사용하는 채널은 누가 그 음악을 '해석하는지' 알려 주었다.)

종종 이 작업의 초점은 단순히 **우리가 이** 본문을 제대로 이해했는가와 관련된 질문에 그치지 않는다. 이미 이야기했듯이 초점은 종종 다른 방향으로 향한다. '이 본문은 지금 여기 우리가 사는 세계를 향해 어떤 이야기를 하고 있는가?' 이 질문은 '종교' 문헌 혹은 딱 꼬집어 기독교 문헌에서만 등장하는 게 아니라, 새로운 문서가 발견되면 늘 등장한다. 고대 철학 문서는 행복, 인간관계, 돈과 관련된 훌륭한 충고를 제시하는 것으로 추앙받을 수 있다. 고대 시(詩)가 인간 경험의 어두운 측면을 이해하는 데 도움을 주기도 한다. 판타지 소설 장르[가장 유명한 작품으로 댄 브라운(Dan Brown)의 『다빈치 코드』(The Da Vinci Code, 문학수첩)가 있다]는 고대 세계에 관한 새로운 발견이 오늘날 사람들이 1세기를 이해하는 방식뿐만 아니라, 현재 그들 자신과 그들이 속한 (혹은 속하지 않은) 교회를 이해하는 방식에도 철저한 변화를 가져올 수 있다는 것을 전제로 한다. 사람들이 역사를, 실제로는 고고학을 연구하는 이유 중 하나가 이것이다. 그들은 풍부한 관련성이 등장하는 순간을, 말하자면 우리 현대인의 갈증을 해소할 고대의 샘물이 솟아나는 순간을 희망한다.

지금까지는 바울의 편지들을 마치 우리가 처음 발견했고 그래서 최초로 읽는 사람인 척해 왔지만, 이제 현실로 돌아올 때가 되었다. 우리는 오랜 세월 바울서신을 읽어 온 세대들 가운데 가장 마지막 세대다. '바울의 편지가 오늘날 우리에게 어떤 의미가 있을까?'라는 질문은 그 오랜 세월의 선배들과 우리가 공유하는 질문이다. 진지한 독자라면 우리 앞에 놓인 이 문제들을 고민해 왔을 것이다. 우리는 선배들의 생각에 매여서도 안 되지만, 그들에게 배울 것이 아무것도 없다는 생각도 금물이다. 우리의 작업이 결국 시간 낭비가 되지 않기를 바란다.

내가 이 문제에 이렇게 접근하는 것은 우리가 '이 내용이 오늘날 우리에게 어떤 의미가 있을까?'라는 질문을 성경에서 만날 때, 다른 문서에는 적용되지 않는 방식으로 접근하기 쉽기 때문이다. 물론 나도 어느 정도는 성경이 다른 문서와 다른 측면이 있다고 믿지만, 그런 측면도 더 넓은 범위의 두 가지 사실, 즉 우리는 바울의 편지를 과거에 기록된 문서로 마주한다는 사실, 그리고 우리와 바울서신의 관계가 다른 과거의 문서와 우리의 관계와 공통되는 측면이 많다는 사실 **내부**에서 발견되는 것이지, 이 사실과 동떨어진 것은 아니다. 성경 해석학도 더 일반적인 해석학의 하부 분야다. 과거의 텍스트와 우리의 관계가 지닌 이러한 특성을 주의 깊게 고려하는 것은 초기 기독교 문서의 독특성을 약화하는 것이 아니라, 오히려 그러한 독특성이 정확히 어떤 측면에 있는지 훨씬 더 명확하게 이해하는 데 도움이 될 것이다.

현대를 위한 적용이라는 질문에 대답할 수 있는 사람이 바울서신을 바울이 직접 썼다고 굳게 믿는 신앙 공동체 내부의 독자뿐이라고 생각하는 실수를 저질러서는 안 된다. 오늘날 많은 사람은 바울에게서 교훈을 얻으려 하지만, 그가 쓴 내용 중 어떤 부분은 수용하고 어떤 부분은 거부할지와 관련해서는 선택적이다. 많은 사람이 의심의 해석학(hermeneutic of suspicion)을 적용하기 원하는데, 그러다 보니 개인적·지적·(어쩌면) 문화적 선입관과 결점을 노출한다. 이 역시 '오늘날을 위한 해석'에 해당하는 한 형태다. 이것은 '맞아, 이 본문은 중요한 역할을 해 왔어'라고도 말하고, '이 내용은 정말 끔찍한 영향을 끼쳐 왔어'라고도 말한다. 여기서 내 요점은 이러한 접근을 심사하려는 게 아니라, 가치 있는 본문을 읽는 독자라면 모두 그 내용과 무관하게 사중의 작업, 즉 역사·내용(바울의 경우에는 '신학')·주해·적용에 참여하고 있다는 사실을 지적하려는 것이다. 이 네 개의 줄은 현악 사중주의 네 파트처럼 서로 얽혀 있다. 각 부분을 따로 연구할 수 있고, 각 파트를 따로 작성할 수 있다. 하지만 제대로 된 음악을 들으려면 반드시 이 넷을 한꺼번에 연주해야 한다.

우리 이전에 바울의 편지를 읽은 사람 중에는 고대와 현대를 막론하고 학자들이 있다. 그런 학자들 모두에게도 나름의 상황, 나름의 문화, 바울을 연구하려 했던 나름의 이유, 바울이 말했을 내용과 관련된 나름의 희망과 두려움이 있었다. 지난 200년 동안 가장 큰 영향력을 미쳤던 학계의 흐름은 계속해서 **역사** 분석을 시도했다. 그들은 종종 바울 편지의 **내용**에 관한 기존 해석과 다른 분석을 제안함으로써 기독교 교회 내부의 특정 요소, 아마도 근본이 되는 요소에 도전을 던질 수 있다고 믿으며 그런 작업을 했다. 일부 사람들은 바로 그런 이유로 '역사비평'이라 불리는 시도를 무시하고, 심지어 전력을 다해 비방했다. 그들은 그런 학자들이 언제나 복음을 훼손하고 있다고 생각한다! 사실 역사비평의 이의 제기는 내용은 다르지만 형식 측면에서는 중세 교회에 반대했던 루터와 칼뱅의 저항과 닮은 점이 아주 많다. 그들은 성경을 새롭게 읽으면 무언가 잘못되었음을 알게 될 것이라고 말했다. 그러한 저항을 원천 봉쇄할 수는 없다. 그것이 궁극적으로 틀린 것으로 판명 난다 해도 중요한 측면을 담고 있을 수 있다.

이 모든 내용은 본서의 밑바탕에 깔린 논제로 연결된다. 첫째, 현대 바울 논의에서 바탕을 이루는 내용 중 다수는 19세기에 일어난 흐름 하나에 기원을 두는데, 이 흐름은 소위 새로운 바울 해석을 제시했으며, 그 해석을 통해 바울은 과거에 사람들이 생각했던 바울의 모습과는 다른 모습을 띠게 되었다. 둘째, 이 시대 바울 학계의 주류는 19세기를 지배했던 사고에 반대해 그와 유사한 소위 역사에 근거한 저항을 개시했다. 이 모든 흐름의 중심에는 불트만이 있다. 불트만이 19세기에 시작된 흐름을 20세기 중반에 요약했고, 그럼으로써 21세기를 위한 질문을 제기했다고 해도 크게 과장된 말은 아니다. 내가 차례로 살펴볼 주요한 흐름 셋(샌더스, 마틴, 믹스에 초점을 둔)은 비록 서로 완전히 다른 방식이었지만 모두 불트만에 대한 반응이다. 더 최근의 이런 흐름들이 본서의 주제이므로, 우리는 19세기 흐름이 일어났던 이유와 20세기 초에 남아 있던 그 유산이 20세기 말에는 역사적으로 부적절한 것으로 판명 난 이유를 이해할 필요가 있다.

이 이야기 속에 있는 많은 아이러니 중 하나겠지만, 여기에 아이러니가 있다. 더 '보수적으로' 바울을 읽는 독자들은 흔히 불트만 반대편에 가담했지만, 실제로는 그들이 인정하는 수준보다 불트만에 더 가까운 경우가 많았다. 적어도 샌더스에 반대하는 반응 가운데 일부('옛 관점')는 그런 분파에서 나타났다. 이 거대한 사상의 흐름은 바울서신을 설교와 가르침, 상담과 복음 전파와 같은 분야에서 '대중적'으로 사용하는 것과 동떨어지거나 무관하게 상아탑에서만 진행된 것이 아니다. 그러한 활동은 우리의 통상적인 예상보다 현대 사고의 더 큰 흐름과 훨씬 더 밀접하게 엮여 있다. '대중적 바울'의 경우, 철학에 관한 문제든 경건에 관한 문제든, 16세기의 질문에 19세기의 목소리로 대답하는 경우가 매우 빈번했지만, 본서는 21세기의 질문에 답변해야 한다는 과제의 일환으로서 1세기 바울의 목소리를 들으려는 노력에 관한 것이다.

그런데 이런 작업조차도 적절하다고 말할 수 있을까? 일부 학자들이 그러한 신약 읽기의 실행 가능성에 이의를 제기한 짧은 시기가 특히 1960년대와 1970년대에 있었다. (그들의 말로는) 신약 문서의 배경이 우리 시대 문화와는 너무나 다르기 때문에, 그리고 특별히 우리의 뿌리는 현대 세계인 반면 그 문서들의 뿌리는 고대 세계(사람들은 여기에 '고대 **유대** 세계' 혹은 '고대 **묵시** 세계관'을 덧붙이기도 한다)이기 때문에, 우리가 할 수 있는 최선은 그 문서들을 비신화화하고, 말하자면 그 문서들이 무시간적 진리 혹은 추상적 진리에 관해 말했을 법한 내용을 분별하고, 그런 다음 우리 시대에 적합한 방식으로 다시 표현하려고 노력하는 것뿐이다. 당연히 이런 내용은 불트만 의제의 핵심이었고, 다음과 같은 질문을 제기한 영어권 세계의 일부 학자도 채택했던 이야기다. '초기 그리스도인들이 그들의 시각으로 진리를 보았다면, 그들의 시각과는 너무나도 다른 우리가 어떻게 그들이 말했던 내용의 핵심을 우리의 방식으로 이야기할 수 있을까?'[3] 따라서 관건은 바울의 '중

---

3 이 극단적인 상대주의를 가장 열정적으로 옹호하는 사람 중 하나가 D. E. Nineham이다. 이를테면, Nineham 1976을 보라.

심' 혹은 '핵심'을 찾으려는 탐구며, 이 탐구는 지금 이 순간까지 지속되고 있다. 하지만 바울의 핵심 주장에 우호적인 사람이든 적대적인 사람이든, 대부분 바울 독자들은 더 직접적인 관련성을 스스로 만들어 낸다. 실제로 그의 서신들은 시간과 문화를 초월해 예리한 적실성과 도전을 담은 질문을 제기하고 있다는 강력한 느낌을 늘 우리에게 준다. 따라서 역사에 포함된 분과로서의 주해 작업에는 우리가 '적용'이라 부를 수 있는 내용이 보통 동반되었는데, 이런 특성은 기독교 교회 안팎 모두에서 나타났다. 거의 모든 주해자들은 이 문제에 구체적으로 대답할 수 있든 없든 이 문제를 엿보고 감시한다. 나는 이 문제를 드러내 놓고 논의하는 것이 더 낫다고 생각한다.

결국 모든 역사는 '우리가 보고 있는 자료를 어떻게 묘사하는 게 최선일까?'라는 질문뿐만 아니라 '이 내용이 우리와 어떤 관련이 있을까?'라는 질문도 고려한다. 역사가와 전기 작가들은 고대와 현대를 막론하고 사회, 제국, 지도자, 대중적 움직임, 문화 세력과 압력 사이에 존재하는 유사성을 그들이 묘사하는 세계와 그들 자신의 세계에서 암시하거나 심지어 부각해 왔다. 플루타르코스(Plutarch)는 '유사한 삶들'(parallel lives; 두 인물을 대비해 인물의 모습을 한층 더 선명하게 묘사한 『플루타르코스 영웅전』의 원제이기도 하다—옮긴이)을 묘사한 최초의 작가 중 한 명이다. 하지만 그가 그렇게 한 마지막 작가일 리는 없다. 20세기의 가장 위대한 고대 역사가 중 한 명인 로널드 사임(Ronald Syme)은 아우구스투스(Augustus)와 히틀러(Hitler) 사이에 존재하는 극적이고 충격적인 유사점들을 제시한 바 있다.[4] 때때로 질문은 유사점뿐만 아니라 타당한 연속성에 관한 것이기도 하다. 미국과 프랑스 이론가들은 오늘날 마땅히 해야 할 바를 파악하기 위해서 18세기 말 그들의 국부(國父)들의 행적을 돌아보곤 한다. 역사가 주는 유일한 가르침은 우리가 역사에

---

4   Syme 1939.

서 아무것도 배우지 못했다는 사실이라고 공공연히 이야기하는 곤고한 영혼들마저도 과거를 연구해서 현재를 위한 함의를 얻을 가능성에 대해서는 말치레를 해 준다. 따라서 구체적인 사례로서 유대교와 기독교와 이슬람교가 각자의 경전을 경건하게 읽는 방식도 그 속에 얼마나 많은 다른 차원이 존재하든, 결국은 훨씬 더 폭넓은 현상에 포함되는 특정 사례로 봐야 한다. 앞서 언급한 흐름에서 관찰되는 아이러니한 특징 가운데 하나(무신론 철학자들이 바울에게 새로운 관심을 두는 현상)는 그것이 일부 자유주의 그리스도인들의 근심 어린 고뇌('과거가 현재를 지배하게 할 수는 없어')를 완전히 건너뛰고 오늘날 많은 사람이 에픽테토스(Epictetus)나 마르쿠스 아우렐리우스(Marcus Aurelius)의 작품을 다루는 방식으로 바울을 다룬다는 것이다. 말하자면, 고대 인물인 그들이 우리에게 필요한 모든 지식을 알려 주기 때문이 아니라, 그들의 말이 우리와 통하고 우리에게도 설득력이 있으며, 또한 우리의 생각을 자극하고 때로 새로운 방향 감각을 제시하기 때문에 그들을 연구한다.

따라서 바울을 진지하게 읽는 독자들이 직면하는 네 가지 과제는 역사, 신학, 주해, '적용'이다. 이 네 가지는 우리가 아무리 열심히 떼어 내려 해도 서로 중첩되고 영향을 미친다. 그런데 이 작업이 '어떻게 수행되었는지'와 관련된 문제가 있다. 본 장의 나머지 부분에서 우리가 다룰 내용이 바로 그 문제와 그 문제의 지속적인 영향이다.

2. 역사와 '종교사'

1) 서론

사람들이 바울을 '역사' 속에 자리매김시키는 작업을 할 때, '종교' 혹은 실제로는 '종교' 역사와 관련된 더 거대한 함축적 프로젝트의 관점에서 작업하는 경우가 잦다. 내가 이제 언급하려는 문제는 이 사실과 관련된 것이다. 이런 경향은 어떤 차원에서는 이해할 만하지만, 다른 차원에서는 철저한 오해를 일으켜 왔다. 우선, 현대 서구 사회에서 '종교'라는 단어의 의미가 1세기에 사람들이 인식했던 의미와 상당히 다르다.[5] 바울을 철저하게 역사적으로 연구하는 작업에서도 이러한 시대착오는 쉽게 발생하는데, 이것은 치명적이다. 바울 시대와 우리 시대 사이에 존재하는 거대한 간극을 무시한 채 바울과 '종교'에 관해 말하는 것은 역사적 초점을 좁히는 행위로, 연관성이 있을 수도 있는 다른 요소는 배제한 다음 그 초점에 현대 의미를 뒤집어씌운다.

첫 번째 단계인 '초점 좁히기'부터 보자. 바울에 관한 역사 연구를 '종교'로 제한하는 이유가 무엇인가? 우리가 던져야 할 더 폭넓은 역사적 질문이 많다. 이 사람은 누구였는가? 우리는 이 사람을 어떻게 알 수 있는가? 그는 어떤 가정에서 태어났고 어디에서 성장했는가? 부유했는가, 가난했는가, 아니면 둘 다 아니었는가? 그의 삶과 업적을 간략하게 묘사하면 어떤 모습일까? 그와 긍정적 혹은 부정적 관계를 맺었던 인물들은 누구인가? 그는 차후 역사에 어떤 영향을 미쳤는가? 역사의 그림자로부터 출현한 흥미로운 인물들은 이런 질문들을 불러일으키기 마련이다. 이런 질문들에서 바울이 '종교적' 인물이기 때문에 더 특이하게 제기되는 내용은 없다. 고대 세계에서 '종교'는 삶의 모든 측면과 맞닿아 있었다. 그렇게 수가 많지 않았던 진짜 무신론자들조차도 보통 '종교적인' 외양을 유지했고, 종교적 외양은 삶의 모든 측면과 얽힌 채 모든 곳에 퍼져 있었다. 고대 세계에 '종교'라 불리는 분리된 영역은 없었다. 이런 관점에서 '정치'라는 영역, 또는 '경제'라는 영역도 마찬가지였다. 삶이 완전히 매끄럽게 연결되어 있던 것은 아닐 수 있지만, 대체로 하나의 온전한 복합체였을 것이다. 역사 조사를 할 때, 특히나 이러한 '영역들'을 습관적으로 구분하는 경향을 하나의 덕목으로 간주해 온 현

---

5   *PFG* 4, 13장을 보라.

대 서구 사회의 경우라면 늘 이 사실을 되새길 필요가 있다. 물론 어떤 사회, 어떤 특정 인물과 관련해서 '종교적' 요소를 연구하는 것은 좋은 시도다. 하지만 (특별히 고대 세계를 연구할 때) 종교를 다른 모든 영역과 따로 떼어 내려고 시도한다면 전체적인 그림을 철저하게 왜곡할 것이며, 결국 우리가 애써 확인하려는 '종교'의 조각조차도 이해하지 못할 것이다.

어떤 구체적인 역사 인물이 삶의 특정 영역에 큰 영향을 미쳤다는 사실을 우리가 알게 된다면, 당연히 역사가인 우리는 그 영역으로 곧장 들어가 더 많은 질문을 던질 것이다. 그런데 바울의 경우, 그것은 어떤 영역이어야 할까? 어떤 사람은 바울의 모습이 철학 학파의 창시자나 교사의 모습을 가장 닮았다고 이야기하고 싶을 것이다. 바울은 철학자처럼 우주론, 인식론, 윤리에 관해 많은 이야기를 했고, 이 내용 중 고대 '종교'에서 특징적으로 주목받은 것은 하나도 없었다.[6] 혹은 그를 '정치적' 인물로 볼 수도 있다. (하나님의 왕국이 예수를 통해서 시행된다는 관점을 가진) 정치적 사상가 혹은 (정치적 조망에서 보면 뭔가 어색한 위치에 자리잡은 공동체를 창설한) 정치적 행동가 혹은 둘 다에 해당하는 인물로 말이다.[7] 철학과 정치라는 이 각각의 영역에서는 다음과 같은 질문을 던지는 것이 적절할 것이다. 바울의 사상은 어떻게 생겨났을까? 그에게 갑작스러운 깨달음의 순간이 있었던 것일까? 그가 말한 내용으로 보아 그를 고대 사상 및 실천과 관련된 유명한 학파 중 하나로 볼 수 있을까? 그의 사상과 신념은 변화와 발전을 겪었는가? 그의 사상과 신념을 명쾌하고 일관되게 설명할 수 있을까? 바울 자신의 관점에서 보면 그의 사상과 신념은 실제로 일관성이 있는가? 역사가로서 우리는 의심할 여지 없이 그를 더 큰 맥락에 자리매김시키고 싶어 한다. 바울이 사상이나

---

6   *PFG* 3, 14장을 보라. Edwin Judge의 제안과 관련해서는 본서 10장을 보라.
7   *PFG* 5, 12장, 그리고 본서 12장을 보라.

삶의 측면에서 특별히 큰 신세를 진 흐름은 무엇인가? 그가 반발했던 대상은 누구며, 그가 화해하려고 시도한 대상은 누구인가? 그는 고대 세계의 많은 철학자, 정치적 사상가, 활동가들처럼 자신만의 새로운 길을 개척한 '학파'의 일부였을까?

나는 *PFG*에서 이러한 질문에 답변했지만, 여기서 이런 이야기를 꺼낸 것은 다른 목적 때문이다. 다시 말해, 우리가 바울을 '종교적' 인물로 생각하는 데 익숙해져 있는 건 지난 200년 동안 우리 문화가 사물을 바라보았던 방식이 작용했기 때문이지, 바울에게 접근하는 '정확한' 방식은 아니라는 사실을 보여 주기 위함이다. '하나님'과 관련된 내용은 모두 분리해 내 그것에 '종교'라는 이름을 붙이고 실제 삶의 나머지 영역과는 무관한 내용이라고 전제하는 것은 명백히 현대 서구 사회의 현상이다. 우리는 그런 흐름 중 하나를 느슨한 용어로 '세속화'라고 부른다. 그 흐름의 뿌리와 원인 그리고 깊은 문제점은 이 책의 범위를 벗어난 주제지만, 20세기 초까지 바울과 같은 인물을 연구하는 자연스러운 방식으로 보였던 접근법 배후에 이와 같은 더 넓은 맥락이 존재한다는 사실에 주목하는 것은 중요하다.[8] 따라서 현대 대학에서 바울을 연구하고 싶다면 아마도 종교학과나 신학과, 심지어는 (내가 속한 기관처럼) 신학대학원으로 진로를 잡아야 할 것이다. 고대사나 중동 문화, 철학 혹은 정치학을 들여다보는 것은 그다지 자연스럽지 않다는 의미다. 하지만 이런 모든 영역은 바울 연구에서 충분한 지분을 차지할 수 있고, 최근에 그런 흐름이 일고 있다.[9]

당연한 사실로 간주해 온 이런 흐름을 보여 주는 강력한 증거가 있다. 현재 상황에서 바울을 다룬 텔레비전 프로그램을 만들고 싶다면, 방송사의 '종

---

8   세속주의에 관한 정확하고 도전적인 내용은 Milbank 1990; Taylor 2007을 보라.
9   본서 12장을 보라.

교' 부서를 방문해야 할 것이다. 하지만 바울에 관한 영화나 시리즈 프로그램을 바울의 사회적·문화적·정치적·경제적 영향의 관점에서 만들 수 있다는 강력한 주장도 나올 수 있다. 대부분 서구 매체는 여전히 근대 사고의 단순한 구분법에 따라 통제되고 있다. 나는 영국방송협회(British Broadcasting Corporation)가 고도로 정교한 기술(재정은 수신료에서 나온다. 거의 모든 영국 국민의 투자를 받는다는 의미다)을 가지고 있음에도, 여전히 방송 내용을 '사실'과 '비사실'이라는 투박한 근대 기준으로 구분한다는 사실을 알고 충격을 받았다. 사도 바울이 이 기준으로 어느 쪽에 포함될지는 뻔하다. 바울은 '종교' 부서에 해당하는 내용으로 보일 수밖에 없으며, 따라서 '비사실'에 해당할 것이다. 하지만 키케로(Cicero)나 세네카(Seneca)를 다룬 다큐멘터리를 기획해 그들의 공적인 삶과 철학 사상이 복잡한 단일체로서 어떻게 종합적으로 이해될 수 있는지, 그리고 당시의 사회 환경 전체에 어떤 복잡한 영향을 미쳤는지 보여 주려 한다면, 이 프로그램은 바울과는 정반대의 부서에 할당될 것이다. 그들에 관한 내용은 적어도 '사실'일 것이다. 이러한 구분에 반발하기는 쉽지 않을 것 같다. 정작 교회와 신학자들 자신도 종종 이런 구분을 강화하는 데 일조했다.[10]

하지만 바울은 **공적** 인물이었다. 그는 사적 '종교' 세계로 사람들을 초대한 것이 아니었다. 2세기 이후로 일부 사람들이 소중하게 간직해 온 영지주의 판타지가 있었다. 20세기 초 바울 주해자들 가운데도 이 판타지를 설명 가설(explanatory hypothesis)로 열렬하게 수용한 사람들이 일부 있었는데, 그중 한 사람이 바로 위대한 루돌프 불트만(Rudolf Bultmann)이다. 하지만 이 판타지는 사도 바울의 집요한 유대교 메시지와는 무관하다. 바울의 메시지

---

10 '신학적 지식, 사고, 언설'과 '일반적 진리' 혹은 '일반적 지식' 사이가 확연하게 구분된다고 주장한 Barth 1963, p. 109의 기본 입장을 염두에 두고 하는 이야기다. Barth는 '자연 신학'에 지속적인 적대감을 보였던 것으로 유명한데, 이는 좋게 말해도 위험천만한 입장이다.

는 유일하신 하나님의 실제 세상 창조와 이미 그 세상을 변화시키고 있는 실제 새 창조에 관한 이야기였다. 일부 초기 저자들이 역사적 바울을, 말하자면 사도행전 17장의 아레오바고 연설과 애써 떼어 놓으려 한 이유가 여기에 있을 것이다. 그들의 '바울'이라면 그런 포럼에서 연설해 달라는 초청을 받아들이지 않았을 것이다. 바울은 '순회 강연자'로서 거기 있었던 것이 아니라, 적어도 함축적으로는 심각한 사회적·문화적 (따라서 또한 '종교적') 범법 행위로 재판 중인 상태였기 때문에 선택의 여지가 그다지 많지 않았을 것이다! 본질상 현대적인 '종교적' 상상 속의 바울은 당시의 철학적·문화적 관점에서 자신의 메시지를 설명하려는 바람이 없었을 것이 틀림없다.[11] 하지만 실제 바울은 정확히 그런 관점에서 자신의 메시지를 설명한 것으로 보인다. 여기서 '역사'와 '적용'은 우리를 이런저런 영역과 방향으로 떠미는데, 이는 '종교적' 바울을 연구해 온 많은 전형적인 연구, 특히 독일 연구가 가기를 원치 않았던 방향이다.

이 모든 내용에서 나의 핵심은 우리가 일차적으로는 고대 역사 속의 인물로 바울을 만난다는 것이다. 고대 역사는 (주후 70년에 일어난 예루살렘 파괴 같은) 연대와 사건에서 시작해 당시의 사회적·문화적·정치적 분위기, 당시의 다층적인 드라마 내부에서 (바울, 네로, 세네카, 그 누구든) 특정한 연기자들이 가졌던 생각과 신념을 재구성하는 작업에 이르기까지의 모든 것을 포함한다. 역사가 하는 작업이 바로 이런 일이고, 우리가 역사 연구의 기초를 확장할수록 연구도 더 발전할 것이다. 그런데 그동안 바울 연구에서는 이중의 흐름이 진행되었는데, 이 흐름 속에서 먼저 19세기 말과 20세기 초에 가장 강력했던 바울 연구들은 특정 문제들을 초래했다. 최근 학계는 다양한 방

11　이를테면, Vielhauer 1966을 보라. 이제는 많은 학자가 Vielhauer에 대해 올바른 답변을 내놓고 있는데, 특별히 Rowe 2011을 보라.

식으로 그 문제들에서 탈출하려고 노력하고 있으며 그 결과는 다양하다. 우리가 이제 살펴볼 내용이 이 중 첫 부분인데, 이 역시 두 부분으로 나뉜다. 하나는 '역사적 바울'을 단순한 '종교적' 인물로 만들어 버린 '세속화', 나머지 하나는 '종교' 자체를 가설적인 두 가지 넓은 흐름, 즉 '유대교'와 '헬레니즘'으로 나누어 분석했던 헤겔 철학의 관념론(Hegelian Idealism)이다.

2) '유대교'와 '헬레니즘' 사이에 낀 바울?

역사 연구가 그 초점을 '종교' 질문으로 좁히자, 더 구체적인 수수께끼가 등장했다. 바울이 가르치고 실천했던 것은 어떤 종류의 '종교'였고, 그 핵심에 자리한 '종교' 사상은 무엇이었는가? 이 '종교' 개념의 기원은 어디인가? 그 내용을 명쾌하고 일관되게 설명할 수 있는가? 이 내용이 바울에게 새롭게 다가온 순간이 있었는가? 그의 '종교' 사고는 발전을 겪었는가? 후기 고대의 '종교' 세계, 특히 발달 중이던 초기 기독교 운동 내부에서 그를 어느 지점에 배치해야 하는가? 그는—가장 중요한 문제지만 매우 큰 오해를 불러일으킨 양자택일 질문—본질상 **유대교** 사상가였는가, **헬레니즘적** 종교 사상가였는가? 이런 질문들이 지난 두 세기 동안 수많은 논란을 불러일으켜 왔다. 이런 질문들은 왜곡되어 있지만, 우리가 오랫동안 과제로 삼아 연구해 온 대상이 바로 이 질문들이며, 현재 논쟁의 모습을 결정한 것도 이 질문들이다. 우리가 이 질문들의 손아귀에서 벗어나려고 할 때에도 우리가 벗어나려고 하는 것은 다른 어떤 감옥이 아니라 바로 이 감옥이다.

따라서 바울은 좋든 나쁘든 유럽 학계의 '종교사' 운동 내부에서 연구되었다. 한 세기 이상 융성했던 이 운동의 영향력은 지금도 여전히 강하게 감지된다.[12] 앞서 언급했듯이, 18세기 계몽주의가 이해한 '종교'는 정의상 어떤

---

12   Neill and Wright 1988 [1964], pp. 367-378를 보라. 19세기 말과 20세기 초 종교사학파

개인(혹은 때로는 예배를 위해 만난 개인들의 모임)이 자신이 신적 존재 혹은 타자와 접촉하고 그를 예배하고 찬양하며 그에게 간구한다고 믿는 순간들이지, 그 외에 어떤 것도 포함하지 않는다. 말하자면, 종교는 '공적인 삶'이나 '정치'에 관한 것이 아니다. 종교사 패러다임은 바울 같은 인물이 지닌 '종교'의 역사적 기원 및 환경과 관련된 질문을 제기했다. 그의 '종교'는 기본적으로 유대교적인가, 아니면 헬레니즘적인가? 바울의 종교는 종교 지도 어디에 위치하는가? 기독교 운동이 적어도 2세기 중반까지는 유대교 요소와 비유대교 요소 모두가 묘하게 혼합된 모습을 취한 것으로 보였는데, 이 사실은 어떻게 설명해야 하는가? 나아가 (다른 질문들도 무시하면 안 되기에) 이 역사적 질문에 대한 답변은 신학, 주해, '적용'과 어떤 식으로 충돌하는가?

3) 바우르

이 모든 질문에 특정한 한 세트의 답변이 등장한 것은 바우르(Ferdinand Christian Baur, 1792-1860)의 걸작에서 그 기원을 찾을 수 있는 학계의 한 흐름이었다.[13] 바우르는 1826년부터 1860년 그의 사망 때까지 튀빙겐(Tübingen)에서 가르쳤다. 그는 초기 교회의 역사를 쉼 없이 연구했으며 대학 교회에서 정기적으로 설교도 했다. 그는 '튀빙겐 학파'의 핵심이었다. 이 학파는 19세기 독일에서 일어난 모든 신학 및 주해 운동 가운데 가장 유명한 흐름일 것이다.[14] 바우르는 헤겔의 관념론 전통 위에 굳게 서 있었으며, 그의 초기 기독교 재구성도 헤겔의 원리에 따라 이루어졌다. 바우르가 바

의 바울 접근법이 지닌 주요 요소에 관한 Schweitzer의 설명은 여전히 명쾌하고 유익하다 (Schweitzer 1931 [1930], pp. 26-40). 또한, Kümmel 1972/3 [1970], 5부를 보라.
13 특히, Baur 2011 [1873]을 보라.
14 이 부분에 대해서는, Harris 1990 [1975]를 보라. Baur에 관해서는 많은 논의 가운데서도 Schweitzer 1912, pp. 12-16; Kümmel 1972/3 [1970], pp. 127-143; Neill and Wright 1988 [1964], pp. 20-30; Baird 1992, pp. 258-269와 Bauspiess, Landmesser and Lincicum 2014에 수록된 중요한 논문들을 보라.

울에 관한 그의 기념비적 저서 첫 장에서 당시 사상계의 독립적 분위기를 반추하면서 기록한 내용을 살펴보자.

> 그러한 엄청난 노력으로 얻어진 이 독립된 사고는…자연스레 그 시선을 과거로 돌렸다. 의식의 자기 확실성에 자리 잡은 그 영은 이제 환경의 압력에 떠밀려 지나온 과거의 길을 검토할 수 있는 나름의 관점 위에 최초로 서게 되었고, 현재의 내적 요구를 의식한 채 무의식적 과거를 해명하기 위해 과거를 검토한다.…기독교는 한편으로 현시대의 모든 신념과 사상을 결정하는 거대한 영적 세력이요, 그 영의 자기의식이 생성되고 유지되는 궁극적인 원칙이다.…[15]

이 말의 의미는 역사와 신학의 경계가 다소간 허물어졌다는 것이다. 역사는 단순히 누군가 이따금 우연히 신적인 존재를 만날지도 모르는 영역이 아니다. 오히려 '역사가 진행되는 과정에서 절대 영(Absolute Spirit)인 하나님의 자기표현'이 나타나 '하나님이 역사 안에 사시고, 역사가 하나님의 삶이 된다.'[16] 우리는 여기서 '역사'의 기본 의미가 역사를 재구성하는 역사가의 과제나 그러한 재구성이 집필된 작품이 아니라 '실제로 일어난 일'이라는 사실에 주목해야 한다. 물론 바우르도 엄청난 양의 재구성과 작품을 남겼다. 그는 자신의 작품이 건설적인 영향을 미쳐 기독교 신비의 본질을 담은 진리를 변호하는 데 일조할 것으로 믿었다.

이 작업의 핵심 요소는 기독교를 유대교 뿌리에서 분리하는 것이 필수라는 그의 주장인데, 이 주장은 바우르의 시대로부터 한 세기 후에 신학과 주해뿐만 아니라 (아이러니하게도!) 사회적·정치적 삶에서도 치명적이었음이

---

15 Baur 2011 [1873], 1.1 - 1.2.
16 Baird 1992, p. 259.

드러났다. 십자가 처형은 유대인이 가진 특수한 소망에 종언을 고했고, 그 결과 모든 인류가 부활(바우르는 부활을 예수의 제자들이 경험한 사건으로 간주한다)로 인해 예수의 영을 받게 되었다. 따라서

> …다음과 같은 역사적·비평적 의문이 이어진다. 유대교와 불가분하게 얽혀 있던 기독교가 어떻게 유대교에서 분리되고 전 세계적인 역사적 중요성을 지니는 영역으로 옮겨져 나와…그 보편적인 역사적 실현의 주요한 방해물이었던 민족적 유대교 범주 안에 있던 사상을 그 자체로 생동감 넘치는 힘으로 만들었는가?…어떻게 기독교는 단순히 유대교 형태로 존속하는 대신 거기에서 떨어져 나와, 유대교의 민족적 특수주의와는 본질상 다른 새로운 형태의 종교적 사상과 생명을 정립했는가? 이 부분은 기독교의 원시 역사에서 가장 중요한 궁극적 지점이다.[17]

이 기본 원칙은 20세기 내내 독일 학계 전반에 걸쳐 계속해서 큰 울림을 던졌다.

바우르는 바울의 편지 중에 오직 넷(로마서, 갈라디아서, 고린도전후서)만이 바울의 저작이라고 인정했다. 그는 이 편지들을 토대로 예루살렘에서, 그리고 잇달아 안디옥에서도 벌어진 사도들 사이의 논란에서 관건이 되었던 문제인 '바울계 기독교와 유대계 기독교 사이의' 기본적인 갈등을 간략히 정리했다.[18] 이 문제는 또한 고린도에서 벌어진 당파 싸움과도 연계된 문제였다. 바우르는 유명한 논문에서 바울이 고린도전서 1:12에서 언급하는 네 '당파'(베드로파, 바울파, 아볼로파, '그리스도파')가 기본적으로는 둘이라고 보았

---

17   Baur 2011 [1873], 1.3.
18   참조. Baur 2011 [1873], 1.125-1.136.

다. 바울은 '이방계 기독교'라 불리는 파의 대변인 격이었고, 아볼로가 같은 편이었다. 반면 베드로는 '초기 유대계 기독교'의 입장을 설파했고 '그리스도파'가 여기에 가담했는데, 그들은 자신이 예수와 그의 첫 사도들의 적통임을 강조했다. 이러한 관점을 토대로 바우르는 또 다른 헤겔적 시도를 진행했다. 변증법적 역사 과정에서 '영'(spirit)은 차례로 '정'(thesis), '반'(antithesis), '합'(synthesis)의 과정으로 작용한다. 바우르에게 '정'은 베드로의 (즉, 유대교) 기독교였고, '반'은 바울의 (즉, 이방인) 기독교였으며, 이들은 결국 2세기의 '초기 가톨릭주의'에서 '합'에 도달할 운명이었다. 바우르는 이런 과정이 이미 사도행전과 목회서신에 나타난다고 생각했다.

본질상 관념론적이 이 틀은 바우르에게 넓게는 초기 기독교를, 좁게는 바울을 (소위) '역사적'으로 분석하는 도구를 제공했다. 이 틀은 또한 **신학적인** 초점도 제시해 주었는데, 바울이 '칭의'라고 지칭한 새로운 영적 경험이 그것이다.[19] 바우르는 '칭의'에 관한 바울의 언어를 '그리스도와의 연합', 그리고 실제로는 하나님과의 연합이라는 사상과 종합했는데, 이들 모두는 영에 의해서 달성된 것이었다(바우르가 '영'이란 단어를 헤겔 철학의 관점에서 이해했다는 사실을 기억하라).

> 따라서 기독교 의식(Christian consciousness)의 원칙인 영(칭의의 최고 단계이기도 하다)은 또한 적합한 관계(이 관계에서 칭의는 사람을 하나님으로 향하게 한다)가 실질적으로 실현되는 원칙이기도 하다. 영은 사람이 영을 받아들이는 주관적 형태가 믿음이라고 가정한다. 그 영을 통해서, 사람이 하나님의 아들임을 의식하는 가운데 의롭게 된 자로서 하나님과의 관계에 있다는 사실이 실질적으로 작동하는 것이다.[20]

---

19 Baur 2011 [1875], 2.135-2.168를 보라.
20 Baur 2011 [1875], 2.168.

따라서 (슈바이처를 따라) 베어드(Baird)가 논평했듯이, 바우르는 마치 바울이 헤겔을 알고 있었다는 듯이 (그리고 덧붙여 말하자면, 그럼으로써 루터파가 내세우는 '율법으로부터의 자유'의 문화적인 형태를 보강하고 있었다는 듯이) 이야기한다.

> 그의 의식을 사로잡은 원칙이 이제는 그 자신의 자의식을 결정하는 내재적 원칙이 되었다. 그는 자신이 과거에 자신을 속박했던 모든 것으로부터 자유롭다는 사실을 알았다. 그는 자신의 독립성과 자율성을 의식했다. 사도가 그의 회심에 따른 논리적이고 필수적인 결과로서 취한 태도에는 당연히 그 시점까지 그가 알아 왔던 모든 종교적 권위의 족쇄가 한순간에 끊어지는 일이 수반되었다.[21]

따라서 '유대교'로부터의 단절과 바울의 경험이 지닌 진정성과 자율성, 이 두 요소 모두 '칭의'와 밀접한 관계가 있다. 어떤 면에서는 이것이 우리가 바우르와 관련해 알아야 할 전부다. 여기에서 시작해 불트만을 거쳐 그 너머로 진행된 노선은 뚜렷하며, 니체는 그러한 관념론적 바울에 적대적인 반응을 보였다. 사실상 바우르는 서구 개신교의 관념론 노선의 창시자 위치에 서 있으며, 지난 세대에 다양한 방식으로 시작된 역사적 저항은 이 노선에 대한 반동이다.

바우르가 역사가를 자처했다는 점에서 보면 이 사실은 아이러니해 보인다. 하지만 가차 없이 이야기하자면, 그의 '역사'는 방금 우리가 묘사한 관념론적 틀을 고대 세계에 투사한 것에 불과했다. 문서들의 저작 연대가 이른지 늦은지를 결정하고 저자가 누군지를 결정하는 기준도 이 거대한 틀이었다.

21　Baur 2011 [1875], 2.271-2.272. 참조. Schweitzer 1912, p. 15; Baird 1992, pp. 263, 265. '이 칭의 안에서 신자는 하나님의 영과 연합되어 새로운 피조물이 된다. 다시 말해, 칭의는 하나님과의 연합이다.'

바우르의 그림이 빚어낸 특별한 장기적인 결과 하나를 여기서 언급해야겠다. 바우르는 유대교와 결정적으로 단절한 급진적 개신교를 설명하기 위해 하나님의 영의 성육신으로 진전하는 역사에 대한 그의 통찰을 활용했다. 하지만 19세기와 20세기 초에는 바우르와 마찬가지로 하나님이 역사 속에 활동한다고 보는 또 다른 흐름이 있었다. 차이점은 이 흐름이 유대교 역사를 예수 안에서 궁극적인 절정에 도달한 '구원사'로 본다는 사실이었다. 이 흐름은 바우르에서 불트만에 이르는 흐름만큼 알려지지 못했고 보통 열외 취급을 받았는데, 그 이유는 이 흐름이 바우르와 그 계승자들이 대변하는 견해의 어두운 측면을 나타냈기 때문이다.[22] 하지만 우리 때만 해도 발터 벤야민(Walter Benjamin)이 '역사적 진보'와 관련된 모든 이론에 반발했고 이에 상응해 케제만이 불트만에 반발한 때였기에 내재적인 역사 과정이라는 관념이라면 어느 것이나 '묵시'라는 이름 아래 일축되었다. 바르트(Barth)가 바우르 이후 자유주의에 저항한 것에서 볼 수 있듯이, '묵시'는 그 어떤 의미로든 '역사' 내부의 내재적 과정 혹은 신적인 과정을 거부한다. 2부에서 논하겠지만 오늘날 분명하게 구분해야 할 두 견해가 있다. 하나는 바우르처럼 내재적 '과정'을 내세우는 견해, 다른 하나는 진정한 바울의 견해로, 이스라엘의 내러티브가 종종 어둡고 굴곡이 있지만 하나님의 섭리를 따랐으며, 메시아가 진정으로 그 내러티브의 '텔로스'(*telos*)가 되었다는 견해다. 달리 말해, 바우르를 거부한다고 해서 '구원사'라는 줄임말로 지칭할 수 있는 유용한 모든 내용을 거부해서는 안 된다는 이야기다.

한편으로 '유대계 기독교', 다른 한편으로 '초기 가톨릭주의'에서 바울을 떼어 놓으려 한 바우르의 의제는 철학적·신학적 결과를 만들어 냈다. 거기에는 (어느 정도 명백하게) 자유주의 개신교의 한 특정 유형이 포함되는데, 그

---

22   Yarbrough 2004에 있는 상세한 설명과 논의를 보라.

흐름은 바울의 '칭의' 교리와 유사한 내용, 특별히 바울이 '(유대교) 율법의 행위'를 거부했다는 내용을 유지하기 원했고, 바울이 두 전선과 벌인 전쟁과 관련된 종교사학파의 주장이 그 목표를 달성하는 수단이 될 것으로 보았다. 마르틴 루터(Martin Luther)가 당시 로마 가톨릭에 대항하면서 로마 가톨릭을 '행위를 통한 의'를 내세우는 유대교(특별히 갈라디아서가 이런 유대교에 대한 반발이었다)와 거의 한통속으로 보았듯이, 바울 역시 안디옥에서 베드로와 '야고보에게서 온 이들'에게 반발하면서(갈 2:11-14) 1세기에 존재했던 그와 유사한 종류의 흐름에 대항했다. 따라서 바울은 '초기 유대교' 기독교와 (후대) '초기 가톨릭'의 중간에 있으면서 그 둘을 대략 같은 이유로 반대했다. 마르틴 루터가 종교개혁 시기의 급진적 '열광주의자들'을 반대했듯이,[23] 바울도 특별히 고린도 사람들, 말하자면 자신이 이미 더 높은 영성에 도달했다고 주장했던 사람들을 반대했다. 이것이 19세기 말과 20세기 초 독일 학계의 지배적인 모습이었다. 다시 말해, 독일 학계는 (a) '종교'를 기본 범주로 보고 초점을 좁힌다, (b) '유대교'와 '헬레니즘'을 예리하고 구분하고, 바울을 '이방계 기독교'의 창시자로 본다, (c) 새로운 영적 경험이라는 바우르식 의미에서 '칭의'가 바울의 핵심이었다고 본다. 샌더스, 마틴, 믹스는 바우르를 자주 언급하지 않지만, 그들이 궁극적으로 반발했던 대상은 바우르의 설명이었다.

4) 바우르 이후의 삶

바우르가 도출한 그림은 이제 역사적 견지에서 신빙성이 없는 것으로 판정났지만, 완전히 축출되지 못한 유령처럼 여전히 신약학계의 도서관과 강의

---

23 '열광주의자'(enthusiasts)라는 단어는 독일어 Enthusiasmus, 그리고 Knox 1950이 묘사하고 비판했고 Wesley 같은 사람들에서 그 실례를 볼 수 있는 18세기 영어 'enthusiasm'의 의미로 사용된다. 핵심은 특별한 신적인 영감 혹은 깨달음에 대한 주장이다.

실에 출몰한다. 고대 유대교, 기독교, 이교 모두에서 축적된 증거는 바우르의 입장을 반박한다. 실제로 바우르가 내세운 범주들은 1세기나 1세기 전후에 일어난 실제 현상과 일치하지도 않고, 그 현상을 제대로 묘사하지도 못했다. 그런데 19세기의 연구가 보여 주는바 바우르의 사고는 특정한 문화적·철학적 상황 내부에서 상당히 자연스럽게 등장했고, 바우르 자신도 그런 상황의 영향을 받아 형성되었을 것이다.[24] 이 부분에 관한 최근의 중요한 연구들은 바우르가 헤겔 같은 인물과 특정한 근본 관념을 공유한다고 주장한다. 지금 우리는 이 관념을 '오리엔탈리즘'으로 이해하는데,

> 이는 생래적으로 인종 차별적이어서, 유대인이나 유대계 그리스도인들이 '자유'를 쟁취하기 위해서는 반드시 그리스 사상의 영향을 받아야 한다고 전제한다. 신약 주해에서 그런 오리엔탈리즘 사고의 주요 설계자였던 바우르는 유대인은 기독교 신학이 가치 있다고 여기는 모든 내용의 반제(antithesis) 위치에 늘 있어야 하는 변증법을 만들어 냈다.…따라서…바우르 같은 역사 기술은 계몽주의 신학 내부에서 유대인과 유대교를 체계적으로 무시하는 결과를 낳았다.[25]

이 작가는 바우르를 바우르 자신의 역사적·문화적 맥락에 두고 그가 그런 생각을 하게 만든 흐름과 그가 다른 사람에게 영향을 준 또 다른 흐름을 추적함으로써 '신약 역사 기술의 심층 구조의 재구성'이 시급히 필요하다는 사실을 확인할 수 있다고 결론 내린다.[26]

이 필요성은 20세기 학계 어디에서나 분명했다. 바우르의 모델은 사회

---

24 특히, 예를 들어, Meeks 2001; Martin 2001을 보라.
25 Gerdmar 2014, pp. 125-126. 이 논문 전체는 학계에서 굉장히 중대한 시기였던 이때를 이해하는 데 있어 중요하다.
26 Gerdmar 2014, p. 127.

적·문화적 풍경이 변해도 사라지지 않았다. 19세기 중반부터 적어도 에른스트 케제만(Ernst Käsemann)의 위대한 로마서 주석이 출간되기 전까지는 바우르의 바울 기술이 계속해서 엄청난 영향력을 발휘했다. 이 사도는 계속해서 초기 '유대계 기독교'와 모순을 보여 주는 상징으로 이해되었다. '유대계 기독교'는 법적·언약적 개념을 고수했지만, 바울은 그런 개념을 폐기하거나 예수의 십자가를 중심으로 철저하게 재정의해야 한다고 믿었다. 그와 동시에 바울은 승리주의식 '열광주의자들'과 '종교'의 형태로 후퇴하려는 지도자들도 막아 내려고 했지만, 최선의 노력에도 결국 초기 가톨릭교회가 되고 말았다. 내 경험상 영어권 세계의 대단히 많은 학생이 모르고 있는 사실이 있으니, 그들이 바우르에서 케제만에 이르는 전통에 있는 학자들의 책을 읽을 때, 이 학자들의 책이 그들이 공부하는 영역을 설정하는 역사적 기준이라는 사실이다. 그런데 그러한 범주들이 (신학적 질문을 제기하기 훨씬 전 단계인) **역사로서** 모든 측면에서 실패했다면, 당연히 우리는 그러한 분석에서 도출된 소위 '결과들'을 조심할 수밖에 없다. 하지만 그렇다고 해서—이 사실을 반드시 기억하기 바란다—이러한 문제를 다룬 학자들이 여전히 유용하고 중요한 많은 성과를 내지 못했다는 의미는 결코 아니다. 이 부분에 대해서는 나중에 살펴볼 것이다.

이제 우리는 이 종교사 관점의 종교 작업이 어떤 식으로 바우르 이후 세대를 지배했는지 조사해야 한다. 밑바탕이 되는 질문은 이것이다. '진정한 기독교는 어떤 종류의 것이었는가?' '그것을 오늘날 어떻게 설교할 수 있으며, 핵심 본문을 어떻게 이해하는 것이 최선인가?' 하지만 이러한 질문에 접근하는 방식을 결정짓는 것은 이전에 던져진 질문이다. 즉, "최초의, 그래서 어느 정도건 '규범이 되는' 기독교는 기본적으로 유대교적이었는가 비유대교적이었는가?" 학계에 늘 존재하는 전제가 있다. 우리는 '원래' 형태를 찾아 나서야 하고, 그 형태를 규준으로 삼아야 한다는 전제다. 이 전제는 암묵적으로 전통을 넘어 성경으로 돌아가자는 개신교의 입장에, 그리고 다시 한 번 그 배후에 있는 '근원으로'(ad fontes) 돌아가자는 르네상스의 입장에 호소한다. 이른바 '유대계 기독교'가 아직 '유대교'라는 족쇄를 완전히 벗어내지 못한 상태였기 때문에, 이 전 세계적인 운동의 진정한 '원조'를 보려면 바울의 발전된 관점을 확인해야 한다. 그런 식으로 상황을 바라보는 것이 얼마나 오해의 소지가 많은지 이제 우리는 알고 있지만, 기독교의 기원에 관한 질문, 특별히 바울 저작에 관련된 질문들은 이런 식으로 접근되어 왔다.

5) 이방 기원?

기독교가 시작될 때의 '종교적' 뿌리를 찾으려는 학계의 노력은 서로 다른 대단히 많은 내용을 강조했다. 하지만 그 내용을 여기서 추적할 수는 없는 노릇이다. 과도한 단순화를 무릅쓰자면(현재 우리 작업에서는 피할 수 없지만), 우리는 이 작업이 두 개의 거대한 물결로 진행되었음을 알 수 있다. 첫째, 바울의 종교가 지닌 소위 헬레니즘적, 비유대교 기원을 찾으려는 끊임없는 탐구가 있었다. 바울이 '유대교'를 반대했다면, 틀림없이 그 외의 다른 곳에서 기본적인 사상을 가져왔을 것이다. 그래서 학자들은 바울의 '그리스도 안에 존재함'이라는 표현에서 발견되는 내용을 암시하는 증거, 또 그와 유사한 현상을 찾기 위해 이집트나 고대 중동의 다른 지역에서 일어났던 신비 종교를 샅샅이 뒤졌다. (아마도 사람들은 '그리스도 안으로 세례 됨'이라는 사상을 바울이 신비 종교에서 빌려 온 것으로 생각한 것 같다.) 초대 교부들의 저서를 통해 주로 알려진 영지주의 운동은 기독교 이전 시기로 거슬러 올라가는데, 이 운동에서 학자들은 하늘에서 내려왔다가 그의 소임을 완수하고 하늘로 돌아가는 구속자에 초점을 맞춘 바울 이전 종교의 징후를 조사했다. 잘 알려진 사실이지만, 불트만이 특별히 그의 요한복음 주석에서 취했던 것이 바로 이 노선이며, 또한 불트만의 추종자들도 바울 기독론의 뿌리를 같은 문헌에서 확인할 수 있을 것으로 기대하며 이 노선을 이어갔다. [기원을 영지주의에서 찾으려는 작업은 1945년 나그함마디(Nag Hammadi) 문서가 발견되어 예상치 못한 추진력을 얻었다.]

다른 비유대교적인 요소도 등장했는데, 그중에는 특히 급성장하고 있던 로마와 황제 제의가 있었다. 사람들은 이것들이 바울에게 원재료를 제공했다고 생각했던 것 같다. 바울이 '하나님의 아들'이신 예수라는 개념을 갖게 된 것도 카이사르에게 사용되었던 친숙한 명칭 때문이었을 것이다. 하지만 주안점은 바울이 일차적으로 **유대교를 따른** 종교적 인물이 아니었음을 역사적으로 증명하는 것이었다. 바울을 헬레니즘의 관점에서 설명하면 유대교와의 단절을 설명할 수 있고, 아마도 그럼으로써 그 단절을 정당화할 수 있을 것이다. 결국 유대교를 바라보는 방식은 바우르가 유대교를 바라보던 방식과 대동소이했다. 다시 말해, 유대교는 여전히 믿음이 아닌 '행위'의 종교, 영적 제의가 아닌 물질적 제의의 종교, 천국을 바라보는 마음의 종교 혹은 신과의 연합(슈바이처가 바우르의 헤겔적 교리를 요약한 표현으로 말하자면,[27] '주관적 영과 객관적 영의 연합')을 추구하는 영의 종교가 아닌 이 땅의 나라를 추구하는 메시아 종교로 여겨졌다. 돌이켜 보면, 이 모든 내용이 19세와 20세기 초 유럽 문화에 미친 어두운 측면을 바로 인식할 수 있다. 지금도 여전히 그런 모습이지만[이를테면, '크리스토스(Christos)가 바울에게는 '메시아'라는 의미였음을 강력하게 거절하는 모습처럼], 그 탐험의 목적은 바울을 '유대교' 외부에 확고하게 자리매김시키려는 '중립적인' 역사적 분석에만 있지 않고, '기독교는 그런 모습이어야 합니다. 편협한 이스라엘의 배타주의적 종교가 세계적인 믿음의 교회로 영광스럽게 변화되었습니다'라고 말하는 방식으로 분석하는 데도 있다. 심지어 슈바이처의 더 세심한 연구에도 이런 경향이 반영되어 있다. 슈바이처는 예수를 보는 바울의 관점이 여전히 유대교 사고에 뿌

---

27   Schweitzer 1912, p. 15.

리를 내리고 있지만, 바울이 '기독교 신비주의'를 표방한 것은 그래야지 이 새로운 신앙이 비유대교 세계로 더 쉽게 전파될 수 있었기 때문이라고 결론 내렸다. 따라서 슈바이처는 다이스만(Deissmann)이 제시한 대립 항('유대인의 교조적 메시아는 그의 민족에 속박되었다. 영적인 그리스도는 이곳저곳으로 움직일 수 있다')[28]을 취해 각 항을 그 당시 유대인 세계의 관점에서 설명하면서도, 두 번째 항이 유대인 외부 세계에는 더 쉽게 다가갔을 것임을 보여 준다.

이러한 종교사 접근은 이후에 중요한 두 개의 길로 더 발전되었다. 먼저, 바울의 서신에서 우리는 더 이전의 '유대계 기독교' 신학을 확인할 수 있는데, 바울이 이 내용을 상대화하거나 반박할 목적으로 종종 인용한다는 주장이 있다. 따라서 그의 서신 내부에 분명하게 나타나 있는 (말하자면) '언약' 개념의 반향은 바울 이전 유대계 기독교의 잔여물로 설명되어야 한다. 둘째, 바울은 일종의 '헬레니즘 기독교'의 중심이었지만, 바울이 반대했던 다른 종류의 헬레니즘 기독교도 있었으니, 이들은 과도하게 실현된 종말론(over-realized eschatology)과 일종의 초영성(super-spirituality; 조금 전에 확인했듯이 '열광주의'라는 이름을 붙일 수 있다)을 견지했다는 주장이 있다. 이러한 설명들의 유일한 증거는 해당 학자들이 바울의 문서에 적용한 왜곡된 거울뿐이지만, 학자들은 이 설명들을 활용해 바울을 이 가설적인 집단들의 대척점에 자리매김시켰다. 하지만 이런 시도는 어렵기도 하고 주해상으로도 위험한 작업이다. 왜냐하면 '증거'라는 것이 대부분 바울이 실제 집필한 내용이기 때문이다. 그것도 바울이 상대방의 입장을 약화시킬 목적으로 그저 언급만 했을 뿐인 내용에서 '추론'해 내야 한다. 이 모든 내용은 현대 학계에 잘 알려져 있는 '뒷이야기'의 일부다.[29]

---

28 Deissmann 1926 [1912], p. 133. Schweitzer의 비판은 Schweitzer 1931, pp. 33-36를 보라.
29 명백한 사례 하나가 Käsemann의 작품이다. 이를테면, 그는 롬 3:24-26에 있는 초기 유대계-기독교 정형 어구를 바울이 그것을 활용해서 작성한 내용으로부터 분리하는 외과 수술

6) 유대교 기원?

이처럼 특정 의제를 따라 진행된 역사 기술은 동등한 수준의 반대 반응을 일으켰다. 방금 요약해서 소개한 바우르 이후의 주장들과 마주했을 때, 다른 학자들, 특히 현대 유대 학계에 소속된 학자들에게서 다음과 같은 반응이 어렵지 않게 나왔다. "만약 바울이 정말로 초기 유대교를 발견해 그것을 본질상 이교로 변화시켰다면, 그 후로 기독교가 빠진 혼란상에 우리가 놀랄 이유가 없다." 그런 비평가들은 다음과 같은 주장을 개진했다. "바울은 순수한 형태의 진정한 유대교, 진품 팔레스타인 유대교에 대해 그리 많이 알지 못했던 것 같다. 그는 남부 터키 출신이다. 분명 거기에도 어떤 형태든 유대교가 있었지만, 아주 세련된 형태는 아니었다. 그런 바울에게 특별한 기대를 할 수 있겠는가?" 따라서 역사 연구는 결국 한 바퀴 돌아 자기 뒤통수를 친 격이다.[30] 1977년도에 등장한 샌더스의 저항이 지닌 중요성을 제대로 평가할 수 있는 것은 오직 이와 같은 더 오랜 논쟁에 비추어서 바라볼 때뿐이다. 오랜 기간 학계에서 벌어진 논란과 상황에 중요한 공헌을 했던 샌더스의 배경을 확인하지도 않고 서둘러 샌더스를 공격하는 일에 뛰어든 사람은 적어도 부분적으로는 핵심을 비껴갈 수밖에 없다.

그런데 설욕은 다양한 형태로 나타났다. 여러 요소가 한데 뭉쳐 바울의 종교 환경에 관한 역사 연구를 가차 없는 헬레니즘 프로젝트에서 가차 없는 유대교 프로젝트로 이동시켰다. 데이비스(W. D. Davies)의 획기적인 저서 『바울과 랍비 유대교』(*Paul and Rabbinic Judaism*)는 폭풍의 조짐 정도가 아

을 감행했다[Käsemann 1980 (1973), pp. 95-101]. 그리고 그는 롬 8:31-34과 같은 구절('하나님께서 우리를 위하시면, 누가 우리에게 맞서겠습니까?' 등)이 바울이 인용한 '열광주의'의 표어라고 주장하며, 바울이 이를 반대한다고 말한다. '열광주의자들은 승리의 함성을 부르지만…신자들은 도살장에 끌려가는 양으로 간주된다'[Käsemann 1971 (1969), p. 68].

30 다시 (앞서 언급한) Moore를 보라. 또한, 이를테면, Montefiore 1914; Schoeps 1961 [1959]; Maccoby 1986, 1991을 보라.

니었다. 그것은 폭풍의 일부였고, 학계의 회랑에 신선한 바람을 불어넣어 모든 사람에게 바울이 유대인이었고, 유대인처럼 말하고 유대인처럼 생각하고 유대인처럼 추론했던 사람이라는 사실을 되새겨 주었다. 말하자면, 바울이 그리스도인이 되었을 때, 그는 유대교의 것들을 하나도 내버리지 않고 그 방식 그대로 유지했다. 단 하나 차이는 이제 바울이 메시아가 마침내 오셨다는 사실을 믿었다는 점이다.[31] 랍비 중에도 메시아 시대를 위한 새 토라에 관해 말한 사람이 있었다. 데이비스는 이 내용이 바울의 비전 핵심에 자리 잡고 있었으며, 바울이 기존 모습 그대로의 모세 율법을 거부했다는 사실(달리 말해, 이것은 마르키온 같은 움직임도, 반율법적 움직임도 아니다)과 그가 '메시아의 율법'(nomos Christou)을 기꺼이 받아들였다는 사실을 모두 설명해 준다고 주장했다.[32] 마침내 여기에, 갑자기 깨어났지만 이전에 가지고 있던 어두운 선입견이 무엇인지를 인식하기에는 너무 늦은 시대를 위한 매우 유대교적인 바울이 있다.

데이비스는 적어도 바울을 헬레니즘 관점에서 보려는 해석상의 정체 상태를 깨뜨렸다. 결국 슈바이처가 옳았던 것일 수 있다. 이전에는 이방 맥락이 필요하다고 생각되었던 내용을 유대교 맥락이 설명할 것이다. 그런데 바울은 어떤 부류의 유대인이었을까? 묵시론자가 아니었다면 랍비였는가? 둘 다 아니라면 누구였는가? 과거에도 지금도 선택지는 매우 많다. 그렇지만 이미 출발—적어도 개략적인 틀에서 슈바이처의 출발점으로의 복귀—은 이루어졌다.[33] (이를테면) 랍비 문헌의 집필 연대에 관한 온갖 문제가 남아 있다. 하지만 데이비스는 선구자로서 서구의 주류 학계가 이전에는 거의 가보지

---

31   Davies 1980 [1948]. Neill and Wright 1988 [1964], pp. 412-415를 보라.
32   이를테면, 고전 9:21 또는 갈 6:2처럼 말이다.
33   Davies는 C. H. Dodd의 제자였다. 우리는 Dodd에 대한 논의는 하지 않았지만, 그는 더 많은 주목을 받을 만한 학자이며, 특별히 그의 종말론 해석이 그렇다. Matlock 1996, pp. 76-100를 보라.

않은 곳으로 용기 있게 나아갔다. [그가 기념비적인 '병행구' 모음집인 스트라크 빌러벡(Strack-Billerbeck)을 인용했다는 사실도 그리 중요하지 않다. '병행구절광증'(parallelomania)이란 이름을 갖게 된 이런 경향을 매도한, 이제는 유명해진 한 논문 덕분에 이 방법론도 굉장히 확고하게 자리 잡았기 때문이다.]³⁴

데이비스의 프로젝트는 특별히 랍비 유대교의 관점에서 바울을 설명하려는 것이었는데, 사해 두루마리의 발견으로 촉발된 제2성전기 유대교에 관한 관심의 폭발과 시기가 겹치게 되었다. 이 사실이 중요한 이유는 바울 당시보다 몇 세기 후에 기록되었을 랍비 문서를 집어 들고는 그 문서가 바울 당시의 관점과 실천을 반영한다고 전제할 수 없다는 사실이 비전문가에게도 점점 더 분명해졌기 때문이다. 주후 70년과 135년의 두 재앙 때문에 유대인 세계는 영원히 지속할 변화를 겪었다. 랍비 문서는 그 문서들이 만들어진 시대, 즉 예수와 바울의 시기보다 후대의 세계를 반영하고 있다. 랍비들에게 강력한 전통 인식이 있다고 해서 미슈나(Mishnah, 대략 200년경)나 탈무드(Talmud, 대략 400년경)의 어록이 정말로 1세기의 현실을 반영하고 있음을 보여 준다고 간주할 수는 없다. 그것은 마치 이레나이우스(Irenaeus)나 후대 기독교 작가들에게 강력한 전통 인식이 있다고 해서 2세기와 3세기의 관점이 1세기 중엽에 첫 사도들이 말했던 내용을 정확히 반영하고 있다는 증거로 간주할 수 없는 것과 마찬가지다. 하지만 누군가가 바울이 생각했던 것보다 훨씬 더 철저한 유대인 사상가일지도 모른다는 의문을 제기한다면, 새롭게 발견된 사해 두루마리 같은 문헌, 그리고 위경(Pseudepigrapha) 같은 제2성전기 다른 작품들의 신판 등이 랍비 문서의 신빙성이 부족한 부분에서 알찬 도움이 될 수 있을 것이다.

1세기와 후대 랍비 시대의 유대교 사상과 관습 사이의 연속성과 불연속

---

34   Sandmel 1962.

성에 관한 질문이 있다. 이 질문은 명칭 문제 때문에 더 혼란스러워졌다. 우리는 '후기 유대교'(Late Judaism 또는 Spätjudentum)라는 단어에 치를 떤다. 왜냐하면 이 단어는 포로 후기 유대교가 타락하고 부패해 소위 순수했던 예언자들의 초기 종교로부터 쇠퇴했으며 그 결과로 가설상의 '1세기 유대교'가 지닌 온갖 특성(예수와 바울이 반발했던 대상)이 나타났다고 보는 오래된 관점과 연결되어 있기 때문이다. 하지만 이 단어의 대안으로 현재 선호되는 단어인 '초기 유대교'(Early Judaism)가 적절한 역사적 정확성을 획득했다는 측면에서 더 나은지는 (적어도 나에게는) 분명하지 않다. 이 단어는 바빌론 포로기 직후부터 초기 중세에 이르기까지의 모든 내용을 뭉뚱그리고는 (이를테면) 헤롯 대왕 시기의 바리새파가 후대 랍비들(당연히 이들은 바리새파의 후계자임을 자처하려 했다)과 거의 같은 부류였다고 전제하는 경향이 있다. 타협안으로 '중기 유대교'(Middle Judaism)라는 단어를 제안하는 사람도 있지만, 그렇게 지지를 받지는 못했다.[35]

나는 과거에 '제2성전기 유대교'라는 표현을 선호했는데, 이 표현이 유대교 자체가 지닌 핵심 제도의 관점에서 이 시기를 지칭하기 때문이었다. 말하자면 이것은 긍정적이든 부정적이든 유대 민족의 역사에서 이전 혹은 이후 단계와의 암시적인 관계를 기준으로 한 명칭이 아니었다. 당연히 이 명칭에도 상당한 결점이 있었는데, 제2성전 자체가 주후 70년에 로마에 의해 파괴되어 소실되었기 때문이다. 반면 70년 이전의 특징 중 다수(특히나 엄격하게 토라를 지키는 신앙과 연관된 강력한 혁명적 요소, 또 그와 관련해 『에스라 4서』와 『바룩 2서』에서 볼 수 있는 '묵시' 문헌의 전통)는 비운의 바 코크바 반란(bar-Kochba; 132-135년에 로마제국에 대항해 일어난 유대인 봉기—옮긴이) 때까지 계속되었다.[36]

---

35 이를테면, Boccaccini 1991을 보라.
36 이 모든 내용에 대해서는 특히 *NTPG* 2부, 이제는 *PFG* 2장을 보라.

또한, '유대교'라는 단어 자체에도 결점이 있으니, 유대인 학자들이 이 단어를 자주 사용함에도 불구하고[특별히 '주의'(-ism)가 암시적으로 풍기는 의미 때문에] 이 단어가 상당히 후대에 이루어진 범주화를 내포하고 있음을 알 수 있다.[37] 하지만 바울을 '랍비 유대교'와 연결하려는 데이비스의 시도에 아무리 큰 찬사를 보낸다 해도, 이런 이야기들은 바울을 그 당시 1세기 유대교 환경에 정말로 위치시키기 원한다면 상황이 다시 한번 더 명확해지기 전에 더 복잡해져야 한다는 것을 드러낼 뿐이다. 우리는 예수를 연구하면서 '유대인 예수'를 이야기하는 것으로는 충분치 않다는 사실을 알게 되었다. 우리는 학자들 각각이 **어떤 종류의** '유대인 예수'를 이야기하는지에 관해서도 질문을 던져야 한다. 이 내용은 바울에게도 적용된다. 우리는 이 사도를 1세기 유대 세계를 배경으로 설명하는 것이 최선이라는 슈바이처와 데이비스의 의견에 동의할 수 있다. 하지만 묵시와 신비주의를 혼합한 슈바이처의 의견이나 데이비스가 가정한 랍비 사상이 그 자체로 올바른 역사적·문화적·신학적 배경을 제시해 줄 것으로 가정해서는 안 된다.

바로 이런 이유로 머지않아 다른 학자들이 등장해 바울은 전혀 랍비가 아니라고, 혹은 일차적으로는 랍비가 아니라고 선언한다. 그들은 바울이 오히려 에세네파와 그다지 다를 바 없는 유대인 종파주의자(물론 메시아에 대한 특정한 믿음을 가진)에 가깝다고 이야기했다.[38] 이와 유사하게 다른 유대교 '배경'(요세푸스, 필론, 외경 문서 등)으로 바울을 설명하려는 시도도 있었다. 신약 연구의 변화를 가져온 가장 큰 요인 중 하나는, 이전에는 구하기도 활용하기도 힘들었던 위경과 같은 문헌을 좋은 판형과 번역으로 쉽게 찾아볼 수 있게 되었다는 사실이다.[39] 그리고 튀빙겐의 마르틴 헹엘(Martin Hengel)

---

37 특히 Mason 2007; 그리고 다시 한번 Meeks 2001, Martin 2001을 보라.
38 이를테면, Murphy-O'Connor 1995를 보라. 랍비로서의 바울에 관한 세심한 논의는 이를테면, Chilton 2004를 보라.

이 미친 엄청난 영향을 인용할 수 있다. 특별히 열심당 운동에 관한 연구 및 그의 기념비적 작품인 『유대교와 헬레니즘』(*Judaism and Hellenism*)이 있는데, 거기서 그는 그 당시 모든 유대인의 삶과 사상을 따로 떼어 낼 수 있는 분리된 실체가 아닌 더 넓은 헬레니즘 세계의 일부로서 이해해야 한다고 굉장히 자세하게 주장했다.[40] 하지만 핵심은 바울은 유대인이었고, 그가 이방인을 위한 사도로서 일할 때도 여전히 자신을 유대인으로 여겼으며, 따라서 그가 말하는 내용을 이해하고자 한다면 그를 그런 인물로 바라보아야 한다는 것이다. 이러한 연구가 미친 영향이 헤아릴 수 없을 정도로 강력해진 요인이 있다. 하나는 유럽과 미국에서 나치 홀로코스트의 참상을 천천히, 하지만 끔찍하게 인식하기 시작했다는 사실, 다른 하나는 유대 민족을 비인간화해서 수백만 명을 학살한 행위를 정당화하기 위해 비교적 쉽게 동원된 이데올로기가 그저 그 시대의 일탈에 불과했던 것이 아니라, 적어도 일부는 서구 문화에, 그것도 특히 가톨릭과 개신교를 아우르는 서구 기독교 문화에 깊이 뿌리 내린 것이라는 사실을 점차 깨닫기 시작했다는 사실이다.

이렇게 세계는 이전의 선입관을 서둘러 뒤집을 준비가 되었다. 헬레니즘 사상가 바울은 나쁘고, 유대인 사상가 바울은 좋다! 바울을 칭찬하고 싶다면 이제는 유대인 사상가 바울을 연구해야 하고, 그를 비난하고 싶다면 헬레니즘 사상가 바울을 연구하면 된다. 알베르트 슈바이처는 이와 매우 유사한 이야기를 오래전에 했지만, 제2차 세계대전이 지나고 나서야 비로소 대중들이 그의 의견을 따르게 되었다.

---

39 특히, Charlesworth 1983, 1985; 이제는 Bauckham, Davila and Panayotov 2013을 보라.
40 Hengel 1974a; 1989 [1961]을 보라.

7) '종교사'를 넘어서?

넓게는 초기 기독교, 좁게는 바울을 연구하는 이러한 방법론 전체를 두고 수많은 논평을 할 수 있다. 하지만 우리는 관련된 내용 몇 개 정도에만 논의의 범위를 국한시켜야 한다. 방금 언급한 종류의 의제가 역사 연구에서 핵심 주제뿐만 아니라 얼마간은 연구 결과에도 영향을 미칠 위험성에 관한 생각이 이미 떠오른 사람도 있을 것이다. 당연히 그렇게 순진해서는 안 된다. 사람들이 책상에 앉아 간밤에 생각해 낸 가설을 떠올리며 자료를 가지고 그 가설을 시험하고 싶을지도 모르지만, 의제는 사람들을, 심지어는 역사가들을 백일몽에서 깨우는 역할을 해야 한다. 그런데 이 의제들은 무엇보다도 종교사 범주를 만들어 냈다. 이는 바우르를 논의하며 이미 언급했던 내용인데('유대계 기독교', '이방계 기독교', '열광주의자', '초기 가톨릭'), 여전히 자주 거론되며 활용되는 실정이다.[41] 특히 분명하고 파괴적인 오해가 하나 있는데, 당신이 어떤 생각의 기원을 발견하면 그 사상의 목적지도 함께 알아냈다고 생각하는 것이다.[42] 사전학(lexicography)에 있는 단어의 어원이 반드시 현재 용법에 대한 신뢰할 만한 지침이 되는 것은 아니다. 그것은 신앙이나 사상에서도 마찬가지다. 구체적으로 말하면, 어떤 내용(어떤 개념, 상징, 이야기)이 '유대교적'인 것으로 증명되었다고 해서 거기에 유대교를 비판하는 요소가 없다는 의미는 아니다. 사실, 적어도 주전 8세기 예언자의 시대 이후로 유대교가 지닌 주요한 특징 가운데 하나가 **내부 비판**(critique from within)이었다. 통상적인 '종교사' 분석에서 이 내용은 늘 받아들이기 (불가능하지는 않더라도) 어려운 부분이었다. 따라서 바울이 '(유대교) 율법의 행위'를 반대한 것으로 이해한 바우르, 불트만, 부셋(Bousset) 등이 바울 사상의 '헬레니즘' 환경

---

41 이를테면, Dunn 1977의 골자가 이 내용들이다.
42 '사회적 행위'에 대한 Geertz 2000 [1973], p. 23에 등장하는 유사한 논평을 보라. '어떤 해석의 기원이 그 해석이 향할 수 있는 목적지를 결정하지는 않는다.'

을 열렬하게 만들어 냈듯이, 데이비스도 나름의 소위 '유대교적' 바울을 만들어 냈는데, 이는 거의 모든 유대교 비판이 제거된 바울 상이었다.[43] 오해의 소지가 있는 범주는 오해의 소지가 있는 분석을 낳기 마련이다.

그런데 여기에는 그뿐 아니라 더 미묘한 위험 두 가지가 있다. 첫째, 역사와 '적용'이 신학에 대한 최소한의 적절한 고려도 없이 연결될 수 있다는 분명한 문제다. 우리는 단순하게 기본적으로 유대교적인 (혹은 기본적으로 비유대교적인) 내용은 악하거나 선하다는 전제를 가질 수 있고, 이어서 어떤 상자건 우리가 선호하는 상자에 맞게 바울을 집어넣고 적당한 증거들을 모을 수도 있는 노릇이다. 우리는 그 상자들의 의미가 무엇인지, 그리고 그런 각도에서 보았을 때 바울의 사고 패턴이 어떤 식으로 들어맞는지, 또한 바울이 구체적인 문화적 행위에 대한 특정한 윤리적 판단을 받아들이는 이유가 무엇인지, 혹은 고대와 현대의 많은 다른 유대 사상가들처럼 그런 식으로 바울을 부드럽게 설명해 내려는 우리의 시도에 바울 자신이 어느 정도까지 저항하는지 같은 질문에는 눈감아 버릴 수 있다.[44]

그러한 흐름은 바울서신을 오늘날 세계에 적절하게 '적용'하는 길을 찾기 위해서는 먼저 '올바른' '종교' 형태를 발견하고, 그 후에 그 형태를 재생산하려고 시도해야 한다고 전제한다. 이 전제에는 양면이 있다. 어떤 사람은 바울과 관련해서 중요한 사실은 그가 새로운 형태의 '종교'를 발견해서 전파했다는 것이라고 전제한다. 반면 다른 사람은 그가 '종교'라 불리는 내용을 포기하고 그 대신 새로운 것, 아마도 '계시'를 갖게 되었다고 전제한다(20세기 초 일부 신학자들이 선호했던 대립 쌍으로, 요즘에는 '묵시적' 해석자들 가운데 이 대

---

43 Davies 1980 [1948]. 이를테면, 롬 2:17-29 또는 빌 3:2-8에 대한 논의가 없고, 롬 9:6-10:4의 경우는 10:3을 지나가며 언급하는 것 외에는 아예 언급되지 않는다. 바울을 유대인으로서 '복권'하는 오늘날의 흐름 안에서도 이러한 문제는 지속되고 있다. *PFG* 15장을 보라.
44 Agamben 2005 [2000], pp. 3-5에 나오는 옳은 소리를 보라.

립 쌍을 꺼내 든 이들이 있다). 또 어떤 사람은 20세기 형태의 '유대인 바울'(슈바이처, 데이비스, 스텐달, 샌더스) 속의 일부 요소를, 바울이 '유대교'를 전혀 비판하지 않았다는 관점으로 학계가 가치 없이 이동하고 있다는 신호로 간주했다. 그들은 이러한 변화를 돌이킬 수 없는 흐름으로 보았으며, 바울을 최초의 '기독교 신학자'로 보려는 모든 시도는 학계, 그리고 어쩌면 사회의 흐름에 역행하는 움직임으로 간주했다. 하지만 그러한 비판이 헤겔의 발전 도식과 유사한 틀을 인정한다고 생각해서 가까이하지 않는 편을 택하는 사람도 있을 것이다. 어쨌든 단순하게 소위 '종교사' 분석을 기초로 바울의 작품을 곧장 '적용'하려는 시도는 지양되어야 한다. 바우르의 분석처럼 관건이 되는 분석이 다른 근거를 통해 도달한 관점을 거꾸로 투영해서 나온 결과라는 것이 어느 정도 명백할 때는 특별히 더 지양되어야 한다. 역사는 주해를 위한 맥락을 조성하며, 늘 주해와 밀접하게 대화해야 한다. 역사와 주해는 신학 자체와도 끊임없이 대화해야 한다. 『바울과 하나님의 신실하심』에서 내가 주장했듯이, 신학은 바울의 입장 배후의 근거가 '종교적' 비판('당신들의 것은 하등 종교에 불과하지만, 나는 더 우월한 종교를 발견했다')이 아니라, 십자가에 못 박힌 예수가 부활하셨고, 또 그가 이스라엘의 메시아라는 **종말론적** 믿음과 관계있다는 사실을 보여 준다. 오직 이 믿음, 그리고 그 신학적 귀결에 비추어 볼 때만 적절한 '적용'이 시작될 수 있다.

더 미묘한 두 번째 위험은 우리가 이미 지적한 내용과 관련이 있다. 즉, '역사'를 '종교사'로 국한하는 위험이다. 앞서 살펴보았듯이, 이 문제는 계몽주의 이후 이데올로기와 관계가 있는데, 그 이데올로기에 따르면 '종교'는 삶의 다른 측면 모두와, 그리고 특히 정치와 분리된 영역이어야 한다. 이런 관점은 바울의 세계를 전혀 반영하지 못한다. 현대 '종교' 개념을 바울 혹은 그 당시 사람들에게 부과하려는 시도는 결국 실패할 따름이다. 그런 분석을 기초로 '적용 거리'를 만들어 보려는 시도 역시 실패할 것이다.

아마도 부분적으로는 후자의 위험성 때문에 좀 더 최근의 연구 가운데는 바울의 역사적 입지를 그 당시의 철학, 특히 스토아학파와의 관련성 안에서 찾으려는 다양한 시도가 나타나고 있다. 나도 이런 내용에 대해서 글을 써 오고 있다.[45] 이와 관련한 위험성은 우리가 그릇된 양자택일에 빠질 수 있다는 것이다. 이를테면, 바울이 '유대교' 사상가나 '헬레니즘' 사상가, **둘 중 하나**여야 된다거나, 그와 마찬가지로 파괴적인 이분법인데, 바울이 '정치적' 사상가나 '종교적' 사상가, **둘 중 하나**여야 된다는 생각이다. 나는 그가 양자 모두에 해당하는 사람이라고 주장해 왔다. 하지만 기회가 주어진다면 바울은 우리의 현대적 범주 전체를 그의 복음을 중심 삼아 재편해 버릴 것이다.[46]

우리에게 절실히 필요한 것은 역사, 그것도 진정한 역사, 다층적인 역사다. 그런 역사는 역사에 대한 '두터운 묘사'(thick description)로서 인간의 삶과 문화 전반을 진지하게 다루어야 한다. 우리가 던져야 할 질문은 단순히 '누가 무엇을 했는가? 언제 누가 지배했는가? 어떤 전쟁에서 누가 승리했는가?'가 아니다. 혹은 신약의 경우, '누가 그 글을 집필했는가? 그 글의 주제는 무엇인가? 그들은 어떤 면에서 대립했는가?'가 아니라, 더 구체적으로 '사람들이 그런 식으로 생각하고 행동한 이유는 무엇인가? 그들의 동기와 목적은 무엇이었는가? 그들은 무엇을 목표로 삼고 있었는가?'다. 나는 이 질문에 답하기 위해 '세계관' 모형을 동원해 왔다. 내가 이 모형을 탐구의 도구로 사용하는 것은 어떤 특정 철학적 틀을 도입하려는 게 아니라, 클리퍼드 기어츠(Clifford Geertz)와 찰스 테일러(Charles Taylor)와 같은 작가들의 사회적 지도 파악 작업과 마찬가지로 우리가 내러티브와 상징과 같은 문화 요

---

45 *PFG* 14장을 보라. 그리고 이제는 특히 Rowe 2015를 보라.
46 *PFG* 5, 12장을 보라.

소에 신경을 써야 한다는 사실을 확실히 하려는 것이다.[47]

3. 역사에서 신학으로?

역사가가 주해로 진전하기 위해서는 반드시 연구 주제의 성격을 이해해야 한다. 바울의 경우에는 고대 세계와 관련된 온갖 내용이 포함될 것인데, 정치와 철학뿐만 아니라 천막 짓기와 여행도 거기에 해당한다. 하지만 거기에는 또한 핵심 요소로서 우리가 광범위하게 **신학**이라고 부르는 내용도 들어갈 것이다. 나는 *PFG*에서 이런 주장을 설파했다. 하지만 우리는 역사와 신학을 어떻게 종합할 수 있을까? 이 둘은 특히 이 둘을 의식적으로 갈라놓은 계몽주의 이후로 오랫동안 불편한 동거를 해 왔다. 여기서 우리가 그 길고 복잡한 이야기를 따져 볼 수는 없겠지만, 신약에 관한 역사 연구의 더 넓은 배경으로서 이 문제에 반드시 주목해야 한다. 역사와 신학의 분리, 신앙과 공적인 삶의 분리가 가져온 결과는 성경학계를 포함해 서구 문화 전체에 각인되어 있다. 계몽주의 이후의 이러한 분리가 루터의 '두 왕국' 신학과 결합하면, 그러한 결과적 분리는 더욱더 피할 수 없게 된다. 불트만과 그의 후계자 중 일부가 그랬듯이, 믿음의 명백한 토대를 제공하는 과정에서 역사가 믿음을 '행위'로 변질시키는 상황을 방지하기 위해 역사 자체를 의심의 눈초리로 바라보다 보니, 주류 신학계 중 대다수가 의심도 질문도 달지 않고 일부 핵심 본문을 도저히 이해할 수 없게 만드는 전제들을 가지고 작업을 진행하는 것으로 보였다. 이제 우리가 살펴볼 소위 바울에 관한 '새 관점'은 칭의, 믿음, 율법 등에 대한 일부 옛 관점을 거부하는 태도로 단순하

---

47   Geertz 2000 [1973]; Taylor 2007을 보라. 또한 Bourdieu가 이야기하는 '아비투스'(habitus) 개념에 대한 Barclay의 설명을 보라(Barclay 2011, pp. 26-27). 이 작업은 해석을 위해 같은 종류의 더 넓은 문화적 격자망을 얻으려는 시도다. 더 자세한 내용은 본서 10장을 보라.

게 이해되어서는 안 된다. 새 관점은 관념론자의 세계에서 벗어나려는 훨씬 더 큰 변화의 일부로서 이해되어야 한다. 관념론자의 세계에서는 '신적인 영의 내재된 진보'라는 의미의 '역사'가 결정권을 행사했고, '실제로 일어난 일에 대해 우리가 말할 수 있는 내용'이라는 의미의 '역사'는 그 장단에 맞추어 춤을 추는 수밖에 없었다.

바울 연구의 현재 상태는 많은 의제와 많은 열망으로부터 등장했으며, 수많은 역사 연구와 혼합되어 있다. 우리가 간략하게 설명한 복잡한 세계를 '중립적' 학문의 '객관적' 결과로 맹목적으로 신봉할 수는 없겠지만, 다양한 문화적·교회적·신학적 운동을 단순히 '주관적'으로 투영한 것으로 일축해서도 안 된다. 우리는 선배들을 절대화해서도 안 되지만, 그들을 무시해서도 안 된다.

그들도 궁극적으로는 역사에 호소했다. 우리가 그들이 찾아 놓은 결과에 동의하지 않는다면, 그것은 우리가 (그들의 수고가 우리에게 준 자극에 감사하면서) 동일한 역사 작업에 참여하되 더 철저하게 하려고 시도하기 때문일 것이다. 그 철저한 작업을 바울에게 적용하면 머지않아 특정한 **역사적** 질문에 도달하게 된다. 즉, 바울의 **신학**은 무엇이었는가? 그리고 그 신학은 바울에게, 또 그의 청중에게 어떤 의미로 다가왔는가?

2장

신학적 질문

1. 서론: 불꽃놀이와 틀

교회, 신학대학원, 심지어 대학교의 종교 학부에서 '바울 신학'을 언급하면, 사람들은 당신이 몇몇 다른 질문 조합 가운데 하나 이상에 관한 이야기를 하는 것으로 받아들일 것이다. 바울 신학계에서 진행되는 일을 묘사하려는 시도는 움직이는 기차에 올라타려는 시도와 다를 바 없는 경우가 많았다. 현재의 경우는 마치 누군가 불붙인 성냥개비를 불꽃놀이 상자에 던진 뒤 7초 뒤의 상황을 묘사하려는 것과 더 유사하다.

그래도 우리는 시도해야 한다. 현대 학계 곳곳에서 툭툭 소리를 내며 터지고 있는 현재의 혼란스러운 광경을 보면, 내가 『바울과 하나님의 신실하심』을 통해 답변하려고 했던 주요 문제 가운데 하나의 모습이 드러난다. 궁극적인 '주요 문제'는 당연히 '바울을 어떻게 이해할 것인가'다. 그런데 우리는 이 문제에 백지상태(*tabula rasa*)로 다가가는 것이 아니다. 우리는 이 문제에 답변하려고 시도하는 다른 목소리 중 적어도 일부와 대화하는 과정으로서 이 문제에 다가갈 것이다. 여기서 주요한 난점 가운데 하나는 바울 관련 서적을 읽는 많은 사람이 그 책들이 기본적으로 **그들이 가진** 질문에 답변을 줄 것이라는 전제를 가지고 읽지만, 실제로 그 책에는 상정된 다른 질문도 존재할 것이며, 동시에 다른 논쟁도 벌어질 것이라는 사실이다.

이러한 논의 모두는 (늘 분명하게 드러나는 것은 아니지만) 마찬가지로 다른 몇몇 이슈와 밀접하게 연관되어 있다. 이 논의들이 우리가 앞 장에서 살펴본 역사 질문('유대교와 헬레니즘' 사이를 단절시킨 종교사학파의 입장, 이와 동반된 더 폭넓은 이슈들)과 연관된다는 사실은 상당히 분명하다. 특별히 이 논의들은 구체적으로 특정 서신, 본문, 핵심 용어가 제기하는 주해 상의 문제와도 연관된다. 또한 이 논의들은 굉장히 중요하게도 '적용' 혹은 '현실 적합성'의 문제와도 연관된다. 앞으로 이러한 연관성을 계속해서 염두에 두는 것이 중요하다.

결과로 도출되는 그림은 여러 차원을 아우를 수밖에 없기에 특히 초심자는 헷갈릴 가능성이 크다. 우리 앞에 놓인 과제를 다른 비유로 설명하자면, 클로드 모네(Claude Monet)의 후기 작품을 분석하려는 사람이 직면하게 되는 과제와 유사하다. 모네는 유명한 '수련' 시리즈를 그릴 때 더 오랜 시간을 들여 층 위에 또 한 층을 덧칠했고, 그 결과 다른 층들이 서로 섞이고 색감과 질감 모두에서 서로 대비되며 서로를 통해서 또한 서로의 배후에서 각 층이 얼핏 보이는 그림을 완성했다. 따라서 모네의 그림을 일부 바울 주해자들의 방식처럼 '이 그림의 이 부분은 푸른색입니다' 혹은 '이 부분은 초록색입니다'라는 말로 설명하려는 시도는 완전히 빗나간 이야기다. 그림의 구석구석은 부분적으로 푸른색이요 또한 초록색이며, 또한 그 밖에 수천 가지 색으로 칠해져 있다. 비유를 다른 예술 장르로 바꿔 보자. 이와 같은 서로 다른 차원을 계속해서 염두에 두지 않은 상태에서 바울 신학을 진지하게 논할 수 있다고 생각하는 것은 마치 기타의 두세 줄만 가지고 노래

반주를 하려는 것과도 같다. 실제로 종종 바울 연구는 마치 한 줄만 있는 현악기인 것처럼 진행되었다. 물론 여러 다른 곳의 바울 학계가 서로 다른 줄을 활용했겠지만 말이다. 이제 바울을 온전한 화음으로 다시 연주해야 할 때가 되었다. 그것이 학자들을 비롯한 사람들이 여섯 줄 모두로 연주하는 법을 새롭게 배워야 한다는 의미일지라도 말이다. 오직 그렇게 할 때만 비로소 온전한 화음이 드러날 것이다. 그리고 때때로 바울은―에베소서에서?―그 나름의 이유로 열두 줄로 된 기타를 사용하기도 한다. 안 될 이유가 있는가?

바울도 알고 있던 사실 같은데, 훌륭한 비유에는 다른 훌륭한 비유가 필요하다. 바울 신학에 다가가는 것은 축구 경기를 보러 가는 것에 비유할 수 있다. (미국 독자들을 위한 안내 사항: 나는 미식축구가 아닌 일반 축구를 생각하고 있다. 이 점을 적당히 캐치했으리라 생각한다. 곧 미식축구에 관한 이야기도 나올 것이다.) 축구 시합이 시작되었다. 그런데 양측 각각에 열한 명의 선수와 누구나 볼 수 있는 골대가 서 있는 것이 아니라, 온갖 종류의 운동선수들이 같은 운동장에 나와서 럭비, 테니스, 하키, 미식축구 등 서로 다른 운동을 하려 한다고 상상해 보라. 미식축구 선수들은 (영국 관중들은 도무지 이해 못 할 상황이지만) 공이 없는 곳에서도 서로 태클을 하려 한다. 이런 모습 역시 바울 학계에 상응하는 바가 있다. 운동장의 한쪽 구석에는 서로 친해져서 호주식 축구를 배워서 하려는 사람도 보인다. 이런 상황은 위험을 초래할 수 있다. 이렇게 서로 다른 격렬한 운동을 하는 선수들이 같은 공을 사용하려고 한다면 말이다.

보통 사람들이 축구를 보러 갈 때 떠올리는 축구 시합은 상당히 간단한 운동이다. 그들은 바울이 다른 무엇보다도 한 가지 내용을 중요하게 기록했다고 생각해 왔다. 즉, 구원을 받는 방법, '믿음으로 의롭게 되는' 방법, 자신이 지은 죄의 결과로부터 구출되었다는 사실을 확실히 보증할 방법이다. 이런 주제가 바울의 '중심'이라는 입장이 여전히 폭넓게 받아들여진다('중심'을 찾으려는 탐구가 지금까지 오랫동안 바울 연구의 주도적인 특징이었지만, 나는 그것이 다소 부차적이라고 간주한다). 계몽주의 이후 바울 연구는 본질상 개신교 환경에서 자라 나왔기 때문에 바울 해석의 주요 노선은 이미 스케치가 끝난 상태였다. 일부는 바울 축구 시합을 16세기의 옛 맞수인 루터와 칼뱅의 위대한 해석 대결의 재대결로 보았다. 실제로 많은 사람이 오직 그들이 지금까지 봐 왔다고 생각한 운동 경기의 관점에서만 학계의 다양하고 상반된 흐름을 읽는다(그리고 보고한다).[1]

그렇다면 잠시 이 옛 게임의 규칙을 검토해 보자. 이 규칙은 좋든 나쁘든 대다수 사람이 바울에 접근하는 틀을 계속해서 제공한다. 여기서 서둘러 덧붙이고 싶은 말은, 내 관심은 마르틴 루터나 장 칼뱅이 실제로 말했던 내용—이 주제는 훨씬 더 많은 논의가 필요하다—보다는 서구 교회와 학계에서 바울 연구를 형성한 그들과 연관된 특정 핵심 요소에 있다.

루터에게 모세 율법이 진정 필수적이었던 것은 인간의 죄 때문이었다(인간의 죄는 반드시 이름이 있어야 했고, 부끄럽게 여겨져야 했고, 처리되어야 했다). 하지만 모세 율법은 하나님의 궁극적인 답변이 아니었고, 실제로 하나님의 답변이 전혀 아니라고도 (수긍할 만한 과장이다) 말할 수 있었다. 유명한 이야기지만, 루터는 바울이 갈라디아 교회의 논적을 대상으로 편 변론을 중세 후기의 가톨릭주의에 만연했던 율법주의에 대항한 루터 자신의 투쟁에 대응하는 내용으로 읽었다.[2] 따라서 그는 '하나님의 의'를 하나님이 믿는 자들에게

---

1 다시 한번, Schweitzer를 요약하는 Sanders 1977, p. 434의 탁월한 기술을 보라. 조직 신학의 전통적인 진행 순서에 따라 종말론을 논의의 마지막 순서로 좌천시키면 바울을 결코 이해할 수 없을 것이다. 마찬가지로 '이신칭의'를 중심으로 받아들여서는 '연합'(incorporation)에 대한 바울의 관점을 결코 이해할 수 없을 것이다.
2 Sanders가 같은 내용을 말하기 훨씬 전에 이미 Barth가 이 사실을 지적한 바 있다. 본서 pp. 188-189를 보라.

주시거나 여기시거나 간주하시는 '의'로 보았으며, '율법의 행위'는 심지어 명백히 '종교적인' 행위를 통해서라도 하나님이 보시기에 충분히 선한 존재로 자신을 만들려는 인간의 시도로 보았다. 그리고 '믿음'은 하나님이 인간의 죄를 용서할 수 있도록 예수 그리스도와 그의 십자가에서 행한 일을 기꺼이 받아들이는 것으로 보았다. 루터는 워낙에 많은 글을 남겼기 때문에, 그의 글을 보면 거의 모든 주제를 확인할 수 있다. 하지만 오늘날까지 활발한 형태로 계속되고 있는 광의의 루터파와 복음주의 전통에서 핵심이 되는 칭의에 대한 이러한 강조와, 이러한 칭의의 수단으로서의 율법을 거부하는 경향이 시종일관 변함없다고 말해도 무방하다.[3] 루터 전통은 율법이 복음을 통해서 폐기되었다는 사실을 열렬하게 강조했는데, 로마서 10:4('그리스도는 율법의 마침인가' 아니면 '그리스도는 율법의 목적인가' 아니면 다른 무엇인가?)과 같은 핵심 본문에 대한 주석을 잠깐만 확인해 보아도 이 사실을 확인할 수 있다. 또는 바울이 율법이 천사들을 통해 주어졌다고 언급한 갈라디아서 3:19을 살펴볼 수 있다. 많은 사람이 거기서 바울이 언급하는 것은 **악한 천사**, 혹은 적어도 하나님의 배후에서 이스라엘 민족에게 토라를 전했던 천사인 것이 틀림없다고 공언해 왔다.[4]

당대의, 아마도 거의 모든 세기를 통틀어 가장 철저하고 세심한 주해가 중 한 명인 칼뱅은 모세 율법에 대한 이런 루터식 해석에 이의를 제기했다. 한 시기에는 자기 백성에게 율법을 주시고, 나중에는 그들이 율법을 지킬 능력이 없다는 사실을 알고서 마음을 바꾸고 다른 방법으로 그들을 구원하기로 결정하신 하나님은 도대체 어떤 하나님이신가? 아마도 이미 잠재적

---

3   자세한 내용을 알고 싶다면 Westerholm 2004, 2장을 살펴보라. 루터와 그의 직속 제자들에게 칭의의 의미가 무엇이었는지에 대해서는 McGrath 1986, 2.1-2.32를 보라.
4   이를테면, Martyn 1997a, pp. 364-370에 질문의 형태로 제시된 내용을 보라. '바울이 갈라디아서를 집필하면서 율법이 예수 그리스도의 아버지에게서 온 것이 아니라는 암시를 줌으로써 마르키온을 예상했는지 물어볼 수 있다'(p. 365).

인 도덕률 폐기론(단순한 '율법 거부'에 자연스럽게 뒤따르는 결론)을 유념하고 있었을 칼뱅과 그의 제자들에게 율법은 은혜의 선물로서 이해되어야 했다. 하나님이 자기 백성을 이집트에서 인도해 냈을 때 그는 자기 백성을 속량했고, 나중에 시내산에서 주어진 율법은 **이미 속량받은 백성을 위한 삶의 방식**이었다. 율법은 백성을 정죄하기 위해 주어지고 나중에 복음에 의해서 사라져버릴 나쁜 것이 아니었다. 율법은 그리스도의 도래로 이끌어 줄 선한 것이었다. 다시 한번, 핵심 구절인 로마서 10:4, "그리스도는 율법의 '마침'이다"에 관한 해석을 비교해 보라. 루터 전통에서 '마침'은 보통 '종결'을 의미하며, 칼뱅 전통에서는 '성취'로 이해된다.

칼뱅은 루터 이후 칭의와 구원에 관한 이해의 초점을 미묘하지만 단호하게 조정하는 중요한 변화를 감행했다. 그는 우리가 의롭게 되는 것은 **그리스도 안에서**라고 말했다. 예수의 죽음과 부활은 그저 우리의 칭의의 기반으로서 효과적인 정도가 아니다. 그리스도는 우리가 우리 자신을 발견하는 중심지이자 장소다. 하나님은 우리가 거기에 있는 것을 보실 때 우리도 그리스도와 마찬가지로 '의롭다'고 선언하신다.[5]

따라서 종교개혁 전통 내부에 이미 율법에 대한 부정적 관점과 긍정적 관점이 존재했다. 위대한 종교개혁자 두 사람 모두에게 칭의의 기초는 예수 그리스도에 관한 한 사건이었는데, 그 사건은 말하자면 우리와 무관하게 우리 외부에서 일어났다. 이 입장은 칭의가 우리 내부에서 일어나는 하나님의 작용에 있다는 로마 가톨릭의 입장과 대조된다. 하지만 칼뱅에게 (이 측면에서 칼뱅은 바울의 입장과 매우 가깝다)[6] '의롭다'라는 하나님의 판결이 내려지는

---

5 Calvin에 관한 더 자세한 내용은 McGrath 2.32-2.39에 있다. 또한, 특별히 Westerholm 3장을 보라(물론 Westerholm 자신은 Calvin보다는 Luther를 더 편안하게 느낀다는 인상을 준다).
6 이를테면, 롬 3:24-25; 갈 2:17; 빌 3:8-9.

것은 **우리가 그리스도 안에 있기 때문이다.** 그렇다면 이 내용은 최근 일부 집단에서 다시 주목받고 있는 웨스트민스터 신앙고백을 내다본다고 할 수 있다. 말하자면, 우리가 의롭게 되는 것은 그리스도의 이중 성취, 즉 그의 구원하는 죽음 그리고 그의 완전한 '순종' 덕분이다. '순종'을 이런 식으로 이해하는 것이 로마서 5:15-21에서 바울이 이 표현을 사용하는 용법과 일치하는지의 문제는 또 다른 이야기다. 하지만 이런 해석은 최소한 칼뱅식 독해의 자연스러운 확장이다. 칼뱅식 독해에서 율법은 이제 그리스도에 의해 폐기된 위험한 혹은 나쁜 실체가 아니라, 도리어 이제 그리스도 안에서 성취된 선한 것이자 하나님이 준 것이다. 그렇다면 이 두 입장은 이스라엘 역사 전체에 대한 해석과도 연결되는데, 다시 한번 루터의 입장은 부정적인 방향이어서 이스라엘을 문제의 일부로 보는 반면, 칼뱅은 긍정적으로 이스라엘을 해결책의 출발점으로 이해한다. 바로 이런 이유로 칼뱅 신학이 결과적으로 '언약적' 틀로 표현되는 경향이 있었다. 즉, 성경의 언약(들)은 그리스도 안에서 소멸된 것이 아니라 성취되었다.

많은 사람이 보러 온 이 축구 시합은 두 팀 간의 대결이다. 말하자면, 본질상 종교개혁의 유산을 이어받은 집단 내부에 있는 두 분파 간의 대결이다. 물론 두 팀의 구성원이나 경기 스타일은 시간의 흐름에 따라 변해 왔으며, 이는 당연히 예상할 수 있는 모습이다. 하지만 분명해져야 할 사실이 있으니, 그들이 같은 경기를 같은 운동장에서, 대체로는 적어도 같은 규칙을 따라서 하고 있다는 사실이다. **그들은 14세기와 15세기에 서구 세계와 교회에서 제기된 질문을 성경의 관점으로 답변하고 있다.** 그들은 중세의 질문에 성경적 답변을 제시하기 위해 최선을 다하고 있다.[7] 그런데 그 질문이 바울 자신이 다루고 있던 질문이 아니라면 어떻게 되는가?

---

7   관련된 중세의 질문들에 대해서는 특히 McGrath 1,155-1,187를 보라.

분명히 바울은 많은—일부가 생각하는 만큼 많이는 아니겠지만—본문에서 실제로 구원에 관해 이야기한다. 특별히 로마서는 주요한 주제로서 구원에 관해 공표한다. 하지만 세심한 독자들조차도 그 주제가 갈라디아서에서는 전혀 언급되지 않는다는 사실을 알아채지 못하는 것 같다. 바울이 '구원'이라는 말로 서구 중세 교회가 생각한 의미를 표현했던 것일까? 바울이 서구 중세 교회의 관점에서 그 질문에 답변했던 것일까? 특히, 구원이 중세 교회에 중요했던 것만큼이나 바울의 사고에서도 핵심이었을까? '바울 신학'에 관한 연구 대부분은 마치 구원이 결국 핵심 주제인 것처럼 진행되었고, 이 과정이 절정에 달한 때가 바로 불트만으로, 그는 '죄 아래 인간'과 '은혜 아래 인간'에 집중했다(아래를 보라). 이 사실을 직시하고서 다른 방향으로 향한 사람도 일부 있는데, 그들은 교부 신학에 속한 전통적인 주제(삼위일체, 창조, 타락 등)를 틀로 활용했다.[8] 돌이켜 보면, 바울이 그러한 후대의 공식적 선언을 뒷받침하는 내용을 제시했다고 결론 내려도 일리가 없는 것은 아니다. 하지만 바울은 그런 후대의 방식으로 자기주장을 내세우지 않았다.

따라서 바울에 관한 주류 서구 학계의 토론이 중세 이후 시기에 불편하게 발목이 잡혀 있다는 사실이 드러나는데, 그 시기가 이제는 거의 500년이나 지나버린 과거다. 내가 다른 곳에서 주장했듯이, 그보다 1,500년 전에 살았던 바울은 그와는 미묘하게 다른 질문을 던지고 있었다. 그리고 오늘날 혼란스러운 세상의 다채로운 학파들은 다시 철저하게 다른 질문을 던지고 있다. 오늘날 대부분의 바울 학계는 과거 루터나 칼뱅의 주장에 각주를 다는 작업을 하지 않는다. 앞에서 사용했던 운동 비유를 다시 꺼내자면, 여러 팀들이 바울의 구원론이라는 관점에서 싸움(이제는 이 싸움 역시 두 팀 간의

---

8   이를테면, Whiteley 1964. Sanders 1977, p. 435는 이런 접근이 '바울의 사상을 바울의 관점에서 보지 못하게 방해'할 수 있다고 말했는데, 이는 옳은 지적이다. 하지만 앞으로 살펴보겠지만, Sanders 역시 구원론을 중심 주제로 삼는 방향으로 가고 만 것 같다.

싸움이 아니다. 이 팀들도 다시 나누어졌다)을 벌이던 바로 그 운동장이 이제 다른 팀들로 붐비고 있고, 그들은 다른 경기에 뛰어들고 있다. 사회학자들이 그들 나름의 게임을 하러 운동장에 등장했는데, 이 게임은 바울을 후기 고대의 사회 세계 안에, 그리고 그의 주된 사상을 그 당시의 윤리적 담론 안에 자리매김시키려는 작업이다. 바울에 관한 유대인 작가들의 관심도 늘어났지만, 과연 바울이 굉장히 문제 있는 유대인이었는지, 아니면 정말 훌륭한 유대인이었는지, 아니면 그 중간의 존재였는지를 두고 의견 일치가 이루어지지 않은 실정이다. 그리고 바울을 정치 사상가로 이해하려는 관심도 갑자기 늘어나서 이 모든 게임에 영향을 주고 있다. 이것은 마치 축구 경기장을 가로질러 테니스 네트를 치고 테니스 코트 선을 긋고 서브 준비를 하는 모습과 같다. 신약학계의 학술지, 그리고 성서학회의 연례 모임(그리고 정도는 덜하지만 신약학회)도 최소한 같은 스포츠 시합을 하려고 노력하는 사람들 사이의 직접적인 논쟁으로 점점 가득 채워지고 있다. 그리고 테니스 네트를 어떻게든 넘어 보려는 축구 선수들, 다른 선수가 펼친 하키 스틱('언약 신학')에 걸려 넘어지는 럭비 선수들('묵시론자'), 헬멧과 어깨 보호대를 장착하고 운동장에 나섰는데 그들이 점수를 올리려 할 때 다른 사람이 공을 낚아채 버리는 바람에 성질이 난 건장한 미식축구 선수들 사이의 간접적인 토론 역시 점차 늘어나고 있다. 그러니 호주 선수들이 특히나 원조 축구팀 하나를 꾸려 대열에 합류한 상황이라면, 굳이 그들의 상황은 생각할 필요도 없다. 들을 귀 있을 사람들은 들을 것이다. 들을 귀 없는 사람들은 이 말을 한낱 웃긴 이야기로 일축할 수도 있겠지만, 잊지는 못할 것이다. 바울 역시 이 같은 수사적 전술을 부끄러워하지 않았다. 나는 바울이 그의 저작을 기초로 등장한 너무나 많은 논의와 논제를 추적하려 할 때의 좌절감을 드러내는 그러한 방법을 승인했을 것이라고 생각한다. 이제 이 운동장에서 한 걸음 물러나서, 조금 더 전통적인 방식으로 이 광경을 묘사해 보자.

바울을 둘러싼 개신교의 이러한 원래 논의를 파악하고 나면, 그러한 논쟁에 관심이 많은 사람은 그들이 멈춰 서서 반드시 던져야 할 질문, '왜 **하필 이** 주제들이었을까?'라는 질문을 던지지 않고도 이 흐름을 따라가기 쉬울 것이다. 우리는 왜 구원 체계, 칭의 교리, 죄를 처리하는 수단과 관련된 내용을 발견하는 것을 일차적인 목표로 삼고 바울을 읽어야 하는가? 바울이 많은 시간을 할애해서 이야기했던 것이 꽤 분명해 보이는 다른 주제에 초점을 맞추어 바울을 읽으면 안 되는가? 이를테면, 세상이 그를 통해서 창조된 예수 그리스도나, 또는 하나님의 생명을 가져와 공동체로서의, 그리고 개인으로서의 신자들 안에 거주하시는 영과 같은 주제 말이다. 그리고 바울이 자주 언급하는 종말론, 새 창조, 부활, 또는 예수의 마지막 '나타나심'에 초점을 맞추면 안 되는가? 바울은 인간의 성품과 행실에 관해 구체적이고 명확한 가르침을 제시하는데, 믿음, 소망, 사랑에 모든 초점이 맞추어져 있는 이 내용을 더 자세하게 살펴보는 건 어떤가? 그리고 정말로 급진적인 생각인데, 바울이 하나님에 관해 말하는 내용을 살펴보는 건 어떤가?

이렇게 하면 안 될 이유가 정말 있는가? 그럴 만한 이유가 있었다. 루터와 칼뱅 그리고 16세기 그들의 동료들은 수명이 그리 길지 않은 시대에 살았기 때문에, 구원론에 접근할 때도 당연히 인간의 삶이 종종 짧고 혹독했던 중세 후기까지 모든 유럽에 각인되었을 질문에 지배당했을 것이다. 말하자면, **내가 죽고 나면 나에게 무슨 일이 일어나는가?** 구체적으로 이야기하면, (a) 내가 '구원받을' 것이란 사실을, 내가 영원한 고통에서 구출되어 더없는 행복의 천국을 누릴 수 있을 것이란 사실을 알 수 있는가? 알 수 있다면 어떻게 알 수 있는가? (b) 그렇다 해도, 여전히 존재하는 나의 죄를 정화하기 위해 '연옥'에서 긴 시간을 보내야만 하는가? 그리고 무엇보다 (c) (a)에 대한 답변은 '그렇다'고, (b)에 대한 답변은 '그리 길지는 않을 것이며, 전혀 없을 수도 있다'라는 점을 확실하게 해 두기 위해, 지금 나는 무엇을 할 수 있는가? 이러한 질문이 15세기 말까지 대륙 전체를 가로질러 평범한 사람들에게 미쳤던 정신적인 영향력(그리고 이러한 질문들을 성직자에게 들고 왔을 이 평범한 사람들에게 미쳤을 영적인, 심지어는 경제적인 영향력)은 오늘날의 기준에서는 정말로 놀랍다.[9] 성직자들의 위협과 중세 후기의 분위기에서 해방된 시대에도 모든 사람이 때때로 그런 질문들을 자신에게 던졌기 때문에, 루터와 칼뱅이 칭의 문제―현재에 애쓰지 않고 미래에 연옥에 갈 필요 없이 내가 영원히 구원받았다는 것을 현재에서 알 수 있는지의 여부와 방법―에 초점을 맞추었던 모습은 오늘날까지도 그 영향력을 유지하고 있다. 그것을 바울의 영향력이라고 말할 수 있다. (당연히 루터와 칼뱅은 다른 많은 내용에도 관심이 있었다. 특히 실제 공동체와 도시라는 구체적인 환경에서 생생한 그리스도인의 신앙을 실현하는 방법에 관심이 많았다. 하지만 그런 내용에 대한 관심도 많은 부분 구원론에 집중되었다.)

16세기 초에 굉장히 절실하게 제기되었던 이런 질문을 바울에게 들이댔다면, 바울도 비록 이야기의 방식과 뉘앙스는 다르겠지만 어느 정도 유사한 답변을 주었을 것이라고 말해도 무방할 것이다. 만약 바울이 마르틴 루터와 요한 테첼(Johann Tetzel, 독일을 돌며 사람들을 연옥에서 나오게 해 줄 '면죄부'를 판매했던 도미니크 수도회 설교자) 중 하나를 선택해야 했다면, 틀림없이 루터를 택했을 것이다. 하지만 내가 죽은 쥐보다는 차라리 죽은 소의 고기를 먹겠다고 해서, 그것이 스테이크가 적당히 구워졌는지에 관심이 없다는 의미는 아니다. 바울도 루터가 메뉴 선택을 잘한 만큼이나 요리 실력도 좋은지 궁금해할 것이다. 더 미묘하고 또한 논란이 되는 문제에도 마찬가지다. 만약 바울이 율법을 단호하게 거부하는 루터의 입장과 율법을 강력하게 긍정하는 칼뱅의 입장 가운데 선택해야 했다면, 그는 칼뱅을 택했을 것이다. 하

---

9   '연옥' 등의 역할과 영향력에 대해서는 이를테면, Greenblatt 2001을 보라.

지만 이번에도 내가 레모네이드보다 기네스 맥주를 좋아한다고 해서 맥주가 제공되는 온도에 까다롭지 않다는 의미는 아니다. 마찬가지로 바울도 칼뱅에게 그 아일랜드산 흑맥주를 냉장고에서 꺼내 상온에 맞추어서 그 맛을 충분히 음미할 수 있게 해 달라고 요청할 것이라고 나는 믿는다. 다른 말로 하면, 나는 바울이 우리에게 루터와 칼뱅 둘 다에게 '예'와 '아니요'라는 답변을 모두 하도록 강요할 것이라고 믿는다. 당연히 이 요구는 두 사람에 의해 형성되어 온 전통에도 해당하는 내용으로, 특히나 현대의 역사적 학문 영역까지 관통해 바울 해석의 상당 부분을 결정지어 온 후대의 교리적·철학적 전통에는 더욱더 적용되는 내용이다.

달리 말해, 바울서신을 대충 읽어 보기만 해도 바울이 종교개혁자들이 하는 질문(바울이 연옥에 대한 상상을 한 번이라도 해 봤다는 이야기는 아니다!)에 근접한 이야기를 할 때 상당히 다른 틀에서 접근하며, 그 질문에 답변하는 방식도 상당히 다르다는 사실을 알 수 있다. 그들의 질문, 그리고 그들이 바울에게서 도출해 낸 그 질문에 대한 답변은 그것들이 16세기와 17세기에 중요했던 만큼 바울에게 그다지 중요하지 않았다. 바울은 칭의와 구원 근처에 가지 않고도 몇몇 다른 중요한 주제를 논하는 긴 편지를 쓸 수 있었다. 또한 작은 보물인 빌레몬서 같은 서신의 경우, 바울은 복음의 모든 자료를 작고 예리하고 완벽한 형태를 갖춘 목회적 호소 안에 압축하면서도, 끊임없이 빌레몬에게 그의 장래 구원을 상기시키고, 지금 그가 '행해야' 할 구체적인 행동이 있음에도 그의 칭의는 여전히 믿음을 통해 은혜로 된다고 경고한다. 그런데 학계는 슈바이처에서 시작해 빙하처럼 느리지만 조금씩 지속해서 그 문제를 향해 계속 작업해 나가고 있다. 즉, 바울이 제기하고 있던 질문은 **진정 무엇이었는가**? 그 당시 그의 세계에서 다급한 사안들은 무엇이었나? 그 세계는 '구원' 자체를 어떻게 생각했는가?

여기서 우리는 다시 한번 바울의 (단순히 '종교적' 환경이 아닌!) 문화적 환경에 관한 질문을 맞닥뜨린다. 우리는 고대의 유대교 질문을 찾고 있는가, 아니면 고대의 비유대교 질문을 찾고 있는가, 아니면 둘 다인가? 바울이 신선하고 복음 중심적인 답변을 제시했다고 해도, 그 답변은 결국 어떤 질문에 대한 답변이었는가? 그러한 답변이 질문의 재구성을 강제했는가? 우리가 이러한 질문 제기의 복잡성을 소화하지 못한다면, 달리 말해, 후대의 이미지보다 역사적으로 합당한 바울 이해를 우선하지 않는다면, 우리는 더 온전한 이해로 나아갈 수 없다.

이 과정은 학계의 흐름 때문에 지연되었는데, 이 흐름은 사실 두드러지게 **비**학문적이다. 서구 학계의 바울 해석 전통에서는 많은 학자가 (바울이 말하는 것으로 보이는 내용에도 불구하고) 그가 '정말로' 묻고 있었던 내용이 무엇인지, 그리고 (그가 실제로 말했던 내용에도 불구하고) 그가 '정말로' 주려고 애쓰고 있었던 대답이 무엇인지에 대해 그들이 때로는 바울 자신보다 더 잘 안다고 전제한다.[10] 불행하게도 바울은 친절한 독일 대학교에 소속된 것이 아니어서 편안한 안식년을 누릴 기회가 없었기 때문에, 느긋하게 관련 내용을 정리할 수 없었다. 그렇기 때문에 20세기 학자들이 바울을 위해 그 작업을 대신해 주어야 한다. 이러한 태도로 인해 '내용비평'(Sachkritik 또는 material criticism)으로 알려진 과정('방법'이라 부르는 것은 너무 친절해 보인다)이 등장했다. 그것은 '해당 주제(Sache)의 의미일 (것이라고 해석자가 생각하는) 내용에 비추어 본문의 서술을 해석자가 비평하는 작업'이다.[11] 달리 말해, 우리는 바울이 '정말로' 말하고 싶었던 내용을 바울보다 더 잘 알며, 이제 바

---

10 '정말로'에 따옴표를 붙인 이유는 내가 과거에 문제의 소지가 있는 '사도 바울이 정말로 말한 내용은 무엇인가'[*What St Paul Really Said*, Wright 1997, 『톰 라이트 바울의 복음을 말하다』(에클레시아북스)]라는 제목의 책을 쓴 적이 있기 때문이다. '정말로'는 바울서신 안에 등장하는 일부 개념과 대비하려는 것이 아니라, 당시 학문적인 작가와 대중적인 작가 모두가 내놓고 있던 바울 해석 가운데 일부와 내 의견을 대비하려는 의도를 담고 있다.
11 Morgan 1973, p. 42. 그의 논의 전체(pp. 42-52)가 중요하다.

울이 정확히 그렇게 말할 것이라고 보증할 수 있는 방법론을 가지고 있다.[12]

　주류 바울 신학의 대변자들은 개신교 전통 내부에서 지난 500년 동안 제기된 질문에 초점을 맞추어 왔다. 칭의, 율법, 은혜, 믿음, 구원, 이 모든 주제는 상정된 궁극적 목적인 천국에 도달하는 것, 그리고 상정된 중간 단계 목적인 그 미래의 종국을 현재 시점에서 확신하는 것과 관련이 있다. 다음으로 다른 내용이 바짝 따라붙었는데, 특별히 기독론이 있다. 이 용어의 통상적인 의미는 이것이다. "바울이 한편으로는 예수의 '신성'과 관련해, 다른 한편으로는 그의 죽음이 지닌 의미와 관련해 무슨 이야기를 했는가?" 이어서 예수의 죽음이 지닌 의미도 그것이 어떤 관점이든 개진되고 있던 바울의 구원론에 통합되었다. 하지만 영은 어떻게 되는가? 하나님에 관한 질문은 어떻게 되는가? 하나님이란 주제는 바울 신학의 상당 부분에서 부재하다는 사실 때문에 도리어 눈에 띈다. 유명한 이야기지만, 불트만에게 하나님 주제는 인간의 죄를 분석하는 작업의 일부로서 곁다리로 등장하는데, 이것은 그에게 '신학적'(theological; '신론적'이란 뜻을 의도한 것으로 보인다―옮긴이) 구조

12　이를테면, Bultmann 1951-1955, p. 198. 바울이 고전 15장에서 말하고자 했던 바는 죽음 이전과 죽음 이후 인간 실존이 Bultmann이 말하는 의미에서 '신체와 관련될'(somatic) 것이라는 사실이다. 하지만 바울은 '추상적인 사고 능력이 충분히 개발되지 않는 상태'였기에 육체의 부활을 가지고 이 내용을 엉망으로 만들어 놓았다. '내용-비평'에 대해서는 이를테면, Matlock 1996, p. 124('바울이 그 당시의 흐름에 맞서 자신의 비판적인 통찰력을 유지하기가 버겁다는 사실을 알게 된 지점들에서는 현대 해석자들의 도움을 조금 받을 필요가 있는' 것으로 보인다는 내용에 주목하라); p. 126 n. 135를 보라. 후자는 '그 프로그램 자체의 의도를 공정하게 대하기 위해' 바울 신학을 '인간론으로' 제시하려 했던 Bultmann의 프로그램을 요약하면서 Conzelmann 1968, p. 175를 인용한다. 달리 말해, 우리는 바울이 '정말로' 말하고 있던 내용에 대해 바울 자신보다 더 잘 알고 있으며, 현명한 편집 위원처럼 저자의 원고에서 제대로 맞지 않는 어색한 부분들은 모두 산뜻하게 정리해서 저자에게 도움을 주어야 한다. 이런 장르를 보여 주는 사례 중 내가 가장 좋아하는 사례는 Dodd 1959 [1932], p. 71다. 그는 마치 우둔한 지도 학생이 쓴 논문을 교정하는 지도 교수처럼 롬 3:1-8을 파헤친다. '이 단락 전체를 빼 버렸다면 이 서신의 주장이 훨씬 더 훌륭했을 것이다.' 달리 말해, '내 결정으로는, 바울이 내 생각과 반대되는 온갖 생각을 했을지도 모르지만, 바울은 그가 말하고 있다고 내가 생각하는 내용을 이야기해야 한다.' 이것이 무엇이든 간에, 이것은 책임 있는 역사적 주해가 아니다.

(만약 그런 것이 있었다면)가 실패했다는 신호다.[13] 이런 각도에서 보면 바울 신학에 관한 질문이 아주 단순하게 제기될 수 있다. 이 다양한 개념은 서로 어떻게 배열되고 종합되는가? 이 개념들은 바울의 다양한 서신 안에서 따로, 그리고 조합을 이루어 어떤 식으로 나타나는가? 바울이 의미하는 바가 편지들 사이에서, 그리고 각 편지에서 일치되게 나타나는가, 아니면 적어도 일관성이 있는가? 바울의 저작에 나타난 이 개념들에 관한 다양한 표현을 우리 마음대로가 아닌 제대로 논하는 방식으로 우리 머릿속에 정리하려면 어떻게 해야 할까? 이것이 바로 지난 몇백 년 동안 대부분의 바울 연구가 진행된 틀이다. 이 틀은 여전히 이 주제에 접근하는 많은 사람의 방식을 결정하고 있다. 물론 이제 우리 주변에는 온갖 불꽃이 폭발하는 중이라 모든 상황이 과거와 비교해 훨씬 더 혼란스러워졌다.

2. 슈바이처에서 샌더스로: 필연적인 인상파 스케치

이제 알베르트 슈바이처에게 돌아가자. 그는 100년 전, 관련 문헌을 검토해서 바울 관련 논쟁에 결정적인 새로운 변화를 가져온 인물이다.[14] 현재의 가장 위대한 바울 해석자들도 모두 그렇지만, 그 역시 이 문제 배후에 있는 기본적인 **역사** 질문을 인식했고, 이 질문에 대한 답변의 핵심으로 기본적인

---

13 Bultmann 1951-1955, p. 228(하나님이 창조자라는 주장은 '우주론적 이론'이 아니라 '인간의 실존에 관한 명제'다)는 그의 처음 진술에서 도출되는 결론이다. 그는 '하나님'에 관한 모든 진술은 '인간'에 관한 진술이며 예수 그리스도에 대한 모든 진술은 구원론에 관한 진술이기 때문에 우리는 그 논의의 틀을 '인간'과 인간의 죄, 인간 구원의 관점에서 잡아야 한다고 말했다(p. 191). Bultmann에 대한 더 자세한 내용은 아래를 보라. 하나님에 관해 논의하지 않는다는 규칙의 고귀한 예외로는 Das and Matera 2002가 있다. 『잊혀진 하나님』(*The Forgotten God*)이라는 제목이 시사하는 바가 크다. 그보다 과거에 나타났던 작은 조짐으로는 Nils Dahl의 유명한 논문이 있다. Dahl 1977, 10장.
14 Schweitzer 1912. Neill and Wright 1988 [1964], pp. 403-408에 더 충분한 요약과 논의가 있다. 그리고 특히 Matlock 1996, 1장; Gathercole 2000을 보라.

신학 분석을 제시했다. 역사 질문은 다음과 같이 간단하게 표현할 수 있다. 최초 기독교의 발전 단계에서 바울은 어느 단계에 속하는가? 바울은 예수 자신과 예수의 최초('유대인 그리스도인') 제자들, 그리고 그다음 세대, 즉 안디옥의 이그나티우스(Ignatius of Antioch)의 세계 및 더 넓은 범위의 2세기 교회와 어떤 관계인가?

여기서 슈바이처는 바울을 초기 예수 전승을 헬레니즘화한 장본인으로 보는 사람들과 전투를 벌인다. 그들은 바울을 '초기 유대계 기독교'와 '후기 헬레니즘 기독교' **사이를** 연결하는 인물로 보지 않고, 이미 나중 단계에 속했던 인물로 본다. 슈바이처는 그렇지 않다고 주장한다. 바울은 계속해서 굳건하게 유대교 배경에 서 있었고, 그의 유대교가 가진 특징은 '묵시'라 불린 급진적 종말론이었다. 바울은 '복음이 가진 완전히 종말론적 관념'에 압도되었다.[15] 비유대교 사상이 바울의 사고방식으로 들어올 때도, 그 내용은 '유대교 거푸집에 부어졌으며, 거기에는 유대교 각인이 찍혔다.'[16] 당대 다른 학자들은 바울의 성례전 신학을 언급하며 바울이 신비 종교의 영향을 받았다고 생각했지만, 슈바이처는 성례전 신학 안에도 바울의 '종말론적 관심이 폭발하고 있다'고 주장했다. 그래서 슈바이처는 성례전은 '재탄생이 아닌 부활을 가져올 것이다. 가까운 미래에 가시적 실재가 되어야 할 그 부활을 성례전은 현재 이 시점에서 비가시적인 실재로 미리 맛볼 수 있게 해 준다'라고 말했다.[17]

지금 우리는 모든 시대를 통틀어 가장 위대한 인물 가운데 한 명인 바울에 관해 이야기한 20세기의 가장 위대한 인물 가운데 한 명인 슈바이처를 너무 간단하게 요약하려는 것인지도 모르겠다. 어쨌든 여기서 핵심은 다음

---

15   Schweitzer 1912, pp. x-xi.
16   같은 책, p. 177.
17   같은 책, p. 216.

과 같다. 슈바이처가 던진 질문에 대한 그의 답변은 바울이 계속해서 철저하게 종말론에 기반을 둔, 본질상 유대인 사상가로 남았다는 것이다. 슈바이처가 바울의 '그리스도 신비주의'라고 부른 내용의 뿌리는 바울의 유대교 사상에 있었지만 초기 기독교 사상이 2세대와 3세대로 옮겨 가는 가교 역할을 할 수 있었다. 슈바이처 시대의 교의론자들[슈바이처는 특히 폰 하르나크 (von Harnack)를 대화 상대로 삼았다]은 2세대와 3세대 기독교를 기독교 신학의 원천으로 (또한 기독교 신학의 더 변질된 형태라고 본 내용의 원천으로) 보았다. 슈바이처가 배경 문헌에 대한 검토를 마친 지 거의 20년이 지난 후에 마침내 바울에 대한 체계적인 논의를 내놓았을 때, 『사도 바울의 신비주의』(*The Mysticism of Paul the Apostle*)라는 책 제목은 오해를 불러일으켰을 것이다.[18] 그 책은 바울의 기도 생활이나 영성 훈련에 관한 책이 아니었다. 그 책은 슈바이처가 바울의 '그리스도-안에-있음 종말론적 신비주의'(eschatological mysticism of the Being-in-Christ)라 불렀던 내용을 주해적·신학적인 관점에서 일관되게 설명한 책이다.

슈바이처에게는 이것이 바울의 사상과 삶에서 중심이었다. '그리스도 안에 있음'이라는 경험은 이제 곧 일어날 것으로 기대되는 종말을 지금 이 순간 미리 맛보는 상태에 사로잡히는 것이다. 그가 말하길, 바울 이후의 세대들은 '그리스도 안에 있음'의 뿌리가 종말론에 있다는 바울의 사상을 계승하지 못했다. 바울의 핵심 표현을 지키긴 했으나, '그 당시 헬레니즘 개념'으로 구성된 다른 틀을 부여하고 만 것이다.[19] 따라서 바울은 기독교를 헬레니즘화한 인물은 아니지만, 이 교리적 중심 개념에 '헬레니즘화 될 수 있는 하나의 형태를 [기독교에] 제공'한 것은 맞다.[20]

18　Schweitzer 1931. 아래를 보라.
19　Schweitzer 1931, p. ix.
20　같은 책.

슈바이처는 그의 책 막바지에서 빌레몬서가 '바울의 고상하고 매력적인 인품을 특별하게 드러내 보여 준다'라고 감질나게 이야기한다. 그는 빌레몬서가 우리에게 남겨진 유일한 바울서신이라 해도 '여전히 바울에 관해 많은 것을 알 수 있을 것'이라고 이야기한다.[21] 내가 감질난다고 표현한 이유는, 내가 *PFG* 첫 장에서 주장했듯이 이 짧은 편지의 핵심이 정말로 '종말론적인 그리스도-안에-있음'이며, 바울은 이 상태가 그 드라마에 참여한 세 명의 배우, 즉 빌레몬과 오네시모와 바울 자신에 의해 공유된다고 주장하기 때문이다. 하지만 슈바이처는 이런 면에 주의를 기울이지 않았다.[22] 이 분야의 역사에서, 그리고 지금 우리의 짧은 조사에서 더 중요한 사실은 슈바이처가 빌리엄 브레데(William Wrede)의 통찰을 따라 칭의와 율법에 관한 '법적', '법정적' 언어라 부를 수 있는 사고 체계 전체가 결국 바울에게 모든 것의 중심은 아니었다고 주장했다는 사실이다. 슈바이처는 그보다 앞선 독일 학계의 바울 해석자들을 구분했던 그의 기준을 따라 오늘날까지 여전히 그 주제와 관련해 주요한 구분선이 되는 견해를 정립하면서 다음과 같이 주장한다.

바울의 저작에는 죄 용서에 관한 두 가지 독립된 개념이 존재한다. 그중 하나는 하나님이 예수의 속량하는 죽음의 결과로써 용서하신다고 말하며, 다른 하나는 그리스도와 함께 죽고 다시 삶을 통해 하나님이 육신과 죄를 함께 제하심으로 그리스도와 함께 죽고 부활한 사람들은 하나님의 눈에는 죄 없는 존재이기 때문에 용서하신다고 말한다.

---

21 1931, pp. 331-332.
22 그는 p. 124에서 긴 목록의 일부로서 관련 본문을 언급하지만, 그 본문을 논의하지도 않고 그 본문이 왜 해당 서신의 심장부인지 논평하지도 않는다.

이 두 관점이 어떻게 바울 안에서 결합되었을까? 이 부분에서 슈바이처의 이야기는 70년 후 마틴(J. L. Martyn)의 입장과 조금 비슷하게 들린다.

> 이 교리들 가운데 첫째[예수의 속량하는 죽음으로 인한 죄 용서]는 전통적인 견해며, 둘째[그리스도 사건 때문에 육신과 죄가 제거된다]는 바울 특유의 견해로서 신비로운 '그리스도-안에-있음'의 결과다. 바울은 자신의 소견을 두 가지 방식 모두로 표현할 수 있었지만, 그의 사고 흐름은 둘째 노선을 선호한다. 왜냐하면 그 노선에서 죄 용서라는 사실은 속량에 수반되는 복합적 사건과의 합당한 관련성 안에 자리 잡기 때문이다. 말하자면 죄 용서는 다른 사실들과 마찬가지로 '그리스도와 함께 죽고 다시 삶'이라는 기초적인 사건의 결과다.[23]

이 두 방식이 궁극적으로 서로 대립하는 것은 아니다. 왜냐하면 바울이 선호하는 방식은 그 안에 다른 방식도 포함할 수 있기 때문이다. 그렇게 해서 그 유명한 비유가 등장한다(슈바이처는 생생한 이미지를 활용하는 면에서 바울에게 절대 뒤지지 않는다).

> 따라서 이신칭의 교리는 부 분화구(subsidiary crater)로서, 주 분화구(main crater)인 그리스도-안에-있음을 통한 신비로운 속량 교리의 테두리 안에 만들어진 분화구다.[24]

그러나 이 조합은 양쪽 주제에 자연스럽다기보다는 '부자연스러운 사고의 구성물'이다. 그것은 결과적으로 '율법의 행위뿐만 아니라 일반적인 행위까

---

23 Schweitzer 1931, p. 223.
24 같은 책, p. 225.

지 거부하고', 따라서 '윤리 이론으로 향하는 길을 막아 버린 믿음의 개념'을 낳았다. 이 거대한 주제들, 즉 '연합 기독론', '이신칭의', '윤리'(어떤 용어로 부르든지)는 오늘날까지도 바울에 관한 새로운 해석이라면 반드시 서로 연관 지어야 할 주요한 세 요소로 남아 있다. 슈바이처 자신도 그렇게 주장하겠지만, 그런 해석이 단순히 그 셋을 연관 지어 바울에 대한 일관된 설명을 제시하는 데 그쳐서는 안 된다. 나아가 그러한 연관성 안에서 어떻게 예수와 한편으로는 최초의 제자들 사이, 다른 한편으로는 바울 이후 이그나티우스와 2세기를 내다보는 발전 사이의 분명한 가교를 형성하는지도 보여 주어야 한다.

우리는 특별히 이 모든 내용이 지닌 강력한 주해적 함의에 주목한다. 일단 '예수의 속량하는 죽음을 통한 죄 용서'와 '그리스도 안에 있고, 그럼으로써 단번에 영원한 그의 죽음과 부활에 동참하는 것' 사이를 구분해 버리면, 로마서 1-4장과 로마서 5-8장(혹은 적어도 6-8장) 사이에 두꺼운 구분선을 긋고는 양자택일을 요구하고 싶은 유혹을 받을 것이다. 실제로 그 이후로 줄곧 사람들은 그런 작업을 해 오고 있다. 물론 앞으로 살펴보겠지만, 이런 양자택일과 관련해 계속해서 이의가 제기되었다. 로마서 9-11장과 12-16장이 탄탄하게 구성된 단일 단락을 구성하는 요소라는 사실을 지적한 사람뿐만 아니라, 갈라디아서 3장과 4장에는 양쪽 진영의 기본적인 주제 모두가 담겨 있고 거기서는 이 주제들이 서로 양립할 수 있는 통합된 내용으로 보인다는 사실을 다시 상기시킨 사람도 있었다. 복잡한 추상적 문제도 생생하게 그려 내는 작가로서 타의 추종을 불허하는 그의 솜씨와 결합된 슈바이처의 비전이 지닌 예리함은 이 주제를 바라보는 하나의 방식을 집약하고 있었고, 후기 근대의 아침에 부는 냉철한 분위기에서 그 방식은 역사적 정확함보다는 역사적 명쾌함을 가졌던 것으로 보인다.

슈바이처가 쓴 바울에 관한 두 책 중 어디에도 그 자신의 견해가 장 칼뱅의 사상과 구조적으로 얼마나 가까운지 인식했다는 암시는 없다. 바울은 유대교 사상 노선을 철저하게 따른 유대인 사상가였다. 어떤 사람에게 '칭의'가 일어나는 것은 기본적으로 그가 '그리스도 안에' 있기 때문이다. 그런데 이 내용은 거의 정확히 제네바의 한 종교개혁자가 제안했던 내용과 같다. 물론 슈바이처를 읽은 사람도, 칼뱅의 적통을 자처하는 오늘날 많은 학자의 책을 읽은 사람도, 이 사실을 알아채지 못하고 도리어 슈바이처가 '칭의'를 '이차적인 분화구'라고 했다는 사실에 충격을 받을 것이다. 1970년대 말 샌더스의 작품을 통해 다시 등장한 것이 바로 이후 세대를 거쳐 다양하게 수정된 슈바이처의 이 제안이다. 샌더스는 '참여'를 중심으로 보고, '칭의'를 이방인이 교회에 입회하는 것과 관련된 이차적인 문제로 보았는데, 이는 브레데가 두 세대 전에 이미 주장했던 내용과 같다.[25] 또한 하나님의 우주적 구출 작전을 부각하고 예수의 속량하는 죽음 개념과 그 결과인 칭의의 '법정적' 범주를 격하시킨 마틴의 '묵시' 이론과도 일정 부분 유사하며, 심지어 더글러스 캠벨(Douglas Campbell)의 최근작과도 유사한 부분이 있다. 캠벨은 '참여'를 약간 다른 의미이긴 하지만 여전히 핵심 주제로 보았고, '칭의'를 완전히 논의에서 추방해 버렸다.[26] 이렇게 슈바이처가 그 문제를 제기한 관점은 인정을 받든 못 받든 거대한 영향을 미쳐 왔다.[27] 이 모든 내용은 '루터주의'의 바울 해석이라고 인식된 내용에 대한 '개혁주의' 혹은 '칼뱅주의'의 반응의 특징을 지니고 있다는 느낌이 든다. 현재 그 진영이 칼뱅과 얼

---

25 Wrede 1907; Schweitzer 1912, pp. 166-173를 보라. Schweitzer가 지적했듯이(p. 173), Wrede의 관점이 그 당시 무시되었던 이유는 당대의 교의론자들이 그 내용을 전혀 이해할 수 없었기 때문이다.
26 2부를 보라.
27 Sanders는 그가 Schweitzer에 빚진 것이 많다는 사실을 다른 사람보다 더 인식하고 있다. '묵시'를 자신의 연구 지침으로 삼았던 Käsemann은 그의 탁월한 선배에게 경의를 표하기를 더 주저하는 모양새다. 앞으로 살펴보겠지만, Käsemann이 상정한 가설적인 종교사 구도에서 '묵시'가 담당했던 자리는 신임을 잃은 '영지주의'가 이전에 차지했던 자리다. 아래 Käsemann에 대한 논의를 보라.

마나 멀어졌는지, 또한 서로 간에 얼마나 멀어졌는지와 무관하게 말이다. '참여'와 '칭의'는 통상적으로 바울의 사고방식에서 서로 굉장히 다르지만 주요한 두 개의 범주로 언급된다. 이 둘 사이의 관계는 역사적·신학적·(특별히)주해적으로 이 분야에서 계속해서 주요한 문제로 남아 있다.[28] 나는 다른 곳에서 이 이분법이 근본적으로 그릇된 착상이며, 이 둘은 학계가 그동안 보통 인식하지 못했거나 연구 대상으로 삼지 않았던 더 큰 주제가 외부로 드러난 결과라고 주장해 왔다. 따라서 적어도 바울 연구와 관련된 담론 전체에서 이 구분이 얼마나 강력하게 존재해 왔는지를 인식하고, 역사적·신학적·(어느 정도는)주해적 문제를 100년 전의 모습대로 굉장히 명확하게 진술하는 작업에서 슈바이처가 맡았던 역할을 인정하는 것은 중요하다.

슈바이처의 광범위한 바울 재해석이 최선을 다해 시도했던 작업에는 반드시 던져야 할 질문들의 틀을 재설정하는 것도 포함된다. 그는 '어떻게 해야 은혜로운 하나님을 만날 수 있는가?' 혹은 나아가 '어떻게 해야 천국에 갈 수 있는가?'와 같은 협소한 초점에서 벗어나, '그리스도 안에 있음'의 정확한 의미가 무엇이며 그 결과는 무엇인지와 같은 질문, 그리고 초기 기독교의 '묵시적' 관점을 어떻게 복원할 수 있는가(바울의 계승자들조차도 그 작업이 불가능하다고 생각했다)와 같은 질문으로 초점을 옮기려 했다. 하지만 이러한 움직임은 슈바이처의 자연스러운 대화 상대였던 독일 신학자들에게 즉각적인 영향을 많이 미치지 못했다. 여기에는 상당히 명백한 이유 두 가지가 있다. (슈바이처가 학계를 떠나 다른 소명을 추구했기에 그가 무시되기 더 쉬운 상황이었다. 그가 학회에 참가하지 않았다거나, 신학 학술지에 글을 싣지도 않았다는 사실은 제외해도 말이다.) 첫째, '참여'를 선호해서 칭의를 명백히 상대화한 것은 당시 독일 학자들 대부분에게 마음에 드는 접근이 아니었다. 둘째, 슈바이처

---

28   특히 Macaskill 2013(Schweitzer에 대해서는 pp. 21-24)을 보라.

가 특수한 의미로 사용했음에도 '신비주의'란 단어는 당시 개신교인 대다수의 등골을 오싹하게 만들었다. 이 단어는 모호하고 꿈같은 성례전적 경건, 심지어는 범신론적 경건을 이야기하는데, 당시 개신교인들은 이 단어를 대중적인 가톨릭교와 연관지었다. 적어도 독일에서는 루터파가 가톨릭과 대립하는 존재로서 자신을 정의하던 상황이었다.[29] 그러니 더 나아가 학문 영역에서 슈바이처의 바울관이 분명한 영향을 거의 미치지 못했다는 사실은 놀랍지 않다. 그다음 세대에서 상황을 주도한 인물은 그 영향력이 여전히 여러 분야에서 감지되는 바로 그 인물, 루돌프 불트만이다.

불트만의 유명한 『신약성서신학』(New Testament Theology, 성광문화사)에 있는 바울 관련 단락을 읽어 보면, 슈바이처라는 학자의 존재조차도 거의 감지할 수 없을 정도다. 슈바이처의 두 책이 참고 도서 목록에 포함되어 있지만, 슈바이처를 논의한다거나 그가 새롭게 진술한 사안들을 다루는 모습은 없다. 한두 번 지나가는 비판으로 '신비주의'가 언급되지만, 그 언급도 '그런 이상한 내용으로 저를 괴롭히지 마시오'라는 의미로 받아들여야 할 언급이다. '그리스도 안에' 주제는 교회론적·종말론적 이야기지 '신비적' 이야기가 아니다.[30]

여기는 불트만을 자세하게 조사할 자리는 아니다. 그런데 그의 제안 대부분이 현재로서는 매우 반직관적으로 보인다는 사실만 고려해 봐도 그가 신약 해석에 있어 20세기 중반에 미친 영향은 굉장히 특이하다고 여겨야 한다.[31] 아이러니하게도 많은 사람이, 특히 영어권 세계의 사람들이 그의 작

---

29   Schweitzer의 '신비'(Mystik)에 대한 오해에 관해서는 예를 들면, Sanders 1977, pp. 434-435를 보라.
30   Bultmann 1951, pp. 311, 335. Bultmann은 다른 곳에서 Schweitzer를 논의한 적이 있고, 더 충분히 논의하겠다고 두 번이나 약속했지만 지켜지지 않았다. 이 내용과 Bultmann의 일반적인 바울 해석에 대해서는 Matlock 1996, pp. 100-129를 보라.
31   Bultmann에 대해서는 최신 참고 도서 목록과 전체 평가를 참고하라. Robert Morgan이 Bultmann 2007 [1951-1955], pp. xi-lxiii에 정리한 내용을 보라. Morgan의 설명이 무비판

품을 '객관적인 학문'으로 간주하며, 그 결과 소위 과학적인 학자란 사람들이 불트만이 내놓은 더 기이한 제안(이제 우리는 이 제안들도 선험적인 신학 의제를 따라 추진되었다는 사실을 안다)까지 여전히 충실하게 기록하고 논의하는 실정이다.[32] 아이러니하게도, 전제 없는 주해는 불가능하다고 선언한 장본인이 바로 불트만이다. 이제는 그의 제안이 놓여 있던 자리가 1920년대에서 1950년대에 이르는 혼란스럽고 종종 어두웠던 유럽 세계 내부였다는 사실이 우리 눈에 또렷하게 보인다. 그의 제안들은 그 시대에 목회적으로 긴급한 문제로 선언된 내용이다. 이러한 맥락을 충분히 고려하면서 불트만을 연구한다는 것은 곧 기독교 신앙이 그 끔찍한 시대에 어떤 의미일 수 있는지라는 질문과 씨름했던 학자의 진실함 앞에서 겸손하게 경외심에 사로잡힌다는 의미다. 불트만이 살았고 자신의 길을 선포해야 했던 상황을 염두에 두고 그의 바울 연구의 결론을 읽고 있노라면, 어느새 용기 있는 신앙을 지닌 이 거인에게 감사의 마음을 갖게 된다.

자유, 의, 생명은 그 근거를 하나님에게 두며, 궁극적 의미이자 궁극적 목적으로서 하나님의 영광이 그 완성에 도달하는 것이 바로 이 자유, 의, 생명 안에서다. 하나님의 영광을 위해 그리스도는 주님으로 고백된다. 하나님의 영광을 위해 찬양과 감사의 기도가 회중 안에 울려 퍼져야 한다. 우리의 먹고 마심과 우

적인 것은 아니지만, 오늘날 많은 학자에 비해서는 여전히 더 긍정적이다. 상당히 다른 시각에서 집필된 책으로는 Thiselton 1980, 8장, 9장, 10장.

32 예를 들면, 바울 이전 정형구(이를테면, 롬 1:3-4; 3:24-26)에 대한 그의 이론들. 그는 이 정형어구들이 소위 원시 유대계 기독교(primitive Jewish Christianity)로부터 바울을 보호하려는 욕구에서 만들어졌다고 본다. 즉, Baur 이후 발전된 구도 안의 적절한 단계에 바울을 끼워 맞춘 것이다. 이후에는 Käsemann이 열렬하게 이러한 이론들을 받아들였고 그의 제자들이 발전시켰는데, 여전히 변함없는 같은 참조 틀 안에서 작업이 진행되었다. 이것은 기본적으로 독일 학계는 객관적으로 굉장히 역사적이라는 전제에 입각한 지적인 사기극이다. 그 전제는 실증주의 편향의 영어권 자유주의가 그들 나름의 매우 다른 의제를 뒷받침하기 위해 열렬하게 붙잡았던 전제이기도 하다.

리의 모든 일은 사도의 사역과 마찬가지로 그의 영광을 위해 행해져야 한다. 그의 영광을 위해 그리스도가 그의 사역을 완수했으며, '하나님이 만유 만에 만유가 되도록' 그의 통치를 그에게 양도할 것이다.[33]

고상한 진술이다. 이 글이나 출간된 불트만의 설교를 읽고, 당시 망가진 유럽에서 일요일 아침에 소망으로, 심지어 기쁨으로, 더불어 (당연히) 믿음으로 새롭게 나아오라는 하나님의 말씀을 불트만의 음성으로 듣는 것이 어떤 의미였을지 감지하는 사람도 있을 것이다. 사람들은 이 글 속의 불트만이 『공관복음 전승사』(*History of the Synoptic Tradition*, 대한기독교서회)의 그 무미건조하고 끔찍할 정도로 부정적인 사람과 같은 사람인지 반복해서 의문을 표하고는 했다. 지금 우리가 답변할 질문은 아니지만, 불트만의 바울 분석은 대개 양극단 사이 중간쯤에 위치한다는 정도라고 할 수 있다.[34]

불트만은 고전학자(classicist)로서 고대 그리스 로마 세계를 연구하는 사람이었다. 그는 자기 작품 곳곳에서 비기독교 관점에서, 특히 비유대교 관점에서 바울을 '설명'하려는 강한 경향을 보인다. 실제로 불트만과 슈바이처의 주요한 차이는 바로 여기에 있다고 말할 수 있다. 즉, 슈바이처는 바울을 그 당시 유대 세계 맥락에서, 특히 (슈바이처가 이해한바) '묵시적 종말론'의 맥락에서 해석해야 한다고 주장했고, 불트만은 유대 세계에, 실상은 구약에도 거의 관심을 보이지 않고 오히려 여러 가지 주제를 이해하는 설명의 격자로서 가설적인 '영지주의' 틀을 제시했다.[35] 바울의 '그리스도의 몸'이라는 표

---

33 Bultmann 1951, p. 352(바울 관련 단락을 마무리하는 문단). 생략된 성경 참고 구절(빌 2:11; 롬 15:6; 고후 1:29; 9:12-15; 고전 10:31; 고후 4:15; 롬 15:7; 고전 15:28). 네 번째 문장의 'is'는 'it'을 바꾼 것이다. 다른 예도 있는데, 번역자(Kendrick Grobel)가 이 지점에서 약간 피곤했던 것 같다. 이해할 만하다.
34 불트만의 설교 일부는 Bultmann 1960a에서 볼 수 있다. 다른 설교 모음은 Bultmann 1960b에 있다.
35 Stuhlmacher 1986 [1981], p. ix에 있는 시사하는 바가 큰 언급을 보라. '불트만 학파(내 스승

현도 '영지주의 용어'며, 갈라디아서 3:19에서 율법을 수여한 매개자인 천사도 '영지주의 신화'의 요소다. 심지어 고린도전서 15장은 일관되게 창세기 1장을 반영하지만, 불트만은 그 내용의 출처도 창세기가 아닌 영지주의 개념이라고 주장한다.[36] 영지주의의 영향이 아닌 경우는 스토아철학의 영향이다. 이를테면, 로마서 11장 끝에 있는 하나님 찬양 정형구의 출처는 '스토아주의 범신론'이다.[37] 불트만의 바울은 슈바이처의 바울처럼 후대 사람들이 유대 세계에서 헬레니즘 세계로 건너갈 가교를 만들고 있지 않았다. 바울은 그 가교를 건너 유대교를 진정으로 영원히 떠났다. 그리스도는 율법의 끝(end)이다(롬 10:4). 불트만은 여기서 '끝'을 '종결'로 이해한다.[38]

'바울이 그 내용을 어디에서 가져왔는가'에 관한 이러한 조합의 전제는 본문을 신학적으로 분석하는 관점에서 영향을 발휘한다. 불트만이 선택한 해석 격자는 본질상 개신교 구원론의 격자인데, 한편으로는 그의 고전 연구, 다른 한편으로는 신칸트적 관념론과 하이데거의 실존주의 관점에서 이해된 격자였다. 이 격자의 주요한 두 구분은 '믿음 이전의 인간'과 '믿음 아래의 인간'이다. 그는 성경 본문을 신학적 **토포이**(*topoi*; 늘 사용되는 주제, 개념, 표현—옮긴이)의 집합인 것처럼 다루었고, 그 짧은 논의들이 담겨 있는 실제 사고의 흐름에는 거의 관심을 기울이지 않았다.[39] 결과적으로 이스라엘은—이스라엘의 소망과 삶, 민족적 종말론, 메시아 대망, 역사, 유배와 회복, 심지어 인간론까지—거의 무시되었다. 로마서 9-11장은 하나의 단락으로 논의되지 않는다. 중요한 것은 율법이 '인간'을 유혹해 율법을 지키려고 노력하게

인 Ernst Käsemann을 통해 나 자신도 이 학파에서 수련을 받았다)에서 신약은 대체로 구약을 참고하지 않고 해석된다.'
36 예를 들면, Bultmann 1951, pp. 310; 268; 228.
37 1951, p. 229.
38 1951, pp. 163-164, 280.
39 큰 예외는 로마서 전반부의 사고 흐름에 관한 흥미로운 설명이다(1951, pp. 278-279).

하고 그래서 일종의 메타 죄(meta-sin)를 저지르게 함으로써, 그저 인간의 곤경을 훨씬 더 심각하게 만들었을 뿐이라는 사실이다.

고백하건대, 이것은 거의 40년 전 내가 불트만을 처음 읽었을 때 가장 파악하기 힘들었던 내용이었고, 지금도 많은 사람에게 수수께끼로 남아 있는 듯하다. 불트만은, 그리고 로마서 7장에 관한 유명한 분석에서 퀴멜(Kümmel)은, '내'가 율법을 지키려고 분투하다가 실패하고 다시 율법의 요구를 행하기 위해 노력하지만 그 기준에 도달하지 못한다는 것이 문제가 아니라고 주장했다.[40] 문제는 율법 자체가 '인간'을 유혹해 율법을 지키려고 노력하게 만들고, 따라서 그러한 노력의 분명한 성공에서 자만의 죄를 저지르게 한다는 것이다. 지금의 나는 퀴멜과 불트만이 로마서 7장에 관해 말할 필요가 있는 내용을 말하려고 노력했다고 믿는다. 하지만 그 필요한 내용을 말하기 위해 당시 그들이 동원했던 도구를 비유하자면, 컴퓨터에 새 하드 디스크를 설치하기 위해 대형 망치를 동원한 격이다. 이스라엘의 성경과 성경 이후의 유대교 문헌, 그리고 그 자료들이 보여 주는 세계관 전체를 접근하지 못하게 막아 버렸으니 불트만은 이 본문에서 바울이 말하는 바를 이해할 방법이 없었다. 그는 너무나 훌륭한 주해가였기에 문제의 존재를 못 본 척할 수가 없었다. 하지만 그는 문제를 푸는 데 필요했던 도구를 오래전에 버린 꼴이었다.[41]

이런 면에서 예외는 불트만이 칭의를 논의한 부분이다. 이 부분은 불트만이 이스라엘 성경과 성경 이후 문헌(이 경우에는 『솔로몬의 시편』)이 작게나

---

40 롬 7장에 대한 Kümmel의 유명한 논의. Kümmel 1974 [1929].
41 그가 바울의 유대교 배경을 파악하는 데 실패한 것에 대해서는 예를 들어, 1951, pp. 222-223를 참고하라. 거기서 그는 바울이 '구약 회상을 통해 결정되는' 공식을 만든다는 관점에서 고후 3장을 논의한다. 여기에는 철저한 숙고를 통한 일관성이나 주제 면에서의 일관성이 전혀 없고, 그저 바울이 우연히도 '회상'해 낸 고대 히브리어 성경의 단편들이 몇 조각 있을 뿐이라고 이야기한다.

마 일정 부분 역할을 하도록 허용한 유일한 지점이다. 그 자료들 덕분에 그는 확신을 품고 분명하게 바울의 칭의 언어에 관한 두 가지 사실을 말할 수 있었다. 즉, 칭의에는 '법정적'이고 '종말론적'인 특성이 있다.[42]

'법정적'인 면과 관련해 불트만은 '의'의 뜻이 법정이 누군가의 손을 들어주었을 때 "그 사람이 가지게 되는 '우호적인 상태'"라고 분명히 했다.[43] 그는 시편 37:6과 17:2, 15을 인용하면서, 이 단어가 단지 '무죄'가 아니라, 어떤 사람이 '무죄로 **인정된다**'는 사실을 가리킨다고 주장한다.[44] 그런데 그는 (내 생각에는 도움이 안 되는 조치다) '법정의 판결'이란 개념을 '관계'라는 불안정한 개념과 결합한다. '관계' 개념을 법정 상황 자체로 끌어들여 봤자, 의미도 안 통하며 완전히 터무니없는 이야기가 되어 버린다. 법정에서 판사와 피고인의 관계는 전혀 중요하지 않다. 그들이 서로를 더 잘 알수록, 해당 재판이 공정하게 진행되지 않을 것이란 의심만 더 커진다. 물론 바울은 '칭의'와 '화해'를 관련짓는다. 로마서 5:1-11의 사례에서 서로 관련이 있다는 것이 서로 같다는 의미는 아니다.

그렇지만 불트만이 전체적인 그림에 '관계'가 포함되며, 그래서 유대교와 바울 모두에게 "법정적인 용어인 '의'는 종말론적 언어가 되어", '하나님의 종말론적 심판' 때 일어날 '하나님의 바로 잡는(rightwise) 판결'을 가리킨다고 본 것은 정확한 이해다.[45] 불트만은 분명하게 바울이 그의 유대교 배경과 일치하게 **미래의** '심판'을 이야기하며, 또한 복음의 '묵시'를 통해 이 미래의 심

---

42 1951, pp. 270-274.
43 1951, p. 272. 미국 번역을 영국식으로 바꾸었다('favorable').
44 p. 272, 원서 강조. 그는 이 단어의 '윤리적' 의미를 인식했지만(p. 271), 바울이 이 단어를 구원론 맥락에서 활용할 때는 엄격하게 법정적이라고, 말하자면 "'재판소'의 판결"과 관련된 내용이라고 주장한다(p. 272).
45 Bultmann 1951, p. 273. 번역자가 'justify'와 'righteous' 사이를 오가기보다 동사와 명사가 같은 어원이라는 점을 반영하기 위해 구식 영어인 'to rightwise'를 사용한 것은 이 부분에서 몇몇 실험적인 시도 중 하나였다. 인기를 얻지는 못했지만, Sanders도 같은 시도를 한 적이 있다.

판이 현재로 앞당겨졌다고 선언한다고 말한다. 따라서

> 바울과 유대교가 대조되는 면은 각각이 법정적-종말론적 실체인 의에 관한 서로 다른 이해를 가지고 있었다는 것이 아니다. 오히려 직접적으로 대조되는 면은, 유대교에서는 **소망의 내용**이었던 것이 바울에게는 **현재의 실재**가 되었다는 것이다. 더 나은 표현으로는 현재의 실재도 되었다는 것이다.[46]

나는 이보다 나은 견해를 만들기는 힘들다고 생각한다. 하지만 다시 한번 불트만은 외부의 개념, 즉 '입양'을 이 그림 속으로 끌어들인다. 하지만 그는 '입양' 개념이 실제로 바울에게 법정 언어 및 종말론적 맥락과 관련해 작동하는 방식을 확인도 하지 않고 끌어들인다.

그보다 나은 해결책이 가까이 있었다. 이 지점에서 불트만은 그가 종말론을 '의'의 법정적 사용과 연결하기 위해 보였던 것과 유사한 움직임을 보일 수 있었지만 그렇게 하지 않았다. 그가 '종말론적' 의미를 뒷받침하는 증거로 인용하는 '유대교 신앙'(p. 273)은 또한 그 기초부터 심오하게 **언약적이다**. 그가 바울이 유대교 종말론을 고수했지만 예수 관련 사건들을 중심으로 수정했으며 그래서 그 종말론이 이제는 소망의 내용만이 아닌 현재의 실재가 되었다고 이해했듯이, 바울이 유대교 언약 신학(이스라엘 하나님과 그의 백성 사이의 '관계')을 고수했고 그것을 예수 관련 사건들을 중심으로 수정했다고 결론 내릴 수도 있었을 것이다. 그것은 '입양'이 어떻게 이 사고 흐름 전반과 관련되는지 이해하기 위한 완벽한 맥락을 제공했을 것이며, 수많은 다른 내용도 명쾌하게 밝혀주었을 것이다.

여기서 불트만이 외부에서 도입한 또 다른 개념은 19세기 중반 가장 유

---

46   1951, pp. 278-279. (원서 강조).

명한 바울 관련 논쟁 중 하나와 관련이 있다. 그는 이 법정적·종말론적 시나리오 안에서 사람이 소유하게 되는 '의'가 '하나님의 의'라고 주장했다. 이 주장은 고결한 전통에도 불구하고 명백한 실수다. 그것은 해석 격자를 한편으로 루터에게, 다른 한편으로 그리스 로마 세계에 많이 의존하는 사람에게, 그리고 많든 적든 고대 이스라엘 세계(여기서 상당히 분명하게 핵심을 찌르는 본문은 이사야서와 시편이다)와 또한 제2성전기 유대교를 배제해 버린 사람들에게 일어날 가능성이 큰 유형의 실수다. 이 내용은 나중에 케제만을 논의할 때 중심 주제가 될 것이다. 불트만의 작업은 더 큰 유대 세계를 배경으로 다시 맥락화할 필요가 있긴 하지만, 그 외에는 핵심을 제대로 짚었다. 물론 그저 칭의는 법정적이면서 종말론적이라고 말하는 것만으로는 부족하다. 하지만 이 내용은 올바른 방향으로 향하는 거대한 두 발걸음을 제시한다.

불트만은 『신약성서신학』의 바울 분석에서 예수 그리스도와 성령의 위치와 역할에 관해 이상할 정도로 거의 언급하지 않는다. 그는 '우리를 위한' 예수의 죽음이 바울이 취해서 발전시킨 바울 이전의 정형 어구라고 결론 내린다. 부활은 바울의 손에서 혼란스러운 내용이 되고 말았는데, 그가 때때로 마치 부활이 실제로 일어난 일인 것처럼, 그리고 부활에 관한 증언을 인용함으로써 부활을 증명할 수 있는 것처럼 이야기하기 때문이다. 성령은 믿음을 일으키는 원인이 아니라, 믿음에 대한 응답으로 주어진다.[47] 그래도 불트만의 '믿음' 논의가 인상적인 것은, 그가 좋은 주해자로서 거리낌 없이 바울의 '믿음'의 의미를 '순종'과 굉장히 밀접하게 연결하기 때문이다.[48]

---

47 pp. 296; 305; 330. Bultmann의 부활 분석에 대해서는 *RSG* pp. 625-627와 색인을 참고하 다른 부분을 보라.
48 롬 1:5. 그리고 롬 1:8; 16:19; 살전 1:8이 롬 15:18과 가지는 유사성에도 주목하고, 롬 10:3(암묵적으로 9:32을 언급하는)과 10:16(모두가 믿은 것도 아니며, 모두가 순종한 것도 아니다)을 비교해 보라. 유사하게 '불순종'은 '믿음 부족'과 연결되어 있다. 롬 11:30-32; 롬 15:31; 갈 5:7. 또한, Bultmann은 고후 9:13; 10:5-6; 10:15도 비교한다(이러한 내용은 전부 Bultmann 1951, 1.314-315에 나온다).

불트만이 올바로 이해했듯이, 바울에게 복음은 순종을 요구하는 **소환**이었으며, 순종의 주요 특징은 '믿음'이다.⁴⁹ 그렇지만 이 믿음은 그 고유한 특성상 '행위'(칼뱅주의 주해자들이 루터주의자들을 비판하는 통상적인 내용)가 아니다. 이 점을 지적하는 불트만의 방법은 자신의 의지를 포기하는 '순종'과 이기적인 의지를 내세우는 '공로'를 구분하는 것이다. 이 독단적인 구분 방식은 바울의 헬라어나 실제 바울의 사고나 주장에 상응하는 면이 전혀 없지만, 그런데도 불트만에게는 그가 이해한 대로 바울의 주장뿐만 아니라 '진정한'(authentic) 경험에 관한 불트만 자신의 실존주의적 분석을 강력하게 요약해 주는 진술이었다.

> 참된 순종으로서의 '믿음'은 공로, 즉 '행위'라는 혐의에서 자유롭다. 공로로서의 믿음은 순종이 아니다. 공로에서는 의지가 자신을 포기하지 않고 내세우기 때문이다. 공로에서는 의지가 공로의 내용을 외부에 있는 권위의 지시를 받게 하기 때문에 단지 형식적인 포기만 일어날 뿐이다. 하지만 의지는 정확하게 그렇게 행하는 가운데 자기 공로를 자랑할 권리를 스스로 가진다고 생각한다. '믿음'은 공로를 철저하게 포기하고 하나님이 결정한 구원의 방식에 순종의 자세로 복종하며 그리스도의 십자가를 짊어지는 것으로서, 자발적인 순종 행위다. 이 순종에서는 새 자아가 자라나 옛 자아를 대체한다. 믿음은 이러한 종류의 결단으로서 진정한 의미의 행위다. 참된 행동에서는 행위자 자신이 행위 자체와 불가분하며, 보통 '행위'에서는 행위자가 그가 한 행위 옆에 나란히 서 있다.⁵⁰

---

49 Bultmann 1951, pp. 314-315.
50 1951, pp. 315-316. 이 인용문에 실존주의 범주가 사용되었다는 사실은 특별히 주목할 만하다. 이를테면, 진정성(authenticity)의 관점에서 '참된 행동'을 세심하게 분석한 것(행위와 불가분한 행위자)은 행위자가 행위와 분리된 비진정성(inauthenticity)과 대비된다. 다시 한번, 이 내용은 바울과는 무관하고 철저히 Heidegger의 이야기다.

이 미묘한 구분이 바울의 관점에서, 그리고 (아마도 동등하게 중요할 것이다) 이 도전을 적용하는 목회적·교훈적 차원에서, 역사적으로 그리고 주해적으로 실제로 의미가 있을지 묻는 것은 합당한 의문일 것이다. 사람이 자신의 '믿음의 순종'이 늘 '공로'로 변질될 위험이 있는 것은 아니라고 확신하는 것이 정말로 가능할까? 그 질문 자체, 즉 불트만의 틀에 부여된 자연스러운 질문이자 그것을 정확히 물어봄으로써 찾고 있는 신호가 불트만이 우리가 추구해서는 안 된다고 생각한 종류의 보장이 아닐까? 여기서 이 질문을 따지게 되면 흐름에서 크게 빗나갈 것이다. 여기서는 그저 많은 사람이 지적했듯이, 불트만의 바울은 이스라엘의 성경이나 현대 유대교와는 거의 관련이 없으며, 그 대신 영지주의 범주에 의존해 명백한 혼돈의 세계에서 믿음으로 살도록 매일의 부르심이자 도전을 구성하는 루터파 실존주의자의 고대 형태라고 이야기하는 것으로 충분하다. 우리는 나치 시대와 제2차 세계대전 이후 불트만이 동시대인에게 제기한 목회적인 도전에 대해서는 하나님께 감사해야 할 것이다. 하지만 그래도 이러한 맥락들을 강조하느라 그의 주해가 단조로워졌고, 그 결과 바울이 말했던 다른 모든 내용을 그가 듣기를 꺼리거나 들을 수 없게 되었다는 사실에 대해서는 유감을 표해야겠다. 사실 그 다른 내용을 통해서만 온전한 통합적인 그림과 더 풍성한 목회적 메시지가 등장할 수 있었는데 말이다.

나는 일부러 슈바이처와 불트만에 다소 많은 시간을 할애했다. 왜냐하면 이런 시간적인 간격이 있는데도, 아니 사실은 바로 이런 시간적 거리를 두고 보았을 때야 그들 이후의 연구가 (거기에 변경을 가했든 반대를 했든) 수행된 조건과 방식을 결정한 것이 그들이라는 사실을 분명하게 볼 수 있기 때문이다. 물론 더 나아가야 하지만, 이러한 내용이 차후의 논란을 형성한 사안들이었으며, 이런 방식으로 문제에 접근했다는 사실을 인식하지 못한다면 관련 논란 자체도 이해하지 못할 것이다.

특히 소위 '새 관점'(시작부터 다양한 모습이었다)은 슈바이처를 되찾고 불트만에게서 떠난다는 의미임을 이해하는 것이 중요하다. 새 관점은 이와 더불어 '유대교' 혹은 '비유대교' 배경에 관한 질문을 다시 제기한다. 많은 새 관점 비판자들은 이 모든 내용을 인식하지 못한 채, 마치 새 관점이 다른 내용인 것처럼 이 운동을 비판해 왔다. 마찬가지로 새로운 소위 '묵시적' 해석도 케제만에게 경의를 표하지만, 사실 케제만 자신도 적어도 '묵시'를 들먹이고 또한 불트만의 핵심적인 방향성 중 일부(특히 '하나님의 의' 관련 논쟁이 알려 주듯이, 우주적 구원론이 아닌 인간 중심적 구원론)를 거부함으로써 슈바이처를 복원했다. 따라서 다시 한번, 오늘날 논쟁의 기원이 어디인지 그리고 왜 현재의 형태를 띠게 되었는지 이해하려면 이 논쟁을 슈바이처/불트만 경기장에 자리매김시킬 필요가 있다. 당연히 역사적인 이유에서든 교리적인 이유에서든, 이 경기장 전체가 한쪽으로 위험할 정도로 기울어져 있다든지 땅이 너무 거칠거나 질기 때문에 의미 있는 경기가 전혀 불가능하다고 이의를 제기하고 싶은 사람도 있을 것이다. 그래서 일정을 조정해 완전히 다른 경기장에서 바울 시합을 하자고 제안하는 사람도 있을 것이다. 달리 말해, 이후의 연구를 통해 슈바이처와 불트만 둘 다의 주장이 지닌 수많은 약점이 밝혀졌으니 그들이 남겨 놓은 이런저런 내용을 이해하려고 노력하는 것은 어리석은 짓이라는 관점을 가질 수도 있다. 이러한 제안에는 분명 새로운 기운이 존재한다. '싹 쓸어버리고 다시 시작하자!' 하지만 이런 관점은 절망적일 정도로 순진한 생각이다. 여기서 우리는 바울 연구의 핵심 과제는 **주해**라는 사실로 되돌아간다. 여전히 우리는 이 본문들과 마주하고 있다. **이** 본문들은 여전히 같은 헬라어 단어와 문장을 포함하고 있으며, 설령 우리가 어휘 연구와 색인 확인(활기를 불어넣는 유익한 작업이다)을 통해 과거의 모든 도구를 다시 고안하기로 한다 해도, 머지않아 같은 거대한 문제들에 부딪히게 될 것이다. 길버트(W. S. Gilbert)는 영국 정치와 관련해 '보수주의자'

와 '자유주의자'에 대해 놀림조로 "이 세상에 태어난 모든 소년과 소녀는 어느 정도 자유주의자거나 아니면 어느 정도 보수주의자일 것이다"라고 말한 적이 있는데, 이 말을 슈바이처와 불트만에게 한다면 그건 너무 과한 처사이긴 할 것이다. 그렇지만 우리는 슈바이처/불트만을 구분하는 표시가 오늘날의 논란에도 아로새겨져 있음을 볼 수 있다. 그렇기에 그들과는 완전히 다른 작업을 하는 척하기보다는 그들을 우리 작업에 고려하는 것이 더 나은 처사일 것이다. 케제만이 그의 로마서 주석 출간 이후로 40여 년간 여전히 거물로 남아 있는 이유 중 하나도 그가 이 두 명의 위대한 선배와 적어도 암시적인 대화를 하면서 이 이분법을 극복하는 새로운 해결책을 제시했기 때문이다. 우리가 그의 해결책을 거부한다 해도, 이것이 그가 해결하려고 노력했던 일이며 우리도 여전히 그 과제를 해결하려고 노력하고 있다는 사실을 인정해야 한다. '새 관점'에 대한 반대가 때때로 조금 과도하게 시끄러운 이유 중 하나도 그들이 슈바이처의 새로운 변형을 거부하면서 (그들이 인지하든 못 하든) 불트만의 궤도로 되돌아갔기 때문일 수 있다.

우리가 이 과거의 논쟁을 무시할 수 없는 다른 이유는 더 큰 수준의 지평 융합과 관련이 있다. 슈바이처와 불트만, 그리고 그들을 따랐던 더 작은 불빛들은 그들 나름의 문화와 역사 속에 자리 잡고 있다. 그들은 신약에 관한 그들의 연구가 하나님이 주신 신선하고 생명을 주는 말씀을 가지고 당시 문화와 역사에 답변하는 과제에 이바지할 것으로 믿었다. 확실히 21세기 초는 제1차 세계대전 이전의 슈바이처나 제2차 세계대전 이전의 불트만이 직면했던 것과는 상당히 다른 도전에 직면해 있다. 하지만 유럽과 미국에는 여전히 가족의 기억(이 기억도 마찬가지로 중요하지만)만큼 문화 인식이나 윤리 판단에 그 끔찍한 세월의 흔적이 남아 있다. 우리는 한쪽에 비켜서서 파스샹달 전투와 솜 전투(Paschendaele and the Somme; 제1차 세계대전 중 각각 1917년과 1916년에 벌어진 대규모 전투―옮긴이), 히로시마와 홀로코스트를 포함하는 역사의 일부가 아닌 척할 수는 없다. 오늘날 민주주의에 닥친 다양한 위기, 국제 정치에서 벌어지는 서투른 단기적 실용주의, 공적인 수많은 영역에서 신뢰의 붕괴, 국가 간과 내부의 걷잡을 수 없는 빈부격차 등과 같은 이 모든 상황과 그 이상의 상황이 바로 과거 바울 관련 논쟁이 형성되고 벌어진 당시 문화가 물려준 혼란스러운 유산이다.

다시 한번 상황이 그렇지 않기를 바라지만, 바울 연구에 어떤 의미에서든 해석학적 책임이라는 것이 존재한다 치자. 만약 우리가 슈바이처나 불트만이 던진 질문과 제안의 후예라면 해석학적 책임은 우리가 그들이 대응했던 문화의 후예라는 사실도 인식해야 한다. 아무리 모든 세대가 나름의 주해 작업을 새롭게 시작한다 해도 ― 청년들은 이 편지나 저 편지의 주장이 실제로 어떻게 작용하는지 그들 스스로 헤아려야 한다는 도전에 사로잡히기 마련이다! ― 과거의 논란거리를 여전히 책상 위에 두고 작업을 해야 한다. 과거의 이야기들을 덮으려고 시도하더라도 말이다. 해석학은 복잡하지만, 피할 수 없는 작업이다. 그리고 일부, 바울의 메시지는 이 세상에서 더 나은 세상으로 구원받는 것과 관련된 내용이기에 이 모든 이야기에 대해 걱정할 필요가 없다고 말한다거나, 나아가 우리는 '묵시'를 믿기 때문에 과거는 잊고 우리의 날에 하나님이 주시는 전적으로 새로운 말씀에만 의존해야 한다고 말하는 사람이 있을 수 있다. 그런 사람에게는 상황을 그런 식으로 보는 관점 역시 나름 오랜 역사가 있으며, 그런 관점이 추종하는 영지주의적 충동 자체가 우리가 현재 인식하고 있는 문제를 초래한 요인이라는 사실을 다시 한번 상기시켜 줄 수 있다.

이제 불트만의 작품이 이후에 일어난 더 자세한 연구에 계속해서 중요한 영향력을 발휘했던 불트만 이후 시기의 일곱 학자를 더 재빠르게 살펴보자. 불트만의 후계자 중 가장 적통은 귄터 보른캄(Gunther Bornkamm)이다. 다양한 논문으로 뒷받침된 그의 바울 관련 책은 불트만의 노선을 유지했다.

즉, 종교사학파식 설명을 따른 루터주의 복음 메시지로, 주로 비유대교 배경에 의존했고, 하나님과 그리스도와 성령 등에 대한 모든 진술은 '동시에 그분의 세상 속에 있는 인간에 대한 진술이기도 하다'는 내용을 자명한 진리로 받아들였다.[51] 보른캄의 작품은 불트만보다 읽기 쉬우며, 바울의 실제 모습은 루터가 묘사한 내용에 거의 가깝다는 관점을 계속해서 전파하는 데 큰 공헌을 했다. 그리스도는 율법의 끝, 즉 종결이다.[52] 그리스도인의 '경험'이라는 새로운 세계가 열렸으니, 이 세계는 유대교의 모든 '율법주의', 또한 그 약속들을 뒤에 남기고 유대 세계와 결별한 세계다. 바울이 아브라함을 동원한 것은 '믿음을 가진다는 것의 의미를 실례를 들어 설명하기' 위해서였을 뿐, 아브라함에 대한 바울의 진술은 '당연히 그 내용 면에서 전통적인 유대교의 관념과 근본적인 차이가 있다.'[53] 로마서 1:16-17은 [우리가 지적했듯이, 헬라어 '아포칼립토'(*apokalyptō*)를 사용함에도!] '어떤 묵시 양식과도 맞지 않으며', 오히려 '**오직 믿음으로 얻는 칭의의 복음**인 기독교 복음을 풀어 설명하고 개진하는 내용'이다. 바울의 사고는 사실상 '묵시와 정반대'다.[54] 외견상 이 모든 내용은 슈바이처에게는 (그리고 명백히 케제만에게도) '당신이 틀렸다'라고, 불트만에게는 '당신이 맞다'라고 이야기하는 것으로 보인다. 그와 더불어 상당히 분명하게 복음의 우주적 영향력에는 '틀렸다'라고, 심지어 불트만의 생각을 넘어서는 개인주의에 대해서도 '맞다'라고 이야기하는 듯하

---

51 Bornkamm 1971, p. 118(이후의 언급은 이 작품이다). 그 책의 색인을 보면 유대교 문헌에 대한 언급이 거의 없다. 구약 언급이 12회(4회가 이사야서); 4 Ezra, Qumran, Philo, Josephus 각각 1회.
52 p. 134.
53 p. 143. 약간 신경질을 부리는 듯한 '당연히'는 그의 의중을 드러낸다. "맞습니다. 바울은 그렇게 이야기하는 것처럼 보입니다. 나도 이 내용이 어느 정도는 유대교 사상이라는 것을 압니다. 하지만 그 사실에 흥분하지는 맙시다!" p. 148도 마찬가지다. "물론 바울이 하나님의 의를 말할 때 '신정론'(theodicy)을 논의하는 것처럼 보이지만 '두 사고의 양식'(바울과 4 Ezra)은 '서로 완전히 다르다.'"
54 p. 125, 원서 강조. p. 147.

다. 다시 말해, '칭의'를 "법정적이라고 말하는 것은 적절치 못하다. 그것은 오히려 '실존적'"이다.⁵⁵ 그렇지만 보른캄은 칭의라는 표현과 그리스도와의 연합이라는 표현이 특히 로마서 8장에서 밀접하게 연결되어 있다고 주장한다. 물론 거기서도 그는 슈바이처와 거리를 두려고 세심하게 주의한다. 이 '연합'이 어떤 내용이건 간에 '신비주의'는 아니다.⁵⁶

따라서 보른캄은 1960년대 독일의 많은 곳에서 바울을 이해하는 방식을 간결하고 우아하게 설명해 준다. 그런데 바울에 관한 그의 주요 저작을 시작하는 방식은 '샌더스 혁명'(Sanders revolution)에 비추어 보면 시사하는 바가 굉장히 크다. 우리가 '새 관점'과 그에 대한 비판을 어떻게 생각하든, 앞으로 바울을 소개할 때 첫 장의 제목을 '상실: 인간과 세계'로, 그 장의 첫 단락을 '율법'으로 잡는 사람은 없을 것이다.⁵⁷

더 중요하지만 상당히 곤혹스러운 인물이 오스카 쿨만(Oscar Cullmann)이다. 쿨만은 불트만과 바르트 모두에게 강력한 반응을 보였고, 슈바이처에 대해서도 잘 알고 있었다. 그는 유명한 두 권의 책에서 신약의 '구원', 특히 바울서신의 '구원'이 시간 혹은 역사와 분리되어서는 안 된다고 주장했다. 그리스도의 오심은 '세계 역사의 중간 지점'이었고, 그런 의미로 해석되어야 한다. 그것은 (적어도 초기 바르트 사상에서처럼) 그 사건 전후에 일어난 일과 가시적이거나 유기적인 연결이 없는, 세상을 향한 하나님의 '수직적인 침입'(vertical invasion)이란 의미로 해석되어서는 안 된다.⁵⁸ 쿨만은 그가 바르트의 제자들과 다른 이들에게 비난을 받았다고 설명한다.

---

55 p. 151.
56 p. 155.
57 p. 120.
58 Cullmann 1962 [1951]; 1967 [1965]. Cullmann에 대해서는 특히 Matlock 1996, pp. 129-185; 그와는 다른 중요한 관점에서 Cullmann을 다룬 Yarbrough 2004, pp. 213-260를 보라. 같은 주제에 대해 Cullmann보다 덜 도발적이고 영향력도 더 적지만 어떤 부분에서는 더 매력적인 J. Munck의 논의가 있다. Munck 1959 [1954], 1967 [1956]을 보라.

내가 **구원의 수평적 선**(horizontal line of salvation)을 강조한 탓에 말이다. 이러한 비판자들은 신약에서 결정적인 내용은 하나님이 그리스도 안에서 행하신 '**수직적 구원의 행위**'—senkrecht von oben(위로부터 수직적으로)—라고 말한다.

그는 이 비판을 반박하면서 그가 강조하는 내용을 그의 더 큰 틀 안에서 어떻게 다루어야 하는지 보여 주려고 애쓴다.

이어지는 내용에서 나는 내가 그 구원 사건의 수직적인 특성을 문제 삼지 않는다는 사실, 하지만 이 수직적인 특성이 오직 구원의 선(line of salvation)이 지닌 수평적인 특성에 토대를 둘 때만 이해될 수 있고 중요성을 지닌다는 사실, 그리고 좌표에서처럼 수직선은 기초가 되는 수평선을 통해 그 의미를 얻고 그 의미가 규정된다는 사실을 보여 주려고 노력할 것이다.[59]

쿨만은 모든 기독교 신학은 '**가장 내밀한 본질에서**' 성경의 역사(biblical history)라고 말한다. 하나님은 '시간 안에서 통상적인 과정의 일직선상에서' 자신을 계시하시며, 그 선으로부터 '역사 전체뿐만 아니라 자연 안에서 일어나는 일들도 통제하신다!'[60] 이것은 바르트가 20세기 초 독일 자유주의의 태평스러운 문화개신교(Kulturprotestantismus)를 신랄하게 비판할 때, 또한 특별히 '독일 그리스도인'(Deutsche Christen)의 유사 다원주의 신학에 반대할 때, 그토록 우려했던 입장이다. '독일 그리스도인'은 하나님이 역사의 내재적인 진화 과정을 통해 독일 민족을 새로운 위대한 세계 권력으로 세우셨으며, 그리스도인의 순종은 하나님이 역사 안에서 행하고 계신 일을 인

---

59   Cullmann 1967 [1965], p. 16(원서 강조).
60   Cullmann 1962 [1951], p. 23. 원서 강조(느낌표 포함).

식하고 거기에 합류할 것을 요구한다고 주장했다. 이것이 바르트가 에밀 브루너(Emil Brunner)를 반대하고 바르멘 선언(Barmen Declaration) 또한 반대하며 '아니요'(Nein!)라고 외쳤던 유명한 일화를 둘러싼 배경이다.[61]

이러한 사회적·문화적·(무엇보다도)정치적 상황을 고려하면 왜 쿨만의 사고 노선이 그토록 환영받지 못했는지 쉽게 이해할 수 있다. 만약 '구원 역사'(salvation history)라는 것이 하나님이 '구원'하시기 위해 창조 질서와 인간 역사의 자연스러운 과정을 통해 일하신다는 의미라면, 그래서 완전히 새로운 것이 급진적으로 침입해 들어올 가능성을 막거나 억누를 수 있는 내재적인 과정, 진화, 점진적인 발전을 통해 '구원'이 일어난다는 의미라면, 이것은 주해적이고 신학적인 실책(faux pas)일 뿐만 아니라 정치적인 실책으로 간주되어야 한다. 이미 살펴보았듯이 역사를 내재적인 발전으로 보는 개념은 헤겔의 관념으로서, 무엇보다도 한편으로는 바우르의 튀빙겐 도식(Tübingen scheme), 다른 한편으로는 마르크스주의와 나치의 꿈의 원동력이었다. 쿨만은 그에게 쏟아진 비판의 심각성이나, 그가 단순히 주해가에 머묾으로써 '점진적인 발전' 혹은 '진화론적인' 접근을 허용한 것처럼 보인다는 위험성을 인식하지 못한 듯하다. 그런 접근에서 '구원'은, 그리고 어쩌면 그리스도도 마치 유전자 선택 같은 다윈의 틀 안에서 발생한 새로운 돌연변이처럼 그저 배경에서 '출현했을' 뿐인 것이 된다. 나는 쿨만이나 동시대에 그를 변호했던 야브로(Robert Yarbrough)가 수많은 독일인이 이 갱신된 구원 역사 주장에 그토록 강하게 반발했던 심층적 이유를 충분하게 고려했다고는 생각하지 않는다. 그 이유는 단순히 독일인이 불트만의 실존주의나 그 배후에 있는 바우르의 제안을 고집했기 때문이 아니다. 일부 케제만 같은 사람은 스스로 그런 입장에 반대하고 있었다. 도리어 쿨만과 독일 학계

---

61 Barmen에 대해서는 Scholder 2012 [1987], 특히 pp. 122-171를 보라.

의 '대안 전통'에 속한 초기의 학자들은 그들의 신학적 주장과 철학적·사상적인 면에서 한통속이었던 내용을 의식하지 못했던 것으로 보인다.[62]

특히—30년 후에 『구원의 역사』(Salvation in History)를 다시 읽을 때 나에게 충격으로 다가왔던 내용이다—쿨만은 그가 제안한 역사적 해석의 유대교 특성을 강조함에도, 1세기 유대인이 성경과 성경 이후의 내러티브 안에서 살아간다는 것이 어떤 의미일지, 혹은 그 함축적인 내러티브의 실제 내용이 무엇이며, 어떤 본문들이 그 내러티브를 형성했는지, 그리고 제2성전기 유대인들이 유예된 소망과 실현되기도, 실현되지 않기도 했던 약속을 품고 어떤 다양한 모습으로 몸부림쳤는지와 같은 질문을 전혀 다루지 않는다. 『구원의 역사』의 책 규모, 주제, 다루는 영역을 고려하면, 색인 목록에서 구약에서 인용한 본문이 겨우 스물두 개라는 사실은 넋을 잃게 만든다. 이사야서에서 아홉 개, 신명기와 창조 내러티브, 출애굽 내러티브는 인용 구절이 없다.[63] 신약을 이해하는 배경으로서 유대교의 '구원 역사적' 관점을 재구성하려는 사람이라면, 성경 자체에 담긴 (다양한 형태의) 내러티브와 더불어 이 내러티브가 제2성전 세계에서 활용되고 개작된 방식도 조사하는 것이 중요하다고 생각할 것이다.[64] 이 모든 내용을 깡그리 무시한다면 그것은 화를 자초하는 길이다. 그런데 쿨만은 깡그리 무시했다.

그런데도 그는 부끄러워하지 않았다. 그는 '구원 역사'를 논하면서 그가

---

62 Yarbrough는 날카롭게 이분화한다. 한편에는 Baur에서 시작해 Wrede를 거쳐 Bultmann에 이르는 비평학 정통(critical orthodoxy)이 있고, 다른 한편에는 J. C. K. von Hofmann에서 시작해 Schlatter와 Cullmann을 거쳐 Goppelt에 이르는 구원 역사적 접근이 있다. 구원 역사적 전통(실제 그게 그런 것이라면)이 그동안 반박되기보다는 오히려 무시되어 왔다는 이야기는 옳다. 하지만 상황은 이러한 이분법이 암시하는 것보다 더 복잡하다. Yarbrough는 사실상 Käsemann을 간과한다. 오늘날 Käsemann의 후계자들이 '구원 역사'를 거부할 때 그들은 Bultmann이 아닌 '묵시'라는 이름을 내세운다(하지만 Yarbrough 2004, pp. 149-150, 238; 또한 pp. 150-151를 보라. Watson 1997, p. 165처럼 Yarbrough는 Bultmann도 Käsemann 처럼 나치 이데올로기와 성경의 구원 역사를 암묵적으로 동일시했다고 언급한다).
63 두 번의 출애굽기 언급은 우연한 부차적인 언급일 뿐, 주장의 일부가 아니다.
64 나는 이런 조사를 PFG, pp. 108-179에서 시도했다.

(내가 주장했듯이 불충분하게) 초기 기독교를 특정한 유대교 배경에 자리매김 시키려고 최선을 다하고 있다는 사실, 그리고 그들이 수용한 종교사학파의 전제 때문이든 그들 나름의 신학적인 분석 때문이든 초기 기독교의 유대교 배경을 부정하는 사람들이 그 당시 문화를 끔찍하게 감염시켰던 깊은 반유대주의와 공모하고 있었다는 사실을 매우 잘 인식하고 있었다. 그는 영지주의를 통해 내용을 설명하려는 불트만의 경향 때문에 유대교와 기독교가 **탈역사화되었다고** 주장한다. 쿨만은 고대와 현대의 영지주의에 반대함으로 이레나이우스의 입장을 따르고 있었다.[65] 2세기에 기독교 신앙이 살아 있도록 지탱해 주었고 이 시대에도 기독교 신앙을 지탱해 주어야 할 개념이 바로 '역사 안에서의 구원이라는 개념'(idea of salvation in history)이다. 쿨만은 나치 치하에서 일어나는 끔찍한 일들을 감히 언급하지는 못했지만, 그런데도 '구원 역사'가 악에 공모한다고 비난한 사람들에 대해서는 진지한 비판을 제기했다.

하지만 나는 과연 기독교 역사에서 일어났던 마르키온주의와 영지주의를 둘러싼 결정적인 논란 속에 우리 시대를 위한 교훈은 없는지 감히 묻고 싶다.[66]

달리 말해, 구원이란 개념이 역사와 얼마간 연결되어 있다는 개념을 포함해 유대교의 범주를 완전히 배격하는 태도가 유럽 사회에서 유대인 자체를 거부하는 모습과 과연 연결되지 않는 것인지 묻고 싶다는 것이다.[67]

---

65 1967 [1965], p. 26.
66 p. 27.
67 또한 Käsemann에 대한 Stendahl의 다소 자제하지 못한 반응을 보라(1976, p. 131). '나는 유대교를 영원히 정죄받은 대상이며 하나님을 섬기는 악한 방식으로 보는 이해가 집단 학살과 홀로코스트를 어떻게 뒷받침했는지 나열할 수 있다' 등. 나아가 롬 11:11-35의 '심각한 경고'는 '유대교를 하나님을 향한 온갖 그릇된 태도를 가리키는 암호로 왜곡함으로써 불경건한 자의 칭의 교리로 개가를 올리는 그런 종류의 신학적 제국주의에 반대'한다(p. 132).

당시 유럽, 특히 독일이 1930년대와 1940년대의 사건들 앞에서 공포에 질려 몸서리치고 부들부들 떨던 때라 너무나 시급하고 필수적이었던 이런 내부적인 논쟁은 오늘날 진지하게 재검토되어야 한다. 각 편은 상대편이 히틀러와 그의 방식에 어떤 식으로든 야합하는 초기 기독교 분석을 고수한다고 비난했다. 구원 역사(salvation history)는 우리를 혼란으로 몰고 가는 개념이기에 당신은 구원 역사를 믿어서는 안 된다! 구원사(Heilsgeschichte)를 거부한다는 것은 곧 유대교 자체가 범주 오류라고 말하는 것과 다름없으니, 당신은 구원사를 믿어야 한다! 나는 전쟁과 홀로코스트 후에 태어나 안전한 거리에 있는 사람으로서, 전쟁은 그저 먼 나라에서 일어난 신기한 이야기에 불과한 사람들—가족 중에는 연루된 사람이 있겠지만—을 향해 그 시대를 경험한 사람들을 충분히 존중하면서 이렇게 말하고 싶다. "나에게는 두 입장 중 어느 쪽도 역사적인 주해 작업이나 사도 바울의 신학과 세계관을 재구성하려는 시도에 특별히 도움이 되지 않는다." 앞서 말했듯이, 당연히 우리 모두는 이전 세대의 이데올로기 논쟁과 끔찍한 전쟁의 자녀 혹은 손주들이다. 하지만 20세기 초 유럽 한쪽에서 일어난 이데올로기적 혼란상을 세계 역사라는 훨씬 더 큰 스크린에 투영해 놓고, **우리가 이 시기를** 겪었으니 이제 우리는 이전의 모든 저술을 해석하는 틀이 되고 평가하는 규준이 될 사고의 범주들을 이해하게 되었다고 주장할 수는 없는 노릇이다. 그런 주장은 새로운 형태의 문화적 제국주의일 것이다. "**우리** 현대 역사학의 해석이 이러하니, 당신은 고대 역사를 **반드시** 이런 식으로 보아야 합니다!" 실제로, 뿌리 없는 서구 세계의 핵심 특징은 이전의 당연했던 (물론 실제로는 지키는 것보다 어기는 게 더 영예롭다고 여겨지긴 했지만, 여전히 현실이었던) 기독교 문명의 신학적·윤리적 토대를 포기한 계몽주의 이후 세계가 그에 대

Stendahl과 Käsemann에 대해서는 아래를 보라.

한 반동으로 시행착오를 거친 새 '윤리'를 개발하기 위해 노력하고 있다는 것이다. 다시 말해, 그것은 (a) 끔찍한 일이 벌어졌고, (b) 어떻게 그런 구렁텅이에 빠지게 되었는지 자문하고, (c) 그 원인에 조금이라도 포함되는 것처럼 보이는 모습에는 분연히 일어나 반대하고, 다음으로 (d) 우리의 새로운 '통찰'을 절대적인 기준으로 격상시켜 고대든 현대든, 유럽이든 '동양'이든, 북반구든 남반구든, 모든 사안, 모든 사람을 거기에 비추어 판단한다.

바르트의 '아니요!'를 오히려 단순히 겸손한 태도로 바꾸어 버리는 것도 좋을 수 있다. 주해를 신학에 종속시키고 우리는 모른다고 선언하는 것도 좋다. 고대 작가 중 누가 진짜 복음을 전했는지 판단하는 기준을, 또한 그들이 실제로 기록했던 몇몇 불행한 단락의 족쇄에서 그들이 '진짜로' 말하고자 했던 것을 확실히 해방하기 위해 우리의 '도움'이 필요한 사람이 누구인지 판단하는 기준을 우리의 경험이 우리에게 주었다고 가정하지 않고 역사의 과제로 돌아가는 것이 좋다. 이런 작가들을 다시 읽다 보면, 그들이 전념해서 글을 써야 했던 불운한 주제를 붙잡고 씨름할 때 누군가의 도움이 필요했다면 그것은 바울의 도움이 아니라 20세기 바울 해석자들의 도움이었을 것이라고 말하고 싶은 유혹을 받는다.

쿨만은 이와 같은 일반적인 생각들을 촉발했다. 내가 이렇게 이야기하는 특별한 이유 가운데 하나는, 내가 이제 소개할 불트만 이후 세 번째 학자가 그의 신랄한 글 중 일부를 집필한 이유가 쿨만에 대한 반응이었기 때문이다. 에른스트 케제만은 '논쟁은 독일 신학자에게는 공기와도 같다'라고 선언하면서 크리스터 스텐달이 바울과 '서구의 내성적 양심'(introspective conscience of the West)에 관한 유명한 논문을 썼을 때 벌떡 일어나 공격을 가했다.[68] 하지만 변론의 실제 목표는 스텐달 아니라, 그 배후에 있는 더 깊

---

68   Käsemann 1971 [1969], p. 60.

고 더 어두운 세력인 쿨만이었다.[69] 케제만은 '제3제국(Third Reich)과 그 이데올로기와 더불어 세속화되고 정치화된 형태로 우리에게 침입해 들어온 구원 역사라는 개념'에 대해 숙고하면서, 자신과 동시대인들을 불쾌한 교훈을 배운 어린아이로 묘사한다. 케제만은 이렇게 주장한다.

> 우리는 '불에 덴 아이처럼' 현재 한 세기 동안 세 번째로 그처럼 보편적인 열광을 불러일으키고 있는 불길에 연료를 더 붓는 일을 꺼리고 있다. 우리의 경험은 역사의 신학을, 그것을 뒷받침하기 위해 끌어들이는 이유가 무엇이든 간에, 시작부터 의혹을 품고 바라보게 했다. 그 경험이 자유주의를 결정했으며, 진보에 대한 자유주의의 믿음은 마침내 제1차 세계대전으로 산산조각이 났다. 역사의 신학은 오류도 많고 부적절하기도 하지만, 나치의 종말론을 보호하는 방패 역할을 할 힘이 있었다. 우리는 우리 아버지와 할아버지들이 100년 전에 서 있었던 곳으로, 그들이 그로부터 50년 후 슬픈 결말을 맞았던 곳으로 되돌아가고 싶지는 않다.[70]

이 말을 듣고 그런 식으로 싸잡아 비난하면 어떤 프로젝트도 불가능하다고 생각하는 독자도 있을 것이다. 그런데 그보다 더한 내용이 있다. 케제만은 구원 역사가 자신을 '늘 안전한 편'에 두는 태평스러운 가톨릭주의를 조장할 수 있다고 선언한다. 그것은 하나의 승리주의로서 교회 스스로가 '주님의 말씀에 귀를 기울이고 순종하는 대신 주님을 조직화함으로써 궁극적으로는 그들의 주님을 극복'할 것이다. 정치적인 비판과 반대로 관념론적 비판의 핵심에는

---

69 역시 Stendahl 1976, pp. 129-133를 언급하는 Hays 2002 [1983], p. 58 n. 96를 보라.
70 Käsemann 1971 [1969], p. 64.

내재적인 진화 과정이 자리 잡고 있다. 그 의미는 지상에서 파악될 수 있거나 우리가 통제하거나 계산할 수 있는 것이다.[71]

이런 이야기 모두는 어느 정도 의미가 있다. 이제 우리는 케제만의 의도가 무엇인지 이해할 수 있다. 그답지 않긴 하지만, 그 당시의 모든 적신호에도 불구하고 그의 적수들과 달리 그는 '교회나 그 전통의 필요에 따라가는 신학'에 **반대하는** 가차 없는 역사비평적 성경 읽기를 지지했다. 그는 '교화(edification)의 고려 사항에 의해 통제되고 제한되어' 왔던 성경 해설을 비난하지만, 그의 상황과 맥락에 기반을 둔 격렬한 논쟁은 바로 그것의 또 다른 사례로 이해될 수 밖에 없다.[72] 하지만 이런 상황이 케제만을, 특히 그가 그의 위대한 로마서 주석에서 그랬던 것처럼, 매력적인 주해가로 만들었다. 모든 문제가 늘 테이블 위에 올려진 상태로 서로 부딪히며 다른 방향으로 튀고 있었다.[73]

케제만과 스텐달 사이의 논쟁(바울에 관한 나의 첫 번째 주요 논문에서 내가 답변하려 했던 주제다)은 케제만의 신학 중심부로 향하는 길을 알려 준다.[74] 그에게 '묵시'는 '기독교 신학의 어머니'이자 특히 바울을 형성하고 움직인 원동력이

---

71 같은 책, pp. 62-63. 또한, Käsemann 1980 [1973], p. 264를 보라. '구원 역사는 칭의가 적절하게 들어맞는 자리를 확보할 수 있는 내재적인 발전 과정이 아닌 것이 분명하다.' Käsemann은 이 말이 Stendahl을 향한 비판이라고 말한다. 하지만 내가 알기로는 인용된 단락이나 다른 어느 곳에서도 Stendahl이 여기서 비판받는 내용과 유사한 이야기를 한 적이 없다. Käsemann은 '계시의 원천으로써 역사와 구원 역사에 대한 미신적인 믿음'을 이야기한 1969 [1965], p. 250에서와 마찬가지로 여기서도 허수아비를 공격하고 있다.
72 Käsemann 1971 [1969], p. 62. 하지만 유의사항이 하나 있다. Käsemann은 '교화'라는 표현을, 진부하고 따분한 중산층 그리스도인 집단에서 통용되었던 '교화'의 의미로, 조롱투로 사용했을 것이다.
73 나는 *PFG*의 적절한 지점에서 Käsemann의 위대한 주석을 더 자세하게 다루었으며, 현재의 언급은 대체로 그의 정곡을 찌르는 매력적인 논문집에 한정했다.
74 *Perspectives* 1장에 실린 Wright 1978. Käsemann에 대한 더 충분한 논의는 *Perspectives* 4장에 있다.

었다.[75] 이 내용은 당연히 슈바이처로의 회귀를 대변한다. 일부 논평가들은 이 사실을 지적하면서 케제만이 이전 세대가 슈바이처의 핵심을 제대로 파악하지 못한 것에 대해 일종의 후기 불트만식 집단 사과를 표명했어야 했는지 궁금해했다. 이에 대해 어떻게 생각하건, '묵시'를 강조했다는 사실은 특히 현재 미국에서 벌어지고 있는 바울 논란에 있어 굉장히 중요하다. 물론 앞으로 살펴보겠지만, 마틴이 케제만에게 헌정한 그의 유명한 갈라디아서 주석은 의미심장한 수정을 가했지만 표면상으로는 같은 노선을 따른다. 따라서 확실히 해 두어야 할 것은, 여전히 바울을 해석하는 방식에 강력한 영향을 미치고 있는 사고의 흐름 전체를 파악하려면 적어도 개괄적이라도 케제만을 충분히 이해해야 한다는 것이다.[76]

케제만이 넓게는 초기 기독교, 좁게는 바울의 핵심에 '묵시'를 두었을 때, 그가 의도한 의미는 상당히 분명했다. 그는 나에게 쓴 한 편지에서 "나에게 묵시는 항상 '임박한 기대'(Naherwartung)란 의미"라고 했다.[77] 달리 말해, 초기 기독교와 바울 사상의 형성에 결정적이었던 요인은 '끝'이 곧 일어날 것이라는 소망이었다. '묵시'에 관한 질문, 즉 묵시는 무엇이며 종교의 역사에서 어디에 위치하는지는 그 자체로 지난 두 세대에 걸쳐 엄청난 논의의 대상이었다. 케제만에게 묵시가 담당했던 역할은 슈바이처에게 묵시가 했던 역할과 비슷하다(내 생각에 같지는 않다). 우리가 이 두 인물을 불트만의 반대편에 둘 때, 우리는 '묵시'가 그 두 사람 모두에게 바울을 이해하기 위한 분명한 종교역사적 틀을 제공했음을 본다. 물론 부드럽게 표현하자면, 슈바이처는 그가 그려 낸 바울의 모습을 한편으로는 예수와, 다른 한편으로는 안

---

75 특히 Käsemann 1969 [1965], 5장을 보라.
76 더 충분한 논의는 *Perspectives* 4장; 그리고 Neill and Wright 1988, pp. 416-421를 보라. 감사하게도, Käsemann은 그의 사상에 대한 내 분석을 인정하는 편지를 직접 보내 주었다. 또한, Way 1991; Zahl 1996을 보라. Martyn에 대해서는 본서 2부를 보라.
77 또한, 1969 [1965], p. 109 n. 1.

디옥의 이그나티우스와 연결하고는 했지만, 케제만은 그런 작업에는 관심이 적었다. 이런 가설적인 '묵시적' 틀은 초기 영지주의의 일부 형태를 가져와야 한다는 (불트만 학파의) 문제를 피할 수 있었다. 슈바이처는 영지주의를 원치 않았고, 케제만은 이미 영지주의가 비역사적임을 알고 있었다.[78] 하지만 케제만의 틀도 역사적인 관점에서 논박할 수 있다. 이 문제는 (필요한 부분에는 수정하겠지만) 우리가 현대의 소위 '묵시적' 해석을 논의할 때 다시 등장할 것이다. 클라우스 코흐(Klaus Koch)가 유명한 논문에서 보여 주었듯이, 불트만 이후 세계(달리 말해, 케제만의 세계)에는 이스라엘 성경의 묵시 본문이나 성경 이후 유대교의 묵시 본문, 나아가 초기 기독교의 묵시 본문(요한계시록, 『헤르마스의 목자』 등)을 진지하게 탐구하려는 관심이 거의 없었다.[79] 심지어 마가복음 13장과 병행 본문도 외부에서 삽입된 내용으로 간주되었다. 그리고 앞서 언급했듯이, 데살로니가후서는 기이하고 어둡고 '묵시적인' 사상의 형태로 간주되고, 진짜 바울서신을 오염시키는 일이 없도록 모호한 제2바울서신으로 치부되는 경향이 있었다.

하지만 케제만에게 '묵시'의 요점은 일차적으로 바울을 제2성전기 유대교의 특정 흐름과 연결하는 것이 아니었다. 실제로 그가 활용한 방식을 보면 그는 묵시를 바울과 직접 연결하지는 **않는다**. 예외적으로 (케제만이 이해한) 쿰란 종파의 특정 사고 흐름이나 다른 한두 본문과 연결한 사례가 있다. 그는 그곳에서 이렇게 주장했다. '하나님의 의'는 그 '언약적' 틀이 제거되어 결과적으로 더는 이스라엘과의 언약에 대한 하나님의 신실하심을 가리키지 않고, 대신 **언약적인** 범위와 목적**보다는** 우주적인 범위와 목적을 가진 '구원을 창조하는 하나님의 능력'을 의미하는 전문적인 용어가 되었다.[80] 따라

---

78 Käsemann 1980 [1973], p. 144를 보라.
79 Koch 1972 [1970].
80 특히 Käsemann 1969 [1965], 7장을 보라. 이 '우주적'과 '언약적'의 대립 명제는 오늘날까지

서 '묵시'는 일차적으로 이스라엘, '구원 역사', 혹은 '언약'에 관한 것이 아니라, 우주 전체에 관한 것이다.[81] 사실상 케제만은 '묵시' 자체를 미묘하게 비신화화해서 이제는 신빙성이 떨어진 '영지주의'가 설명 가설로서 하던 역할을 하게 하되, 외견상 유대교적인 틀 안에서 하게 했는지도 모른다. 물론 이 특별한 제안을 뒷받침하는 종교사적 증거는 늘 부족했지만 말이다. 하지만 케제만에게는 이 이론이 타당함을 설명하는 나름의 방식이 있었다. 즉, 로마서 3:24-26처럼 겉으로는 '언약적'인 내용으로 보이는 본문이 실제로는 바울 이전 '유대계 기독교'의 정형 어구를 인용해 삽입한 내용을 담고 있으며, 이 인용문을 환자의 몸에서 이물질을 제거하는 의사처럼 조심스럽게 분리해 내면 바울을 그러한 언약적 사고의 혐의에서 벗길 수 있다는 것이다. 이 접근법의 문제는 바울이 그가 전통으로 알고 있던 과거 자료의 조각들을 인용할 수 있었고 실제로 인용했다는 제안이 아니다. 바울 자신도 그 사실을 인정한다.[82] 하지만 바울이 이런 작업을 할 때면 언제나 그 목적은 전통에 동조하고 그와 청중들이 공통적인 기반으로 삼은 내용을 기초로 다른 이야기를 하기 위해서였다. 바울이 어떤 말을 인용할 때 그것을 반박하기 위한 경우는 고린도서에 등장하는 몇몇 '슬로건'을 제외하면 실제 증거가 없다. 하지만 이것이 케제만이 주장하는 바울의 인용 목적이다. 그의 후계자 중 일부도 같은 방법론을 동원해 왔다.[83]

지속되고 있지만, 이를 뒷받침하는 고대 문헌의 증거는 전혀 없다.
81 내가 보기에 Käsemann은 말년에 바울이 실제로 '*dikaiosynē theou*'에 '언약적 신실함'이란 의미를 포함했다는 내용을 이전보다 더 받아들일 준비가 되었던 것 같다. 나는 이 내용을 Wright 2014b에서 조사했다.
82 예. 고전 15:3-8. 이 본문의 마지막 행은 바울의 추가로 추정되지만 말이다.
83 고린도서의 '슬로건'에 대해서는 이를테면, 고전 6:12-13; 8:1을 보라. 이 방법의 활용에 대해서는 이를테면, Jewett 2007, p. 283[우리는 '이 내용(롬 3:25-26)의 본래 의미 및 출처와 바울서신의 맥락에서의 의미를 구분'해야 한다]; Martyn 1997a, pp. 89-91[p. 90. '바울이 유대계 기독교 정형 어구를 인용(갈 1:4a)한 목적은 이어지는 절로 그 내용을 교정하기 위해서다'].

이것은 앞서 살펴보았듯이 바우르로 거슬러 올라가는 더 거대하고 더 복잡한 종교사학파가 주장한 내용의 일부다. 그것은 (1) 적어도 갈라디아서 2장에 나오는 '야고보에게서 온' 사람들과 연결되어 있던 것으로 추정되며 민족, 율법, 언약에 초점을 맞추었던 초기 **유대계** 기독교 공동체, 그리고 (2) 열렬하게, 아마도 굉장히 열렬하게 '실현된 종말론'을 수용했고, 그래서 그동안 유대인이 바랐던 모든 일이 이미 발생했으니 더는 '묵시'(즉, '임박한 기대')가 필요하지 않다는 '열광주의'로 변화된 초기 **헬레니즘계** 기독교 공동체를 둘 다 재구성할 수 있다고 주장한다.[84] 그리고 이 둘 사이에서 우리는 소위 순수한 '바울적인' 이방계 기독교 메시지, 즉 고통과 투쟁으로 점철되었지만 철저하게 희망에 부푼 공동체를 생성해 냈던 '율법이 제거된' 복음을 발견할 수 있다.

이 가설적인 공동체와 메시지가 얼마나 세심하고 솜씨 좋게 구성되어 탁월하게 보였든, 이 논의와 관련해 벌어진 사태를 확인하고는 특별히 냉소적인 반응을 보일 필요는 없다. 그 결과 우리는 바울을 한편으로는 율법과 언약을 주장하는 '유대 그리스도인'들, 다른 한편으로는 '열광주의자'들과 대척점에 자리매김시킬 수 있다. 케제만의 바울이 이 두 상대 모두를 향해 동원하는 무기는 바로 '묵시'다. 즉, 뿌리를 뒤흔드는 이 하나님의 침입은 '구원 역사' 안에는 어떤 '정상 상태'(steady state)나 '진화적 발전'(evolutionary development)도 있을 수 없다고 선언하며, 또한 미래의 소망이 아직 남아 있기에, 자신은 이미 하나님의 약속 모두를 소유하고 있다는 '열광주의자'식 생각도 불가능하다고 선언한다.[85] 달리 말해, 케제만이 재구성한[혹은 다시 상상한(그가 실제로 '묵시' 문서를 연구한 후에 신중한 역사적 설명을 내놓은 것이라는

---

84 Käsemann 1969 [1965], p. 131.
85 Käsemann 1969 [1965], pp. 124-137.

증거는 많지 않다)] 대로의 '묵시'는 바울 사도를 마르틴 루터가 서 있던 바로 그 지점에 자리매김시키는 데 필요했던 내용이었다. 말하자면, 루터는 한편으로는 율법주의적인 로마 가톨릭, 다른 한편으로는 위험천만한 철저한 '열광주의자들'에 직면해 있었다. 케제만에게는 이 적들이 한편으로는 태평스럽게 교회에 나가는 중산층으로, 다른 한편으로는 은사주의자 혹은 (그가 이해한 대로의) 근본주의자로 쉽게 대치될 수 있었다.

여기에 케제만의 입장이 지닌 아이러니가 있다. 교회 안에서 편안하게 지내는 '안전' 등에 대한 그의 가차 없는 비판에도 불구하고, 그는 결국 그의 영웅인 바울을 자신의 루터파 전통이 제안했던 틀에 딱 들어맞게 만들도록 그의 종교역사적 기술을 총동원해 양날을 지닌 '초기 기독교'를 구성했다.[86] 그는 두 개의 전선에서 전투를 수행하면서 굳건하게 중도를 지켰다. 물론, 더 넓은 스펙트럼의 어디에 있든 상관없이 누구든 자신의 왼쪽과 오른쪽에 보이는 것을 설명하는 것만으로도 자신을 '중도주의자'로 새롭게 규정할 수 있다. 하지만 케제만의 아이러니는 대부분의 경우보다 더 심각하다. 중도를 따르려고 노력하는 것은 성공회만이 아니다.[87]

---

86 또한 Käsemann 1969 [1965], 2장에 있는 훌륭하고 거침없는 변론을 보라. 결론 단락처럼 (p. 250) 여기서도 이중의 표적은 '정통'과 '열광주의'다. 심지어 교회에도 바울은 여전히 '이교의 사도다. 경건주의자들은 여전히 바울을 어떻게 이해해야 할지 거의 알지 못한다.' 나도 주교로서 Käsemann의 고민이 무엇인지 정확히 알고 있으며, 그의 좌절감에 공감한다. 하지만 주해자로서 나는 이러한 이의 제기가 바울이 처했던 역사적 상황이나 그가 전했을 역사적 메시지에 도달하기 위한 최선의 도구라고 생각지는 않는다. Stuhlmacher 1986 [1981], pp. ix-x를 보라. 'Bultmann과 그의 제자들은…신약을 볼 때는 팔레스타인 교회와 헬레니즘 교회 사이를 선명하게 구분해야 한다는 관점, 또한 사도 바울 이전에, 그리고 그와 같은 시대에 요한복음과 요한의 전통뿐만 아니라 헬레니즘 기독교가 이미 기독교 이전 영지주의와 기독교 영지주의의 영향에 노출되어 있다는 관점을 출발점으로 삼았다. 이제 우리는 상황을 다르게 판단하는 법을 배웠다.…' 특히 Bultmann과 Käsemann이 초기 기독교에 대해 '중립적인' 혹은 '객관적인' '종교사' 연구를 하고 있었다고 생각하는 영국과 미국의 독자들이 주목해야 할 핵심은, 이러한 전략 전체가—바울을 포함해—신약 내부의 요소들을 그들이 이미 가지고 있는 관점의 '복음'에 적합한 경우에만 들어설 여지를 허락하도록 하는 방법이었다는 것이다.
87 다음 내용을 말할 수 밖에 없다. 내가 다른 문제들 가운데서도 루터주의를 신약에 투영하는 문제를 경고하는 내용을 담은 나의 1978년 논문을 Käsemann에게 보냈을 때, 그는 비

케제만이 속한 루터파 전통의 중심은 당연히 칭의 교리였다. 케제만에게 '하나님의 의'는 불트만 및 그전의 루터와 마찬가지로 신자들이 하나님 앞에서(coram Deo) 갖는 '의'를 가리키는 것이 아니었다. 그것은 하나님 자신의 의로, 바로 이 의라는 특성 때문에 하나님은 마침내 세계 전체를 바로잡기 위해 행동하실 것이다. 이 내용에는 분명한 정치적 함의가 있다. 케제만은 복음을 옹호하는 '고백'이 실세들에 반대한다는 의미가 될 수 있다는 사실을 나치에 의해 투옥되는 고난을 통해 배웠다. 하지만 그 위대한 사람의 노여움을 산 것은 나치만이 아니었다. 케제만은 중산층의 태평스러운 경건주의를 몹시 싫어했다[하지만 독일의 한 유수의 신학자가 그 역시 경건주의자였다(Käsemann ist auch Pietist)고 나에게 알려 준 적이 있다. 그의 사후에 발간된 강연집을 보면 확인할 수 있다].[88] 계속해서 그의 표어는 로마서 4:5에 나오듯이 '경건치 않은 자를 의롭다 하는' 바울의 위대한 교리였다. 어떤 사람 혹은 공동체가 '경건해'질 수 있다는 제안은 즉시 그의 신경을 건드렸다. "그런 생각은 위험을 초래할 뿐이고, 안전을 가장하는 것일 뿐이다. 당신은 당신을 뒤흔들어 철저한 순종을 요구하는 하나님의 새로운 말씀을 듣지 못하도록 스스로를 격리해 안주하고 싶어 한다!"[89] 때때로 루터처럼 케제만도 '경건한 행위'에 몰두하는 사람보다는 공개적으로 대놓고 악행을 저지르는 전통적인 의미의 죄인을 선호할 것이라고 생각하는 사람도 있을 수 있다.[90] 이 말은 과장된 표현이지만, 그는 자주 이런 생각에도 마음을 열어 두었다. 그는 틀

꼬는 투로 이렇게 논평했다. '성공회 교리를 신약에 투영하는 문제도 있을 텐데, 당신의 논문이 그것을 보여 주는 사례가 되겠네요!' (Doch gibt es auch eine Retrojektion des Anglikanismus in den NT, und ihr Aufsatz könnte das demonstrieren!) 판단은 독자의 몫이다. 그런데 작금의 세계 성공회(Anglican Communion)에서 바울의 교회들과 비슷하다고 느껴지는 유일한 교회가 고린도의 회중이 아닐까 두렵다.

88 Käsemann 2010 [2005]를 보라.
89 예를 들면, Käsemann 1971 [1969], p. 92.
90 예를 들면, 1980 [1973], pp. 250, 302를 보라.

림없이 자신을 약간 정당화하면서 바울도 자신과 비슷할 것이라고 응수했을 것이다.

따라서 케제만의 거대한 지적들은 여전히 루터파 전통 안에 굳게 자리 잡고 있다. 물론 그가 일부 핵심 사안에서는 스승인 불트만과 분명히 의견을 달리했지만 말이다. [이런 모습이 특별히 드러난 측면이 그가 역사적 예수 연구의 중요성을 주장한 점이다. 그는 나치가 아리아족 '예수'(Aryan 'Jesus')를 발명한 모습을 지켜보고는, 거기에 어떤 문제가 수반되든 일단 현실 예수는 현실 역사에 닻을 내리고 있어야 함을 깨달았다.][91] 하지만 스텐달이 지적했듯이, 케제만은 그가 이해한 대로의 '구원 역사'를 거부하고 '유대인'과 '유대교'를 문제의 본질적 요소로 여기는 오랜 전통에 너무 신속하게 합류해 버렸다. '여기서 [바울은] 우리 모두 안에 감추어진 유대인을 공격하고 있다'라는 말은 유대인이든 그리스도인이든 그 누구든 홀로코스트 이후 사상가들의 간담을 서늘하게 만드는 말이다.[92]

이런 모습은 로마서 7장 해석에서 케제만이 불트만을 추종하는 방식과도 잘 들어맞는다. 그는 이 부분에 '바울 가르침의 핵심'이 있다고 이야기하는데, 이 가르침은 케제만 같은 사람에게도 거대한 주장이다.

그것은 피조물이 타락 이후로 그 한계에 반복해서 직면하게 된다는 수준의 이야기가 아니라, 종교적인 인간도 추락하고 인간이 지도하는 길은 실패하고 만

---

91 1964 [1960], 1장; 1969 [1965], 2장을 보라.
92 1969 [1965], p. 186. 이 단락 전체가 중요하다. '바울은 각자 자신의 이야기에 기초를 두는 종교적 개인들의 주장과 다를 바 없는, 이스라엘 자신의 역사에 기초를 둔 이 민족의 주장을 논파해야 했다. 바울이 이 작업을 수행하는 표현 방식을 보면 이스라엘이 그에게 의미심장한 사례임을 알 수 있다. 바울이 이스라엘 안에서 그리고 이스라엘을 동원해 공격하고 있었던 것은, 우리 모두 안에 감추어진 유대인이었다. 즉, 하나님이 자신을 과거에 어떻게 대했는지에 근거해 하나님께 권리를 요구할 수 있다고 생각하며, 이런 정도로 하나님이 아닌 환상을 섬기고 있는 인간을 공격하고 있었다.' 또한 예를 들면, 1980 [1973], pp. 302-303를 보라. 여기서 이스라엘은, 구원을 방해하는 것은 '죄가 아니라 경건한 행위'라는 일반적인 진리를 보여 주는 '사례'다.

다는 의미다. 모세의 토라가 이끄는 길도 아담처럼 그의 눈을 가리고, 그를 결국 죄로 인도한다. 모세는 하나님의 뜻에 동의하고, 그 뜻은 피조물의 구원을 향해 있다. 그는 그 뜻을 기뻐한다. 그가 구원을 열망하고 계명에 순종함으로써 그것을 달성하려고 고투하는 한에서는 말이다. 하지만 그 과정에서 그는 생명을 향한 자신의 욕망에 발목 잡히고 만다. 그 욕망은 외부에서 주어질 수만 있는 것을 스스로 움켜쥐려 했고, 따라서 이 세상 권세의 손아귀에 떨어지고 말았다. 이 경건한 사람만큼이나 자기 뜻에 함몰된, 반역적인, 왜곡된, 타락한 창조 세계를 보여 주는 전형이 또 있을까!93

이전 루터파 주해가들은 보지 못했지만, 케제만은 훌륭한 주해가였기에 '구원 역사'라고 적절하게 부를 수 있는 사상이 바울에게 실제로 존재한다는 사실을 볼 수 있었다. 그와 불트만의 큰 의견 차이 중 하나는 불트만이 복음을 과도하게 개인화시킨 것에 대한 반대였다. 그는 더 큰 역사를 늘 염두에 두어야 한다고 주장했다.94 구원 역사가 '바울 신학의 수평선을 형성'한다는 것은 분명한 사실이며, 논란이 되는 것은 그 수평선의 중요성이다.95 케제만은 로마서 5장에서 '바울은 역사를 연속되는 진화적 과정이 아니라, 아담의 왕국과 그리스도의 왕국이라는 두 왕국의 대비로 이해한다'(여기서 그가 염두에 둔 논적이 누구인지는 불분명하다. 우리는 또 섀도복싱을 하고 있는 것일

---

93   1980 [1973], p. 209(롬 7장 주해의 마지막 즈음이다).
94   1971 [1969], pp. 63, 65, 74(이 부분에 대해서는 Stendahl에 동의한다); 1980 [1973], p. 236은 '자유를 형식상 미래에 대한 개방성으로 기술함으로써 구원을 개인화하고 그럼으로써 바울의 메시지를 잘라 버린 실존주의'의 신마르키온주의 경향을 지적한다(Schlier에 반대하는 견해). 그러한 신학적인 축소는 (이런 문장 때문에 우리는 재차 Käsemann을 들춰 보게 된다) '바울의 묵시 사상과 관련된 내용을 더는 모르는 세계관에서 비롯된다. 그것은 인류학적 역사성이 세계사를 은폐하도록 허용하고 1:20 이하에 나오는 시대(aeons)의 대립을 모호하게 만든다. 이러한 이유로 더 이상 전 세계적인 차원에서 그리스도의 통치에 대해 적절하게 이야기할 수 없게 되었다.' 달리 말해, 당신이 쭉 Bultmann을 추종한다면, 교회 선교의 범위가 철저하게 축소될 것이다.
95   1971 [1969], p. 66.

까?).⁹⁶ 따라서 '구원 역사'는 늘 역설적이며, 늘 '그럴만한 이유가 있는 사람의 웃음을 띠고' 하는 여행이다.⁹⁷ 복음은 자유에 관한 것이다(자유는 케제만의 거대한 표어 중 하나다). 그가 빌레몬서에 관한 이야기를 한 적은 없는 듯하지만(그의 논문집 색인에는 언급이 없다), 빌레몬서 배후에 깔린 자유란 주제는 분명 그에게 좋은 재료였을 것이다.

케제만이 여전히 영향력을 발휘하는 것은 당연한 현상인데, 유일한 사례는 아니지만 특히 J. L. 마틴의 작품을 통해 그의 영향력이 드러난다. 마틴에 대해서는 나중에 살펴볼 것이다. 바울 이전에 존재했던 집단과 분파를 종교사학파의 관점에서 재구성한 내용은 '하나의 세계관을 정당화하기 위한 이야기'란 의미에서 하나의 현대적 '신화'이자 학문적인 허구에 가깝다. 그렇지만 이러한 재구성과 거리를 둔다고 해서 케제만이 주해가로서, 역사가로서, 소위 편안한 교회를 향해 불편한 진리를 설파했던 설교자로서 어마어마한 인물이었다는 사실을 부정하는 것은 아니다. 내가 현대 바울 연구에서 가장가장 중요한 통찰 중 하나로 간주하는 것은 그가 몇 세대 전에 강력한 비판에도 불구하고 선구자로서 개척한 내용이다. 구체적으로, 그가 '하나님의 의'가 미치는 우주적 범위를 긍정했다는 사실과 그 의가 로마서 안에 표현되고 구현된 방식으로 본 내용은 오늘날 우리가 말해야 할 수많은 이야기에도 기반이 되는 내용이다. 나는 그의 '묵시' 분석이 (혹은 '초기 유대계 기독교'나 '초기 헬레니즘적 열광주의 기독교'에 대한 분석도) 철저한 역사 연구를 견뎌내지 못할 것이라고 생각한다. 하지만 어떤 의미에서는 그럴 필요가 없기도 하다. 궁극적으로 그에게 '묵시'는 오랫동안 무시되어 왔지만 다시 중심 무대로 데려올 필요가 있었던 바울 사상의 중심 강조점에 관심을 가지도록

---

96 같은 책, p. 67.
97 같은 책, p. 70. Käsemann은 Cullmann이 '문제를 분명하게 인식'했지만 그가 마땅히 해야 했다고 Käsemann이 생각한 만큼 충분하게 그 역설을 끄집어내지는 못했다고 언급한다.

이끌어 준 휴리스틱 장치(heuristic device; 시간이나 정보가 불충분해 합리적인 판단을 할 수 없거나 굳이 체계적이고 합리적인 판단을 할 필요가 없는 상황에서 사람들이 신속하게 사용하는 어림짐작—옮긴이)였다. 그것은 바울을 온갖 의미에서 **유대인** 사상가로 긍정하는 방식이었다. 비록 루터파의 흐름이 케제만으로 하여금 '유대인'을 그릇된 신학과 경건을 대표하는 공식적인 존재인 호모 렐리기오수스(*Homo religiosus*, 종교적 인간)의 전형으로 간주하도록 압박했지만 말이다. 이런 내용이 '새 관점'이 필요할 수밖에 없는 상황을 조성했다면, 앞서 언급한 케제만의 다른 강조점들은 그 움직임이 위험을 무릅써야만 무시할 수 있는 기준을 설정했다.

전 세대의 다른 위대한 독일 학자들에 대해서는 상세히 설명하기는커녕 나열만 하기에도 시간이 부족할 것이다. 나는 특히 울리히 빌켄스(Ulrich Wilckens)가 생각난다. 그가 초기에 작성한 중대한 논문들은 그의 위대한 로마서 주석과 그의 생애 최고 업적인 '신약신학'을 미리 보여 준다. 이 작품들은 시급히 영어로 번역되어야 한다. 그렇게만 되면 그 영향은 상당할 것이다. 빌켄스는 바울과 이스라엘 성경 사이의 더 긍정적인 관계를 오랫동안 옹호해 왔다. 그의 관점에서 그리스도는 율법의 '목적'이자 '종결'이었다. 이 섬세한 관점은 자세하게 설명되어야 한다.[98] 그는 바울에게 진짜 문제는 '죄'가 아닌 '율법주의'로 본 불트만과 다른 많은 학자를 비판한다. 방금 살펴보아서 알겠지만, 이런 측면이 그를 케제만과도 대척점에 둔다.[99] 그는 부활에 관한 중요한 책도 집필했다.[100] 빌켄스에 따르면, 유대인이 율법을 어겼기 때문에 율법의 목적을 달성하지 못했다는 사실이 율법이 폐기되었다는 의미는 아니다. 신자들은 성령의 역사를 통해 율법을 성취하라는 명령을 받는다.

---

98   예를 들면, Wilckens 1974, pp. 101; 1978-1982, 2,221-2,223를 보라.
99   예를 들면, 1974, pp. 82-84.
100   예를 들면, Wilckens 1977.

성령이 그들로 서로 사랑할 수 있게 한다(그리고 서로 사랑함이 율법 계명의 중심이기에 제사 및 예전과 관련된 계명은 이제는 요구사항이 아니다). 어떤 면에서 이 내용은 종교개혁 이후의 바울 해석을 상당히 전통적으로 표현한 것이다. 비록 로마서 2장에서 바울이 행위에 따른 미래의 심판을 이야기할 때, 바로 그것이 바울이 의도한 의미였다는 빌켄스의 대담한 확언을 그 전통에 속한 많은 사람이 받아들이지는 못하겠지만 말이다. 하지만 빌켄스는 케제만의 방향으로 이끌리지 않고도 불트만 이후 해석이 내세우는 일부 핵심 요소에 반대하면서 더 중도적인 루터파의 견해를 대변했다. 그것도 단순히 주장만 한 게 아니라 엄청나게 자세한 주해로 풀어 설명했다.[101]

그와는 매우 다른 입장을 대표하는 학자가 한스 휘브너(Hans Hübner)다. 바울과 율법에 관한 그의 유명한 논문은 갈라디아서가 가진 율법에 관한 외관상 부정적인 관점과 로마서가 가진 긍정적인 관점의 문제를 다루었다. 그는 바울의 사상이 두 서신 사이의 기간에 의미심장한 발전을 거쳤다고 주장한다. 이런 관점은 어떤 면에서는 매력적이지만, 이후 학계에서는 그다지 받아들여지지 않았다. 물론 '바울과 율법'과 관련해 바울의 다른 서신에서 이야기되는 판이한 내용들을 어떻게 설명해야 하는지의 문제는 그대로 남아 있다.[102]

엄밀한 의미에서 '새 관점'을 논하기에 앞서, 서로 다른 두 명의 바울 주해가를 간단히 언급해야겠다. 그들은 케제만만큼이나 종교개혁 전통에 자

---

101 Westerholm 2004, pp. 154-159에 있는 논의를 보라.
102 Hübner 1984를 보라. Hübner는 바울과 율법을 주제로 열린 1994년 Durham conference에서 강렬한 존재감을 보여 주었다(이 학회에서 발표된 논문들은 Dunn 1996b로 출간되었다). 중요한 순간이 있었다. 그는 갈라디아서에서 율법을 부정적으로 묘사한다는 사실을 열정적으로 이야기하면서, 사람들이 *hypo nomon*, '율법 아래' 있다고 바울이 말한 본문 모두를 인용했다. 그는 '*hypo, hypo, hypo*'라며 반복해서 말했다. 여기에 Martin Hengel이 응답했다. "하지만 그것도 결국 **거룩한** '*hypo*'입니다." (Aber es ist doch eine *heilige hypo*.) 그것이 바로 핵심이다. 사람들이 학회에 참석하는 이유는 바로 이런 순간 때문이다.

리 잡고 있었지만, 의식적으로 루터보다는 칼뱅의 노선을 따랐다.

    먼저, 찰스 크랜필드(Charles Cranfield)다. 우리 다수는 그가 세심하게 작업한 위대한 로마서 주석을 통해 제공한 고품격 가르침에 큰 빚을 진 사람들이다. 물론 되돌아보면 그가 내린 중요한 판단 중 다수가 틀렸다는 결론을 내릴 수 있지만 말이다.[103] 그는 '하나님의 의'에 대해서는 케제만이 아닌 불트만의 이해를 따른다. 그는 비록 7:14의 '죄 아래 팔린' 관련 내용과 로마서 6장의 '세례받는 사람은 더는 그런 상태에 있지 않다'는 바울의 주장 사이에 모순이 있음에도, 로마서 7장의 '곤고한 자'가 참되고 진지한 그리스도인이라고 주장한다. 9-11장 해석은 과도하게 바르트 쪽으로 기울어서, 우리 중 일부는 그를 완전히 추종하기 힘들 정도다. 하지만 내 관점에서는 이 모든 내용도 용서되는 것이, 그가 (본질상 루터파보다는 칼뱅파의 주장인) 하나님의 단일 계획으로 제시하는 멋진 비전과 그 계획에 수반되는 유대교 율법에 대한 긍정적인 관점 때문이다. 오늘날 학생들은 크랜필드가 1964년 「스코틀랜드 신학 저널」(*Scottish Journal of Theology*)에 "바울과 율법"(Paul and the Law)이란 논문을 발표했을 당시 독일과 영어권 세계가 율법에 대한 기본적으로 루터파적인 관점에 얼마나 굳게 사로잡혀 있었는지 이해하기 힘들 것이다.[104] 그 당시까지는 주해가들이 최소한의 사적인 주장만을 추가하면서 다음 내용을 단언하는 것이 통상적이었다. "바울은 율법을 악한 것으로 보았다. 심지어는 애초에 참 하나님이 주신 것이 아니라 천사가 혹은 심지어 마귀가 준 것이라고 보았다. 그리고 율법은 그저 사람을 정죄할 뿐이며, 사람을 구원하기 위해 하나님은 율법 자체가 제거되어야 한다고 선언하셔야

---

103 더 자세한 내용은 이제 Perspectives 3장에 실린 검토 논문(review article)을 보라. 또한, Neill and Wright 1988, pp. 421-424를 보라. Cranfield는 본서가 거의 완성되어 가던 2015년 3월, 100세의 나이로 사망했다.
104 그 논문을 수정한 Cranfield 1975-1979, pp. 845-862(같은 책, p. 845에 세부 사항이 있다)를 보라.

했다. 갈라디아서 3:13에서 메시아가 '율법의 저주'를 감당하셨다고 할 때, 그 의미는 예수의 부활 안에서 율법은 말하자면 완전히 틀렸다는 사실이 드러났다는 것이며, 이 내용이 바로 다마스쿠스 도상에서 바울이 본 환상의 일차적인 의미다(율법은 그리스도를 저주했지만 하나님이 그 판결을 뒤집었고, 따라서 율법은 악한 것이며 그 자체로 정죄되고 제거되어야 한다)." 그러한 주장의 결과가 바로 가설적인 루터파 바울의 유명한 '율법이 제거된' 복음이다. 종종 이러한 주장의 근거로 거론된 것이 갈라디아서지만, 이 관점은 로마서 주해로도 흘러 들어갔으며, 더 중요하게는 바울과 유대교, 심지어 하나님에 대한 전체적인 관점으로도 흘러 들어갔다. 이스라엘의 하나님이 실제로 율법을 주셨다는 사실을 받아들일 때, 흔한 가정 중 하나가 하나님이 사람을 구원하는 방식으로 율법을 주셨지만 1500년 후 이 계획이 어그러지자 하나님이 이 계획을 폐기하고 '믿음'이라는 '제2안'으로 변경하기로 결정했다는 것이다. 물론 믿음이 훨씬 더 쉬운 방안이다. 죄인들이 덜 어렵게 들어올 수 있도록 하나님이 장벽을 낮춘 것이다. 이전 세대의 가장 존경받는 주해자 중 한 명이 거의 이와 같은 주장을 했다.[105]

율법을 종종 조롱하는 듯 부정적으로 바라보는 이 관점이 등장한 것은 루터파의 비판에서인데, 핵심적인 내용의 기원은 마르틴 루터가 표명한 더 꼼꼼하지만 설득력이 부족한 주장들이다. 하지만 1950년대와 1960년대의 개신교 신학과 주해에 이 관점이 견고하게 자리 잡았던 것은 상당히 다른 이유 때문이었다. 그 시기에 성장한 나도 똑똑히 기억하고 있지만, 그 당시는 모든 제한을 벗어던지던 시기였다. '의무'란 단어는 금기어가 되었고, 권위에 대한 존경도 신속하게 줄어들었으며, 보편적인 윤리 규준에 관한 이해는 시들해졌고, 논리적 실증주의가 내세우는 정의주의[emotivism; 도덕 판단

---

105 Sanday and Headlam 1902, pp. 278, 283, 287-288.

은 진위를 따질 수 있는 성질의 것이 아니라 단지 어떤 행위에 대한 도덕적인 감정을 표명하는 정의적(情意的) 기능을 가질 뿐이라는 학설—옮긴이] 윤리가 시대의 사조가 되었다('정직은 좋은 것이다'라는 말은 '나는 정직이 좋아'란 의미일 뿐이고, '도둑질은 나쁘다'라는 말은 '나는 도둑질을 싫어해'란 의미일 뿐이다). 수많은 교회 신자들(대부분이 남자였다)이 그 흐름에 편승해 전통적인 교회의 삶 여러 방면에서 드러났던 고루하고 종종 위선적인 윤리에 분노를 표현했고, 배경을 막론하고 모든 사람을 받아들일 수 있도록 문을 개방하려 했다. 흥미롭게도 그러면서 예수와 바울도 그들처럼 사람들을 받아들이기 위해 그들과 같은 방식으로 전통적인 윤리 규준을 난도질했다고 생각하는 실수를 범했다. 그들은 '율법'을 '자기 의를 따라 가치 판단을 하는 실천'으로 이해했다.[106] 이 모든 내용의 표어는 로마서 10:4이었다. 그들은 (많은 번역본처럼) 이 구절을 '그리스도는 율법의 끝이다'로 이해했다. 이런 맥락에서 이 구절의 의미는, "더 이상 윤리 조항은 없으며, 대신 '상황 윤리'로 충분하다. 실제로 '당신에게는 사랑만 있으면 된다.'" 이것은 '율법이 제거된' 바울식 복음을 가장한 비틀스식 '윤리'였다.

이러한 분위기와 배후에 있는 듯한 주해 상의 압박감에 괴로웠던 우리 중 다수는 크랜필드를 읽으면서 큰 고마움을 느꼈다. '율법에는 그 목적이자 의미로서 그리스도가 있다'라는 문장이 로마서 10:4을 긍정적으로 설명하는 세 페이지의 촘촘한 논의 속에 변형된 형태로 반복해서 등장한다. '잘못된' 것은 율법 자체가 아니라 '율법주의'였다. 즉, 그리스도가 목적이라는 사실을 인식하지 못하고 율법을 하나님께 자신을 내세우려는 근거로 사용하려는 시도 말이다. 하지만 율법의 의도는 그것이 결코 아니었다. 로마서에

---

106 이와 관련된 눈에 띄는 사례를 Eduard Schweizer의 골로새서 주석에서 볼 수 있다. Schweizer 1982, p. 22.

서도, 고린도후서 3장에서도, 심지어 갈라디아서 3장과 골로새서와 에베소서의 관련 본문 두 곳에서도 율법은 폐기된 것이 아니며, 로마서 3:31은 바울의 의도를 있는 그대로 담고 있다('그렇다면 우리가 믿음을 통해 율법을 폐지합니까? 결코 그렇지 않습니다! 도리어 우리는 율법을 굳게 세웁니다').[107] 성령의 선물이 율법을 굳게 세운다. 따라서 크랜필드는 '율법은 종교적인 인간들 편의 재앙스러운 오해일 뿐이며 예수는 그 율법으로부터 우리를 해방하려 한 것으로 생각하는 현대판 마르키온주의'를 향한 구체적이고 통렬한 비판을 시작했다. 나아가 그 논문의 결말 부분을 보면,

> 율법이 인간의 불행한 상태를 해결하려는 하나님 편의 실패한 최초의 시도였으며 따라서 두 번째(더 성공적인) 시도가 뒤따라야 했다는 관점(이 관점은 신학적으로 기괴하다. 왜냐하면 실패한 첫 번째 시도를 한 하나님은 진지하게 고려되어야 할 하나님일 리 없기 때문이다)이 바울의 뒷받침을 받는다는 주장은 불가능하다. 또한, 율법과 복음 안에서 하나님의 두 가지 다른 양상의 조치가 나타났는데, 이 두 조치의 궁극적인 통일성이 (하나님 안에는 정말로 존재하겠지만) 우리 인간에게는 아직 계시되지 않았다는 관점도 바울의 지지를 받을 수 없다.[108]

정확히 이런 주장들이야말로 크랜필드가 오랫동안 힘들게 전투를 벌였던 악령들이며, 그의 로마서 주석의 목적도 그 악령들을 단번에 영원히 날려 버리지는 못할지라도 적어도 심각한 전술적 피해를 주려는 것이었다. 긍정적으로 표현하자면, 그는 우리가 다음과 같이 말할 때 바울의 선포에 충실한 것이라고 말한다.

---

107 Robinson 1979, p. 51는 New English Bible 번역 위원회가 이 구절에 도달했을 때 C. H. Dodd가 '이런 쓰레기 같은!'이라고 외쳤다고 기록했다.
108 1979, pp. 861-862.

성경 속 하나님의 말씀은 하나이고, 하나님이 인간과 함께하는 방식은 오직 하나이며 그것은 온전히 은혜로운 방식이다. 복음과 율법은 본질상 하나로서 이 둘의 통일성은 결코 우리에게 감추어진 신비가 아니라 은혜로운 하나님의 말씀, 즉 예수 그리스도 안에서 우리에게 단번에 영원히 계시되었으니, 하나님은 그리스도 안에서 동시에 자신을 사람에게 온전히 주셨고 사람에게 온전히 하나님께 충성을 바칠 것을 요구하신다.[109]

그래서 크랜필드는 바울의 성경 활용에 관한 또 다른 매력적인 논문에서 근사하면서도 감질나는 문장으로 공격을 가한다. 이 문장에서 우리는 익명에 가려져 있긴 해도 그의 평생에 걸친 신학의 적수를 엿볼 수 있다.

로마서 저자는 정말 꾸준하게 시선을 예수에 고정하고 있었기에 구약이 선언하는 메시지를 듣고 이해할 수 있었다. 그리고 구세주시요 주님이신 예수께 온전히 몰두한 상태에서 구약의 의미를 진지하게 숙고하는 일을 절대 멈추지 않았기에, 절반의 형태든, 감추어진 형태든, 부지불식간에 내비치든, 온전한 형태든, 모든 형태의 마르키온주의를 넘어서는 방대하고 웅장한 그리스도의 풍성한 진리를 놀랄 만큼 선명한 시각으로 인식할 수 있었다.[110]

우리에게 상세한 모형이나 용의자 명단이 부족하다 해도, 그릇된 이해를 보여 주는 이 네 가지 마지막 범주를 해독하기 위해서는 이 모든 내용을 이야기할 필요가 있다. 특히 크랜필드에게 이 '마르키온주의'는 어떤 형태든 본질상 **루터파** 신학과 확고하게 연관되어 있었다는 사실에 주목해야 한다. 그

109 　같은 책, p. 862.
110 　Cranfield 1975-1979, p. 867.

의 저항은 당시 신약학계의 넓은 주류에 맞선 개혁주의의 저항이었다.[111]

그렇다 해도, 내가 보기에 크랜필드의 아킬레스건은 갈라디아서다. 그는 갈라디아서에서 바울이 '율법'을 비판한 내용을 충분히 설명해 낼 수 없었다. 이 사실을 인식한 그는 갈라디아서에 있는 수수께끼 같은 신랄한 비판적인 진술을 반드시 로마서에 있는 바울의 더 분명하고 더 온전한 진술에 비추어 해석해야 한다는 제안으로 후퇴한다.[112] 여기서 당연히 휘브너가 제기한 질문이 떠오를 수밖에 없다. "바울의 생각이 변한 것인가? 실제로 율법에 대한 다른 비판이 갈라디아서에 존재했는가? 그래서 바울이 갈라디아서를 집필할 때는 루터주의자였고, 로마서를 집필할 때는 칼뱅주의자였단 말인가? 아니면 무슨 의미인가?" 나는 과거에 '표준'이었던 해석 안의 율법 및 하나님에 대한 관점은 여러 이유로 부적절하며, 우리가 훌륭한 개혁주의 신학과 연결시키는 것과 같은 통일된 비전이 훨씬 더 선호할 만하다는 크랜필드의 주장에 완전히 찬성한다. 하지만 어떻게 그런 일이 진행될 수 있겠는가? 크랜필드의 독법에서 문제는 이 부분이었으며, 적어도 '새 관점'의 한 형태는 이 문제에 대한 답변을 제시했다.

일곱 번째이자 마지막 불트만 이후 작가를 소개하겠다. 그는 크랜필드처럼 루터파 신학보다는 개혁주의 신학의 대변인인 네덜란드 출신의 인물이다.[113]

---

111 이 사실에 비추어 보면, Westerholm 2004, pp. 201-208가 '새 관점'에 대한 '루터주의'의 반응을 대변하는 인물 중 첫 번째 사례로 Cranfield를 들었다는 점은 상당히 이상하다. Cranfield가 실제로, 특히 Dunn과 자신 사이에 선을 그은 것은 맞지만, 율법과 이스라엘에 관한 Cranfield의 본질상 개혁주의적 견해는 계속 이어지는 '루터주의' 노선과의 공통점보다는 '새 관점' 다수의 견해와의 공통점이 더 많다. Westerholm은 Cranfield가 칼뱅주의 및 개혁주의 전통에 서 있다는 사실을 완벽하게 잘 알고 있었다(예. Westerholm pp. 202, 208). 하지만 그에게 '루터파'라는 이름표를 붙임으로써, 흡사 웨일스 사람이나 스코틀랜드 사람을 '영국 사람'이라 부르거나 캐나다 사람을 '미국 사람'이라 부르는 꼴이 되고 말았다. 새 관점이 지닌 내적인 강점은 새 관점이 이스라엘과 율법에 관한 관점에서 (특별히 Cranfield가 자세히 설파한) 개혁주의 전통과 같은 노선을 취한 것이라고 말한다 해도 과히 지나친 말은 아닐 것이다(틀림없이 의미심장한 차이가 여기저기 있겠지만).
112 Cranfield 1975-1979, p. 858.
113 Ridderbos 1975 [1966]. 내 책을 읽은 네덜란드 독자들은 내가 설명한 개념 중 다수가 적어

그의 걸작은 속속들이 세심한 주의를 기울여 집필되었지만, 그의 주해 상 결론이 향하는 방향이 어디인지, 그가 신학적으로 공감하는 노선이 어디인지는 명백하다. 데이비스처럼 헤르만 리델보스(Herman Ridderbos)도 이전에는 '헬레니즘'에서 비롯된 것으로 생각되었던 바울 사상의 많은 특징을 유대교 맥락에서 설명한다. 하지만 여기서 리델보스는 슈바이처처럼 '묵시'를 동원하거나 데이비스처럼 '랍비 사상'을 언급하는 대신, 여러 면에서 쿨만과 가까운 모습을 보인다. 즉, 바울은 '구속역사적'(redemptive-historical) 신학자로 이해되어야 한다. 리델보스 책의 색인을 (불트만은 말할 것도 없고!) 쿨만과 비교하면 시사하는 바가 큰데, 창세기, 출애굽기, 신명기, 시편, 이사야서를 비롯한 다른 예언서들이 상당한 분량으로 등장한다. 2차 문헌을 아우르는 범위 역시 앞서 내가 언급한 다른 학자들 대부분보다 훨씬 더 광범위하다.[114] 그는 끊임없이 불트만, 쿨만과 토론을 벌이며, 또한 베르카워(Berkouwer), 보른캄, 디벨리우스(Dibelius), 케제만, 큄멜, 리츠만(Lietzmann), 슐라터 등 수많은 다른 학자를 광범위하게 언급한다. 내 관점에서 이 대작은 그동안 성경학계에서 충분히 진지하게 논의되지 못한 책이다.

리델보스가 제시한 개요의 상당 부분은 개신교의 통상적인 설명에 포함된 표준적인 구원론 범주와 일치한다. 죄, 하나님의 의, 화해, 새로운 삶, 교회, 성례전, 종말론이 그렇다. 하지만 모든 내용의 형태와 패턴이 그가 '기초 구조'(Fundamental Structures)라는 제목의 장에서 그의 주요한 이해를 설명하기 시작하는 내용을 통해 새롭게 조명된다.[115] 그의 책 전체의 틀을 결정

도 윤곽 면에서 이미 그들에게 친숙하다고 자주 논평하곤 했다. Ridderbos를 통해 이미 접했다는 것이다. 내가 40년 전에 그에게서 배운 면이 어느 정도이고 그와 별개로 내가 생각해 낸 것이 어느 정도인지를 이제 와서 구분해 말하는 것은 불가능하다.

114 여기에 흥미로운 사실이 있다. 네덜란드 학자로서 Ridderbos는 틀림없이 학계의 더 넓은 영역과 대화할 필요성을 인식했다. 그런데 우리가 조사한 다른 학자 중 일부는 이런 필요성 때문에 고민한 적이 없는 듯하다.
115 Ridderbos, pp. 44-90.

하는 것이 이 서론적인 장에 있는 개시된 종말론(inaugurated eschatology)에 관한 내용이다. 다시 말해, '때가 찼고' 신비가 계시되었는데, 그것은 '그리스도의 신비'로 밝혀졌다. 종말론과 기독론은 불가분하게 얽혀 있다. 예수는 '마지막 아담'이자 '죽은 자 가운데서 난 첫 열매'다. 이로 인해 세계 전체가 변화를 맞았다. 이제 우리 앞에 개방된 모든 것의 원천은 하나님이 그리스도 안에서 행하신 이 종말론적 행위다. 리델보스가 '묵시'라는 용어를 정기적으로 동원하지는 않지만, 실제로 그리스도 안에서 때가 찼다는 그의 강력한 서론적 진술은 그가 준비 단계인 이스라엘의 역사 전체와 그리스도라는 사건 사이에서 강력한 연속성을 보았다는 사실을 알려 준다. 그런데 리델보스가 그 사건에 관해 이야기하는 내용은 몇몇 학자가 '묵시'의 진정한 의미(이와 관련해 '진정한 의미'에 대해 이야기할 수 있다면)로 보았던 내용과 상당히 일치한다. 말하자면, 갑작스럽게 급격하고 놀라운 내용이 계시되었는데, 그 내용이 실은 오랫동안 약속되었던 것이지만 결코 이런 형태로는 예상되지 않았던 것이다.

'바울에게 예수 그리스도는 정확히 누구였는가'라는 리델보스의 기독론적 설명이 페이지마다 그칠 줄 모르고 이어진다. 그 책을 시작하는 부분에서 이미, 마치 예수 그리스도에 관한 이야기를 할 차례까지 기다리기가 너무 힘들다는 듯이, 앞으로 예수 그리스도와 그의 중요성에 관해 이야기하려는 많은 내용을 쏟아 낸다. 그리스도를 중심에 둔 이 비전은 또한 단연코 하나님을 중심에 둔 그림으로서 곧 선명해지겠지만 전 세계를 아우르는 비전이기도 하다. 즉, 그리스도는 전 세계의 주님이시며, 이 새로운 시대, 이 새로운 계시의 목적은 창조 세계 전체를 부패와 죽음에서 구출하는 것이다.[116]

리델보스는 이런 식으로 책을 시작했기에, 불트만과 다른 학자들이 단지

---

116   예를 들면, Ridderbos, p. 90.

죄의 문제를 해결하기 위해 예수 그리스도를 들여온 것과는 달리, 그의 핵심 논의들을 기독론 **내부에** 자리매김시킬 수 있었다. 여기서 그는 훌륭한 칼뱅주의자로서(그는 이 지점에서 각주에 칼뱅을 드러내 놓고 언급한다) '칭의 교리의 토대는…그리스도와 그의 몸의 공동체적 연합에 있다'라고 선언한다.[117] 리델보스는 바울에게 있어 '그리스도 안에 있음'과 '우리를 위한 그리스도' 개념은 서로 대립시킬 필요가 없으며, 오히려 속량 및 법정적인 개념과 공동체적인 개념은 사실상 서로를 설명해 준다고 이해했다. 그는 바울이 로마서 5장 근처에서, '마치 그에게 첫 번째 관념은 단지 전통의 이야기일 뿐이고, 두 번째 관념이 진정하고 적절한 관념인 듯이'(최근 더글러스 캠벨의 작품에서 다시 등장한 이론), 구원에 관한 한 '관념'에서 다른 관념으로 전환한 것이 아니라고 주장한다. 오히려,

> 그 둘 모두는 바울의 설교에서 굳건한 실재에 해당하는 내용으로, 바울에게 이 둘은 떼려야 뗄 수 없는 하나였다. 믿음을 통해 하나님의 의가 계시되었다는 주제가 바울의 선포가 지닌 기초적인 종말론-기독론 구조를 명쾌하게 드러내는 것도 이러한 '우리를 위한 그리스도'와 '그 안에 있는 우리'의 일치 안에서다. 그리스도의 죽음은 심판이란 단어가 지닌 종말론적 의미에서 판단과 칭의를 내리는 하나님 심판의 구현이었다. 왜냐하면 옛 시대와 옛 인간이 그리스도 안에서 심판을 받았고, 생명과 새 창조로의 칭의가 두 번째 아담이신 그 안에서 모습을 드러냈기 때문이다. 이런 이유로 그의 죽음과 부활이 지닌 의롭게 하는 능력은 그 자신에게 효력을 발휘했으니, 두 번째 아담인 그가 그들의 대표였고 그들은 그 안에 있었기 때문이다.[118]

---

117 Ridderbos, p. 169.
118 같은 책.

나는 리델보스의 철저하고 세심한 바울 해석에서 이 부분과 다른 곳에서 등장하는 이런 주장 속에 간과된 중요한 단계가 하나 있다고 생각한다. 그것은 사도의 사고에 존재하는 이스라엘 차원인데, 개혁주의 신학자의 주장 안에서 이런 차원이 그처럼 상대적으로 초라한 분량을 배정받았다는 사실은 놀랍다. (이를테면) 내가 방금 인용한 본문에 이스라엘 차원을 추가하면 얼마나 유익한지는 『바울과 하나님의 신실하심』의 독자라면 분명히 예상할 것이다. 이 인용 단락과 그 주변에서 이 내용을 뒷받침하는 주장들의 중요성을 확실히 할 필요가 있다. 슈바이처, 불트만, 케제만, 그리고 곧 살펴보겠지만 샌더스, 캠벨 등이 주장하는 대립 명제에 의문을 제기해 온—진지하고 세심한 사고의 과정을 거친 내용으로, '이게 효과가 있었으면 좋겠다'라는 식이 아닌—바울 독해의 방식이 일부 존재한다. 그 대립 명제는 한편으로 '포함주의'(incorporative) 혹은 '참여주의'(participationist) 범주로 표현되는 '그리스도 안에 있음'과, 다른 한편으로 '법률적', '법정적' 혹은 '관계적' 범주로 표현되는 '이신칭의'를 대립시킨다.[119] 크랜필드처럼 리델보스에게도 '새 관점'의 혐의는 없지만, 그의 개혁주의 신학은 새 관점의 일부 요소를 미리 선보이고 있는데, 우선은 율법과 유대교와 '구속사'에 대한 긍정적인 관점이 그것이다. 그가 한 경로를 통해 도달하려고 노력했던 통합에 다른 경로를 통해 어떻게 더 철저하고 효과적으로 도달할 수 있는지는 풀어야 할 숙제로 남겨졌다.

우리가 지금까지 조사한 학자들이 바로 1970년대 중반의 신약학계 대부분의 대략적인 '현재까지 진행된 상황'을 결정했던 장본인들이다. 그동안 살펴보았듯이 불트만 학파 내부에도, 그리고 그 학파와 다른 상당히 다른 흐름 사이에도 저마다 상당한 차이가 존재했다. 특별히 바울의 사상과 신념

---

119 나중에 살펴볼 또 다른 사례는 Hays 2002 [1983], pp. 212-213.

을 유대교보다는 헬레니즘의 맥락에서 해석해야 한다는 이전의 믿음에 반하는 강력한 반응이 나오기 시작했다. 유대교와 헬레니즘의 구분에 대해서도 이미 마르틴 헹엘의 방대한 작품이 어쨌든 의문을 던지기 시작했다.[120] 바울(과 그의 교회)과 '유대교'(이 용어의 의미를 어떻게 보든)의 관계가 이제는 분분한 의견을 일으키는 주요 주제로 부상했는데, 이것은 50년 전만 해도 상상할 수 없었던 상황이다. 바울의 서로 다른 주도적인 개념을 통합하는 문제, 그 개념들이 바울의 생애에 걸쳐 발전했을 가능성의 문제, 서구 교회와 세계가 1940년대의 참상 이후 자신을 재정비하려고 투쟁하는 동안 그 개념들이 미쳤을 서로 다른 영향 같은 문제가 상정되었다. 이 시기는, 이전에도 언급은 있었지만 아직 때가 무르익지 않아 부적절한 것으로 보였던 내용을 되풀이하는 새로운 목소리가 등장해 집안 구석구석 가구를 재배치할 것을 요구하던 시기였다. 카를 바르트의 『로마서』(*Römerbrief*)가 신학자들의 운동장에 떨어진 폭탄처럼 느껴졌다면, 에드 샌더스의 『바울과 팔레스타인 유대교』는 주해가들이 그들이 늘 하던 스포츠를 즐기느라 바쁘던 운동장 한가운데서 마치 화산처럼 폭발했다고 비유할 수 있다. 그 용암은 우리가 말하는 지금 이 순간에도 여전히 흘러가고 있다. 이 문제는 현대 바울 연구로 보이는 내용으로 연결되기에, 이 내용은 새로운 장에서 다루는 것이 낫겠다.

---

120   Hengel 1974a.

3장

새 관점과 그 너머

1. 저항의 개시

1980년 말 내 작은아들이 옥스퍼드의 뉴칼리지스쿨(New College School)에 입학했다. 나는 학교 외부에 세워진 학교 간판을 보면서 우리는 그 어떤 것도 '새롭다'(new)고 불러서는 안 된다는 생각을 종종 했다. 뉴칼리지는 콰이어스쿨(Choir School)과 더불어 1379년에 세워졌다. 학교 이름만큼 그렇게 '새로운' 학교는 아닌 셈이다. 그 당시 나는 에른스트 케제만이 1953년에 시작한 소위 '새로운 역사적 예수 탐구'(new quest for the historical Jesus)도 그다지 '새롭지' 않다고 생각하곤 했다. 1980년대는 고사하고 1970년대 말에도 이미 그 참신함은 닳고 닳은 상태였다.[1] 30년이란 세월도 학계에서는 긴 시간일 수 있다.

그와 같은 30년이라는 세월이 이제 '바울에 관한 새 관점'에도 닥쳤다. 이

---

1 Wright 1996b (*JVG*), p. 23에 자세한 내용이 있다.

흐름의 통상적인 출발점은 만장일치로 1977년에 출간된 샌더스의 대작인 『바울과 팔레스타인 유대교』로 본다. 샌더스 이후의 삶은 얼마간 이어져 왔다. 하지만 이제 우리는 새로운 시기, 즉 '샌더스 이후의 삶' 이후의 삶(Life after 'Life after Sanders'; N. T. 라이트가 사후 세계에 관한 통념을 비판하면서 자주 사용한 표현인 Life after 'Life after death'를 스스로 차용한 것으로 보인다―옮긴이)에 접어든 것인지도 모른다.

'새 관점'은 그동안 대단히 많은 기회에 소개되었기에 또다시 소개하는 것이 필요없어 보인다.[2] 같은 이유로 나는 이제 따옴표도 떼고, 수식어인 '소위'도 붙이지 않을 것이다. 하지만 특별히 내가 이번 장에서 말하려는 내용을 통해 독자들이 깨닫길 바라는 것이 있다. 그것은 '새 관점'이라 부를만한 단일한 실체 같은 것은 절대 존재하지 않았다는 사실이다. 새 관점은 늘 느슨하게 결합된 흐름이었다. 그 속에는 분명하게 구분되는 다양한 전제와 목적, 방법론과 결론들이 섞여 있었다. 주요한 공헌자들이 한 그룹으로 만난 적도 없고, 함께 모여 고민한 적도 없으며, 다음 작품을 함께 계획한 적도 없다. 서로 다른 새 관점주의자들이 말한 서로 매우 다른 내용이 (심지어 한 학자의 작품 안에서도) 한 묶음이 아닌 구분된 별개의 제안으로 등장했다. (물론 우리 중 일부는 이 제안 중 일부가 서로를 뒷받침한다고 생각하긴 한다.) 그런 이유로, 비록 전에는 내가 새 관점을 종종 "소위 '새 관점'"을 따라 알았을지라도 이 순간부터는 그런 관점에서 보지 않을 것이다.

그런데 이 흐름은 현대 바울 관련 연구가 상당 부분 형성되는 데 좋든 나쁘든 중요한 역할을 여전히 하고 있다. 나 역시 이 새 관점의 역사 가운데 여러 시점에서 많은 학자가 새 관점과 밀접한 관련이 있다고 간주한 인물이었으니, 그것을 피할 수 없다.[3] 따라서 나는 부득이 감당해야 하는 이 작업

---

2 출발점으로 Neill and Wright 1988 [1964], pp. 424-430를 보라.

을 즐겁게 하려 한다. 말하자면, 다양한 측면을 지닌 이 흐름에서 내가 중요하다고 생각하는 내용, 그리고 새로운 영역으로 나아가기 위해 우리에게 필요하다고 생각하는 지점을 언급하기 위해 이 기회를 활용할 것이다.[4] 몇몇 학자들이 '새 관점을 넘어' 가는 것을 이야기해 왔는데, 새 관점이 단일한 '내용'이며 두 길이 갈라지는 핵심 지점이라는 식의 생각을 모조리 몰아내기 위해서라면 그것은 분명히 필요한 작업이다.[5]

시초에 언급해야 할 이야기가 여럿 있다. 우선, 샌더스가 『바울과 팔레스타인 유대교』(이하 PPJ)를 출간할 당시 그의 요지는 사실 새로운 내용이 아니었다. 그전에는 같은 내용이 사람들의 마음을 붙잡지 못했을 뿐이다.[6] 이런 상황은 종종 학계에 좌절을 안긴다. 순수한 사람들은 어떤 논문이나 책

---

3   최근의 요약은 Zetterholm 2009, 4장을 보라.
4   Dunn 2008 [2005], p. 7 n. 24에서 '바울에 관한 새 관점'이란 표현을 쓴 원조로 나를 적시한 것을 보고 놀란 기억이 있다(Wright 1978, p. 64; in *Perspectives*, p. 6). Jimmy Dunn은 1978년 7월 Cambridge의 Tyndale House에서 내가 강연할 당시 앞줄에 앉아 있었다고 한다. 그리고 나중에 그 자신의 1982년 강연 때 '새 관점'이란 표현을 나름대로 만들어 썼다고 하니(= Dunn 2008, 2장), 나는 내가 그런 표현을 썼다는 사실조차 잊고 있었던 셈이다. 하지만 Dunn이 지적했듯이(같은 책), 오래전 Krister Stendahl은 그의 유명한 논문 '내성적 양심'(introspective conscience, 1963; 원래는 1961년에 했던 강연이었다. 이 강연은 그전 해에 스웨덴에서 출간된 더 짧은 논문을 기초로 한 것이다)에서 "우리가 바울 신학의 틀이라고 알게 된 '신성한 역사'의 틀은…조직신학과 실천신학을 위한 새로운 관점을 열어 준다"라고 주장했다(Stendahl 1976, p. 95=Stendahl 1963, p. 214). Dunn은 1983년의 유명한 논문에서 '민족적 의'(national righteousness)라는 표현의 출처를 나에게 돌렸지만(2008 [2005], p. 114 n. 36); Watson 2007 [1986], p. 4 n. 3은 더 많은 이야기를 말해 준다.
5   '새 관점을 넘어'(Beyond the New Perspective)는 Watson 2007의 부제(subtitle)였고, 2012년 말 Kings College London과 Duke University Divinity School에서 Douglas Campbell의 작품을 기초로 열린 학회의 제목이었다(그때 발표된 논문들은 Campbell의 반응과 함께 Tilling 2014로 출간되었다). 2009년 11월 New Orleans에서 열린 Evangelical Theological Society에서 발표된 J. B. Tucker의 논문은 '새 관점을 넘어'란 표현으로 자신을 지칭하는 집단[줄임말로 BNP. 불행히도 영국 학자들에게는 극우 영국국민당(British National Party)을 가리키는 줄임말로 들린다]을 다룬 적이 있다. 그는 William S. Campbell, Katharine Ehrensperger, Peter Tomson, Mark Nanos를 이 집단의 핵심 인물로 지목했다. 나는 *PFG*, pp. 1426-1449에서 문제의 이 입장을 논했다. 불행히도 Tucker의 논문은 Sanders, Dunn과 내가 같은 관점을 공유한다는 오해를 반복한다.
6   일부는 분명 거기 머물러 있는 쪽을 선호할 것이다. 한번은 Sanders가 나에게 SCM Press에서 그 책을 출간하기로 결정할 때 외부 독자인 한 선임 영국 학자의 강력한 반대 의견을 무릅썼다고 이야기해 주었다.

이 출간되면 그 내용이 집단 전체의 마음을 '비집고 들어갈' 것으로 생각하지만, 실제 상황은 명백히 다르다. 발이 빠르다고 늘 경기에서 이기는 것도 아니며, 전력이 강하다고 늘 전투에서 승리하는 것도 아니다. 더 많은 사람의 마음에 어떤 개념이 스며드는 요인은 어떤 주장의 장점이나 자료를 세심하게 다루는 솜씨, 심지어 주장을 제시하는 유려한 문체와도 거의 관련이 없는 경우가 빈번하다. 애석하게도, 영향력을 끼치는 데 중요하다고 가장 빈번하게 생각되는 것은 학문적인 요인이나 지적인 요인과 무관한 요소의 역할이다. 이를테면, 저자의 경력이나 출판사가 홍보에 들인 노력, 대상 독자층의 수용성, 특히 해당 개념이 유행에 부합하는지와 같은 요소가 중요한 역할을 한다. 이곳이 바로 혼돈이 황제 역할을 하고 우연이 섭정 역할을 하는 영역이다. 만약 그렇지 않았다면—다른 분야의 이야기를 하자면—벤 마이어(Ben Meyer)의 탁월한 책 『예수의 목적』(*The Aims of Jesus*)은 지금까지 30쇄는 찍었을 것이며, 현재 최고의 주석으로 손꼽히는 책 중 한두 권은 중고 책방에서도 보기 드문, 이름 없는 물건이 되었을 것이다.

샌더스의 책이 그만한 영향을 준 것은 그 책의 분량이나 다루는 범위 때문도 아니다. 틀림없이 어느 정도 관련은 있지만, 이미 인정받는 학자들이 집필한 많은 두꺼운 책들도 첨벙첨벙하는 소리나 잔물결도 일으키지 못하고 연못에 빠지고 말았다. 샌더스의 문체가 당대의 모든 성경학자가 부러워할 만한 수준의 명쾌한 산문 문체였다는 사실도 그 영향을 설명해 주지는 못한다. 관련된 사안이 아무리 복잡한 경우라도 결코 한 문장을 두 번 읽지는 않는다. 그렇다. 샌더스의 책이 영향력을 발휘한 이유는—새 관점 및 그와 관련된 모든 작품을 거부하려는 사람들은 이 사실을 매우 진지하게 고려해야 한다—사업할 때 쓰는 표현처럼 그 개념이 힘을 발휘할 만한 시기가 되었기 때문이었다. 이에 대한 다섯 가지 수렴적 이유가 있는데, 이 이유들은 샌더스의 책이 가진 위력과 문제를 설명해 준다.[7]

첫째, 샌더스의 책은 '기독교' 학계에서 통상 유대교가 논의되었던 방식에 대해 오랫동안 커져 온 저항의 목소리가 터져 나온 절정이었다. 무어(G. F. Moore)도 수년 전에 비슷한 반대의 목소리를 냈지만, 그의 이야기는 관심을 받지 못하고 조용히 사라지고 말았다. 이 주제에 관심을 기울여야 했던 학자들은 '유대교'를 쉬러(Schürer)와 부셋 등이 말한 대로의 모습으로 '알고' 있었으며, 그와 반대되는 증거가 있어도 동요하지 않았을 것이다.[8] 한스 요아킴 숍스(Hans-Joachim Schoeps)는 바울이 자신을 바리새인으로 묘사했다는 관점에 저항하는 형태로 비슷한 이의 제기를 했다. 그는 '바울이 유대교에 반대해 저항한 것'이라는 일반적인 설명이 바울이 말한 내용을 정확하게 기술한 것이라는 입장을 당연하게 받아들였고, 만약 그렇다면 바울은 실제 유대교에 대해 아는 바가 많지 않았던 것이 분명하다고 지적했다.[9] 이미 살펴보았듯이 크리스터 스텐달은 지배적인 합의에 대해 유대교의 관점보다는 바울의 관점에서 이의를 제기한 것이지만, 숍스 역시 비슷한 방향을 가리키고 있었다. 다른 목소리들이 다른 각도에서 등장했고, 유대교를 그릇되게 묘사한 '기독교'의 설명에도 홀로코스트를 가능케 한 당시의 여론 동향에 부분적인 책임이 있다며 이의를 제기했다.[10] 마침내 사람들은 제대로 된 영향을 발휘하기까지 한 세대가 걸린 질문들을 던지기 시작했다. 이제 성경학계의 핵심에 있던 사람들도 손을 번쩍 들고는 더는 안 되겠다고 말하기 시작했다.

---

7 (Sanders와는 의견 차이가 크지만) Stuhlmacher 2001, p. 40를 보라.
8 그래서 Hagner 2001, pp. 76-77는 Silva도 인용하면서 이 놀라운 상황을 다음과 같이 정리한다. '이러한 내용이 꾸준히 이야기되었지만(Moore, Montefiore, Schechter, Travers Herford, Marmorstein), 아무도 귀를 기울이지 않았다.' 예를 들어, Moore 1921, 1927-1930를 보라.
9 Schoeps 1961 [1959].
10 예를 들어, Klein 1978; Ruether 1974를 보라. Watson도 동의한다(2007, pp. 1-2). 홀로코스트 이후 세계에서 마침내 사람들은 이전에 당연하게 받아들였던 내용을 재고할 준비가 되었다.

둘째, 바울이 기본적으로 헬레니즘 사상가가 아닌 유대교 사상가였다고 주장해 온 학계의 오랜 (하지만 중간에 끊겼던) 노선이 샌더스로 인해 시급하고 중대한 사안으로 부상했다. 앞서 살펴보았듯이, 이 문제와 관련해 샌더스의 계보는 슈바이처와 데이비스로 거슬러 올라간다. 특히 (샌더스의 스승인) 데이비스는 랍비 문헌에 특별한 관심을 쏟았다. 샌더스 본인은 바울 사상의 **출처**에 관한 주장을 내세우는 데는 관심이 없었지만, 그가 유대교 자료를 굉장히 광범위하게 정리하고 그러한 배경에서 바울을 읽었다는 사실은 그 나름의 영향력을 발휘했다.[11] 하지만 데이비스와 달리 샌더스는 바울이 동시대의 유대교를 향해 비판을 가했다는 사실, 그런데 이 비판을 명쾌하게 설명하기는 힘들다는 사실 둘 다를 인식했다. 그는 바울 사상의 기원과 관련해서 종교사학파의 이론과 거리를 두었는데, 이 요인 때문에 적어도 그런 '비판'이 **존재했다**는 사실을 더 쉽게 알아챌 수 있었을 것이다. 악명 높은 이야기지만, 종교사학파의 연구는 어떤 개념이 무엇에 대한 비판인지를 생각하기보다는 개념의 기원에 관한 가설을 발명하는 작업에 더 능숙했고, **유대인의** '유대교 비판' 같은 내용은 아예 선험적으로 배제했다. 고대든 현대든 유대교 전통에는 정확히 그런 내부 비판이 넘치는 데도 말이다. 샌더스는 사실상 바울의 신앙을 발생시킨 것이 예수의 죽음과 부활이었다고 결론 내린 듯하다.

바울은 그의 복음과 그의 신학에 관한 설명의 기초를 예수의 죽음과 부활의

---

11 Sanders는 실제로 끝부분에 '[바울]을 그리스도를 진정한 신비 혹은 진정한 그노시스 (*gnosis*)를 제시한 인물로 생각했던 헬레니즘 유대인으로 못 박는 것은, 바울을 예수는 메시아였다고 생각한 랍비식 유대인으로 규정하는 것만큼이나 힘든 일일 것이다'라고 말한다 (1977, p. 555). Sanders 2009, p. 75는 분명하게 이야기한다(Sanders 2008a, p. 24도 확인하라). 그는 바울 사상의 **기원**에 대한 글을 쓰려고 한 적이 없다. 그는 그저 바울을 유대교 문헌과 **비교**했을 뿐이다.

의미에 두었던 인물로 보이지, 그 죽음과 부활을 기존의 설명 체계에 끼워 맞추고 비슷한 역할을 하던 다른 모티프들의 자리에 대신 집어넣은 인물로는 보이지 않는다.[12]

달리 말해, 유대 세계가 바울이 믿고 행했던 내용을 위한 배경을 형성했던 것은 맞지만, 바울의 믿음과 행위가 유대 세계 내부에서 자연스럽게 자라나온 것은 아니라는 말이다. 여기서 (유일한 경우는 아니지만) 샌더스의 말은 일면 J. L. 마틴의 말처럼 들린다. 물론 다른 면에서 이 두 사람의 프로젝트는 상당히 다르다.

샌더스의 저항이 그처럼 큰 관심을 끈 세 번째 이유는 (이 내용은 샌더스가 강조한 내용이 아니며, 알아채지 못한 내용일 수도 있다) 개혁주의 신학 전통과 통하는 면이 있다는 사실 때문이었다. 그는 유대교를 은혜의 종교로 보았고, 토라를 해로운 공포와 교만이 뒤섞인 마음으로 순종하는 악한 대상이 아니라, 감사의 마음으로 순종하는 선한 대상이라고 강조했다. 이 부분은 루터파에서 감지되는 반(semi) 마르키온주의, 은밀한(crypto) 마르키온주의, 부지불식간의(unwitting) 마르키온주의에 반대한 오랜 칼뱅파의 저항 전통과 강력하게 통한다. ('루터파'만 언급했지만, 사실 개신교의 다른 많은 흐름, 실제로는 성공회는 말할 것도 없고 가톨릭의 많은 흐름도 이 기본적인 오류에서 자유롭지 못하다.) 크랜필드와 리델보스에서 보았듯이, 통상적인 반율법적 주장으로는 바울 사상의 주요 요소 가운데 특정 내용을 절대 제대로 담을 수 없으며, 이제 잠시 멈춰 망원경의 반대편에서 핵심 주제를 살펴볼 때가 되었다. 주류 학계는 개혁주의 전통에 귀를 기울이지 않았으며, 유대교를 희화화한 고정 관념에 대한 유대교의 이의 제기에도 귀를 기울이지 않았다.

---

12   Sanders 1997, pp. 555-556. 이 인용문은 그 책의 마지막 문장이다.

이 점은 샌더스의 긍정적인 제안과 관련해서도 마찬가지로 유효하다. 칼뱅과 그 후의 많은 개혁주의 신학자들처럼 샌더스도 바울의 칭의 교리가 제대로 의미가 통하는 맥락은 '참여'와 '그리스도 안에 있음'이란 개념 **내부**라고 보았다. 당연히 그 결과 아이러니가 발생한다. 다시 말해, 이제 일부 유대교 학자들은 한 방향에서 샌더스와 그 후계자들에 반발하고 있으며, 많은 개혁주의 학자들은 그와는 다른 방향에서 샌더스에 반발하고 있다. 광범위한 범위를 다루는 제안이라면 아마도 이런 상황을 피할 수는 없을 것이다. 하지만 결국 학문의 목적 중 하나는 모든 문제를 푸는 것이 아니라 익숙한 본문을 새로운 각도에서 볼 수 있도록 돕는 새로운 질문을 제기하는 것이다. 샌더스는 분명히 이 목적을 달성했다.

샌더스가 큰 영향을 발휘한 네 번째 이유는, 이전에 충분한 주목을 받지 못했고 폭넓은 논의의 장으로 진출하지도 못했던 성경 주해 학계의 한 흐름과 공명하는 지점이 있었다는 사실이다. 내가 특별히 염두에 두고 있는 학자는 조지 하워드(George Howard)다. 그의 갈라디아서 연구서는 샌더스의 책 이후에 출간되었지만, 그의 예비 논문은 바울서신의 몇몇 핵심 본문에 대한 표준 해석에 이의를 제기했다(하지만 적어도 내 생각에는, 새로운 독법의 의미가 통하게 해 줄만한 더 큰 종합적인 틀을 제시하지는 못했다).[13] 그가 제기한 질문들―이를테면, 로마서 3:9-30과 3:21-26이 외견상 밀접하게 연결되어 있기에 3:27-28이 정말로 통상적인 개신교 해석이 말하는 의미에서 '자랑'에 관한 내용인지 의문이 든다는 것―은 해소되지 않은 채 남아 있었고, 샌더스는 그러한 질문들에 답변할 수 있는 신선한 관점을 제시했다. 내 마음속에서 이러한 내용은 바울, 율법, 유대 민족에 관한 찰스 크랜필드의

---

13   Howard 1967; 1969; 1970; 1979를 보라. Hays도 비슷한 맥락에서 자신의 사고 노선을 미리 보여 준 인물로서 Howard를 언급한다(Hays 2002 [1983]의 색인을 보라).

단호한 '개혁주의적' 해석 그리고 그가 노력했지만 갈라디아서를 그 해석에 맞게 설명하지는 못했다는 내 느낌과 연결되어 있는데, 아마도 그 이유는 단순히 1970년대 초중반에 내가 이러한 글들을 읽고 있었기 때문일 것이다.

달리 말해, **주해상** 피할 수 없는 요구가 있었다. 샌더스는 엄격한 의미에서 주해가였던 적이 없다. 그는 한 절 한 절 설명하는 주석을 쓴 일이 없고, 성경의 특정 책 전체는 고사하고 어떤 장 전체의 의미와 관련된 질문도 정면으로 다룬 적이 거의 없다.[14] 하지만 주해가들에게는 더 넓은 역사적 조망이 필요하다. 샌더스는 그 조망을 제공했으며, 우리처럼 한 절씩 설명하는 사람들은 적어도 어느 정도는 그가 제공한 틀이 없었으면 수수께끼였을 본문들의 의미가 그 틀을 따르면 설명된다는 사실을 발견했다.

샌더스가 미친 영향력의 다섯 번째이자 마지막 이유는 그의 사회적·문화적 위치와 관련된다. 그는 명백히 새로운 미국 '종교 연구' 세계에 속한 인물이다(그는 그 세계의 공인된 거물이다). 그는 특정 교파에서 안수를 받지도 않았고, 신학교에서 가르치지도 않았다. 그는 예수에 관한 그의 중요한 책에서 여담으로 자전적인 이야기를 하는데, 자신을 높은 사회적 관심(high social concern)과 저기독론(low Christology) 입장을 지닌 기독교 전통 출신으로 묘사한다.[15] 또한 그는 신학적 주제에 과거에는 관심이 있었지만 더 이상 관심이 없다고 밝힌다. 하지만 그의 개인적인 입장과 무관하게 그가 시도하던 것은 진정한 바울의 복음(Pauline gospel)을 찾아서 그것을 설교하고 가르치는 것이 아니라, **종교의 두 양식을 비교**하는 것이었다.[16] 특히 미국에서, 하

---

14 주요한 예외가 Sanders 1983이다. Sanders의 말대로(2008a, p. 37 n. 40) 그 책은 기본적으로 *PPJ*의 '바울 단락에 대한 긴 각주다.'
15 Sanders 1985, pp. 333–334.
16 다시 한번, Sanders 2008a, p. 24를 보라.

지만 영국과 유럽에서도 '비교 종교'(comparative religion) 연구 모델에 관한 관심이 증가하는 상황에서 샌더스는 새로운 바울 연구를 구현하며 대변하고 있었다(그 이후의 누구보다 브레데의 방법에 가까웠다). 이 접근법은 스텐달에서도 볼 수 있었고 이제는 더 넓게 확장된 어떤 차원을 제기했다. 그것은 **상대주의**의 강령인데, 적어도 많은 '비교 종교' 연구에서처럼 서로 비교되는 개개 종교들을 평가하는 논평은 자제해야 한다고 생각하며, 때로는 두 개 이상의 종교를 논할 때 그것들이 동등한 혹은 비슷한 구원의 효력을 지닌다고 암시하거나 주장하기까지 한다. 나는 이것이 바로 샌더스가 어떤 집단에서는 열렬하게 환영받고 다른 집단에서는 열렬하게 거부당한 또 다른 이유라고 생각한다. 이와 근접한 이야기로, 던과 필자 같은 다른 새 관점 저자들은 종교 양식을 비교하는 샌더스의 목적도, 일부 사람들이 샌더스의 작품에서 발견했다고 생각하는 신학적인 결론도 공유하지 않는다는 사실을 굳이 언급할 필요는 없을 것이다. 샌더스는 적어도 *PPJ*에서는 '기독교'와 '유대교'의 현재 관계나 현대적 평가에 관한 어떤 결론도 도출하지 않으려고 주의했다. 하지만 그와 관련된 함의를 발견하는 사람도 있었다. 그들의 발견이 완전히 틀린 것은 아닐 것이다.[17]

이 모든 내용이 의미하는 바는 '샌더스 이후의 삶'의 학문은 단순히 샌더스의 핵심 주장이 옳은지 그른지보다 더 넓은 영역을 바라보아야 한다는 것이다. '비교 종교학'의 일부로서 바울 연구라는 새로운 물결은 여러 형태를 취해 왔지만, 수문을 열어 그 모든 연구가 흘러가게 한 장본인은 샌더스였다.

---

17 Sanders 자신의 견해에 대해서는 예를 들어, Sanders 1978, p. 185를 보라. 바울은 예수를 믿지 않은 유대인은 구원받지 못할 것으로 생각했지만, Sanders는 그들도 구원받아야 한다고 생각한다. 이 사실 역시 그의 해석학적 태도를 보여 주는데, 그는 바울과 자신의 의견 차이도 천명할 준비가 되어 있었다. 이러한 입장은 역사가가 자기 마음에 품고 있는 결론과 일치하도록 증거를 왜곡할 위험성을 제거해 주는 것처럼 보인다. 하지만 마음에 품고 있는 다른 종류의 결론도 존재할 수 있고, 다른 방식으로 역사가의 주해가 그 결론 쪽으로 미묘하게 기울도록 영향을 줄 수 있다.

그렇다면 그 책이 출간 이후 이른 시일 안에 하나의 경계선을 세우고, 새로운 시대를 선언한 책으로 인식되었다는 사실은 놀랍지 않다. 다양한 이유로 사람들은 이 책을 받아들일 준비가 되어 있었는데, 그 책에 열광적인 반응을 보인 사람이나 걱정된다는 반응을 보인 전통주의자들이 그 다양한 이유를 늘 제대로 평가한 것은 아니다. 적어도 사람들은 이러한 선 가운데 **어디 한 군데는** 수용할 준비가 되어 있었다. 샌더스의 작업의 전체 개요나 세부 내용에 제기된 심각한 질문이 있지만, 그런 질문들 때문에 그의 업적에 쏟아진 막대한 관심과 평가가 억눌려져서는 안 된다.

2. 유대교에 관한 샌더스의 주장

그래서 샌더스가 달성한 것은 무엇인가?[18] 샌더스는 자신이 달성하려고 의도한 여섯 가지 내용을 으레 그렇듯 분명한 문체로 알려 준다.

- 연관은 있지만 서로 다른 두 가지 (혹은 그 이상의) 종교를 비교하는 방법을 방법론 측면에서 고려한다.
- 많은, 어쩌면 대부분의 신약학계에서 여전히 우세한 랍비 유대교에 관한 특정 관점을 무너뜨린다.
- 랍비 유대교에 관한 다른 관점을 확립한다.
- 팔레스타인 유대교(다시 말해, 팔레스타인에서 유래한 자료에 반영된 유대교) 전체에 관한 나름의 입장을 제시한다.
- 바울에 관한 특정 이해를 주장한다.

---

18 여기서 내가 논의하는 것은 Sanders 1977이다. 그는 유대교에 관한 주요 저서(1992)뿐만 아니라, 바울에 관한 다른 두 권의 책(1983, 1991)에서도 이런 노선을 따랐다.

– 바울과 팔레스타인 유대교를 비교하는 작업을 수행한다.[19]

그는 네 번째와 여섯 번째 내용이 그 책의 '포괄적인 목적'(general aim)이라고 밝힌다. 팔레스타인 유대교에 관한 나름의 주장을 제시하는 것과 그렇게 기술된 팔레스타인 유대교와 바울을 비교하는 것이 그것이다. 다른 내용은 그 과정에서 달성될 목표다. 우리는 그가 바울의 **신학**을 분석할 것이란 이야기를 하지 **않았다**는 사실에 주목한다. '바울에 관한 특정 이해'는 모호한 표현으로서, 이어지는 사도 바울에 관한 설명이 유기적인 혹은 체계적인 양식으로 특별히 공들여 진행되지는 않을 것이란 사실을 미리 암묵적으로 인정한 것이다. 이것이 정말 어려운 부분이다. 하지만 신학자들 혹은 유사 신학자들이 [아마도 반(半) 신학자, 은밀한 신학자, 혹은 의도치 않은 신학자들도] 오랫동안 신학을 독점해 온 마당이니, 이번에 딱 한 번 어떤 학자가 다른 각도에서 신학에 접근했다고 해서 불평해서는 안 될 것이다('이번에 딱 한 번'이라고 했지만, 당연히 샌더스가 이 모든 내용에서 대변하는 내용은 다이스만의 시대로의, 혹은 어느 정도는 브레데의 시대로의 회귀다[20]). 그런데도 나는 샌더스를 향한 반발 가운데 적어도 일부는 자신이 속한 집단에서 일종의 '신학 대 종교학' 편 가르기에 몰두하는 사람들에게서 비롯된 것으로 의심한다. 그런 편 가르기는 계몽주의의 이분법적 세계관에서 뿜어져 나와 오랫동안 쌓인 낙진의 일부다.

샌더스의 엄청난 성공—반복적인 반발이 있음에도 이렇게 이야기한 것

19　1977, p. xii. Sanders는 그의 자전적 논문(2008a, pp. 24-25)에서 훨씬 더 자세한 요약을 제시하면서 열 개의 요점을 이야기한다.
20　Sanders 2008a, p. 32는 청년로서 '그의 마음은 종교사학파에, 그리고 크게는 1차 세계대전 이전 독일 학계에 매우 끌렸지만, 이후 독일 학계는 Luther로 전향했고, 그로 인해 학계의 연구 대상이 협소해져 피해를 보았다'라고 술회한다. 이 말 때문에 일부 학파는 치를 떨 일이 하나 더 늘지도 모르겠다. 그런데 Sanders가 이어서 덧붙이는 문장은 우리의 신학적 관심과 무관하게 우리 모두에게 도전이 될 만한 말이다. '여전히 나는 현재 신약 연구에 종사하고 있는 사람 다수가 고대 역사에 관해 아는 것이 너무 없고, 성경 외의 다른 고대 문헌에 관해 아는 것이 너무 없다고 생각한다.'

이다―은 1세기 유대인들이 그리고 특별히 초기 랍비들이 중세 가톨릭이나 펠라기우스주의의 선구자가 아니었다는 사실을 비유대교 학계에 일깨워 주었다.[21] 나는 ('공로로서의 행위' 같은) 15세기에서 빌려 온 관점으로 유대교에 관한 글을 쓰는 기독교 학자들을 생각할 때면 여전히 재밌기도 하고 당황스럽기도 하다. 당연히 거의 모든 것에 대해 외견상 '대등한 것'을 만들어 낼 수는 있다. 결국 그 어떤 '종교'에서도 말할 수 있는 범위는 제한적일 수밖에 없으며, 일부 진술의 경우 맥락을 제거하고 모호하게 제시하면 원래 문맥과는 상당히 다른 내용을 가리키는 다른 진술처럼 보일 수 있다. 우리는 나중에 이런 상황들을 다룰 것이다. 하지만 샌더스의 제안이 지닌 큰 강점은(내 생각에는 정말로 그가 깨달았던 것보다 더 큰 강점이다), 랍비의 할라카(*halakah*), 즉 범주화된 '율법'의 전체적인 구성이 더 큰 맥락, 말하자면 어떤 **이야기**, 즉 어떤 **백성의** 이야기라는 맥락(샌더스는 이 요소를 조사하지 않았지만, 중요한 요소다) 내에서 생긴 것임을 알아보았다는 것이다. 그것은 하나님의 선택에 기반을 둔, 궁극적으로는 하나님의 사랑과 은혜에 기반을 둔 이야기로서, 하나님이 주도하시는 이스라엘의 속량에 관한 이야기였다. 하나님은 사랑하시고, 선택하시고, 속량하시고, 토라를 주신다. 이런 일들이 벌어진 후에야 비로소 이런 맥락에서, 또한 이런 이유로 인해 이스라엘이 순종한다. 이 이야기를 (당연히 샌더스가 그렇게 했듯이) 하나의 공식으로, 말하자면 '언약적 신율주의'(covenantal nomism)로 환원하는 데는 늘 위험이 뒤따른다. 물론 공

---

21 '로마 가톨릭교회가 오래전에 그러한 가르침을 공식적으로 폐기했기' 때문에 종교개혁자들이 펠라기우스주의에 반대할 수 없었다고 현학적으로 이의 제기하는 것(Allen 2013, p. 109)은 도움이 되지 않는다. (a) 가톨릭주의와 유대교 (그리고 이런 문제라면 다른 '주의'도 역시) 모두에 대항한 통상적인 종교개혁 이후의 변론은 단순히 자력으로 구원을 획득하려는 사람을 향한 비난이다. (b) 이러한 태도에 대한 가장 유명한 줄임말이 '펠라기우스주의'인데, 펠라기우스 자신이 주장했던 내용이나 교회가 공식적으로 폐기한 내용 같은 전문적인 의미가 아니라, 그러한 기본적인 견해를 가리키는 유용한 이정표로서의 펠라기우스주의다. (c) 교회가 공식적으로 어떤 교리를 폐기했으므로 그 후에는 그 교리를 고수한 사람이 없었을 것이라는 식의 생각을 하는 사람은 실제 교회 생활 경험이 거의 없는 사람이다.

식의 특징이듯이, 이 문구는 예리하고 명확해 보이며, 그 자체를 넘어 그것의 궁극적인 실체인 내러티브를 가리키기도 한다. 그래도 나는 '언약적 내러티브'(covenantal narrative) 같은 표현을 훨씬 더 선호하는데, 이 주제에 대해서는 나중에 다시 살펴볼 것이다.

다음 인용문은 샌더스가 '양식'(pattern)을 어떻게 설명하는지 보여 준다 (그가 자세히 설명하고 비교하는 작업에 착수한 주제가 결국 '양식'이다).

> 양식은 다음과 같다. 하나님이 이스라엘을 선택하셨고, 이스라엘은 그 선택을 받아들였다. 하나님은 왕이라는 그의 역할을 따라 이스라엘에게 그들이 최선을 다해 순종해야 할 계명들을 주었다. 순종에는 상이, 불순종에는 벌이 주어진다. 하지만 순종에 실패했을 때도 하나님이 정하신 속죄의 수단에 의지할 수 있는데, 모든 속죄에는 회개가 요구된다. 어떤 사람이 언약 안에 머물기 위해 자신의 욕망을 잘 제어하는 한, 그에게는 장차 올 세상에서의 생명을 포함해 하나님의 언약적 약속에서 차지할 몫이 있을 것이다. 순종하겠다는 그들의 의도와 노력이 언약 **안에 머무는 조건**으로 여겨지는 것이지, 그 의도와 노력으로 그 조건을 **획득하는** 것이 아니다.…
>
> [랍비들의] 율법주의는 은혜로운 선택과 확실한 구원이라는 더 큰 맥락 안에 자리 잡고 있다.…그들은 그들이 완수한 미스밧[misvot, 계명]의 숫자로 언약 안에서 그들의 자리를 얻는다고 생각하지 않았다. 아울러 그들은 그들이 지킨 계명보다 어긴 계명이 많다는 이유로 저주를 받을 것이라고 생각하지도 않았다.…한편으로는 '언약적 선택과 확실한 속죄'라는 **틀**, 다른 한편으로는 하나님의 보상과 처벌에 관한 **언약내적인**(intra-covenantal) 신뢰, 이 둘의 관계를 이해하지 못했기 때문에 랍비 종교의 본질도 완전히 오해하게 된 것이다.[22]

---

22 1977, pp. 180-181; 또한, 예를 들어, p. 422와 비교해 보라. '선택과 궁극적인 구원은 인간의 업적보다는 하나님의 긍휼에 의한 것으로 간주된다.'

샌더스는 1세기 유대교를 '언약적' 관점에서 해석한 그의 설명에 가해질 분명한 이의 제기를 인식하고 있었다. '언약'(berith)이라는 단어는 랍비 문헌에서 거의 등장하지 않는다. 그는 '언약'을 유대인들이 언제나 함축적으로 그들 자신을 이해하던 틀이었던 더 큰 세계관을 가리키는 하나의 구성물이자 설명을 위한 도구로 제시한다.

> 단어 연구가 늘 우리를 기만하는 것은 아니지만, 그럴 수도 있다. 이 단어가 바로 그런 경우다.…**랍비 문헌에는 외견상 '언약'이란 용어가 상대적으로 드물게 등장하는데, 나는 언약 개념이 유대교의 기초적인 토대였다는 사실로 이 현상이 대강 설명된다**고 감히 말하려 한다. 언약은 당연한 것으로 전제된 내용이었으며, 랍비들이 대체로 논의의 주제로 삼았던 것은 이 언약이 규정하는 의무를 성취하는 **방식**이었다.…언약이 사해 두루마리에는 상대적으로 빈번하게 직접 언급된다. 그 이유는 종파의 존재 자체의 기반이 그들이 진정한 언약(혹은 언약에 대한 진정한 해석)을 소유하고 있다는 확신이었기 때문이기도 하고, 언약으로 편입되고 언약 안에 머무는 데 요구되는 특별한 사항을 규정해야 할 필요성 때문이기도 하다. 하지만 일반적으로 말해 언약 관련 개념은 굉장히 흔하게 등장함에도, 언약이란 단어 자체는 그 당시 문헌에 그다지 자주 등장하지 않는다.[23]

그 결과인 샌더스 주장의 핵심은 랍비 유대교 및 관련된 다른 유대교 분파에서 율법 준수의 역할은 '들어가기'가 아닌 '머물기'와 관련된다는 것이다. 사람이 토라를 지키는 목적은 하나님 백성의 일원이 되기 위해서가 아니라, 자신이 이미 일원이라는 사실을 증명하기 위해서다. 당신이 원한다면 샌더

---

23 Sanders 1977, pp. 420-421(원서 강조). Sanders는 1976년 논문에서 이 내용을 더 자세하게 언급한다.

스처럼 이런 입장을 '율법주의'(legalism)라 불러도 좋다. 케어드가 지적했듯이, 언약의 틀에서 이해되어야 하지만, 미슈나 자체도, 나아가 탈무드도 결국은 사람들이 '율법주의'라 생각하는 것이지 않은가? 그것은 적합한 순종으로 계산될 행동이 무엇인지 과도하고 정밀하게 더욱더 깊이 파고드는 행태로 보일 수 있다.[24] 하지만 샌더스에게는 그 틀이 가장 중요했고, 나는 원칙적으로 그의 입장이 옳다고 생각한다. 옛 풍자는 '유대인'을 몽땅 비인간적이면서 효과도 없는 타락한 '종교'에 삶을 쏟아부었던 자들로 전제한다. 그들은 자력으로 곤경에서 벗어나기 위해 최선을 다했지만 자랑(그들이 스스로 성공적이라고 생각할 때)과 절망(과거에도 그랬듯이 빠져나갈 수 없다는 현실을 깨달을 때) 사이를 오갔던 자들로 여겨졌다. 샌더스의 입장은 **이러한 오랜 풍자에 맞서** 옳다는 것이 확실히 입증되었다. 랍비 문헌은 말할 것도 없고 외경과 위경, 사해 두루마리, 필론 및 요세푸스의 글을 읽을 때, 그런 옛 풍자와 조금도 비슷한 내용을 만나지 않고도 많은 페이지를 넘길 수 있기 때문이다.

그런데도 유대인 대부분이 '행위'에 근거한 마지막 심판을 믿지 않았냐고 반문하는 사람들이 있다. 그에 대한 명백한 답변은 (샌더스도 마찬가지로 답변했지만) 바울도 그렇게 믿었다는 것이다.[25] 일부 반 새 관점(anti-new perspective) 입장이 가진 핵심 문제가 바로 이 지점에 있는데, 그것은 일반적으로 종교개혁자들이 종말론을 결코 깔끔하게 정리하지 않았듯이 그들의 후계자들도 종종 칭의의 세 가지 시제 사이의 관계를 정리하는 데 어려움을 느낀다는 것이다.[26] 바울은 한 사람이 살아온 총체적인 삶을 고려해

---

24 Caird 1978, p. 539는 미슈나를 읽다 보면 '랍비들이 율법의 세부 사항에 너무 깊이 사로잡힌 나머지, 다른 관심사를 거의 배제했다'는 인상을 쉽게 받을 수 있다고 지적했다.
25 Sanders 1977, pp. 515-518를 보라. 비록 그가 구체적인 뉘앙스를 늘 제대로 포착한 것은 아니지만 말이다. 자연스럽게 종교개혁 이후 교리신학자 중 일부에게 눈엣가시로 밝혀진 명백한 본문으로는 롬 2:1-16, 특히 6-10, 13; 14:10-12; 고후 5:10이 있으며, 이 부분에 대해서는 *PFG*, pp. 1087-1090를 보라. 관련 내용 전체에 대해서는 Wright 2014a를 보라.
26 참조. Barth *CD* 4.1.332. '다른 종교개혁자들과 마찬가지로 [Calvin]이 종말론을 다룰 때 늘

서 내려질 **장래의** 판결이 있을 것으로 보았다. 그는 이 내용을 반복해서 언급한다. 그런데 이 판결은 '칭의'를 통해 **현재** 시점에서 미리 예견되는데, 현재의 칭의는 누군가 복음을 믿었을 때 내려지는 하나님의 선언이다. 그리고 이 선언의 기초는 **과거의** 조치인데, 하나님은 그 조치를 통해 예수를 죽은 자 가운데서 다시 살리심으로써 예수가 옳다고 판결하셨다.

많은 사람이 이 지점에서 혼란을 느낀다는 사실은 이해할 만하다. 그리고 이런 혼란 중 일부는 샌더스 이후의 논의로도 스며들었다. **미래의** 심판이 '행위'와 관련된다는 바울의 강조점을 이해하지 못한 사람이라면, 그런 내용을 가르쳤던 것이 분명한 유대교를 바울은 철저하게 반대했다고 계속해서 주장할 것이다. 하지만 바울이 이 부분에서 했던 작업은 메시아의 십자가 처형과 부활이라는 사실이 온전한 효과를 발휘하게 한 것이다. 마지막 날의 판결이 이미 선취되었다. 하나님은 메시아의 육체 안에서 죄를 정죄하셨고(롬 8:3), 예수가 과거에도 현재에도 진정으로 '하나님의 아들'이라는 판결을 부활을 통해 이미 내리셨다(롬 1:4). 죽음의 패배인 부활은 죄도 마찬가지로 패배했음을 분명하게 함축한다(고전 15:17). 이어서 하나님은 동일한 판결—죄의 문제가 해결되었고 새로운 삶이 제공되었다—을 사람이 '메시아 안에' 있다고 선언하는 증표에 기초해 **현재 이 시점에서** 선언하신다. 달리 말해, 그것은 '믿음'(*pistis*)을 통해 선언된다. 따라서 여전히 칭의는 그리스도인 이전 바울이 가졌던 유대교 신앙과 바울의 기독교 신앙을 구분하는 핵심적인 요소다. 하지만 그 이유는 유대인은 행위에 따른 마지막 심판을 믿었지만 바울은 그렇지 않았기 때문이 아니다. 그 이유는 바울이 메시아 안에서 그 판결이 이미, 그리고 미리 선언되었다고 믿었기 때문이다.

하지만 이것은—지속되는 논쟁에서 중요한 내용이다—결코 **서로 다른**

최고의 실력을 발휘했던 것은 아니다.'

두 형태의 종교에 관한 문제가 아니다. 이 둘을 비교하고 나서는 이제 기독교가 어떻든 '우월하다'는 (어떤 기준으로?) 사실을 확인했다고 선언할 수 있는 그런 문제가 아니라는 말이다. 바울은 그런 주장 자체만이 아니라 그 주장이 드러내는 복음 자체에 대한 오해에도 코웃음을 쳤을 것이다. 핵심은 **하나이신 하나님이 메시아 예수 안에서, 그가 늘 약속하셨던 일을 결정적으로 행하셔서 이 세계를 죽음의 손아귀에서**, 그리고 그 죽음에 일조했던 혹은 그 죽음으로 초래되었던 모든 것에서 **구출하셨다**는 사실이다. 샌더스는 '종교 양식 비교'(comparison of patterns of religion)라는 관점에서 그의 주장을 제시했기 때문에, 바울이 '유대교'와 '기독교'를 비교한 후 기독교를 선택했다는 식의 주장을 한다는 오해를 자초했다. 그를 비판한 사람들 역시 칭의의 종말론적 차원이 작동하는 방식을 이해하지 못했기 때문에, 샌더스가 빠진 것과 같은 함정과 정반대의 함정에 빠지곤 한다. 어떤 의미에서 샌더스는 하나님의 호의를 얻기 위한 '행위'가 아닌 은혜의 중요성을 내세우는 서구 기독교 신앙의 영향을 받아 선입관을 가진 학자 집단을 향해 유대인도 그와 같은 내용을 믿었다는 사실을 설명하기 위해 애썼다. 그렇다면 이미 '은혜'를 우선시하는 '기독교' 선입관이 논의 안으로 도입된 것이다. 하지만 이 점은 아직 내가 다룰 사안이 아니다. 현재 나의 요점은 샌더스의 주장이 정반대의 효과를 가져왔다는 것이다. 샌더스가 유대교를 바울의 기독교와 비슷한 모습으로 내세우다 보니, 역으로 바울의 기독교를 유대교와 비슷한 모습으로 설명한 사람으로 보였다. 이런 이유로 샌더스에 대항하기 위해 신앙의 수호자들이 소집되었다.

내가 이미 암시했듯이, 유대교 율법에 관한 샌더스의 관점은 구조상 율법 수여와 율법의 '제3용법'에 관한 통상적인 개혁주의의 관점과 대략 일치한다(샌더스는 이 사실을 지적하지 않았다). 하나님은 이스라엘에게 율법을 주셨다. 그것은 사람이 타고 올라가 스스로 구원을 쟁취할 수 있는 선행의 사다리가 아니라, 이미 출애굽을 통해 속량된 백성을 위한 삶의 방식이었다.[27] 이 입장은 통상적인 비개혁주의 개신교의 입장과는 일치하지 않는다. 그들은 '선한 행위'를, 먼저는 (이미 그리스도인이 된 사람까지 포함해) 사람들이 하나님 앞에 합당할 만큼 선한 존재로 자신을 만들기 위한 방식으로, 심지어는 나아가 최초 칭의와 최종 칭의 사이에 그런 신분을 확고하게 하기 위한 수단으로 본다. 그래서 혼란스럽지만 전쟁은 개혁주의 전통과도 벌어진다. 이와 관련된 혼란스러운 요인 중 특별한 하나는, 개혁주의 전통 자체도 이 사안과 관련해 의견 일치가 이루어지지 않았다는 사실이다. 마지막 심판에 이르기까지 그리스도인의 윤리적 순종이 감당해야 할 역할(그런 것이 있다면)이 무엇인지에 관한 활발한 토론이 여전히 진행 중이다.[28]

샌더스가 하지 않은 작업(내 생각으로는 그의 주장에 상당한 도움이 되었을 작업이다)이 있으니, **세계관** 분석, 사회역사적 연구를 제시하는 것이다. 실은 이것이 바로 그가 하고 싶었던 작업일 것이다. 말하자면, 본문 표면의 메시지 아래로 파고 들어가 상징적인 구조와 (특히) 함축된 내러티브를 찾는 작업 말이다. 세계관 분석은 (종교적 분석, 심지어 '신학적' 분석을 포함하는) 다른 분석으로는 도달할 수 없는 부분에 도달할 수 있고, 심지어 이 모든 요소가 궁극적으로 어떻게 서로 연결되는지 보여 주는 데도 특별히 좋은 도구다. 나는 샌더스가 이런 작업을 하지 못한 세 가지 이유를 제시하려 한다. 이 내용은 관련 주제를 탐구하는 데도 도움이 될 것이다. '유대교와 율법' 문제와 관련해 샌더스를 비판하는 다른 대부분 학자들과는 달리, 내가 샌더스와 의견을 달리하는 이유는 그저 '옛 관점'이라 불리는 내용으로 돌아가고 싶

---

27 '율법의 제3용법'이란 개념은 적어도 Calvin의 *Institutes* 2.7.12로 거슬러 올라간다. (제1의 '용도'는 죄인이 구원을 추구하게 하는 것이고, 제2의 용도는 날뛰는 사악함을 제어하는 것이다.) Ridderbos 1975, pp. 278-288는 이 표현을 관련 단락의 제목으로 사용한다.
28 이 진행 중인 논쟁의 연대기를 정리하는 일은 시작하기조차 버겁다. 16세기에 관한 자료로는 McGrath 1986을, 최근의 논의는 McCormack 2006; Beilby and Eddy 2011을 보라.

어서가 아니라, 그가 그의 논지의 기반을 충분히 깊게 닦지 못했으며 그런 차원에서 그의 주장이 지닌 약점을 알아채지 못한 것으로 보인다고 믿기 때문이다.

첫째, 기어츠, 버거(Berger), 루크만(Luckmann) 등은 나를 비롯한 학자들이 '세계관'이라는 용어로 요약한 도구를 동원해 많은 문화를 조사해서 유익한 결과를 내놓았지만, 샌더스는 그들의 작업을 단순히 몰랐거나 그들의 작업에 별로 개의치 않았던 것 같다.[29] 둘째, 그는 유대교를 연구할 때나 바울의 핵심을 이해할 때나, 하나의 범주로서의 '내러티브'에 특별한 관심이 없었다. 셋째, (강력한 내용인데) 적어도 샌더스가 『바울과 팔레스타인 유대교』를 집필할 당시 그의 일차적인 전문 영역은 랍비 문헌이었다. 그는 예루살렘과 옥스퍼드에서 랍비 문헌 연구에 10년을 보냈다. 하지만 랍비들이 살았던 세계는 **내러티브가 과거에 지녔던 의미를 더는 갖지 않는 세계**였다. 이 사실은 랍비들의 세계와 바울의 세계 사이에 중요한 차이가 존재한다는 표시다.

랍비 문헌은 주후 135년 이전에 기록된 다수 문헌을 포함하곤 있지만, 모든 사태를 바라볼 때, 진행 중인 세계 역사의 흐름 속에서 지속되는 하나님과 이스라엘에 관한 이야기에 비추어 보지 않고, 훨씬 더 얕으며 종종 탈역사화된 토라신앙(Torah-piety; 시 1편, 119편 등에 근거해 토라를 신앙의 중심으로 삼는 흐름—옮긴이)의 세계에 비추어 이해하는 경향이 있다. 내가 *PFG* 2장에서 주장했듯이, 다소의 사울에게 친숙한 유대교였던 것이 분명한 제2성전기 유대교에 관한 핵심 내용은 유대교가 추상적인 종교나 구원 체계가 아니라 **실연된 내러티브**(acted narrative)이자 천년을 이어 온 드라마였다는 것이다. 각 세대는 적어도 그 드라마의 줄거리와 그것이 진행되는 방식을 어느 정도 이해하고 하나님이 예고하신 그 이야기의 대단원을 그들의 시대에 볼

---

29 배경에 대해서는 *NTPG* 5장을, 더 개진된 설명은 *PFG*, pp. 22-68를 보라.

수 있기를 소망하면서 그 드라마 안에서 각자의 역할을 맡았다. 내가 새 관점을 이런저런 방식으로 논한 무수한 책과 논문을 훑으면서 느낀 좌절 중 하나는—아마 지미 던(Jimmy Dunn)이나 마이클 버드(Michael Bird)를 제외하면 그 자료 전부를 실제로 읽은 사람은 없을 것이며, 그것은 나도 마찬가지다—양편 모두의 저자들이 이 요소를 일고의 가치도 없는 내용으로 배제했고, 그 결과 관련 논란을 본질상 비역사적인 구원을 얻기 위한 여러 체계 중 어느 것을 택하느냐의 문제로 환원했다는 것이었다. 그렇기 때문에 내가 샌더스의 유대교 분석에 가진 불만은, 그의 분석이 이 비역사적인 상황 설정을 실질적으로는 강화하고 말았다는 것이며, 실제로 이런 측면 때문에 그는 전통주의자들의 비판을 받게 된다. (신약학자들에게도 더 많은 역사 작업이 필요하다는 샌더스 자신의 저항을 고려하면, 굉장히 아이러니한 현상이다.) 이 문제에 대한 나의 해결책은, 일리노이주 디어필드(Deerfield, Illinois; 보수 신학을 대표하는 Trinity Evangelical Divinity School이 위치한 지역—옮긴이)에서 포격이 시작되는 것을 보고는 곧장 배를 포기하는 것이 아니라, 내러티브 하부 구조를 향해 더 깊이 파고 들어가는 것이다. 중요한 것은 그 거대한 이야기의 세계인데, 랍비 문헌은 그 거대한 이야기를 드러내 놓고 들려주는 경우가 드물고, 대체로는 좀체 언급조차 하지 않았다.

내가 학회에서 이런 이야기를 할 때면, 통상 이런 질문이 되돌아온다. "하지만 학가다(*Haggadah*)의 경우는 어떻습니까? 모세와 아브라함, 이런저런 랍비들에 관한 그 멋진 이야기들은 어떻게 설명하실 건가요?" 물론 그런 이야기들이 있다. 유대교는 이야기를 들려주는 종교라는 특성을 결코 잃은 적이 없다. 내 경험상 오늘날까지도 일반 랍비들은 기발하고 재밌으며 통찰력이 담긴 축적된 이야기를 소유하고 있다. 거꾸로 아픈 얘기를 하자면, 기독교 목사 중 최고의 이야기꾼도 그들에게는 미치지 못한다. 물론 내가 하려는 말은 이런 것이 아니다. 랍비들의 이야기는 토라와 경건에 관한, 혹은 넓게는 인간의 상황, 좁게는 유대인의 곤경과 관련된 슬픔과 소망, 그늘과 영광에 관한 더 큰 진리를 **예시로 들거나** 구체화하기 위해 고안된 **작은 규모의** 이야기다. 통상 이런 이야기는 (전부는 아니지만) 많은 제2성전기 유대인들이 그들 자신이 그 안에 살고 있다고 믿었던 거대한 **규모의** 이야기, 곧 내가 *PFG* 2장에서 조사한 역사적인 내러티브를 일깨우지 않는다. 그 내러티브는 주후 70년에 치명타를 맞았고, 135년에는 완전히 사망 선고를 받았다. 물론 랍비들도 여전히 궁극적인 '올 시대'를 확실히 믿는다. 하지만 토라신앙으로의 철수는 곧 대격변을 향해 달려온 더 큰 이야기이자 하나님과 이스라엘과 세계의 이야기로부터의 철수였다. 우리는 그 이야기가 다니엘 7장, 『에스라4서』, 그리고 문자 그대로 수십 개에 이르는 다른 제2성전기 문헌 속에는 암호화된 형태로, 하지만 강력한 형태로 담겨 있음을 확인한다. 그리고 오늘날 그 거대한 이야기는 1940년대 말에 일어난 사건들(팔레스타인에서 일어난 이스라엘 독립전쟁을 가리키는 것으로 보인다—옮긴이)과 그에 뒤따른 후속 사건들과 더불어 새로운 형태로 부활했다. 하지만 변함없이 많은 경건한 유대인들은 그 이야기는 범주 오류에 불과하며 메시아나 성지로의 귀환에 관한 이야기는 단순히 순종과 희망을 요청하는 알레고리로 이해되어야 한다고 주장한다. 이 문제는 여기서 추적하기에는 너무 거대한 주제다.

그렇다면 랍비들의 세계관 속에 남아 있던 것으로 보이는 이야기들은 모두 앞서 158-159페이지에서 인용한 샌더스의 말 속에 담긴 의미의 이야기다. 내가 *PFG* 2장에서 조사한 그와는 다른 성격의 이야기들, 제2성전기 유대교가 필사적으로 매달렸던 그 이야기들이 그들에게는 여전히 닫힌 책이다. 샌더스가 유대교와 바울을 '언약'의 관점에서 논의하면서도 신명기 27-30장에 대해서, 그 본문이 제2성전기에 재발견된 방식에 대해서 전혀 논의하지 않는다는 사실은 그 자체로 시사하는 바가 크다.

샌더스의 큰 장점은 그가 랍비 문헌을 제대로 **안다**는 점이다. 그의 큰 단점은 그가 제대로 아는 것이 다름 아닌 **랍비 문헌**이며, 랍비들의 대체로 탈역사적이고 탈서사화된 세계관을 가지고 1세기의 다른 유대교를 이해한다는 점이다. 샌더스는 마땅히 해야 할 주장을 했다. 즉, 1세기 유대인들이 함축적인 언약적 틀 안에서 살았다는 주장이다. 하지만 그는 그 틀이 지닌 본질상 서사적인 특성도 보지 못했고, **바울 자신도 그 특성을 공유했다는 사실도** 알아채지 못했다. 게다가, 내 추측으로는 소위 '옛 관점' 편에서 샌더스에게 보인 본능적인 반응 중 일부도 내러티브 세계라는 바로 이 개념을 둘러싼 세계관 수준의 반응이다. 그들은 **개인적인 구원을 추구해야 하는 각각의 죄인에 관한 내러티브를 제외한** 나머지 모든 내러티브 세계에 반감을 보인다. 이 내러티브가 바로 많은 사람이 바울에 관한 전체적인 해석의 틀로 별다른 고민 없이 받아들이는 내러티브다. 이런 해석들은 '자연스러워' 보인다는 이유로 아무 문제 제기 없이 수용된다. 하지만 역사적으로 보면, 그런 해석들은 전혀 자연스럽지 않다.[30]

1세기 유대교에 대한 샌더스의 기본적인 주장에 제기해야 할 질문은 그 외에도 많으며, 앞으로 빈번하게 등장할 것이다. 내가 계속 말하듯이, 나는 그의 주장이 대체로 확립되었다고 본다. 유대인들은 '토라의 행위'(그들은 이 표현을 대체로 사용하지 않았다. 관련 설명은 아래를 참고하라)를 선량한 1세기 펠라기우스주의자가 자신의 행위를 이해했을 방식으로 이해하지 않았고, 나아가 열심히 선행을 했던 15세기 로마 가톨릭의 도덕주의자가 자신의 행위를 이해했을 방식으로도 이해하지 않았다.[31] 틀림없이 이 부분에 대해서도

---

30 참조. *PFG*, pp. 140-142.
31 흥미로운 사실은, Sanders를 논박할 의도로 기획된 논문집(Carson, O'Brien and Seifrid 2001-2004)의 기고자 대부분이 실제로는 유대교에 관한 Sanders의 관점을 뒷받침하는 많은 증거를 제시했다는 사실이다. 물론 Carson의 마무리 글은 그런데도 옛 관점을 재천명하려고 노력했지만 말이다. Sanders를 저주하라고 고용된 필자들은 (마치 발람처럼) 그들에게 맡겨진 임무가 생각보다 더 어렵다는 사실을 알게 된 듯하다. '역사'라는 이름의 나귀가 그들에게 귓속말을 했는지도 모르겠다.

해야 할 말은 많다. 당연히 요즘에, 적어도 성경학자 집단에서는 15세기 로마 가톨릭을 강력하게 옹호하는 사람은 없다.[32] 하지만 그런 시도를 하는 사람이 있다면, 15세기 로마 가톨릭 역시 자신의 경건과 미덕을, 은혜로 시작되었을 뿐만 아니라 은혜로 유지되는 더 큰 내러티브의 관점에서 이해했다는 식의 변호를 할 수 있지 않을까? 당연히 이런 이야기를 하면 또다시 종교개혁 로비에서 듣는 통상적인 맹렬한 비난을 자초할 수 있겠지만, 도움이 될 수도 있는 대화다. 이러한 지점 때문에 우리는 초창기 종교개혁자들과 트리엔트 공의회 이전 로마 가톨릭 사이의 논쟁, 또한 서로 다른 개신교 저자들 사이의 논쟁이 지닌 복잡성을 다시 논의할 필요가 있다.[33]

샌더스의 프로젝트에서 촉발될 수 있었지만 아직 그 싹을 찾기 힘든 또 다른 대화 주제가 있다. 그것은 주류 개신교의 '후기 유대교'(Spätjudentum, 경멸적인 옛 용어)에 대한 관점이 구약학계에 광범위한 영향을 미친 방식이다. (모세오경의 기원에 관한 문서 가설을 포함해) 구약학계를 지배해 온 이론들도 바울에 관한 옛 관점만큼이나 '유대교에 관한 그릇된 관점'에 상당히 의존하고 있다. 그 이론들 역시 제사장, 제사, 공로 쌓기 행위를 지녔던 중세 후기의 가톨릭교회에 상응하는 후기 '타락한' 형태의 이스라엘 종교라는 개념에 의존했다. 이런 이유로 학자들은 'J' 자료를 특히 초기의 자료로, 'P' 자료를 특히 후기의 자료로 보려 했다. 나는 어떤 학자가 'P' 자료, 소위 '제사장' 자료를 긍정적으로 이야기하는 것을 처음 들었을 때의 충격을 지금도 기억한다. 나중에 나는 그가 로마 가톨릭 학자라는 사실을 알게 되었는데, 그는 소위 타락하고 계급적인 제사 중심의 종교를 반대하는 통상적인 자유주의적 개신교의 선입관을 공유하지 않았다. '샌더스 혁명'이 불트만과 부셋을

---

32 참조. 예를 들면, Duffy 2005 [1992].
33 Lane 2006에 있는 미묘한 논의를 보라.

약화시켰던 것과 같은 방식으로 그라프(Graf), 벨하우젠(Wellhausen), 노트(Noth)의 주장을 약화시키고 있다는 신호는 없는가?[34]

3. 곤경, 해답, 비판

1세기 유대교를 '언약적 신율주의'의 관점에서 이해하는 자신의 주장을 제시한 후, 샌더스의 두 번째 주요 관심사는 바울이었다. 이 부분에는 아이러니가 존재한다. 샌더스는 바울을 설명하는 시작점에서 '곤경과 해답'에 관한 질문을 제기하는데, 그 목적은 바울의 사상이 곤경에서 해답으로 진행한 것이 아니라 해답에서 곤경으로 진행했다는 주장을 첫 단추로 펼치기 위해서였다.[35] '무엇이 문제였는가?'라는 질문이 오랫동안 바울 사상을 설명하는 출발점 역할을 해 온 상황에서 샌더스는 이것이 잘못된 출발점이라고 말하려는 의도였지만, 그 자신도 여전히 그 질문으로 시작하는 것으로 보인다. 어쨌든, 이 주제에 대해 샌더스가 주장하는 바는, 이 지점에서도 종교개혁 이후 전통이 완전히 틀렸다는 것이다. 바울은 루터처럼 먼저 혼란에 휩싸인 양심(이것이 스텐달의 유명한 논문의 핵심이다)에서 시작해, 나중에 예수 그리스도에 관한 사실이 혹은 예수에 관한 메시지가 그의 개인적인 고뇌에 대한 해결책임을 알게 된 것이 아니다. 또한 바울은 '율법과의 관계에서 문제'가 있었던 것도 아니다. 말하자면, 율법의 요구를 이행하는 데 고충이 있었던 것도 아니며, 율법이 부여하는 공로를 획득하기에 자신이 충분할 정도로 행

---

34 이 질문에 대한 답변 하나를 성전우주론(Temple-cosmology)에 대한 관심이 새롭게 등장했다는 사실에서 확인할 수 있다. Levenson 1984는 문서 가설에 이의를 제기하진 않지만, 그도 Sanders와 유사하게 성전과 제의 양자 모두에 대한 왜곡된 인식을 가진 선입관들을 폭로한다. 또한, *PFG*, pp. 95-108와 거기 언급된 다른 참고 문헌을 보라.

35 Sanders, pp. 442-447는 바울이 그리스도 안에서 '해답'을 발견한 그 기존의 '곤경'이 무엇이었는지 설명함으로써, 이 논의를 제시하는 전통적인 방법 중 하나를 배제하고 있다고 설명한다(p. 442).

하지 못한다는 두려움이 있었던 것도 아니며, 실제로 그가 율법을 완벽하게 성취해서 하나님의 칭찬을 획득했다는 자부심이 있었던 것도 아니다. (샌더스는 이 마지막 내용을 반박하는 데 그다지 관심이 없었지만, 전체적인 상황에서는 중요한 요소다.) 샌더스는 다른 사람들과 마찬가지로 바울이 갈라디아서 1장과 빌립보서 3장에서 자신에 관해 말한 내용을 사례로 든다. "율법이 공인한 지위요? 흠잡을 데 없습니다." 이 말은 빌립보서 3:6인데, 그 의미는 다음과 같다. '바울은 선량한 유대인이었다. 이미 언약 안에 있었고 토라를 준수하는 데도 성공적이었지만, 그가 토라를 준수한 것은 이런 상태를 얻기 위해서가 아니라 이 상태를 표현하기 위해서였으며, 혹여 실패하더라도 이미 잘 알려져 있었고 정기적으로 활용되던 회개와 속죄, 용서와 회복의 체계가 존재한다는 점을 인식하고 있었다.' 로마서 7장에 나오는 고뇌에 찬 외침은 그리스도인이 되기 전 다소의 사울이 내뱉었던 말이 아니다. 샌더스는 로마서 7장을 심오하거나 중요한 부분으로 보지 않았다. 나는 이 점이 그의 심각하고 중요한 오판이라고 생각한다. 하지만 나는 적어도 다음 내용에서는 그와 의견이 같다. 로마서 7장은 '회심 전 사울이 어떤 느낌을 가지고 있었는지'를 보여 주는 대본이 아니다.[36]

    그렇다면 전체로서 율법과 유대교의 '문제'는 무엇이었으며, 바울은 어떻게 그런 분석에 도달했는가? 샌더스는 율법과 유대교에는 문제가 없었다고 답한다. 바울이 '구원'은 '그리스도 안에' 존재함을 발견했다는 사실, 그리고 바울이 이 선물을 그런 수단을 통해 받았기 때문에 따라서 그 선물이 '유대교 안에는' 존재할 수 없다고 결론 내렸다는 사실을 제외하면 말이다. 여기서 샌더스의 유명한 진술이 나온다. 이 진술 때문에 비판도 많이 받았지만, 이 진술은 암기를 위한 요약으로 의도되었다. '바울이 유대교에서 발견

---

36   Wright 2002(*Romans*), pp. 549-590와 *PFG*, pp. 892-902를 보라.

한 잘못은, 유대교가 기독교가 아니라는 것이었다.'37

샌더스는 이 최종 요약문을 창출해 가는 과정에서 다른 중요한 이야기를 많이 한다. 하지만 서평 등에서 문맥과 무관하게 이 문장을 인용한 사람들은 모두 그런 내용을 포착하지 못했다. 샌더스는 1982년 11월 3일 나에게 보낸 편지에서 자신의 주장을 과도하게 단순화하는 행태에 좌절감을 표하면서 '551페이지 전체를 굵은 글씨로 강조해 인쇄했어야 했다'라고 토로했다. 그렇게 해야 했을지도 모르지만, 그랬다면 서평하고 요약하는 사람들이 해야 할 작업이 더 많아졌을 것이다. 샌더스는 그 페이지와 그 앞 페이지에서 다음과 같이 강조한다.

> 바울이 회개에 대해, 혹은 언약을 주시는 행위에서 드러난 하나님의 은혜에 대해 굳이 이야기하는 것이 불필요했던 이유는 '체계 전체'의 변화 때문이다. 새로운 섭리의 탁월한 영광 때문에 이런 것들은 배경으로 사라지고 만다.…

그렇다면 첫째로, 섭리의 변화가 일어난 이유는 (샌더스가 바울이 때때로 '순간 발끈해서' 더 독한 표현을 하는 때가 있음을 인정함에도) 옛 섭리에 어떤 문제가 있었기 때문이 아니라, 새로운 섭리가 도래해서 진정한 것을 제공했기 때문이다. 달리 말해, 바울의 요지는 두 '종교'의 비교가 아니라 종말론에 관한 주장이었다. 나는 적어도 이런 측면에서는 샌더스가 깊은 수준에서 옳다고 믿는다. 물론 그의 결론은 (다시 한번 아이러니하게도) 그가 수행하겠다고 제시한 '종교 양식의 비교'의 궁극적인 중요성에 의혹을 불러일으키지만 말이다.

둘째, 바울은 유대교 언약(Jewish covenant)과 선택 교리(doctrine of election)가 의미하는 바와 그 작용 방식을 완벽하게 알고 있었다. 하지만 그

---

37   Sanders 1977, p. 552.

는 그것들이 구원을 얻는 데 효과적이라는 사실을 부인한다. 계속해서 샌더스는, 따라서 바울은 의식적으로 '유대교의 기초'를 부정했던 것이라고 강조해서 말한다. 하지만 그는 바울이 로마서 4장과 갈라디아서 3장에서 한 말을 인용한 후에 곧이어 그 내용을 이번에도 강조하면서 다음과 같이 요약한다. '아브라함에게 하신 언약적 약속들은 그의 후손들이 아닌 그리스도인들에게 적용된다.' 나는 이 내용의 의미가 바울에게는 아브라함과의 언약―'유대교의 기초'로 간주해도 무방한―이 결국 부정되지 않았다는 것이었다고 생각한다. 이 지점에 혼란이 존재하는 것으로 보이며, 따라서 이 혼란을 정리할 필요가 있다. 어쨌든 데이비스와 달리 샌더스는 바울이 '유대교'와 율법을 **정말로** 비판했다는 사실을 분명하게 인정하지만, 그의 관점에서 이 비판은 어떤 종류든 전통적인 개신교 신학이 당연하게 받아들였던 내용(즉, '유대교' 자체는 틀렸다, 악하다, 율법주의적인 은밀한 펠라기우스주의다 등)과는 관계가 없었다. 오히려 바울은 그리스도 안에서 구원이 발견되었다는 사실에 압도당했으며, 그 외의 모든 이야기는 그 사실에 대한 반사 작용이었다. 슙스와 달리 샌더스는 바울이 진정한 유대교가 무엇인지 실제로 알았으며, 그가 유대교에 등을 돌린 정확한 이유는 "왕이신 예수를 내 주로 아는 일이 다른 모든 것을 합한 것보다 훨씬 값진 줄 알기 때문"(빌 3:8)이라고 생각했다.

샌더스는 다른 곳에서 바울이 토라를 거부한 더 예리한 이유를 설명한다. 나는 왜 이 내용을 샌더스가 마무리 요약 진술에서 더 강력하게 부각하지 않았는지 잘 모르겠다.

율법을 폐위시킨 것은 이방인 문제와 바울 구원론의 배타성 때문이었지, 율법에 대한 오해 때문이거나 바울의 배경을 따라 미리 결정된 관점 때문이 아니었다.[38]

38　p. 497.

나는 이 내용이 진리에 더 가깝다고 생각한다. 물론 내가 다른 글에서 보여 주었듯이 여기에 추가해야 할 말이 많긴 하다. 어쨌든 샌더스는 바울의 생각이 '곤경'에서 '해답'으로, 개인적인 문제 인식에서 예수 그리스도를 통해 어떤 식으로든 제시된 그 문제의 해결책으로 움직인 것이 아니라 역방향으로 움직였다고 믿었던 것이 분명하다. 바울은 예수 그리스도 안에서 구원을 발견했기 때문에 구원이 율법 안에서는 발견될 수 없다고 추론한 것이다. 샌더스가 보기에, 이렇게 설명하지 않으면 율법에 관한 그리고 율법에 반대하는 바울의 다양한 진술이 혼란스럽게 마구잡이로 섞여 있는 상황이 설명되지 않는다. 샌더스는 그 진술들이 율법을 거부한 진짜 이유를 담고 있기보다는, 실제로는 연역적인 추론인 내용을 '설명하기' 위한 비체계적인 시도들이라고 본다.[39] 이 '곤경과 해답' 관련 질문은 샌더스 이후 학계에서 바울을 이해하려는 시도들 가운데 주요한 풀리지 않는 수수께끼 중 하나가 되었다.

나는 PFG에서 다소 다른 관점을 주장했다. 1세기 유대 세계를 들여다보면 수많은 '문제'가, 혹은 '곤경'에 관한 상이한 관점이 눈에 들어온다.[40] 쿰란 문서와 요세푸스의 책들, 『에녹1서』, 『에스라4서』와 다른 수많은 자료를 통해 분명하게 알 수 있는 사실은, 1세기 유대인들이 아무리 열심이 있고 거룩했다 해도 여전히 '문제'가 존재했다는 것이다. 확실히 그 문제는 마르틴 루터의 개인적인 문제는 아니었다. 그것은 로마 치하에 있던 유대인들의 민족적인 문제로서, 성경이 아직 성취되지 않았고, 이스라엘은 속량되지 않았으며, 특별히 이스라엘 하나님이 아직도 그가 약속하신 대로 영광 중에

---

39   이 논쟁에서 또 다른 중요한 목소리가 있는데, Sanders를 지지하면서 종종 그를 넘어서는 인물인 핀란드 학자 Heikki Räisänen이다. Räisänen 1986, 2008을 보라. '일관성'(consistency)의 문제, 그리고 어떤 사람이 특정 입장에 도달하게 되는 방식과 그 후에 그 입장을 다른 사람에게 전달하는 방식의 차이에 대해서는 Wright 1991 (*Climax*), 특히 1장을 보라.
40   *PFG*, pp. 737-764를 보라.

귀환하시지 않았다는 것이었다.[41] 만약 (외견상 그렇듯이) 넓게는 인간, 좁게는 이스라엘의 문제—그리고 로마서 8장에서 볼 수 있듯이 창조 세계 자체의 문제—가 무엇인지에 대한 바울 자신의 성숙한 분석이 자라 나온 모판이 그가 하나님이 예수에 관한 사건을 통해 행했다고 믿은 내용이라면, 우리는 이 분석을 그가 과거에 인식하고 있던 '문제'의 **철저화**(radicalization)로 이해해야지, 무에서 탄생한 새로운 내용으로 이해해서는 안 된다. 이 사실은 샌더스를 논의할 때만이 아니라 '묵시'에 관한 다양한 이론과 관련해서도 중요하다. 묵시에 대해서는 2부에서 논의할 것이다.

4. 바울 자신의 사고

바울의 사고에 관해서 샌더스는 관련 자료를 색다르게 조직화한다. 일견 그 모습은 불트만을 뒤집은 형태다. 말하자면, 서두에 해당하는 '곤경과 해답' 단락을 지나면, 먼저 '바울의 구원론'이 나오고, 이어서 '율법과 인간의 곤경'이 등장한다. '칭의'는 '바울의 구원론' 단락이 아닌 '율법과 인간의 곤경' 단락에서 논의되며, '의와 참여'도 마찬가지다. 그 후에는 짧은 결론 단락이 셋 나오는데, 각각 '바울이 제시하는 언약적 신율주의', '행위에 의한 칭의와 은혜에 의한 구원', '일관성, 타당성, 자료들'이다. 나는 관련 범주들을 다시 생각해 보려는 모든 시도에 박수를 보내지만, 샌더스가 그 작업을 충분히 진행했다고는 생각지 않는다. 내가 보기에는 그저 특정 주제에 관한 짧은 에세이 정도를 제시했을 뿐이다.

  아마도 그 이유는 그의 주된 질문과 범주, 말하자면 '종교'가 그 작업에는 부적합했기 때문으로 보인다. 샌더스는 그의 초기 영웅 중 한 명인 다이

---

41   *PFG*, pp. 737-772를 보라.

스만과 마찬가지로[42] '신학'을 '종교' 아래로 포섭하려 했지만 잘 되지 않았다. 실제로 샌더스의 프로젝트가 지닌 중대한 문제 중 하나는 그가 '종교'라는 범주를 계몽주의가 현대 학계에 물려준 의미로 기꺼이 수용했다는 사실이다. 내가 PFG 4장과 13장에서 자세하게 주장했듯이, 이런 의미의 종교는 바울 당대의 세계에서 '종교'—혹은 어떤 것으로든!—로 인식되었을 내용과는 기껏해야 약간 겹치는 수준일 뿐이다. 샌더스가 낯설게 만들기에 성공한 것은 '유대교' 종(種, species)이었지, '종교' 속(屬, genus)은 아니었다(린네의 생물 분류체계에 따르면 '종'은 '속'의 하위 범주다—옮긴이). '종교' 속(屬)을 낯설게 만드는 작업이 제대로 이루어지지 않는다면, '유대교' 종(種)에 관한 제아무리 유익한 이야기도 그릇된 반향실에서 울리는 소리에 불과하다.[43]

구체적으로 말하면, 샌더스가 '종교' 분석을 수행할 때 동원한 범주들은 보면 볼수록 부적절해 보인다. 샌더스가 제시한 주요 범주인 '들어가기'(getting in)와 '머물기'(staying in)는 유대교 문헌에서 제시하는 주제들이 아니다. 간단히 등장하는 개종자(proselytes) 관련 논의와 쿰란 공동체 내부의 입회 관련 문제를 제외하면, 당시 자료들은 '들어가기'의 방식에는 관심이 없었다. 또한 특정 공동체 안에서 규율 문제가 이따금 등장하는 경우를 제외하면, '머물기' 문제도 관심의 초점이 아니었다. 나아가 고대 그리스 로마 종교도 그런 틀로 진행되는 담론을 불편하게 느꼈을 것이다. 신비 종교와 관련해서 일어났던 일들을 제외하면, '들어가기'와 '머물기'는 결코 고대 종교와 관련된 내용이 아니다. 그런 범주들이 철학에 적용될 수는 있겠지만, 공식적인 '학파'를 제외하면 누가 '내부인'이고 누가 '외부인'인지 감시하는 조직은 존재하지 않았다. 이런 표현들은 현대 '종교' 개념을 거꾸로 투영한 꼴

---

42 Sanders 2008a, p. 32.
43 PFG 4장; 또한, pp. 1321-1324에 있는 나의 Sanders 비판(이전 논의와 겹치는 내용이 일부 포함되어 있다)을 보라.

로서, 현대 개념에서 종교는 마음대로 선택해서 가입할 수 있고 때로는 퇴출당할 수 있는 대상이다. 당연히 어떤 이교도가 회심해서 예수를 따르다가 나중에 바울의 교회에서 출교의 위협을 당하는 일이 벌어졌을 때(이를테면, 고전 5장)의 상황과 느슨하게 연결되는 측면도 있다. 하지만 그런 특이한 상황을 마치 기본 원칙이었던 것인 양 추켜올려서는 안 된다. 나는 이 범주들이 유대교나 바울을 이해하는 데 유익하다고 생각하지 않는다.

그렇긴 해도, 바울에 관한 샌더스의 제안에서 주요 논점은 상당히 분명하다. 물론 그 논점들이 '들어가기와 머물기' 모델 안에서 잘 작동하지 않으며, 따라서 '종교 양식' 틀의 뒷받침을 제대로 받지도 못하지만 말이다. 샌더스는 바울이 처음으로 '재빨리 식별할 수 있었던 기본적인 확신'이 예수와 관련된다는 사실을 매우 분명하게 이해했다. 그 확신은 다음과 같다.

> 예수가 주시며, 예수 안에서 하나님이 ('회심한'이란 일반적인 의미에서) 믿는 모든 사람에게 구원을 주셨으며, 예수는 모든 것을 마무리 짓기 위해 곧 돌아올 것이다.[44]

달리 말해, '하나님과 하나님이 예수 안에서 행하신 일'에 관한 전 지구적 메시지가 종말론적 틀 안에 제시되어 있다. (샌더스는 이 확신에 잇따르는 바울의 두 번째 확신을 그가 이방인의 사도로 부름 받은 것이라고 규정하는데, 이는 자연스럽고 옳은 견해다.) 그렇다면 문제는 "하나님, 예수, 종말론에 관한 이 확신은 어떻게 현실로 나타나는가? 그리고 '구원'은 어떻게 그 효력을 발휘하는가?"다. 이 지점에서 샌더스는 결국 종교 비교를 버리고 신학으로 빠진다. 그는 바울 복음의 핵심 주제가 '예수 그리스도 안에서 행하신 하나님의 구원 행위

44　Sanders 1977, pp. 441-442.

그리고 청자들이 어떻게 그 행위에 참여할 수 있는지'였다고 단언한다.[45] 이 요약 진술이 앞서 인용한 내용과 어떻게 어울릴 수 있는지는 분명치 않지만, 두 경우 모두에서 '이제 우리는…하나님의 구원 행위에 인간이 참여하는 것에 대해 바울이 어떻게 이해하고 진술했는지를 고민해야 한다.'

거의 40년 만에 샌더스의 책을 다시 읽으면서 여전히 내가 받는 주된 인상은, 그가 바울의 구원론을 논의하는 내용 안에 구원론의 핵심 요소가 대부분 포함되어 있긴 하지만 각 요소가 아직 연결되지 않은 상태라는 것이다.[46] 신자들은 예수의 재림을 기다려야 하며, 그들이 현재 성령을 소유했다는 사실은 그들이 장차 구원될 것을 보증한다.[47] 성령 그리고 그리스도의 죽음 둘 다에 이렇게 '참여'한다는 사실은 '그리스도 안에서 한 몸, 한 영'을 이루어 그 영의 지도 아래 주님을 섬기는 신자들에 관한 강력한 설명으로 이어진다.[48] 이어서 샌더스는 바로 이러한 더 큰 범주 안에 '전이 용어'(transfer terminology)를 자리매김시킨다. 이 단락은 차례로 '그리스도의 죽음 안에 참여', '자유', '탈바꿈, 새 창조', '화해', 그리고 맨 나중에 만족되지 못해 난 '칭의와 의'라는 소제목 아래 논의된다.[49] 이 내용은 '인류와 세계의 구원'에 관한 마지막 짧은 단락으로 이어지는데, 이 단락에서 샌더스는 바울에게 구원은 우주적인 범위를 포함하지만 통상적으로는 인류에 국한된 내용이며, 때때로 보편구원론을 제시하는 것으로 보이는 지점이 일부 있지만 다른 많은 본문에서는 오직 믿는 자만이 구원을 받을 것으로 생각했던 것이 확실하다고 주장한다.[50]

45　Sanders 1977, p. 447. 따로 언급이 없으면 차후의 각주는 이 작품을 가리킨다.
46　Sanders 자신도 그렇게 인정한다. 예를 들면, pp. 452-453.
47　Sanders, pp. 447-453.
48　Sanders, pp. 453-463.
49　Sanders, pp. 463-472.
50　Sanders, pp. 472-474.

주제들의 배열 순서에 주목하라. '참여'가 첫 번째고, '전이 용어'는 두 번째다. 이 순서에 샌더스의 전체적인 요지가 담겨 있다. 말하자면, 슈바이처나 개혁주의 전통 안의 강력한 흐름(슈바이처/불트만 논쟁은 결국 칼뱅/루터 이분법의 새로운 표현에 불과한 것이 아닐까?)과 마찬가지로 바울이 '칭의'로 의도했던 의미가 무엇이든, 칭의는 그보다 더 큰 범주인 그리스도 중심적인 참여적 교회론 안에 자리매김되어야 한다는 것이다. 트집 잡을 세부 사항이 엄청나게 많지만, 핵심은 이 주장이다. 슈바이처 및 그의 일부 제자와 달리 샌더스는 이런 관점이 칭의를 상대화한다고 생각하지 않는다. 그런데 이 단락은 주제를 나열하는 정도에 지나지 않아서, 각 주제를 간단히 논의하고 이 순서를 제안할 뿐이다. 앞으로 살펴보겠지만, 샌더스가 '칭의'의 의미로 제시한 내용도 일부 전통적인 이해와는 다소 다르다.

그러나 참여적 구원론이 바울 가르침의 핵심이라면, 인간은 무엇**으로부터** 구원받는 것이며, 율법은 그 모든 과정에서 어떤 역할을 맡는 것인가? 이 질문은 샌더스의 설명에서 두 번째 주요 단락인 '율법, 인간의 곤경, 그것에 대한 해답들의 관계'로 이어진다.[51] 여기서 샌더스의 주된 논지는 율법에 대한 바울의 분명한 변론이 율법이 (불트만의 입장처럼) 사람들로 하여금 율법을 지킴으로써 스스로를 구원하려고 하도록 유혹하는 인간의 죄에 대한 분석의 결과가 아니라는 것이다. 오히려,

그리스도 안에서 하나님은 세상을 구원하기 위한 조치를 취하셨다. 그러므로 세상은 구원이 필요하다. 그런데 하나님은 율법도 주셨다. 만약 그리스도가 구원을 위해 주어졌다면, 이 사실에서 도출되는 당연한 결론은 율법은 구원을 위해 주어진 것일 수 없다는 것이다. 그렇다면 율법은 그리스도 안에서 계시된

---

51   Sanders, pp. 474-511.

하나님의 목적을 거스르는가? 그렇지 않다. 율법의 역할은 모든 사람을 죄에 가둠으로써 모든 사람이 그리스도 안에서 하나님의 은혜로 구원받을 수 **있게 하는 것이다.**[52]

나는 이 설명이 불트만의 설명보다 더 개연성이 있다는 샌더스의 의견에 동조한다. 하지만 이 설명이 설득력이 강하다고 생각하지는 않는다. 이 설명도 여전히 뭔가 비틀려 있고 이상하다. 내가 다른 글에서 보여 주려 했듯이, 어쨌든 이 설명은 주해나 신학, 역사의 관점에서 부적절하다.[53] 이 단락의 '의'(righteousness) 논의가 앞선 문단의 '칭의'(justification) 논의와 단절되었다는 사실은 안타깝다. 이런 요인 때문에 전체적인 논의에서 흐트러진 부분이 생기고, 샌더스가 그 대단한 학식에도 불구하고 '칭의'가 실제로 의미하는 핵심에는 다다르지 못했다는 인상을 받는다. 그와 동시에, '의와 참여'에 관한 문단은 '의'라는 표현을 '참여' 범주 안에 자리매김시켰다는 점에서 옳은 것으로 보인다. 그런 점은 갈라디아서 3장 마지막과 빌립보서 3:2-11의 핵심 본문(샌더스는 갈 2:15-21을 추가했을 것이다)에서 볼 수 있다. 그렇지만 나는 여기서 바울이 '의'라는 용어로 의도했던 의미(물론 복잡한 내용이다)를 변경했다고 생각하지 않는다.[54] 나는 다음과 같은 의견에 원칙적으로 동의한다. 곧, 우리에게는 두 개의 범주로 보이는 내용을 사실 바울은 구분하지 않았으며, 적어도 일반적인 의미로는 '믿음을 통한 칭의와 그리스도 안에 참여는

---

52 Sanders, p. 475(원서 강조).
53 *PFG*의 많은 단락 가운데 pp. 1032-1037에 있는 토라 관련 요약을 보라.
54 Sanders, pp. 502-508. Sanders는 이 범주들을 종합하면서, 바울의 '의' 용법에는 Bultmann이 그 '의' 안에서 본 '법정적-종말론적' 의미가 존재했다는 사실을 부정했다(p. 506). 이 내용에 관해서는 Bultmann이 전적으로 옳고 Sanders가 전적으로 틀렸다는 것이 나의 생각이다. 물론 내 관점에서 이 사실이 '법정적', '참여적' 범주와 용어를 적절하게 융합하는 데 방해가 되지는 않는다. Sanders의 이런 조치는, Schweitzer의 비유를 동원하자면, '칭의'라는 이름의 분화구를 쭈그러트려 '참여'라는 이름의 분화구 안에 들어갈 정도로 축소한 셈이다. 그러는 과정에서 중요한 내용이 사라지고 말았다.

궁극적으로 같은 내용을 가리키며', '우리는…바울이 자신의 사고 안에 어떤 이분법을 의식하고 있었을 것으로 생각할 수 없으며', '인간의 곤경에 관한 두 가지 개념[범죄와 종노릇]은 공존하며, 따라서 구원론적 용어와 관련된 두 요소의 주요한 조합도 공존한다.'[55] 샌더스는 로마서를 '그리스도 안에 있는 생명으로 인도하는 예비적인 법정적 상태로서의 의'의 관점에서 보는 통상적인, 하지만 피상적인 해석에 저항했다는 점에서 옳았다.[56] 하지만 그는 내용비평의 또 다른 순간에 '법정적 범주와 참여적 범주를 굳이 구분한다면', "바울이 '실제로' 생각했던 방식에 관한 더 많은 내용을 알려 주는 것은 틀림없이 참여적 범주다"라고 결론 내린다.[57] 케제만은 다음과 같이 반대로 이야기한다. 즉, 경건치 않은 자를 의롭다 하는 것과 믿음으로 말미암는 의가 핵심이지만, 이 내용은 우주적이고 공동체적인 행위로 이해되어야 한다.[58] 두 사람 모두 양쪽 개념 모두를 간직하고자 했다. 하지만 두 사람 모두 바울이 보여 준 온전히 균형 잡힌 방식으로 양쪽 개념 모두를 간직하는 방식을 이해하지 못했다.

오늘날까지 (특히 슈바이처와 불트만을 둘러싼) 논쟁의 주요한 흐름이 무엇이었는지 고려하면, 나는 샌더스의 주장이 진정한 발전을 대변한다고 믿는다. 이러한 사안들과 씨름해서 완전한 해결책에 도달하려면 엄청난 노력이 필요하다. 많은 주석 전통은 이러한 노력의 관점에서 보면 이날까지도 빈약하기 짝이 없다. 하지만 최종적인 아이러니는 사라지지 않는다. 샌더스는 어떤 사람에게는 두 개의 분리된 범주로 보이는 내용이 실은 같은 내용에 관한

---

55 Sanders, pp. 502, 506, 507, 508. 여기서 우리는 Sanders가 그런 식으로 일부에게는 완전히 다른 사고의 양식으로 보이는 내용을 종합했다는 사실에 주목한다(아래 2부를 보라).
56 Sanders, pp. 506-507.
57 Sanders, p. 507.
58 Käsemann 1971 [1969], p. 165를 인용하는 p. 508. Sanders는 이 내용을 p. 438 n. 41에서 논의했다.

서로 다른 두 가지 관점이라는 사실을 인식했다. 하지만 그는 그 둘이 최종적으로 만족스럽게 화해될 수 있는 범주, 즉 '언약'에는 도달하지 못했고, 그것을 파악하지 못했다. 그는 바울이 새로운 형태의 '언약적 신율주의'를 설명하고 있을 가능성을 검토했고, 올바르게도 그 가능성을 거부했다. 하지만 그러는 과정에서 (내가 보기에는 불충분한 근거로) 사도 바울을 이해하는 데 적합한 언약적 범주를 서술하는 다른 방식이 존재할 가능성까지 거부해 버렸다.[59] 나는 *PFG* 10장에서 대안적인 가설을 충분히 길게 개진했기 때문에, 여기서는 그 점을 더 설명하지는 않겠다.

하지만 샌더스를 떠나보내기 전에 한 가지 분명하게 말해야 할 것이 있다. 샌더스가 칭의 언어를 분명하게 언급하지 않고도 '그리스도 안에 참여'를 요약한 다양한 간결한 문장이 존재한다는 사실이다.

> 바울 복음의 주요 주제는 하나님이 예수 그리스도 안에서 행하신 구원 행위 그리고 바울의 청중이 그 구원 행위에 참여하는 방식이었다.…그 참여와 관련된 주요한 단어는 '믿음' 혹은 '믿기'였는데, 이 단어는 의심할 바 없이 바울이 이전 기독교 선교자들에게서 취한 용어였다.[60]

> 하나님은 그리스도를 온 세계의 주님이자 구원자로 임명하셨다. 그를 믿는 모든 사람은 장래에 온전히 구원받을 것의 보증으로 성령을 소유하며, 현재에는 그리스도의 몸에 참여한 것으로, 그리스도와 더불어 한 영인 것으로 간주된다. 그런 의미에서 그들은 성령을 따라 행동해야 하며, 이처럼 성령을 따른 행동은 또한 그들이 속한 대상인 주님이신 그리스도를 섬기는 것이기도 하다.[61]

---

59 Sanders, pp. 511-515.
60 p. 447.
61 p. 463.

그가 실제로 생각했던 내용은 정확히 그가 말했던 내용과 같다. 즉, 하나님은 믿는 모든 사람의 구원을 위해 그리스도를 주님으로 임명했고, 믿는 사람은 주님에게 속하고 주님과 하나가 되며, 주님 안에 연합함 덕분에 주님의 날에 구원을 받을 것이다.[62]

샌더스의 이렇게 강력하고도 분명한 문장을 읽으면서도, 그가 다음과 같은 의미로 말했을 것이라고 주장하는 비평가들이 있다는 사실은 이해하기 힘들다. "바울은 이방인이 할례라는 번거로움에서 구원받는 데만 관심이 있었을 뿐, 인류가 그들의 죄에서 구출되어 영원한 구원을 누리는 것에는 특별한 관심이 없었다." 하지만 샌더스는 정확히 그런 내용—바울의 핵심 관심사는 마지막 구원이었다—을 반복해서 이야기했다. 샌더스 자신의 '곤경과 해답' 분석과 마찬가지로, 그의 비평가들도 그의 입장이 틀린 것이 확실하다고 먼저 연역적으로 받아들이고는, 환원주의자들이 으레 동원하는 '속 빈 강정'식 비판을 그에게 마구 던져대는 듯하다.[63]

그렇다면, 샌더스가 제시하는 바울은 기독교 전통에서 제시했던 바울과 비교할 때 '이신칭의'에 대한 관심이 턱없이 부족하다. 아마도 샌더스의 '행위에 따른 마지막 심판' 논의가 주장의 흐름과는 별 상관없이 따로 덩그러니 존재하는 것이 이런 이유 때문인 듯하다.[64] 바울도 유대교처럼 행위에 따른 마지막 심판을 기대했다는 샌더스의 말은 분명히 옳다. 하지만 샌더스는 이 내용을 나머지 구조에 통합하지도 않았고, 이런 바울의 언어 때문에 초래되는 수수께끼를 풀려고 시도하지도 않았다. 이런 사실 자체는 그가 통상적인 '칭의' 논의에 뛰어든 것이 아님을 보여 준다. 아마도 그는 통상적

---

62 p. 523.
63 특히 Westerholm을 염두에 두고 한 말인데, 그의 작품은 나중에 논의할 것이다.
64 Sanders, pp. 515-518.

인 '칭의' 논의들이 바울보다는 종교개혁 이후의 신학 전통에 더 관련된 내용인 것으로 간주한 듯하다.

이 모든 내용에 관한 나의 판단은, 케제만과 샌더스 두 사람 모두 (한편으로는 캠벨, 다른 한편으로는 최근 독일 학자들과 달리) 두 가지 '범주'를 종합했다는 면에서는 옳았지만, 두 사람 모두 그 종합을 이루어 낼 적절한 바울의 방식을 발견하지는 못했다는 것이다.[65] 샌더스는 '참여'라는 표현이 오늘날 많은 사람에게, 특히 현대의 개인화된 서구 사회에 속한 사람들에게는 파악하기 힘든 의미라는 사실을 지적했다. 이 같은 의사소통의 간격을 해소하기 위한 나름의 노력으로 불트만과 그의 제자들은 비신화화를 제안했지만, 샌더스는 이를 거부했다. 그런데 샌더스는 우리에게 바울이 말한 내용을 완전한 깊이로 정당하게 다룰 수 있게 해 줄 '현실'이란 범주가 모자란다고 말한다. 샌더스의 말 중에는 인상적인 부분이 많은데, 그 내용을 표현하기에 적당한 언어가 딱히 없는 그런 부분을 샌더스가 발견해서 이야기할 때 특히 인상적이다. 그리고 그는 그런 이야기를 할 때 스스럼이 없다.

샌더스는 여기, 그가 제시하는 해석의 마지막 페이지에서 광범위한 질문을 제기하는데, 내가 쓴 『바울과 하나님의 신실하심』은 그 질문에 대한 답변이다. 샌더스는 한편으로 바울은 사람들이 새로운 실존의 상태로 옮겨 가는 일종의 '마술 같은 전이'(magic transfer)를 말하고 있었던 것이라는 입장, 다른 한편으로 바울의 모든 말은 그들의 실존적 자기 이해에 관한 것이라는 입장(대충 보면, 오른쪽에 슈바이처, 왼쪽에 불트만)을 거부하면서 다음과 같이 결론 내린다.

---

65 Hübner 1980, pp. 468-469는 Sanders가 칭의와 참여를 분리했다고 비판하지만, 나는 Sanders가 그 조건에서라면 그 둘을 종합하기 위해 최선을 다한 것이라고 본다. 나는 Hübner가 대안으로 제시하는 가설이 더 인상적이라고 생각하지 않는다.

나에게는 여기서 제시할 수 있는 새로운 인식의 범주가 없음을 고백해야겠다. 하지만 그렇다고 해서 바울에게도 그런 범주가 없었다는 의미는 아니다.…오늘날에는 마술도 아니며 자기 이해도 아닌 어떤 인식의 범주를 정립하는 작업이 어렵지만, 우리는 바울의 관점에 담긴 현실성이 그에게 그런 범주가 있었음을 보여 준다고 적어도 단언할 수 있다.[66]

아이러니한 사실은, 샌더스가 그에게 바울의 핵심 범주를 발견할 수 있도록 도와줄 훨씬 더 큰 관점에 자주 가까이 다가갔음에도, 늘 그 관점을 외면했다는 사실이다.[67] 그는 바울과 '언약적 신율주의'를 논의할 때, 바울이 예수를 메시아로 믿었다는 데이비스의 주장을 바울이 예수를 전 세계의 주님으로 보았다는 관점과 서로 배치(背馳)하는 내용으로 제시한다. (이 지점에서 샌더스는 케제만에 가깝지만, 그는 이 사실을 인식하지 못한 것 같다.) 샌더스의 이 입장은 이스라엘의 참 왕이 오면 그가 또한 전 세계의 주님일 것이라는 역사적인 성경의 관점에서 보면 터무니없다. 그런데 그것이 바로 다른 대부분 학자와 마찬가지로 샌더스 역시 절대 주목하지 않았던 내용이다. 마찬가지로 샌더스는 바울의 '종교 패턴'과 유대교의 종교 패턴을 비교하면서 핵심 범주가 '하나님의 백성'이란 범주일지도 모른다는 가설을 제시하지만, 이내 그 가설을 반박한다.

그리스도의 몸은 이스라엘과 비슷한 실재가 아니며, '그리스도 안에 있음'도 '하나님과 이스라엘 사이의 언약 안에 있는 것'과 형태상 같지 않다.[68]

66　Sanders, pp. 522-523.
67　Sanders 기념 논문집에 이 질문에 답하는 논문 두 편이 실려 있다. Hays 2008; Stowers 2008을 보라.
68　Sanders, p. 547.

'그리스도 안에' 있음 경험이 '이스라엘 안에' 있음 경험과 동일하지 않다는 추측을 감히 해 볼 수 있다. 하지만 이 내용은 보통 생각하는 것보다 훨씬 더 연구하기 힘든 주제여서, 우리는 그저 유대교 사상과 바울 사상에서 종교의 겉모습이 어떠했는지 분석하는 작업에 만족해야 한다.[69]

나는 샌더스가 이 지점에서 정답을 내다볼 수 있는 창문에 코까지 가져다 댄 격이라고 생각한다. 하지만 그의 전체적인 의제(종교 양식 비교)라는 빛이 뒤에서 너무 밝게 비치는 바람에 그는 창을 통해 들어오는 정답을 볼 수 없었다. 바로 코앞에 그가 찾던 바로 그 해답이 있었다. 1세기 역사가들처럼, 단순히 바울의 '참여' 표현이 실세로 작동했던 방식만이 아니라, '참여' 표현과 '법정' 표현 중 어느 쪽이 다른 쪽에 포함되거나 삼켜지거나 혹은 어느 하나가 아예 배제되지 않고도 둘이 사이좋게 나란히 존재할 수 있는 방식을 파악하는 데 도움이 될 단서가 거기 있었다. 문제의 그 범주는 바로 하나님의 백성, 이스라엘이다. 샌더스는 이 범주가 어떻게 도움이 될 수 있는지 이해하지 못했고, 그래서 그 범주를 옆으로 치워 버렸다. 내가 『바울과 하나님의 신실하심』의 중심 단락을 집필한 목적이 바로 이 해답을 설명하려는 것이었다.[70] 이 해답은 샌더스가 날카로운 관찰과 명민한 통찰로 가득한 광범위한 조사를 마친 후 마지막에 통렬하고 정직하게 진술한 학문적인 '곤경에 대한 해답'이다. 케어드는 자신이 명백한 결론이라고 생각했던 내용, 즉 그 자신을 포함해 무어(Moore) 등이 상세히 설명한바 그 진정한 유대교를 바울이 비판하고 있었던 것이라는 결론을 샌더스가 도출하지 못했다는 사실에 실망감을 표했다.[71] 여기에 샌더스가 그가 '언약적 신율주의'라 부른 내용을 정리했

---

69   Sanders, p. 549.
70   또한, 나의 작업과 무관하게 진행된 내 동료 Grant Macaskill의 최근 작업(Macaskill 2013)을 보라.

으면서도 바울의 '새 언약 믿음주의'(new-covenantal fideism)를 정리할 가능성을 보지 못했다는 사실에 대한 실망감을 추가할 수 있다. 물론 방금 언급한 약칭은 기만의 소지가 있을 수 있다. 하지만 이 표현은, 샌더스 자신이 인정했듯이 여전히 우리에게 없는 더 큰 해답을 가리키고 있을 수 있다.

마지막 비판적 논평은 종말론에 관한 것이다. 물론 샌더스도 바울에게 예수의 재림이 중요한 내용이었음을 강조했고, 이는 옳은 관점이다. 하지만 나는 그가 바울이 자주 예수의 죽음과 부활을 이미 개시된 종말론의 관점에서 이해했다는 사실을 그의 분석 작업에 고려하기는커녕 인식하지도 못했다고 생각한다. (케제만과 마찬가지로) 그에게 모든 무게는 미래의 사건에 그리고 사람들이 그 사건을 대비해 준비하는 방식에 쏠려 있었다. 하지만 바울의 핵심 본문—예를 들면, 고린도전서 15장에 있는 부활에 관한 위대한 내용—을 살펴보면, **이미** 일어난 사건도 **장래에** 일어나야 할 사건만큼이나 중요하다는 사실을 알 수 있다. 샌더스도 이해했듯이, 예수는 이미 이 세상의 주님으로 즉위했다. 하지만 여기서 끝이 아니다. 그의 부활과 더불어 새 창조도 이미 시작되었다. 바울의 복음은 그 새로운 세계가 현실임을 발견하라는 호출 명령이다. 이것은 샌더스의 칭의 논의가 왜 그렇게 불만족스러운지 설명하는 데 도움이 된다. 샌더스는 불트만의 '법정적-종말론적' 의미를 거절하면서 법정적인 형태뿐만 아니라 종말론적 긴장과 균형도 잃어버렸던 것이다.

나는 이 장 전체를 할애해 샌더스를 논의했다. 지난 세대 내내 그의 작품이 차후의 연구를 위한 가장 중요한 준거점 역할을 해 왔다는 이유 때문이다. 확실히 그의 작품은 많은 학파에서 '비방을 받는 표적'(sign of contradiction; 거룩함을 드러내지만 극도의 반대를 받는 사람을 가리키는 가톨릭 신학의 용어로, 기원은 눅 2:34이다—옮긴이)이었다. 그렇다고 해도 표적은 표적이다. 나는 『바울과

---

71 Caird 1978.

팔레스타인 유대교』가 출간 후 커다란 영향을 미친 원인이라고 생각한 내용을 앞서 설명했다. 또한 몇몇 측면에서는 샌더스가 자신의 주장을 확실하게 관철했지만, 몇몇 다른 측면에서는 일부 중요한 점을 드러냈음에도 동의하기 힘든 내용과 뉘앙스 조정이 필요한 내용이 존재한다는 사실을 지적했다. 그리고 특별히 그가 진술한 목표, 즉 '종교 양식'의 비교가 궁극적으로는 그가 설명한 바울 신학과 어울리지 않는다는 사실을 지적했다. 하지만 이런 지적 가운데 어떤 내용도 샌더스의 이 책이 20세기 신약학계의 위대한 이정표라는 사실을 손상시키지 않는다. 샌더스는 대담하게도 그처럼 큰 그림을 보았고, 다른 사람들은 그 그림을 보지 않고 있다는 사실을 인식하고는 그들의 눈앞에 그 그림을 가져다 보여 주었다. 신약학계에 자신의 한창때를 일차 자료를 연구하는 데 쏟아붓고 원숙한 시기에 그들이 발견한 사실을 전달하는 데 전력을 기울이는 학자들이 더 많아진다면, 학계에는 큰 발전이 있을 것이다.

 마지막 사족이다. 샌더스의 독자(그리고 이 문제라면 내 독자도 마찬가지다) 중 다수에게 두려움을 안기는 내용 중 하나는 위대한 종교개혁자인 루터와 칼뱅 등이 그들 자신의 문제를 바울 당대로 투영한 탓에 바울을 오독했다는 주장이다. 종종 이 문제가 등장할 때면 사람들은 카를 바르트의 유명한 말을 인용한다.

칼뱅은 얼마나 열정적이었는지, 먼저 본문 안에 자리 잡은 의미를 확립하고 나서도 16세기와 1세기를 가로막고 있는 벽이 투명해질 때까지 계속해서 자료 전체를 붙잡고 생각을 거듭했다! 바울이 말하고, 16세기 사람이 듣는다. 그 주제를 둘러싼 원 기록자와 독자 사이의 대화는 어제와 오늘의 구분이 불가능할 시점까지 지속된다.[72]

---

72 (1921년 기록된 유명한 **로마서** 주석의 2판 서문의 일부인) Barth 1968 [1933], p. 7.

이 문장은 위대한 종교개혁자들도 바울을 오독했다는 후대 (아마도 '세속적인') 성경학자들의 건방진 주장을 무마할 수 있는 방패라도 되는 듯이 굉장히 자주 인용된다. 하지만 바울은 이렇게 반문할 수 있다. "내게 말하라, 바르트를 인용하는 자들아. 너희가 바르트가 한 말을 듣지 못하였느냐? 여기 그 바르트가 30년 후에 쓴 내용을 보라."

종교개혁자들은 감히 그들 당대의 상황을 갈라디아서의 상황에 비추어 이해했다. 그 결과 그들은 간접적으로 (그리고 종종 매우 직접적으로) 이스라엘의 율법을 중세 후기의 로마 가톨릭의 제의적·일반적 질서와 동일시하고, 그 질서에 상응하는 동시대 사람들의 표면적 혹은 실제 경건의 성취를 그것의 행위와 동일시하고, 갈라디아의 거짓 교사들을 그 당시 통용되던 교회의 칭의 교리를 옹호하던 사람들과 동일시했으며, 마지막으로 바울 사도를 그들과 더불어 오직 믿음만이 의롭게 한다는 가르침을 설파한 인물로 받아들였다. 신약의 첫 절부터 마지막 절까지 이런 해설과 적용이 어느 정도까지 서로 어우러져 있는지 확인하고 싶다면, 1516년 루터의 로마서 해설, 그리고 특별히 1535년에 나온 그의 갈라디아서 주석 최종판을 읽어 보면 된다. 그리고 근본적으로 같은 내용이 칼뱅의 주석들에도 적용된다. 그는 훨씬 더 세심한 주석자였고, 때때로 두 시대의 차이를 적어도 끄집어내기는 한다. 이런 식의 해설(explicatio)과 적용(applicatio)에 수반되는 위험은 매우 거대하다. 종교개혁의 강점은 자신을 성경의 권위 아래 두고 성경에 귀를 기울이고 성경 자체가 말하게 하려고 노력했다는 직접성(directness)이다. 하지만 이 강점이 곧 약점이기도 할 것이다. 너무 서둘러 성경의 상황을 그들의 상황과 동일시했고, 그 때문에 당대의 현실도 성급하게 해석해 버렸고, 그 결과 당대 현실을 판단할 때 수많은 뉘앙스와 차이점을 제대로 보는 데 실패했다. 성경을, 특히 그 당시의 한 인간으로서 바울을 이해하고 설명하려고 노력해 본 사람만이, 그리고 이 두 측면(해설과 적용)에서 우리를 위협하는 위험에서 다행히도 탈출한 사람만이 앞장서서 돌을 던질 자격이 있다. 갈라디아서(넓게는 바울서신과 성경의 다른 부분은 말할 나위 없고)에는 루터가 그 당시 발견했던 것과 비교해 발견되어야 할 훨씬 더 많은 내용이 존재했고 지금도 존재한다.[73]

『바울과 팔레스타인 유대교』가 출간되기 20년 이상 전에, 한 원숙한 신학자가 내뱉은 지혜로운 말이다. 그도 그럴 것이 바르트는 근본적으로 개혁주의 전통에 속한 학자였다. 앞서 이야기했듯이, 샌더스의 저항은 바울 사상을 둘러싼 더 거대한 유대교의 맥락을 부각하는 데 비전통적인 방법을 동원해 그 전통을 복원한 것이기에 우발적인 관심을 얻은 것일 수 있다. 장 칼뱅이 그 결과물을 어떻게 생각할지는 모르겠지만, 내 생각으로는 그 문제에 접근하는 방식은 승인했을 것이다.

73　Barth *CD* 4.1.622-4.1.623. Barth는 나아가, 종교개혁자들이 꽤 초기의 교회에 일어났던 변화, 즉 '구약의 세계로부터 너무 멀어져 버린'(p. 623) 변화를 되돌리기 위해 최선을 다하고 있었다고 이야기한다. 나도 그의 말에 동의한다.

4장

샌더스 이후의 삶

1. 서론

모든 것이 달라질 것이다. 종교개혁이라는 곰 세 마리가 방해받지 않고 아침 식사를 하려던 평화로운 분위기를 깨뜨리고, 바울에 관한 새 관점—지미 던은 그가 집필한 관련 논문집의 제목을 야심차게 이 이름으로 지었지만,[1] 현재 이 이름으로 부를 수 있는 실체가 존재하는 것은 아니다—이 마치 사랑스러운 소녀 골디락스(Goldilocks)처럼 갑자기 등장했다. 집으로 들이닥친 골디락스는 전통적 칭의 신학이란 의자에 거칠게 앉았고, 그 의자는 이제 부서진 것으로 보인다[곰들은 루이빌(Louisville; Southern Baptist Theological Seminary의 소재지—옮긴이)과 시드니(Sydney; Moore Theological College의 소재지—옮긴이) 등지에서 목수들을 불러 의자를 고치려고 한다]. 골디락스는 자기가 좋아하는 본문을 한 국자 뜨더니 한입에 삼키면서 주해라는 아침

---

1 Dunn 2008 [2005].

식사를 했다. 그러고는 이제 신학과 종교사의 침대에 누워 잠이 들었고, 바울 연구를 위한 전용실을 자기 방으로 달라고 떼를 쓴다. 당연히 이런 사태에 곰 세 마리는 단단히 뿔이 났다(이 문단은 "골디락스와 곰 세 마리"라는 영국 전래 동화를 패러디한 것이다. 루이빌과 시드니는 새 관점을 향한 반격의 중심지였다. 2번 각주를 참고하라—옮긴이).

이 동화는 여러 형태가 있는데, 어떤 형태에서는 골디락스가 곰들의 집에서 쫓겨나 영원히 돌아오지 않고 평화가 다시 찾아온다.[2] 하지만 본서의 요점은 이 옛날이야기(분명히 사회학과 심리학 측면에서도 나름의 함의가 있지만, 그와 더불어 다소 보수적인 곰들은 시간을 들여 고민해 보지 않았을 주제들도 담고 있다)를 그보다 훨씬 더 큰 이야기 안에 자리매김시키려는 것인데, 그 이야기에 따르면 이 곰들도 임대 계약서의 조항에 비추어 면밀한 조사를 받아야 한다. 골디락스가 집을 찾아온 것은 분명히 갑자기 일어난 골치 아픈 사건이지만, 어쩌면 일어나기를 기다리고 있었던 사고일지도 모르며, 나아가 너무 아늑하게 지내 온 이 곰 가족에게 꼭 필요했던 소란이었는지도 모른다.

여기서 중요한 것은, 샌더스 이후의 논쟁이 간단한 문제라거나 유일한 문제라는 식으로 생각하면 안 된다는 것이다. 그 논쟁은 복잡한 사안이며, 또한 이 논쟁과 별로 관계없는 다른 많은 일도 일어났다. 본서 서두에서 런던 지하철 지도를 언급할 때 이미 강조했듯이, 현재 일어나고 있는 바울을 둘러싼 활발한 대화들은 그 여정에서 한두 개의 중간역이 겹치긴 해도, 서로 출발점과 목적지가 다른 별개의 여정들이다. 간단한 새 관점 해석 같은 것이 존재하지 않듯이, 간단한 옛 관점 해석 같은 것도 존재하지 않는다. 그런 것이 존재한다 해도, 두 관점 모두 그 개요나 구체적인 내용 면에서 최근 학

---

2 특히 Carson, O'Brien and Seifrid 2001-2004; Kim 2002; Westerholm 2004; 그리고 그 외의 수많은 작은 등불을 보라. 이 중 일부는 아래에서 논의할 것이다.

계에서 두드러지는 사회학적·철학적·정치적 해석은 말할 것도 없고 우리가 곧 살펴볼 새로운 '묵시적' 해석과도 일치하지 않는다. '묵시적' 해석은 여러 모로 샌더스와 유사한 면이 많지만[종말론과 (일부의 경우) '참여'를 강조하고, 전통적인 '의'의 의미를 격하한다], 다른 면에서는 상당한 차이가 있다. 이런 차이가 발생한 이유는, 묵시적 해석이 율법 및 이스라엘에 관한 케제만의 부정적 관점과 이를 수정한 샌더스의 훨씬 더 긍정적 관점 중 케제만의 관점을 더 따르기 때문이다.

비슷한 이야기를 내가 '신선한 관점'이라 부르는 해석, 즉 바울에 관한 더 '정치적인' 해석에도 할 수 있다. 이 관점은 샌더스나 그를 비판했던 주요 학자들 모두 찬반 어느 쪽으로든 전혀 관심을 쏟지 않았던 내용인데, 예외적으로 김세윤(Seyoon Kim)은 '신선한' 관점을 '새' 관점과 함께 쫓아내려고 시도한 적이 있다.[3] 신-'묵시' 학파도 이 관점을 통합하려고 시도하지 않는다. 그들이 한편으로는 케제만에게 경의를 표한다는 점, 다른 한편으로는 고대 유대교의 묵시가 제시하는 분명하고도 철저한 '정치적' 세계에 의존한다는 점을 고려하면 이 상황은 무언가 이상하다. 우리는 더 새로운 '철학적인' 해석에도 비슷한 논평을 할 수 있다. 이런 이야기들은 나중에 다시 다룰 것이다. 내 요점은 '옛' 관점과 '새' 관점을 둘러싼 현재의 논쟁은 중요하지만, 이 논쟁이 지도의 전부는 아니라는 것이다. 지도의 나머지 내용을 동일한 여행을 떠나기 위한 소수의 다른 선택지일 뿐이라고 생각해서는 안 된다.

이런 면을 염두에 두고 본 장과 다음 장에서 내가 할 작업은 샌더스 이후 발전된 서로 다른 흐름을 개관하는 것이다. 먼저 바울을 그의 유대교 배경에서 해석하는 새로운 길을 발전시킨 뛰어난 두 학자를 살펴보고, 이어서 새 관점의 작업에 강한 반격을 가한 학자들을 확인한 후, 특히 바울이 유대

---

3   Kim 2008; *PFG*, pp. 1313-1314를 보라.

교를 바라보는 관점 자체와 관련해 새 관점을 '뛰어넘어야' 한다고 다양한 방식으로 주장하고 있는 학자들을 조사할 것이다.

2. 새 관점 내부의 새로운 과제

1983년에는 바울 학계에 지속적인 영향을 미친 다섯 권의 책이 출간되었다. 그중 하나인 웨인 믹스의 책은 3부에서 살펴볼 것이다.[4] 샌더스가 그의 첫 책을 더 많은 주해 자료로 보충한 다른 책은 건너뛰자.[5] 또한 마르틴 헹엘의 탄탄한 작품도 공히 인정하는 책이니 넘어가자. 그의 책은 더 새로운 연구를 위한 상당한 기초를 제공했지만, 일차적으로 바울보다는 예수와 바울 사이의 중간기에 중점을 둔 내용이다.[6] 우리가 여기서 다룰 책은 나머지 둘이다. 첫 번째 책은 대단한 영향을 미친 논문이고, 두 번째 책은 현대 신약 학계에서 가장 중요한 박사 학위 논문 중 하나다(전자는 제임스 던의 논문이고, 후자는 리처드 헤이스의 논문이다—옮긴이).[7]

제임스 던은 1980년대 초 샌더스 주장의 큰 가닥을 집어 들었고, 그 이후로 쭉 새로운 무늬를 직조해 왔다. 그는 샌더스 자신은 하지 못했던 방식으로 샌더스 이후의 관점을 철저하게 고민하고 정리하는 작업을 해 왔다. 그는 관련된 핵심 바울 본문을 자세하게 주해하는 방식으로 그 작업을 했는데, 이런 측면에서 그는 거의 독보적이다. 게다가 그는 다양한 채널의 모임을 끊임없이 조직해서, 그런 기회가 없었다면 얼굴을 대하고 관련 대화를 나누기도 힘들었을 테고 서로 간과하거나 아예 무시했을 법한 학자들을, 특

---

[4] Meeks 1983.
[5] Sanders 1983.
[6] Hengel 1983.
[7] 당연히 Sanders의 제안을 (특히 주해 연구로) 진척시킨 다른 학자도 많다. 그중에서도 John Ziesler의 세밀한 작업과 그의 로마서 주석(Ziesler 1989)이 있다.

히 독일 출신의 학자들까지 한자리에 모았다. 그뿐 아니라 그 외에 수많은 다른 일에 대해서도 세계 학계는 그에게 감사해야 한다. 본서는 던의 바울 해석을 속속들이 설명할 자리도 아니고(최근 몇몇 기회에 던이 그의 바울 해석을 설명하기도 했으니 그럴 필요가 더욱더 없어 보인다), 학자로서든 개인적으로든 복잡했지만 대체로 우호적이었던 그와 나의 관계를 보여 주는 데 도움이 될 만한 여러 일화를 소개할 자리도 아니다.[8] 여기서는 그저 샌더스 이후 학계의 특색이라 할 정도로 바울 신학 분야에 선명한 흔적을 남긴 그의 작품의 세 가지 주요 특징을 부각해 다루어 보려 한다.

첫째, 던은 유대교에 관한 샌더스의 주장을 상당 부분 수용하지만, 샌더스가 여전히 바울을 제대로 이해하지는 못했다고 주장한다. 이 사실은 새 관점과 관련해 언급할 필요가 있는 가장 중요한 내용 하나를 다시 한번 일깨운다. 즉, 새 관점은 처음 시작할 때부터 복수의 관점이었고, 그 내부에는 적어도 의견의 일치만큼이나 많은 불일치가 존재하는 지속되는 대화였다는 사실이다. 샌더스를 요약한 내용만 고작 읽고 나서는 그와 비슷한 이름표를 단 다른 학자의 말까지 모두 이해했다고 생각하는 사람들이 있는데, 그들은 다시 생각해 봐야 한다. 던은 그의 현 논문집에 다시 실린 1983년 논문에서, 샌더스가 바울을 제대로 이해하지 못했다고 날카롭게 비판한다. 던이 보기에 샌더스의 바울은 루터의 바울에 비해 설득력도 훨씬 더 떨어지고

8 　특히 Dunn 2008 [2005]을 보라. 그는 그 책을 나에게 헌정했다[그리고 나는 Wright 2009 (*Justification*, 『톰 라이트, 칭의를 말하다』, 에클레시아북스)에서 찬사를 되돌려 주었다]. 또한 그의 수많은 주석, 유명한 *Romans* (Dunn 1988, 『로마서』, 솔로몬), *Galatians* (Dunn 1993), *Colossians and Philemon* (Dunn 1996a), *Theology of Paul the Apostle* (Dunn 1998, 『바울신학』, CH북스) 같은 주요 저서, 그리고 그의 방대한 프로젝트인 *Christianity in the Making*을 보라. 그 프로젝트의 두 번째 책이 바울을 주제로 다룬다(Dunn 2009, pp. 322-377와 pp. 497-954). 그와 거의 동명이인인 거의 400년 전 작가의 표현처럼, '당신이 했을 때, 당신은 하지 않았다. 이는 내가 더 많이 가지고 있기 때문이다(when thou hast done, thou hast not done, for I have more).' [John Donne, 'A Hymn to God the Father' (1623), in C. Ricks, ed., *The Oxford Book of English Verse* (Oxford: OUP, 1999), pp. 117-118].

매력적이지도 않다.[9] 던은 샌더스의 바울을 아래와 같이 말한다.

> 유대교 언약 신학의 영광과 위대함에 독단적이고 불합리한 방식으로 등을 돌리고 단순히 유대교가 기독교가 아니라는 이유로 유대교를 저버린 특이한 모습의 바울이다.…여전히 샌더스의 바울은 한 체계에서 다른 체계로 독단적으로 옮겨 가는 인물이며, 샌더스의 설명은 그리스도 신앙과 바울의 유대교 유산을 너무 심하게 흑백논리로 대립시킨 나머지 바울이 경우에 따라 (롬 9:4-6처럼) 유대인의 특권을 변호하는 부분도 동등하게 독단적이고 당황스러우며, 율법 및 하나님의 계획 속에서 율법의 위치에 관한 논의도 비일관적이고 비논리적으로 보일 정도다. 결국 우리에게 남은 것은 예수를 중심 삼는 새로운 운동과 이스라엘 종교 사이의 급작스러운 단절이며, 이런 그림으로는 (특별히) 로마서 11장에 나오는 바울의 감람나무 비유를 좀처럼 설명할 수 없다.[10]

그래서 던은 그가 샌더스의 제안에서 괜찮다고 여긴 내용을 취해('나는 바울에 관한 새 관점이 샌더스나 그를 비판하는 사람들이 지금까지 깨달은 것보다 훨씬 더 바울을 잘 설명해 준다고 믿는다')[11] 정교하게 다듬어, 샌더스가 제시한 바울의 특이한 면과 약점에 답변하거나 나아가 그런 점을 해소한다.

이 작업에 던이 얼마나 성공을 거두었는지는 초기 논문과 현재 사이에 던이 집필한 바울에 관한 몇 권의 두꺼운 서적을 세심하게 살펴본 사람이 판단해야 할 문제다. (던이 바울을 주제로 집필한 글의 분량은 샌더스나 필자가 쓴 것의 아마도 네댓 배 정도일 것이다.) 내 판단을 말하자면, 던은 대단히 많은 훌륭한 주장을 했지만, 그가 종합한 내용에는 여전히 온전한 설명을 위한 필

---

9   2008 [2005], pp. 103-105.
10 2008 [2005], pp. 103, 105.
11 2008 [2005], p. 105.

수적인 차원이 조금 부족해 보인다. 하지만 반복해서 이야기하자면, 새 관점 및 '샌더스 이후의 삶'과 관련해 주목해야 할 첫 번째 내용은 샌더스가 새로운 방식으로 문제들을 제기했으며, 처음부터 이 문제들과 관련해 서로 양립할 수 없는 다양한 답변이 존재했다는 사실이다. 아무도 새 관점이 하나의 색이라고 가정하지 못하게 하라. 새 관점의 주요한 옹호자들도 서로 다른 '관점들'을 가지고 있을 뿐만 아니라 서로 신랄하게 비판하기도 한다.

던의 두드러진 공헌 두 번째는 샌더스가 남긴 수수께끼 중 하나에 대한 그의 해결책이다. 나는 던의 논문이 나오기 전 내가 쓴 글에서 이 문제에 대해 언급하지 못했다.[12] 바울은 그가 율법의 **행위들**에 관해 한 말을 왜 했을까? 이는 결국 바울이 공격했던 대상이 루터가 걱정했던 내용(선한 도덕적 행위로 자신을 구원하려는 사람들)이나 불트만이 걱정했던 내용(자신의 운명을 스스로 통제하려는 사람들)이라는 사실을 함축하는 것이 아닐까? 결국 이 두 가지 걱정도 같은 주제, 즉 인간의 교만을 표현한 다른 형태일 뿐이다(루터에게는 윤리적 업적을 자랑하는 것, 불트만에게는 자신의 운명을 통제하는 힘을 자랑하는 것). 이는 바울이 인간의 경향성을, 그리고 거기에 포함되는 유대인의 경향성을, 즉 하나님이 그것 때문에 우리를 기뻐하시고 우리를 의롭다 하시고 우리를 구원하실 어떤 행위를 우리가 할 수 있다고 생각하는 경향성을 공격했다는 뜻이 아닐까? 1979년쯤 아직 완성하지 못한 내 박사 논문을 두고 의논할 때, 스티븐 닐 주교가 나에게 했던 비슷한 이야기가 생각난다. 그는 내가 나름대로 샌더스 이후의 재구성 작업을 하고 있다는 사실에 지대한 관심이 있었다. 하지만 바울이 '율법의 행위'를 거부했다는 사실은 전통적인 개신교 해석을 강

---

12   1980년 가을, 나의 박사 학위 논문(Wright 1980)을 검토한 사람이 바로 Dunn이다. 또한, Dunn은 1978년에 있었던 나의 Tyndale Lecture(=*Perspectives*, 1장)에도 참석했다(본서 p. 145 n. 4를 보라). 나는 1981년 2월에 Nottingham에서 열린 그의 세미나에 내 글을 제출했는데, 바로 그때 지금까지도 지속되는 우리의 대화가 실질적으로 시작되었다. 내 생각에 그 단계에서는 아직 Dunn이 지금은 유명해진 그의 '율법의 행위' 가설에 도달하지는 못했던 것 같다.

하게 지지하는 것으로 보인다고 지적했다. 그 단계에서는 그도 나도 굉장히 가까이 있던 내용을 알아보지 못했다.

고대 유대교의 증거를 보면 던의 해결책은 자명해 보인다. 바울이 갈라디아서 등에서 언급하면서 칭의의 열쇠로는 거부하는 토라의 '행위들'은 (우리를 비롯한 많은 사람이 정확한 역사적 근거도 없이 '펠라기우스주의'라고 생각해 온) 소위 자력 구원을 추구하는 사람이 행하는 '윤리적 선행'이 아니다. 그리고 하나님께 좋은 인상을 남기기 위해 사람이 행할 수 있는 것들도 아니다. 바울이 말한 '율법의 행위'는, 구체적으로 지목하자면, **유대인들이** 행하던 것들이며, 하나님의 은혜를 **얻기** 위해서가 아니라 하나님의 은혜를 **증명하기** 위해서 행하던 것들이다. 더 구체적으로 지목하자면, 그들이 정말로 하나님 백성의 일원이라는 사실을 증명하기 위해 하던 행위들이다.[13] 1세기에는 유대인과 이방인을 막론하고 거의 모든 사람이 이 '행위들'이 무엇인지 알았다. 그것은 남자아이의 할례, 다양한 음식 금기, 안식일 준수였다. 이런 행위들은 특별히 디아스포라 유대인에게 중요했다. 그들은 거룩한 땅 바깥에서 살았기에, 그러한 '행위들'은 그들을 주변 이방인과 구분해 주었다. 유대 지방이나 갈릴리 지방에 살던 사람들에게는 그들에게 위대한 상징이요 충성과 문화적 정체성의 표식인 거룩한 땅이 있었고, 특히 성전이 있었다. 그들에게 토라가 명령한 '행위들', 특히 제사 법전은 성전과 관련된 것이었다. 이 '행위들'을 실천하는 양식과 강도 면에서 폭넓은 다양성이 존재했다 해도, 전체적인 요점은 조금도 약화하지 않는다.[14] 바울이 특히 갈라디아서에

---

13 '토라의 행위들'을 언급하는 것이 확실한 제2성전기 유대교의 한 문서인 4QMMT에서 관건이 되는 표현인 '행위들'의 용법은, 그것들을 행하는 사람이 특정한 유대교 분파의 일원임을 증명하는 역할을 한다. 이 문서의 저자는 그 분파를 진정한 언약 백성으로 간주했다. Dunn과 나는 이 본문에서 다소 의견이 다르다. 그의 2008 [2005], 14장, 그리고 나의 *Perspectives*, 21장을 보라.
14 그 다양성은 *PFG* 2장을 보라.

서 그리고 더 확장된 설명을 제시하는 로마서에서 중점을 두어 강조했던 것은, 이스라엘의 하나님이 메시아 안에서 그리고 메시아를 통해서 달성하신 일은 유대인과 이방인을 막론하고 모든 사람을 위한 것이었다는 사실이다. 이것이 바로 내가 샌더스와 비교해 더 자세하게 도출해 낸 요점이다. 그렇다면 유대 민족을 주변 이방인과 구분해 주었던 조항들, **달리 말해 '유대교 율법의 행위들'** 은 더는 적절하지 않다. 아니, 부적절한 것을 넘어 이제는 나쁘다. 만약 율법의 행위들을 여전히 강조한다면, 그것은 하나님이 단번에 영원히 하나로 합하신 것을 분리하는 처사다. 바로 이것이 바울이 '율법의 행위들에서 문제 삼은 부분'이다. 바울이 문제 삼았던 것은 원시 펠라기우스주의나 숨은 가톨릭주의가 아니었다.

던은 1983년 발표한 최초의 '새 관점' 논문에서 이런 시각을 자세히 설명했고, 그 후로 반복해서 같은 점을 주장해 왔다.[15] 던을 향해 "나는 '율법의 행위들'이 무슨 의미인지 다 아는 사람입니다"라고 스스로 적은 명찰을 달고 돌아다닌다며 비아냥거릴 수도 있다. 던의 주장이 도무지 납득이 되지 않는다며 한목소리로 합창하는 사람들도 있지만, 내 생각에는 던의 말이 대체로 옳다.[16] 나 자신도 나름의 주해와 종합을 통해 관련 내용의 의미를 이런저런 방식으로 세심하게 조정해 왔는데, 어쨌든 나는 이런 주장이 논의의 진전을 위한 큰 도약이라고 믿는다. 부연 삼아 하는 이야기인데, 이것은 카를 바르트에게서도 엿볼 수 있는 내용이었지만, 이 점을 인식한 사람은 별로 없다.[17]

---

15   Dunn 2008 [2005], 2, 3, 8, 14, 17, 19장, 그리고 더 일반적인 장 중 일부.
16   여전히 납득하지 못하는 사람 중 한 명인 Gathercole 2002; 2006.
17   Barth *CD* 4.1, 621를 보라. '분명히 바울이 *erga*(행위들)로 의도한 의미는, 구약이 하나님의 선택된 백성 이스라엘의 구성원들에게 다른 민족과의 차별성을 표시하기 위해 요구했던 행위들 혹은 적극적으로는 하나님이 그들과 맺은 언약에 그들이 속했다는 사실을 증명하기 위해 요구했던 행위들이다.'

꼭 알아주었으면 하는 사실이 있는데, 던도 나도 이 지점에서 기존 이해로부터 이탈하자고 제안하는 것은 아니라는 점이다. 우리는 바울이 이제 살인, 절도, 간음 등을 피하라는 명령을 포함해 더 넓은 범위의 '율법의 행위들'에는 더는 관심이 없다고 말한 적이 없다. 던의 제안을 '식탁 예절'이나 정치적으로 올바른 '사회적 포용' 같은 작은 규모로 축소하고는 그가 율법에 포함된 더 중대한 문제나 나아가 복음도 간과한다고 조롱하는 태도도 도움이 안 된다. 중요한 것은 **핵심 본문에서**, 즉 로마서 3장과 갈라디아서 2장 및 3장에서 '율법의 행위들'이라는 표현이 유대인의 정체성을 둘러싼 질문과 밀접하게 연결되어 있다는 사실이다. 이런 의미에서 '율법의 행위들'은 정의상 이방인은 행할 수 없는 조항이다. 당연히 바울은 '율법의 행위'(단수라는 사실에 주목하라)가 마음이 새롭게 되는 기적을 통해 이방인 그리스도인도 행할 수 있고 행하게 될 내용이라는 사실을 완벽히 알고 있었다.[18] 그리고 당연히 바울처럼 던도 이 명찰을 다는 것으로 주변 문화와 구분되었던 유대인들이 살인, 절도, 간음 등을 피하는 것과 같은 다른 의무를 지고 있었다는 사실도 안다.[19] 그런 명령들은 당시의 더 넓은 비유대교 세계의 많은 사람도 이야기했던 일반적인 윤리 원칙과 대략 일치한다. 물론 바울은 한편으로는 우상 숭배, 다른 한편으로는 성적 행동(이 둘은 밀접하게 연결되어 있다)과 관련해서 자신이 비유대교 세계가 수용하는 표준에 반대하는 폭넓은 유대교 입장을 더 강화하면 강화했지 상대화하지 않는다는 사실을 우리에게

---

18 롬 2:15. 이어서 2:26에 '율법의 규례들'(*ta dikaiōmata tou nomou*)이란 표현이 나온다.
19 나는 이것이 갈 5:3의 의미라고 생각하지 않는다. 거기서 바울은 사실상, 만약 비유대인 신자들이 할례를 받는다면 그들은 유대인을 이방인과 구분했던 다른 계명들도 지켜야 하며, 따라서(5:4) 그들은 자신을 (3:15-29에서 말하듯이) 단일 가족인 크리스토스(*Christos*)에게서 분리시키게 될 것이라고 말하는 셈이다. 이 단일 가족의 표시는 유대인과 이방인 모두에게 믿음이다. 그렇다면 이 본문은 2:15-21의 주장을 되새기는 내용이다(참조. 5:3의 *palin*). 여기서 바울은 윤리적 특성으로서 '행위'(5:6의 '사랑을 통해 일하는 믿음', 이 내용은 이어서 5:13-6:10에서 확장된다)를 '율법 전체'를 수행하는 것과 구분한다(5:3).

재빨리 상기시켰을 것이다.

어쨌든 이 논쟁에서 문제는 현대인의 사고에 존재하는 그릇된 구분법이다. 바울 독자들이 오랫동안 완전히 잊고 있던 내용이 있다. 그것은 하나님이 토라를 주신 목적은 이스라엘을 이방인과 단순히 다른 존재로 구분하기 위해서가 아니라 구체적으로 이런 행위들의 측면에서 다른 존재로 구분하기 위해서였다는 사실이다. 이스라엘은 인간이 되는 진정한 길을 세상에 시현하는 존재가 되어야 했다. 민족적 정체성과 윤리적 행위는 긴밀하게 연결되어 있다. 바울이 로마서 3:20에서 '율법의 행위들'을 말하면서 아무도 그런 식으로는 의롭게 될 수 없다고 선언할 때, 그는 '율법을 통해 도달하는 것은 죄에 대한 지식'이라고 설명한다. 이 점은 나중에 로마서 7장에서 길게 설명하는 내용이다. 그런데 이어서 3:28에서 그는 '사람이 율법의 행위와 별개로 믿음을 근거로 의롭다고 선언된다'라고 선언하고, 곧이어 그것에 관한 설명을 다음과 같이 이어간다. "그렇지 않으면(or) 하나님은 오직 유대인만의 하나님입니까?" 많은 번역에서 생략한 '그렇지 않으면'(or)은 여기서 '율법의 행위들'이 유대인 공동체를 이웃 이교도들과 구분해 주던 **유대인 특유의 행위들**이라는 사실을 보여 주는 숨길 수 없는 증거다.

그런데 이러한 내용은 어떻게 어우러지는가? 바울이 '실제로' 의미했던 것은 그중 하나고 나머지는 아니라는 식의 설명은 답이 될 수 없다. 우리가 답을 찾아야 하는 지점은 함축된 내러티브다. 말하자면, 바울의 대화 상대인 유대인들은 그들이 토라를 소유했다는 사실에, 그리고 토라가 궁극적인 안전을 보장하는 장치로 내세웠던 경계 표지를 그들이 지켰다는 사실에 의지했다. 바울은 그렇지 않다고 말한다. 즉, 당신은 당신을 위해 그런 행위들을 하면서 토라에 호소하지만, 정작 토라는 당신에게 **"당신도 죄인이다. 당신도 당신이 분리되었다고 주장하는 이방인과 다를 바 없다"**라고 말할 것이다. 새 관점을 향한 반대와 오해의 합창에 맞서 분명히 하고 싶다. **새 관점**

은 죄가 중요하지 않다고 말하지도 않으며, 복음이 죄와 그 결과에서 구출되는 것에 관한 내용이 아니라고 말하지도 않는다. 갈라디아서 3:21-22에서 바울이 죄의 문제가 없었다면 토라가 정말로 생명의 길이었을 것이라고 지적했듯이, 마찬가지로 죄가 없었다면 토라가 진정으로 유대 민족을 지켜주는 효과적인 담장이었을 것이라고 지적했을 것이다. 이 내용은 또한 갈라디아서 2:15-21을 이해하는 열쇠이기도 한데, 여기서는 그 이야기를 더 개진할 수는 없다. 그것은 빌립보서 3:2-11을 이해하는 데도 중요하다. 바울에게 율법을 경계표지로 사용하는 것이 지닌 일차적인 문제는 경계표지가 그 자체로 나쁘다는 것도 아니며, '배타주의'(기괴한 새 후기 근대 윤리가 내세우는 핵심 경계표지!)에 특별히 잘못되거나 불쾌한 부분이 있다는 것도 아니다. 일차적인 문제는 하나님의 옛 백성 주변에 하나님이 주신 율법이 세워 놓은 담장의 내부가 거울로 덮여 있었고, 그 거울을 들여다볼 용기를 가진 사람들에게 그 거울이 비추어 준 내용은 [내가 랍비 라이오널 블루(Lionel Blue)에게 처음 들은 말을 인용하면] 유대인도 다른 모든 사람과 다를 바 없을 뿐 아니라 오히려 더 하다는 사실이다.[20]

이 모든 것은 서로 다른 다양한 방식이지만 새 관점을 통해 등장한 매우 중요한 점을 부각한다. **바울이 '법'(law)을 이야기할 때, 그것은 유대교의 율법, 즉 토라라는 사실이다**.[21] 노모스(*nomos*)를 보편적인 의미로 바꾸려 하면, 필히 바울의 주장을 망치게 된다.[22] 노모스는 모든 인류 위의 하늘에 떠

---

20 이 표현은 현대 유대인의 속담이 된 것으로 보인다(예를 들면, Fredriksen 2005를 보라). 그 기원으로는 Heinrich Heine, Chaim Weizmann, 심지어 Sigmund Freud 등이 회자된다.
21 Das 2009, pp. 110-113는 학자들의 분위기가 점차 이 결론으로 향한다고 주장한다. 그보다 앞선 Wright 1991 [*Climax*]의 여기저기, 특히 7-12장을 보라.
22 이 입장에 반하는 내용으로 자주 인용되는 롬 3:19에서 바울은 실은 다음과 같은 주장들을 한다. (a) 그는 이방인을 향한 고발을 이미 1:18-2:16에서 했다. (b) 이제 그 고발에, 연속된 ('전체로서 이스라엘의 성경'이란 광의의) '율법' 인용 구절(3:10-18)과 더불어 "'율법 안에' 있는 자들"을 향한 구체적인 고발을 추가한다. 이렇게 (a)와 (b)를 더하면 (c)가 된다. (c) 이제 '온 세상이 하나님의 심판 아래 있게 되었다.'

있어 도덕적 순종을 요구하고 사람들에게 모호한 죄책감을 불러일으키는 일반화된 '법'도, 도덕 법전도, 칸트파 철학과 유사한 '정언 명령'도 아니다. 또한 바울의 노모스를 일부 번역본과 많은 주해가의 시도처럼 일반적인 원칙으로 획일화시킬 수도 없다.[23] 바울의 노모스는 하나님이 모세를 통해 이스라엘에 주신 율법이다. 그 법, 구체적으로 말해 이스라엘의 귀중한 소유이자 언약 강령이었던 율법의 핵심 목적 중 하나는 이스라엘을 이방인과 분리해 놓는 것이었다.

이 내용은 또 다른 논란을 촉발했는데, 이 논란 때문에 일부 유대인 학자들이 외국인 혐오(xenophobia)나 '배타주의'(exclusivism)의 혐의를 받으며 모욕감을 느껴 왔다. 이 문제는 나중에 논의할 것이지만, 여기서는 이스라엘과 이방 나라 사이의 구분을 유지하는 이런 토라의 기능을 제2성전기 유대교 문헌과 성경 자체가 그저 뒷받침하는 정도가 아니라 통상 찬양하고 기념했다는 사실에 주목할 수 있다. 소위 현대 윤리적 담론의 형태 일부도 이 같은 사실을 지적한다는 점이 우연히 겹칠 수도 있으나, 이 사실은 그다지 중요한 이야기가 아니다.[24]

현재 논의에 더 중요한 사실은 따로 있다. 나는 던의 제안을 향한 부정적인 반응이 이 문제 전체를 읽는 서구 개신교의 뿌리 깊은 해석과 관련이 있

---

23 예를 들면, Wright 2002 [*Romans*], p. 480; *PFG*, p. 1034 n. 736에 있는 논의를 보라.
24 *PFG*, pp. 92-95를 보라. Zetterholm 2009, pp. 117-118는 Dunn이 오래된 '기독교-유대교' 분열을 새로운 모습으로 영속화한다고 비난한다. 말하자면, 유대교를 행위-의의 종교로 보는 대신, 보편주의/포용주의가 아닌 특수주의의 종교로 만들어 버렸다는 것이다. 이 비난은 나에게도 적용될 것이다. 여기서 중요한 것은 역사적인 설명이다. *PFG* 6, 10, 15장에서 나는 Zetterholm이 염려한 내용, 그리고 Dunn이 바울에게 돌린 작업을 많든 적든 바울도 하고 있었다는 사실을 보여 주었다. 말하자면, 바울은 '유대인의 정체성 표지'가 더는 하나님 백성의 구성원에게 적절하지(relevant) 않다고 주장한다['적절한'은 Zetterholm이 사용하는 단어인 '유효한'(valid)과는 완전히 다르다]. 이 내용을 ('우리는 율법이 아닌 은혜를 믿는다!'를 '우리는 배제하지 않고 포용한다!'로 바꾸어) 개신교의 우월성이 아닌 탈근대의 우월성을 주장하는 식으로 진술하는 것도 가능하다. 하지만 내가 아는 한, 던도 나도 그런 시도를 한 적이 절대 없다.

다는 생각이 든다. 16세기 이후로 쭉 많은 사람이 자명한 것으로 받아들인 내용이 있다. 그것은 하나님은 첫 인류와 '행위 언약'을 맺으셨고, 그들은 그 언약에 순종해야지 생명을 얻을 것이라는 교리다.[25] 물론 그들은 불순종했지만 하나님은 이후 그들에게 토라를 주셨다. 토라는 첫 행위 언약과 비슷한 정도가 아니라 그 이상의 언약이었다. 인간의 곤경과 그 문제에 대한 하나님의 해결책은 다음과 같은 모습이 된다. 일반적인 도덕법으로서 율법은 우리 모두를 정죄하지만, 예수가 우리를 대신해 율법에 순종했다. 따라서 '율법'이 사실 이 일반적인 도덕법이 아니라고 주장한다면, 그 주장은 이 더 큰 구원의 그림에 파문을 일으킬 수밖에 없다. 이것이 바로 이 문제가 그토록 격렬한 논쟁을 초래한 이유다. 바울의 '율법'을 이스라엘에만 제한된 내용이라고 주장한다면, 적어도 개혁주의 신학에 속한 일부 분파의 기초를 뒤흔드는 셈이다. 그러나 (앞 장 마지막에서 인용한 문구에서) 바르트가 일찍이 인식했듯이, 신약의 실제 역사적 맥락을 따져보면 당연히 재고(再考)가 필요한 전통적인 주해와 신학의 요소들이 존재할 수밖에 없다. 좋은 소식은 이렇게 전통을 재고한다 해도 실제로 손상되는 가치는 전혀 없다는 것이다.

이 논의에서 등장한 부수적인 또 다른 중요한 측면은, 던이 샌더스의 작업에 담긴 온전한 함의를 끌어내서 샌더스보다 더 명확하게 제시해 준 덕분에 한 세기 전 브레데와 슈바이처가 내세웠던 주장을 복원하게 되었다는 사실이다. 즉, 율법, 행위, 칭의를 둘러싼 문제들이 발생한 맥락은 이방인을 '그리스도' 공동체의 온전한 구성원으로 받아들이는 것에 관한 바울의 논의다. 주목해야 할 중요한 점이 있는데, 던에게는 이 사실이 '칭의'의 훼손 [브레데, 슈바이처, 샌더스에게 그런 경향이 있었고, 이제는 캠벨에게, 그리고 완전히 다

25　이런 내용의 고전적 진술이 Westminster Confession, 7장(2)이다. 같은 내용을 좀 더 최근에 서술한 내용이 (Keller 2014, pp. 69, 298-299에 인용된) Gresham Machen 1982, pp. 187-188에 있다.

른 방식이지만 고먼(Gorman)에게 그런 경향은 훨씬 더 강하다]을 의미하는 것이 절대 아니었다. 던은 칭의를 더 큰 범주 아래 종속시키지도, 칭의를 축소해서 예리한 날을 없애 버리지도, 한쪽으로 치워 버리지도, 다른 범주로 편입시키지도 않았다. 던은 마음 깊은 곳에서부터 훌륭하고 확고한 개신교인이며, '이신칭의'는 그의 바울 해석에서 여전히 중심을 차지하고 있다. 하지만 바울 신학에서 칭의의 자리는, '어떻게 내가 회심했는가' 혹은 '내가 어떻게 은혜로우신 하나님을 찾는가'의 문제가 아닌, '어떻게 이방인들이 하나님 백성의 온전한 일원이 되는가'의 문제(던은 또한 열렬한 교회 일치론자로서 이 문제가 매우 중요하다고 보았다)와 밀접한 관련이 있다고 아주 분명하게 이해했다.

이렇게 던은 샌더스의 입장으로부터 새 관점 작업에서 가장 중요한 측면 하나를 끄집어냈다. 슈바이처의 복원은 단순히 헬레니즘과 종교사학파의 설명이 아닌 내재된 유대교의 관점에서 설명한다는 수준의 문제가 아니었다. 앞서 살펴보았듯이, 샌더스의 프로젝트 전체가 슈바이처/데이비스 방향으로 기울어져 있긴 하지만 샌더스의 작업은 그런 분석을 제시하려고 시도하지 않았다. 또한 그것은 단순히 '칭의'보다는 '참여'[슈바이처의 '그리스도 신비주의'(Christ-mysticism)에 상응하는 샌더스의 용어]가 바울의 중심적인 구원론 범주였다고 선언하는 문제도 아니다. 던의 주장은 이를 넘어선다. '칭의'는 어떻게 그리스도 안의 하나님 백성이 유대인-이방인 장벽, 즉 '토라의 행위들'로 표시되었던 장벽을 넘어 하나가 되는지에 관한 바울의 논의를 구성하는 요소다. 결국 이 말은 '칭의'가 광의에서는 '구원론'과 정말로 연관이 있지만, 아울러 하나님의 갱신된 백성이라는 바울의 비전과도 연관이 있음을 시사한다. 나는 이 내용이 우선은 올바른 주해라는 면에서(예. 특히 롬 3:21-26과 3:27-31과 관련한 롬 3:21-31 주해, 또한 갈 2:11-21 주해) 굉장히 중요하고, 이어서 주해에서 도출되는 필연적 결론으로서 바울 신학의 더 큰 틀을 재구성하는 작업에서도 굉장히 중요하다고 생각한다.

샌더스 이후의 논쟁 과정에서 던과 연관된 세 번째 내용은 특히 갈라디아서 2장과 3장, 빌립보서 3장, 로마서 3장에 등장하는 '피스티스 크리스투'(pistis Christou) 문구를 둘러싼 리처드 헤이스와의 계속되는 논쟁이다. 전통적으로 이 표현은 '예수 그리스도를 믿음'으로 번역되었고, 던은 관련 바울서신 주석과 다양한 논문에서 이 입장을 수용해 왔다. 하지만 헤이스는 일부 다른 현대 미국 학자들과 더불어(그리고 더 오랜 기원을 주장하면서), 이 문구가 '예수 그리스도의 믿음[신실함]'으로 번역되어야 한다고 주장해 왔다. 그래서 (물론 바울이 여전히 개인 신자의 믿음도 분명하게 이야기하지만) 이 특별한 표현의 무게는 개인의 믿음보다는 예수 그리스도의 성취 혹은 예수 그리스도를 통한 하나님의 성취, 그리고 하나님의 목적과 뜻을 향한 예수 그리스도의 '신실함'에 있다고 주장한다.[26]

한두 가지 내용을 순서대로 더 해명해 보겠다. 이 문제를 일찍이 조사한 사람들 가운데 일부는 바울이 예수의 '믿음'을 언급할 때, 그의 의도는 (훌륭한 개신교인처럼!) 예수가 '행위'를 따라 살기를 거부하고 대신 믿음을 따라 살았다는 의미였다고 주장했다.[27] 하지만 이 주장은 시대착오적인 것으로, 명백히 개신교의 원칙에 해당하는 내용을 자유주의식 율법폐기론적으로 해석하는 관점을 강화하기 위한 주장이다(그렇게 보인다). 예수의 '믿음'을 그 자신의 깊고 풍부한 종교 경험의 관점에서 접근하는 사람도 있다.[28] 이런

---

[26] 1983년 출간된 Hays의 박사 학위 논문의 제목이 '예수 그리스도의 믿음'(The Faith of Jesus Christ)이다. 이 논문은 박사 학위 논문으로는 이례적으로 거의 20년 후에 (새로운 내용을 추가해) 재출간되었다. 2002 [1983]. 이 책은 여전히 영향력을 발휘하고 있다. 아래를 보라.

[27] 예를 들면, Hanson 1974, pp. 39-51. Hanson은 그 당시에는 인기가 없었지만 그 후로 주류가 된 많은 중요한 점을 깨달았다. 하지만 내가 보기에 이 구체적인 제안은 가망이 없는 내용이다.

[28] 예를 들면, Wallis 1995, 3장. 몇 가지 훌륭한 주장을 제시하는 또 다른 중요한 논의지만, 내 판단으로 Wallis는 예수의 신실함과 그의 개인적인 믿음을 혼동했으며, 바울의 주장에서 그가 결과적으로 구성해 낸 내용에 너무 과한 역할을 할당하려 한다. Hays는 Hays 2002 [1983], pp. xlviii-li에서 Wallis의 작업을 우호적으로 논한다. 특히 그 문구에 관한 교부들의 해석과 관련된 주장에 관심을 쏟는다.

내용이 아무리 중요하다 해도, 나는 이런 내용이 바울이 '피스티스 크리스투'란 문구로 가리키던 바였으리라고는 생각하지 않는다(현재의 논의와 관련해서는 헤이스도 나와 같은 생각이다). 이보다 더 일찍부터 주격 속격 해석을 한편으로 언어적인 현상과, 다른 한편으로 더 큰 신학적 구성과 연결하려고 시도한 사람들도 있었다. 여기서도 다시 한번 주의가 필요하다.[29]

목적격 속격('그리스도를 믿음')과 주격 속격['그리스도의 믿음(신실함)']의 대립이 작은 주해상의 양자택일로 보일 수 있다. 하지만 이 문제에는 많은 내용이 걸려 있으며, 바로 그 때문에 이 논쟁이 공적으로 사적으로, 또한 활자로 계속 진행 중인 것이다.[30] 바울은 그가 쓴 편지들의 이 핵심적인 부분들에서 하나님의 성취를 말하는가 아니면 인간의 반응을 말하는가? 일어난 상황을 전체적으로 설명한 내용에는 당연히 양쪽 모두가 포함된다. 하지만 헤이스는 이 지점에서 더 개혁주의적인 관점을 따라 바울이 그리스도 안에서 행하신 하나님의 행위에 무게를 둔다고 보지만, 던은 신자 개인에 무게를 둔다고 본다. 이 문제를 던의 바울 해설에서 다른 중요한 특징—크랜필드처럼 로마서 7장이 그리스도인의 통상적인 죄와의 투쟁이나 바울의 깊은 반성례주의를 묘사한다는 던의 주장—과 연결할 수 있는지는 지금 당장은 너무 멀리 나간 질문으로 보인다. 하지만 분명히 이 논쟁은 훨씬 더 깊은 주제와 연결되어 있으며, 실제로 그 주제를 보여 주는 징후이기도 하다.[31]

---

29 Hays 2002 [1983]의 다양한 곳에서 논의되는 유명한 짧은 논문인 Torrance 1957을 보라. Hays는 'Torrance의 방법론에는 비판의 여지는 있지만, 그의 해석적 통찰은 기본적으로 옳은 내용이다'라고 결론 내린다(p. 161 n. 145).
30 Dunn의 핵심 주장은 Hays 2002 (pp. 249-271)에 부록으로 실려 있고, 같은 책 바로 뒤에 Hays의 반응도 포함되어 있다(pp. 272-297). 이 두 논문에는 1991년 11월 Society of Biblical Literature 연례 회의에서 벌어진 공개 논쟁이 담겨 있다. 당시 몇 시간 동안 열띤 토론이 진행된 후, 많은 참석자 사이에서 어떤 사람이 그 문제를 투표에 부치자고 요청했다. 그때 좌장이었던 Lee Keck 교수는 이렇게 답변했다. '안 됩니다. 여기는 예수 세미나가 아닙니다.'
31 그래서 나는 Westerholm 2004, p. 305 n. 18과 의견이 다르다. 그는 이 논란의 중요성이 '부풀려지기 쉽다'라고 주장한다. Dunn은 '예수 그리스도의 믿음'으로 보는 해석이 '바울 주장의 흐름'과 고립된 채 본문을 원자적으로 연구한 결과라고 주장한다(1998, pp. 384-385). 나는

여기서 우리는 '샌더스 이후의 삶'에서 발생한 주요한 새로운 내용 중 하나에 도달한다. 앞서 살펴보았듯이 샌더스는 그의 관점을 기저에 깔린 내러티브(underlying narratives)의 관점에서 해설하지는 않았지만, 그가 그려 낸 유대교 그림에는 그런 내러티브가 포함되어 있다. 즉, 선택과 언약은 이스라엘이 감사함으로 율법에 순종할 수 있는 종교적 공간을 창조한다. 샌더스는 이 요소를 성경에 기초한 더 큰 이스라엘 내러티브로 확장할 수 있었지만, 그렇게 하지 않았다. 아마도 그 이유는, 앞 장에서 이야기했듯이, 그가 그린 그림의 원천이 랍비 유대교였고, 그 후에 역으로 일반적인 제2성전기 유대교 문헌으로 논의를 전개했기 때문일 것이다. 이 더 큰 성경 내러티브와 성경 후 내러티브는 끊임없이 어떤 핵심 질문으로 향한다. 그 질문은 '내가 은혜로우신 하나님을 어떻게 찾을 수 있는가?'가 아니라, '은혜로우신 하나님은 이스라엘에 주신 약속들을 언제 이루실 것인가?'다. 헤이스가 그의 박사학위 논문(1983)에서 확인했고 그 후로 쭉 상세하게 설명해 온 내용은, 이렇게 내러티브의 형태로 제시된 이 질문이 바울 안에서 마찬가지로 내러티브의 형태로, 말하자면 메시아 예수의 이야기라는 형태로 그 해답을 얻었다는 것이다. 내가 던의 작업을 논의하면서 이런 내용들을 제기한 이유를 이제 제시하겠다. 내 생각에 던의 작품 전체에 빠져 있는 것이 바로 이 내러티브 틀이며, 이 사실 때문에 던이 '피스티스 크리스투'에 관한 헤이스의 제안을 거부한 것이다. 던이 이 문구를 읽는 방식을 결정한 요인은 단순히 관건이 되는 핵심 본문과 관련된 주해상의 결정이 아니다. 그 결정에는 바울을 해석하는 전체적인 방식이 집약되어 있다.[32]

이 말이 완전히 틀렸다고 생각한다. 내가 주격 속격 해석이 맞다고 확신하게 된 특별한 근거가 롬 3장의 흐름이기 때문이다. *Perspectives* 30장; *PFG*, pp. 836-851를 보라.

[32] 이 내용은 내가 *PFG*, pp. 108-179에서 길게 주장한 '확장된 포로기'(extended exile) 관련 내용을 Dunn이 일관되게 거부한다는 사실과도 관련이 있다.

헤이스의 바울 읽기 방식은 그의 두 번째 책에 훨씬 더 충분하게 제시되었는데, 이 책은 그의 박사 논문과 마찬가지로 큰 영향력을 발휘했을 뿐만 아니라 패러다임을 바꾸었다. 그는 『바울서신에 나타난 구약의 반향』(*Echoes of Scripture in the Letters of Paul*, 감은사)에서 몇몇 핵심 본문을 세심하게 해석하면서 이렇게 주장한다. 바울은 이스라엘 성경을 인용할 때, 혹은 심지어 암시할 때도, 명백히 어떤 한 절이나 한 단어가 아니라 그 본문이 포함된 더 큰 문맥을 염두에 두었다. 우리가 바울이 내세우는 주장을 더 넓은 성경 문맥과 나란히 두고 보면 관건이 되는 바울 본문에 쏟아지는 지대한 빛을 반복해서 확인할 수 있다.[33]

많은 학자가 이 제안을 취해서 다양한 방향으로 다듬어 왔는데, 이 제안에도 비판이 없지는 않다. 바울의 첫 청중들은 절대로 암시와 반향을 읽어 낼 수 없었을 것이기에 바울이 그런 식으로 글을 썼을 리 없다고 말하는 사람들이 있다.[34] 역제안하는 사람들도 있다. 말하자면 바울이 의도한 것은 액면 그대로 보이는 내용일 뿐이며, 그가 성경 인용을 동원한 것은 그의 우월한 성경 지식을 내세워 청중을 꼼짝 못 하게 복종시키려는 수사적인 도구로서의 목적이고, 그 외의 이야기는 바울 자신이 아닌 우리의 상상력을 투사한 내용일 뿐이라는 것이다.[35] 하지만 헤이스가 이미 제시한 내용을 토대 삼아 이루어진 수많은 신선한 해석으로 뒷받침되는 내 견해는, 헤이스의

---

33   더 자세한 내용은 Hays, Alkier and Huizenga 2009를, Hays의 방법론을 로마서와 갈라디아서에 적용한 구체적인 사례로는 Keesmaat 1999를, 바울의 이사야서 활용은 Wagner 2002를 보라.

34   이를테면, Tuckett 2000를 참고하라. 실망스러운 사례의 전형으로 Westerholm 2004, p. 359 n. 26를 보라. 바울의 이야기를 들었던 갈라디아와 로마 청중들은 아브라함에게 주어진 약속과 관련된 주장을 이해했을 수 있지만, '데살로니가(그리고 고린도 등도 의심된다) 청중들에게는 애석하게도 그 말을 이해하기 위한 단서가 전혀 없었을 것이다.' 그랬을지도 모르겠다. 하지만 바울이 그들에게 주려고 단단히 마음먹었던 것은 단순한 단서 정도가 아니라 새로운 전체적인 세계관이었다.

35   예를 들면, Stanley 1992; 2004. 이 문제 및 이와 관련된 내용은 *PFG*, pp. 1449-1456를 보라.

논지가 실제 성경 해석을 통해 반복해서 입증되고 있다는 것이다.

던도 그렇게 이야기하지만, 헤이스가 택한 경로는 샌더스 자신은 택하지 않았을 경로이며 샌더스가 실제로 그런 제안을 받았다면 그는 완강히 거부했을 것이라는 사실을 꼭 지적해야겠다. 샌더스는 바울이 갈라디아서 3장과 로마서 4장에서 창세기 15:6을 인용한 이유가(그래서 바울이 애초에 아브라함을 언급한 이유도) '믿음'과 '의'를 결합하고 싶어서였다고 본다. 샌더스의 설명을 따르면 바울은 '믿음'을 특징으로 하는 새로운 '의'의 길을 발견했고, 이 놀랍고 새로운 통찰을 뒷받침할 '성경의 증거 본문'을 찾고 싶어 했다. 그래서 샌더스의 바울은 평생 기억 속에 있던 70인역을 가지고 머릿속으로 용어 색인을 훑었고, 그 두 단어가 조합된 단 두 구절을 찾아냈으니, 곧 창세기 15:6과 하박국 2:4이었다. 바울은 갈라디아서에서는 그 둘을 나란히 인용하고, 로마서에서는 인용되는 곳이 세 장 차이가 난다. 어쨌든 이것이 실제로 바울에게 일어났던 일에 관한 샌더스의 설명이다. 바울에게는 문맥을 참고하려는 의도가 없었다. 이런 의미가 아니었다면 바울은 그 본문들을 자신의 주장에 동원하지 않았을 것이다. 아브라함은 여전히 그저 '믿음으로 의롭다 함을 받은' 사람을 보여 주는 알맞은 초기의 사례였을 뿐이다.

하지만 바울의 기억에 관한 샌더스 자신의 관점이 이런 설명에 의문을 제기한다. 최근에 그는 지적인 탁월성은 차치하고 어떤 기준으로도 최상위권이었던 바울 같은 인물은 말할 것도 없고 바울 당대에 중간 정도의 교육을 받은 사람들도 성경 전부는 아니어도 상당 부분을 외우고 있었을 것이라고 주장했다. 크고 무거운 성경 두루마리를 옮겨 와서 그 속을 들여다보는 일은 그 자체로 복잡했을 것인데, 암기는 그런 작업보다는 훨씬 쉬운 일이었다. 많은 교육학자는 잊었지만, 암기 자체는 충분히 일찍 시작만 하면 그리 어렵지 않은 일이다.[36] 그리고 앞서 살폈듯이, 샌더스 자신도 바울이 주장을 펼 때, 고립된 어록이 아닌 하나의 내러티브를 함축한 약속으로서 아브라함 약속을 이해하고 그런 관점에서 주장을 편다고 이야기한다. 따라서 샌더스가 헤이스의 경로를 택하지 않았고 그 경로를 제안받았을 때 수용하지 않았다 해도, 헤이스의 제안은 '샌더스 이후의 삶'의 일부로 이해하는 것이 적절하다. 물론 샌더스가 단 한마디의 글도 쓰지 않았다 해도, 헤이스는 지금과 같은 생각의 노선을 발전시켰을 것이다. 하지만 헤이스의 개념을 그토록 열렬하게 수용해 온 학계가 샌더스 이후의 학계와 같다고 말해도 과언이 아니다. 바울을 단순히 '유대교 율법주의'(혹은 그와 같은 기능을 하는 실체)에 반대하는 신랄한 변론의 관점에서 보는 것이 아니라, (바울 자신도 놀랐지만) 그가 메시아 예수를 통해 이스라엘의 하나님에게서 왔다고 믿은 새로운 계시가 사실은 이스라엘의 성경이 처음부터 줄곧 가리켜 왔던 실체라는 사실을 발견한 본질상 유대인 사도의 관점에서 보려는 온갖 시도가 일어난 것이 샌더스 이후 학계이기 때문이다.

그런데 헤이스가 자기주장을 제시해 온 과정이 단순했던 것은 아니다. 나는 지난 20년의 시간 동안 이 문제에 관한 초기 헤이스와 후기 헤이스의 입장 사이에서 변화를 감지했다. 『바울서신에 나타난 구약의 반향』의 근본

---

36   Sanders 2008b, p. 347를 보라. '그는 성경을 머릿속에 안전하게 보관해 지니고 다녔으니, 머릿속이 바로 성경이 있는 곳이었다.' 이 내용을 Schnelle 2005 [2003], p. 110의 제안과 비교해 보라. '대체로 그 사도가 특정 인용문을 언급하는 유일한 상황은, 충분한 여유가 있어서 기록된 성경 본문을 동원해 자신의 주장을 보충할 수 있는 경우였다.' 또한 바울이 성경 본문을 도입하는 유일한 상황은 '논란이 되는 신학적 문제를 명료화할 필요성이 제기되는 때'였다는 Schnelle의 말(p. 111)과도 비교해 보라. 바울이 갈라디아서와 로마서를 기록할 때 '그가 연루되었던 심각한 갈등과 논쟁을 해소하는 데 도움이 될 만한 본문을 찾기 위해 성경에 손을 뻗었다'는 설명은 직관에 반하는 내용으로('성경에 손을 뻗는 것'은 복합적인 행동이었을 것이다), 바울이 사고했을 방식에 관한 완전히 다른 관점을 가리킨다. 말하자면, 모든 신호로 보건대 바울은 **먼저** 그가 신학적으로 말하고자 하는 내용을 계산하고 **그다음에** 그것을 뒷받침할 내용을 성경에서 찾은 것이 아니라, 그의 프로젝트 전체가 실은 메시아에 비추어 성경 내러티브 전체를 철저하게 생각하며 새롭게 해석하는 작업을 포함했던 것이다. (이런 주장이 내재적으로 막힘없이 발전하는 과정을 함축하는 것은 절대 아니라는 사실을 분명히 할 필요가 있다. 아래 2부를 보라.) 바울의 교회들이 성경을 얼마나 많이 알고 있었을지는 Hays 2005, p. 24를 보라.

저인 취지는 바울이 이스라엘 성경을 모형론적 방법이라 부를 수 있는 관점에서 숙고했다고 이해하는 것이다. 성경 안에서 바울은 그의 교회들 안에서 그리고 그의 교회들을 향해 이야기될 필요가 있는 내용을 반향하고 일깨우는 음성을 들었다. 하지만 직선적인 연속성이 있는 것은 아니었고, 신명기를 통해 이스라엘에 주어진 하나님의 말씀은 특이한 연금술을 거치고 나서야 비로소 '그리스도 안에' 있는 사람들에게 주어지는 하나님의 말씀이 된다. 실제로 『바울서신에 나타난 구약의 반향』에서 가장 강조되는 내용은, 반향된 언어가 '그리스도 안에 있는' 사람들, '시대의 끝이 마침내 그들에게 임한' 사람들의 공동체인 교회에 말을 걸고 교회를 형성한다는 것이다.[37] 지혜서 18:15의 반향이 담긴 '간격을 뛰어넘는 말씀'(The Word leaps the gap)[38]도 그 '간격'이 무엇인지 설명하지 않는다(지혜서의 말씀처럼 하늘과 땅의 간격? 아니면 '두 지평' 해석학 이론이 말하는 것처럼 과거와 현재의 간격? 그것도 아니면 어떤 간격?). 확실한 사실은 바울이 '에클레시아'(ekklēsia)와 하나님의 옛 백성의 관계를 연속 관계가 아닌 병렬 관계라고 빈번하게 암시한다는 것이다.

그런데 헤이스의 고린도전서 주석에서 시작해 특히 '상상력의 전환'(The Conversion of the Imagination)에 관한 그의 논문(이제는 같은 이름의 제목으로 출간된 그의 논문집의 표제 논문)에서 연속성을 강조하는 모습이 감지되기 시작한다.[39] 여기서 다시 한번 우리는 샌더스가 결코 상상하지 못했던 상황을 만나는데, 그것은 초기 헤이스가 강조한 **이야기**와 후기 헤이스가 강조한 **반향**의 종합이다. 그 '반향들'은 이제 **에클레시아에 그들 자신 이야기의 이전 부분을** 되새기는 역할을 한다. 좋은 사례가 고린도전서 10:1-2이다. 바울은 과거 이교도였던 고린도 교회 교인들에게 '우리 조상들은 모두 구름과 바

---

37 출애굽 사건이 고린도 교회 교인들에게 지닌 관련성을 설명하는 단락에 속한 고전 10:11.
38 Hays 기념 논문집의 제목. ed. Wagner, Rowe and Grieb (2008). 참조. *PFG*, p. 73 n. 158.
39 Hays 1997; 2005를 보라.

다 속에서 세례 받아 모세와 하나가 되었습니다'라고 말한다. 이어서 바울이 두 가지 이야기를 병행해서 제시한다는 사실(너희가 조심하지 않으면, **그들에게 벌어졌던 일이 너희에게도** 벌어질 수 있다)은 더 큰 내러티브의 **연속성 내부**에 자리 잡고 있다. 즉, 이들은 복음을 통해 명백히 탈바꿈되었음에도 같은 백성으로서 출애굽 세대의 후예이며, 따라서 우리는 그들에게서 교훈을 얻을 수 있는데, 그 이유는 그들이 단지 모형론의 관점에서 연관이 있기 때문이 아니라 그들이 단일한 역사적 가족의 일부이기 때문이다.

> 이스라엘 이야기는 다른 사람들의 역사가 아니다. 오히려 바울은 이방인 고린도 교회 교인들에게 그들이 마치 이스라엘의 구성원이 된 것처럼 이야기한다. 바울은 그들을 초대해 그들 자신을 이제 성경의 페이지에 나오는 등장인물들의 후예로 이해하라고 촉구한다.…반드시 주목해야 할 사실은, 바울이 이방인 독자들에게 새로운 주장으로서 이 정체성 진술을 받아들이라고 납득시키는 것이 아니라, 이스라엘과 그들의 동질성을 기정사실로 전제한 상태에서 이 정체성에 비추어 그들의 행동을 만들어 가려고 노력한다는 점이다.[40]

고린도전서 5장도 마찬가지다. '바울은 고린도의 이방인 독자들이 이스라엘의 일부가 되었으며 그 결과 그들은 이제 이스라엘의 언약적 특권과 의무를 공유한다고 생각했다.'[41] 과거 이교도였던 메시아 신자들을 향한 바울의 도전은 단순히 성경의 사례를 살펴보고 배우라는 정도가 아니었다. 바울의 도전은, 자기 자신을 하나님과 그의 백성에 관한 이야기 속의 등장인물로 생각하는 법을 배우라는 것이었다. 그 이야기의 이전 장들은 다음 장

---

40   Hays 2005, p. 9. Hays는 Bultmann이 거의 정반대 주장을 했다고 지적한다.
41   같은 책, p. 23.

들에 참여한 사람들이 숙달해야 할 특징적인 교훈을 제시하고 있다. 하지만 전체적인 요점은 다음과 같다. 그들이 과거에 일어났던 이야기와 우연히 병행되는 다른 이야기가 아닌 **같은** 이야기에 참여했다는 것이다. 그 이야기에 무언가 강렬한 일이 벌어졌다. 어떤 일이 갑자기 그 이야기에 닥쳤고, 그 결과 그 이야기를 뒤집어 놓았다. 이렇게 표현하면 어떨지 모르겠지만, 그 집을 불태우고 새로 지은 것이다.

> 바울은 토라를 준수하는 유대계 기독교에 이방인이 흡수되는 식의 단순한 직선적인 구속사(Heilsgeschichte)를 공표하고 있었던 것이 아니다. 도리어 바울의 고린도 교회 회심자들이 편입된 '이스라엘'은 이 백성의 이야기가 십자가와 부활을 통해 해석학적으로 재구성된 이스라엘이다.[42]

그러나 그것은 그럼에도 불구하고 같은 이야기다. '너희는 아브라함의 자녀요, 약속에 따른 상속자다.' '아브라함의 자녀 **같은**'도 아니다. 그들의 사례를 따르지만 다른 가족에 속한 것도 아니다. '바울은 갈라디아 교회 교인들에게 그들 자신을 그리스도와의 연합을 통해 하나님이 아브라함에게 주신 약속의 상속자가 된 자들로 이해하라고 촉구한다.'[43] 그 단일 내러티브는 바울이 재구성한 세계관에서 가장 강력한 요소다. 헤이스의 우아한 문학적 표현인 '해석학적으로 재구성된'(hermeneutically reconfigured)은 '죽임을 당하고 새로운 삶으로 옮겨진'에 해당하는 학자적 언어라 할 수 있다. 따라서 헤이

---

42   Donaldson 1997, p. 236도 언급하는 Hays 2005, p. 5. 여기서 Hays는 Käsemann 등(그리고 우리 시대에는 Martyn!)이 점진적이고 안정적인 발전 개념이라며 거부한 내용과는 세심하게 거리를 둔다. 그런 발전 개념은 새 창조와 그리스도가 단지 내재적인 과정에서 출현한 것이라고 본다. 앞서 나온 Cullmann에 관한 내용(pp. 113-120); 그리고 앞으로 나올 '묵시'에 관한 2부를 보라.
43   Hays 2000, p. 274.

스는 바울의 내러티브 세계를 새롭게 부각하는 흐름에서 중심인물이었다. 물론 헤이스의 작품과 더불어 이 흐름은 새로운 질문을 억누르기보다는 새로운 질문을 여는 역할을 했다.[44]

이렇게 우리는 샌더스 이후 가장 두드러진 바울 해설자 중 두 명을 간단하게 살펴보았는데, 틀림없이 충분하지 못한 수준이었을 것이다. 이 두 사람은 모두 샌더스 본인이 취했던 경로와는 상당히 다른 방향으로 나아갔지만, 두 사람 모두 샌더스가 학계에 도입한 새로운 분위기를 수용했다. 우리가 앞서 살핀 이런 내용은 특별히 흥미로운 한 지점으로 귀결된다. 그것은 던과 헤이스가 모두 강조했던 사실인데, 바울에게 '칭의' 범주와 '그리스도 안에 잠여' 범주는 둘 다 중요했으며 실제로도 서로 밀접한 관련이 있다는 점이다. 던은 광범위한 내용을 포괄하는 섬세한 한 글에서, 이 지점에서 우리는 루터보다 칼뱅을 고려해야 하며 빌립보서 3:8-14 같은 바울의 가장 핵심적인 본문들을 연구해 보면 모든 핵심 주제들이 결합되어 있음을 알게 된다고 주장한다. 거기에 결합되어 있는 주제들은 '그리스도 안에서 발견됨', '하나님이 믿음 위에 부으시는 의를 소유하는 것', '그리스도와 그의 부활의 능력을 아는 것'(던이 지적하듯이 이 내용은 바울이 성령의 사역을 설명하는 또 다른 방식이다), '그리스도의 고난에 동참하는 것', '부활을 소망하며 그의 죽음을 본받는 것', '약속된 것을 자신의 것을 만들기 위해 힘써 전진하는 것' 등이다.[45] 헤이스는 같은 내용을 30년 전에 작성한 박사 논문의 갈라디아서 2:17을 언급하는 부분에서, 더 간단하지만 못지않게 설득력 있게 다음과 같이 표현했다.

---

44 바울의 내러티브 세계에 관한 더 자세한 논의는 *PFG* 7장을, 그리고 다른 단행본들 가운데 Witherington 1994, Longenecker 2002를 보라.
45 Dunn 2008 [2005], pp. 92-95, 여기 인용된 내용은 p. 94.

여기서 칭의와 그리스도 안에 참여가 어우러진다. 바울은 이 문구를 앞 절에서 말한 내용인 '히나 디카이오토멘 에크 피스테오스 크리스투'(*hina dikaiōthōmen ek pisteōs Christou*)와 같은 의미로 의도했다는 것이 확실하다. 그리스도의 믿음으로(*ek pisteōs Christou*) 의롭게 된다는 것은 그리스도 안에서(*en Christō*) 의롭게 된다는 것과 같은 것이다. 따라서 '칭의'와 '그리스도 안에 참여'는 서로 다른 신학 영역에 속한 것이 아니다. 바울에게 그 둘은 하나였다. 왜냐하면 그는 구원을 **그리스도의** 칭의에 우리가 참여함의 의미로 이해했기 때문이다.[46]

던이나 헤이스가 이 두 요소(여전히 이 두 요소를 완전히 다른 사고 유형으로 간주하는 사람이 많다)가 어떻게 조화를 이룰 수 있는지를 완전하게 설명한 것인지는 나도 잘 모르겠다. 헤이스는 우리가 더 많은 도움을 그리스 교부들에게 얻을 수 있다고 제안했고, 최근 그 제안을 수용한 중요한 단행본을 출간한 학자도 있다.[47] 어쨌든, 헤이스와 던은 서로 그들만의 방식으로 샌더스의 제안을 뛰어넘는 단단한 주해적·신학적 일관성을 가지고 그 두 요소를 단호하게 종합했다. 샌더스 이후 세계의 이런 측면들은 창조적이고 긍정적이지만, 앞으로 탐험해야 할 영역이 훨씬 더 많이 남아 있다.[48]

던이나 헤이스와는 다르지만, 샌더스의 뒤를 이은 핵심 학자 중 다른 한 명이 프랜시스 왓슨(Francis Watson)이었다. 내가 '이었다'라고 말한 이유는, 왓슨의 초기 작품인 『바울, 유대교, 이방인』(*Paul, Judaism and the Gentiles*, 1986)이 나름대로 탁월한 논문이었지만, 그 논문이 현재 왓슨의 입장을 정확히 대변하지는 못하기 때문이다. 그 책의 신판은 같은 제목과 형태, 상

---

46 Hays 2002 [1983], pp. 212-213.
47 Hays 2002 [1983], p. xxxii; 그리고 Hays 2008을 보라. 그리고 이제 Macaskill 2013, 특히 2장을 보라.
48 Vanhoozer 2011; Macaskill 2013에 나오는 인상적인 제안을 보라.

당한 양의 초판 어휘를 담고 있지만, 그 관점은 의미심장할 정도로 달라졌다.[49] 왓슨은 이러한 변화를 해석학적 측면과 아울러 자전적인 측면에서도 표현해 놓았다. 이 변화에는 편집비평의 관점에서 분석할 내용도 있을 것이다. 그렇지만 초판은 여전히 중요하다. 초판의 내용이 바울을 제대로 이해했기 때문이 아니라(실제로 나는 초판이 나왔을 때 비판적인 서평을 쓴 바 있으며, 여기서는 그때의 분석과 비판을 반복하지 않겠다), 그 책이 반(anti)샌더스 저항을 만들어 낸 샌더스 이후 발전의 일부였다는 당연한 이유에서다.[50] 이게 더 아이러니한 이유는, 내가 앞서 언급했던 내용과 일맥상통하게 왓슨도 분명하게 '그 새 관점'(*the* new perspective) 같은 것은 없다고 말하기 때문이다. 왓슨은 본질상 그 책이 '바울을 다시 생각하자는 샌더스의 도전에 보내는 **대안적인** 반응'이라고 말한다. 말하자면, 그것은 던이나 내가 제시한 반응에 대한 대안으로서, '바울에 관한 [샌더스의] 관점에 훨씬 더 긍정적인 태도를 보인다.'[51]

왓슨의 초기 주장은 바울에 관한 사회학적 분석을 샌더스보다 훨씬 더 가차 없이, 거의 환원주의에 가깝게 몰아붙였다. 바울은 특정 모습의 공동체들을 만들어 내고 유지하려고 노력했으며, 그동안 기독교 전통이 '신학'과 '구원론'으로 간주해 온 내용은 실제로는 특정 유형의 분파적 공동체들을 창설하고 든든하게 세우기 위한 세심하게 공들인 수사적 표현이었다. 왓슨은 서문에서 그의 논지를 다음과 같이 제시한다. 그 책이 내세운 주장은 다음과 같다.

---

49 Watson 2007 [1986]에는 '사회학적 접근'(A Sociological Approach)을 대신해 '새로운 관점을 넘어'(Beyond the New Perspective)라는 새로운 부제가 붙었다.
50 나의 원래 서평은 Wright 1989를 보라.
51 2007, p. 9(원서 강조).

바울과 유대교 및 유대계 기독교 사이의 논쟁을 바라보는 개혁주의의 관점에는 심각한 오해의 소지가 있으며, 바울서신은 이런 과도한 신학적 접근과 결별할 때 훨씬 더 이해하기가 쉽다.…사회학적 분석은…더 전통적인 신학 지향적 접근의 심각한 결점을 드러낸다.[52]

단지 개혁주의 신학만이 아니라 신학 전체가 폐기되어야 하는 것처럼 보인다. 그것이 왓슨의 궁극적인 의도였는지 여부와 무관하게 그 책을 읽은 사람 대부분이 그렇게 읽었다. 그의 책 초판에 포함된 다른 몇몇 구절도 이런 노선을 확실하게 못 박는 듯하다.[53]

왓슨의 책은 우리가 본서 3부에서 조사할 더 큰 사상 흐름의 일부였는데, 나는 이 흐름이 기존의 불균형을 시정하는 역할을 했다고 본다.[54] 정말로 바울의 핵심 관심사는 메시아 백성이라는 단합된 공동체들을 설립하고 유지하는 것이었다. 그 공동체들은 상징과 실천 측면에서 굉장히 중요했다. 하지만 왓슨은 '사회학'을 언급하는 지점에서도, 실제로 그 작업을 사회학자들이 실천하는 실제 사회학적 방법론에 근거하지 않는다.[55] 스스로 말하듯이, 그가 실제로 하던 작업은 세속화된 교회론의 형태를 띠었다. 그런데 왓슨의 분석에서 보이는 명백한 양자택일, 즉 '신학' 혹은 '사회학', '구원' 혹은

---

52 1986, pp. ix, x. Watson은 그의 의도가 신학을 폐기하거나 대체하는 것이 (심지어 그때도) 절대 아니었다고 설명한다(2007, pp. 347-349). 하지만 그런 (오)해석의 여지를 남긴 장본인은 그 자신이다.
53 따라서 예를 들면, 롬 2장은 '로마의 유대인 그리스도인들을 향해, 그들을 유대인 공동체 내부의 (실패한) 개혁 운동으로 이해하는 남아 있던 유대 관계를 끊고, 유대인 공동체에서 분리된 종파에 속한 바울 자신의 추종자들과 연대하라고 설득하려는' 시도였다(p. 122).
54 *PFG*, 특히 3부에 나오는 나 자신의 조사는 같은 접근법을 계속 따랐다. 하지만 Meeks 1983과 마찬가지로 나는 이 내용을 바울의 신학과 대립시키기보다 통합하려고 시도했다.
55 2007, p. 10에서 Watson은 Berger와 Luckmann이 그에게 남긴 깊은 인상에 비추어 (그의 원래 박사 논문에서) 그의 초기 논문을 수정했다고 이야기한다(1984 [1966]; Watson이 언급하는 건 1967년 첫 영국판이다). 하지만 그 논문들은 그 책에, 심지어 참고 문헌에도 등장하지 않는다. 그리고 '사회학'에 관한 서두(pp. 19-22)는 Esler, Theissen, Elliott, Meeks를 간단히 언급만 할 뿐, 충분한 사회학적 방법론을 제시하려고 시도하지 않는다.

'분파 형성' 사이에서의 양자택일은 새 관점 비판자들이 두려움에 찬 반응을 보이게 한, 그리고 앞으로 살펴보겠지만 과민 반응을 보이게 한 요인 중 하나였을 것이다.[56]

왓슨의 이후 작업은 다른 노선을 취했다. 나는 *PFG*에서 이 문제를 조금 구체적으로 다룬 바 있다.[57] 하지만 여기서는 그의 첫 책을 새 관점 초창기의 핵심 신호로서 주목하고자 한다. '묵은 것이 더 좋다'라는 말을 하고 싶어 입이 근질근질한 사람들은 그의 변화 사례에 너무 열광하는 것 같다. 이런 반응은 곧 따로 살펴보겠다.

그러기에 앞서 '샌더스 이후의 삶'에서 각 요소가 어떻게 자리 잡고 있는지 재빨리 훑어보자. 먼저, 계속해서 유대교 맥락을 배경으로 바울을 읽어내는 측면에 상당히 중점을 두어 왔다. 이것은 쉬운 작업이 아니다. 폭도 넓고 다양한 1세기 유대 세계를 알면 알수록, 그 안에서 바울의 위치가 어디인지, 그리고 바울의 태도가 얼마나 논란거리였는지 더 머리를 긁적이게 된다. 결국 바울 자신이야말로 예수의 첫 제자들을 핍박했던 사람이며, 그것도 그가 유대교 관점에서 정당한 근거로 이해한 내용에 입각한 것이었다. 그리고 나중에 그는 자신이 내비쳤던 유사한 적대감을 도리어 자신의 동족에게서 받는 상황을 비통하게 말하기도 했다.[58] 핍박이라는 상황 자체에 함축된 사실은, 그가 어떤 의미에서든 여전히 그 기본적인 집단의 일원이었다는 것이다. 이것은 당연한 사실이다. 자신과 완전히 다른 세계에 속한 상대

---

56 이와 같은 언급들을 고려하면 다음과 같은 결론을 피할 수 없을 것이다(1986, p. 179). "따라서 '오직 은혜로'(*sola gratia*)를 바울 신학의 핵심으로 간주하는 것은 완전히 틀린 것이다. 바울은 구원이 오직 은혜로 말미암는다고 믿지 않았다.…믿음-행위 이분법은 일차적으로 그 의미상 신학적이라기보다 사회학적이다. 믿음-행위 이분법은 오로지 서로 다른 두 종교 공동체들이 실천하는 양립할 수 없는 삶의 방식 사이의 대조로서만 실질적인 의미가 있다." Watson 2007, p. 306에서는 이런 내용이 대폭 완화된다. '바울 신학이 *sola gratia*란 표현 안에 요약되어 있다는 종교개혁의 전제는 굉장히 조심스럽게 다루어야 할 내용이다.'
57 *PFG*, pp. 1456-1471를 보라.
58 살전 2:14-16. 이 본문에 대해서는 *PFG*, pp. 1151-1156를 보라.

를 핍박하는 사람은 없다. 그래서 샌더스가 설명하는 바울은 유대교가 '기독교가 아님'을 깨달은 후에도 여전히 회당에 모습을 드러내고 여전히 회당에서 매를 맞는다.[59] 이렇게 바울은 더 큰 유대교 세계 안에 자리 잡고 있던 인물이며, 역사적으로 그 세계 안에서 이해되어야 한다. 그 사실이 바울 당대의 사람들에게도 그리고 오늘날의 역사가들에게도 아무리 골칫거리라 해도 말이다. 동시에, 샌더스가 처음부터 분명하게 제시한 예리한 구분('기독교가 아님')은 그 자체로 (굉장히 아이러니한 사실이지만) 바울을 그의 유대교 배경만이 아닌 그보다 넓은 헬레니즘 철학 배경 안에 자리매김시키려는 더 새로운 시도를 가리킨다.[60] 또한 그 구분은 바울이 본질상 이방인을 위한 운동을 진행한 사도였고, 그가 유대인을 그들 나름의 삶의 방식을 따라 살도록 내버려 두었다는 관점의 단초를 제공했다.[61] 이 제안이 후기 현대 서구 사회에서 표면적으로 아무리 그럴싸해 보인다 해도, 그 자체로는 주해나 신학 면에서 신통치 못하다.

'샌더스 이후의 삶'의 신학적 유산은 계속해서 좀 더 유대교적인 바울에 초점을 맞추고 있으며, 특히 '참여' 범주—슈바이처로 회귀하면서도 그를 뛰어넘는 방식으로—를 다른 요소들을 포괄하고 통제하는 범주로 부각해 왔지만, 우리가 '참여'라는 용어로 요약하는 표현들로 바울이 의도했던 의미를 알아내는 작업이 쉽지 않다는 사실도 깨닫는다. 나는 바울의 사상 전체가 지닌 언약적 특성을 강조해 왔으며, 샌더스가 유대교 세계의 언약적 이해를 전반적으로 강조함에도 그 자신은 이 방향으로 나아가지 않았다는 사실을 아이러니라고 생각해 왔다. 확실히, 언약이란 범주 자체는 더 많은 설명과 조사가 필요하다. 바로 앞에서 언급했듯이, 우리는 그리스 교부들

---

59 *PFG*, pp. 1498-1499. 그리고 거기에 나오는 Sanders 1983, p. 192와 관련된 언급도 참고하라.
60 Engberg-Pedersen 2001에 나오는 다양한 논의를 보라.
61 그렇게 이야기하는 유명한 사례로 Gager 1983; Gaston 1987.

같은 초창기 바울 해설자들을 우리 작업에 도입할 필요가 있다. 하지만 지금 당장은 이런 의견에도 전적으로 동의하지는 못하겠다. 왜냐하면 내가 우려하는 것처럼, 3세기와 4세기에 발전된 범주들의 경우, 바울의 연합 언어(incorporative language)의 성경적·유대교적 뿌리를 무시하거나 철저하게 경시하는 경향이 있을 수 있기 때문이다. 신적인 생명과 관련해 연합 개념을 수용하고자 한다면(그런 입장을 지닌 사람들이 있다), 언제나 동등하게 아브라함의 가족과 관련해서도 연합 개념을 수용해야 한다.[62] 당연히 현대 학계 흐름 중 다수는 신비주의와 무관하고 아브라함의 혈통과도 관련 없는 내용을 원하기 때문에, 이 조합 중 어느 하나도 마땅히 받아야 할 관심을 제대로 받지 못했다는 사실이 그리 놀랍지는 않다.

신적인 생명으로의 편입과 아브라함 가족으로의 편입, 이 두 가지 모두가 그리스도 안에서 각각의 '텔로스'(telos)를 발견한다는 말은 당연히 예수의 '신성'과 그의 '인성'이라는 옛 조합에 근거한 구원론을 재진술하는 것이다(아마도 이게 더 적절한 설명일 것이다). 특별히 나에게는 이 모든 내용이 예수의 메시아직과 많은 관련성을 가진 것으로 보인다. 예수의 메시아직 역시 통상적으로 이 조합의 양쪽 모두에서 무시되는 요소다. 그 혼합물에 이런 요소들을 다시 집어넣으면, 내용이 상당히 달라질 것이다. 적어도 바울은 '하나님의 아들'이 '메시아' 직함이면서 동시에 예수를 이스라엘의 하나님이 이스라엘의 기이한 운명을 완성하기 위해 몸소 오신 분으로 말하는 방식이기도 하다는 사실을 인식했던 것으로 보인다. 갈라디아서 2:19-20과 로마서 8:3-4 같은 핵심 지점에서 바울은 의도적으로 만들어 낸 풍부하고 집약적인 정형어구 안으로 이 모든 내용을 끌어모으는 것으로 보인다. 이런 주제

---

62 바울의 '연합' 표현이 예수의 '신성'과 관련이 있다는 개념은 중요한 작품인 Moule 1977에 담긴 선도적인 개념 가운데 하나였다. 이 특별한 사고의 노선은 지지를 받지 못했지만, 그 책 자체는 끈기 있고 통찰력 있는 학문 작업을 담은 걸작이다.

들을 더 깊이 탐구하는 것은 샌더스의 작업 이상으로 먼 길이 될 것이다. 하지만 바울을 유대교 맥락에서 보아야 한다는 사실과 바울이 자신이 그런 맥락의 통상적인 한계선을 무너뜨린다는 점을 인식하고 있었다는 사실을 **둘 다** 끊임없이 인식하며 진행하는 이런 종류의 주해 작업은 '샌더스 이후의 삶'의 풍경으로서 충분히 예상할 수 있는 모습이다.63

---

63 바울을 '변칙적인 유대인'(anomalous Jew)으로 보는 시각으로는 예를 들면, Barclay 1996, 13장을 보라. 다시 한번 *PFG* 15장도 보라.

5장

'묵은 것이 더 좋다?'

1. 서론

예수는 수수께끼 같은 독특한 한 말씀에서, 먼저 묵은 포도주를 마시고 다음으로 새 포도주를 마신 사람은 '묵은 것이 더 좋다'고 하기 마련이라고 선언했다.[1] 로버트 건드리(Robert Gundry)는 이 표현을 자기 논문집의 제목으로 삼았는데, 그 논문집은 새로운 경향에 반대하는 평생의 학문적 저항을 집대성한 책이다. 그는 아마도 바울에 관한 새 관점도 예상했을 것이다.[2] 새 관점 같은 다양한 형태의 현상은 기술하기도 힘든데, 그것을 향한 다양한 부정적인 반응을 기술하는 작업은 훨씬 더 어려울 수밖에 없다. 하지만 반드시 언급해야 할 시점이 되었다. 여기서 나는 엄청난 분량의 관련 문헌에서 약간의 사례만을 선택했다.[3]

1 　눅 5:39. 일부 사본에는 단순히 '좋다'로 되어 있지만, 그렇다 해도 본문의 의도는 여전히 둘을 비교하는 데 있다.
2 　Gundry 2005를 보라. 새 관점에 관한 논문(1985년에 처음 출판됨)은 11장이다.

어떤 사람에게는 바울에 관한 글을 쓰는 작가가 새 관점에 속한다는 평가가 가장 가혹한 비판일 수 있다. 굳이 웹 사이트를 확인하지 않아도, 더 심한 사례인 블로그를 찾지 않아도(익명의 가면을 쓴 채 자신의 컴퓨터 앞에 앉아 사이버 공간에 험한 말을 쏟아 내는 사람을 바울이 봤다면 신랄한 비판을 했을 것이다), 내 귀에 들어오는 이상한 소문들이 있다. 그중에는 어떤 교파 전체가 바울에 관한 새 관점을 금지하고, 이 결정을 따르겠다고 맹세하지 않으면 목사 안수를 주지 않겠다고 했다는 소문도 있었다.[4] 물론 이것은 빙산의 일각에 불과하며, 그 정도로 심하진 않은, 때로는 그저 당혹감만을 표현하는 온갖 관점이 전문적인 서적과 대중적인 서적에 넘친다. 나는 구체적으로 내 관점에 가해지는 공격을 향해 다소 다른 장르로 여러 곳에서 반응을 보인 바 있지만, 몇 가지 설명은 여기서도 간단하게나마 반복할 것이다.[5]

2. 반응

샌더스의 독창적인 작품이 출간된 후 잠시 소강상태가 있었다. 아마도 그 기간은 정말 심하게 발가락을 다친 후 통증이 시작될 때까지와 같은 휴지기였을 것이다. 우리는 얼마 지나지 않아 통증이 찾아올 것이란 사실을 안

---

3   최근에 제시된 훌륭한 참고 문헌 목록으로는 Bird 2007, pp. 196-211를 보라. 거기에는 정보가 정기적으로 업데이트되는 웹 사이트도 포함되어 있으며, 비판하는 사람들에 맞서 새 관점을 변호하는 최근의 작업도 포함되어 있다. 이런 목록 전체에 자료를 조금 더 추가해 봤자 조족지혈일 것이다. 온갖 학자들과의 더 자세한 토론은 당연히 *PFG*에서 확인할 수 있다.
4   실제로 나는 캘리포니아를 근거지로 하는 작은 교파의 교구 간사에게 심각한 편지를 받은 적이 있다. 그는 내 주장이 이단적이니 회개하고 신자들이 미혹에 빠지지 않도록 내 주장을 철회하라고 이야기했다. 그들이 과연 비슷한 편지를 Ed Sanders, Jimmy Dunn, Richard Hays, Francis Watson, Terry Donaldson, Bruce Longenecker 등(그 외에도 몇 명 더 있다)에게도 보냈을지 궁금하다. 보내지 않았다면, 왜 안 보냈을까? 참조. Bird 2007, pp. 183-193는 내 작업을 진지하게 다루며, 내 작업을 '개혁주의' 정통의 시금석이 아니라고 거부하는 태도에 대해 경고한다.
5   예를 들면, Westerholm 2004; Bird 2007; Zetterholm 2009에 더 충분한 설명이 있다. 일부 비판에 대해 내가 반박한 초기의 내용은 Wright 2009 [*Justification*]을 보라.

다. 그런 휴지기가 지난 후, 1980년대 중반 드디어 반응이 나오기 시작했다.

방금 언급한 로버트 건드리의 신중한 논문은 '협력설'(synergism)에 초점을 두었다. 협력설이란 구원의 과정에서 하나님이 일부를 '하고' 인간이 나머지를 '하며', 그 결과 구원은 '함께 함' 혹은 '함께 일함'[이것이 그리스어 '쉰에르그'(syn-erg)의 의미다]으로 이루어진다는 교리다. 건드리는 이것이 유대교의 가르침이었는데, 바울은 이를 거부했다고 확고하게 말한다. 그것이 유대교와 바울의 실질적인 차이라는 것이다.[6] 일찍이 샌더스에 반응을 보인 또 다른 학자가 프랭크 틸만(Frank Thielman)이다. 그는 샌더스의 '곤경과 해답' 개념에 반대하는 세심하고 기민한 대응을 보였고, 이어서 '바울과 율법' 문제를 더 체계적으로 평가하는 작업도 했다.[7] 이 둘은 샌더스의 제안에 대한 심각한 반대를 보여 주는 초기 징후였다.

그 후 1990년대 초에는 학문적 수준과 대중적 수준 모두에서 훨씬 극성스러운 반응이 등장했다. 전장이 사라진 것처럼 보였을 수도 있지만(확실히 많은 새 관점 옹호자들은 그들이 대세를 장악했다고 받아들였다), 절대 굴복하거나 양보하지 않겠다는 기개를 지닌 강력한, 실제로는 분노에 찬 반응이 등장하기 시작했다. 실제로 어떤 사람은 고전적인 (본질상 루터파의) 칭의 이해를 문제 삼는 사람은 모두 예수의 속죄적 죽음, 혹은 칭의와 보통 연관되는 다른 교리들을 믿지 않는 것이 틀림없다고 간주하면서 새 관점 현상 전체를 '자유주의' 신학의 또 다른 사례로 기꺼이 일축하는 모습을 보였다. 그런 거창한 말들은 겉만 번지르르할 뿐이지만, 그런데도 틀림없이 신자들의 약해져 가는 용기를 북돋고 두려움을 몰아내는 역할을 했을 것이다. 앞서

---

6 앞서 언급했듯이 Gundry. '협력설'(synergism)과 '단독설'(monergism) 논쟁은 16세기와 17세기에 중요했던 내용으로, 이 양자택일을 1세기 본문을 이해하는 도구로 동원하는 것이 나에게는 이상해 보인다. 더 자세한 내용은 Hagner 2001, pp. 86-87를 보라.
7 Thielman 1989; 1994. 또한 더 최근의 작품인 *Theology of the New Testament* (Thielman 2005), 특히 pp. 438-479를 보라.

지적했듯이, 교회와 교파 전체는 새 관점이 정통의 시금석이 아니라고 거부했으며, 그럼으로써 역사적인, 나아가 주해적인 탐구나 논쟁의 참화가 미치지 않는 영역이자 그들이 안심하게 지배할 수 있는 사적인 영역을 만들어 냈다. 하지만 다른 이들은 전장에 뛰어들었다. 1990년 초 이후로 정말 홍수처럼 많은 단행본과 논문, 주석, 논문집이 쏟아져 관련 사안을 이런저런 각도에서 조사하고, 주해상의 상세한 부분뿐만 아니라 섭리, 예지(foreknowledge), 의지와 운명, 의와 심판, 영광과 수치 같은 거대한 질문을 놓고 토론을 벌였다.[8]

이 새로운 조류 중 일부의 발생지는 카슨(D. A. Carson) 및 그의 제자들과 동료들로 구성된 학파였다. 그들의 작업은 에너지나 정밀성 면에서 다양했다.[9] 사이먼 개더콜(Simon Gathercole)과 앤드루 다스(Andrew Das) 같은 학자가 쓴 박식한 책은 새 관점의 요소들을 밀어내기 위해 상세한 주해를 동원한 주장을 펼쳤다. 심지어 다스는 몇몇 두드러진 관련 문제들의 해결책이라 주장하며 '더 새로운' 관점을 제시하기도 했다.[10] 김세윤은 어떻게 바울의 '회심'이 그의 신학 전체를 형성했는지에 관한 문제를 재론하면서, 구체적으로는 던의 주장을 반박하고 기본적으로는 전통적인 칭의 신학을 고수하는 자신의 관점을 변호했다.[11] 많이 간과되는 위대한 학자인 마르틴 헹엘은 바울을 주제로 몇 권의 책을 썼다. 하지만 그가 바라는 만큼 자신의 엄청난 학식을 종합하지는 못한 것으로 보인다. 그가 쓴 많은 책을 보면 그는 끝으

---

8   거의 무작위로 아주 조금만 선별해 보자면 Piper 2002; 2007[이 책에 대한 나의 반응이 Wright 2009 (*Justification*)다]; Waters 2004; Vickers 2006이 있다. (웨스트민스터 고백처럼) '그리스도의 의의 전가'를 성경적 칭의 교리의 핵심으로 보는 사람들과 '전가된 의'가 필수 요소는 아니라고 보는 일부 루터파 입장을 고수하는 사람들 사이의 하부 논쟁도 있다. 예를 들면, Seifrid 2004를 보라.
9   특히 Carson, O'Brien and Seifrid 2001–2004; Seifrid 1992; 2000a; 2000c를 보라.
10 Gathercole 2002; 2006; Das 2001; 2003을 보라.
11 Kim 2002.

로 갈수록 새 관점과 논전을 벌이기보다는 회피하며, 확고한 루터파 신앙을 뚜렷하게 재천명한다.[12] 다른 독일 학자들은 미국 학계에서 무언가 이상한 일이 벌어졌다는 사실을 속속 받아들이기 시작했고, 단순히 그들의 전통적 입장을 재확인하기보다는 일어나는 일에 관심을 두고 알아보는 작업에 착수했다.[13] 그러는 동안 또 다른 사람들은 이 거세지는 물결에 반응하면서 새 관점 내부의 다양한 입장을 명쾌하게 재진술했다.[14] 그런데 이와 관련된 논의들은 종종 미로 같은 각주들과 다양하게 맞물리는 상호 참조 속에서 길을 잃곤 한다. 서로 의견이 같은 학자들은 서로가 자기네 주장을 강화해 줄 것처럼 각자의 작업을 열심히 언급하지만, (전장의 한구석만이 아니라 여러 군데서!) 종종 그 결과는 오스틴 파러(Austin Farrer)의 비유에 딱 어울린다. 즉, 그것은 술을 마시고 귀가하는 길에 서로 팔짱을 끼고 비틀거리며 걸어가는 한 무리의 취객 같다. 같은 편 동료들이 각 사람을 서로 부축해 주기에, 전체적인 대형이 이리저리 움직일지언정 단단한 방해물에 걸려 넘어지는 일은 없다.[15]

하지만 실제로는 단단한 방해물이 존재하며, 이름도 붙일 수 있다. 주지하다시피, 커다랗고 다루기 힘든 그 두 실체는 1세기 유대교와 바울서신이다. 그렇다면 쟁점은 어디에 있는가? 나는 이 단계에서 상세한 논의로 들어가 다른 곳에서 이미 말한 내용을 되풀이하기보다는, 논쟁의 핵심 영역을 거명하고 그동안 제대로 주목받지 못한 특징을 일부 지적하고자 한다. 그 후에는 더 구체적으로 가장 훌륭한 학문적 반응을 대변하는 두 학자를 살

---

12   특히 Hengel 1983; 1991; Hengel and Schwemer 1997을 보라.
13   이러한 반응을 조사할 필요를 적어도 당분간은 Gathercole 2013이 채워 줄 것이다. 초기 독일의 반응을 지배한 요인은, Sanders가 (특히 예수를 주제로 한 책에서) 많은 독일인이 깊은 애정을 갖고 존경하는 Joachim Jeremias를 혹독하게 공격했다는 사실이었다.
14   예를 들면, Garlington 2004; 누구보다도 당연히 Dunn(앞 장을 보라).
15   Farrer의 원(原)비유는 학자들이 신약 문서의 연대를 정하는 방식을 빗댄 것이었다. Farrer 1964, p. 37를 보라.

필 것이다. 그중 한 사람은 독일, 다른 한 사람은 미국 출신이다. 그 내용은 앞으로 이어질 대화가 어떤 차원에서 진행되는지 알려 주는 이정표 역할을 할 것이다.

첫째, 1세기 유대교를 기술하고 평가하는 문제가 있다. 어떤 관점에서 보면, 선택과 언약에 있어 하나님의 은혜를 새롭게 강조하는 경향은 폭넓은 환영을 받고 있으며, 실은 진작 주목받았어야 했다.[16] 시간이 지나 이제 와서 평가하면, 샌더스는 광범위하고 복잡한 유대교의 관련 증거들을 심하게 단순화하고 실제로는 과도하게 조직화했다는 것이 분명해 보인다. 그의 작업에 대한 심각한 첫 번째 도전이 바로 이런 차원에서 제기되었다. 그 장본인은 박식하고 세심한 학자인 프리드리히 아베마리(Friedrich Avemarie)다. 애석하게도 그는 최근에 작고했다(2012년 10월에 사망—옮긴이). 그는 초기 랍비 문헌을 살펴보면 서로 상당히 다른 두 가지 원리가 설명되지만 이 둘을 조화시키려는 시도가 없다고 주장한다. 말하자면 모든 것이 하나님에게, 그리고 이스라엘을 선택하시는 그의 은혜에 달려 있다는 원리도 발견되지만, 모든 것이 인간의 노력과 순종에 달려 있다는 원리도 발견된다. 랍비들은 현대 서구인의 사고에는 모순으로, 최소한 역설로 보이는 이 두 가지 원리를 함께 언급하는 것에 전혀 거리낌을 느끼지 않는 것 같다.[17] 다음으로 미국과 호주가 합세한 반격이 있었다. 그들은 상당한 분량의 논문집을 출간했다. 하지만 자주 이야기되듯이, 그 논문집의 편집자가 요약 글에서 말하려던 내용에도 불구하고, 기고자 중 다수가 마지막에는 샌더스를 조건적으로 지지하는 태도를 보인다.[18] 그런데 그 책이 부각한 사안이 새 관점 이후 유대교

---

16 Hagner 2001, p. 84는 '구약에서 볼 수 있는 것이 행위-의가 아닌 은혜의 종교라는 사실을 부인하고 싶은 사람은 거의 없을 것이다'라고까지 말한다. 애석하게도 대단히 많은 사람이 그 사실을 부인하고 싶어 한다.
17 Avemarie 1996을 보라.
18 Carson 2001.

를 둘러싼 대화의 주요한 주제 중 하나가 되었으니, 바로 하나님의 주권과 인간의 책임 사이의 관계다.[19] 다양한 문헌과 다양한 본문에서 '은혜'와 '행위'는 서로 어떤 관계로 등장하는가? 그 시기의 많은 유대인이 확고한 '순종', 심지어는 '율법 전체'에 대한 순종이 그들에게 요구된다고 정말로 믿었다는 것은 어렵지 않게 할 수 있는 주장이었다.

그런데 순종은 무엇 때문에 '요구되었는가?' 랍비들의 답변에 한정해서 이야기하면, 그들은 '올 시대 때문에' 요구된다고 답변했다. 여기서 '올 시대'가 '구원'을 뜻한다고 받아들여도 될까? 말하자면, '올 시대'를 지난 수백 년 동안 서구 기독교 안에서 구원이란 단어의 의미로 받아들여져 온 내용(즉, '천국에 가는 것'과 관련된 내용)에 상응하는 표현으로 이해해도 될까? 이런 동일시에 반대하는 경고의 목소리가 많이 있었지만, 그동안 벌어진 다수의 논란에서는 별 의문 없이 이 두 개념을 동일시했다.[20] 실제로 샌더스 자신도 대체로 그런 태도를 보였다. 하지만 서구 기독교에서 받아들인 '구원'의 의미는 몇 가지 측면에서 1세기 유대인이 가지고 있던 열망 및 소망과 상당히 다르다. 내가 여러 기회를 통해 주장해 왔듯이, (1) '죽어서 천국에 가는 것'이 희망인 세상, (2) '새 하늘과 새 땅에서 부활하는 것'이 희망이며, 그 부활과 희망이 현세에서의 분투하는 삶과 상당한 연속성을 가지는 세상, 이 둘 사이에는 큰 차이가 있다.[21] 유대교 중 적어도 다소의 사울이 열정적으로 충성을 바쳤던 종류의 유대교를 특징지었던 것이 바로 두 번째 시나리오였다.

이 사실은 이어서 보통 무시되어 온 또 다른 특징을 암시한다. 그것을 '올 시대'나 '구원' 혹은 그 외의 어떤 단어로 지칭하든, 마지막 소망에 관한 질

---

19 Barclay와 Gathercole이 편집한 논문집(2006)을 보라.
20 예를 들면, Loewe 1981.
21 Wright 2008 [*Surprised by Hope*]을 보라.

문은 본질상 **이스라엘의 이야기** 전체와 밀접한 관련이 있다는 것이다. 말하자면 창조주와 언약에 관한 이 거대한 이야기, 세상을 창조하신 분이며 그 세상을 심판하시고 의인들을 구출해야 할 책임이 있으신 이스라엘의 하나님에 관한 이 이야기는 언제 그리고 어떻게 그 결말에 도달할 것인가? 만약 어떤 사람이 1세기 바리새인에게(나는 이 내용이 다른 의견을 가졌던 1세기 유대인에게도 함께 적용될 것으로 생각하지만, 여기서는 바리새인의 경우만 생각해 보자) "당신이 죽으면 하나님은 그분과 가까운 곳에 당신을 위한 천상의 처소를 제공하실 것이며, 당신은 이스라엘이 현재 겪고 있는 모든 고난을 깨끗이 잊을 수 있을 겁니다"라고 말했다면, 그는 이렇게 응수했을 것이다. "고맙습니다. 저에게 굉장히 좋은 이야기로 들리는군요. 하지만 당신의 말은 앞으로 이스라엘에 어떤 운명이 닥칠지 모르지만, 하나님이 이스라엘을 그 운명에 내버려 두실 것이라는 의미로 들리는군요. 이스라엘의 운명은 중요하지 않단 말인가요? 하나님은 창조주이시지 않습니까? 그리고 하나님은 자신이 언젠가 모든 것을 바로잡기 위해 다시 오셔서 우리를 그분의 백성으로 신원하실 것이기에 광야와 강물이 기뻐 노래하는 날이 올 것이라고 약속하시지 않았습니까? 하나님이 그분의 백성을 구원하시지도 않았는데, 제가 어찌 멀리 있는 영적인 복을 받겠다며 행복한 마음으로 떠날 수 있겠습니까? 이런 일을 행하지 않으시는 하나님이라면, 저는 지금 우리가 이야기하는 하나님이 누구인지 모르겠습니다." 1세기 초는 아직 영지주의가 발명되기 전이었다. 하지만 1세기에 영지주의가 존재했다면, 틀림없이 바리새인은 그런 내용을 가르치는 상대를 비난했을 것이다.

이 사실은 '은혜와 행위'를 둘러싼 질문, 그리고 그와 관련된 섭리, 예지, 의지, 운명 같은 질문, 그리고 그 당시와 현재 사람들이 궁금해하면서 철학의 미로 안에서 길을 잃곤 하는 온갖 주제와도 직결되어 있다. 요세푸스(Josephus)는 유대교 내부의 서로 다른 '분파들'을 묘사할 때, **각 분파의 특**

정한 신념을 '운명과 자유 의지'의 관점에서 해설했는데, 그 이유는 그런 언어를 사용해야 로마 청중들이 이해할 것으로 예상했기 때문이다. 하지만 그가 말한 내용을 1세기 팔레스타인의 실제 정황으로 역으로 번역하는 작업은 어렵지 않다. 이를테면, 사두개인은 '자유 의지'를 믿었다. 당연히 그들은 지배 계층이었고, 결정을 내리고 그 결정을 현실로 만들 권력이 있었다. 요세푸스에 따르면, 에세네파는 모든 것이 이미 결정되었다고 믿었다. 당연히 그들에게는 권력이 없었고, 그저 사막에 주저앉아 하나님이 무슨 일이든 행하시기를 기다릴 수밖에 없었다(하지만 그들 중 일부는 혹시라도 하나님의 조치가 너무 지연될 경우, 그 정책을 그리고 그와 더불어 그 '철학'을 변경하는 비상 대책을 가지고 있었을 것이다). 바리새인은 운명과 자유 의지의 절충안을 믿었다. 그럴 만한 것이, 그들은 하나님이 약속하시고 그 약속을 지키실 것이라는 사실과 하나님이 그 약속을 지키시는 방식의 일부가 그분에게 순종하는, 실제로는 철저하게 순종하는 이스라엘(그리고 특히 바리새인들 자신)을 통해서라는 사실을 **모두** 믿었기 때문이다. '열심 있는'(zealous) 혁명가들은 다양한 소규모 운동을 통해 엄격한 바리새주의의 '자유 의지' 쪽 극단의 삶을 산 사람들이다. 하나님이 나서시기를 기다리는 것만으로는 충분하지 않다. 왜냐하면 그분이 행동하실 방법이 바로 비느하스나 엘리야를 모방하는 신실한 자들의 폭력적인 조치를 통해서일 수 있기 때문이다.[22] 우리가 실제 사회적·정치적 상황을 고려해서, 그리고 **언약과 창조의 거대한 이야기 내부에서** 하나님이 새로운 일을 행하실 것이라는 실제적인 희망을 고려해서 생각하기 시작하면 추상적인 철학 개념들이 생기를 띠기 시작한다.[23] 그리고 '은혜와 행위'에 관한, 나아가 '구원' 자체에 관한 새 관점 이후의 추상적인 논의도

---

22   '열심'(zeal)에 관해서는 예를 들어, *NTPG* pp. 176-181, 191-192를 보라.
23   Jos. *War* 2.162-2.165; *Ant.* 18.13-18.18을 보라.

굉장히 다른 모습을 띠게 된다.

내 생각에 이 모든 내용의 의미는, 사실상 샌더스는 그 나름의 방식으로 유대교를 묘사하면서 몇 가지 내용은 운에 맡긴 셈이었지만 이따금 그 운이 좋은 결과를 가져왔다는 것이다. 사실 내 의견을 말하자면, 그가 **언약적 신율주의**(covenantal nomism) 대신에 **언약적 내러티브**(covenantal narrative)의 관점에서 접근했다면 더 좋았을 것이다. 아니, 명확히 하자면(내 작업이 '신율주의'를 '내러티브'로 대체하려는 것이 아니라, 이미 거기 존재하던 내러티브적 요소를 충분히 끄집어내려는 것이기에 하는 말이다), 우리가 논하고 있는 것은 **언약적/신율주의적 내러티브**(covenantal/nomistic narrative)다. 이 부분에 중요한 요소가 있다. 즉, 반 새 관점 진영이 가장 심각하게 반발하는 대상이 실은 이 **내러티브**다. 내 말은 (그들의 관점에서) 그들이 그릇된 내러티브를 제시받고 있으며, 올바른 내러티브로 되돌아가기를 원한다는 뜻이 아니다. 그들에게 한 **내러티브**가 제시되고 있는데, 그것은 역사적인 이야기로 그 이야기가 제시하는 '구원'의 희망은 역사**로부터의** 탈출이 아니라 역사 **내부에서** 일어나는 거대한 격변이며, 현재와의 불연속성뿐만 아니라 연속성도 가질 탈바꿈이다. 그런데 이런 내용은 그들이 어떤 대가를 치르더라도 피하고 싶은 이야기다. 하지만 많은 1세기 유대인들이, 특별히 바리새인들이 공유했던 대로의 그 언약 **내러티브**를 우리가 인식하고 거기에 이름을 붙이고 살을 입히지 않는다면, 은혜와 행위에 관한 논의나 하나님의 행위와 인간의 행위 사이의 정확한 균형에 관한 논의, 그리고 이 모든 것이 어떻게 '구원'에 기여하는지를 둘러싼 논의 같은 모든 논의는 계속 의미 없는 쳇바퀴만 굴리는 것처럼 각주만 더 늘어나고 깨달음은 오히려 더 줄어들 것이다.[24]

『에스라4서』를 생각해 보자. 『에스라4서』는 샌더스가 그 특유의 악의 없

---

24 특히 *PFG* 7장을 보라.

는 솔직함으로 자신의 도식에 들어맞지 않는다고 인정한 책이다.[25] 왜 들어맞지 않을까? 그것은 『에스라4서』의 저자가 주후 70년에 일어난 끔찍한 사건들에 뒤이은 혼란과 파괴상을 목도하면서, 하나님이 (진짜 변절자들만을 제외한) '전 이스라엘'을 위한 조치를 단행하실 것이라는 상상을 더는 할 수 없었기 때문이다. 역사 속에 일어난 대재앙이 나름의 새 관점을 촉발한 것이다. '이제 이스라엘의 하나님은 처음부터 다시 시작하셔야 한다.' 이런 끔찍한 새로운 세상에서 의미가 있을 만한 유일한 방안, 그리고 '이스라엘'이라 부를 수 있는 어떤 실체를 다시 끌어모을 수 있는 유일한 방안은 토라를 단호하고 완벽하게 준수하는 길밖에는 없어 보였을 것이다. 『에스라4서』의 저자는 현대의 서구적 의미에서 어떻게 사람이 '구원받을' 수 있는지와 같은 추상적 질문을 던지지 않았다. 그가 제기했던 질문은 다음과 같은 내용이다. '최근에 이런저런 재앙들이 있었는데, 도대체 하나님은 어떻게 언약에 신실하실 것인가(그리고 신실하실 수 있을까)?' (하나님이 분명 조치하실 텐데) 그분이 조치하실 때 그것은 어떤 모습일까?' '이제 이스라엘 내부에 자리 잡은 악의 심각성을 알게 되었는데, 그렇다면 종말의 날이 실제로 왔을 때 이스라엘 가운데 언약의 복에 참여하게 될 사람은 누구인가?'[26]

이미 나는 이 『에스라4서』와 다른 문헌에 대해 샌더스가 말한 내용도 넘어섰고, 그를 비판한 사람들이 말해 온 내용도 확실히 넘어섰다. 이것은 그저 또 다른 문서를 추상적인 차원에서 읽고 나서는 "이 저자는 은혜와 행위에 관해서, 그리고 '들어가기'와 '머물기'에 관해서 어떤 이야기를 하는가?"라고 묻는 문제가 아니다. 그런 사람들은 온갖 반대 신호가 있는데도 **제2성전기의 문헌 전부가 '실제로는' '당신이 죽을 때 천국에 가는 방법'에 관한 이**

---

25 Sanders 1977, pp. 409-418.
26 예를 들면, Longenecker 1991을 보라.

야기를 하고 있으며, 그 질문에 대한 답변을 은혜/행위 이분법의 관점에서 혹은 나아가 '법정적'/'묵시적' 이분법(아래 2부를 보라)의 관점에서 하고 있다고 전제하면서 그런 식의 접근을 취한다. 이런 접근은 본문이 실제로 말하는 내용에는 관심을 기울이지 않는다.

아니면 이제는 유명해진 다른 문서인 4QMMT도 생각해 보자. 도널드 카슨이 편집한 책 속에 쿰란을 주제로 다룬 부분이 있는데, 그 부분은 『공동체 규칙』(Community Rule, 1QS)의 자료에 집중하는 쪽을 택했다. 이 선택도 이해할 만한 것이, 그 두루마리에는 (어두울 때는 그림자만 보고 판단할 수밖에 없듯이) 우연히 그 두루마리를 읽은 사람이 그것이 사라진 바울의 편지 중 일부라고 속을 수도 있는 눈에 띄는 내용, 이를테면 육신의 연약함 때문에 근심으로 가득하지만 하나님의 의로 말미암아 영원히 지속되는 칭의 때문에 감사로 가득하다는 내용이 일부 포함되어 있기 때문이다.[27] 하지만 MMT는 (수많은 학자가 자기들의 질문을 MMT로 가지고 와서 거기에 어울리는 답변을 MMT에서 찾아가고는 했지만) 지난 500년 동안 가톨릭과 개신교 사상이 내세운 서구적인 의미에서 사람이 '구원받는' 방식에 대해 전혀 이야기하지 않는다. MMT가 이야기하는 것은 신명기 30장의 예언처럼 '마지막 날에' 어떤 일이 일어날지, 그리고 현재의 다양하고 특수한 토라 해석을 따른 행위를 통해 나중에 '의인'으로 인정받을 사람이 누구인지를 어떻게 심지어 현재 시점에서 미리 알 수 있는지와 관련된 내용이다.[28]

내 요지는, 달리 말해, 단순하게 '은혜냐 행위냐?'를 말하는 접근은 샌더

---

[27] 즉, 1QS 11장. 이 논문(Bockmuehl 2001)에서 Bockmuehl은 Sanders가 기본적으로는 옳지만, 그때보다 훨씬 더 많은 문헌 자료를 가진 우리는 쿰란 공동체가 상당한 시간에 걸쳐 해소되지 않는 긴장과 다양한 발전을 거쳤다는 증거를 확인할 수 있다고 말한다. 같은 책 안에서 4QMMT를 더 자세하게 들여다보는 작업은 Roland Deines가 맡았다(Deines 2001, pp. 461-474).

[28] 이 내용은 예를 들면, Das 2009, pp. 105-106의 논평과 배치된다. MMT에 관해서는 Wright 2013b (*Perspectives*), 21장을 보라.

스가 신학계를 탈출시키려 했던 오래된 분석 패턴을 다시 새기는 꼴이라는 것이다. 앞서 말했듯이, 나는 그가 완전히 성공했다고는 보지 않는다. 왜냐하면 샌더스는 자신의 모델을 대안적인 '패턴', 곧 하나의 '종교 패턴'으로 대신 내세웠을 뿐 그 배후에 있는 본질적인 유대교 **내러티브**를 보지 않았기 때문이다. 본질상 역사적인 그 내러티브를 들여다보면[심지어 그 내러티브가 그 마지막 묵시적 대단원('마지막 날들', 이 표현도 실은 신명기를 암시한다)[29]을 가리킬 때도], 우리는 그 질문들이 아주 다른 틀 안에서 다루어진다는 사실을 확인할 수 있다. 따라서 샌더스 이후 최근의 유대교 논의 중 다수는 완전히 요점에서 벗어난 것으로 보인다.

우리가 살핀 내용은 사실 서구 기독교 자체 내부는 물론이고 **개신교 자체 내부에서도 이미 수수께끼였던** 논란거리들을 사람들이 샌더스 이후 논쟁에 투영한 것이다. '은혜'와 '행위'를 정확히 어떻게 연결해야 하는지는 칼뱅주의와 알미니안주의 사이, 루터파와 개혁주의 사이, 웨슬리안과 장로교인 사이에 다툼의 원인이었으며, 계속 감소하는 그 밖의 교파들도 이 주제와 관련해 이런저런 식으로 자기 정체성을 규정하면서 오직 자신들의 길만이 성경에 적합하고 목회적으로나 복음 전도 면에서 효과적이라고 주장한다. 우리는 모두 복음이 하나님의 값없는 은혜에 관한 것이라는 사실을 안다(또는 그렇게 말한다). 아무도 그 사실을 부인하지 않을 것이다. 우리는 모두 이렇게 말한다고 해서 하나님이 당신이 처음 믿은 순간과 죽는 순간 사이에 당신이 행동하는 방식에 관심이 없다는 의미가 아니라는 사실도 안다(또는 그렇게 말한다). 아무도, 심지어 가장 자유방임적인 자유주의자도 그 사실을 부인하지 않을 것이다. 그들도 나름대로 상당히 예리한 윤리를 재창조하는 방법을 가지고 있다. 우리가 곤란을 느끼는 부분은 어떻게 이 두 측면이, 즉

---

[29] 신 31:29. 참조. 신 32:20. *PFG* 2장에 있는 충분한 논의를 보라.

하나님의 은혜와 인간의 행위가 서로 연관되는지 설명하는 부분이다. 확실히 우리는 곤란을 느낀다. 왜냐하면 오늘날 서구 전통에서 우리가 당연한 것으로 받아들이는 철학적 틀이 기본적으로 칸트의 틀이기 때문이다. 칸트는 '직설법'과 '명령법'을 굉장히 날카롭게 분리했고, 그 결과 우리는 그 거대한 분열, 즉 레싱(Lessing)의 '추한 도랑'(ugly ditch; 역사적 진리와 이성의 진리 사이에 존재하는 메울 수 없는 간극을 표현한 말—옮긴이)처럼 어떤 사람들이 파 놓은 깊은 구덩이를 이어 줄 가교를 찾기 위해 몸부림친다. 그런데 도대체 누가 이 주제가 반드시 그런 형태여야 한다고 말했는가? 도대체 누가 1세기의 사람들도 사태를 그런 식으로 파악했다고 말했는가? 혹시 우리가 거대한 철학적 혹은 신학적 시대착오에 빠질 위험에 처한 것이 아닐까? 그 결과 (후기 개혁주의는 말할 것도 없고) 후기 계몽주의의 문화적 제국주의에 빠진 것이 아닐까?

구체적으로 말하면, 1세기 유대인들이 결국 '율법주의자'였다는 명제를 뒷받침하는 '증거'로 현재 통상 제시되는 내용은 실제 의미를 완전히 오해한 것이다(보세요! 이 온갖 상세한 규정을 말입니다! 당신은 그 규정을 반드시 지켜야 했습니다!). 그리고 **샌더스의** 요점도 제대로 짚지 못했다. 샌더스는 랍비 유대교가 일종의 결의론(casuistry; 일반적인 도덕 원리를 특수한 윤리적 결단이나 양심의 문제에 적용하는 것—옮긴이)을 제시했다는 사실을 부정한 적이 없다. 샌더스의 요점은, 랍비 유대교는 굳이 언급할 필요가 없을 정도로 언제나 암묵적으로 언약의 틀과 선택의 틀 안에 있었다는 것이다. 성패가 달린 것은 바로 이 부분이었다. 그런데 우리는 여기서 또 다른 두 가지 핵심 문제와 맞닥뜨린다. 하나는 분석과 관련된 문제고, 다른 하나는 시대착오적 반응이란 문제다.

첫째, 분석과 관련된 문제가 있다. 샌더스는 랍비들과 다른 제2성전기 유대인들이 언약의 틀 안에서 일종의 '신율주의'(nomism, "율법을 지켜라. 그리하면 너희가 언약 안에 '머무를 것'이다")를 굳게 믿었다는 사실을 광범위하게 증명했다. '마지막 심판'이 일어날 때는 이 '행위들'이 중요할 것이다. 이 점에서는 의견 차이가 없었다.[30] 또한 샌더스는 아주 간결한 한 단락에서, 바울이 이 신율주의의 모든 의도와 형태에 완전히 동의했다는 점을 지적한다. 바울은 마지막 심판을 말할 때, 늘 '행위'가 중요할 것이라고 보았다. 하지만 샌더스는 '어떤 시점이 되면 하나님이 그 언약을 **갱신하실** 것이며, 그때는 **다른 종류의** 신율주의가 있을 것이다'라고 말하던 내러티브를 추적하는 작업을 전혀 하지 않았다. 제2성전기의 많은 유대인이 신명기 30장을 바로 그런 식으로 읽었는데 말이다. 그리고 샌더스는 바울의 소위 '종교 패턴'을 유대교의 패턴과 나란히 두고 비교할 때, 바울이 다음과 같이 말했을 가능성을 전혀 고려하지 않았다. "맞는 말이다. 그런데 그 언약 갱신은 정확히 메시아 안에서 발생한 그 일이다. 따라서 우리는 이제 새로운 양식으로, 그것도 어느 누가 생각했던 것보다 훨씬 더 철저하게 갱신된 양식으로 살아가고 있다." 실은 MMT가 하는 이야기도 그런 내용—필요한 부분만 약간 수정해서—이다.

달리 말해, '종말론'을 다른 많은 신념 중 하나에 불과한 것으로 취급하는 '종교 패턴' 분석이 지닌 약점은 일종의 자업자득 같은 것이다. 다른 방향으로 접근하는 것이 낫다. 첫째, 언약의 하나님이 조치를 취하실 것이라는 소망이 언약적/내러티브적 '신율주의'를 위한 배경을 창출했던 '유대교'의 다양성을 고려해야 한다. 둘째, 바울의 틀을 고려해야 한다. 이 틀에서는 그 소망이 메시아와 성령 안에서 실현되어 그 소망의 새로운 형태, 곧 두 번째 형태를 만들어 냈다고 보며, 이 소망에 적합한 '양식'은 유대교와는 철저

---

30   유대교의 형태 중 대부분은 **완전한** 순종을 요구했다는 Das의 주장(그의 '더 새로운 관점'의 일부)은 핵심을 제대로 짚지 못한 것이다. 물론 '좋습니다. 그게 당신이 할 수 있는 최선이라면 계명의 3분의 1만 지키시오'라는 식으로 말한 사람은 없었을 것이다. 하지만 유대교 사상가들은 성경 자체에 근거해 실패를 처리하는 통상적인 수단을 개발했다.

하게 다른 '양식'일 것이다.³¹

이러한 분석상의 문제는 시대착오라는 중대한 문제로 연결된다. 이 시대착오가 발생하는 지점은, 사람들이 '행위에 따른 심판'을 우려하면서 1세기의 많은 유대인이 일정한 '행위를 행해야 한다'고 믿었던 것으로 보인다는 사실을 증명하고는 이 사실을 '협력주의'(synergism)의 증거라고 생각하는 순간인데, 우리가 당연히 알기로는 바울은 (그 사도는 훌륭한 개신교인이었으므로) '협력주의'를 받아들이지 않았다. 바울서신에서 '쉰에르게오'(synergeō)가 등장하는 관련 본문 하나가 전반적으로 긍정적인 내용이라는 사실은 제쳐놓자. 바울은 하나님이 메시아를 우리를 대신해 죄로 삼으신 것, 그리고 우리를 그 안에서 '하나님의 의가 되게 하신 것'과 관련된 유명한 문장에 바로 뒤이어 '그러므로 우리가 **하나님과 함께 일하는 자**[synergountes]로서 특별히 너희에게 권면한다. 하나님의 은혜를 받을 때 헛되이 낭비되지 않게 하라!'³² 이것은 단지 성구 사전(concordance)의 속임수일 수도 있다. 상대적으로 현대 용어인 '협력주의'가 바울이 때때로 사용한 그 헬라어 단어의 용법과 반드시 부합한다고 생각해야 할 이유는 없다. 여기서 요점은 그보다 더 넓은 범위의 것이다. 즉, '우리의 현재 행동이 마지막 심판과 어떻게 상응하는가'의 문제는 이미 **개신교 내부의** 논란거리며, 개신교 전통의 수호자들은 이 문제를 취해 샌더스 이후 논쟁을 경유해 1세기로 투사했다.

달리 말해, 종교개혁 이전과 이후에도 서구 신학 안에는 신자들에게 명해진 '선한 행위'를 '마지막 심판'과 어떻게 연관시킬지를 둘러싼 오랜 신학 논쟁 전통이 이미 존재했다. 이 주제를 언급하는 수많은 방식이 존재한다

---

31   나는 *PFG*에서 다양한 각도에서 이 주장을 피력했다.
32   고후 6:1(*PFG*, pp. 955-956를 보라). 이 동사가 사용된 또 다른 본문은 롬 8:28[이 절의 주어는 '하나님' 또는 '영' 또는 '모든 것'이다. Wright 2002 (*Romans*), pp. 600-601를 보라]; 그리고 고전 16:16(이 절에서 그 동사는 다른 사람과 '함께 일하는' 사람을 가리킨다)이다.

는 것은 틀림없는 사실이며, 이 주제에 관한 의견을 피력한 사람들은 대부분 (당연히 상대방을 늘 설득시키지는 못했겠지만) 우리가 특정한 방식의 삶을 살아야 한다는 의무 아래 있다는 사실과 우리의 마지막 구원은 여전히 하나님 은혜의 선물이라는 사실, **이 두 가지 모두**를 설명하기 위해 최선을 다했다.[33] 하지만 적절한 윤리적 행동이 장차 올 심판에서 핵심적인 요소라고 이야기하는 랍비(혹은 다른 누군가)를 발견했다고 해서, 랍비들의 '신율주의'가 '언약적'(즉, 은혜의 틀 안에서 일어나는 것)이었다는 샌더스 주장의 정체를 폭로한 것이 되는가? 그렇게 생각한다면, 엄청난 이중의 범주 오류를 저지르는 것이다. (a) 사람들이 토라를 지키기 위해 윤리적인 노력을 기울여야 한다는 단지 그 사실 하나만으로, 이제는 포괄적인 '언약적' 틀은 존재하지 않는다는 증거가 되진 않는다. (b) 틀과 의무에 관한 신학적인 요점에 도달하는 데 동원되는 상대적으로 현대적인 서구의 범주를 곧장 1세기로 투사해서 유대교는 '협력주의' 진영으로, 바울은 '비협력주의' 진영으로 분류할 수 있다고 생각해서도 안 된다. 중세의 범주가 아닌 1세기의 범주로 생각하는 법을 배우지 못한다면, 당신은 절대 고대 유대 세계도, 바울도 이해할 수 없다.

이 모든 논의에서 사라진 것이 있다. 그것은 정확히 이 문제와 관련해 바울이 강력하고도 분명하게 강조하는 다음 **두 가지 모두**인데, (a) 예수 그리스도와 함께 죽고 다시 산 자로서 신자의 새로운 신분, **그리고** (b) 하나님이 신자에게 주신 선물, 즉 바울이 거룩한 영이라고 부른 그 선물이다. 그동

---

[33] Moule 1967을 보라. '은혜가 율법을 폐지한다는 말이 아니다. 율법주의적 태도가 아닌 은혜에 의존함이 하나님의 율법을 성취하는 유일한 길이라는 말이다'(p. 394) 사람은 '율법 아래 있기를 그만둔다고 해서 의무에서 해방되는 것'이 아니다(p. 396). '칭의'는 그 자체로 '의무의 모든 논리적 근거를' 제거한다는 의미일 수 있다. 하지만 칭의는 **믿음으로** 되며, 이 사실은 '그리스도 안에' 있음과 밀접하게 연결되어 있으므로, 이 사실은 조금도 '율법주의'를 내비치지 않고도 '의무'를 위한 신선하고 굳건한 토대를 제시한다(pp. 400-401). 그래서 바울은 행위에 따른 심판에 대한 믿음을 간직한 것이지만(p. 403), 그 행위는 완전히 다른 특징을 가진다. 이 내용은 우리가 Moule에게 더 많은 관심을 가져야 한다는 마음을 갖게 하는 수많은 내용 중 하나에 불과하다.

안 벌어진 논쟁 중 다수가 마치 '칭의 교리'를 순수하게 유지하려면 최소한의 신학적 도구만을 동원해야 한다는 듯 이 두 가지 범주의 도움 없이 진행되었다는 사실은 정말 놀랍다. 그럴 바엔 차라리 바그너의 음악을 리코더로 연주하는 게 낫겠다.

바울 자체를 분석하는 작업과 관련해 반(反) 새 관점 진영에서 관심을 쏟았던 초점은 칭의의 의미와 위치였다. 하지만 이런 반응이 샌더스를 향한 유일한 반응도 아니었고 가장 적절한 반응도 아니었다는 사실에 주목할 필요가 있다. 샌더스가 바울 사상에서 훨씬 더 중심을 차지하는 주제라고 주장한 '그리스도 안에 있음'에 관한 그의 관점은 왜 논의하지 않는가? 샌더스가 바울 사상의 다양한 다른 측면, 이를테면 회개가 별로 언급되지 않는다는 사실이나 바울의 속죄관 등을 분석한 방식은 왜 들여다보지 않는가? '진리'에 관한 샌더스의 매우 흥미로운 언급은 왜 논의하지 않는가? 이런 의문에 대한 당연한 답변은, 오늘날 개신교계 (전부는 아니지만) 대부분에서 '칭의'라는 단어가 온갖 의미를 전달하는 역할을 하기 때문이라는 것이다. 말하자면 '칭의'는 세계관 전체, 그리스도인이 되는 방법, 인간이 되는 방법 등을 한꺼번에 전달하며, 신학적인 의미뿐만 아니라 교회론적 의미(**우리** 교회는 올바른 칭의 교리를 믿으며, 그것이 바로 우리가 우리 믿음 안에서 신실하고/생산적이고/행복한 이유입니다), 심지어 사회적·정치적 의미(종종 관찰되는 현상인데, '보수적인' '칭의관'은 보통 오늘날 미국의 '문화 전쟁'에서 정치적으로도 '보수적인' 입장으로 이어지며, 교회에도 파급력을 갖는다)까지 지닌 뿌리 깊고 광범위하며 매우 강력한 구성 개념이다. 바로 이런 이유로 (전부는 아니지만) 일부 반 새 관점 단체들이 샌더스 이후 바울 해석과 조금이라도 연관된 학자라면 누구든 서슴지 않고 비난하고 비방하고 중상하고 왜곡하는 것이다. 무엇이든 흠집만 내면 된다. 우리 중 일부는 예수의 대속하는 죽음을 믿지 않는다는 식의 주장을 할 수 있고, 우리에게는 선포할 복음이 없기에 임종 직전의 '문의자'에게도

해 줄 말이 없다는 암시를 줄 수 있으며, 우리를 양 무리를 미혹하는 거짓 목자라고 선언할 수 있고, 우리를 은밀한 가톨릭주의자로 혹은 플라톤과 유사한 윤리적 이상주의자로 매도할 수도 있다. 우리가 실제 주장이나 논쟁의 재구조화에, 무엇보다도 본문 자체에 관심을 가지는 것 이상의 꿍꿍이가 있다고 이야기하는 것이다.[34]

그렇다면 결국 샌더스 이후 칭의관의 문제는 무엇인가? 소위 종교개혁 이후 개신교(post-Reformation Christianity), 특히 미국의 개신교 대부분에서 '칭의'라는 단어가, 혹은 '믿음을 통한 은혜에 의한 칭의'라는 용어가, 그리스도인이 된다는 것의 핵심이라고 사람들이 내세우고 싶은 모든 내용, 즉 회심에서 마지막 구원에 이르는 모든 내용을 지시하게 되었다. 이런 이유로 바울의 회심을 둘러싼 질문(그것은 '회심'이었는가, 아니면 단순한 '부르심'이었는가, 아니면 다른 무엇이었는가? 그리고 그게 무엇이었든 바울의 신학 형성에 어떤 영향을 미쳤는가?)과 마지막 심판을 둘러싼 질문('행위'가 어떤 역할을 한다면 그것은 무엇인가?) 모두가 크게 부각되었다. 예정, 선택, 예지, 회심, 갱생, 칭의, 성화, 영화, 구원의 일부 혹은 전체를 포괄하는 '구원 서정'(ordo salutis)을 세분하는 꼼꼼한 신학 개념들이 있음에도[35] 서구 개신교 전통의 그리스도인 대다수에게는 '칭의'란 단어, 그리고 '믿음 혹은 은혜를 통한 칭의'라는 표현의 의미가 과도하게 확장되어 한편으로는 '회심'(이 도식 안에서 어떤 사람이 '믿게 되는' 첫 순간은 확실히 그 사람이 믿음으로써 '의롭게 되는' 순간이기도 하다), 다른 한편으로는 '구원'[그 부분적인 이유는, 바울이 '구원하다'는 단어를 미래 시제뿐 아니라 과거 시제로도(예. 롬 8:24) 사용할 수 있었다는 사실이다]까지 포함하는 줄임말

---

34 이 모든 내용은 필자에게도 쏟아졌던 비난이다. 일부 비판자들은 이보다 훨씬 더 잔인한 언사를 던지기도 했다.
35 롬 8:28-30에 나오는 바울의 목록과 비교해 보라. '구원 서정' 개념 전체에 대해서는 *PFG*, pp. 959-960를 보라.

이 되고 말았다.[36] 이런 개념적 어긋남이 너무 심해져 종종 대중적인 논의에서도, 그리고 때로는 소위 학자들의 작업에서도 '믿음을 통한 구원'이란 표현을 만나게 된다. 바울 저작에서 이 표현과 가장 근접한 내용은 에베소서 2:8('여러분은 믿음을 통해 은혜로 구원을 받았습니다')이지만, 이마저도 그와는 완전히 다른 의미다. 게다가 로마서 1:16-17에 관한 특정 해석과 갈라디아서의 다양한 본문 때문에 단순히 '칭의'가 곧 '바울의 복음'이라는 전제를 사람들이 갖게 되었다. 말하자면, '좋은 소식'은 사실상 '당신은 선한 행위를 할 필요가 없습니다. 당신이 해야 할 전부는 그저 믿는 것입니다'가 되었다.

여기가 핵심이다. 이 진영에서는 (a) '칭의' 개념이 회심에 관한 신학 및 회심 경험을 포함해 칭의를 둘러싼 이렇듯 거대한 조합의 함의를 포괄해 왔기 때문에, 그리고 (b) '칭의'를 둘러싼 논쟁이 대개 '행위 언약'이라는 웨스트민스터 신앙고백에 관한 은밀한 논쟁이었고, 이 '행위 언약'에서 '의'의 기본적인 의미는 '선함' 혹은 나아가 '공로'였고, 거기서 유일한 질문은 이 '의'가 결여된 인간의 상황을 어떻게 해결할 수 있는지였기 때문에, 그리고 (c) 이 모든 내용은 구원 제공이라는 문제와 직결되어 있으며 나아가 실제로는 바울의 '복음'과 동일시될 정도로 겹친다고 이해해 왔기 때문에, 그들은 **샌더스와 던 등이 '칭의'는 바울의 사상에서 종속적인 역할을 한다고 이야기했을 때, 그 말을 회심과 구원, '복음'의 상호 관련성이 이전에 생각했던 것보다 적고, 죄와 죄 용서는 특별히 중요한 내용이 아니며, 따라서 새 관점 학자들은 바울이 단지 비유대인들이 할례를 반드시 받지 않아도 '에클레시아'**(*ekklēsia*)의 온전한 구성원이 될 수 있게 하는 사회학적 혹은 교회론적 갈등에만 관심이 있었지 인간의 구원과 그에 수반되는 것으로 전제되는 개인

---

36 예를 들면, 롬 8:24. '우리는 소망 안에서 구원받았다(*esōthēmen*).' '소망 안에서'는 '구원받았다'를 인정하는 것이지, 파기하는 것이 아니다.

적인 회심과 영성 같은 사생결단의 문제에는 관심이 없었던 것으로 믿는다는 의미로 받아들였다. 그래서 그들은 악담을 퍼붓는다. 곧 살펴볼 스티븐 웨스터홈(Stephen Westerholm)의 유명한 말을 보라.

> '루터파의'(Lutheran) 바울과 현대의 그 비판자들을 갈라놓은 사안은, '율법의 행위가 아닌 믿음으로 말미암는 칭의'의 의미가 '죄인들이 하나님의 인정을 받는 것이 그들의 행위가 아니라 은혜를 통해서'인지, 아니면 칭의의 요점이 '이방인이 유대인이 되어야 한다는 번거로움 없이도 믿음으로 하나님의 백성에 포함된다'는 것인지의 여부였다. 전자의 문제는, 칭의는 '그리스도께서 우리 죄를 위해 죽으셨다'(고전 15:3)와 '하나님과 화해하라'(고후 5:20)는 말로 요약되는 바울의 복음과 직결된다. 칭의는 죄로부터의 해방을 약속한다. 후자의 문제는, 칭의의 기쁜 소식이 발견되는 지점은 양쪽 세계 모두에 유익이 되는 시나리오로서, 그 시나리오에는 이방인을 위한 다음과 같은 문구가 있다. "여러분은 유대인이 되길 원하지만, 할례의 날을 두려워합니다. 하지만 이제 여러분께 드릴 제안이 생겼습니다!" 이 칭의의 복음은 상당한 번거로움으로부터의 해방을 약속한다.…전자는 '루터파' 바울의 입장이고, 후자는 아니다.[37]

이 말 속에서 벌어지는 사태를 관찰해 보자. 내 생각에, 이 지점에서 반 새 관점 집단 전체를 대변하는 듯한 웨스터홈은 먼저 (브레데, 슈바이처 등을 따라) 새 관점이 주장해 온 바를 정확하게 요약한다. 말하자면, 바울의 '칭의' 언어는 할례 없이 이방인을 포용하는 문제와 직결되어 있었다는 것이다. 하지만 이어서 급선회를 한다. '루터파' 바울에게[38] '칭의'는 죄 용서 및 하나

---

[37] Westerholm 2004, pp. 257-258.
[38] Westerholm은 이 지점에서 Seifrid를 짓궂게 놀리지만(p. 221), 실제 이 표현으로 가리키는 것은 '개혁주의'(Reformed)가 아닌 '루터파'(Lutheran)다.

님과의 화해에 관한 메시지인 '복음과 직결되어 있다'는 것이다. 그리고 필연적인 결론이 곧장 이어지는데, 이는 우스꽝스러운 만평 뒤에 숨은 냉혹한 비난 같다. 즉, 새 관점은 **죄 용서, 하나님과의 화해, 구원에는 관심이 없**는 반면, '루터파' 관점은 당연히 그런 주제에 관심이 많다는 것이다. 새 관점은 한 그릇의 편의적인 사회학을 얻고자 그 영혼과 복음과 구원을 팔아 버렸다.[39]

이 표현은 번지수가 틀렸다. 바울이 구원에 관심이 없었다는 이야기를, 그리고 구원이 바울에게 그다지 중요한 주제가 아니었다는 이야기를 샌더스가 어디서 했는지 알려 달라. 죄인이 하나님과 화해하는 일이 더는 중요하지 않다는 이야기를 던이 어디서 했는지 알려 달라. 그리고 리처드 헤이스나 필자, 혹은 이 지점에서 거론할 수 있는 그 외의 다른 새 관점 대변자가 '죄로부터의 구원'이 더는 주요한 주제가 아니며 '번거로움으로부터의 해방'이 그 자리를 대신 차지했다는 식의 이야기를 도대체 어디서 했는가? ('번거로움'이 없어진 것도 아니다. 바울서신을 읽은 사람이라면 알겠지만, 그는 다른 사람과 마찬가지로 이방인 그리스도인에게도 수많은 '번거로움'이 기다리고 있다고 강조한다. 그리고 이방인 회심자들의 할례가 필요하지 않은 다른 어떤 이유를 언급할 때도 바울은, 그리고 내가 아는 한 새 관점 해석자들도, 번거로움으로부터의 해방을 언급한 적이 절대 없다.)

---

[39] 이런 입장은 어느새 새 관점은 믿음으로 의롭다고 함을 받아야 하는 것은 이방인뿐이지 유대인은 아니라고 가르친다는 식의 이상한 관점으로까지 이어지게 된다(예. Hagner 2001, p. 77). 그런 주장을 하는 사람이 일부 있겠지만[아마도 새 관점의 주장을 기반으로 개발한 두 언약 이론(two-covenant theory)과 연계해?], 나는 새 관점 학자들의 주장에서 그런 관점을 마주친 적이 없다. 그저 갈피를 못 잡는 새 관점 비판자들에게서 나온 이야기는 들어 봤다. 이 점에서 바울은 굉장히 분명하다(롬 3:29-30). 유사하게 Hagner p. 80는 새 관점의 바울은 '보편적인 인간의 문제**보다는** 유대인-이방인 문제에 관심이 있는 사람이라고 이야기한다. 이 말은 오해에 불과하다. 주요한 새 관점 학자들은 모두 바울이 '보편적인 인간의 문제'에 매우 관심이 많았다는 사실을 분명하게 이야기한다. 그들은 그저 그 문제에 답변하는 바울의 방식에서 '칭의'가 일차적인 초점이었다고는 생각하지 않을 뿐이다.

새 관점 해석자들이 **정작 말해 왔지만** 새 관점 비평가 중 다수가 귀담아 듣지 않은 다음 내용을 보라. "구원은 여전히 엄청나게 중요하다. 회심도 여전히 엄청나게 중요하다. '복음'은 여전히 중심에 있고, 강력하고, 중요하다. **하지만 '칭의'라는 표현은 이 모든 내용을 전달하기 위해 바울이 동원한 핵심 용어가 아니다.**" 새 관점은 회심, 구원, 복음을, 나아가 '칭의' 자체도 격하하지 않았다. 그저 문맥을 고려한 주해를 이어 가면서 '칭의'라는 표현이 실제로 바울서신에서 수행했던 역할을 조사해 왔을 뿐이다.[40]

새 관점이 주장해 온 것(이 주제에 관한 많은 책을 읽어도 이 사실을 모를 수 있다)은 바울이 회심, 구원, '복음'이라는 삼중의 실재를 전달할 때, 일차적으로 칭의 표현이 아닌(물론 실제로 밀접하게 연결되어 있다) 예수 그리스도와 관련된 표현을 통해서 전달한다는 것이다. 더 정확하게 이야기하면, 십자가에 못 박히고 부활한 메시아이신 예수와 관련된 표현, 그리고 '그 안에' 있게 된 사람들에게도 적용되는 실체와 관련된 표현으로 전달한다. 로마서가 있는 그대로 제대로 해석만 되었어도(즉, 롬 1:3-4을 바울이 자신의 '복음'을 제시하는 서두 진술로 이해하고, 1:16-17을 이어서 복음의 실제적인 의미를 천명하는 주제 진술로 이해했다면), 이런 이야기는 이미 명백해졌을 것이다. 하지만 이렇게 이해되지 못했기 때문에 로마서 1:3-4은 대체로 바울 사상과는 관련 없는 바울 이전의 정형어구로 취급되었고('우리가 모두 알듯이' 바울은 예수의 다윗 계통의 메시아직에는 관심이 없었기 때문이다), 1:16-17은 바울의 명백한 표현에도 불구하고 '복음'을 진술하는 내용으로 간주되었다. 하지만 그렇지 않다. 바울에게 복음 메시지는 메시아 예수에 관한 메시지였다. 하나님의 의의 계시라는 관점에서 이어지는 내용 전체도 그런 맥락에서 있는 그대로의 의미로 이해되어야 한다.

---

40   이것은 *PFG*의 주요 주제다. 예를 들면, pp. 912-1032를 보라.

앞서 확인했듯이, 바울에게 예수 그리스도는 중심이었다는 면에서 샌더스는 분명했다. 이 점에서 그는 범주로서 '신비주의'(mysticism)를 동원하지는 않았지만, 정확히 슈바이처와 같은 노선에 있다. 회심의 의미는 '그리스도 안'으로 오는 것이다. 구원은 사람에게 '그리스도 안에서' 주어지며 보증되는 어떤 것이다. 복음은 예수 그리스도, 십자가에 못 박힌 그분에 관한 메시지요, '그 안에' 있는 자들의 특징인 믿음의 순종을 요청하는 소환 명령이다. 눈에 띄는 사실이 있는데, 새 관점에 반대하는 학자들이 실제 문제가 마치 한편으로는 유대교의 언약적 신율주의, 다른 한편으로는 바울과 그의 교회의 삶, 윤리적 노력, 심리학에서 은혜/행위의 균형을 미세하게 조정하는 것이라는 글을 용케도 잇달아 써내고 있다는 것이다. 하지만 정말로 중요한 문제는 '칭의' 용어가 회심/구원/복음을 요약하는 바울의 방식이었는지, 아니면 사실 그가 회심/구원/복음을 이야기할 때 선호하는 일차적인 방식이 '그리스도 안에 있음'으로 결집되는 담론 전체였는지 여부다.

아이러니한 사실은, 새 관점을 향해 가장 신랄한 비판을 쏟아 내는 장본인들은 자칭 칼뱅주의자들이지만, 이 지점에서 샌더스와 필자를 비롯한 새 관점 학자들은 (알베르트 슈바이처를 거쳐) 칼뱅의 노선 위에 굳게 서 있다는 점이다. 이 점은 사람들에게 제대로 알려져야 한다. 이런 점을 잘 표현한 가장 신망이 두터운 개혁주의 사상가 두 명을 마이클 버드가 인용한 부분을 보자.

리처드 개핀(Richard Gaffin)의 말이다. '바울의 적용 구원론(applied soteriology)의 중심 모티프는 이신칭의가 아니라, 부활하신 그리스도와 믿음으로 연합함(틀림없이 이 연합에서 가장 두드러지는 것은 의롭게 하는 측면이다)이다.' 존 머레이(John Murray)도 비슷한 이야기를 한다. '그리스도와의 연합은 정말로 구원의 적용뿐만 아니라 그리스도의 완결된 사역을 통한 일회적 성취에서도 구원 교

리 전체의 핵심 진리다.'[41]

내가 더 두꺼운 나의 책에서 보여 주려고 노력했던 것은 이 두 요소를 새 관점으로 종합하는 것이 가능할 뿐 아니라 필수적인 작업이라는 점이다. 이 두 요소 중 어느 하나를 다른 하나에 종속시키고 그중 '열등한' 요소를 재해석해 아예 그 존재를 없애려는 사람이 있었음에도 불구하고 말이다. 이런 종합은 개혁주의 전통이나 샌더스, 나아가 앞서 언급한 던과 헤이스가 상상했던 것보다 훨씬 더 탄탄할 수 있다.

이 점을 제대로 파악하면 어떤 일이 벌어지는지 주목하라. 이 주제를 둘러싼 논쟁의 주요 골격에 해당하는 다섯 가지 내용 모두가 완전히 다른 모습이 된다.

첫째, 바울에게 예수의 죽음은 다른 모든 것의 기초였다는 사실에는 의문의 여지가 없다. 그것은 당연한 사실이다. 물론 그 죽음의 신학적 작용 방식을 바울이 어떻게 보았는지를 둘러싼 논란의 여지는 여전히 많지만, 충분히 해결 가능한 문제다.[42]

둘째, 바울의 회심은 분명 중요한 문제지만(사도행전뿐만 아니라, 갈 1장 등 다른 곳에서도), 바울 자신에게든 최근의 논쟁과 관련해서든 결정적인 문제는 아니다.[43] 물론 최근 주장처럼, 바울에 관한 글을 쓰는 사람 대부분이 그 문제를 전면에 내세우는 것은 아님이 확실하다.[44] (a) 바울이 다마스쿠스 도상에서 본 광경은 무엇이며, 그 경험의 결과로서 그의 신념과 사고는 어떤

---

41 Gaffin 1978, p. 132와 Murray 1955, p. 201를 언급하는 Bird 2007, pp. 86-87, n. 127.
42 앞으로 살펴보겠지만 '참여를 강조한다고 해서 예수의 죽음이 지닌 '대리적' 의미를 포기하는 것이 절대 아니다. 통상적인 반대 의견과 달리, '대표'와 '대체'는 상호 배타적(mutually exclusive)인 것이 아니라 상당한 정도로 상호 결정적(mutually determinative)이다. 이 내용에 관하여는 Williams 2015를 보라.
43 바울의 다마스쿠스 도상 경험에 관해서는 PFG, pp. 1417-1426를 보라.
44 Eisenbaum 2009.

변화를 겪었는지, 그리고 (b) 바울이 자신의 성숙한 신학으로 표현하게 된 내용은 무엇인지, 이 두 가지 질문 사이의 정확한 관계를 둘러싼 궁금증은 여전히 흥미로운 주제다. 그렇지만 이 주제는 새 관점과 직접적인 연관성이 있는 것은 아니다. 그 사건을 어떻게 기술할지('부름'? '회심'? 혹은 양자 모두, 혹은 그 이상의 무엇?)의 문제는 당연히 새 관점의 후속 작업 중 일부로 이어진다(특히 크리스터 스텐달을 추종한 사람들에게). 하지만 샌더스와 필자 같은 다수에게는 그 문제가 주요한 쟁점이 아니다. 바울이 보기에 바울 자신에게, 그리고 유대인이든 이방인이든 다른 사람에게 중요했던 것은 '그리스도 안'으로 온다는 것(coming to be 'in Christ')이었다.[45] 바울이 다마스쿠스 도상에서 눈부신 섬광을 본 것인지, 아니면 빛의 원천을 향해 천천히 몸을 돌린 것인지와 같은 실제 그 일의 발생 방식은 중요하지 않다. 새 관점을 향한 부정적인 반응의 이유가 혹시 '회심'이 훼손될지 모른다는 두려움 때문이었다면, 내가 꼭 하고 싶은 간청은 회심을 그것의 무수한 다른 형태로 이해해 달라는 것이다. '그리스도 안'으로 온다는 것이 중요한 이유를 도널드 해그너(Donald Hagner)의 말을 빌려 표현하면 다음과 같다. 그는 새 관점을 비판하는 학자이지만, 다음 글에서 내 생각으로는 새 관점 학자들 대부분이 동의할 만한 관점을 표현하고 있다.

> 바울에게 기독교는 다름 아니라 조상들의 신앙이 최종 완성 이전의 종말론적 성취 단계에 접어들었다는 믿음이었다.…바울은 이방인을 위한 두 번째 종교를 생각했던 것이 아니다. 그는 성취된 유대교로 이방인을 불러 모은 것이었으

---

45 다시 한번 언급하겠다. Hagner p. 77는 새 관점을 따르면 유대인에게는 새로운 칭의가 필요 없을 것이라고 말한다. 왜냐하면 유대교에는 잘못된 것이 없기 때문이다. 하지만 내가 아는 한, 새 관점 학자 가운데 이런 이야기를 한 사람은 없다. 그런 관점은 아마도 Gager 1983이나 Gaston 1987과 관련된 이야기일 듯하다.

니, 그것은 바로 아브라함과 더불어 시작된 이스라엘의 믿음이었다.[46]

이 말을 듣고, 여전히 지속되는 '육신을 따른 이스라엘'에 관련해서 이 말이 어떤 의미냐는 의문이 당연히 제기될 수 있다. 당연히 그렇다. 그 의문은 바울도, 그리고 그의 사상을 제대로 논의하려는 해석자도 모두 고려할 수밖에 없는 내용이다. 나도『바울과 하나님의 신실하심』11장에서 이 문제를 다루었다. 그런데 해그너가 이 단락에서 말한 내용을 바울도 여러 본문에서 이야기한다. 이 내용은 실질적으로 샌더스와 던, 그리고 내가 나름의 다양한 방식으로 말해 온 내용과도 일맥상통한다.[47]

셋째, '해답과 곤경'의 문제를 새로운 방식으로 다룰 수 있다. 이 점과 관련해서 나는 대체로 틸만의 의견에 동의한다. 말하자면, '해답에서 곤경으로'에서 파생된 엄격한 사고 노선 같은 것이 새 관점에 기본적으로 내재된 필수 요소는 아니다. 내가 강조해 왔듯이, 실제로 1세기 유대교에는 수많은 '곤경'이 존재했지만, 그 곤경이 꼭 루터와 아우구스티누스를 거쳐 바울로 역투사되었던 일종의 개인적인 고뇌(*angst*)였던 것은 아니다.[48] 하지만 다마스쿠스 도상에서 일어난 예수 그리스도의 계시는 바울에게 단지 그가 인식하고 있던 '곤경'만이 아니라 종전에는 전혀 상상하지도 못했던 깊이와 차원의 '곤경'에 대한 '답변' 혹은 '해답'을 제시했다. 이 사건은 바울의 사고에서, 그리고 특히 로마서의 논의에서 굉장히 중요한 전환점이었으며, 나는 다른

---

46   Hagner pp. 93-94.
47   하지만 Hagner pp. 99-100는 방금 한 이야기를 다른 방향으로 거두어들이는 것으로 보인다. 그는 '바울의 기독교는 유대교와의 단절을 포함한다'라고 선언한 후, 이 사실은 '새 관점의 핵심 주장을 부정하는 것과 마찬가지다'라고 결론 내린다. 하지만 새 관점의 대표자들이 '유대교와의 단절'은 없었다고 말한 적은 절대 없다. 관건은 그 단절을 구성하는 내용이 무엇인지, 그리고 그 단절이 왜, 어떻게, 그리고 실제로 언제, 그리고 아마도 어디서 일어났는지에 관한 분석이다.
48   회심 전 바울의 도덕적 좌절에 관한 Gundry 2005, 13장에도 불구하고.

글에서 학계의 이 특별한 '곤경'을 해결하는 '해답'이 되기를 바라며 이런 내용을 제시한 적이 있다.[49]

넷째, '전가'를 둘러싼 잡음이 이제는 없을 것이다. 하나님 자신의 의의 전가든, 혹은 일부 설명처럼 그리스도 자신의 의의 전가든, '전가된 의' 개념이 이 문제에 답하는 유일한 길은 아니다. 어쨌든 '전가된 의' 개념도 종교개혁 신학에 뒤이어 등장한 후속 개념이었지만, 정작 수많은 반 새 관점 학자들은 이 사실에 개의치 않는다. 이 문제를 논하는 학자 중 일부는 '전가된 의'가 전혀 바울적인 개념이 아니라고 선언한다.[50] 그리고 그 개념을 대신해 로마서 6장과 빌립보서 3장에 나오는 훨씬 더 낫고 훨씬 더 확실하게 바울적인 개념, 즉 **메시아의 죽음과 부활**이 전가된다는 개념을 제안한다. 이 개념은 개혁주의의 '전가' 교리가 수행하려 했던 신학 작업 및 그 외의 다른 역할까지도 포괄한다. 더구나 이 개념은 바울 본문 자체 안에 확고하게 자리잡고 있으며 바울 본문을 뒷받침한다는 장점이 있다.

다섯째, 마지막 심판에 관한 문제이자 그리스도인의 현재 '행위'와 장차올 마지막 심판의 관계에 관한 문제를 완전히 다른 관점에서 다룰 수 있다. '누가 무엇을 하는가?'(그 행위의 주체는 하나님인가 아니면 나인가? 둘 다인가? 아니면 다른 무엇인가?)를 둘러싼 고뇌 대신, 바울 자신의 명쾌한 진술에 주목하자. "**메시아 예수 안에 있는** 사람에게는 결코 정죄가 없습니다.…왜냐하면 메시아의 성육신과 죽음을 통해, 그리고 '그의 육신 안에서', 하나님이 '죄를 정죄하셨고' 그럼으로써 '죄와 죽음의 율법'을 처리하셨으며, 그 결과 우리가 육신을 따르지 않고 성령을 따라 살 때 '율법의 의롭고 정당한 판결이 우

---

49 *PFG*, pp. 737-773를 보라.
50 내가 아는 한 Westerholm은 이와 관련해서는 아무 말도 하지 않는다. 현재 논의에 관한 오랜 연구를 고려하면 눈에 띄는 사실이다. Gundry 2005, 12장은 '전가된 의'에 반대하는 주장을 한다.

리 안에서 성취될 수 있게' 하셨기 때문입니다"(롬 8:1-4). 당신이 메시아 안에 있기 때문에, 메시아의 성령이 당신 내부에 거한다. 이제 요구되는 윤리적 노력(롬 8:12-16이 윤리적 노력에 관한 이야기가 아니라면, 그 본문은 아무 의미가 없다)은 제로섬 게임의 대상이 아니다. 그것은 이 세상 속 하나님의 행위가, (일부 이신론이나 에피쿠로스 신학에서 보듯이) 어떤 사건에 대한 책임이 하나님에게 있는지 또는 그 사건이 '자연 과정'의 결과인지에 관한 결정에 종속되지 않는 것과 마찬가지다. **당연히** 우리는 윤리적 노력을 한다, 그런데 **당연히** 그것은 '성령에 의한' 일이기도 하다.[51] 이런 관점은 '자유 의지'를 제거하는 것이라고 주장하는 사람도 일부 있다.[52] 하지만 그런 주장은 바울을 철학적 틀에 억지로 끼워 넣는 꼴이다. 바울에게는 성령이 바로 신자들을 자유롭게 하는 장본인이었다. 이 내용을 이해하려면 성령론을 훨씬 더 제대로 논의해야 하며, 또한 바울이 믿었던 하나님이 개인과 공동체 안에서 그리고 그들을 통해서 일하시는 방식에 관한 전반적인 논의도 해야 한다. 나는 다른 책에서 이 문제를 논의하려고 시도했다. 여기서는 그저 개혁주의 신학 자체 내부에서 서술된 원칙, 즉 바울의 일차적인 구원론 범주는 '그리스도 안에 있음'이란 범주였다는 원칙이 새 관점 비판자들이 걱정하는 문제를 효과적으로 처리할 수 있으며, 실제로는 훨씬 더 제대로 처리할 것이라는 사실에만 주목하겠다.[53]

---

51 Westerholm p. 351를 보라. 루터파에게 '인간은 그들의 구원에 이바지하는 바가 **없다**'(원서 강조). 이 입장은 분명한 문제를 불러일으킨다. 이를테면, 성령으로 인해 달라지는 것은 무엇인가?
52 Smith 2007.
53 다시 예를 들면, Vanhoozer 2011을 보라. Hagner는 바울에게는 '행위에 따른 심판'과 '믿음을 통한 칭의' 사이에 아무런 신학적 긴장이 없었다는 Yinger 1999를 문제 삼는다. Hagner는 그렇다면 바울이 '행위-의'를 반대한 이유가 무엇이냐고 묻는다. Hagner는 핵심을 잡지 못했다. '행위에 따른 심판'은 **미래**의 심판에 관한 내용이며, ('토라의 행위'가 아닌) '믿음을 통한 칭의'는 **현재**에 관한 내용이다. 새 관점의 유익 가운데 하나는 '행위-의'와 '행위를 따른 심판' 사이의 혼동을 피할 수 있도록 돕는다는 것이다. 그 혼동을 되풀이하는 것은 대화를 중단시키는 결과를 가져올 뿐이다.

새 관점은 바울이 가졌던 '구원'에 대한 관심을 약화하지 않는다. 그것은 그의 회심 신학을 훼손하지도 않는다[참고로, 그는 '부르심'(*kaleō*)이라는 단어를 사용한다]. 그것은 신자의 삶에서 지속되는 은혜의 사역을 평가절하하지도 않는다. 그것이 그의 '복음'을 평가절하하거나 훼손하지 않는 것도 확실하다. 새 관점은 이 모든 내용을 확고한 터 위에 놓는다. 그렇게 하는 가운데 새 관점은 '칭의'라는 단어 자체와 그 동족어들을 해방해 바울서신 안에서 그 단어가 하던 장엄한 역할을 제대로 하게 하는데, 그것은 앞서 언급한 모든 내용과 연결되어 있지만 그동안 서구 교회가 망각할 위험에 처해 있던 내용을 천명하고 있다. 즉, 이 복음은 유대인과 헬라인, 노예와 자유인, 남자와 여자 구분 없이 모든 사람을 위한 것이다. 새 관점은 '그리스도 안에' 있는 사람들로 이루어진 공동체의 새로운 정의와 정체성이 바울의 세계관과 신학 내부에서 핵심 역할을 했음을 보여 준다. '성경적'이 되기 위해 부단히 노력하는 서구 개신교인들이 교회 연합에 관한 바울의 반복된 명령을 무시했을 리는 없다. 설마 그럴 수 있을까?

그렇다면, 그동안 새 관점을 향해 격렬한 반대를 쏟아 낸 사람들은 어떻게 되는가? 결론적으로, 관련된 백 가지 책 중에 고른 두 권의 책에 관한 언급을 조금 하겠다. 이 두 책은 서로 아주 다른 책이다.

페터 스툴마허(Peter Stuhlmacher)는 지난 수십 년간 독일 바울 학계를 선도한 인물 중 한 명이다. 그의 작업은 널리 인정받고 있다. 그는 케제만의 제자로서, 그렇기에 루돌프 불트만의 학문적 손자로서 고상한 긴 전통을 대변한다.[54] 따라서 새 관점에 이의를 제기한 그의 짧지만 광범위한 작품은 매우 진지하게 논의할 가치가 있다.[55]

---

54 그는 이 두 명의 멘토를 따라 이를테면, 바울에게 '죄'는 단지 계명의 위반이 아니라 계명을 향한 경건한 열심이라고 본다(p. 25).
55 Stuhlmacher 2001. Stuhlmacher는 로마서 주석을 비롯해 다른 많은 책을 썼다. 하지만 나

그의 이전 책을 참고하면 예상할 수 있듯이, 스툴마허는 (나를 비롯한 다른 새 관점 학자 몇 명과 마찬가지로) 바울이 사용한 표현인 '하나님의 의'가 하나님 백성의 ('의로운') 상태보다는 하나님 자신의 의를 가리킨다고 주장한다.[56] 그는 이스라엘의 성경에서 이 '의'가

> 창조 세계 안에서, 그리고 이스라엘의 역사 안에서, 그리고 (종말의) 심판의 상황에서 안녕과 구원을 창조하는 능동적인 힘이라고 보았다.[57]

그렇게 그는 그가 이전에 '하나님의 의'에 관해 주장했던 바를 되풀이하면서 하나님이 이 세상을 위해 행하시는 묵시 드라마 전체를 환기시키는데 이 드라마를 통해 하나님의 왕국이 설립될 것이다(pp. 28, 52, 73). 그는 루터가 바울을 넘어서서 '구원론적 측면을 강화하고 신학적인 가치를 평가'한 방식을 명쾌하게 보여 주는데, 이것이 전적으로 올바른 발전이었다고 주장한다(p. 36). 그는 스텐달과 던이 '마지막 심판 때의 칭의를 둘러싼 질문을 회피한다'라고 언급한다(p. 42). 이 논평은 던(그는 바울서신의 구석구석을 조사했다)보다는 스텐달(그의 작업은 강력하지만 빈약하다)에게 더 쉽게 먹힐 내용이다. 하지만 그런 후에 스툴마허는 '법정적' 범주와 '참여적' 범주를 통합하고 싶다고 피력하면서, (아마도 '신비주의'를 거부하는 독일 개신교의 지속적인 흐름으로 인한?) 이 두 범주 사이의 구분을 거부하고 그런 구분이 발생한 것은 '속죄에 관한 이해의 결핍' 때문이라고 말한다(p. 44). 이 말은 이상하며, '율법의 행위'에 관한 던의 관점에 반박을 시도한 것처럼 더 자세한 설명이 필요해

는 조사를 할 때, 원로 학자들이 좁은 지면에 개념들을 제시할 때는 그들이 진정으로 말하고자 하는 바의 핵심만을 요약한다는 원칙을 염두에 둔다. 나는 이제 논의할 그 소책자에도 이 원칙이 적용된다고 본다.
56 Stuhlmacher 1966을 보라.
57 Stuhlmacher 2001, p. 19. 이어지는 각주의 참고 문헌은 이 작품이다.

보인다.[58] 사실 '법정적' 틀과 '참여적' 틀을 통합하려는 스툴마허의 시도는 샌더스, 던, 헤이스의 시도와 상당히 흡사하다. 물론 서로 뉘앙스가 다른 것은 틀림없지만 말이다. 그리고 바울의 '세례적 칭의'(baptismal justification) 같은 그의 강렬한 관점은 (특히 북미의) 수많은 반 새 관점 집단보다 슈바이처에 더 가깝다는 인상을 나에게 주었다(pp. 62-63).

내가 결론 내리기로, 스툴마허와 새 관점의 주요한 차이는 그가 '이스라엘' 범주를 격하한다는 점이다. 그의 스승 케제만과 마찬가지로 그에게도 바울서신에 나타나는 '언약' 관련 단서들은 이전 시기 유대-기독교 정형어구의 흔적일 뿐이다. 그는 바울이 그 정형어구를 그대로 인정하지 않고, 대신 **창조 세계**를 향한 하나님의 신실하심에 관한 담론으로 변환했다고 이해한다. 내가 다른 곳에서 주장했듯이, 이것은 그릇된 양자택일이다. 스툴마허가 '칭의'의 제 의미가 드러나는 해석학적 맥락으로 **마지막** 심판을 강조한 것은 분명 옳지만, 바울이 (세례 안에서!—모두가 그의 의견을 따르지는 않을 지점이다) 현재의 칭의에 관해 말한 내용이 그 마지막 심판과 어떤 직접적인 관련성이 있는지는 보여 주지 않는다고 생각한다. 그는 물론 주석들을 집필하긴 했다. 하지만 그가 해답은 바울의 사고의 흐름을 따라가는 데 있다고 반복해서 주장함에도, 실제로는 그렇게 하지 않고 바울이 아닌 자신의 사고의 흐름을 부과하면서 핵심 본문을 선택하고 자신의 주장과 그다지 어울리지 않는 본문은 생략한다는 사실은 실망스럽다.[59] 하지만 그의 소책자를 연구함으로써 나는 만약 이것이 실제로 독일 학계가 새 관점을 향해서 하는

---

58 pp. 43-44. 쿰란 종파에서 헬라어 *erga*와 *erga nomou*의 용법을 읽어 내는 부분은 특별히 이상하다.

59 예를 들면, pp. 42-43에서 그는 롬 3:28을 3:29-30과 분리해서 다룬다. p. 55에서는 우리가 '바울 자신의 사고 흐름'을 따라야지, '그것을 서구의 칭의 신학이 제기하는 전형적인 질문 아래로 즉시 종속시켜서는 안 된다'라고 말한다. 당연히 나는 이런 방향성에 박수를 보내지만, Stuhlmacher가 실제로 그 작업을 수행한 내용에서는 그런 면을 볼 수 없었다.

말이라면, 적어도 그들의 더 학자적인 대변자들에게는 그 두 측면이 실제로는 멀리 떨어진 것이 아니라는 사실, 그리고 남아 있는 질문들은 앞으로의 연구를 통해 상당히 쉽게 포섭할 수 있는 내용이라는 사실을 성찰할 수 있었다.

그렇다면 거대하며, 세심하게 제시되었고, 아주 매력적인 웨스터홈의 작품에 관해서는 어떤 말을 할 수 있을까? 이제 그는 부활한 '옛 관점'의 대변자가 되었으며, 분명 그런 역할에 가장 적임자 중 한 명이다. 나는 이미 그가 새 관점을 희화화한 눈에 띄는 대목을 강조한 바 있는데, 그가 그런 식으로 사람들의 이목을 끌었다 해도 부당한 말은 아니다.[60] 이런 식으로 문제에 접근한 것은 애석한 일이다. 왜냐하면 그의 책 전반부는 굉장히 공정하고 명쾌하며 특출할 정도로 열린 태도와 공평한 태도를 보여 주지만, 후반부로 들어서면 깊은 실망을 안기기 때문이다. 기본적으로 웨스터홈의 경우는 보통 벌어지는 상황과는 정반대다. 말하자면, 그는 다른 사람의 관점을 기술할 때는 명쾌하고 공정했지만, 자신의 견해를 다룰 때는 그만큼 공정하지 못하다. 왜 그런지 설명해 보겠다.

첫째, 우리는 웨스터홈이 묘사한 또 다른 눈에 띄는 당황스러운 희화화에 주목해야 한다. 그는 한 대목에서 최근의 변화를 긍정하는 것처럼 보인다.

바울이 사람이 율법의 행위가 아닌 예수 그리스도를 믿음으로 의롭다고 선언된다는 논지를 공식화하게 한 요인이 경계표지에 관한 이슈였다는 주장은 최근 학계가 강조하는 전적으로 적절한 내용이다.

---

60   Westerholm 2004, p. 249. '당연히 희화화가 빠질 수는 없다.' 이어지는 각주에서 Westerholm의 참고 문헌은 따로 언급이 없는 한 이 책이다.

그렇다면 새 관점은 안도의 숨을 쉬어도 되는가? 전혀 그렇지 않다.

> 이 관점의 요점은 **단지** 이방인은 할례받을 필요가 없다는 것일 뿐, 죄인인 인류 전체가 그리스도 예수의 죽음을 통해서만 이례적으로 의롭다고 선언될 수 있다는 것이 **아니다**. 이 사실은 최근 학계의 일부가 지닌 결점인 근시안성을 보여 준다.[61]

여기 마지막 진술에 웨스터홈이 각주를 달지 않았다는 사실은 시사하는 바가 큰 것 같다. 내 생각으로는, 바울이 모든 인류는 죄인이며 예수 그리스도의 죽음을 통한 구원이 필요하다고 생각했다는 사실을 부인하는 사람은 새 관점 옹호자 중 이제껏 아무도 없었다. 아마도 웨스터홈이 읽었던 샌더스의 책 사본에는 빈 페이지가 조금 있었던 것 같은데, 하필 그 페이지에 궁극적인 진리가 들어 있었나 보다.

그릇된 양자택일이 되풀이된다. 한 대목에서 웨스터홈은 내가 아는 한 새 관점의 그 누구도 확증할 꿈도 꾸지 못했던 관점을 단호하게 반박한다.

> 데살로니가전서에는, 유대교 언약에 충성하는 것이 그리스도 안에서 주어진 구원에 가능한 대안이 될 수 있다는 생각을 바울이 했다거나 심지어 그것을 독자들이 겪는 반대를 당연하게 여기도록 유도하기에 충분한 선택지로 보았다는 암시가 전혀 없다.[62]

맞는 이야기다. 그리고 새 관점 안에도 우리 중 누군가가 바울이 그런 생각

---

61 p. 389.
62 pp. 358-359.

을 했다고 상상한다는 암시가 없고, 나아가 우리가 그것을 반박할 만한 선택지로 보았다는 암시도 전혀 없다. 그는 어디서 그런 암시를 얻었을까? 웨스터홈의 각주는 우리에게 알려 주는 바가 없지만, 그는 지체 없이 (마치 이 개념이 훨씬 더 이상한 관점인 것처럼) 세상의 죄 문제에 대한 하나님의 해결책이 아브라함의 약속과 더불어 시작되었다는 개념을 거부한다. 이 개념은 바울에게 근본적인 내용이었고 유대교와 바울의 공통적인 입장이었지만, 웨스터홈이 방금 '반박한' 입장과는 전혀 다른 개념이다.[63]

복잡한 주해가 등장하는 수많은 페이지에도 비슷한 내용이 계속 등장한다. 이 모든 내용이 정점에 이르는 것은 웨스터홈의 마지막 요약에 붙은 제목이다. '죄인에게 넘치는 은혜인가 아니면 인종의 경계를 지우는 은혜인가?'[64] 이 지점에서는 나는 이렇게 대답하고 싶다. '당연히 둘 다. 물론 둘 다 바울의 설명을 따라 적절하게 교정해야겠지만.' 그런데 놀랍게도, 웨스터홈은 앞서 이야기한 많은 내용을 뒤로하고 갑자기 발을 빼더니 실제로는 새 관점이 전체적인 답변에 마땅히 고려해야 할 중요한 부분을 주장했다고 인정한다. 이것은 방향 전환일까? 그의 책 20장이 모양을 갖추어 가는 시점에서 그에게 주어진 새로운 '계시'인가? 아니면 이전의 희화화는 그저 장난이나 속임수에 불과했다는 의미인가? 어느 쪽이든, 우리는 다음과 같은 종합적인 표현을 보고 안심하게 된다.

최근 학계는 바울이 '율법의 행위가 아닌 믿음으로' 얻는 칭의 교리를 정식화한 것이 사람이 구원받는 것이 인간의 노력에 의한 것인지 하나님의 은총에 의한 것인지를 둘러싼 논쟁 때문이 **아니라, 이러한** 분쟁[즉, 이방인을 받아들이

---

63 p. 359 n. 26. 나중에(p. 376) Westerholm은 아브라함의 축복이 '이제 그리스도 예수 안에서 현실이 된' 방식에 주목한다. 그런데 왜 앞에서는 이 둘을 연결하지 못했던 것일까?
64 20장.

는 문제]의 맥락에서였다는 사실을 올바로 강조했다.⁶⁵

따라서 바울의 복음이 율법의 독특한 유대교 관습들을 이방인에게 부과하는 것을 허락하지 않을 것이라고 말하는 것은 진실이며 또한 중요하다. 그리고 바울이 그의 '율법의 행위가 아닌 믿음으로 얻는 칭의' 교리를 정식화한 것은 그런 주장에 대한 반응이었다는 사실에 주목하는 것 역시 진실이며 또한 중요하다.⁶⁶

바울에 관한 새 관점이 강조한 가장 중요하고 유익한 점은 유대교가 '율법주의'가 아니었다는 주장이다. 말하자면 유대인은 그들의 구원을 '쟁취했다고' 생각하지 않았고, 이스라엘에 언약을 주신 하나님의 선하심을 인정했으며, 언약의 요구사항을 이루어 냄으로써 그 선하심에 응답하려고 노력했다.…[거기에서 다양한 요건이 파생되지만] 그런 요건 중 어느 것도 근본적인 진리, 즉 나름의 용어로 기술된 유대교는 하나님의 은총을 알고 그 은총에 의지했으며 행위를 통한 구원을 추구하는 자기 의를 조장하지 않았다는 진리를 흐리게 해서는 안 된다.⁶⁷

그리고 마지막으로 다음과 같이 이 책을 마무리한다.

비평가들은 바울의 교리 정식화를 촉발한 상황을 올바르게 규정해 왔고, 우리

---

65   p. 441. 하지만 '인간의 노력에 의한 구원' 등 정밀하지 못한 표현을 쓴다는 사실에 주목하라. (앞 내용을 보라).
66   p. 442. Westerholm은 '한편으로는'이라며 말을 이어 가는데, 이 표현 때문에 앞 내용의 힘이 반감된다. 하지만 이 진술은 거기 그대로 있으며, 새 관점 학자들은 모두 그 내용에 찬성할 것이다.
67   pp. 443-444.

에게 1세기 사회적·전략적 중요성을 일깨워 주었다. '루터파'들은 그들 나름대로 바울의 논리와 기본적인 요점을 올바로 포착했다. 바울의 말씀을 동시대의 상황에 적용하는 데 열중했던 (아우구스티누스, 루터, 칼뱅, 웨슬리 같은) 사람들에게 중요한 것은 교리의 역사적 배경이 아닌 요점이었다. 초기 기독교를 연구하는 학도들은 양자 모두를 정당하게 다루려고 노력해야 한다.

이 말에 곧이곧대로 동의하지 않는다고 해도(나는 '요점'이 정말 그런 식으로 '역사적 배경'에 우선한다고 인정하지는 않을 것이다), 확실히 우리는 합리적으로 명쾌한 '양쪽을 아우르는' 입장을 가지고 있는 듯하다. 웨스터홈이 이전에 내세웠던 강력한 양자택일을 고려한다면, 그리고 책 후반부에서 여러 번 반복해서 새 관점의 해석을 깎아내리고 로버트 건드리처럼 '묵은 것이 더 좋다'고 주장했다는 사실을 고려한다면, 이 점은 특이하다.

그렇다면 웨스터홈은 어떻게 이 결론에 도달했는가? 몇 가지 내용이 있는데, 나는 여기서 그 내용 자체를 자세하게 살펴보기보다는 더 자세한 토론을 위한 출발점이자 차후 논의를 위한 이정표로써 간단히 언급하고자 한다.[68]

첫째, 실제적인 근본 문제는 '법정적' 범주와 '참여적' 범주의 통합(혹은 그 통합의 결여)이라는 인식이 웨스터홈의 세심하고 긴 분량의 책에 보이지 않는다는 섬이다. 이 점은 정말 이채롭다. 내가 살펴본 한에서는, '그리스도 안에 있음'이 '칭의' 및 관련 표현들과 통합될 수 있는 방식에 관한 논의는커녕 전체적인 개념에 관한 논의도 전혀 보이지 않는다. 이 주제와 관련된 논란의 역사를 생각하면, 이 상황은 기이하다. 주해의 관점에서도 이 상황은 (솔직

---

68 참조. Zetterholm 2009, p. 192. '따라서 결국 가장 중요한 것은 Westerholm이 유대교에서 발견한 홈은, 유대교가 루터주의가 아니었다는 점이며, 루터파의 바울 해석은 샌더스 이후 시대에도 완전히 가능한 것으로 보인다.' 이것이 Westerholm의 주장이라는 사실에는 나도 동의하지만, 이어지는 문제는 여전히 남는다.

히) 용서가 안 된다.

둘째, 최근 몇 해 동안 이 논란에서 아주 큰 부분을 차지했던 '하나님의 의'에 관한 실질적인 논의가 없다. 이 표현에 관한 극히 짧은 (내가 보기에는 갈피를 못 잡는) 논의가 한번 나오는데, 논의 직후에는 웨스터홈이 기본적으로 (그 표현이 하나님의 의를 가리킨다고 보는 케제만 및 점차 증가하는 학자들의 관점에 맞서) 불트만의 관점을 따른다는 단서가 나온다. 하지만 웨스터홈은 로마서의 모든 핵심 본문을 해석하는 데 근본적인 이 이슈를 다루기 위해 잠시도 멈추지 않는다. 그는 그것을 완전히 비켜서 지나간다.[69]

셋째, 로마서 4장과 갈라디아서 3장의 진짜 주장이 '누가 아브라함의 진정한 자녀인가?'에 관한 내용이라는 인식을 보여 주는 신호가 없다. 또한, 가장 중요한 진술 중 하나인 갈라디아서 2:15-21의 배경이 안디옥에서 굉장히 예리하게 제기되었던 질문인 '누가 누구와 식탁 교제를 함께하는 것이 허용되는가?'였다는 암시도 없다.[70]

넷째, 웨스터홈은 이 논란이 몇몇 분파에서 어떻게 나타났는지 살펴보는 매력적인 논의 와중에도 '전가된 의'를 둘러싼 현안이 존재한다는 사실에 눈길조차 주지 않는다. 심지어 고린도후서 5:21을 논의하면서도 그 부분에 무언가 우려되는 바가 있다는 사실이 떠오르지 않았나 보다. 이런 현상을 그가 '루터주의'를 계속해서 고집하고 개혁주의 관점을 지속해서 폄하한 결과로 봐야 하는 걸까?[71]

---

69   pp. 284-286; 그리고 예를 들면, p 322, "하나님의 '의'는 얻을 수 있다(available)"를 참고하라.
70   p. 367에서 Westerholm은 베드로에 대한 바울의 반응의 요점을 모르겠다고 인정한다. 그 뒤 pp. 370-371에서는 그의 주장에서 절실하게 필요한 2:15-21의 맥락을 전혀 설명하지 않는다. 그는 롬 3:21 이후의 주장과 아브라함 사이에 큰 관련이 있다는 사실을 부정하고, 아브라함을 하나의 '사례'로 인용하며(p. 392), 시사하는 바가 큰 본문인 3:27-31을 피해간다 (p. 390).
71   p. 365. Westerholm은 그의 책 이전 판이 개혁주의 관점을 고려하지 않았다는 비판을 언급한다(p. 202). 그가 Cranfield를 논의에 포함하기는 했지만, 개혁주의의 이신칭의 신학이 지닌 실제적인 세부 사항에 관한 논의가 눈에 띄게 늘어난 것은 아니다.

더 특별한 내용인 다섯째, '언약' 신학의 역할(이렇게 부를 수 있겠다)이 무엇이든 그것에 대한 진지한 고려가 없다. 웨스터홈은 이 문제를 무시하고 희화화하면서 '언약적 낭만주의'(covenant romanticism, 그 자체로는 흥미로운 개념이다)에 관한 세이프리드의 말을 인용해[72] 의미심장한 주장을 한다. 즉, 이스라엘의 성경은 하나님의 의 개념 안에 그의 언약들(복수에 주목하라)에 대한 그의 신실하심을 포함하기 때문에, '하나님의 의가 언약적 신실하심으로 **축소될 수 있다고 말할 수 없다**'라는 주장을 한다.[73] **축소라고**? 이런 생각의 출처는 어디일까? 각주를 보면 그 답은 '마크 세이프리드'(Mark Seifrid)인 듯하다. 그렇지만 이스라엘의 성경과 제2성전기의 장구한 성경 이야기 개작에 익숙했던 사람이라면 어떻게 하나님의 이스라엘을 향한 언약적 신실함이 작고 하찮은 문제라고 생각할 수 있단 말인가? 내가 긴 분량으로 주장했듯이, 하나님의 언약적 신실함은 세상을 향한 하나님의 계획의 구심점이다. 웨스터홈은 반 새 관점 학자들 대부분과 마찬가지로 바울에게는 '디카이오쉬네'(*dikaiosynē*, 의)라는 표현과 언약의 연관성이 핵심적이었다는 사실을 절대 보지 못한다. 그것을 이해해야 가장 잘 이해될 수 있는 명백한 본문들이 있음에도 말이다.[74] 고린도후서 3장을 보면 이 점을 명쾌하게 알 수 있다. 그리고 로마서 9:6-29에서 바울이 아브라함의 언약 가족 이야기를 개작해서 들려주는 이유도 '하나님이 불의하신가?'(*mē adikia para tō theō*)라는 질

---

72 p. 287 n. 61. Seifrid 2000b, p. 124를 보라.
73 p. 285(원서 강조). 실제로 이곳과 다른 곳에서 Westerholm은 '의'를 설명하면서 유감스러운 신조어인 'dikaoisness'를 사용한다. 나는 이런 식으로 여기 중요한 본문을 훼손하는 것을 어리석은 처사로 간주해 왔다. 또한 p. 359는 바울의 독자들이 세상의 죄의 문제에 대한 해답이 하나님이 이전에 아브라함에게 하신 약속에 있다는 개념 자체를 이해하지 못했을 것이라고 주장한다. 하지만 롬 4장과 갈 3장을 보면, 정확히 그 내용이 바울이 믿었던 바다. 결국 그는 창 12장의 내용을 단순히 따른 것이었다. 그것은 나를 비롯한 학자들이 자주 지적해 온 사실이다. 바울은 과거 이교도였던 회심자들이 **유대교 방식으로 생각하게** 하려고 열정을 쏟는다. 그 일이 그들에게 (그리고 일부 현대 학자들에게) 아무리 어려울지라도 말이다.
74 예를 들면, Wright 2014a, 2014b에서 최근에 내가 재진술한 내용을 보라.

문 때문이다. 그는 '그렇지 않다, 하나님은 불의하시지 않다'라고 대답하는데, 이 답변은 이스라엘이 오랫동안 마음에 품고 있던 언약 갱신의 약속을 담은 신명기 30장을 통해 하나님의 '의'를 새롭게 설명하는 내용으로 이어진다. 추가로 로마서 4:11에 주목할 수도 있다. 거기서 바울은 창세기를 인용하면서 다음과 같이 핵심 용어에 변화를 준다. 다시 말해, 아브라함이 할례의 표를 받은 것은 무엇을 인친 것인가? 창세기 17:11은 '언약'을 인친 것이라고 말하지만, 바울은 '믿음의 의'를 인친 것이라고 말한다. 이런 변화가 바울이 '더는 언약에는 신경 쓰지 말고, 대신 의에 대해 생각합시다'라고 말한다는 뜻일 리는 거의 없다. (하나님이 최초로 아브라함과의 언약을 수립하신 창15장을 설명하는) 그 본문의 요점은 **이것이 바로 언약의 진정한 의미였고, 의미라는 것이다.**[75] 마지막으로, 로마서와 『에스라4서』의 유사성에도 주목하라. 『에스라4서』에서 절규할 정도로 긴급한 질문은 "그렇다면 하나님은 어떻게 그 언약에 신실하실 것인가, '의로우실' 것인가(to be *tsaddik*)?"였다. 이렇게 묻는다고 해서 '에스라'가 당면했던 거대하고 우주적인 질문을 작고 '낭만적인' 개념으로 '축소'하는 것은 아니다. 도리어 그 질문은 그것의 완전하고, 반향을 불러일으키며, 세상을 들썩이는 범위를 제공한다. 창조주 하나님이 곧 언약의 하나님이시며, 언약은 창조 세계 전체의 곤궁에 답하는 그분의 수단이다. 만약 언약이 돌이킬 수 없을 정도로 파괴되었다면, 다시 혼란이 올 것이다. 그것이 요점이다.[76]

그래서 웨스터홈은 그의 마무리 요약에도 불구하고, 우리가 앞서 정리한 덫에 대체로 빠질 수밖에 없다. 그는 '바울 사상 속의 이신칭의'—50페이지가 넘는 장—에 관한 긴 설명을 제시하면서도, 우리가 찾고 있는 내용이 무

75　창 17:10-11; 롬 4:11.
76　특히 Longenecker 1991을 보라.

엇인지 말하지 않는다. 점차 분명해지는 사실은 그가 정답은 '어떻게 죄인이 구원을 얻는가에 관한 교리'라고 가정한 채 질문 전체를 단정 짓고 있다는 사실이다. 그래서 그는 새 관점을 과도하게 희화하면서, 새 관점에서는 인간이 어떻게 하나님의 진노에 직면하고 복음에 반응해야 하는지에 관해 바울이 '더 이상' 질문하는 것이 '허락되지 않는다'라고 말한다(p. 355). 그는 데살로니가전서를 해석하면서 당연히 '칭의'는 등장하지 않는 것으로 보지만, '칭의에는 마땅히 정죄받아야 할 죄인이 사면을 받고 하나님 나라의 자리를 부여받는 하나님의 계획이 수반되므로' 그 교리를 가리키는 표현은 없더라도 그 교리 자체는 거기 존재한다고 말한다(p. 360). 하지만 그것이 바로 첨예한 논란거리다. 문제는 바울이 죄인의 구원과 관련된 내용 전부를 믿었느냐의 여부가 아니라, **그 내용을 진술하기 위해 '칭의'라는 표현을 사용했느냐**의 여부에 관한 것이다. 고린도전서도 마찬가지다. 바울의 '구원 메시지'는 변경되지 않았다(p. 361). 당연히 변경되지 않았다. 하지만 관건이 되는 지점은 바울이 '칭의'라는 표현을 사용할 때 그 질문과 관련된 내용을 직접 말하고 있는지 여부다. 고린도전서 1:18-29을 집필한 그 바울이 '구원을 인류가 자신의 공로를 내세울 수 있는 협동조합으로 생각했을 리는 **없다**'(p. 364, 원서 강조). 물론 그렇다. 누가 다른 식으로 생각할 수 있겠는가? 하지만 웨스터홈은 완전히 핵심을 벗어났다. '칭의는 이방인 신자들에게 유대인 신자들과 동등한 권리가 있다는 사실, 그리고 양자 모두 오직 믿음을 통한 아브라함 가족, 메시아 가족의 온전한 구성원이라는 사실을 분명하게 하려고 고안된 변증적인 교리였다'라고 말한다고 해서 그것이 '따라서 루터와 그의 친구들은 틀렸으며, 구원은 협동조합에 관한 것이다'라는 말은 **아니다**. 그는 허수아비와 씨름하고 있는 것이다. 내가 아는 한, 샌더스도, 던도, 그리고 새 관점 집단의 주요 학자 중 그 누구도 바울이 고린도로 향할 때 그가 '그 지역의 이방인들을 초대해 그들의 이웃 유대인들이 유대 민족의 언약 아래서 이미 향유하고 있는 구원에 동참하게 하려는' 것이었다고 말하지 않았다.[77] 그런 생각은 앞으로 언급할 일부 학자들의 관점일 수는 있지만, 새 관점 학자들의 특징은 아니다. 또한 마지막으로, 많은 '반 새 관점' 학자들이 해 왔듯이 에베소서 2:8-10을 마치 (에베소서를 바울이 집필했는지와 무관하게) 바울이나 바울의 모방자가 완전히 '루터파' 관점을 받아들인 것처럼 인용해서도 안 된다(p. 406). 다른 많은 사람처럼 웨스터홈도 에베소서 2:8-10에 바로 뒤이어 절정에 해당하는 강력한 내용인 2:11-22이 나온다는 사실을 지적하지 않는다. 2:11-22에서는 유대인과 이방인이 그리스도 안에서 하나 된다는 것이 중심 주제며, 에베소서의 전체 주장에서 나름의 중요한 비중을 차지한다. 에베소서 2:1-10은 옛 관점을 대변하고 2:11-22은 새 관점을 대변한다고 이야기할 수 있는데, 달리 말하면 그 두 관점은 적어도 이 특정 편지 저자의 마음속에서는 하나로 굳게 통합되어 있다.

이 모든 사안과 관련해 스티븐 웨스터홈에게 이의를 제기하는 것은 그다지 즐거운 일이 아니다. 실제로 다른 학자를 목표로 삼을 수도 있었다. 그런데 그의 책이 (추천사를 쓴 유명한 학자들의 말처럼) 바울 초심자들에게도 소개하고 싶은 책인 것은 공정한 입장에서 잘 논증된 전반부 때문이다. 하지만 그로 인해 그들은 결국 덫에 빠지고 말 것이다. 만약 그 책이 존 바클레이(John Barclay)의 말처럼 '현재 논쟁의 교착 상태를 끝내는 데 확실한 도움이 될' 책이 맞다면, 그 이유는 웨스터홈의 주해에 존재하는 혼란과 공백으로 인해 다른 학자들이 한층 더 노력하게 될 것이기 때문이다. 사이먼 개더콜이 추천사에서 웨스터홈을 두고 '다른 학자들 대부분보다 단연 빼어나다'

---

[77] p. 366. 참조. p. 374. '어디서에서도 바울은 유대인들이 그들의 율법(혹은 언약) 아래서 이미 향유하고 있는 축복에 이방인들이 참여하려면 기독교 복음이 필요하다고 제안한 적이 없다.' 바울이 그런 내용을 암시했다는 주장을 도대체 누가 했는가? 새 관점 학파에는 그런 사람이 아무도 없다.

고 한 말이 맞을 수도 있지만, '바울 해석자로서는' 그렇다고 할 수 없다. (다른 사람은 아닌) 바울을 둘러싼 논란 중 일부의 해석자라는 측면에서는 그런 평가에 동의할 수도 있다. 하지만 바울 해석자로서의 위상을 그 학자가 종합해 내는 주제들과 설득력 있는 주해를 제시하는 본문들을 잣대로 측정한다면, 생각이 다를 수밖에 없다. 나는 감히 모방하지도 못할 조용한 아이러니의 달인인 스티븐 웨스터홈이라면, 여전히 루터에 매혹된 채 바울 주해자이려고 노력하는 사람은 누구나 자신의 역할을 박제사로 여겨야 한다는 나의 말이 그리 불쾌하지는 않을 것이다. 영웅은 떠올리고 참고만 해야지, 바울서신 대신 루터 자체를 박제하고 고정해서 전시실을 온통 루터로 채워서는 안 된다.

3. '샌더스 이후의 삶' 이후의 삶

그러는 동안 숲의 또 다른 부분에서는 온갖 다른 줄거리가 잉태되고 온갖 다른 의제가 폭발하고 진전되었다. 최근 연구가 보여 주듯이, 최근 20-30년간 특히 북미에서는 서로 다른 많은 급진적인 '관점'을 내세우는 새로운 질문이 갑자기 터져 나왔고, 그 때문에 나는 본서 앞부분에서 불꽃놀이 상자가 갑자기 터지는 광경을 이야기했었다.[78] 옛 관점과 새 관점을 둘러싼 논쟁이 '법정적' 범주와 '참여적' 범주의 상대적 경중 및 적절한 통합과 관련된 꽤 간단하고 명쾌한 논쟁으로 좁혀질 수 있다고 생각하는 사람도 있을 수 있다. 실제로 그런 식의 논쟁은 여전히 중요하고 중심적이다. 하지만 독일에서 불트만 학파의 쇠퇴와 이제는 다양한 접근법을 추종하는 주도적인 바울

---

[78] 특히 Zetterholm 2009, 5, 7장; Given 2010을 보라. Given의 논문집 부제가 '사도 바울에 관한 그 밖의 관점들'(Other Perspectives on the Apostle)이란 사실에 주목하라.

신학자들, 그리고 유럽과 북미에서 소위 비신학적인 논의와 질문을 제기하는 '종교 연구'의 발흥으로 인해 이 영역은 새롭고 혼란스러운 양상을 띠게 되었다. 이러한 발전 중 일부는 단지 '새 관점을 넘어서는' 정도가 아니라 완전히 다른 방향으로 흘러가기도 했는데, 이런 흐름 역시 본서의 중요한 대화 상대다. 실제로 나는 나의 이전 새 관점 관련 작업을 다른 차원에서 생각해 보는 과정을 통해 최근의 이런 연구 중 적어도 일부의 분명한 장점들을 아우르는 더 큰 관점을 제시할 수 있기를 바란다. 지금은 역사, 신학, 주해, (과거의 좁은 의미에서) 해석학의 측면에서 흥분되는 시점이다. 물론 때로는 갑자기 미사일이 휙 지나가고 가까이서 회전 불꽃이 터지기도 해서 불안할 수는 있지만, 아주 많은 사람이 굉장히 다양한 관점에서 바울을 읽어 왔다는 사실에 우리는 감사해야 한다.

이런 갑작스러운 폭발이 일어난 원인은 무엇일까? 내 생각으로는 두 가지다. 첫째, 서문에서 언급했듯이 이제 바울은 단지 신학교와 신학대학원만이 아니라 대학교의 '종교' 학부라는 영역에서 연구되고 가르쳐진다. 이런 변화를 두고 바울을 후기 계몽주의의 범주로 축소하는 것이 아니냐며 유감스러워할 수 있지만, 종종 결과는 정반대였다. 바울의 지평은 확장되어 정치와 윤리, 철학, 심지어 경제학까지 아우르게 되었다. 둘째, 많은 영역에서 계몽주의 세계관의 부분적인 붕괴―이제는 '탈근대'라는 느슨한 용어로 알려진 사상과 문화의 변화―는 학문 분야 사이의 빈틈없던 경계가 점차 사라지고 있음을 뜻한다. 이전에는 고대와 현대의 많은 인물과 마찬가지로 바울을 거대한 내러티브와 진리 체계라는 틀 안에서 세심하게 이름 붙이고 특정한 선반에 배치했지만, 이제는 현기증이 날 정도의 다층적인 논의와 여러 학문 분야를 가로지르는 연구를 통해 그러한 내러티브와 진리 체계가 대체되고 있다. 이러한 논의와 연구는 더는 '객관성'(objectivity, 이것을 지킬 때보다 어길 때 더 높은 평가를 받는다)이라는 옛 개념을 염려하지 않으며 서구와 비서구 모두에 걸쳐 오늘날 세계가 제기하는 새로운 질문들이 전통적인 본문들을 침해하는 것을 허용한다. 이것이 후기 구조주의 관점에서 제인 오스틴(Jane Austen)을 해석하는 접근을 뜻하든, 후기 식민주의 관점에서 아리스토텔레스(Aristotle)를 해석하는 접근을 뜻하든 상관없이 말이다.

그러면 안 될 이유가 있는가? 예전 같은 '객관성', 그리고 바울을 '신학적' 질문 안에 가두어 두었던 예전의 접근은 이제 진부해 보인다. 당연히, 새로운 해석자 중 일부가 다른 방향의 '양자택일' 게임을 벌이면서 우리가 이제 중대한 **정치** 사상가로서 바울의 모습을 발견했으니 이는 '신학'과 바울은 무관하다는 의미라고 주장하는 모습도 창피한 일이다. 이런 모습 역시 사라지고 말겠지만, 이런 모습이 사라지는 데 본서가, 그리고 본서로 대변되는 더 큰 프로젝트가 일조하기를 바란다. 바울은 다층적이고 복합적이지만, 기본적으로는 **통합된** 사상가였다. 그가 하나님, 예수, 성령에 관해 말한 내용(이 내용은 바울에게 소소한 부분이 아니었던 것이 분명하다)은 반드시 그가 (약간만 거명하자면) 카이사르, 돈, 여성, 민족성, 철학, 수사학 등에 관해 말한 내용과의 밀접한 관련성 안에서 숙고되어야 한다.

이런 종류의 작업에 관여할 때, 이러한 탐구 중 대다수가 특정 '이데올로기'의 관점에서 시작된 것이 아니냐고 반대해 봤자 소용없다.[79] 그런 항의는 당연히 맞는 이야기지만, 바로 그 사실 때문에 이러한 탐구들이 그토록 흥미진진한 것이다. 슈바이처, 불트만, 케제만, 샌더스에게는 다른 의중이 없었다는 것처럼 자신을 속이지는 말자.[80]

그렇다면 중요한 점은, 새로운 제안을 하는 사람들이 그들과 다른 가정과 출발점만이 아니라 그들의 새 이론과 어긋나는 증거를 가지고 온 상대방

---

79 Barclay에 대한 Friesen의 반응(2010, p. 32)을 보라.
80 앞선 내용, 그리고 예를 들면, Wright 2005 [*Fresh Perspectives*] 1장에 있는 요약을 보라.

과도 기꺼이 **역사적** 논쟁을 벌일 용의가 있는지 여부다. 자기 나름의 생각과 포부를 온갖 본문에 비추어 보는 것은 괜찮은 일이다. 하지만 오랫동안 자신의 신학을 거꾸로 바울에게 투영해 바울을 읽어 내고는 바울의 권위를 주장하는 데 익숙한(그리고 그러는 와중에도, 바울이 그 내용을 충분히 명쾌하게 표현하지 못하고 부적절한 외부의 자료를 도입했다고 나무라기도 하는) 사람들이, 정작 다른 사람들이 뚜렷한 윤리적·사회적·문화적 질문을 들고 바울을 찾아와 바울을 읽으면서 때로는 바울과 의견이 같고(보세요! 바울도 나와 의견이 같아요! 제 주장에 바울이 도움이 됩니다!) 때로는 바울과 의견이 완전히 다르다(보세요! 바울은 이 지점에서 틀렸어요!)는 사실을 발견하는 모습을 보고 그들을 깔본다면, 문제가 있다. 우리는 모두 크든 작든 그런 짓을 해 오면서도, 바울이나 다른 사람을 우리 자신의 목소리를 확대하는 반향실로 사용하는 행위가 궁극적으로는 일종의 사기극이라는 사실을 인식하지 못했다. 이제는 달라져야 한다. 우리의 질문을 가지고 오되 우리 눈에 보이는 그대로 본문을 말하고, **그 후에 단순히 대안적인 선입견에 기초한 것이 아닌 증거에 기초한 비판적 검증을 거쳐야 한다.** 이것이 바로 비판적 실재론(critical realism)의 접근 방식이다. 이 접근은 우리가 하나님의 관점을 가진 척한다는 의미가 아니라, 동참하는 탐구를 통해 정말로 진리에 접근할 수 있다는 사실을 인식한다는 의미다.

그리고—다른 사람이 이야기하기 전에 말을 하자면—당연히 나는 나 자신이 그저 사심 없는 관중에 불과한 것처럼 굴지 않는다. 나는 내 중년의 20년 동안 근대 후기 혹은 탈근대라는 혼란스러운 교회적·정치적 환경에서 '사도 바울이 진정으로 말했던 것'(what St Paul really said; N. T. 라이트 자신의 책 제목—옮긴이)을 알아내기 위해 '그것이 어떤 의미일지'라는 질문의 도전과 매일 매시간 씨름했던 사람이다. 그러한 도전 덕분에 나에게 특정한 관점이 생겼지만, 나는 그 도전들이 내 관점을 왜곡했다고 생각하지 않으며, 그것은 최근 서로 상당히 다른 현대 저작들이 제기하는 더 새로운 도전들도 마찬가지다. 이 학계에는 서로가 필요하다. 그리고 여전히 나는 내가 소위 현업 종사자(기도하고 설교하고 목회하고 정치에 참여하는 사람)로서 바울을 연구하는 것이 계속 기타 연주자로 살면서 밥 딜런에 관한 글을 쓰는 것만큼이나 왜곡의 위험이 없다는 의견을 유지한다. 음치인 사람도 혹은 영어가 서툰 사람도 밥 딜런의 음악에서 내가 발견하지 못한 것을 볼 수 있다. 하지만 나는 1960년대부터 딜런의 노래를 즐겨 불렀기 때문에, 그의 작품에 담긴 일부 측면을 알아채는 데는 남들보다 적어도 유리한 입장일 것이라는 생각을 지울 수 없다.

그렇다면 바울은 얼마나 먼 길을 내려와야 사도라고 인정받을 수 있을까(밥 딜런의 노래 'Blowin' in the Wind'의 가사를 차용한 문장이다—옮긴이)? 굉장히 먼 길을 내려와야 할 것 같다. 나는 서문에서 열 가지를 나열했지만, 당연히 그 외에 다른 내용도 있다. 그 가운데 어떤 흐름도 각기 제 길을 가면서 크리스터 스텐달에게 약간 경의를 표한다는 사실 외에는, 새 관점이나 옛 관점에 그다지 큰 신세를 진 것이 없다. 후기 샌더스 이후 세계(post-post-Sanders world)에서 '묵시주의자' 바울 문제가 적어도 성경 신학이 활발한 나라에서는 강력한 요소가 되었다. 이 요소가 굉장히 중요해졌기에 논조를 바꾸어 본서 2부 전체를 이 주제에 할애할 것이다. 지금까지는 웨스터홈 같은 쾌활한 논쟁적 저자를 논의할 때도 실은 진부한 논쟁을 돌아본 것이었지만, '묵시'는 가장 뜨거운 주제이기에 이 문제를 둘러싼 내용을 집필하려면 관련된 핵심 학자들을 더 직접적으로 다루어야 한다.

하지만 그 후에는 바울을 그의 세계 안에, 그리고 우리의 세계 안에 자리매김하려는 온갖 시도들이 뒤따른다. 여기가 바로 더 새로운 정치적·철학적 그리고 그와 관련된 질문들이 도입되는 지점이다. 때때로 이런 흐름도 과거의 신학적 접근과 비슷한 약점을 노출하곤 한다. 다시 말해, 신학적 **내용**

비평(theological Sachkritik)이 이런저런 문화적 혹은 철학적 비평으로 대체되는 때가 있다('바울은 X를 믿었던 것이 확실하다. 그런데 때때로 바울은 그와 정반대인 Y를 말하는 듯하다. 하지만 우리는 X를 이 특정한 Y보다 우선시해야 한다'). 본서 3부에서는 바울을 그의 세계와 우리의 세계에 자리매김시키려는 작업에서 일어난 핵심적인 발전 중 일부를 적어도 개략적으로나마 살펴볼 것이다. 이 모든 과정에서, 이제는 새로운 역사적·해석학적 작업을 통해 현대 바울 학계에는 상대적으로 새로운 내용이지만 아마도 바울 본인에게는 그다지 새롭지 않았을 질문들과 논의들로 그 영역을 확장하고 있는 다양한 노선의 생각들을 맛볼 수 있다면, 우리의 목적에 충분한 성과일 것이다.

이렇게 우리는 샌더스가 이끈 새 관점과 그 흐름에 대한 반응까지 현대 바울 학계의 발전을 추적해 보았다. 이러한 내용도 여전히 매우 많은 연구를 위한 의제를 설정한 정도에 불과하다. 하지만 샌더스가 바울을 랍비들과 비교하는 작업을 이어간 반면, 그와 매우 다른 미국 학자 한 명은 랍비들이 대체로 꺼렸던 세계, 즉 '묵시적' 세계 안에 바울을 자리매김시키려고 최선을 다했다. 이제 2부에서 이 새로운 흐름으로 눈을 돌려 보자.

2부

'묵시'의 귀환

6장

'묵시'의 이상한 경력

1. 서론

에드 샌더스가 『바울과 팔레스타인 유대교』를 출간한 지 오래지 않아, 그리고 웨인 믹스가 『1세기 기독교와 도시 문화』를 내놓기 얼마 전, 그들과 매우 다른 한 미국 학자(정확히 말하면, 독일에서 출생했지만 미국에 거주했던 학자)가 매우 다른 작품을 선보였다. 프린스턴에서 오랫동안 가르쳤던 크리스티앙 베커(J. Christiaan Beker)는 그의 독보적인 책 『사도 바울: 그의 삶과 사상에서 하나님의 승리』(*Paul the Apostle: The Triumph of God in Life and Thought*)에서 영어권 바울 학계의 담론에 용어 하나를 재도입했다. 그 용어는 오해의 소지가 많고 다양한 형태를 지녔지만, 완전히 새로운 해석 집단의 구호가 되었으니, 바로 '묵시'다.

베커의 책은 장황하고 같은 내용을 되풀이하며 수더분하지만, 이목을 집중시키는 힘이 있다. 베커는 젊은 시절 나치의 손에 끔찍한 일들을 겪었다. 그 시기의 공포를 성찰한 결과, 그는 에른스트 케제만처럼 불트만의 개인주의적 실존주의에 반대하면서 훨씬 더 거대하고 강력한 메시지의 관점에서 생각하게 되었다.[1] 인간의 곤경은 불트만이 생각했던 것보다 훨씬 더 심했고, 바울의 해답도 불트만이 제안했던 것보다 훨씬 더 웅장했다. 해답은 곤경의 수준과 비례했다. 나아가 베커는 이런 식으로 바울을 읽으면, 일부 겉보기에 이질적인 강조점 뒤에서도 바울이 일리가 있다는 것을 알게 된다고 주장한다. 베커의 제안을 들어 보라.

> 하나님의 임박한 승리는 그리스도의 죽음과 부활로 규정되며, 바울의 각 교회들의 필요라는 우연적인 특수성 가운데서도 바울 복음의 기본적인 일관성을 형성한다.[2]

베커의 핵심 주제 두 가지를 요약하면 다음과 같다. 첫째, 바울의 중심적이고 일관된 주제는 '하나님의 승리', 즉 악의 권세를 이긴 하나님의 승리였다. 십자가에서 쟁취된 이 승리는 새 창조를 가져왔고, 부활에서 개시된 이 새 창조는 마지막 승리에서 완성되겠지만, 마지막 승리는 아직 오지 않았다. 둘째, 베커는 우리가 바울서신에서 만나는 내용은 이러한 일관된 전체적인 주제와 더불어 그가 편지를 집필해야 했던 '우연적인' 상황들이 촉발한 다양한 표현이 뒤섞인 혼합물이라고 주장한다. 두 번째 요소도 그 자체로 중요한 내용인데, 그는 바울이 단순히 임기응변으로 대응하는 상황 의존적 사상가가 아니었다고 주장한다. 하지만 이제 몇몇 새로운 바울 해석뿐만 아니라 신학자와 철학자 사이에서 이루어지는 바울 사상의 다양한 전용에서도 각광을 받는 것은 첫 번째 요소다. 하나님이 악의 세력에 승리를 거두었

---

1 Beker의 인생 초기에 관해서는 Ollenburger 1994를 보라.
2 Beker 1980, p. 367.

다는 '묵시적 승리' 개념은 바울 복음의 '개인적' 의미보다 '우주적' 차원을 부각하면서 많은 학파에서 새로운 정통이 되었다.

베커는 조금 있다가 다시 살펴볼 것이다. 내가 그의 이야기로 본 장을 시작한 이유는, 부득이하게도 본서의 일차적인 관심 대상인 영어권 학계의 관점에서 보면, 독일 학계에서 케제만이 불러일으킨 혁명의 의의를 파악하고 바울에 관한 이 '묵시적' 관점을 체계적으로 제시하려고 시도한 첫 인물이 바로 베커로 보이기 때문이다. 케제만은 그의 주장을 짧은 논문들과 한 서신에 관한 긴 주석 한 권의 형태로 진술했다. 이런 상황에서 뒤로 물러나 '훌륭해! 그것이 바울이 말하던 내용이라면, 그 모든 내용은 어떤 식으로 의미가 통하는 것일까?'라고 질문을 던지는 사람도 필요하다. 베커가 바로 그런 사람이었다.

한 세기가 넘도록 주해가들과 신학자들 사이에서 다 같이 '묵시' 개념을 회피해 왔다는 사실을 고려하면, 이 혁명은 더욱더 놀랍다. 베커는 '묵시'에 관한 이전의 부정적인 묘사를 너무 강조하고 싶어서 19세기 말의 위대한 학자 율리우스 벨하우젠(Julius Wellhausen)이 가졌던 관점을 매우 비슷한 형태로 세 차례 인용한다.

첫 번째, 묵시는 탁상공론식 사색과 분파적 경직성, 자기중심적 특수성과 인종적 소극성을 제시하며, 고루한 세계관과 소생시킬 수도, 소생시켜서도 안 될 오해의 소지가 많은 언어를 고수한다.[3]

---

3   Beker 1980, p. 18; 또한, p. 139('허황된 궤변, 타락한 예언, 유토피아적 사색, 윤리적 소극성 등'; pp. 335-343 전체는 이 논의를 확장한다)와 p. 361('허황된 사색과 영적으로 열등한 성찰')를 보라. 이 진술에 딸려 나오는 '두 번째'는 신학적인 이의 제기다. 이에 따르면 어떤 사람이 복음을 믿기 위한 사전 조건으로서 (오늘날 일부 분파에 건재한) '묵시적 세계관'을 수용할 것을 요구하는 것은 그릇된 처사다. Beker는 그가 반대하는 관점을 대변하는 인물로 Wellhausen에 덧붙여 B. Duhm, 그리고 더 최근의 인물로 R. Schnackenburg를 든다.

20세기 전반 수많은 주해가들이 제시했던 이 같은 부정적인 묘사의 실체를 폭로한 것은 클라우스 코흐(Klaus Koch)의 책 『묵시의 재발견』(*The Rediscovery of Apocalyptic*)이다. 새로운 시각을 던져 주는 유명한 이 책의 독일어 제목 '묵시 앞에서 어쩔 줄 모르는'(Ratlos vor der Apokalyptik)은 핵심을 더 예리하게 보여 준다.[4] 위대한 19세기는 고대 유대교 사상을 재구성할 때 무겁고 헤겔적인 평가 잣대를 동원했고, 그 결과 '묵시'는 소위 '후기 유대교'(Late Judaism)의 퇴보한 특징으로 이해되었다. 묵시는 후기 유대교가 세상에서 행해지는 하나님의 행위에 관한 (소위) 순수한 초기 예언적 메시지로부터, 그리고 유일신론의 윤리적 요구로부터, 또한 그 시대와 그 전통의 주해가들이 기독교 이전 유대교에서 강조하고 보존하려 했던 모든 내용으로부터 퇴보했음을 대변했다. 또한 묵시는 16세기의 재세례파부터 당대에 이르기까지 수많은 분파주의 운동을 상기시킨다. 그런 운동의 특징은 비밀스러운 계시, 다니엘서 같은 본문에 관한 사변적 해석, 그리고 특히나 세상의 마지막이 곧 온다는 위험하고 통상은 기만적인 믿음이다. 알베르트 슈바이처는 당시 유행하던 이와 같은 '묵시'에 대한 부정적인 선고에 용기 있게 저항하면서, 예수와 바울 두 사람 모두가 실제로는 '묵시'란 단어가 적절한 이름표일 고대 유대교의 사상 세계에 속했다고 주장했다. 하지만 그의 저항은 상황을 더 악화시켰다. 왜냐하면 슈바이처의 글을 읽은 많은 사람이 그가 그려 낸 메시아와 바울의 모습을 그다지 달갑지 않게 생각했기 때문이다. 그들은 그의 글이 옛 고정 관념을 더 강화했을 뿐이라고 생각했다. 그런 것이 '묵시'라면, 기존에 알고 있던 것보다 문제가 더 많다는 이야기다. 그렇다면 코흐의 표현대로, 이스라엘 종교의 500년을 건너뛰고 제2이사야

---

[4] Koch 1972 [1970]. 이 짧은 책은 '묵시'란 단어를 자꾸 입에 담게 되는 사람이라면, 가능하면 정기적으로 읽어야 할 필수 도서다.

직후에 예수를 자리매김시키는 것이 훨씬 더 안전하다.[5]

히브리어 성경과 고대 유대교에 관한 글을 쓰는 학자들이 '순수하고' 비묵시적인 사상의 흐름을 규명하기 위해 애를 쓰는 동안, 신약 학도들은 코흐가 '묵시로부터 예수를 구원하려는 고뇌 어린 시도'라고 부른 작업에 뛰어들었다. 불트만은 묵시를 비신화화했고, 불트만과 별반 다르지 않은 도드는 그 '나라'가 이미 도래했다는 '실현된 종말론'(realized eschatology)으로 나아갔다. 불트만의 틀은 실존적 '신앙'을 낳았고, 도드의 틀은 '새로운 율법'의 신도덕주의를 낳았다. 소위 '묵시'를 내세우는 오늘날의 옹호자 중 일부는 그들의 원조를 찾아 케제만을 넘어 초기 바르트까지 거슬러 올라가지만, 신정통(neoorthodoxy, 바르트가 신정통으로 유명하다)은 많은 면에서 그 자체로 대안적인 체계를 제시해 왔다. 베커는 그 체계의 특징이 악에 대한 하나님의 ('묵시적') 승리를 강조하는 신 중심(theocentric) 논리가 아닌 일종의 그리스도 일원론(Christomonism)을 주장한 것이라고 말한다.[6] 바르트와 그의 추종자들을 이렇게 보는 것이 정당한지는 당장은 중요한 사안이 아니다. 요점은 20세기의 상당 기간에 걸쳐 주류 서구 학계의 반묵시 분위기가 얼마나 강력했는지, 그리고 그 결과 케제만이 저항을 개시하면서 '묵시'가 결국은 '기독교 신학의 어머니'라고 주장했을 때 얼마나 충격적이었는지 이해해야 한다는 것이다.[7]

---

5   Koch, p. 115.
6   Beker 1980, pp. 142-143 등.
7   Käsemann이 쓴 관련 논문들은 'Sentences of Holy Law in the New Testament', 'The Beginnings of Christian Theology', 'On the Subject of Primitive Christian Apocalyptic', 'Paul and Early Catholicism'으로, Käsemann 1969 [1965], 3, 4, 5, 12장에 수록되어 있다.

2. '묵시'란 무엇인가?

곧 케제만으로 돌아오겠지만, 그 전에 주목해야 할 다른 내용이 조금 있다. 이 내용은 이 논의를 둘러싼 현재의 혼란스러운 상태를 초래한 요인들이다. '묵시'란 단어가 서구 학계에서 어떤 역할을 해 왔든, 그 단어는 항상 소위 '종교사'라는 당대의 **역사적 맥락**에 함축적으로 호소한다. 말하자면, 그것은 '묵시'라는 이름표가 적절한 의미를 갖는 더 큰 세계관 그리고/혹은 종교적 움직임 그리고/혹은 신학적 관점이 존재함을 함축한다. 그리고 그것은 적어도 함축적으로, 고려 중인 자료가 다른 어떤 것보다 그 세계관/움직임/관점에 속한 요소로 가장 잘 이해될 수 있다고 주장한다. 답변에 대한 압박을 받으면, 논란의 여지 없이 대부분의 학자는 '묵시'가 더하든 덜하든 우리가 다음과 같은 책에서, 곧 구약의 책으로는 그 명백한 근간을 에스겔서와 (적어도 일부) 이사야서에 두는 다니엘서와 (적어도 일부) 스가랴서에서, 성경 이후 문헌으로는 『에녹1서』와 『에스라4서』에서, 그리고 신약의 책으로는 성 요한의 계시록으로 알려진 신약의 책에서도 분명하게 볼 수 있는 세계관(혹은 움직임, 혹은 관점)을 의미한다고 말할 것이다. 사상의 양식이나 유형에 붙이는 이름표로서 '묵시'란 단어의 의도가 그 호소가 이루어지는 종교사적 배경의 관점에서 어떤 함의를 전달하는 것이라면, 저자가 호소하는 대상은 틀림없이 이러한 책들, 그리고 그와 비슷한 다른 많은 책일 것이다. 그렇지 않다면 그 단어는 인식 가능한 역사적 정박지에서 떨어져 나온 꼴이 된다. 그것은 마치 광고용 대형 풍선이 원래는 쇼핑몰이나 자동차 전시장 위에 고정되어 있다가 줄이 풀려 공중으로 날아가 이동해 버린 상황과도 같다. 지나가던 사람들은 그 풍선을 보고 광고 상품도 풍선이 옮겨 간 새로운 장소에 있을 것이라는 잘못된 인상을 받게 된다. 나는 이런 현상이 최근 논의에서 광범위하게 일어나고 있다고 생각한다.[8]

사실 우리는 지난 100년 전과 비교해 실제 '묵시' 문헌에 대해서, 그리고 어느 정도는 그 문헌을 쓰고 소중하게 간직했던 사람들에 대해서도, 그리고 그들이 대변했던 움직임에 대해서도 훨씬 더 많은 것을 안다. 이런 측면에서 쿰란 두루마리가 아주 큰 도움이 되었다. 쿰란 두루마리는 특정 사상의 노선뿐만 아니라 그러한 사상의 보금자리 역할을 했던 한 공동체를 크게 부각했다. 쿰란 두루마리는 누가 분석해도 '묵시'라는 이름표를 붙일 많은 문서를 포함하고 있지만, 그 외에도 '지혜' 문헌, 기도와 예전, 성경 주해, 공동체 규율 등과 같은 많은 내용도 담고 있다. '묵시'는 '깔끔하게 분리되는' 내용이 아니다. 말하자면, 단일하고 한결같은 세계관, 움직임, 관점을 대변하는 것은 아니다. 마찬가지로, (우리 대부분의 생각에 한해서는) 쿰란 두루마리가 지금 우리가 '분파'라고 부를 수 있는 어떤 집단에 의해 그리고 그들을 위해 만들어진 것은 맞지만, 이 '분파'가 과연 실제로 모집단(즉, 유대교. 이 시기에는 그 자체로 애매했을 용어다)에서 분리된 '종파'였는지(다분히 그렇게 생각할 여지가 있다)는 논란의 여지가 있다. 한 사람에게는 '분파'인 집단이 다른 사람에게는 '갱신 운동'일 수 있다. 당시는 영광스러운 미래를 그리는 예언을 소중히 간직했던 세계였고, 그런 세계에서 어떤 사람이 이 예언들이 마침내 새로운 모습으로 실현되고 있다고 주장하고 믿게 되는 모습을 꼭 이상하다거나 이원론적이라거나 세상을 부정하는 행태라거나 종파주의라는 식으로 볼 필요는 없다. [물론 정상 상태(steady-state; 내부적인 변화는 있더라도 전체적인 변화는 없는 상태를 말하는 것으로 보임—옮긴이)를 따른 헤겔주의의 혹은 나아가 다원주의의 '진보'를 믿는 세계, 그리고 혁명에 관한 나쁜 기억을 여전히 지닌 세계에서는 갱신 운동을 폄하하려는 마음이 더욱더 쉽게 생긴다.]

---

8   나는 '묵시'에 관한 내 관점을 *NTPG* 10장에 제시했다. 이제는 Rowland 1982; Collins 1987 이 표준적인 논의에 포함된다. 아래를 보라.

사실 우리는 1세기 전과 비교해 단지 '묵시' 문헌 자료뿐만 아니라, 제2성전기 유대인의 삶이 지녔던 다양성과 당시 문학적 유산의 다양성에 대해서도 훨씬 더 많이 안다. 새롭게 발견한 문서도 있고, 기존의 문서를 새롭게 편집한 자료도 있다. 삼차원적인 문화적·사회적·정치적 모델을 제시하는 새로운 역사적 탐구와 전문적인 연구도 진척되고 있으며, 우리는 그러한 모델 내부에서 이 본문들을 새롭게 이해하려는 포부를 품을 수 있다. 특히, 다니엘서와 『에녹1서』 같은 책은 이방 제국의 통치에 저항하도록 고무하고 그 아래서 고난받는 사람들을 격려하는 **정치적 저항**의 문서이자 전복적이고 상징적인 내러티브를 담은 문서로 부상했다.[9] 그러한 해석은 벨하우젠의 시대에 유행했던 옛 개념, 즉 '묵시'는 반드시 이원론이나 정적주의(靜寂主義)나 윤리적 수동주의라는 개념의 핵심부를 강타했다. '현 시대'와 '올 시대'에 관한 묵시 언어는 묵시 문서의 저자나 독자들이 시간과 공간과 물질로 이루어진 세계 질서의 임박한 붕괴를 기대하고 있었다는 뜻이 아니다. 더 잘 알려진 (그리고 이전에 더 선호되었던) 예언서의 선배들과 마찬가지로, 유대교 묵시 문헌의 저자들이 믿었던 하나님은 출애굽을 둘러싼 사건에서 확정적인 자기 계시가 나타난 하나님이었다. 출애굽은 강력한 해방의 조치로서, 어떤 의미에서는 한 '세계'의 종말이요 다른 '세계'의 시작이었다. 하지만 분명 이스라엘 민족이 종살이에서 해방되었지만 동시에 아직은 약속된 유업에 정착하지 못한 어색한 중간기가 존재했다. 어렵게 통과해야 하는 중간기를 포함하는 이러한 두 가지 조건 개념 또는 두 가지 존재 상태 개념은 초기 기독교에서 예언 전통을 가져다 쓴 많은 본문에도 중요한 울림으로 보존되어 있다. 더불어, 출애굽 내러티브의 핵심 요소 중 하나는 성막 건축이었다. 성막에는 영광스러운 하나님의 임재[후대 랍비들은 이를 '쉐키나'(*Shekinah*)라고

---

9   이를테면, Portier-Young 2011을 보라.

불렀다)가 오셔서 거주했다. 고대 유대인들이 '하늘을 가르고 임하시는'(이사야서에서 가져온 구절이지만, 많은 '묵시' 사상을 특징짓는 표현으로도 간주할 수 있다) 그들의 하나님에 관해 새로운 방식으로 이야기하고 글을 썼다면, 그 이유는 언젠가는 '하늘'이 현세로 '침입'한다는 이원론적인 고정된 세계관을 그들이 가졌기 때문이 아니라, 바빌론 포로기 때 자기 백성을 버리신 이스라엘의 하나님이 마침내 영광 가운데 돌아오실 것이라는 약속을 많은 사람이 믿었기 때문이다. 예루살렘 성전의 재건축은 당연히 사람들에게 강렬한 기억을 남겼겠지만, 제2성전기의 그 어떤 유대인도 하나님의 영광스러운 임재가 귀환했다고는 주장하지 않았다. 실제로 후대 랍비들도 그렇지 않다는 데 동의했다.[10]

간단히 말해, 옛 분석들은 오해의 소지가 아주 많다. '묵시'는 그 자체로는 '이원론적'이지 않다. 말하자면, 그럴 수도 있고 아닐 수도 있다. 하지만 어떤 문서 중 일부가 우리가 '묵시'라 부를 수 있는 장르의 신호를 담고 있다고 해서, 그 사실 자체가 이원론을 시사하는 것은 아니다. 물론, 이 모든 것은 당신이 '이원론'이라는 용어로 뜻하는 바가 무엇인지에 달려 있다. 앞서 나는 고대 유대교에 관한 현대의 저술에서 그 단어에 부여되었던 의미를 적어도 열 가지 나열했으며, 이 지점에서 명확성을 요구하지 않는다면 우리의 논의는 무너지고 말 것이다.[11] 실제로, 일부 묵시 문헌에서 아주 선명하게 나타나는 부활과 새 창조의 소망이 가리키는 바는 현재의 세계가 폐기되는 것이 아니라 갱신되어야 한다는 생각이다.[12] 게다가, 통상 '묵시'로 간주되는 문헌에 관한 역사 연구를 입체적으로 수행해 보면, 이 문헌들

---

10   이 모든 내용은 *PFG*, pp. 104-107, 653-656 등을 보라. 언급된 이사야서 본문은 64:1이며, 언급된 랍비 문헌은 bYom. 21b이다. *PFG*, p. 106를 보라.
11   *NTPG* pp. 252-256, 297-299를 보라.
12   따라서 Beker 1980, p. 223는 옳다.

이 그 당시 및 그 후 몇 세기 동안 유대인의 삶과 사상을 기록한 다른 문서들과 일부 불연속성뿐만 아니라 많은 연속성도 가진다는 사실이 곧 드러난다. 『희년서』(Jubilees), 『솔로몬의 시편』, 다수의 쿰란 문서 같은 책은 명백한 '묵시' 문헌의 특징을 공유한다. 종종 너무 쉽게 '지혜' 문헌으로 분류되어 일부에게는 '묵시'와 정반대의 책으로 간주되었던 솔로몬의 지혜조차도 그 시작을 보면 첫 다섯 장이 미처 준비가 안 된 악한 세계에 갑자기 계시되는 하나님의 심판에 관한 설명이다. 구체적으로 말하면, 종종 '묵시'의 가장 핵심적인 특징으로 인용되는 내용—'두 시대', 즉 '현 시대'와 '올 시대'에 관한 믿음—도 '묵시' 사상에만 독특한 것이 절대 아니다. 오히려 정의상 거의 '묵시'와 무관하며 정치적 의도 면에서는 확실히 '묵시'와는 아주 거리가 먼 후대 랍비 문헌에도 '두 시대'는 일반적인 특징으로 등장한다.[13] 따라서 나는 '묵시'란 단어가 너무 규정하기 힘들고 너무 많은 의미의 뒤틀림을 가지게 되어서 그 단어를 문학 장르, 즉 '계시' 장르에만 한정해서 쓰는 것이 가장 안전할 것이라고 주장하는 다른 학자들 몇몇에 동조하게 되었다. '묵시'란 단어의 기본적인 의미인 이 '계시' 장르에서 화자는 천사나 다른 중재자를 통해 '선견자'에게만 특별히 허락된 환상을 보며, (때때로) 사회 정치적 사건들 및 그런 사건들과 결부되어 있을 신적 계시와 관련된 환상에 관한 해석을 듣는다.[14]

---

13 '두 시대'(ha-olam ha-zeh와 ha-olam ha-ba)에 대해서는 본서 p. 314 n. 12를 보라. 이 사실로 보건대, '묵시주의의 본질적 특징은 이원론이다.…결국 두 시대 교리에…세계의 과정 전체가 달려 있다'라고 주장한 Vielhauer의 유명한 논문(Vielhauer 1964, p. 588)에 심각한 이의가 제기된다. Vielhauer는 그전의 유대교 사상도 올 시대를 바라보았다고 언급하지만, '묵시'에서 발견되는 초자연적 돌입의 개념과 달리 그전의 소망은 현 세계와의 연속성을 지닌 영광스러운 지상의 메시아 왕국을 기대했다고 주장한다. 내가 보기에 이 주장은 '형태'와 '내용'을 혼동한 전형적인 사례로 보인다. 여기서 '형태'는 특징적인 묵시적 비유 체계인데, 그 목적은 역사적인 '내용'을 극적으로 강조하고 신학적인 깊이를 더하기 위한 것이다.
14 이를 보여 주는 문헌은 방대하다. 명쾌한 요약을 담은 최근의 글로 *Eerdmans Dictionary of Early Judaism*에 수록된 Collins의 '묵시'(Apocalypse) 항목과 Rowland의 '묵시주의'(Apocalypticism) 항목을 보라. 두 항목 모두에 최근 참고 목록이 실려 있다(Collins 2010과

이런 주장은 꾸준하게 제기되었지만, 그들에게 너무 유용해서 '묵시'라는 단어를 포기할 수 없었던 다수 학자들에 의해 마찬가지로 꾸준하게 무시당했다. 이것이 내가 이제껏 벌어졌다고 보는 상황이다. 100년 전, 고대 유대교의 핵심 문헌들이 학자들에게 알려졌고, 그들은 그들 자신의 이데올로기 안에서 그 문헌들을 이해했다. '묵시'란 단어는 단지 특정 문헌만이 아닌 그 이데올로기(혹은 세계관, 혹은 관점, 혹은 움직임)를 지시하는 데 사용되었고, 그 문헌들은 이 이데올로기를 품고 있는 것으로 간주되었다. 이런 안이한 범주화는 고대 유대교 전통의 조각 중 그들이 인정하지 않는 조각과 그들이 인정하는 (그리고 나중에 예수와 그의 초창기 제자들의 가르침으로 전수되었다고 그들이 생각하는) 조각을 분리하는 데는 도움이 될 것이다. 그런데 그 가망 없던 출발로부터 상당히 다른 두 개의 움직임이 발전되었다. 첫째, 해당 문헌들 자체에 관한 연구 그리고 고대 유대교의 더 넓은 역사 안에서 그 문헌들의 위치에 관한 학계의 연구를 통해 이전 학계의 이데올로기적 설명은 역사적으로 부적절하다는 사실이 드러났다. 둘째, '묵시'란 단어(그리고 나아가 '묵시주의'도. '주의' 만들기에 빠진 19세기의 흐름이 계속해서 살아 있다!)로 특정 이데올로기를 지시하려는 신학적 용법은 여전히 과거의 설명과 유사한 내용을 당연히 여기면서, 그 이론이 역사적 근거를 상실했다는 사실에 관심을 기울이지 않는다. 앞서 사용한 비유에서 보듯이, 그 후 그 단어는 표류하게 되었고, 다른 시기의 다른 의미들을 다른 본문들과의 관련성 안에서 얻기도 하고, 잃기도 하는 상황이다.[15]

우리는 두 가지 **역사적** 특징에 주목해야 한다. 이 특징들은 고대 유대교의 '묵시' 문헌 다수의 분위기를 상당 부분 설명해 준다. 그렇기 때문에 우

Rowland 2010).
15 Caird 1980, pp. 260-271를 보라. 자주 그렇듯이 Caird는 협소한 지면에서 엄청나게 많은 이야기를 담아낸다.

리는 종종 그와 관련해 만들어지는 추상적 일반화에 의문을 제기해야 한다.[16] 첫째, 묵시 문헌은 알렉산더 대왕(Alexander the Great) 이후에 출현했는데, 이 시기에 유대 민족은 처음으로 더 넓은 세계의 역사 속에서 그들 자신의 소명을 이해해야 했다. 둘째, 묵시 문헌 중 대다수는 핍박이나 민족적 위기의 때에 기록되었다. 따라서

> 이 문서들이 당시의 사건들을 가리키는 은밀하지만 쉽게 해독 가능한 언급으로 가득하다는 사실은…혹은 그 문서들이 유대인이 도저히 통제할 수 없는 세상의 권세들을 마주한 상황에서 그들 편에서 느끼는 비관적 절망감을 피력한다는 사실은…그다지 놀랍지 않다.[17]

결과적으로, 우리는 이러한 글들이 아모스서나 미가서의 메시지와 다르다고 해서 놀라서는 안 된다. 역사적 맥락을 조금만 고려하면 우리는 신학적 혼란의 짙은 안개를 날려 버릴 수 있다.

> 이것은 영적인 쇠퇴 혹은 지적인 쇠퇴의 징후가 전혀 아니다. 해방 운동의 최전방에서 사회 개혁 프로그램을 찾아서는 안 된다.[18]

결과적으로 우리는 흥분되는 혼란 상태를 마주하고 있다. 역사학자들은 문학 장르의 의의를 논하고, 신학자와 철학자들은 서로 양립할 수 없는 관점들을 지시하는 데 같은 단어를 동원한다. 자주 벌어지는 상황이지만, 주해가들은 그 사이에 끼어 있다. 종종 '묵시'라는 단어는 느슨하고 일반화된

---

16 이런 부분들에 대해서는 Caird 1980, pp. 261-262를 보라.
17 Caird 1980, p. 261.
18 Caird 1980, pp. 261-262.

설득력 없는 형용사로 바뀌었고, 단순한 사적인 혹은 개인적인 관련성을 넘어 '우주적' 중요성이라는 모호한 분위기를 내세우는 문장에 도입되었다. '묵시적 권세'(apocalyptic powers) 같은 표현들—'묵시' 저자들이 가리키는 종류의 '권세'를 의미하는 것으로 보이며, 초세속적인 혹은 초인간적인 힘으로 간주된다—은 그것을 잘 아는 사람이 해독할 수 있는 줄임말 역할을 하게 되었다. 그렇게 이 단어는 자기 지시적인 말이 되었고, 묵시 작가들은 입회자들만이 이해할 수 있는 사적인 언어와 전복적인 사상을 전달하기 위한 암호를 사용하는 식으로 '묵시' 자체의 특징에 맞게 글을 썼다. 학자들이 그들 당대의 개념을 과거에 투영한다는 코흐의 의심에 진리가 담겨 있을지도 모른다.[19] 자신의 세계에서 혁명의 혼란이 일어날 것을 염려한 학자들은 신앙과 이론의 세계로 도피하려고 애를 썼고, 그 결과 실제로는 혁명의 열망을 표현하는 고대 본문을 마치 우주적 이원론을 표현하는 글처럼 읽게 되었다.

그런 혼동의 사례를 '묵시'가 핵심 역할을 하는 미국 성경학계 내부의 주요한 두 흐름에서 확인할 수 있다. 널리 알려진 '예수 세미나'(Jesus Seminar)의 경우 작고한 로버트 펑크(Robert Funk)가 의장을 맡아 회합을 진행했는데, 이들은 '묵시'를 거부하는 것을 진짜 예수 어록을 가짜와 구분하는 기본적인 기준 중 하나로 삼았다. 그들은 예수가 '묵시주의자'가 아니었다고 결정했다. 예수가 '묵시주의자'라는 것은 그를 허풍쟁이에다 남을 재단하는 사람이자 세상의 종말을 선언하면서 죄인은 지옥에 갈 것이라고 위협하는 사람으로 만드는 것이기 때문이다. 달리 말해, 이런 행태는 미국의 근본주의자들이나 보이는 모습이라서 '세미나'는 그런 행태를 거부했다. 이와 대조적으로 예수는 더 차분하고 더 상식적인 '지혜'의 세계에 속했던 인물로서,

---

19 Koch 1972 [1970], p. 15를 보라.

대안적인 삶의 길을 이야기와 창의적인 말로 전달했다.[20] 분명 세미나의 구성원 중 일부는 예수가 '묵시적'인 표현을 사용했다는 사실은 인정했지만, 그런 표현은 비유적으로 해석되어야 한다고 주장했다.[21] 때때로 다른 학자들은 『솔로몬의 시편』, 쿰란의 『공동체 규칙』, 마태복음과 같은 분명한 사례를 들면서 '지혜'와 '묵시'를 대립시키는 모습이 실제 본문에서는 외견상 나타나지 않는다는 사실을 지적했다.[22] 하지만 이런 관점들은 무시되었다. '묵시'는 근본주의를 의미했고[예수 세미나가 등장한 것은 존스타운 집단 자살(미국의 사회주의 목사 짐 존스가 창시한 인민사원 기독교회에서 벌어진 집단 자살 사건으로 1978년에 발생했다—옮긴이)이 발생한 지 얼마 지나지 않아서였다], 예수는 묵시와 멀찌감치 떨어뜨려야 했다. 이것은 앞서 언급한 코흐의 '고뇌에 찬 시도'(agonized attempt)가 실현된 결과였다. 더 최근의 학자들은 예수 세미나에 반대하면서 예수가 실제로는 '묵시적 예언자'였다고 주장했다. 하지만 '묵시'란 단어가 너무 모호하기 때문에 예수의 정체성을 그렇게 확정해 봤자 그저 또 다른 몇 갈래의 길이 서로 다른 방향으로 갈리는 지점에 도달하는 것일 뿐이라는 사실을 그들도 늘 알아채지는 못하는 듯하다.[23] 이처럼 '예수 세미나'에 '묵시'는 특정 학자 무리가 대체로 싫어하는 통속적 미국 기독교의 모든 것을 대변하는 단어였다.

하지만 '묵시적 바울' 운동은 정반대 방향으로 움직이는 것처럼 보인다. 앞으로 살펴보겠지만, 부분적으로는 베커, 더 특별히는 마틴과 그의 제자들에게 '묵시적' 해석의 목표는 개인주의적 해석, 나아가 비밀스러운 해석에

---

20 '예수 세미나'와 그들의 전제 및 관행에 대해서는 *JVG* 2장과 거기에 인용된 다른 자료를 참고하라. 오늘날 바울 '묵시론'의 열정적인 주창자 중 한 명인 Beverly Gaventa는 이 시대의 근본주의와 묵시의 위험한 연관 관계에 주목한다. Gaventa 2007, pp. 82-83.
21 예를 들면, Borg 1984에 있는 더 큰 논의들에 의존하는 Borg 1986, p. 1987 등; *JVG* pp. 75-78에 있는 논의를 보라.
22 예를 들면, Wright 1996a를 보라.
23 예를 들면, Allison 1998 등을 보라.

맞서 바울 사상이 지닌 '우주적'·지구적·초지구적인 차원을 부각하는 것이었다. 여기에 아이러니가 있다. 곧 살펴보겠지만, 적어도 마틴의 경우에는 우리가 피해야 할 주요 대상은 통속적인 미국 종교에서 발견되는바 누가 신자이고 누가 불신자인지 나누는 식의 사소한 일에 목숨 거는 기독교라는 인상을 받는다. 따라서 (지나친 단순화를 무릅쓰고 말하자면) '예수 세미나'는 근본주의를 싫어해서 '묵시'를 피한 반면, 마틴 등은 근본주의를 싫어해서 '묵시'를 수용했다.[24] 이러한 과도한 단순화가 실은 반드시 주목해야 할 점을 짚어 준다. 다시 말해, 같은 세계(미국의 성경학계) 안에서 'X'와 'X가 아닌 대상'을 둘 다, 즉 '근본주의'와 '근본주의를 피하려는 입장'을 둘 다 함축할 수 있는 단어가 있다면, 그 단어는 고대 세계는 차치하고 현대 세계의 어떤 대상을 정확하게 기술하는 역사적 혹은 신학적 부호로서 전혀 쓸모가 없다.

어쨌든, 나는 '예수 세미나' 논의와 마찬가지로 여기서도 그런 식의 양자택일로 휩쓸려야 할 이유를 전혀 찾지 못하겠다. 그런 양자택일은 현대의 구분법을 1세기 자료로 역투사한 것으로, 1세기 자료는 그런 양자택일과 어울리지 않는다. 다시 한번 코흐를 언급할 수 있다.

우리는 신학적 사고의 중심부에서 아주 갑작스레 등장하고 있는 그 내용이 정말로 역사적인 묵시에 관한 것이 맞는지 여전히 물어야 한다. 기본적으로, 그 내용이 현대의 특정 개념을 고대의 묵시 저자들에게 역투사해 그들의 사상으로 돌린 것은 아닌지를 둘러싼 폭넓은 의심이 존재한다. 현대의 개념을 더 설득력 있고 개연성 있게 보이려는 의도에서 그렇게 한 것은 아닐까? 이런 모습은 현대의 신학 개념이 그 출발점부터 비성경적이고 비정경적이라는 사실을 대

---

24   Martyn의 글을 봐서는 그 자신의 의제(그가 인정하거나 거부하는 현대의 특정 흐름)가 분명하게 드러나지 않는다. 하지만 그의 추종자 중 일부는 말을 덜 아낀다. 예를 들면, Rutledge 2007과 특히 Campbell 2009를 보라.

변하는 것이 아닐까? 묵시 문헌은 그런 의식적 혹은 무의식적 조작에 특히 적합한 대상일 수 있는데, 그것은 학자들이 그 자료들을 거의 연구하지 않았기 때문이며, 또한 그런 이유로 그 자료들이 관찰자들에게는 늘 다양한 해석에 열려 있는 것처럼 보였기 때문이다.[25]

특별히 마틴이 갈라디아의 상황을 재구성한 내용을 예로 들면, 바울이 강력하게 긍정했던 내용을 (바울의 '적들'인) '교사들'의 주장으로 돌릴 위험이 상존한다. 이런 비판을 받는다면 마틴은 바울의 모든 서신 가운데서도 갈라디아서는 특히 거울 읽기(mirror-reading; 본문 내용이 당시 교회의 특정 상황을 거울처럼 반영한다고 보는 해석—옮긴이)가 필요한 글이라고 답변할 것인데, 그의 말이 맞을 것이다. 또한 그는 자기 주석에서 한 번 이상 말한 것처럼, 필자를 비롯한 일부 학자가 바울이 아닌 '교사들'이 고수했던 특정 신념을 바울의 것으로 돌린다고 응수할 것이다.[26] 하지만 그런 모든 이야기는 반드시 지속적인 확인과 비판을 거쳐야 한다. 이런 작업이 없다면, 마틴의 '교사들'은 그저 마틴이 그 자신의 '바울' 신학 안에서는 보고 싶지 않은 바울 저작의 세부 사항들을 모아 놓은 구성체에 불과하다는 인상을 지우기 어렵다.

우리가 다시 한번 되새겨야 할 사실은, 신약 연구에서 '묵시'란 단어를 사용할 때 그것은 그 자체로 수사적 장치며, 이 장치의 위력은 설명 틀로서 종교사 지도에 암시적으로 호소한다는 데 있다. 그러한 호소는 더 큰 덩어리의 문헌 및 더 폭넓게 규명된 세계관을 환기시키며, 이러한 것들은 신약과 초기 기독교 내부의 주제와 요소, 나아가 책과 흐름을 이해하기 위한 매트릭스 역할을 한다. 무언가를 '묵시'라고 규정한다는 것은 곧 '우리가 여기

---

25 Koch 1972 [1970], p. 15.
26 Martyn 1997a, p. 347; 그리고 특히 de Boer 2011, p. 154를 보라. 이 학자들에 대해서는 아래 8장을 보라.

서 논의하는 내용은 다니엘서, 『에녹1서』, 『에스라4서』, 요한계시록 등에 반영된 더 거대한 세계에 속한 것이기 때문에, 그 내용이 어떤 성격인지 이해할 수 있을 것입니다'라고 말하는 것과 같다. 이러한 종류의 모든 역사 분석과 마찬가지로 그러한 판단은 어떤 주제나 개념의 **기원**("이 내용은 '묵시적' 배경에서 비롯되었다") 혹은 **종착점**("다른 곳에서 빌려 온 이 개념은 '묵시적' 목적으로 활용되기에 이르렀다")과 관련될 수 있다. 하지만 다시 한번 말하자면 요점은, 사람들이 그 단어를 어떤 본문, 주제, 개념이나 책 전체를 가리키는 이름표로 사용할 때 사실상 그들은 '거기예요. 우리는 이미 알려진 그 매트릭스 내부에 이 내용을 자리매김시켰습니다. 이제 우리는 거기에서 더 전진해 그 의미와 관련된 다른 결론들을 도출할 수 있습니다'라고 말하는 것이다. 따라서 그 매트릭스 자체를 세심하게 기술하는 작업을 확실하게 하는 것은 중요하다.[27]

또 다른 중요한 요점을 하나 언급해야겠다. 이전에 벨하우젠 등이 '묵시'를 거부[이 거부는 최소한 필하우어(Vielhauer)까지 이어졌다]한 부분적인 이유는, 진짜 기독교가 '유대교' 및 유대교의 어두운 '행위-의' 체계와 결별했다는 것을 전제로 삼는 신학계에서 이 묵시 범주가 유대교의 떼어 낼 수 없는 특징이었다는 사실과 관련이 있다. 따라서 슈바이처의 반발은 그 자체로 단순히 예수와 바울을 이해하는 매트릭스로서 '묵시'를 내세우는 정도가 아니라, 예수와 바울 양자는 본질상 유대교를 배경으로 한다는 사실을 외치는 간청이었다. 당연히 이 주장은 그 자체로는 너무 단순한 것으로 드러났다. 고대 세계에는 유대교 외부에도 수많은 (잠시만 이 용어를 사용하겠다) '묵시' 운동이 존재했다. 그것은 현대 세계도 마찬가지다. 그리고 우리가 아는 한 유대교 내부에도 문학 장르로서 '묵시'를 특징적으로 사용하지 않는 흐름도

---

27   바울의 핵심적인 '묵시' 용어 중 일부와 관련한 세심한 기술의 초기 사례로 Court 1982를 보라. 하지만 그는 자신의 주장을 Cullmann과 관련해서 할 뿐 Käsemann은 언급하지 않는다.

많았고, 묵시를 동원하는 이들과는 다르게 생각하는 것으로 보이는 흐름도 많았다. 그렇지만 우리는 지난 세기 다른 대부분의 논쟁처럼 이 논쟁에도 바우르와 오해의 소지가 굉장히 많은 그의 헤겔적 범주들(구체적으로, '유대계 기독교', '이방계 기독교', '초기 가톨릭')의 영향을 여전히 받는 학계의 특징적 색깔이 반영되어 있다는 사실을 되새길 필요가 있다. 의제가 주도하는 분석이 가져온 이 수렁에서 우리를 구할 수 있는 것은 역사뿐이다. 다행히도, 역사는 그렇게 해 왔다. 하지만 불행히도 모든 사람이 그 사실을 알아채지는 못했다.

7장

케제만에서 베커까지

1. 케제만 혁명

20세기 바울 학계에 일어났던 어떤 움직임이 '새 관점'이란 명칭을 받을 자격이 있다면, 제2차 세계대전 이후 에른스트 케제만이 개시한 혁명도 강력한 후보가 될 수 있다. 전쟁 이전 가졌던 정치적 입장 때문에 곤경을 겪었고 실제로 나치 치하에서 투옥되기도 했던 케제만은 당시 일어난 일들에 경악했다. 하지만 그가 훨씬 더 충격을 받았던 것은, 교회들이 세상을 아수라장으로 만든 구조적 악의 깊이를 이해하지 못했을 뿐 아니라 그 문제를 전면적인 차원에서 다루는 성경 메시지도 내놓지 못했다는 사실이다. 불트만의 실존주의와 그것의 개인주의적 적용으로는 충분하지 못했다. 성경 자체와 바울 자신은 이런 사태에 대해 할 말이 있었지만, 이전 세대는 그런 이야기들을 배제해 버렸다. 초인간적 악에 대한 하나님의 승리를 이야기하는 성경 메시지가 빛을 볼 수 있는, 그래서 구속의 메시지를 이해하는 더 넓은 맥락을 함께 제시할 수 있는 신선한 성경 해석이 요청되는 상황이었다.

케제만의 저술들, 특히 그의 개인적 회상과 마지막 강의들을 읽어 보면 분명해지는 사실들이 있는데, 첫째는 그가 일생을 통해 사회적·정치적 사안에 절박한 관심을 가졌다는 사실이다. 둘째는 그가 그런 사안들을 '복음'에 나중에야 따라오는 단순한 '함축된 결과' 또는 복음 자체는 아닌 '추가적 사항' 정도로 본 것이 아니라, 바울이 선포한 바로 그 '복음' 자체에 속한 심오한 차원으로 보고 그 문제들에 대답했다는 사실이다. 내가 지금까지 이 튀빙겐의 대가가 이러한 통찰을 발전시킨 방식이나 차후에 그 입장이 전개된 방식에 다양한 이의 제기를 해 온 터라, 적어도 이런 일반적인 측면에서는 케제만의 관점에 내가 상당히 동의한다는 사실을 분명히 밝혀야겠다. 단도직입으로 말하면, 불트만과 케제만 중 한 명만 선택해야 한다면 우리는 케제만을 선택해야 한다.

하지만 그렇다고 해서 우리가 모든 면에서 그를 따라야 한다는 의미는 아니다. 케제만 혁명은 베커와 마틴의 굉장히 영향력 있는 작품이 세워진 주춧돌 역할을 했기 때문에, 그가 말한 내용과 그가 말하지 않은 내용, 그리고 그의 제안이 지닌 장단점을 이해하는 것이 중요하다.[1]

자연스러운 현상이지만, 독일 전통에 속한 신약학자로서 케제만의 제안은 본질상 종교사 분석에 초점이 있다. 그가 '묵시'가 '기독교 신학의 어머니'라고 주장했을 때, 그는 앞선 세대의 '기독교 신학의 어머니' 후보자였던 '영지주의'를, 즉 그의 스승 루돌프 불트만의 작품을 통해 유명해진 '영지주의'를 드러내 놓고 '묵시'로 대체했다. 과연 케제만이 '영지주의' 가설을 거절한 이유가, 그 가설이 역사적 수준에서 설득력이 없다고 판단했기 때문인지

---

1   Käsemann의 사상을 분석한 많은 글이 있다. 예를 들면, Morgan 1973, pp. 52-62; Koch 1972 [1970], pp. 75-78; 그리고 Way 1991; Zahl 1996 같은 단행본을 보라. 내가 과거에 했던 평가로는 *Perspectives* 4장을 보라. 앞서 나는 내가 그 논문을 쓴 것에 고마움을 표하고 내가 그를 제대로 이해했다고 자랑스러워한 Käsemann의 편지를 언급한 바 있다(p. 122 n. 76).

(관련 자료가 너무 후대의 것이며, 그 가설을 따르면 바울서신의 주해가 안 된다), 아니면 그 위기의 때에 교회를 교회답게 만드는 작업에 그 가설이 지독하게 부적절하다고 판단했기 때문인지(정말 중요한 것이 나 자신의 개인적 신앙의 은밀한 진정성이라면, 나치에 저항할 필요가 있는가?)는 적어도 나에게는 분명하지 않다. 아마도 둘 다였을 것이다. 그 상황에서도 얼마 동안 일부 독일 학자들은 '영지주의' 배경에 바울을 자리매김시키려는 시도를 계속했다.[2] 하지만 케제만은 이런 방향성이 적절치 않다는 사실을 깨달았다. 그래서 그는 시대가 요구하는 것처럼 영지주의를 '묵시'로 대체하는 새로운 방향으로 나아갔다.

그렇다 보니 필연적으로 두 가지 중요한 결과가 뒤따랐다. 첫째, 케제만이 그린 '묵시'는 '영지주의'가 했던 것과 **같은 역할을** 여전히 **하고 있었다.** 말하자면, 바울 사상이 발전되었고 바울 사상을 적절하게 해석할 수 있는 가설적인 종교사적 매트릭스를 제공하고 있었다. 아마도 이것이 바로 케제만과 그의 제자 중 적어도 일부가 여전히 '묵시'의 핵심으로서 이원론을 고수하면서 현세와 현세의 구조를 거부하고 장차 올 세상의 순전한 우월성을 주장한 이유일 것이다. 이 지점에는 바르트 사상의 일부 요소가 강력하게 공명하고 있다. 다시 말해, 너무 쉽게 악마적 우상 숭배로 현혹되곤 했던 현 시대의 자연 세계, '종교' 세계, 부르주아적 삶의 양식을 향해 케제만은 바르트만큼 강력하게 '아니오!'라고 강변하고 있다. 하지만 우리가 이제는 알고 있듯이, 고대 유대교의 '묵시'는 그러한 것들에 맞서기 위해 고안된 것이 아니었다. 그 역할은 케제만이 제시한 유형의 '묵시'에 필요한 역할이었을 뿐이다.

그런 이유로 둘째, 이러한 소위 종교사 분석은 더는 유지하기 힘든 거북한 입장이 되었다. '영지주의'에서 '묵시'로의 이동은 독일 학계에서는 거대한 함의를 지닌 이동이었다. 말하자면, 본질상 헬레니즘 중심의 분석에서

---

2 유명한 시도의 예로 Schmithals 1971 [1956].

본질상 유대교 중심의 분석으로의 이동이었다. (따라서 불트만을 반대한 케제만의 저항은 이런 차원에서 비슷한 시기에 데이비스가 제안했던 급진적인 '랍비적' 주장에 대응하는 일종의 '묵시적' 주장으로 볼 수 있다.[3]) 하지만 유럽에 어두운 그림자를 드리웠던 반셈족주의를 철저하게 거부했음에도, 케제만에게 '유대인'은 여전히 호모 렐리기오수스(*Homo religiosus*; 인간은 거룩한 실재와 만남으로써 비로소 존재의 의미를 찾는다는 의미—편집자주)의 전형이었다. '종교'는 하나님께 좋은 인상을 주기 위한 인간의 행위였고, 유대인의 '종교'는 그러한 현상의 원형이었다. 따라서 이 분석은 유대교를 '그릇된' 종교로, 기독교를 '올바른' 종교로 보는 '옛 관점'의 또 다른 형태로 전락하고 만다. 케제만에게 복음은 당연히 '믿음'에 관한 것이었고, '믿음'은 '종교'와는 완전히 다른 실체로서 '종교적인' 사람이 아닌 불경건한 사람을 하나님이 의롭게 하시는 수단인 복음의 순전한 선물을 수용하는 것이었다. 그래서 로마서 2:17-29과 무엇보다도 로마서 9-11장에 나오는 바울의 주장은 '유대인'이라는 이름표 아래 일반적인 호모 렐리기오수스를 표적으로 한 것이다. 하지만 이런 견해 때문에 케제만은 그의 '묵시적' 해석에 필요했던 본질상 **유대교적인** 역사적 매트릭스를 그와 동시에 주장하기가 매우 어려웠다. 그에게 필요했던 것은 사악한 세상 전체를 이기는 하나님의 승리를 말하는 본질상 유대교 비전을 기반으로 주장을 펼치는 바울이었다. 하지만 그는 이 유대교적인 비전에서 가장 특징적인 유대교 요소 중 몇 가지, 특히 하나님의 언약적 신실하심이나 구원 역사 같은 강력한 의미를 박탈해야 했다. 케제만의 비전은 지역적 혹은 민족적 열망을 인정하는 특수주의적 바울의 비전이 아니라, 세계 전체에 미치는 복음이자 모든 실체를 아우르는 보편주의적 전망을 수용하는 바울의 비전이었다.

과거 그리고 현재에도 곤란한 문제는, 그 이론에 꼭 필요한 '묵시적' 비전

---

3   본서 pp. 62-68를 보라.

을 발견할 수 있는 문서들, 이를테면 『에녹1서』, 쿰란 문서, 『에스라4서』 등이 정확히 그러한 특수주의적인 지역적·민족적 비전과 기대에 폭 잠겨 있다는 사실이다. 그 문서들의 근간은 언약 신학이며, 그 문서들에서 재차 부각되는 특징은 넓게는 세계, 좁게는 이스라엘의 장구한 이야기를 신선하게 개작해서 들려준다는 점이다. 이 곤란한 문제들이 응당 주었어야 할 만큼의 영향을 케제만이 받은 것 같지는 않은데, 아마도 그 이유는 (코흐가 지적했듯이) 그 시기의 서구 학자들 대다수와 마찬가지로 케제만도 그 문서들을 자체적으로 세심하게 연구하지 않았기 때문으로 보인다. 케제만이 자기 나름의 방식으로 '묵시'를 언급할 때, 관련 유대교 문서의 저자들이 실제로 말하고 기대했을 내용이나 그들이 고대 성경의 약속들을 끌어와서 재적용했던 방식을 그가 염두에 두었다는 조짐은 보이지 않는다. 케제만에게는 당시 독일 학계의 종교사 분석에서 잘 알려져 있던 (이 시점까지는 어둠의 불청객처럼 이해되었던) '묵시'라 불리는 세계관을 그 문서들이 표현했다는 사실만으로 충분했다. 이렇게 초기 영지주의 자체와 다를 바 없이 케제만도 역사에 대한 환멸을 거쳐, 이전에는 신학의 어두운 측면으로 간주되었던 내용을 수용하게 되었다. 불트만이 껍질로 간주한 내용을 케제만은 알맹이로 보았으며, 불트만이 성급하게 비신화한 내용을 케제만은 핵심이라며 칭송했다.

그로 인한 가장 분명한 주해상의 결과는 '디카이오쉬네 테우'(*dikaiosynē theou*)에 관한 케제만의 관점이다.[4] 그 관점은 종교개혁 전통 전체와의 결별을 의미했지만, 케제만은 구애받지 않았다. 그는 '하나님의 의'가 하나님이 부여하시는 (혹은 인정하시는) 인간의 상태가 아니라고 선언했다. 그것은 하나님 자신의 '의'다. 그렇다고 해서 루터가 반대했던 분배적 정의(*iustitia*

---

4   Käsemann 1969 [1965], 7장의 유명한 논문, 그리고 당연히 Käsemann 1980 [1973]에 있는 관련 본문에 대한 주해도 확인하라.

distributiva), 말하자면 선인에게는 보상을, 악인에게는 처벌을 분배하는 맹목적인 하나님의 '정의'도 아니다. 오히려 하나님의 의는 '구원을 창조하는 능력'으로, 창조주 하나님이 그것을 통해서 세상의 권세들을 전복하고, 단지 복음을 믿게 된 개인들만이 아닌 창조 세계 전체를 위해 그의 주권적 정의와 자유와 평화의 통치를 수립하는 의다. 케제만은 이 의미를 뒷받침하기 위해 동료들의 연구를 끌어오면서, 그 배경으로 묵시적 유대교의 몇몇 본문에 등장하는 소위 '전문 용어'를 내세웠다.[5]

이 '전문 용어'의 장점은, 그 외의 방법으로는 무언가 어색한 '하나님의 의'의 민족적·언약적 의미(옛 성경의 용법은 자연히 이런 의미를 지시했을 것이다)를 우회한 것으로 보일 수 있다는 점이다.[6] 단점은 이 표현을 비언약적이고 '우주적인' 전문 용어로 사용했다는 실제 증거가 부족하다는 것이다. 모든 증거로 보건대, 보통 그런 주장들의 근거로 제시되는 유대교 문헌뿐만 아니라 바울서신에도, 특히 로마서 3장의 중심부에 민족적·언약적 의미가 분명히 존재한다. 물론 이런 상황도 바울이 3:24-26에서 초창기 유대계 기독교의 신앙 고백을 인용하면서 수정을 가했다는 주장으로 무마할 수 있다. 초창기 신앙 고백은 원래 하나님의 언약적 신실하심을 강조했지만, 이제 바울은 지구적 혹은 '우주적' 방향으로 진로를 바꾸었다는 것이다. 나를 비롯한 학자들이 다른 곳에서 주장했지만, 이러한 다소 가망 없는 주장(신학이 주해에 우선하는 주장)은 그 자체로 불필요하다.[7] 하지만 앞으로 살펴보겠지만, 케제만의 제자들은 계속해서 비슷한 주장을 만들어 냈다. 코흐는 예수를 '묵시'에서 구출하려는 고뇌에 찬 시도를 이야기할 수 있었고, 우리는 바울을

---

[5] 관련 논문에서 Käsemann은 Qumran *Hodayoth*를 언급하지만 특정 본문을 적시하지 않았다. 세부적인 내용은, 예를 들면, Stuhlmacher 1966; Müller 1964가 채워 주었다.
[6] 아마도 가장 분명한 본문은 단 9장이겠지만(특히 9:4, 7, 13, 16 등을 보라), 이사야서와 시편에 있는 수십 개의 본문으로도 같은 주장이 가능했다. *PFG*, pp. 795-804를 보라.
[7] 예를 들면, Wright 2002, pp. 464-468를 보라.

언약적 유대교에서, 혹은 적어도 유대교의 일부 그러한 특징에서 구출하려고 여전히 고뇌에 찬 시도를 한다. 그런데 이 현재의 시도가 그 목적을 달성하기 위해 '묵시'를 언급한다는 사실을 우리는 아이러니로 보아야 한다.

하지만 케제만의 핵심 주제, 즉 하나님이 권세들에 승리를 거두고 그들의 손아귀에서 전 세계를 구출한다는 주제는 실제로 바울서신 안에 과거에도 존재했고 지금도 존재한다. 로마서 8:18-25은 창조된 질서 전체의 구속과 갱신을 약속한다. 이 내용을 고린도전서 15:20-28과 나란히 두고 보면, 창조주 하나님이 죄와 죽음 자체까지 포함해 그에게 반대하는 모든 권세에 승리를 거둘 것이라는 의미다. 로마서 8장은 하나님의 의에 관한 주장의 절정이기에, 우리는 이 모든 내용을 비중 있게 다루어야 한다. 하지만 케제만이 절대 보지 못했던 사실이 있으니, 이런 내용 자체가 **기독론적으로 재정의된 이스라엘과의 언약**의 일부였다는 사실이다. 이 사실을 보여 주는 단서가 로마서 4:13에 있는데, 그 본문에서 하나님이 아브라함과 맺은 언약의 내용은 아브라함이 '세계'를 유업으로 받는다는 것이었다. 로마서 4:13에서 이 약속은 시편 2:8 같은 본문을 통해 메시아적으로 재정의된 형태인데, 시편 2:8은 왕적인 '하나님의 아들'의 유업에 열방과 '땅끝'이 포함될 것이라고 이야기한다. 바울의 해석에 따르면, 창조 세계를 향한 창조주의 목적은 이스라엘과의 언약을 우회하는 것이 아니라 그 언약을 **통해서** 성취될 것이며, 마찬가지로 전 세계적인 언약 목적을 메시아가 성취함을 **통해서** (메시아의 성취에도 '불구하고'가 아니라) 달성될 것이다. 바꾸어 말하면, 아브라함 및 그의 가족과의 약속이 존재했던 목적은 아담의 죄와 그 결과들을 원상태로 되돌리는 것이었다. [주해의 관점에서 이 내용은 롬 4, 5, 8장에 암시된 창세기 해석을 표현한 것이다. 아브라함과의 언약을 설명했으니(롬 4장), 이제 우리는 어떻게 아담의 문제가 해결되어(롬 5장) 마침내 세계가 바로잡힐 수 있는지 이해할 수 있다(롬 8장).[8]] 바울에 한정해서 이야기하자면, 언약의 목적은 더 넓은 세계의 운명에 영향을 받지 않는 별개의 '종교' 집단을 창조하는 것이 아니었다.

케제만은 그 위대한 나타남이자 '묵시'를 미래의 일로 보았다. 그가 '묵시'라는 단어 자체를 취한 것은 단순하고 명료하게 '임박한 기대'(Naherwartung)라는 의미를 전달하기 위해서였다. 이 해석에 따르면, 복음 안에서 계시된 것은 궁극적인 하나님의 의도와, 또한 (당연히) 그 의도를 성취할 '힘'이었다. 메시아의 죽음과 부활은 하나님이 모든 악의 세력을 극복하고 새 창조를 일으킬 것이라는 신호였다. 그런데 이 지점이 문제다.

케제만은 초기 그리스도인들은 세상에 곧 종말이 오리라고 기대했지만 실제로 종말이 오지 않자 절망에 빠졌다는 널리 퍼진 견해를 받아들였다. 나는 다른 곳에서 이러한 세상의 종말 개념이 현대 학계의 신화이며, 이런 오류에 이바지한 원인이 (아이러니하게도!) '묵시' 언어 자체(그리고 그 출발점인 성경에서 시작해 적어도 주후 2세기까지 묵시의 풍부한 상징과 이미지)를 제대로 이해하지 못했다는 점, 그리고 19세기 중반 유럽의 위기를 묵시 개념에 투사했다는 점이라고 주장해 왔다.

첫 번째 원인을 더 설명하면, 『에녹1서』나 『에스라4서』의 저자들, 그리고 이 점에 관해서라면 에스겔서와 다니엘서의 저자들도 세상에 곧 종말이 오리라 기대하지 않았다. 그들이 기대했고 또한 적합한 이미지를 찾아 설명하려고 노력했던 것은, 시간, 공간, 물질, 역사로 이루어진 지속되는 세계 내부에서 일어날 거대한 전환점이었으며, 새 창조 언어는 이런 내용을 표현하기에 손색이 없었을 것이다. 하지만 '묵시'를 본질상 이원론적 의미로 이해하는 (그래서 세상의 파괴를 기대하는) 과거의 해석은 끈질기게 살아남았다.

두 번째 원인을 더 설명하면, 이러한 관점을 촉발한 추가적인 자극은

---

8   아담과 아브라함의 연관성에 대해서는 *PFG*, pp. 784-795 등을 보라. 또한, 시사하는 바가 많은 Anderson and Kaminsky 2013의 논문들을 보라.

1930년대와 1940년대 유럽이 겪은 깊은 문화적 절망감과 관련이 있다. 바로 눈앞에 있는 모퉁이만 돌면 유토피아가 올 것이라고 기대했던 시절 이후에 실제로 발생한 것은 나치 정권과 전쟁이라는 여러 차례의 공포였다. 1세기에도 같은 상황이 있었다. 즉, 세상의 종말(그것이 무슨 의미였든)을 기대했던 초기 교회도 절망에 빠졌던 것이다. 나는 이 관점이 1세기 역사를 철저하게 오독한 것이라고 확신한다.[9] 이 점에서 크리스티앙 베커와 루이스 마틴 모두 케제만의 관점을 따르지 않는다는 사실은 의미심장하다. 베커에게 묵시는 '지금 그리고 아직은 아닌'(now and not yet)이었다. 말하자면, 예수의 죽음과 부활 사건은 새로운 세상의 시작이었고, 마지막 승리는 이미 시작된 실재의 궁극적 완성일 것이다. 앞으로 살펴보겠지만 마틴에게 진정한 묵시, 진정한 하나님의 승리는 예수의 죽음 자체였다.

케제만과 관련해 언급해야 할 중요한 요점이 하나 더 있다. 케제만이 보통 강조했던 내용 그리고 특히 마틴이 그의 작업을 활용한 방식을 고려하면, 그에게는 하나님이 이스라엘과 맺은 언약에 대해 긍정적인 할 말이 없었을 것으로 생각하기 쉽다. 하지만 이것은 오해다. 케제만은 그의 정치적·문화적 열정에도 불구하고 여전히 뼛속까지 성경 주해가였다. 그의 마지막 강의와 논문들에서 그는 그가 전에는 거의 관심을 가지지 않았던 주제로 끊임없이 되돌아온다.[10] 그에게 '묵시'는 어떤 형태의 '구원 역사'와도 대립하는 것이 아니었다. 물론 '구원 역사'가 십자가 때문에 철저하게 새로운 모습을 갖게 되었지만 말이다. 그는 '묵시'가 언약 성취의 일부 형태를 배제한다고 믿지 않았다. 하지만 아이러니하게도, 케제만은 언약 성취를 언급할 때마

---

9 참조. *NTPG* pp. 459-464; *PFG*, pp. 1082-1085, 1098, 1482-1483. 언어 및 이미지에 관한 핵심 설명은 Caird 1980, 14장, 특히 pp. 260-271를 보라.
10 나는 Wright 2014b에서 그의 사후 글 모음집인 Käsemann 2010 [2005]를 참고해 이 내용을 더 자세히 조사한 바 있다.

다 아브라함 언약의 성취보다는 시내산 언약의 갱신 관점에서 이해한다. 그런데 내 요점은 아주 단순하다. 케제만의 위대한 로마서 주석이 처음 출간된 지 40년이 지난 현재의 분위기는 이렇다. 즉, 일부 주해가뿐만 아니라 신학자와 철학자들은 '묵시'라는 단어를 언급하는 것을 곧 모든 형태의 '구원 역사'와 모든 형태의 '언약' 신학에 반대하는 것으로 받아들인다. 그것은 케제만의 관점이 아니다. 아무리 케제만이 '구원 역사'와 관련해 스텐달에 반발했다 해도(앞서 살펴보았듯이, 실제로 그는 내재적 진보를 내세우는 흐름에 저항했는데, 그것은 스텐달이 제안한 내용이 아니다), 아무리 그가 로마서 3장에서 '하나님의 의'의 언약적 의미를 물리치려고 노력했다 해도 말이다.

물론 케제만이 틀렸을 수 있고, 그가 마땅히 내렸어야 할 급진적인 결론을 피한 것일 수도 있다. 그가 일관성이 없었다고 이야기하는 것은 가능하다. 말하자면, 불트만 전통이 바울에게 적용했던 것과 같은 내용비평을 케제만에게 적용하자면, 사도 바울이 실제로 말했어야 할 내용에 기초해 바울을 교정하는 작업에서 케제만은 일관성이 없었다. 하지만 케제만을 구원 역사의 모든 흔적, 이스라엘과의 언약의 모든 흔적이 말끔하게 제거된 '묵시'를 옹호했던 인물로 언급하는 것은 불가능하다. 이 사실은 본 장의 나중 단계에서 중요한 내용이 될 것이다. 하지만 먼저, 케제만 이후 '묵시적' 바울 관점을 미국에 도입한 인물을 살펴보자. 바로 크리스티앙 베커다.

2. 지금 그리고 아직은 아닌 승리: 베커

베커의 획기적인 책이 출간된 것은 1980년으로, 케제만의 로마서 주석 영역본이 나온 해이기도 했다. 케제만처럼 베커의 주된 관심사도 당시 오랫동안 학계 주류를 지배했던 불트만식 바울 해석에 대항하는 것이었다.[11] 케제만처럼 베커도 '묵시'를 더는 유대교 문헌이나 초기 기독교 문헌의 어둡고 부정적인 흐름이 아니라, '동터 오는 하나님의 승리'를 전하는 영광스러운 소식으로 전면에 내세웠다.¹² 베커에게 예수의 죽음과 부활은 새 창조가 실제로 시작되었다는 것을 의미했다. 다시 말해, '아직은 아닌'인 정도가 아니라 '이미' 하나님의 승리가 왔다는 것이다.¹³ 베커는 불트만 학파에서 선호하는 학자도 아니고 케제만이 선호하는 학자도 아니었던 쿨만에게서 '디데이'(D-Day)와 '브이데이'(V-Day)라는 제2차 세계대전의 이미지를 빌려 온다. 결정적인 침투 작전이 이미 성공했고, 최종적인 승리가 보장되었다.¹⁴ 예수는 이미 메시아로 등극했지만, 그의 왕국은 아직 모습을 드러내지 않았다.¹⁵

베커는 이 '묵시적' 비전을 바울의 '일관된'(coherent) 복음의 핵심으로 보았다. 긱 편지는 수신자인 회중이 받을 충격을 완화하기 위해 각 지역 교회의 상황에 맞추어 조정한 약간의 '우발성'(contingency)을 포함하지만, 바울은 자신의 '묵시적' 관점을 계속해서 강조한다. 예를 들면, 고린도전서 15장에서 바울은 고린도 교회 교인들의 태생적인 문화적·철학적 입장에도 불구하고 그의 묵시적 관점을 가감 없이 전달한다.¹⁶ 베커 특유의 주제인 '일관성(coherence)과 우발성(contingency)'은 대체로 갈라디아서와 로마서의 관계

---

11   Beker의 책 색인에는 Bultmann이 56회 등장한다. 이 숫자에 그나마 가까운 것이 Käsemann 29회, Schweitzer 25회다. Bultmann에 관한 핵심 논의는 pp. 18, 213, 275 등에서 확인할 수 있다.
12   예를 들면, Beker 1980(이후 각주는 이 책을 가리킨다), pp. ix, xi, 8, 16 등. 예를 들면, pp. 207, 278, 354-355, 366-367에 있는 요약을 보라. 나중에 Beker는 그의 논점을 담은 더 짧고 더 대중적인 책을 출간했다(Beker 1982).
13   Beker pp. 149, 155.
14   Beker pp. 159-160. 하지만 그는 p. 355에서 Cullmann의 관점을 수정한다. 그 이유는 Cullmann이 '아직은 아닌'에 비해 '지금'을 과도하게 강조했다고 보았기 때문이다. 당연히 그 이미지에는 문제가 있다. 말하자면, 순조롭게 '소탕 작전'이 전개되어, 이를테면 천년왕국 이후 교회의 승리를 가져올 것이라는 의미로 비칠 수 있다. 여기에 또 다른 아이러니가 있는데, Richard Hays가 나에게 알려 준 내용이다. Martyn 역시 제2차 세계대전과 관련된 표현인 '침입'을 자주 사용하는데, 그 목적이 Cullmann과는 굉장히 다른 그림을 내세우는 데 있다.
15   Beker p. 346. 고전 15:20-28 같은 본문에서 바울은 정말로 (마 28:18처럼) 예수가 이미 통치하고 있다고 생각하는 듯하지만 말이다.
16   Beker pp. 144-145, 171.

라는 골치 아픈 사안에 답변하기 위해 활용되었는데, 이 두 서신 사이에는 결정적인 발전이 존재한다고 가정하는 학자들이 있었다.[17] 베커는 갈라디아서를 덜 직접적으로 '묵시적인' 편지로 보는데, 미래의 사건이 (5:5에) 단 한 번만 언급되며 새 창조의 출발인 예수의 부활이 전혀 언급되지 않기 때문이다.

베커의 책에는 데살로니가전서나 빌립보서를 직접 다루는 내용이 거의 없다. 게다가, 베커가 '묵시'를 핵심 범주로 언급함에도, 데살로니가후서는 바울 후대의 저작으로 여겨진다. 예측할 수 있듯이, 에베소서와 골로새서도 마찬가지다.[18] 또한, 베커는 그의 '묵시' 설명 배후에 있는 핵심적인 유대교 문헌도 실제로는 다루지 않는다. 일부 인용은 하지만, 자세히 설명한 경우는 없다. 아마도 이런 이유로 우리는 관건이 되는 유대교 문헌에 지배적이었던 주제, 말하자면 유배와 회복, 회복된 성전과 영광스러운 하나님의 임재의 귀환, 정치적 대적들의 패배 중 어떤 것도 그의 책에서 확인할 수 없다. 그의 책만 봐서는, 묵시 문학 전체에서 제거할 수 없는 특징인 정치적 음조와 의도가 존재했다는 사실을 알 길이 없다. 베커에게 '묵시'라는 단어의 역할은 본질상 **신학적인** 관점의 줄임말이다. 즉, 바울이 선포했던 복음은 개인이 구원받는 방법에 관한 것이 아니라, 하나님의 선한 창조 세계의 통치권을 찬탈했던 악과 죽음의 권세를 이긴 하나님의 승리에 관한 것이라는 신학적 관점의 줄임말이다.

내가 한 세대 동안 베커의 책을 다시 읽으면서 특별히 주목한 바는, 그가 그의 전 세대인 케제만이나 그의 후 세대인 마틴과 달리 수 세대 동안 학자들이 억지로 분리해 온 주요 신학 주제들을 결합하는 데 주저함이 없

---

17 예를 들면, Hübner 1984. '일관성과 우발성'(coherence and contingency)에 대해서는 예를 들면, p. 351에 나오는 Beker의 요약 진술을 보라.
18 예를 들면, pp. 161-163.

었다는 사실이다. '칭의'와 '참여'는 분리되면 안 된다.[19] 또한 (슈바이처의 주장과 달리) '법정적' 사상과 '신비적' 사상도 갈라놓으면 안 된다.[20] 특히, 베커는 '묵시'를 (관련된 제2성전기 문헌과 결합하는 데 아무 문제가 없었던 것처럼) '구원 역사'라 부를 수 있는 내용과 결합하는 데 아무 문제도 느끼지 않았다.[21] 결국 묵시주의(Apocalypticism)는

> 빈번하게 세계 제국의 흥망성쇠와 관련된 보편 역사를 포함하며, 선재하는 구원자가 개시할 우주적 구원을 기대한다.[22]

예수의 죽음과 부활은 역사의 중심점이어서, 정말로 세상이 심판받고 새롭게 탄생하는 지점이다.

> 바울에 따르면, 그리스도의 죽음과 부활이 지닌 우주적 차원은 십자가는 하나님이 세상에 내리신 심판이라는 점과 부활은 하나님의 새 시대가 오면 완성될 '창조 세계의 존재론적 갱신'의 출발점이라는 점을 보여 준다.[23]

이렇게 바울은 유대교와 그 전통을 진지하게 받아들였고, 그것이 (전혀 예상치 못한 방식이었지만) 십자가에 못 박히고 부활한 그리스도 안에서 성취된 것

---

19   Beker pp. 151, 275, 286 등. Beker가 정말로 '칭의'를 이해했는지는 여기서 조사할 수 없는 별개의 사안이다.
20   Beker pp. 256, 259-260.
21   Beker pp. 49, 56, 99, 181. 또한 p. 116도 참고하라. '제2이사야처럼 바울도 역사 안에서 일어난 하나님의 새로운 종말론적 행위들에 비추어 이스라엘 전통을 해석한다.' 내 생각에 J. L. Martyn은 그런 문장을 쓸 수도 없고 쓰지도 않았을 것이다.
22   Beker p. 138. 선재하는 인물에 대해서는 나도 확실하게 이야기할 수 없지만, 현재 '묵시'로 보통 불리는 내용과 제2성전기 유대교에 널리 알려졌던 내용을 감안해도 이 문장의 나머지 내용은 훌륭한 요약이다.
23   Beker p. 211.

으로 본다. 때때로 베커는 바울이 마르키온(Marcion)의 관점으로 기울 수도 있었다고 생각하는 것처럼 보인다.[24] 하지만 그는 이것이 실제로 바울의 관점은 아니었다고 말한다. 오히려,

> 그는 그리스도가 유대교의 종교적 탐구를 향한 놀라운 답변이라고 믿었으며, 따라서 그는 절대 자신을 새로운 종교의 '설립자'로 생각하지 않았다. 바울에게 **히브리어 성경은 그것의 종말론적 긍정인 그리스도 안에서 절정을 맞이한 것** 이었다.…'신약'은…히브리어 성경을 십자가에 못 박힌 그리스도의 관점에서 권위 있게 해석한 내용으로서, 말하자면 하나님이 '그의 예언자들을 통해 성경에 미리 약속하신' '그의 아들에 관한 복음'이다(롬 1:2, 3).[25]

나 자신도 바로 그러한 비전─제2성전기 유대교 전통들과 긴밀하게 연결되면서 그 전통들에 '절정'을 가져오지만, 십자가와 부활이라는 충격적 소식으로 그 전통들을 탈바꿈시키는 '묵시적' 바울 해석─을 명확하게 설명해 보려고 노력하면서, 자연스럽게 이 정형어구에 더 흥미를 갖게 되었다.

이런 이유로 베커는 반역사적 '묵시' 이해를 전혀 활용하지 않는다. 그런 이해가 최근에는 묵시의 당연한 특징인 것처럼 받아들여져, 일부 학자에게는 그것이 바로 그 단어의 의미일 정도가 되었지만 말이다. 베커는 '고전적인' 속죄 이론들을 언급하지만, 마찬가지로 그 이론들을 계승한 현대 학자들도 언급할 수 있었을 것이다.

> …'고전적' 관점은 죄와 구원을 이원론적 세력 다툼(그리스도 안에 계신 하나님은 **하늘로부터 침투해서** 적의 영토를 완전히 정복했다)의 측면에서 볼 우려가 있다. 이

---

24 예를 들면, pp. 30-31, 58, 107-108, 186-187.
25 Beker p. 314, 저자 강조.

원론적 도식에서 죄는 용서받아야 할 죄책이라기보다는 제거되어야 할 세력인데, 이 상황에 안성맞춤인 내용이 안셀무스(Anselm)의 격언이다. '당신은 죄의 무게를 아직 제대로 숙고하지 않았다'(Nondum considerasti quanti ponderis peccatum sit). 이 도식에서는 그리스도의 죽음이 그의 승리의 부활과 너무 융합된 나머지, 그리스도 안에서 베푼 하나님 사랑의 깊이와 책임과 가치가 강조되지 않는다. 이런 관점의 결과 '하나님의 의'를 단지 하나님의 구원 행위 정도로 해석하게 되고, 히브리어상의 윤리적 의미인 하나님의 '공정한 질서'는 무시된다. '위로부터의' 기독론이 '아래로부터의 기독론'을 압도하게 되고, 그리스도 안에서 우리의 새 창조가 과거 죄의 권세 아래에서 졌던 윤리적 책임과 단절될 우려가 있다. 이 관점은 죄라는 것이 제거될 뿐만 아니라 용서되어야 한다는 사실을 간과한다.[26]

이 주목할 만한 주장에도 물론 문제가 일부 있다. 나는 죄의 무게를 과소평가하지 말라는 안셀무스의 경고가 '고전적' 관점에 대한 반응이 아니라고 생각한다. 오히려 죄인에게 필요했던 것은 그저 십자가라는 사랑의 본보기였을 뿐이라는 피에르 아벨라르(Peter Abelard)의 관점을 염두에 둔 말이었을 가능성이 더 크다. 또한, 죄의 문제와 그 해결책에 관한 이런 상이한 관점을 '위로부터의' 기독론과 '아래로부터의' 기독론의 관점에서 범주화하는 것이 꼭 유익한 것도 아니다. 하지만 베커가 (더 큰 그의 주장의 흐름과 반대된다고 생각할 수도 있는 내용이다) 그리스도의 죽음과 부활에서 달성된 것은 단지 악의 권세가 타도된 '침투'만이 아니라 죄책과 용서의 문제를 해소할 '죄의 처리'이기도 하다고 주장할 때, 모든 증거로 보아 바울은 베커의 편이다. 일부 현대 기독교의 형태가 죄책과 용서를 과도하게 강조할 수야 있지

---

26   Beker p. 209, 저자 강조.

만, 그렇다고 해서 해석자들이 그런 내용을 사도 바울에게서 제거한다든가 '침투'와 '승리'의 관점에서 다르게 표현하는 행태가 정당화되는 것은 아니다. 베커는 더 세심하고 다층적인 관점을 제공한 것이며, 이것은 주해와 신학 측면 모두에서 올바르다. 그는 '은혜'를 하나의 **사건**으로, 즉 하나님이 악을 이길 때 역사 안에서 발생한 어떤 일로 보는데, 이는 맞는 견해다.[27] 그는 '믿음' 자체도 '묵시적' 틀 안에서 이해하는데, 이 역시 맞는 접근이다(물론 그는 '피스티스 크리스투'를 메시아 자신의 신실함으로 이해하는 최근의 해석을 알지 못한다).[28] 심지어 성령도 바울의 사고에서는 '묵시적으로' 이해되어야 한다.[29] 그런데 이런 내용 중 어떤 것도 범(汎) '묵시적' 해석에 기여하지는 않았다. 그런 해석에서는 바울서신에서 보통 발견되는 다른 요소들은 주변으로 밀려난다. 베커는 내용비평에 빠지지 않는다. 또한 그는 바울이 종종 대안적인 관점을 제시하기 위해 그가 받아들이지 않는 내용을 쓰기도 했다는 주장도 하지 않는다.

아마도 베커의 책에서 가장 이상한 점(세부적으로는 이상한 내용이 많다. 어떻게 보든 베커는 단순한 인물은 아니었고, 그의 글은 모나고 험한 접근법을 보인다)은 그가 '묵시적인' 바울 이해를 주장함에도, 그리고 명백히 케제만과 유사함에도, 그리고 불가피하게 로마서를 중시함에도, '디카이오쉬네 테우'에 관한 이야기가 거의 없다는 점이다. 물론 베커가 이 표현을 다루긴 하지만, 이 문제를 핵심 사안으로 다룬 곳은 없다. 하지만 가장 명백한 바울의 '묵시' 언어가 집중된 곳이 바로 이 표현이다. 바울은 복음 안에 하나님의 의가 그 모습을 드러냈다(*apokalyptetai*)고 선언한다.[30] 물론, 그리스어 단어 '아포칼립토'(*apokalyptō*)가 어떤 글에 등장한다고 해서, 2000년 후의 학자 중 일부가

---

27   Beker pp. 265-266.
28   Beker pp. 268-269.
29   Beker pp. 281-282.

'묵시'라고 부르는 세계관을 그 글의 저자도 옹호하거나 설명한다는 증거로 생각하는 우를 범해서는 안 된다(우리는 곧 이러한 위험을 비켜 가지 못한 일부 학자를 확인할 것이다). 그래도 바울이 로마서 1:16-17의 주제 진술에서 복음을 통해 언약과 창조 세계 양자 모두를 향한 하나님의 신실하심이 급작스럽게 계시되었다고 주장했다는 사실을 베커가 열렬하게 내세웠을 것이라고 생각하는 사람이 있을 것이다.

베커의 책에 담긴 수많은 흐름이 그런 방향을 가리킨다. '하나님의 임박한 승리'는 신적 **신실하심**의 승리이며, 마침내 창조 세계 전체를 바로 잡으려는 하나님의 헌신으로, 이제는 믿는 사람들을 바로 잡는 것으로 표현되며, 옛 언약의 약속들을 성취하는 것으로 달성된다. 물론 그 내용을 이런 식으로 표현한 것은 내 나름의 방식이지만, 나는 이 표현이 베커가 말했을 내용과 그리 다르지 않다고 생각한다. 모든 수단을 동원해 하나님의 '묵시적' 승리를 그림의 중앙에 배치하자. 그리고 이 승리가 '그리스도의 죽음과 부활로 규정'되며, '바울 복음의 기본적인 일관성을 구성하되' 교회들의 다양한 필요에 맞추어 표현되었다고 주장하자. 하지만 베커처럼 이 '묵시' 신학이 바울 사상의 다른 특징들(구원사, '칭의'와 '참여', 죄, 죄책감, 용서, 속죄를 포함한 역사)도 내부에 포함하며, 그런 특징들을 몰아내거나 쓸모없는 것으로 만들지도 않으며, 그런 특징들과 모순되지도 않는다고 주장하자. 그 특징들은 바울서신에 대한 온전한 주해와 신학적 설명에 통합되어야 한다.[31] 베커가 일관성이 있다고 보았던 내용을 비일관적이라고 가볍게 일축해서는 안 된다.

---

30 롬 1:17; 참조. 3:21. 3:21에 사용된 동사는 *pephanerōtai*지만, 유사한 효과를 지니며 이전의 내용을 분명하게 반영한다.
31 다른 학자들이 갈가리 분리한 내용을 통합하는 데 Beker의 뒤를 따른 학자가 B. W. Longenecker다. 예를 들면, Longenecker 1998을 보라.

8장

'유니언 학파'? 드 보어와 마틴

1. 드 보어

지난 세대 미국에서 케제만의 수제자는 의심의 여지 없이 루이스 마틴이다. 특출하고 영향력 있는 이력을 지닌 마틴은 뉴욕에 있는 유니언 신학대학(Union Theological Seminary)에서 1960년부터 1980년대까지 가르쳤고, 이후 은퇴해서 집필 활동을 계속하고 있다. 이제 그의 이름은 바울에 관한 더 새로운 '묵시적' 해석과 가장 자주 연결되는 이름이며, 자신의 철학적·신학적·목회적·(나아가)정치적 사상을 이런 식의 사도 바울 해석에 자리매김시키려는 성경학계 외부의 수많은 사람도 언급하는 이름이다. 마틴이 유니언 신학대학에서 교수로 재직했다는 사실, 그리고 그의 작업을 가장 분명하게 진척시킨 제자 중 두 사람이 마틴의 지도 아래 유니언 신학대학에서 수학했다는 사실 때문에, 한두 사람은 마틴의 갈라디아서 주석의 기치 아래 함께 나아갔던 사람들을 "'유니언' 학파"(The Union School)로 지칭해 왔다.[1]

마틴은 튀빙겐에서 케제만과 함께 연구했고, 그의 스승의 영향과 본보기에 대해 우호적인 글을 썼다.[2] 하지만 그의 작업은 강조점과 주해 둘 다에서 케제만의 작업과는 의미심장한 차이가 있다. 마틴 이후 학계에서 '묵시'가 갖게 된 의미를 이해하려면, 이런 차이들, 그리고 대체로 그의 관점에 내포된 다른 많은 긴장과 문제들을 확실하게 정리하는 것이 중요하다.

마틴과 그의 제자들은 지난 20년 동안 상당한 양의 글을 쏟아 냈으며, 현재 상황에서 그 모든 내용을 논의하기는 불가능하다. 나는 좁게 두 작업에 초점을 맞추겠다. 이제는 유명해진 마틴의 갈라디아서 주석, 그리고 마틴이 크게 의존한 마르티누스 드 보어(Martinus de Boer)의 주장이다. 이제는 몸집을 불려 수많은 사람을 포섭한 이 운동에서 '묵시'는 구호 역할을, 케제만은 스승 역할을 한다. 다시 말해, 예수의 복음이 현 세계로 침투해 들어와 새 창조를 일으키고, 단지 '종교' 하나 정도가 아니라 고대와 현대의 전체적인 '종교' 개념 자체를 뒤엎는 중이다. 단순히 마틴을 해설하고 논의하는 내용만으로도 책 한 권을 쓸 수 있을 정도다. 마틴의 영향력으로 인해 이 묵시 관점의 바울 해석은 적어도 미국의 많은 곳에서 매우 진지하게 취급되고 있으며, 더 진전된 매혹적인 연구를 낳고 있는데, 특별히 앞서 언급한 유니언 신학대학의 학생 중 한 명인 베벌리 가벤타(Beverly Gaventa)가 대표적이다.[3] 하지만 혼란은 여전히 남아 있으며, 그 혼란에 대해서는 앞으로 조사하는 과정에서 언급하겠다.

드 보어의 중요한 제안을 먼저 살펴보겠다. (이런 생각을 학생인 드 보어가 먼저 시작한 것인지 아니면 스승인 마틴이 먼저 제안한 것인지는 알 수 없는데, 혼란스러운 대학원 과정을 보내다 보면 이런저런 생각이 떠오르기 마련이다.) 이제 드 보어는

---

1   Ziegler 2011, p. 420에 있는 복잡하고 짧은 논의를 보라. 학계는 2015년 6월, 90세의 나이로 작고한 Martyn의 부음에 애통해했다.
2   Martyn 2012.
3   특별히 Gaventa 2007. 그리고 예를 들면, Gaventa 2011(나중에 개정판이 Gaventa 2012로 나왔다), 2013b, 2013c를 보라.

자기 나름의 탄탄한 갈라디아서 주석을 출간했고, 그 주석에서 (마틴을 기념하는 논문집에 포함된 한 논문의 제목으로 사용된 마틴식 표현을 써 보자면) '대화가 계속 이어진다.'[4] 마틴과 드 보어 두 사람 모두 1988년 출간된 드 보어의 박사 학위 논문을 자주 반복해서 언급하는데, 이 논문은 그들의 주해를 결정하는 광범위한 이론과 이를 뒷받침하는 신학의 역사적·문헌적 토대가 된다.[5] 여담이지만, 최근 수십 년간 영어권 바울 학계의 동향을 이해하려는 사람들이 중요하게 생각하는 내용 하나에 주목하고 싶다. 그것은 유니언 학파가 어떤 형태든 새 관점과는 실질적인 교전을 벌이지 않았다는 사실이다. 이 두 흐름은 평행선을 달려왔다. 마틴 등이 바울과 특히 갈라디아서를 '은혜'와 '종교'의 철저한 대립의 관점에서 이해하면서, '은혜'는 전적으로 하나님의 행위로, '종교'는 전적으로 하나님을 기쁘게 하려는 인간의 시도로 보는 한에서는, 소위 '옛 관점'의 뉘앙스를 피할 수 없다. 이것은 케제만 사상의 배경이 본질상 루터주의였다는 사실을 고려하면 놀랄 사실도 아니다. 역으로, 마틴과 드 보어가 바울을 유대교 배경에서 이해하려고 시도하는 한, 그리고 더 구체적인 사례로는 그들이 바울의 표현인 '피스티스 크리스투'를 그의 죽음에서 절정에 이른 그리스도의 '신실함'을 가리키는 것으로 이해하는 한, 그들에게는 내 관점의 일부 요소와 비슷한 부분이 있을 수밖에 없다. 이런 사실들은 상이한 대화들을 마구 뒤섞는 행태를 경고한다.

마르티누스 드 보어가 수행한 것은 (놀랍게도) 케제만이나 베커는 필수적이라고 여기지 않은 듯한 과제였는데, 이런 점에서 드 보어는 박수를 받아야 한다. 그 과제는 바로 '묵시적' 바울 해석을 향한 탐구에 관련된 자료로

---

4 Fortna and Gaventa 1990을 보라.
5 또한, 다른 Martyn 기념논문집에 수록된 de Boer의 논문을 보라(de Boer 1989). 이 논문은 핵심 주장들 일부를 반복하고 확장한다.

생각되는 유대교 '묵시' 문헌을 조사한 것이다.[6] (케제만과 마찬가지로, 이 사실은 종교사적 연구의 초점이 헬레니즘에서 유대교로 옮겨 가고 있음을 함축한다. 하지만 유니언 학파는 보통 이 사실에는 관심을 기울이지 않았다.) 드 보어는 이렇듯 핵심 본문을 역사적으로 연구하는 작업이 바울 사상 속의 관련 모티프와 본문을 해석하는 기초가 되어야 한다는 점을 분명히 한다. 그는 '묵시적 종말론'이라는 현대식 표현을 바울 연구자들이 사용하는 이유에 대해 다음과 같이 이야기한다.

> 그들이 바울의 종말론 그리고 '묵시'라는 이름표가 붙은 유대교의 종말론적 기대 사이에 개념적 유사성이 있는 것으로 받아들였기 때문이다.[7]

요점이 뻔할 수도 있지만 그래도 거론할 가치가 있는 것은, 이미 살펴보았듯이 '묵시'라는 단어에 다채로운 이력이 있다 보니 그 단어를 실제 고대 본문에 기반해 사용하기로 한 드 보어의 결정 자체가 박수받아 마땅하기 때문이다. 그에게 '묵시적 종말론'은 '묵시로 알려진 장르의 작품들과 보통 연관되어 있던 종말론의 유형'이다. 하지만 다른 곳에서는 이를 확장해 "그런 작품들의 정확한 문학적 장르와 무관하게 유대교 묵시적 종말론, 즉 '계시된' 종말론을 담고 있는 문서들"까지 포함했다.[8] 케제만과 베커의 뒤를 이은 바울의 '묵시적 종말론' 연구는

> 유대교 묵시적 종말론에 관한 그들의 개념[즉, 케제만과 베커의 개념]에 비추

---

6   참조. 1972 [1970], p. 123. '적어도 대륙의 신학에서는 일차 자료에 관한 연구를 거의 찾아볼 수 없다.'
7   de Boer 1988, p. 7. 따로 언급이 없는 한, 이후의 각주는 이 책을 가리킨다.
8   de Boer pp. 19, 40.

어 진행되어야 하는데, 이 유대교 묵시적 종말론이 바로 사도 바울의 관점에 전제된 **종교사적** 배경이다.[9]

달리 말해, 신약학계의 일반적인 분위기 속에서 드 보어는 초기 기독교 본문의 주해를 그려 나가는 설명 격자로서 더 넓은 문화적 매트릭스의 측면에 직접 호소하고 있었다. 지금까지는 좋다.

문제가 한꺼번에 불거지는 부분은 한 핵심 모티프다. 그 모티프는 드 보어에게 (그를 따르는 마틴에게도, 그리고 이 연관성을 이야기할 때 통상 인용되는 필하우어에게도) '묵시'라 부를 수 있는 실체가 존재한다는 가장 확실한 증거이기도 했는데, 바로 '두 시대'의 구분, 즉 '현 시대'와 '올 시대'의 구분이다(때때로 '이원론적'이라는 이름이 붙어 오해를 사곤 한다). 이 구분이 다니엘서에서 시작해 보통 '묵시'로 알려진 몇몇 글의 특징인 것은 물론 사실이다.[10] 하지만 이 구분은 그에 못지않게 랍비 시대 거의 모든 유대교 사상의 특징이기도 하며, 이 사실 때문에 우리는 이런 구분이 이른 시기부터 훨씬 더 광범위하게 퍼져 있었을 가능성이 매우 크다고 생각할 수밖에 없다. 결국 랍비들은 70년과 135년에 일어난 재난 이후로 '묵시'를 배격하고, 대신 토라 연구와 토라 실천에 집중하게 되었다.[11] 하지만 그들은 '현 시대'(*ha-olam ha-zeh*)는 슬픔과 불의의 때며, 하나님이 마침내 '올 시대'(*ha-olam ha-ba*')를 도입할 것이라는 강력한 믿음을 계속해서 간직했다. 물론, 문학 장르의 의미에서 '묵시'를 집필한 사람들은 정말로 이런 관점에서 이야기했으며, 때때로 '올 시대'

---

9   de Boer, p. 19.
10 예를 들면, 『에스라4서』 6:9; 7:12-13, 113; 8:1, 52; 『바룩2서』 44:15; 48:50; 73:5. 관련 표현 자체가 다니엘서에 등장하는 것은 아니지만, 악이 횡행하는 압제의 현 시대에 뒤이어 하나님이 그의 왕국을 세울 '마지막 때'가 마침내 올 것이라는 사상은 다니엘서의 많은 부분에 등장한다. 예를 들면, 2:36-45; 7:9-14, 21-22, 23-27; 8:13-14, 17, 19; 9:24-27; 12:1-4.
11 NTPG pp. 197-199; 그리고 최근의 간략하지만 유익한 탐구인 Schiffman 2010을 보라.

의 특징과 시점에 관한 내용을 드러내는 작업을 하기도 했다. 때때로 그들은 이런 일들이 일어날 시점에 관한 구체적인 연대를 제안하기도 했는데, 보통 다니엘 9장에 의존했다. 하지만 어떤 글에 '두 시대'라는 사고 틀이 존재한다고 해서(현재 맥락에서는 이 내용을 충분히 강조하기가 어렵다) 그 글이 '묵시'라 부를 수 있는 어떤 의미 있는 실재와 자동적인 관련성을 갖게 되지는 않는다. 두 시대 틀의 존재 자체는, 어떤 본문에 혹은 그 본문 안에 표현된 개념들에 묵시라는 이름표를 붙일 수 있는 필요조건도, 충분조건도 아니다. 두 시대 틀은 제2성전기 내내, 그리고 랍비 시대 전성기까지 유대교 사상에 널리 퍼져 있던 특징이다. 우리는 열심 있는 바리새인이었던 다소의 사울도 그 틀을 당연한 것으로 받아들였다고 가정해야 할 것이며, 그가 이 틀 자체를 가졌다고 해서 '묵시'라는 이름표를 그의 가슴에 붙일 수 있는 충분조건은 아니라는 사실도 액면 그대로 받아들여야 할 것이다. 차라리 '랍비적'(rabbinic)이었다고 말하는 게 나을 수 있다. 나는 바울에게 유대교의 '묵시' 저작과 상당한 공통점이 있었다는 케제만 등의 주장에 대체로 동의하지만, 그것이 바울의 글에 접근하는 최선의 길이라고 보지 않는다. 틀림없는 사실은, 고대 유대 세계에는 '올 시대'가 정확히 도래할 방식, 특별히 그 사건이 메시아의 오심 및 활동을 수반하거나 수반하지 않을 방식에 관한 굉장히 다양한 사색이 존재했다는 것이다. 현재 하나님의 백성이 수행하는 일들이 올 시대의 도래를 재촉할 수 있는지를 둘러싸고도 다양한 관점이 존재했다. 하지만 이 시기에 '현 시대'와 '올 시대'를 말하는 것은 '묵시적' 흐름만의 특징이 아니라, 일반적인 유대 세계의 특징이었다.[12]

---

12 당연히 일부 유대인(아마도 사두개인이 가장 유력한 후보다)은 두 시대 관련 사색이 위험하거나 불필요하다고 여겼을 것이다. 관련 현상으로는 예를 들면, mBer. 1:5; mPe'ah 1:1; mKid. 4:14; mB.M. 2:11; mSanh. 10:1-4; mAb. 2:7; 4:1, 16-17; 5:19. 그리고 예를 들면, Moore 1927-1930, pp. 377-395; Schürer 1973-1987, 2.537-2.538에 나오는 고전적 논의를 보라. 또한, 더 많은 참고 문헌을 제시한 Davies 1980 [1948], pp. 287-288을 보라. 거기에는

같은 이야기를 드 보어가 '묵시'의 다른 신호라며 호소하는 요소에도 할 수 있다. 이를테면, 사악한 천사를 포함하는 천사의 언급과 우주적 드라마에 관한 감각 같은 것이다.[13] 당연히, 모든 유대교 자료가 늘 모든 내용을 언급하는 것은 아니다. 하나의 짧은 글 안에 자신이 믿는 모든 것을 이야기할 수 있는 사람은 없다. 바울도 서신마다 거대한 공백을 남겼다. 적어도 일종의 완벽한 '조직 신학'을 기대하는 사람의 관점에서는 말이다. 예를 들면, 갈라디아서는 죄와 구원, 부활에 대해서는 거의 아무 이야기도 하지 않는다. 다른 서신을 보면 이 주제들이 바울에게 극도로 중요한 내용임이 분명하지만 말이다.[14] 하지만 '두 시대' 구도, (악한 천사를 포함해서) 천사에 관한 믿음, 우주적 드라마에 관한 감각, 그리고 여기에 더해 개인과 집단이 마주한 지역적·개인적 도전과 같은 모든 주제는 이전 시대인 초기의 성경 문헌과 이후 시대인 중세와 근대의 유대교 문헌에서도 찾을 수 있다. 그리고 이런 이야기를 한다는 것은 곧 종교사의 관점에서 바울을 논의하는 접근 전체가 '묵시'라는 이름표를 붙인 좁은 스크린에서 더욱더 큰 스크린으로 옮겨가야 한다고 주장하는 것이다. 이 스크린의 배경에는 다양한 모습을 가진 복잡하고 현기증 나는 역사와 문화, 사상과 문헌들이 자리 잡고 있으며, 전경에는 마찬가지로 다양한 모습을 가진 초기 유대교의 삶이 자리 잡고 있다. 바울은 바로 이런 곳에 속해 있다. 다른 많은 초기 그리스도인과 마찬가지로 바울도 '현 시대'와 '올 시대'의 관점에서 사고했다는 사실을 알게 되어 그 사실로부터 바울도 '묵시'라 불리는 '유대교'의 좁은 분파 안에서 이해되어

Strack and Billerbeck, 1926-1961, 4,816-4,817에 나오는 본문 조합이 포함되어 있다. 랍비들은 미묘하게 구분 가능한 '올 시대'와 '메시아 시대'를 논의하기도 하지만(고전 15:24-28에서 그런 구분의 사전 조짐을 확인할 수 있다), 그것은 현재 우리의 논점을 벗어난 내용이다.
13 de Boer p. 30는 Käsemann이 '묵시'에 관한 그의 정의를 확장해 이런 요소들을 포함했다는 사실을 언급한다.
14 *Perspectives* pp. 520-521를 보라.

야 한다고 추론하는 것은 완전히 근거 없는 주장이다.

이런 상황을 제대로 이해하고 나면, 다른 온갖 요소도 다르게 이해되기 마련이다. 유대인의 삶과 사상이라는 더 거대한 세계를 언급하는 것은, 일반적으로 '묵시적'으로 간주되었던 본문조차도 단순히 **사람이 '구원'을 얻는 방식에 관한 내용이 아니라는 사실**을 상기한다는 의미다. 종종 드 보어와 그를 따르는 마틴은 우리가 고려 중인 본문들에서 정말로 중요한 유일한 내용이 마치 일종의 우주적 구원론 안에서 (말하자면) '곤경과 해답'을 분석하는 것인 양 이야기하는데, 그것은 본문의 저자가 '죄들'(sins)과 '죄'(Sin) 중 어느 쪽을 이야기하는지, 그리고 인간의 행위, 하나님의 주도하심, 악한 세력들에 관한 복잡한 분석에서 '대리자'를 어떻게 바라보는지를 보면 드러난다. 그래서 드 보어가 그 중요한 '두 유형의 묵시'를 구분하면서 매달렸던 질문이 한편으로는 악에 대한 책임의 문제, 다른 한편으로는 **악으로부터 구출**의 문제였다. '책임'과 '구출'이 논의 중인 문헌들에 포함된 주제이긴 하나, 사실 관건이 되는 문헌들이 이야기하는 일차 주제는 이런 관념적인 것이 아니라는 정당한 이의 제기가 가능하다.

왜 이런 사태가 벌어졌을까? 답은 꽤 간단하다. 핵심 질문을 본질상 현대적인 이분법의 관점에서 제시했기 때문이다. 드 보어는 그의 핵심 논문을 시작하면서 20세기의 학자 두 명을 논하는데, 우리의 오랜 친구인 케제만과 불트만이다. 그러고서는 제2성전기 '묵시'에는 이 위대한 두 학자의 차이에 대체로 상응하는 두 유형 혹은 '노선'이 있었다고 가정한 다음, 바울의 사고가 불트만의 사상에 합치하는 '묵시' 유형보다는 케제만의 사상을 닮은 '묵시' 유형과 우연히 잘 맞아떨어진다고 주장한다. 이런 주장에 시대착오적이라는 의혹이 쏟아지는 것은 불가피하다. 설령 드 보어가 (그리고 그에 이어서 마틴이) 그들이 언급하듯이 케제만의 것과는 상당히 다른 '묵시' 관점에 도달했다고 해도 말이다(케제만은 '묵시'를 여전히 미래의 것으로 보았지만, 드 보어와 마틴은 예수의 죽음 안에서 일어난 것으로 보았다). 20세기 중반의 아주 구체적이고 굉장히 우발적인 어떤 논쟁이 우연히도 고대 유대 사상의 두 노선에 관한 가설적인 구분에 대체로 상응한다고 하면, 그리고 그것이 관련 본문을 연구한 학자 대부분이 알아채지 못한 구분이라면, 정말 이상한 일 아닌가?

어찌되었든 내가 말하려는 요점은, 어떤 문헌에서 '두 시대'나 천사의 활동 같은 주제가 관찰된다고 해서 그 문헌이 '묵시적'이라고 선언할 수는 없다는 것이다. 또한, 한편으로는 악의 문제에 대한 책임, 다른 한편으로는 악으로부터의 속량 같은 문제에만 초점을 맞추면서 이 문제들을 다른 더 큰 주제들과 분리해서 다룰 수도 없는 것은 그 주제들이 우리가 논의 중인 거의 모든 문헌과 저자를 사로잡았던 것이 명백하기 때문이다. 그러한 더 큰 주제들로는 이스라엘과 세계를 향한 하나님의 목적, 유배의 종식과 영광스러운 하나님의 임재의 귀환, 성전 재건 혹은 성전 정화, 왕직이든 제사장직이든 기름 부음 받은 지도자의 도래 등이 있다.[15] 특히 주목할 내용은 '묵시'라는 이름을 붙일 수 있는 문헌 중 거의 전부가, 그리고 그 이름이 어울리지 않는 엄청난 분량의 유대교 문헌도 함축적으로든 명시적으로든 **언약**과 관련 있다는 것이다. 드 보어는 이 사실을 인정했지만 더 개진하지는 않았다.[16] 유대인 묵시주의자들이 보기에 중요한 것은 하나님이 이스라엘에 파기할 수 없는 약속을 주었다는 사실이며, 따라서 답해야 할 질문은 '인간이 어떻게 구원받을 수 있는가'와 같은 보편적인 질문(이 질문에 대한 답변은 악을 인간의 잘못으로 보느냐, 악한 천사들의 잘못으로 보느냐에 따라 다양하다. 아래를 보라)이 아니라, '이스라엘을 구출하려는 하나님의 계획이 어떻게 성취될 것인가?'였다. 그리고 많은 다른 유형의 저작들에서 반복해서 발견되는바, 이 질

---

15   de Boer p. 85는 그가 관련 자료 다수를 생략했다는 사실을 다소간 인정한다.
16   de Boer 1989, p. 173.

문에 대한 답변은 **역사적 순서**의 관점에서 제시된다. 그것은 확실히 케제만의 뒤를 이어 마틴도 굉장히 자연스럽게 반대하는 내재적 '진보' 같은 매끈한 점진적 내러티브가 아니라, 다니엘 2장과 7장, 그리고 특히 다니엘 9장에서 볼 수 있는 유형의 내러티브다. '묵시'를 보여 주는 (앞서 살펴보았듯이, 훨씬 더 넓은 영역에서 두드러지는 특징이었던) '두 시대'보다 훨씬 더 정확한 가늠자로서 다른 요소를 제시할 수 있는데, 그것은 '묵시 문헌'이 보통 하나님의 구출이라는 궁극적 순간으로 사람들의 시선을 사로잡기 위해서 **이스라엘과 세상에 관한 이야기를 들려주는 것**을 중시했다는 사실이다.[17] 이제는 (a) 마틴이 바울에 관한 '묵시적' 해석을 설득력 있게 제시했으며, (b) 이 설득력 있는 해석은 '절정에 도달한 내러티브'를 거부하는 것과 관련이 있으니, 이 문제를 정확히 짚고 넘어가야겠다. 우리는 바울의 종교사적 배경에 관한 문제를 불트만-케제만 논쟁의 좁은 영역 밖으로 확장했고, 따라서 이제 일반적인 의미에서 '묵시'를 따로 떼어 내 다룬다거나, 이 개념을 '언약'이나 '구원사'와 (이 두 개념을 세심하게 규정하는 한) 대립시키는 것이 더는 불가능하다. 이렇게 지평을 확장하면 마찬가지로, 드 보어가 일부 유대교 문헌에서 발견했다고 주장하는 '묵시'의 흐름과 드 보어에 이어 마틴이 이를 변형해 갈라디아의 상황을 분석하며 골자로 삼은 '묵시'의 흐름을 명확히 구분하는 것도 불가능하다. 그렇다면 마지막으로, 마틴의 제자들이 부단히 노력하고 있듯이 이런 '묵시'의 흐름 중 하나를 택해서 그것을 나머지 모든 흐름과 대립시키는 것도 불가능하다.[18]

---

17   Koch pp. 29, 33, 40-41, 43, 51-52, 84를 보라. 나는 *PFG*, pp. 121-128에서 실제 본문에 근거해 그 점을 주장했다. Koch의 주장은 타당하다(pp. 51-52). 한편으로, 묵시주의자들은 '역사 전체를 하나님이 주도한다'는 점을 강조한다(Koch는 이 문장 전체에 강조 표시를 했다). 다른 한편으로, 이 역사의 마지막에 올 영광스러운 미래는 '인간의 노력을 통한 것이 아니라 [내재적 과정을 통한 것도 아니라는 말을 추가할 수 있겠다] 하나님이 선사하는 은혜를 통해 온다.' 이 균형이 잘 유지된다면, 많은 어려움을 피할 수 있을 것이다.

18   예를 들면, Harink and Campbell. 아래를 보라.

그렇다면 이 두 '흐름' 혹은 '노선'은 무엇이었고, 드 보어는 그것을 어떻게 식별하고 묘사했을까? 첫 번째 단서는 시리아의 『바룩의 묵시』(Apocalypse of Baruch)에 관한 그의 초기 논평에서 확인할 수 있다. 드 보어는 그 책에 '우주론적 세력'(cosmological powers)에 관한 이야기가 거의 없다는 사실에 주목하는데, 그에게 '우주론적 세력'은 일차적으로 창세기 6장의 '인간이 아닌 악한 존재'를 의미한다(이 존재는 이를테면 『에녹1서』 일부에서 중요한 역할을 한다). 나아가 『바룩2서』는 '수직적인' 구분으로 생각하기 쉬운 두 '영역'이 아닌 두 '시대'라는 선형적 순서를 토대로 이야기한다. 마지막으로 『바룩2서』는 '우주론적' 변화보다는 두 시대 사이의 '존재론적' 변화를 예상한다.[19] 하지만 이런 문서들을 그 역사적 맥락으로 되돌려 놓고 보면, (아마도 1세기 말이나 2세기 초에) 이러한 내용은 당시 저자가 관심을 가졌던 것으로 보이는 사안이 아니다. 그에게 문제는 예루살렘이 파괴되었다는 것, 그리고 예루살렘의 파괴와 더불어 그날을 향한 다급한 희망도 사라지고 말았다는 것이었다. 하지만 드 보어는 이런 내용에 관해서는 거의 아무 이야기도 하지 않는다.

대신 드 보어는 『바룩2서』와 그 가까운 사촌인 『에스라4서』가 '법정적 묵시적 종말론'이라 부르는 내용을 드러낸다고 말하면서, 이 종말론을 그가 『에녹1서』 혹은 더 정확히는 보통 '감시자의 책'(The Book of the Watchers)으로 불리는 『에녹1서』 1-36장에서 발견한 '우주론적 묵시적 종말론'과 구분해야 한다고 주장한다.[20] 이 도식은 에녹의 '비유'(『에녹1서』 37-71장)에는 그리 잘 들어맞지 않는데, 왜냐하면 그 책은 인간의 삶이 악한 천사적 세력에 굴복한 것은 맞지만 죽음이 인간을 파괴하게 한 것은 인간의 범죄 자체

---

19 de Boer pp. 35-37. 하지만 de boer는 그의 주석(2011, p. 31)에서 적어도 『바룩2서』 56장에는 사악한 천사가 잠깐 모습을 보인다고 인정한다.
20 de Boer pp. 52-53.

라고 말하기 때문이다.[21] 그리고 '에녹의 편지'(『에녹1서』 91-105장)에는 타락한 천사가 정말로 심판받을 것이지만 '인간은 스스로 죄에 책임이 있다'라는 내용이 나온다.[22] 여기서 드 보어는 (내가 보기에는) 너무 자신을 과신한 나머지, 이 단락의 저자가 '우주론적 노예 상태를 죄 및 죽음에 대한 설명으로 받아들이지 않는다'라고 주장하면서 개인의 책임과 의무를 강조한다. 이 문제는 논의의 마지막에 초점이 되는데, 거기서 드 보어는 '당신 자신의 잘못과 책임에 외부의 세력 탓을 해서는 안 된다!'라고 주장한다.[23] 본질상 현대적인 이 윤리적 관점은 고대, 중세, 현대의 수많은 유대교 문헌의 주장과 어긋난다. 현대인이 (소위 '결정론'과 '자유 의지' 사이의) 모순이라고 보는 내용을 유대교 전통은 궁극적으로 불가해하며 동시에 불변하는 신비로 볼 것이다.[24]

드 보어가 고대 유대교 묵시 내부에서 분간해 낸 '두 노선' 사이의 중요한 구분을 내세우는 데 도움이 되었던 또 다른 특징은 인간 죄의 기원으로서 아담의 존재다. 아담이 몇몇 다른 문헌에서는 미미한 역할을 하지만, 『에스라4서』와 『바룩2서』에는 이 주제가 전면에 부상한다. 이 사실은 드 보어가 나름의 구획을 만드는 데 도움을 주었다. 그는 이 책들이 제시하는 구원 체계에서 인간은 악에 대한 책임(태초로 거슬러 올라가는 책임)이 있으므로 인간은 하나님과 그의 율법을 따르기로 선택하고 그럼으로써 결국 생명을 발견해야 할 책임이 있다고 말한다. 율법은 사실상 인간에게 '두 번째 기회'를 주면서 '율법적 경건'을 권장하고 있다.[25]

---

21   de Boer p. 56.
22   de Boer p. 57.
23   de Boer p. 58. 느낌표는 원서 표기.
24   Moore 1927-1930, 1.453-1.456 등을 보라. De Boer 자신의 본문 분석은 이 모순들을 쉽게 종합할 수 있음을 보여 준다. 예를 들면, 『열두 족장의 유언』(*The Testaments of the 12 Patriarchs*)에 관한 설명(pp. 67-69)을 보라.
25   de Boer pp. 86-88. 20세기 바울 학계에서 배운 학도들은 '율법적 경건'을 '행위-의'를 가리키는 암호로 인식하겠지만, de Boer는 이 문제를 미해결 상태로 두었다.

이 모든 내용에는 많은 문제가 있다. 여기서는 세 가지만 언급하겠다.

1. 드 보어가 사용하는 용어는 정밀하지 못하며, 더 중요한 문제는 오해의 소지가 많다. '우주적'과 '우주론적'이란 단어는 '묵시' 자체만큼이나 파악하기 어렵다. 이 단어들이 그런 엄밀한 의미를 얻는 것은 불트만/케제만 논쟁의 맥락에서인데, 거기서 이 단어들은 불트만의 개인주의적이고 인간 중심적인 설명('인간론')과 대조되는 케제만의 강조점, 즉 인간의 곤경과 하나님의 해결책 양 측면에서 초현세적이고 초인간적인 차원을 지시하는 역할을 한다. 하지만 이 단어들은 고대 유대교와 관련해서는 그다지 도움이 안 된다. '우주적' 같은 용어는 정확한 내용물도 거의 없이 포장만 그럴듯한 주장으로 전락하기 쉽다.[26] 부분적으로 이것은 은연중에 에피쿠로스 철학에 푹 잠겨 인간을 벗어난 실재 또는 시공간을 벗어난 실재를 논하는 데 있어 기술도 부족하고 경험도 거의 없는 현대 서구 세계의 특징이다. 이런 이유로 드 보어의 첫 번째 범주는 매우 모호하다. 그리고 재차 이야기하지만, 그 당시나 다른 모든 시대에 '우주적' 관점이 완전히 부재한 유대교 문헌이 어떤 종류든 존재한다는 것은 상상하기 힘들다. 『에스라4서』와 『바룩2서』가 악의 문제에 대한 책임을 타락한 천사에게 돌리지 않는다고 해서 그 책들이 '우주적인 관점에서' 생각하지 않았다는 의미는 아니다.

드 보어의 다음 범주인 '법정적' 범주도 이보다 더하진 않아도 같은 문제를 가지고 있다. 정확하게 이야기하면, 이 단어는 '법정과 관련된 것'을 의미하지만, 드 보어는 이 단어를 '악한 천사에게 종노릇하는 것 및 하나님의 침입으로 인한 구출과 관련된 것'과 반대되는 '죄, 유죄, 속죄 및 용서와 관련된 것'이란 의미로 사용(하는 것으로 보인다)한다. '인간론'이라는 이름표와 마

---

[26] 기독교 종말론을 '현실적인 연대를 따르고(하지만 현실적인 시간 **척도**는 없이)' '우주론적'인 것으로 보는 Beker의 설명을 (페이지 언급 없이) 인용하는 Meeks 1983, p. 240 n. 20을 보라. Meeks는 '나는 이 말이 무슨 의미인지 모르겠다고 고백해야겠다'라고 논평한다.

찬가지로 '법정적'이란 이름표도 (드 보어가 참여하는 논쟁 안에서는) 케제만이 아닌 불트만과 관련될 수 있는 관점을 가리키는 역할을 한다. [이런 이야기 배후에서 더 오래된 메아리를 감지하는 사람도 있을 것이다. 이를테면, 소위 '전통적' 속죄관과 소위 '라틴식' 속죄관을 극도로 과장해서 대립시킨 구스타프 아울렌(Gustav Aulén)의 주장이다.[27] 하지만 이 역시 아주 오해의 소지가 많다. 불트만과 케제만은 둘 다 그들의 바울 해석에서 칭의의 '법정적' 측면을 강조했다. 내 생각에는, 케제만이 자신의 칭의관을 '비법정적' 설명과 관련짓는 것을 보았다면 깜짝 놀랐을 것이다. 주해가였던 그는 핵심 본문인 로마서 3:10-20이 다름 아닌 '법정' 시나리오, 즉 '법정적' 모델을 제시하고 있으며, 복잡한 단락인 3:21-26은 이 시나리오에 대한 해결책이라는 사실을 완벽하게 알고 있었다. 물론 줄임말을 사용하는 것은 불가피하다. 하지만 이런 식의 범주화는 정밀함이 요구되는 자료를 왜곡하는 것으로 보인다.

2. 하지만 가장 중요한 문제는 다음 내용이다. 그것은 현재 고려 중인 자료 전체의 실제 내용과 관련된 내용이다. 내가 앞서 주장했듯이, '묵시적'-이 단어를 문학 장르로 한정하든(나는 그래야 한다고 생각한다), 격렬한 논쟁의 한 가운데로 들어가 특정 유형의 신학이나 세계관에 그 이름을 붙이든-이라고 적절하게 부를 수 있는 책들은 단순히 (a) 인간의 곤경과 (b) 하나님의 해답에 관한 내용이 절대 아니다. 반복해서 드러나듯이, 그 책들은 **이스라엘의** 곤경-물론 인간의 곤경에 포함되는 부분 집합이지만, 구체적이고 역사적이며 긴급한 곤경이었다-과 하나님의 **언약적** 해답에 관한 것이었다.[28] 그 책들이 던지는 질문은 '이스라엘의 하나님은 세상에서 그리고 그의 백성과 함께 무엇을 하려고 하는가?'였다. 이 저자들은 늘 우리가 신정

---

27 Aulén 1969를 보라.
28 Sanders가 랍비들을 언급하며 지적했듯이, '언약'이 좀처럼 언급되지 않는 이유는 언약 개념이 모든 곳에 전제되어 있기 때문이다.

적 비전(theopolitical vision)으로 부를 수 있는 내용을 붙잡고 씨름했다. 즉, 그들의 질문은 '사람들이 어떻게 구원을 받는가'보다는 **이스라엘에 어떤 일이 벌어질 것인가**였다. 결과적으로 이 책들은 이스라엘의 가장 이른 시기부터 당대에 이르는 기이하고 어두운 그들의 역사에 골몰한다.

이 내용은 매끄럽고 점진적인 진보 개념과는 무관하다. 이 개념은 일부 '묵시' 이론가들이 아주 선호하는 허수아비다. 그들은 이 허수아비를 세워 놓고 불화살을 쏘아 대며 '수평적 과정'과 대조되는 '수직적 침입'을 이야기하기도 하고, 때로는 '인간적 종교'와 대비해 '은혜'를 강조하는 종교개혁 전통의 신학적 우위를 되찾아오는 함축적 근거로 활용하기도 한다. 관건이 되는 어두운 이야기는 다니엘 2, 7, 9장에 나타나며, 『에녹1서』, 『에스라4서』, 『바룩2서』, 『희년서』, 위-필론(Pseudo-Philo) 등 많은 책의 곳곳에 등장한다. 그 이야기는 다양한 형태와 규모로 등장하기에, '우주론적' 패턴 혹은 '법정적' 패턴과 같은 손쉬운 분석을 허용하지 않는다. 그런 이야기들을 역사를 관장하는 하나님의 주권과 관련된 것이 아니라 역사 **내부에서** 일어나는 내재적 과정에 관한 것이라고 생각한다면, 그것은 19세기 사고 틀을 1세기 자료에 뒤집어씌우는 꼴이다.

이상한 점은 이 모든 내용이 이미 잘 알려진 사실이라는 것이다. 지난 세대 유대교 묵시 문헌에 관한 주요 연구자들—예일 대학교의 존 콜린스(John Collins)나 옥스퍼드 대학교의 크리스토퍼 롤런드(Christopher Rowland)가 즉시 떠오르는 사람도 있겠지만, 다른 배경 출신의 많은 다른 연구자도 있다—은 여러 관점에서 '묵시'를 조사하고 설명해서 묵시를 그 역사적·문화적·신학적 맥락 속에 자리매김해 놓았다. 하지만 이들 가운데 드 보어가 제시한 '법정적'·'우주론적' 모델과 조금이라도 비슷한 내용을 제시한 사람은 없다. 드 보어와 그의 '유니언 학파' 동료들이 종종 말하는 것처럼 '묵시'에는 다양한 의미가 있으며 그들이 콜린스와 롤런드 등이 제시한 의미가 아닌 그들 나름의 것을 선택했다고 말하는 것은 소용이 없다. 그 단어가 힘을 갖는 것은 오로지 신약에 관한 역사 연구의 맥락 속에서인데, 그것은 묵시가 함축적으로 실제 역사 배경에 호소하기 때문이다. 드 보어 자신도 그 점을 구체적으로 올바르게 주장한 바 있다. 중요한 것은 역사, 그리고 관련 본문의 역사적 주해지, 현대의 대립 명제를 고대 저자에게 투사하는 것이 아니다.

특히, 『에스라4서』와 『바룩2서』가 악에 대한 책임을 주로 아담에게 돌리는 데는 다소 분명한 이유가 있다. 그것은 그 책들이 어떤 다른 추상적 이론을 고수했기 때문이 아니다. 그것은 그 책들이 케제만보다는 불트만에 가까운 방식으로 사고했기 때문도 아니다. 그것은 그 책들이 '우주적' 도식이 아닌 '법정적' 도식을 지녔기 때문도 아니다. 그 이유는 **예루살렘이 로마 제국에 파괴되었기** 때문이었다. '묵시'가 발생했는데, 그것은 빛의 날이 아닌 어둠의 날이었다. 이전 저자들은 악한 천사들에게 비난의 화살을 퍼부을 수 있었는데, 그 천사들의 악한 힘이 이방 나라들을 움직여 이스라엘을 압제했기 때문이다. 하지만 이 두 책은 더 가혹한 진실을 깨달았다. 그들의 계산에 따르면, 그런 재앙이 닥친 것에 대한 유일한 설명은 보편적으로 인류를 감염시켰던 문제에 유대 민족도 마찬가지로 감염되었다는 사실일 수밖에 없었다. 바울의 표현으로 말하자면, 이스라엘도 '아담 안에' 있었던 것이다. 주후 70년의 끔찍한 재앙은 더 깊은 분석을 요구했다. 다시 말해, 천사들을 비난하지 말고, 이스라엘을 포함해 모든 인류의 조상인 그 사람을 비난하라! 이 시기의 유대인 저자들이 드 보어가 기술한 패턴으로, 즉 아담의 죄와 연관된 '법정적' 개념과 악한 '세력들'과 연관된 '우주적' 개념을 구분하는 패턴으로 사고했다는 증거는 없다.[29] 오히려 주후 70년에 실제로 어

---

29 Martyn 1997a, p. 97는 이를 '이례적인 통찰'이라고 묘사한다.

떤 사건이 발생했고, 그 사건의 결과로 세계 전체가 완전히 다른 장소가 되었으며, 이전과는 다른 분석을 요구했다는 충분한 증거가 있다. 여기에 진정한 아이러니가 있다. 즉, '묵시적' 사건이 가시적인 결과와 더불어 실제로 발생했지만, '묵시'를 연구해 온 사람들은 그 사건을 추상적인 사상 체계로 번역했다. 그렇다면 내 두 번째 요지는 다음과 같다. 최근 수십 년간 역사적 관점에서 '묵시'를 더 세부적으로 연구한 결과물은 드 보어가 제시한 전체적인 분석도, 그가 제안한 세부적인 '두 노선' 개념(앞으로 살펴보겠지만, 마틴은 이 개념에 기초해 이론을 전개했다)도 뒷받침하지 않는다.[30]

3. 마지막 내용도 마찬가지로 중요하다. 드 보어 자신이 솔직하게 인정했듯이, 가설적인 '두 노선'은 서로 '깔끔하게 분리되지' 않는다. '우주론적' 범주와 '법정적' 범주 사이에 의미심장한 강조점의 차이가 있을 때조차도, 이 두 범주는 드 보어가, 그리고 그의 뒤를 이어 마틴이 그들의 바울 해석이 제대로 작동하기 위해 요구하는 방식으로는 등장하지 않는다.

드 보어는 그의 '두 노선' 이론이 많은 세부 사항을 얼버무리는 일반적인 휴리스틱 모델이라는 사실을 자주 지적한다. 결국 그의 목적은 서로 다른 본문에서 '죽음'이 하는 역할을 세부적으로 이해하는 것이었으며, 그는

> 유대교 묵시 문헌에서 중요한 모든 내용(예를 들면, 메시아 대망, 민족의 파멸과 회복, 성전, 회개, 속죄)을 설명하는 척하지 않는다.[31]

---

30 Martyn 1997a, p. 97 n. 51은 '두 노선' 개념이 '갈라디아서 해석에 필수'라고 선언한다. Gaventa 2007, p. 83도 de Boer의 작업을 유대교의 관련 본문에 관한 필수 작업을 해낸 것이라고 치켜세운다. 사뭇 다른 방향으로 진행되는 최근 '묵시' 연구의 사례로는 탁월한 작품인 Portier-Young 2011이 있다. 이 연구는 관련 본문에 관한 세밀한 역사 분석과 함께 특별히 정치 분석을 제시한다.

31 de Boer p. 85.

이런 주요한 주제들이 고려 사항에서 배제된 상황이라면, 과연 세계관 전체를 재구성할 수 있는 균형 잡힌 설명이 가능한지 의구심을 표현할 수밖에 없다. 하지만 이것이 그 이론의 가장 큰 결점은 아니다. 드 보어 자신도 인정했듯이, 그가 조사한 본문 가운데 그가 내세운 이론에 부합하는 그런 '노선'을 보여 주는 본문은 거의 없다. 그는 이렇게 말한다.

> 우리가 논의한 다양한 문서가 간단히 그 두 노선 중 어느 하나로 할당될 수 있다고 주장하고 싶지는 않다. 오히려 나는 이 두 노선을 다양한 본문의 역동을 이해하기 위한 해석 도구로 사용될 수 있는 **휴리스틱 모델**로 제시한다.[32]

그는 그 두 노선이 『에녹1서』 1-36장과 『바룩2서』에 각각 **상대적으로 순수한 형태로**(원서 강조) 등장한다고 말한다. 하지만 다른 곳,

> 다른 글에서는 어떤 수준으로든 양쪽 노선의 상당한 요소가 함께 등장하며, 그런 특징이 가장 뚜렷한 글이 사해 두루마리다.

따라서

> 두 '노선' 비유는…내적인 일관성 혹은 통일성을 지닌 두 가지 모티프를 지시하기 위해 동원된 것으로, 이 두 가지 모티프는 하나의 책 안에서도 마치 철길의 두 선로처럼 평행하게 놓일 수도, 교차할 수도, 겹칠 수도 있다.[33]

---

32 de Boer p. 85(원서 강조).
33 de Boer p. 85. 그는 de Boer 1989, pp. 176-177에서도 거의 같은 점을 이야기한다.

이것은 정말로 맞는 말이며, 드 보어는 그의 제안이 세심하고 겸손하다는 점과 더불어 현재 고려 중인 몇몇 문서와 관련해 서로 교차하고 겹치는 지점을 기술했다는 점에서 박수받아 마땅하다. 당연히 여기서 관건은 "무엇을 '일관성'으로 간주할 것인가" 그리고 '누구의 기준을 따를 것인가'이다. 드 보어가 부활 개념과 관련해 (그리고 나중에는 더 넓은 의미로) 솔직하게 말했듯이,

> 하지만 우리는 유대교의 묵시적 종말론의 두 '노선' 사이의 상관관계가 늘 유지되는 것은 아니라는 사실을 인정해야 한다. (유대교 묵시 문헌은 체계적인 일관성을 가졌다고 알려져 있지는 않으며, 나는 방금 개략적으로 설명한 두 '노선'이 휴리스틱 모델이라는 사실을 다시 한번 일깨우고 싶다.)[34]

결과적으로,

> 일부 문서에는 유대교 묵시 종말론의 양쪽 '노선'이 같은 정도로 선명하게 나타난다. 사해 두루마리가 이처럼 두 '노선'을 결합한 가장 주목할 만한 사례다.…같은 이야기를 『희년서』와 『열두 족장의 유언』에 대해서도 할 수 있다. 이 책들의 경우, 유대교 묵시 종말론의 두 형태 사이의 균형이 사해 두루마리에서 볼 수 있는 정도는 아니지만, 사해 두루마리와 많은 부분을 공유한다.[35]

건축 전문가가 지반에 대한 경고를 수도 없이 고객에게 한다면, 그 지반 위에 지어진 건물이 과연 얼마나 오래 견딜지 의심해도 실례는 아닐 것이다. 실상은 고전적인 '묵시' 본문이 소위 양쪽 '노선' 모두의 요소로 가득 차

---

34 de Boer pp. 87-88.
35 de Boer p. 89. de Boer가 『에스라4서』와 『바룩2서』 둘 다 '다양하고 종종 상충되는 내용으로 이루어져 있다'고 인정한 p. 205 n. 94도 참고하라.

있다. 이 장르의 많은 작품의 근원과도 같은 다니엘서는 전 세계 제국의 역사와 그 제국들 사이에 끼인 이스라엘의 역사는 늘 하나님의 주권 아래 있었고, 또한 현실을 초월하는 세력들의 전쟁터였다는 사실을 분명히 한다. 하지만 그와 동시에 하나님의 백성은 많은 희생과 율법 준수를 요구하는 언약적 충성을 바쳐야 한다. 이스라엘의 현재 괴로움은 그들의 언약적 불순종이 초래한 직접적인 결과였으며, 그 불순종에 대한 참회가 바쳐지고 그에 대한 속죄가 이루어질 것이다.[36] 그런 내용이 전개되는 가운데 다니엘서의 가장 중요한 부분인 7장은 거대한 법정 장면을 보여 준다. 하나님이 재판관이고, (연속되는 제국을 대변하는) '짐승들'은 재판을 받아 유죄가 선고되며, '인자 같은 이'는 신원되어 '구름을 타고 와서' '옛적부터 계신 이'의 옆에 앉고 왕의 권세를 받는다. 파악하기 힘든 그 '우주적'이란 단어에 이 장면보다 더 어울리는 장면을 상상하기는 힘든데, 그러면서도 이 장면은 또한 분명히 '법정적'이다.

그것은 또한 당연히 '구원 역사적'이기도 하다. 다니엘 2, 7, 9장에 특별히 초점을 맞추면서 전체로서 그 책을 읽어 보면, 그 책이 제국의 역사를 기점삼아 인간의 역사를 전형적인 묵시의 관점에서 개관한다는 사실을 알 수 있는데, 이 역사는 점진적 발전이나 진보와는 아무 상관이 없고 도리어 순전히 하나님이 지배하는 역사에 관한 것이다. 이 역사는 '어디론가 향하는데', (하나님이) 염두에 둔 목적지는 점진적으로 목표에 접근하는 느리고 꾸준한 단계를 통해 도달되지 않는다. 우리는 '점진적 계시'에 관해 이야기하는 것이 아니다. 그 목적지, 즉 인간의 악에 최종적인 하나님의 심판이 내려지고 최종적으로 하나님의 신원이 일어나는 그때는 갑작스럽게 올 것이다. 말하자면, 마지막 '짐승'이 내뱉는 그 거대한 최후의 신성모독적 발언을 향

---

36 단 9:3-19, 24-27.

해 침입해 들어올 것이다. 하지만 그런데도 하나님이 늘 염두에 두었던 종착 지일 것이다. 다니엘 9장에 제시된 연대, 즉 그 유명한 '칠십 이레'를 따른 마지막일 것이다.[37]

이 모든 내용을 고려하면, 학자들이 공통으로 제2성전기 '묵시'의 시발점으로 보는 책인 다니엘서에도, 드 보어가 다른 책에 끌어들인 범주들이 전혀 들어맞지 않는다는 사실이 그다지 놀랍지 않다.[38] 심지어 드 보어가 '법정적' 범주의 최고 사례 중 하나로 본 『에스라4서』도 '두 범주를 중재하는 관점을 제시하는 듯하며', 드 보어의 이론에서는 어울릴 수 없는 요소들이 함께 존재한다.[39] 반면, 소위 '우주론적' 범주이며 따라서 죄에 대한 인간의 책임에 관심이 없는 『에녹1서』 1-36장은 악한 천사에게 책임을 돌리지만, 드 보어는 이런 특징에도 '적어도 궁극적으로는'이라는 단서를 달아서, 그런 이분법이 그의 이론이 요구하는 만큼 예리한 것은 아니라는(혹은 그 문헌의 저자에게 그다지 중요하지는 않다) 사실을 암시한다.[40] 에녹의 '비유'는 이 두 주제를 결합한다. 솔로몬의 지혜(Wisdom of Solomon)는 이 유형들이 풍부하게 혼합된 내용을 제시하고, 『솔로몬의 시편』은 인간의 책임을 강조하지만, 그런데도 '죽음'을 인격화된 세력으로 논한다. (다시 한번 우리는 이러한 고려 사항이 해당 저자의 마음에서 가장 중요한 내용이었을지 의문을 품을 수 있다. 폼페이의 예루살렘 침략이라는 압박을 받는 상황에서 저자는 불트만과 케제만 중 누구를 따라야 하는지, 말하자면 '법정적' 묵시 종말론과 '우주론적' 묵시 종말론 중 하나를 선택해야 한다는 사실을 잠시 잊은 것인가?) 확실히 『희년서』는 '경합하는 천사 세

---

37 이 내용에 대해서는 *PFG*, pp. 142-143 등을 보라.
38 성경 안에 있는 '묵시' 문헌의 또 다른 위대한 사례인 요한계시록을 인용할 수 있는데, de Boer가 억지로 분리한 모티프들이 요한계시록에는 즐겁게 나란히 등장한다. 이 내용에 대해서는 Davies 2016을 보라.
39 de Boer p. 77.
40 de Boer p. 53.

력에 관한 분명한 우주론적 입장'을 제시하지만, "율법 연구와 '의의 길' 안에서의 삶에 헌신하는 사람들"에게는 동등할 정도의 길고 평화로운 삶의 희망을 건넨다.[41] 대안으로 상정된 이 이론들 사이의 유사한 균형이 『열두 족장의 유언』에서 발견되며, 이미 언급했듯이 사해 두루마리는 대안으로 상정된 이 패러다임들 중 어느 하나로 깔끔하게 정리되지 않는다.[42] 남아 있는 『에스라4서』의 경우, 드 보어도 이런 측면에서 그것이 애매한 문서임을 인정한다. 위-필론도 마찬가지로 애매하다. 그리고 『바룩2서』에는 '법정적 묵시종말론'이 가두행렬처럼 등장한다. 요약하자면, 실제 자료들은 그 이론을 거의 지지하지 않으며, 그 이론은 스스로 인정하듯이 20세기 (문화의 영향을 고도로 받은) 독일의 논의를 1세기에 투사한 것이기에 우리는 그 이론이 실은 시대착오적이라고 결론 내릴 수 있다. 드 보어는 이전까지는 대체로 실제 본문을 무시했던 논쟁 속으로 실제 본문을 실제로 연구한 내용을 들여오려는 선구자적 시도를 했지만(그리고 자신의 과거 작업에 매달리지 않으면서 그런 시도를 계속해 왔지만), 그 시도의 결과가 역사적이라고는 주장할 수 없다. 드 보어가 이 쟁점들을 제시한 방식이 원래 본문들이 이야기하려고 했던 내용이라고는 할 수 없다. 그렇다면 세 번째 문제는, 드 보어가 두 노선 가설을 구축하려고 최선의 노력을 기울였지만, 관련 본문은 대부분 그 가설에 도저히 들어맞지 않는다는 것이다. 이 주제와 관련해 작용하고 있던 두 가지 상이한 신학적 강조점의 존재를 우리가 인정한다 해도, 관련 문헌은 대부분 양쪽 강조점 모두를 기꺼이 받아들이는 것처럼 보인다.

내가 시간을 할애해서 드 보어의 책을 분석하고 비판한 이유는 그의 책이 마틴의 갈라디아서 주석의 주춧돌과 같은 중요성을 지니기 때문이다. 마

---

41   de Boer pp. 54-55, 59-62, 64-65.
42   de Boer pp. 67-73.

틴의 갈라디아서 주석은 샌더스, 베커, 믹스 이후 미국에서 집필된 가장 영향력 있는 바울 관련 서적이다. 내가 말했듯이, 드 보어는 실제 본문에 대한 논의 없이 진행되었던 담론에 변화를 가져왔다는 측면, 그리고 자기 이론의 결점에 관심을 가지는 조심스럽고 겸손한 자세를 지녔다는 측면에서 인정받아 마땅하다. 하지만 그의 이론을 활용한 학자 중 일부에게는 이러한 조심성이 부족해 보인다.

2. 루이스 마틴

루이스 마틴은 현대 미국 성경학계의 거물 중 한 명이다. 요한에 관한 그의 초기작은 요한복음을 이해하는 새로운 틀을 구축한 것으로 간주되는데, 이는 정당한 평가다.[43] 하지만 그를 학계에서 거장의 위상으로 올려놓은 것은 앵커바이블 시리즈의 갈라디아서 주석이다. 마틴은 수많은 논문과 연구를 통해 이 중요한 책을 위한 길을 닦았고, 추가적인 성찰들로 후속 작업을 해오고 있다.[44] 하지만 본서에서는 그 주석 자체를 논의의 중심으로 삼을 것이다. (이제 드 보어도 갈라디아서 주석을 출간했기 때문에, 그 책도 일부 언급할 것이다. 당연히 마틴이 그의 스승과 갈라진 점이 있듯이, 드 보어가 그의 스승과 갈라져 나아간 방향을 추적해 볼 수도 있겠지만, 지금은 그 작업에 힘을 쓸 수 없다.) 마틴은 그가 실제로 인정하는 것보다 더 신학자에 가깝지만, 그가 내세우는 주장이 탄탄한 주해를 바탕으로 확립되어야 한다는 사실에 그 자신도 동의할 것이고, 또한 그렇게 주장할 것이다.

관건이 되는 그 주장은 이제 때가 찼다. 베커의 노력에도 불구하고 '묵시'

---

43 Martyn 1979 [1968]을 보라.
44 그 주석과 동시에 출간된 논문집(Martyn 1997b)을 보라.

는 한동안 미국 성경학계 안으로 들어오지 못했다. 마틴은 그가 대응하고 있었던 특정 신학적 압력 혹은 문화적 압력과 관련해서는 거의 단서를 주지 않지만(많은 주해자들처럼 그도 자신은 본문을 제대로 읽으려고 노력했을 뿐이라고 말할 것이다), 한편으로는 안락한 중산층의 종교, 다른 한편으로는 '열광주의'에 드러내 놓고 저항했던 케제만과 많은 점이 닮았다. 그의 스승처럼 마틴에게도 바울은 하나님이 예수 그리스도 안에서 이 세상으로 침입해 세상을 포로로 잡고 있던 은밀한 어둠의 세력을 타도했다고 믿은 인물이었다. 바울의 복음은 세상이 이전과 변함없이 흘러가는 가운데 단순히 경건한 사람 혹은 '종교적인' 사람이 되는 길을 제시하는 것이 아니다. 바울의 복음은 한 **사건**에 관한 것이었다. 어떤 사건이 **발생했고**, 그 사건의 결과로서 전 세계—창조 세계 전체—가 다른 곳이 되었다. 복음의 요청에서 핵심은 이 새로운 현실에 부합하는 삶을 살라는 것이다. 대강 이런 내용이 마틴이, 적어도 바울과 관련해서는 '묵시'로 의도한 의미다. 이런 차원에서는, 주해의 측면에서든 20세기 혹은 21세기 초 교회의 삶과의 함축적인 관련성 측면에서든, 그의 강조점을 문제 삼기 어렵다. 나 자신도 비슷한 내용을 예수와 바울 양자 모두와 관련해서, 그리고 (복음서마다 방식은 다르지만) 복음서와 관련해서도 내세우려고 자주 노력했다.[45]

내가 이런 내용으로 이야기를 시작하는 이유가 있다. 그것은 내가 마틴의 갈라디아서 주석에 일부 심각한 이의 제기를 해 온 것은 사실이지만, 그로 인해 나와 마틴이 깊은 차원에서는 뜻이 같다는 사실이 흐려지기를 원치 않기 때문이다. 하지만 종종 그렇듯이, 우리는 긍정해야 할 내용 면에서는 뜻이 같지만, 그 긍정하는 내용을 위한 공간을 확보하기 위해 부정해야 할 내용 면에서는 의견이 다르다. 내가 이제 말하는 내용 가운데는, 복음이

---

45   예를 들면, Wright 2011[*How God Became King*]을 보라.

묵시적 사건이라는 마틴의 강조―그리고 바울의 강조!―를 훼손하려는 의도가 전혀 없다. 말하자면, 복음은 값없이 주어진 신선한 은혜의 선물로서 발생한 어떤 사건이며, 아직 준비되지 않고 당황해하는 세상으로 하나님의 새 창조가 그 일을 통해 쏟아져 들어와 어둠과 죽음의 세력을 타도하고 승리를 거둔 사건이다. 바울은 고린도전서 15:20-28에서 이와 같은 이야기를 한다. 어떤 사람은 이 본문을 지엽적인 내용으로 보지만, 나는 이 본문이 바울에게 핵심적인 내용이라고 오랫동안 생각해 왔다. 마틴은 이 내용을 강조했고, 나는 그로 인해 대단히 기뻤다.

문제가 생기기 시작하는 것은, 마틴이 그의 논지(갈라디아서의 렌즈를 통해 이해한 바울의 복음의 특성에 관한 논지)의 기반을 우리가 방금 조사한 마르티누스 드 보어의 작품에 두려고 시도하는 시점이다. 드 보어가 조심스러웠던 지점에서 마틴은 과감한 모습을 보인다. '묵시'에는 두 가지 유형이 있는데, 바울은 첫 번째 유형이고, 갈라디아의 논적들[마틴은 그들을 '교사들'(The Teachers)이라고 부른다]은 두 번째 유형이다.[46] 마틴 자신은 제2성전기의 '묵시' 문헌과 주제에 관한 어떤 새로운 설명도 제시하지 않는다. 그는 드 보어의 분석에 의존하지만, 드 보어가 덧붙였던 경고나 제한 사항은 제거해 버린다. 마틴이 드 보어 다음으로 의존하는 것은 당연히 그의 스승인 케제만의 제안들이다(마틴은 그의 주석을 케제만에게 헌정했다).

앞서 살펴보았듯이, 여기서 문제가 초래된다. 드 보어는 적어도 그의 초기 작품에서는, 소위 두 '노선' 혹은 두 유형의 묵시를 구분하는 것이 다소 독단적이고 시대착오적이며, 사해 사본 같은 실제 제2성전기 유대교 문헌에서는 그 두 범주가 서로 교차하고 관통한다는 사실을 분명히 인정했다. 그

---

46 Martyn 1997a, pp. 97-98, 587 외 여러 곳. 따로 언급이 없는 이상 이어지는 각주는 Martyn의 이 책을 가리킨다.

렇다면 어째서 드 보어나 마틴은 바울이 그 두 노선 중 하나는 강조하고 다른 하나는 상대화하거나 무시했다고 그토록 확신한단 말인가? 바울이 반대하는 갈라디아의 '교사들'이 '법정적 묵시'를 수용했다는 것과, 바울이 그들에 대한 반응으로 그들의 묵시 언어를 종종 언급하면서 그가 선호하는 '우주적 묵시'를 동원해 그들의 묵시관을 변형하거나 진압했다고 어떻게 확신한단 말인가? 바울이 '묵시'라는 문학 장르를 동원하지도 않았고 드 보어가 관심을 쏟았던 그 어떤 주제도 바울이 그의 주된 논지로 활용하지 않았다는 사실로 보건대, 이런 논의 자체가 실은 첫 단추부터 잘못 끼운 것은 아닐까? 이 모든 시도가 결국은 1세기에는 아무 의미도 없었을 구분을 만들어 내고, 그것을 활용해 현대인의 관심사를 추구하는 하나의 방식(드 보어가 불트만과 케제만 사이의 논쟁으로 논의를 시작했다는 사실을 기억하라)에 불과한 것이 아닐까(코흐는 유사한 주제를 둘러싼 이전의 논의들에 같은 평가를 한 적이 있다)? 특히, 드 보어는 유대교의 묵시적 종말론의 초점이 언약에 있었음을 분명히 했고 '묵시적 종말론'의 양쪽 '노선'이 역사를 거부한다는 언급을 전혀 하지 않았는데, 왜 마틴은 논리적 비약을 감행해서 '교사들'은 언약적·역사적 이해를 제시했고 바울은 바로 그 지점에서 그들을 반대했다고 설명하는 것일까?[47] 마틴의 분석에서 핵심적인 이 요소들—그는 '언약' 신학과 일부 형태의 '구원사' 신학을 반대한다—은 (마틴이 그가 의존하고 있다고 밝힌 드 보어의 분석을 포함해) 실제 '묵시' 문헌에 관한 역사 분석과는 무관하며, (마틴이 관련 논쟁에서 그의 입장을 뒷받침하기 위해 끌어오는) 케제만이 제시한 유사한 주제들(앞서 살펴보았듯이, 케제만의 주장은 더 섬세하다)과는 더욱더 무관하다.[48]

---

47 '묵시' 저작에서 역사의 중요성에 관해서는 다시 한번 Koch pp. 19, 33, 40-41, 43, 51-52, 84를 보라. pp. 101-103에서 Koch는 Pannenberg가 이 주제를 복원한 내용을 다루는데, 본문 자체에 명백하게 나와 있는 내용을 굳이 현대의 특정 이론가와 묶을 필요는 없다.
48 예를 들면, Martyn pp. 347-349를 보라. 거기서 Martyn은 필자 등이 **성경 신학**을 매력적으로 종합해 냈는데, 그 내용은 19세기의 J. C. K. von Hoffmann과 J. Tobias Beck의 작업

우리가 '묵시'란 단어를 사용하는 방식이 중요한가? 그런 용어에 다른 의미를 부여한다고 문제가 될 것이 있는가? 반드시 그렇지는 않다. 루이스 캐럴(Lewis Carroll)의 표현처럼, 우리는 단어들을 우리가 원하는 의미대로 사용하고 단어들에 특별 수당을 지급할 수 있다('거울 나라의 앨리스'에서 단어를 제멋대로 사용하는 험프티 덤프티가 앨리스에게 한 변명—옮긴이). 하지만 앞서 살펴보았듯이, 드 보어가 그와 마틴이 (그리고 마틴의 많은 제자들도) 크게 의존한 자신의 책에서 밝힌 의도는, 바울의 소위 '묵시'를 실제 역사적 배경에, 말하자면 제2성전기 문헌의 '묵시'에 자리매김시키려는 것이었다. 문제는 케제만과 불트만 사이의 논쟁 관점에서 논의를 설정하다 보니(이 위대한 독일 학자 두 사람 모두 관건이 되는 유대교 문헌을 연구하는 데 많은 시간을 할애하지 않았다), 역사 탐구로 시작한 작업이 얼마 지나지 않아 20세기의 주제를 소위 '역사' 스크린에 희미하게 투사하는 연구로 변질되고 말았다는 것이다. 바울을 신선하게 '묵시적' 관점에서 읽으려는 케제만의 진지한 시도가 기초했던 최소한의 개념상 토대는 필하우어의 연구 같은 이전의 작업들이었지만, 오늘날 이 내용은 중요성이 거의 없다. 케제만의 시도가 크게 의존했던 것이 그러한 맥락에서 '디카이오쉬네 테우'가 지닌 소위 '묵시적'·'전문적' 의미였는데, 그 맥락에서 그 어구는 '우주적'이었지 **언약적이지 않았다**. 하지만 롤런드와 콜린스에서 슈투켄브루크(Stuckenbruck) 등에 이르기까지 '묵시'에 관한 최근의 주요 연구들은 드 보어와 마틴이 그들이 묘사하는 세계 내부의 실재라고 이야기하는 것들을 전혀 인정하지 않는다.[49] (같은 이야기를 더 나아가 필

을 일부 연상시킨다'라고 이야기한다(p. 347, 원서 강조). Martyn은 어떤 종류든 '구원의 연속성'(redemptive continuity)을 내세우는 관점이 긍정적인 율법관을 가진다고 생각하는 듯하지만(또한 p. 346 n. 179를 보라), 당연히 나는 그렇게 생각하지 않는다. 내 생각에 von Hoffmann과 Beck의 유사성은 피상적인 것에 불과하다. Martyn을 향해 Martyn의 작업도 일정 부분은 바울의 해방 복음을 가설적인 '유대계 기독교'와 대립시킨 19세기의 F. C. Baur와 그의 제자들의 작업을 연상시킨다고 맞받아칠 수 있다.

49 예를 들면, Rowland 1982; 2010; Rowland and Morray-Jones 2009; Collins 1987, 2000,

하우어와 케제만에게도, 심지어 슈바이처에게도 할 수 있다. 슈바이처는 제2성전기 유대교의 묵시에 관한 그의 지식이 간접적인 데다 한정된 본문에 기초했다는 사실을 인정했으며, 그 문서들의 은유 중 일부를 '문자적'으로 해석하기도 했는데, 이는 재미있는 아이러니다.)

이러한 이의 제기를, "필하우어와 케제만이 '묵시'란 단어를 이런 의미로 사용했으니, 그것으로 충분하지 않습니까?"라는 대답으로 묵살해 봤자 소용없을 것이다.[50] 또한, "글쎄요, '묵시'에는 다른 의미들도 있습니다"라고 간단히 넘길 수도 없다. 묵시를 언급하는 가장 중요한 이유는 그 범주가 역사적 정박지를 제공하는 것으로 보이기 때문이다. 이 점이 거부되거나 무시된다면, 다른 용어를 찾는 것이 낫다. 이 단어를 사용한다는 것은 적어도, 드 보어가 그의 박사 본문에서 주장했듯이 **바울을 특정 종교사적 배경 속에 자리매김시키겠다**는 뜻을 함축한다. 그런데 그 배경에 관한 전문가 대부분이 '우리는 이런 내용을 발견하지 못했다'라고 말한다면, 무언가 잘못되었다는 결론을 내려야 한다.

또한, "바울이 그의 주장을 전개하는 중요한 시점에서 '아포칼립시스'(*apokalypsis*)라는 단어와 그것의 동족어를 얼마나 자주 사용했는지 보십시

2010; Stuckenbruck 2014를 보라. 확실히 해 두자. 내 생각에 de Boer는 유대교의 묵시적 종말론이 (무슨 유형이든) '그 초점을 하나님과 이스라엘 사이의 언약적 관계에 둔다'는 사실을 늘 인정했다(예를 들면, de Boer 1989, p. 173; 그리고 de Boer 2011, pp. 219-220, 267, 296를 보라). 하지만 de Boer는 이 내용을 창 15장과 연결하지 않으며(바울이 로마서와 갈라디아서에서 창 15장을 활용한다는 사실을 고려하면 놀라운 사실이다), 언약을 그의 설명에서 주된 주제로 상정하지도 않는다.

50   이 말은 de Boer 2002, pp. 22-24에 있는 세심한 진술을 희화한 것일 수 있지만, 때로 그의 주장은 그런 방향으로 기우는 것처럼 보인다. 또한 예를 들면, Gaventa 2007, pp. 82, 111를 보라. 거기서 Gaventa는 과거에 그 단어를 사용하는 것을 반대했던 이유가 그 단어의 모호성 때문, 그리고 — 중요한 내용이다 — '그 단어는 [갈라디아서에서] 반영된 연속성을 정당하게 다루지 못하기' 때문이라고 설명한다. 그는 그 연속성을 바로 Martyn에 반대하면서 '이스라엘의 역사, 이스라엘의 성경과의' 연속성으로 설명한다(p. 111). De Boer가 가설로 내세운 두 '노선'의 양쪽 모두를 포괄하는 실제 제2성전기 유대교의 '묵시'에는 이러한 연속성이 속속들이 배어 있다.

오"라고 항변해 봤자 소용없다.⁵¹ 그런 답변에는 다음과 같은 삼중의 문제가 뒤따른다. (1) 바울이 특정 그리스어 용어를 사용한 것이, 20세기의 학자들이 같은 어원의 단어를 특정 문학 장르를 가리키는 이름표로 사용한 것과 대응한다고 전제할 수 없다. (2) 바울서신에는 좀처럼 등장하지 않는 특정 문학 장르가 나머지 바울의 작품과 관련지을 수 있는 세계관을 담고 있다는 주장 역시 아직 증명되지 않았다.⁵² (3) 설령 그러한 '묵시적' 세계관이 존재했다 해도, 과연 케제만, 베커, 마틴, 드 보어 등이 가정한 것과 같은 모습이었는지 아직 증명되지 않았다. 길고 짧은 것은 주해를 해 봐야 아는데, 마틴은 그 어려운 작업을 당당하게 수행했다(베커는 불가능하다고 말했던 작업이다). 그것도 이전까지는 그런 작업을 시작하기에 가장 가망이 없다고 여겼던 갈라디아서에서 그 세계관을 증명하려고 시도했다.

갈라디아서가 제일 가망 없어 보였던 이유는, '묵시'의 관심사는 (특히 케제만이 보기에는) 거의 대체로 **미래의** 사건, 즉 '파루시아'(*parousia*)나 재림이었기 때문이다. '임박한 기대'가 열쇠였다. 하지만 그것에 관한 언급이 갈라디아서에는 소소하게 딱 한 번 등장할 뿐이다.⁵³ 이런 상황에 대해 마틴은 (많은 설명을 하진 않지만) 묵시의 의미가 변했다고 본다. 이제 '묵시'는 결정적인 '내습' 혹은 '침입'(마틴과 그의 제자들이 자주 사용하는 용어)이 예수의 죽음 안에서 **이미 발생했다**고 보는 세계관을 가리킨다. 내 생각에 이 주장은 미래 지향적인 케제만의 세계관을 단순히 수정한 정도가 아니라 철저하게

---

51 de Boer 2002, pp. 25-33에 자주 나타난다. 심지어 Gaventa(2007, p. 81)도 그 용어에 관한 흥미로운 논의(pp. 80-84, 111)에서 이런 주장을 사용한다.
52 de Boer 2002, p. 23 n. 8은 요한계시록이 늘 '유대교의 묵시든 기독교의 묵시든, 묵시를 이해하는 초석'이었다고 주장한다. 이러한 사실은 바울을 그와 같은 사고 유형의 대표자로 보기 어렵게 만든다. 그리고 de Boer가 제안한 것과 같은 두 '노선'을 구분하기 어렵게 만든 것도 확실하다. 바울의 '묵시'에 관한 논의에서 실질적으로 요한계시록을 전혀 동원하지 않았다는 사실은 아이러니하다(하지만 Davies 2016을 다시 보라).
53 5:5. '*dikaiosynē*의 소망을 기다린다.'

해체한 것으로서, 케제만의 종말론을 결정적으로 개시된 종말론(decisively inaugurated eschatology)으로 대체했다. 케제만은 모든 것이 미래로 옮겨져야 한다고 보았다. 그렇게 하지 않으면 열광(*Enthusiasmus*)이라는 달갑지 않은 현상으로 향하는 문을 열게 되기 때문이다.[54] 하지만 마틴은 '묵시'의 의미를 하나님과 인간과 악한 세력이라는 '세 배우가 등장하는 우주적 드라마'로 보았고, 그 드라마에서 하나님은 그리스도 안에서 **이미** 악한 세력을 패퇴시키고 인간을 해방했다.[55] 케제만이 이런 설명을 듣고 얼마나 흡족해할지는 잘 모르겠다. 더 중요한 사실이 있는데, 내 생각에 제2성전기의 많은 '묵시' 작가들은 그들의 주요한 관심사를 진술한 내용 속에 핵심 요소로서 다음과 같은 내용들이, 즉 이스라엘 자체에 관한 질문들, 현재 진행 중인 이스라엘과 세계를 향한 하나님의 궁극적인 목적, 그리고 이스라엘의 유구한 이야기가 극적인 궁극적 구출과 운명의 역전에 관한 약속과 더불어 하나님의 주권 아래 진행되는 것으로 이해하는 방식 등이 포함되지 않는 것을 상상할 수 없었을 것이다.

사상의 유형과 흐름에 이름을 붙이는 문제가 불거진 것은 특히 마틴 자신이, 그리고 나중에 특히 그의 후기 제자들이 '묵시'란 단어를 드 보어의 분석에서 단지 첫 번째 '노선'의 의미로만 사용하기로 했을 때다. 다시 한번 되새기자면, 드 보어 자신은 그의 구분이 휴리스틱 장치에 불과하며 대부분의 관련 문서에서 모호하게 나타날 뿐이라고 경고했다. 이러한 사고방식이 더글러스 캠벨(다음 장을 보라)에 도달하고 나면 '묵시적' 바울 해석이 다른 어떤 것, 어쩌면 '법정적' 바울 해석을 반대하는 모양새를 취하는 것을 보게 된다. 이 지점에서 논의는 거의 알베르트 슈바이처의 시절로 회귀하고 만다

---

54 앞서 언급한 Käsemann의 중요한 논문들에는 (본질상 루터적인) 이 관심사가 얼마나 그를 사로잡았는지 뚜렷하게 드러난다.
55 Martyn 2008, pp. 177-178.

(물론 추가된 내용은 있겠지만). 두 유형의 '묵시' 신학을 더 세심하게 구분하려던 드 보어의 노력은 잊히고 말았다. 이제 그 '노선들' 중 하나만이 그 단어의 의미로 허용된다.

하지만 그다음의 움직임이 대단히 중요하다. 마틴은 바울과 '교사들' 사이의 격론을 드 보어가 제시한 '두 유형의 묵시적 종말론'의 렌즈를 통해 보았고, 이 논쟁을 익숙한 신정통주의의 '계시'와 '종교' 논쟁으로 변화시켰다. 이 논쟁은 '수직적'과 '수평적'의 관점에서도 제기될 수 있고 실제로 종종 그렇게 제기된다. 즉, 세상으로 침입하는 주도적인 하나님의 계획 대(對) 모든 인간적인 계획, 체계 혹은 노력이다.[56] 하지만 이런 설명은 드 보어의 '두 노선'을 느슨하게 해석해서 도출할 수 있는 내용으로 봐도 너무 멀리 나간 이야기다. 관련된 유대교 문헌 대부분에서 두 노선이 이런저런 방식으로 겹치고 교차한다는 사실을 고려한다면, 어떻게 첫 번째('우주적') 노선은 진정한 하나님의 '계시'고 두 번째 노선은 '종교'에 관한 것이라고 할 수 있겠는가? 덧붙여 두 번째 노선('법정적 묵시적 종말론')이 그러한 핵심 문서 중 다수에서 '우주적' 종류와 결합될 수 있었다면, 당연히 바울도 그가 하나님이 예수 안에서 행했다고 믿은 바로 그 내용 때문에 이제 새로운 **종류의** '법정적 묵시적 종말론', 즉 토라 준수가 아닌 십자가의 승리만을 신뢰하는 종말론이 존재한다고 보지 않았겠는가? 양쪽 '노선' 모두가 예수에 관한 사건을 중심으로 재고되고 재편되어야 하지 않았겠는가? 이 지점에서 마틴은 아마도 그의 작업이 근거했을 종교사적 분석으로부터 뒷걸음질해 유대교는 '종교'로, (바울의)

---

56 이와 같은 내용을 예로 들면, Martyn pp. 87, 151, 155, 164['이제 유대교는 하나의 **종교**(원서 강조)인 것으로 드러났고, 그런 점에서 하나님이 그리스도 안에서 행한 묵시적이고 새 창조적인 행위와 구별된다'; '그 편지 전체는…그리스도의 도래가 종교의 종말이라는 점을 보여 준다']; pp. 382-383, 474, 478(그 교사들은 '십자가에 못 박힌 그리스도의 하나님을 신뢰하지 않고 종교를 신뢰했던 인간에 불과하다'). p. 417 n. 82에서 Martyn은 율법의 '약속을 담은 목소리'는 '원래적·비종교적·아브라함적 형태'를 지녔다고 이야기한다.

기독교는 '계시'로 이해하는 익숙하지만 위험한 영역으로 발을 들인 듯하다. 이것은 코흐가 옛 독일의 '말씀의 신학'(theology of the Word)이 한 작업이라고 말한 정확히 그 내용이지만, 그 신학의 목적은 명백히 정반대였다.

> 구경꾼들은 묵시 문헌에 대한 광범위한 무관심을 [1920년대와 1960년대 사이] 수십 년 동안 유행했던 '말씀의 신학'과 도저히 관련짓지 않을 수 없다.…모든 사람이 궁극적인 결론에는 뜻이 같았다. 기독교의 케리그마(kerygma)에는 역사와 공유하는 내용이 전혀 없으며, 교회와 세계, 믿음과 지식은 완전한 별개의 두 차원에 속한다는 것이다.[57]

아이러니는 그 옛 작가들이 '묵시'가 신앙을 역사에 정박시켜 줄 육중한 닻이 되어 줄 것으로 여겼다는 사실이다. 왜냐하면 상징적 역사 서술의 일반적인 특징들이 실제 묵시 문헌 다수에서 분명하게 발견되기 때문이다. 케제만에게 어느 정도 일어났고 뒤이어 마틴에게서 철저하게 벌어진 사태는 베커 등의 경고에도 불구하고 그 신학적 과제―기독교 케리그마를 역사에서 분리하는 작업―가 이제는 '묵시'에 반발하는 방식이 아니라, 묵시를 언급하는 방식으로, 그리고 지금은 당연한 것으로 전제되지만 역사적인 관점에서는 빈약하기 짝이 없는 '수직적 침입'이란 의미를 묵시에 부여하는 방식으로 달성되어야 한다는 것이다.

이 말은 결과적으로, 서로 다른 전통의 주해가 몇 명이 이미 지적했듯이, 마틴이 제안한 내용의 핵심이 결국 소위 '옛 관점'과 그다지 다르지 않다는 의미다. 아마도 이것이 바로 20년간의 '샌더스 혁명'에도 불구하고 우리가 마틴이나 드 보어의 갈라디아서 주석에서 샌더스 혁명이나 그와 관련된 샌

---

57   Koch 1972 [1970], p. 63. 또한, pp. 98-99와 비교하라.

더스 이후의 논쟁에 관한 이야기를 전혀 들을 수 없는 이유일 것이다. 대신 그 주석들에서 우리가 만나는 것은 오래된 루터식 해석을 고도로 정교화한 형태다. 결국 케제만도 그가 속한 전통의 피를 속일 수는 없었다.[58]

이것은 많은 측면에서 문제다. 단순히 새 관점의 주장이 묵살되었다는 이야기가 아니다. 문제는 마틴이 케제만과 마찬가지로 '유대인'을 호모 렐리기오수스로 보고, 그렇기에 바울의 복음의 이름으로 반드시 반대해야 하는 대상으로 간주하는 우려스러운 입장으로 후퇴했다는 것이다. 이런 측면은 마틴의 책에서 명백히 드러난다.[59] 그것은 드 보어의 주석에서도 마찬가지다.[60] 물론 그들의 주장이 옳았고, 정말로 바울이 '유대교'라 불리는 '종교'의 종말이란 관점에서 생각했을 수 있다. 하지만 나를 비롯한 학자들이 주장했듯이, 이 난해하고 민감한 주제에 접근하는 다른 길―내 생각에 더 나은 길―이 존재한다.[61]

이 모든 내용은 주해의 문제로 귀결되는데, 결국 설명의 성패를 좌우하는 것은 주해이기 때문이다. 물론 여기서 마틴의 주석(혹은 드 보어의 주석)을 세세하게 살펴볼 수는 없다. 하지만 두드러지는 핵심 부분은 짚고 넘어가자.

자연스러운 출발점 중 하나는 마틴의 갈라디아서 1:4의 분석이다. 바울이 편지를 시작하는 인사 안에 나중에 개진할 요점의 축소판을 포함하고

---

58   Westerholm 2004, p. 240가 그렇게 이야기하는데, 맞는 말이다.
59   자세한 내용은 *PFG*, pp. 807-808를 보라. 분명히 해야 할 내용이 하나 있다. 내가 p. 808 n. 109에서 Martyn에게 '얼버무림'(prevarication)의 혐의가 있다고 제기했을 때 그 단어를 영국에서 통용되는 '회피'(evasion)의 의미로 사용했지 미국에서 통용된다는 '기만'(lying)의 의미로 사용한 것이 아니라는 점이다. 이런 언어상의 새로운 사실을 (나에게) 지적해 준 Beverly Gaventa에게 감사하며, 내 말 때문에 조금이라도 언짢았다면 사과한다. Käsemann의 입장은 예를 들면, Käsemann 1969 [1965], 8장을 보라.
60   de Boer 2011, p. 324(십자가는 '종교의 종말을 가져왔다'), 398[십자가는 "(바울이) '유대교'라 불렀던 실체의 종말을 의미한다"]; 비슷한 내용을 표현하는 pp. 401-402. 이런 곤경을 모면하려는 de Boer의 시도(p. 406)는 Martyn의 시도(pp. 204-208)와 비슷하다.
61   (모든 사람을 만족시키지는 못한!) 나 자신의 시도는 이제는 *PFG*, 특히 10, 11, 15장에서 확인할 수 있다.

는 했다는 사실을 기억하자. 1:3-5의 문맥에서 1:4에는 아래처럼 (a), (b)로 표기한 두 가지 핵심 요소가 들어 있다.

> 우리 아버지 하나님과 메시아 예수 우리 주께서 주시는 은혜와 평화가 여러분에게 있기를 바랍니다. (a) 주께서 우리 죄를 위하여 자신을 내주신 것은 (b) 우리 아버지 하나님의 뜻에 따라 악한 현 시대로부터 우리를 구출하려는 것입니다. 하나님께 영광이 세세토록 있기를 바랍니다. 아멘.

마틴은 여기에 '두 노선'이 나란히 제시된 것으로 본다. 마틴은 (a)가 문제의 '교사들'이 듣고자 했던 내용(예수가 '우리 죄를 위해 자신을 주셨다')일 것이며, (b)가 바울이 그에 대한 반응으로 말하고자 했던 내용(악한 현 시대로부터 구출)이었을 것이라고 제안한다. 그래서 그는 다음과 같이 주장한다.

> [1:4a의] 정형어구는 바울 자신의 신학에 비해 상당히 이질적이다. 왜냐하면 개별 죄들의 근본 책임을 인류의 (우선은 이스라엘의) 것으로 규정하며, 죄 용서를 하나님이 제시한 해결책으로 보기 때문이다.…우리가 확인했듯이 바울은 자신의 관점을 공식화할 때, 일관되게 죄들(sins)이 아닌 죄(Sin)에 관해 이야기하며 죄(Sin)를 인류를 노예 상태로 붙잡고 있는 세력으로 규정한다. 그리고 그는 죄 용서보다는 해방을 하나님이 수행한 근본 해결책으로 보다.

바울이, 혹은 어떤 필자가, 중요한 편지의 첫 부분에서 그가 본론에서 말하고자 하는 내용과 상당히 다른 관점을 강조했다면 그 이유는 무엇일까? 마틴은 이 질문을 제기하고, 곧장 자신의 답변을 내놓는다.

> 따라서 우리는 바울이 그의 관습적인 편지 인사에서 기도로 넘어가야 할 와

중에 그처럼 정형화된 신앙 고백을 인용했다면, 그것도 부분적으로 그와 맞지 않는 기원과 신학적 차원을 지닌 내용을 인용했다면, 그 이유를 물어야 한다. 답은 다음 절에 있다. 바울이 유대계 기독교의 정형어구를 인용한 것은 이어지는 절로 그 내용을 교정하려는 긍정적인 목적 때문이다.[62]

이러한 주해 상의 움직임은 불가피하게 케제만 등이 로마서 3:24-26에 했던 주해를 연상시킨다. 마틴은 그 내용을 같은 맥락에서 숨김없이 언급한다. 이런 이론들이 의존하는 관점은, 언약 및 (그리고 아마도) 토라와 더불어 죄, 속죄, 용서에 관심을 가졌던 것은 바울 자신보다는 바울 이전의 '유대계 그리스도인'이었을 것이라는 관점이다. 여기서 마틴은 이러한 바우르 이후 전통을 반복하면서 그 내용을 새로운 맥락에 적용하고 있다. 하지만 왜 우리는 이 두 내용('죄 용서'와 '악한 현 시대로부터의 구출')이 양립할 수 없다고 간주해야 할까? 이 두 내용은 드 보어 자신도 인정했듯이 다니엘서로부터 요한계시록에 이르는 수많은 '묵시' 문헌에 사이좋게 나란히 자리 잡고 있는데 말이다. 가능한 유일한 답변은, 양립 불가능하다는 생각 자체가 관찰자의 관점이라는 것이다. 구체적으로 말하면, 특정 전통에 속한 현대 서구 신학자가 그의 그릇된 양자택일 관점을 1세기로 투사한 것이다.[63] 이와 같은 움직임은 로마서 1:3-4에 관한 주석에서도 흔히 발견된다. 로마서 1:3-4은 바울의 정중하고 명료한 서언의 일부로서, 로마서의 신학적 설명의 맨 끝에서 유사하게 성경과 다윗을 인용하는 마무리 진술(롬 15:12)과 균형을 이

---

62 Martyn p. 90.
63 이 내용을 쓰는 와중에 한 신학자(Ziegler 2012, pp. 200-201에 인용된 Spence 2004)가 내가 같은 잘못을 저질렀다고 비난했다는 사실을 알게 되었다. 그는 내가 '승리자 그리스도'(*Christus Victor*) 모티프를 강조했고 그럼으로써 죄, 속죄 등을 간과했다고 비난했다. 내 로마서 주석이나 그 외의 다른 책 중 무엇이든 대충 훑어보기만 해도 그런 이상한 주장은 수그러들 것이다.

루고 있다. 이런 사실에도 불구하고, 불트만 학파에 속한 학자 대부분과 그 외의 학자들도 로마서 1:3-4을 단순히 '캅타티오 베네볼렌티아에'(*captatio benevolentiae*; 연설을 시작할 때 청중의 환심을 사기 위해 하는 말—옮긴이)로 간주하면서, 이 말이 로마의 그리스도인들이 듣고 싶었을 내용이지만 바울은 '이신칭의'를 상세히 설명한 후에는 폐기할 내용이었다고 주장한다.[64]

이러한 전체적인 노선에 대해 해야 할 이야기들이 있다. 첫째, 좋은 주해의 원칙이다. 바울이 요약적인 첫머리 진술(opening summary)로 보이는 내용을 제시했고, 그 진술이 편지의 본론에서 전개되는 주제들과도 상당히 긴밀하다면, 우리는 바울이 세심하게 균형을 맞추어 제시한 첫머리 진술을 따로 분리하려고 노력하기보다는 바울이 실제 말한 그대로를 그가 의도한 의미라고 생각해야 한다. 둘째, 바울의 핵심 진술에서 이런 종류의 '초기 유대계 기독교'의 정형어구를 도려내려는 시도는 실패할 수밖에 없다. 이것은 명백히 억지로 끼워 맞추는 기법이다. '우리의 논지에 도저히 끼워 맞출 수 없는 개념인 것을 보니, 바울이 이 개념을 정말로 의도했을 리 없어.'

셋째, 바울이 고린도전서 15:3에서 유사한 전승을 인용할 때, 틀림없이 바울은 그 모든 내용을 있는 그대로 받아들였다. '메시아께서 성경대로 우리 죄를 위해 죽으셨습니다.' 이 정형어구를 바울이 인용했든 다른 사람이 인용했든, 이 내용은 다른 누구만큼이나 바울의 복음에서도 기본이었다. 고린도 교회 교인들은 이 내용을 분명히 알았을 것이고, 바울은 그들이 그 내용을 안다는 사실을 분명히 알았다. 바울이 이 내용을 수정할 필요가 있었다거나 이 내용에서 한두 걸음 물러서기를 원했다는 암시는 전혀 없다. 그런데 이 정형어구가 바울이 쓴 편지에서 가장 분명하게 '묵시적인' 장인 고린도전서 15장의 기반임이 드러나고, 이런 점에서 고린도전서 15장은 갈라디아서

---

64 예를 들면, Jewett 2007, pp. 103-108를 보라.

1:4의 (양쪽 절반 모두의!) 실제 의미를 대규모로 확장한 내용으로도 이해할 수 있다. 메시아 예수의 죽음은 '우리 죄를 위한' 것이었으며, 부활이 이 사실을 증명한다. 다시 말해, 메시아가 다시 살아나지 않았다면, '너희는 아직 너희 죄 가운데 있는 것'이다(15:17). 15:17에는 바울이 이 말을 15:3이나 나아가 갈라디아서 1:4a과 거의 같은 의미로 한 것이 아니라는 암시가 전혀 없다. 또한, 마틴이 하는 것처럼 15:17을 단지 전승을 반복한 것으로 제쳐둘 수도 없다.[65] 15:17은 더 큰 바울의 주장에서 핵심 부분이다. 당연히 '우리 죄를 위한 죽음'은 부활과 분리될 수 없으며, 이 두 요소의 조합을 그 조합이 선언한 우주적 승리와 분리할 수도 없다(15:20-28). 참으로 십자가의 효력을 증명한 것은 부활이다. 부활이 없었다면, 예수가 죄를 담당했다는 생각은커녕 그가 메시아라는 생각도 애초에 아무도 하지 않았을 것이다. 하지만 이제는 십자가에서 죄가 처리된 것과 더불어, 15:20-28에 기술된 그 방식으로 **예수는 우리를 악한 현 시대에서 해방했다.** 고린도전서 15:3은 따라서 갈라디아서 1:4a에 상응하고, 15:20-28은 갈라디아서 1:4b에 상응한다. 바울은 이 양자 모두를 긍정할 뿐만 아니라, 이 둘이 반드시 함께여야 하며 각각은 서로와 결합되어 있을 때만 의미가 통한다는 사실을 보여 준다.

바울서신에서 갈라디아서 1:4 양쪽 절반의 의미를 드러내는 가장 강력한 주장이 등장하는 곳은 갈라디아서 자체다. 거기서 바울은 그와 비슷하지만 더 풍부한 진술을 제시하는데, 바로 3:13-14이다. 1:4의 개념 조합은 3:13-14의 내용을 훌륭하게 미리 보여 주는 것처럼 보인다. 첫째, 그리스도가 '우리를 위해' 저주가 되었다. 둘째, 그 결과는 '아브라함의 복'이 더 큰 규모로, 아마도 '우주적'으로 이방인에게 임한 것이다.[66] 굉장히 논란이 많은

65　Martyn p. 89.
66　참조. 롬 4:13. 아브라함의 씨가 코스모스(*kosmos*)를 상속받을 것이라는 약속.

이 본문에 관해 언급해야 할 말이 엄청나게 많겠지만, 어쨌든 바울은 구속을 위해 메시아가 저주를 감당했다는 사실 **그리고** 그 죽음이 지닌 더 큰 규모의 효력, 이 **두 가지 모두를** 기꺼이 긍정하면서, 이 둘을 각각 성취와 목적(말하자면, 메시아가 저주를 감당한 것은 아브라함의 복이 이방인에게 흘러가게 하기 **위한 것이었다**)으로 서로 연결한다. 이것은 1:4에서 메시아가 '우리 죄를 위해 자신을 내주신' 것이 우리를 악한 현 시대에서 해방하기 **위한 것이라**는 내용과 마찬가지다. 중요한 본문인 4:4-7에도 비슷한 내용이 나타나고 4:7-11로 이어진다고 주장할 수 있다(이 내용을 자세하게 푸는 작업을 여기서 하기에는 너무 복잡하다). 메시아 안에서 '율법 아래 있는' 자들을 속량하는 하나님의 구원 행위가 이루어진 것은, 속량받는 사람들이 아들의 자격을 얻고, 성령을 받으며, '상속자'가 되고, 그럼으로써 그것이 무엇이든 과거 그들을 노예로 삼았던 '원소들'로부터 해방하기 **위한 것이었다**(4:8-11). 만약 바울이 편지를 시작하는 진술과 기도 속에 이 중요한 두 단락(3:13-14과 4:4-11)을 미리 지시하는 이정표를 세우고자 했다면, 1:4에서 한 것보다 잘하기는 힘들었을 것이다. 이 긴요한 절의 두 부분이 완전히 의도적이며 그 편지의 복잡하지만 일관된 주장과도 완전히 일치한다고 보지 않을 이유가 없다.

특별히 1:4a은 수사적으로 굉장히 강조된 2:20c을 정확하게 예견한다. 2:15-21이 갈라디아서만이 아닌 바울 사상 전체의 핵심 주제 몇 가지를 강력하고 극적으로 진술하는 내용이라는 것은 확실하다. 이 진술은 2:20에서 최고조에 이르는데, 이 구절은 의도적으로 그 자리에 배치되었으며 강력한 정서를 담고 있다.

> …내가 지금도 육체 가운데 사는 삶은, 하나님의 아들의 신실하심 안에서 사는 것입니다. 그분은 나를 사랑하여 나를 위해 자신을 주셨습니다.[67]

마지막 구절(*kai paradontos heauton hyper emou*, '그리고 나를 위해 자신을 주셨다')은 1:4a(*tou dontos heauton hyper tōn hamartiōn hēmōn*; '우리 죄를 위해 자신을 주셨다'—옮긴이)을 반영하는데, 바울은 여기서 1:4a을 반복하면서 자신에게 개인적으로 적용하되 그 의미를 살짝 확장한다. 만약 바울이 2:20을 겉으로 보이는 대로의 강력한 의미로 의도한 것이라면, 1:4a도 있는 그대로의 의미로 그만큼 강조하지 않았을 이유가 없다. 마틴은 그의 주석에서 이 부분을 서둘러 지나쳐 버린다. 그는 2:20c의 두 부분('나를 사랑하신 하나님의 아들'과 '나를 위해 자신을 내주신 분')에 대해 1:4과 에베소서 5:2을 인용하면서 '기독론적 정형어구에서 가져온 것'이라고 말한 후, "하지만 핵심은 바울이 여기서 이 내용을 두 가지 질문, 즉 '이 하나님의 아들은 누구인가?'와 '그의 믿음은 무엇인가?'에 답변하기 위해 사용한다는 것"이라고 덧붙인다.[68] 바울이 다른 문제들 가운데 그 두 질문에 답변하고 있다는 주장에는 나도 동의한다. 하지만 굉장히 주의 깊고 강력하며 수사적으로 중요한 위치에 자리 잡고 있으며 (아마도 롬 8:1-2을 제외하고) 탁월한 성구로서도 견줄 데 없는 이 구절을 다루면서 그것을 간단히 한 쌍의 정형어구의 반복에 불과하다며 격하하는 행태는, 원기 왕성한 조랑말이 잘 정돈된 정원을 뛰어다니면 세심하게 가꾼 꽃들을 망치게 될까 두려워 마취총을 쏘는 사람의 모습과도 같다. 이 본문을 진지하게 받아들였다면 마틴의 갈라디아서 해석 전체가 의존하고 있는 그 깔끔한 양자택일을 망쳤을 것이 틀림없다.[69]

내 생각에 바울 안에는 이중의 해답을 가진 이중의 문제가 있고, 이들은 하나의 세트다. 그런데 이 이중의 문제를 전통적인 개신교 해석은 이 방

---

67 다른 번역인 '하나님의 아들을 믿는 믿음을 통해'를 받아들인다 해도, 내 요점은 다르지 않다.
68 Martyn p. 259.
69 Martyn은 '다음 각주의 후반부'를 언급하는데, 내가 보기에 (2:21에 관한) 그 각주는 그의 주장에 특별한 힘을 실어 주지는 못한다.

향으로, 마틴은 저 방향으로 배제해 왔다. 이 이중의 문제가 가장 분명하게 드러나는 곳은 로마서지만, 내가 믿기로는 갈라디아서에도 충분히 분명하게 등장한다. 나는 다른 곳에서, 창조주 하나님이 더 넓은 세상을 위한 그의 계획에서 중추적인 역할을 담당하도록 이스라엘을 선택했다고 주장해 왔다. 그 프로젝트는 그리고 그 목적을 위한 수단은 바뀌지 않고 그대로였다. 하지만 구약의 예언자들이 이야기했듯이 이스라엘은 실패했으며, 그 실패는 하나님이 **우주적인 문제를 해결하기 위해서 그리고 그 해결의 수단으로써**, 이스라엘의 문제를 해결해야 한다는 것을 의미했다. '죄로부터의 해방' 이야말로 정확히 하나님이 '악한 시대로부터 우리를 구출하는' 방법이다. 이 둘은 서로 단단하게 연결되어 있다. 그렇다면 '이스라엘의 문제를 해결한다는 것'은 마틴이 그토록 염려하듯이 '율법'을 곧이곧대로 긍정한다는 의미가 **아니다**. 당연히 우리는 하나님 의의 계시가 로마서 3:21b에서와 같이 여전히 '율법과 선지자'의 증거를 받는다는 사실을 기억해야 한다. 내 생각에 마틴이 한 작업은 '교사들'을 위한 신학을 발명한 것인데, 거기에는 바울의 신학에서 중요한 요소도 포함되어 있어서, 마틴은 날 선 칼을 들고 실제로는 긴밀하게 결합된 본문들을 난도질할 수밖에 없었다. 내 생각에 이런 현상은 무언가 구조적 오류가 있다는 분명한 신호이며, 비슷한 본문들에서 케제만이 보였던 것과 정확히 같은 문제다.[70]

이것은 마틴의 갈라디아서 해설이 드러내는 더 심각한 문제와 연결된다. 말하자면 그는 추상 명사인 '디카이오쉬네'('의' 혹은 '정의')를 능동형 명사인

---

[70] Bultmann의 유명한 논문인 'Glossen im Römerbrief'(Bultmann 1967, pp. 278-284)는 두말할 나위도 없다. 그 논문은 기본적으로 스테로이드 주사를 맞은 내용비평이다. 그 내용비평은 '바울은 정말 이런 말을 하지 말았어야 했는데, 그런 말을 하고 말았다. 하지만 괜찮다. 우리가 그를 궁지에서 구해 줄 테니'라고 말한다. 하지만 이 그럴듯한 '핑계'는 사실상 '바울은 이런 말을 하지 말았어야 했고, **실제로도 그런 말을 하지 않았다**'라고 말한다. 그런 식으로 혼란이 초래된다(그리고 O'Neill 1975). 또한, 아래 Campbell에 관한 9장을 보라

'디카이오시스'[*dikaiōsis*, '교정'(rectification) 혹은 '칭의']인 것처럼 번역해야 한다고 주장한다. (이어서 이 내용은 더 깊은 다음 질문과 연결된다. 즉, "마틴과 드 보어가 통상 '칭의'보다는 '교정'이란 표현을 사용할 때 그들이 강조하려 했던 의미 혹은 그들이 피하려 했던 의미는 무엇일까?" 아래를 보라.) 옛 연구들로 인해 익숙한 번역에서 '의'나 '정의'는 '칭의'와 같은 표현이 아니다. 내 생각으로는, 추상 명사를 확실한 근거도 없이 능동형 명사로 대체할 수 있다고 가정해서는 안 된다. 바울이 능동형 명사를 의도했다면 그에 해당하는 단어를 썼을 것이고, 그가 '의'나 '정의' 혹은 (마틴이 선호하는 용어인) '청렴'(rectitude)을 의도했다면 그에 해당하는 단어를 썼을 것이다. 이 문제가 불거지는 곳이 마틴의 2:21 해설인데, 그는 이 절을 다음과 같이 번역한다.

> 만약 교정이 율법을 통해 온다는 것이 맞다면, 그리스도는 아무 목적도 없이 죽은 것입니다.

마틴은 여기서 그가 가한 변화에 설명이나 첨언을 하지 않는다.[71] 이 본문 전체에서 바울은 사람이 '의롭게 되는' **사건**에 관한 이야기가 아니라, 그 결과로 사람들이 소유하게 되는 ['디카이오쉬네'의] **상태**에 관한 이야기를 한다.[72] 마틴이 선택한 단어군을 사용하자면, 갈라디아서 2:21은 '교정'을 말하는 것이 아니라, '도리에 맞는'(being in the right) 상태, 즉 '청렴'을 말한다. 2:15-21에서 바울의 관심사는 의롭게 된 사람의 현재 실제 상태이지, 그들을 그 상태에 도달하게 한 사건이 아니다. 그리고 이 사실을 통해 우리는 그것이 **언약 안에 있는 상태**를 가리킨다는 점을 인식하게 된다. 많은 '옛 관

---

71 Martyn p. 260. 비슷하게 3:6에 관한 p. 297.
72 '칭의'(justification)에 대해서는 *PFG*, pp. 912-1038에 있는 충분한 논의와 Wright 2009 [*Justification*]에 있는 이전의 진술을 보라.

점' 학자처럼 마틴도 어떻게든 이 내용을 피해 가려 했지만, 곧바로 바울은 하나님이 아브라함과 맺으신 언약 이야기를 수정해서 들려줌으로써 이 내용을 설명할 것이다.[73]

사람들이 마틴의 주석을 읽고 많은 다른 요점, 주제, 본문을 토론하고 싶어 한다는 것은 그 책이 얼마나 매력적인지 보여 주는 척도다. 그런데 토론 주제로 반드시 추가해야 할 것이 하나 더 있다. 마틴은 그의 작품 전체에서—이를 암시하는 내용이 드 보어의 이전 분석에는 사실상 전혀 없지만—그가 바울에게서 찾아낸 '우주론적 묵시적 종말론'이 역사의 실제 흐름과는 무관하다고 주장한다. 케제만이 바울에게서 볼 수 있는 '구원 역사'의 특정 유형들을 세심하게 수용했음에도, 그리고 (더 중요한 내용이다) 대부분은 아니지만 다수의 실제 '묵시 문헌'은 세계와 이스라엘의 역사를 논의함에도, 마틴은 케제만이 스텐달을 반박하면서 날카롭게 진술한 양자택일을 자명한 사실로 받아들인다.[74] 마틴은 케제만을 '우주론적' 묵시적 바울 해석을 부르짖은 참 선지자로 보았기 때문에, 바울도 원칙적으로 구원사(Heilsgeschichte)를 거부해야 한다고 생각한다. 하지만 갈라디아서 4:3-5은 어떻게 설명할 텐가?

어린아이였을 때, 우리는 '세상의 초보 원리들' 아래서 '종살이'하고 있었습니다. 그러나 성취의 때가 이르렀을 때, 하나님께서 자기 아들을 보내셔서 여자에

---

[73] 갈라디아서에서 *dikaiosynē*가 등장하는 다른 경우는 pp. 359-360에 나온다. Martyn은 3:21의 마지막 절을 인용하지도 설명하지도 않으면서, p. 352에서 '상황이 율법에 의해 바로 잡혔을 것이다'로 번역한다. 따라서 그 책만 봐서는 그가 (상태를 지시하는) 추상 명사를 (하나님의 행위를 지시하는) 능동형 명사로 바꾼 이유를 알 수 없다. 갈라디아서에 *dikaiosynē*가 등장하는 또 다른 사례(5:5)에서 Martyn은 이 단어를 또다시 '교정'(rectification)으로 번역한다(p. 472). 여기서 마침내 그는 자기 해석이 지닌 신학적 문제를 알아채고(언어적 문제는 인식하지 못한다), 여담에서 그 문제를 풀려고 시도한다(pp. 478-479).
[74] 이것은 그 자체로 (우리가 이야기했듯이) 이전 독일에서 있었던 논쟁을 반영한다. 본서 pp. 111-129를 보라.

게 나게 하시고 율법 아래 나게 하셨습니다. 이는 그분이 율법 아래 있는 사람들을 속량하셔서, 우리가 아들로 입양될 수 있게 하시려는 것이었습니다.

'그러나 성취의 때가 이르렀을 때'는 바울의 표현인 '호테 데 엘텐 토 플레로마 투 크로누'(*bote de ēlthen to plērōma tou chronou*), 즉 '시간의 충만함이 왔을 때'를 다소 느슨하게 번역한 것이다. 이 구절이 내비치는 것이 정확히 마틴이 배제한 그 내용, 즉 구속이 일어날 마지막 그때의 시간적 순서가 아닌가?

그렇다. 우리는 이 사실에 놀라서는 안 된다. 또한 이 구절은 가정이든 실제든, 바울의 '묵시적' 배경을 절대 배제하지 않는다. 제2성전기 유대교의 묵시라는 실제 현실의 종교사적 배경에는 그런 진술을 배제하는 어떤 내용도 없다. 실제로는 모든 내용이 이 구절을 옹호한다. 이 구절은 정확히 묵시주의자들이 생각하고 가르치고 저술했던 방식을 반영한다. 그중에서도 가장 유명한 묵시 저술이 그 핵심적인 절정부에서 그와 비슷한 모습을 보이지 않았는가?

내가 본즉 이 뿔이 성도들과 더불어 싸워 그들에게 이겼더니, 옛적부터 항상 계신 이가 와서 지극히 높으신 이의 성도들을 위하여 원한을 풀어 주셨고, **때가 이르매** 성도들이 나라를 얻었더라…

성도들은 그의 손에 붙인 바 되어 **한 때와 두 때와 반 때를** 지내리라. 그러나 심판이 시작되면 그는 권세를 빼앗기고 완전히 멸망할 것이요…나라와 권세가…지극히 높으신 이의 거룩한 백성에게 붙인 바 되리니.[75]

---

75   단 7:21-22, 25-27.

이목을 끄는 대목은, 다니엘서의 고대 그리스어 역본 모두에서 이 본문의 '시간'에 대응하는 단어로 '카이로스'(kairos)를 택했다는 점이다. 이 단어는 보통 특별한 시간 혹은 특정한 시간, 시의적절한 순간을 가리킨다. 그 의미가 바로 우리가 갈라디아서 4:4에서 기대할 수 있는 의미다. 그런데 바울은 '토 플레로마 투 크로누'(to plērōma tou chronou, '시간의 충만함')이라고 썼고, 이는 한 시기에 이어 다음 시기가 뒤따르는 연대기적 시간의 충만함을 암시한다. 바울은 무슨 의미로 이렇게 썼을까?

자연스럽게 대두되는 두 가지 답변이 있는데, 둘 다 갈라디아서를 20세기의 소위 '묵시'를 투사한 편지보다는 (그런 실체가 존재했다면!) 1세기 유대교의 묵시 사상을 보여 주는 전형적 문서라는 쪽에 큰 힘을 실어 준다. '묵시' 본문을 차례로 치밀하게 연구해 보면, 제2성전기의 책들이 다니엘서에서 영감을 얻었고, 하스모니안 왕가, 헤롯 왕가와 그 운명적인 1세기라는 혼란기를 배경으로 삼았으며, 이 책들이 바라던 것은 (소위) 사회적·정치적 차원에서 일어날 갑작스러운 하나님의 구속 행위였다는 사실을 확인할 수 있다. 그 행위는 마찬가지로 '영적'이고 '신학적'이기도 할 것인데, 그 모든 차원은 함께 가는 것이기 때문이다. 이 구속 행위, 이방의 적들(다니엘의 환상에서는 '짐승들')로부터의 구출 행위는 마치 **새 출애굽** 같을 것이다. 따라서 권세들 아래서 종노릇, 하나님의 구출 사건, 심지어 '침입'에 대한 '묵시적' 이미지가 등장한다. 이것은 다름 아니라 이스라엘의 하나님이 바로를 전복하면서 자기 백성을 위해 했던 일이다. 그런데 창세기에 따르면, 이 하나님의 행위는 **제때** 일어났다. 즉, 네 세대 전에 하나님이 아브라함에게 약속했던 그때 일어났다. 그 약속이 체결된 곳은 어디인가? 창세기 15장(16절)이다. 바울이 갈라디아서 3장의 골자로 상세히 설명하는 성경 본문이 어디인가? 창세기 15장이다. 갈라디아서 3장의 마지막이 어떤 내용인가? '여러분이 메시아께 속했다면, 여러분은 아브라함의 가족입니다. 여러분은 약속을 상속받을 것입니다'(3:29). 갈라디아서 4장은 어떻게 시작하는가? '하나님의 아들'이 될 수 있도록 해방된 종(또 다른 출애굽 모티프)과 더는 '권세들'의 통치 아래 있지 않은, 약속을 따른 상속자들에 관한 진술로 시작한다. 아브라함에게 주어진 출애굽 약속과 출애굽 내러티브 자체에 관한 암시와 반향으로 가득한 그 주장의 핵심부에서 '때가 충분히 찼을 때' 일어날 '구속'(또 하나의 출애굽 관련 표현)이 도래했다는 내용을 발견할 때, 우리는 의구심을 가져서는 안 된다. 이것은 약속이 다시 확정되고 구출 행위가 시작되는 창세기 15장과 출애굽기 3장의 반향으로서, 이제 그 목적에 도달한 연대기적 순서 개념(이 순서는 틀림없이 불가해한 하나님의 계획 속에 숨겨져 있었고, 인간의 계산을 허락하지 않았다)을 떠올리게 한다. '우주적'이든 '법정적'이든, 묵시 문헌을 읽은 1세기의 독자 중에 바울이 말하고자 하는 내용을 알아차리는 데 어려움을 겪었을 사람은 아무도 없었을 것이다. 이것은 오랫동안 기다려 온 새 출애굽에 관한 이야기였고, 그 일은 너무나 적절하게도 '때가 충분히 찼을 때', 혹은 '때의 충만함이 이르렀을 때' 일어났다.

당연히 출애굽과 마찬가지로 여기에도 점진적인 성숙의 과정이나 느리고 단계적인 점증 개념, 혹은 오랜 크레센도(crescendo, 점점 강하게)를 거친 뒤 마침내 해방이라는 승리의 포르티시모(fortissimo, 매우 세게)에 도달한다는 의미[일종의 신정적 사회 진화론(theopolitical social Darwinism)을 제안한 일부 19세기 철학 전통이 상상했던 역사 흐름]를 암시하는 내용이 없다. 전혀 그렇지 않다. 노예 상태는 악화되었고, 밤은 더 어두워졌다. 멍에도 갈수록 무거워졌다. 그런 **후에**, 돌연히 (하지만 오래전에 약속한 바로 그때) 그날이 올 것이다. 지금까지의 주해는 너무 오랫동안 (1) 발전과 '진보'라는 헤겔식 개념과 (2) 그에 실망한, 분노에 찬 거부라는 그릇된 양자택일에 매달려 있었다.[76] 바울이 충

---

76 Koch 1972 [1970], pp. 67-68를 보라. '제2차 세계대전 발발 후 분별력 있는 그리스도인은

만한 때가 왔다고 말할 때, 그는 세계로 침입하는 하나님의 구출 작전과 대립되는 관점, 즉 진보나 발전 같은 일종의 내재적 힘을 염두에 두었던 것이 아니다. 그는 마르크스주의자가 아니라 선지자처럼 생각했고, 자유주의자가 아니라 묵시주의자처럼 생각했다.

만약 아브라함에게 주신 약속의 성취인 출애굽 사건이 갈라디아서 4:1-11의 배경인 것이 어느 정도 분명하다면, 다른 분명한 배경 하나도 전형적인 '묵시적' 사고에 속한다고 말할 수 있다. 아마도 이 부분이 마틴이 관련 자료에 적용했던 양자택일(드 보어보다 훨씬 심하고, 심지어 케제만보다 더 심했으며, 베커와는 전혀 다른 관점)을 향한 내 반대의 핵심일 것이다. 마틴이 자신의 종교사적 매트릭스로 삼았던 광범위한 '묵시' 세계에 속했던 본문들을 차례로 살펴보면, 가장 흔하게 발견되는 공통 요소 중 하나가 **이스라엘의 이야기를 개작해서 들려준다**는 것이다. 실제로, 제2성전기 유대교 '묵시' 문헌의 일반적인 핵심 특징 중 하나가 바로 **어떤 대단원, 결말을 찾아가는 긴 내러티브**라는 것이다.[77] 『희년서』 및 유사한 문헌에서 보듯이, 이 내러티브는 종종 창조에서 시작해 아브라함과 모세를 거쳐 유배 시대를 통과해 저자 자신의 시대로 흘러가며, 임박한 미래의 대단원 혹은 결말을 바라본다. 이 내러티브는 일부 학자들이 상상했던 그런 결말을 기대하지 않는다. 말하자면, 이전의 모든 것은 먼지와 재로 사라지고, 과거는 사람들을 오도했던 시간 낭비에 불과했다고 선언하게 될 마지막 순간을 기대하지 않는다는 것이

대부분 하나님의 의지로 진행되는 역사적 진보에 대한 믿음을 마침내 버렸다.' 또한 Walter Benjamin과 관련된 PFG, pp. 1477-1483를 보라.

77 *PFG* 2장, 특히 pp. 108-179를 보라. Koch 1972 [1970], p. 29는 '마지막 날이 인류와 우주의 이전 역사와 밀접하게 연결되어 있다'는 점을 '묵시'의 '일반적으로 인정되는' 특징 중 하나로 나열한다. '**이 세계의 시간**은 고정된 분절들로 구분된다'(원서 강조). 계속해서 그는 묵시 문헌이 '창조에서 세상의 마지막에 이르기까지 하나님의 뜻을 따른 세계 역사의 일관된 진행에 관한 인상적인 통찰을 제공하며, 이 역사는 인류 전체를 포함한다'고 주장한다(p. 41). 나중에 그는 Goppelt를 인용한다. '묵시는 역사를 마지막을 향해 나아가는 사건들의 흐름으로 해석한다'(Goppelt 1964, p. 328를 인용하는 p. 84).

다.⁷⁸ 그 일부 학자들의 생각이 맞다면, 묵시 문헌의 저자들이 왜 번거롭게 그 긴 이야기를 언급했겠는가? 그런데도 마틴과 그의 제자들은 지금 그런 식으로 '묵시'라는 이름표를 사용하는 듯하다. 하지만 만약 내가 갈라디아서를 '묵시'로 읽으면서 **역사적 매트릭스 안에 그 문서를 자리매김시키기 위해 그 용어를 동원한다면**, 나는 아브라함에서 시작해 현재에 이르는 그 내러티브가 등장할 것을 기대할 것이다. 실제로 바울은 그런 내러티브를 제시하는 듯하다. 말하자면, 갈라디아서에 등장하는 내러티브는 바울이 자신의 주장으로서 제시하는 내러티브지, '교사들'이 발명한 것으로 바울이 반대해야 한다는 압박감을 느껴 어쩔 수 없이 논의한 내러티브가 아니다.

하지만 마틴은 이 결론을 받아들이지 않고 일관되게 저항했고, 마침내는 '아브라함 이야기'가 결국 **존재함**을 인정하지만, 그 이야기를 일종의 '율법' 내러티브로 분류하기에 이른다.⁷⁹ 당연히 바울은 결코 그런 식으로 이야기하지 않는다. 내가 이해하기로는, 아브라함 내러티브를 그런 식으로 인식하는 것은 갈라디아서 3장과 4장 해설 곳곳에 등장하는 마틴 자신의 강조, 즉 아브라함과 교회 사이는 말할 것도 없고 아브라함과 그리스도 사이에는 최소한의 연속성만이 존재한다는 그의 강조와도 마찰을 일으킨다. 사실 '연속성'은 마틴이 가장 피하려고 애쓰는 요소로 보인다. 그래서 나온 것이 바르트의 초기 사상이 반영된 '침입' 모티프다. 나는 이 모티프에 과잉 초월적 이원론(over-transcendent dualism)의 혐의가 있다고 보며, 그와 더불어 후기 바르트가 과연 비내러티브적인 '침입' 언어에 우호적인 반응을 보였을지도

---

78   그것이 바로 좌절한 Walter Benjamin의 절망적인 입장이다. Harink 2012, p. 84는 이 개념들이 '복음에 대한 나의 이해에 깊숙하게 침투했는데, 이는 그것들이 내가 Martyn에게 배운 복음의 묵시적 특징과 심오한 공명을 일으키기 때문이다'라고 말하면서 이 개념들을 인용한다. Benjamin과 바울의 유사점 및 철저한 차이점에 대해서는 *PFG*, pp. 1473-1484를 보라.
79   Martyn p. 505. '하나님을 대신해 이야기하는 아브라함 율법의 외침.' 그것이 이제 성취되어 '교회의 일상과 관련된 것'이 되었다.

의문이다.⁸⁰

따라서―이 핵심 본문으로 돌아가서―마틴은 갈라디아서 4:4을 실질적으로 무효화해 버린다. 마틴의 바울은 '구속사'(redemptive history)를 '교사들'의 입장이라며 거부했는데, 어떻게 이제는 구속사의 한 형태를 받아들일 수 있단 말인가? 대신, 마틴은 관건이 되는 그 '때'가 느리고 점진적인 성숙 과정과는 아무런 관계가 없다고 주장한다. 하지만 만약 '교사들'이 그런 관점을 내세웠다면, 그들은 1세기 유대인으로는 굉장히 특이한 사람이었을 것이며, 마틴은 여기서 다시 한번 19세기의 그림자와 싸우고 있는 것이다. 관건이 되는 그 '때'는 오히려 '오직 [하나님]만이 선택한 때에' 발생하는 '특정 시점에 일어난 해방'(punctiliar liberation)과 관련이 있어야 한다고 그는 말한다.⁸¹ 좋다. 그렇다면 '토 플레로마 투 크로누'의 의미는 어떻게 되는가? 마틴은 이 표현을 '[하나님]이 선택한 시간에'로 보는 듯하다.⁸² 그가 싸움을 벌이는 대상('점진적인 성숙' 개념)이 무엇인지 나도 이해는 하지만,⁸³ 다른 곳에서와 마찬가지로 여기서도 그는 빈대를 잡으려고 초가삼간을 태우는 꼴이다.

드 보어 역시 그의 주석에서 관련 구절을 성공적으로 다루지 못했다. '하나님의 행위는 어떤 식으로든 시간에, 인간 역사의 과정에 종속된다'는 개

---

80 '이원론'에 대해서는 특히 *NTPG* pp. 252-256를 보라. 여전히 기본적인 내용이다. Barth에 대해서는 *CD* 4.1을 보라. pp. 640-642에서 그는 Martyn과 흡사하게 모든 형태의 '진보'나 '종교'에 대해 경고한다. 하지만 pp. 166-177의 강력하고 긴 논의는 Barth가 복음과 이스라엘 이야기 사이의 연속성의 중요성과, 이 연속성이 늘 고난의 증표, 십자가의 증표와 연결된다는 사실의 중요성 둘 다를 인식했음을 보여 준다. 또한, '침입'이라는 앙상한 개념을 향한 Beker의 경고를 보라(본서 pp. 303-304).
81 Martyn p. 389. 또한, p. 99를 보라. 거기서 Martyn은 '때의 충만함'이 '두 시대' 틀을 의미하는 '분명한 묵시적 모티프'라고 기술한다. 그것은 정말 맞는 말이다. 하지만 특히 출애굽 주제를 함축적으로 환기시킨다는 면에서 그 '묵시적' 맥락의 의미는 (다시 말하지만, 19세기의 내재적 진보 같은 개념이 아니라!) 창 15장이나 단 9장에서와 같은 '성취되어야 할 때'라는 신비로운 의미일 가능성이 더 크다.
82 Martyn p. 388의 의역에 포함된 구절.
83 Martyn p. 389.

넘을 드 보어가 배제한 것은 옳다.[84] 하지만 내 생각에, 역사적 시대 구분(periodization of history) 개념(그는 이 개념이 일부 유대교와 기독교의 묵시 문헌에서 발견된다는 사실을 인정한다. 그는 단 9장을 인용하는데, 나는 이 본문이 이 시대 전체에 큰 영향을 미쳤다는 사실을 보여 준 바 있다)은 '묵시' 문헌에서 선택 사항에 지나지 않으며 오히려 '두 시대'(two-age) 대조가 '묵시적 종말론의 정수'라는 그의 말은 틀렸다. 내가 이미 지적했듯이, '두 시대' 대조는 적어도 다니엘서에서 시작해 미슈나를 거쳐 그 이후로도 유대교 사상 거의 전체에서 중심 요소였다. '묵시' 문헌의 더 두드러진 특징은 바로 역사적 시대 구분이다.[85] 이 점을 이해하지 못했기 때문에 드 보어는 갈라디아서 4:4를 설명하면서, '토 플레로마 투 크로누'의 실제 의미에 거의 정반대되는 의미를 부여하고 말았다.

> 바울은 그리스도 안에서 하나님이 행한 일 자체가 때의 충만함이 (그리고 따라서 '끝'이란 의미에서) 도달했음을 보여 준다고 보았다.…그렇기에 '때의 충만함'은 **과거와의 깔끔한 단절**을 가리키며 바울 나름의 묵시적 단언으로 간주될 수 있다. 그 표현은 '악한 현 세대'의 끝(1:4)과 '새 창조'의 시작(6:15)을 선언한다.[86]

당연히 구속의 행위는 '악한 현 세대'에서 사람들을 구출했고, 또한 정말로 '새 창조'를 개시했다. 하지만 이 구절을 가지고 아무리 노력한들, '토 플레로마 토 크로누'가 '과거와의 깔끔한 단절'을 의미할 수는 없다. 언어학적으로나 신학적으로나 불가능하다. 하나님의 행위는 당연히 인간의 역사에

---

84 de Boer 2011, p. 261.
85 다시 한번 *PFG* 2장과 본 장 각주 77번에 나오는 Koch를 보라.
86 de Boer 2011, p. 262(원서 강조). 이것이 그들의 관점을 향한 갈 4:4의 직접적인 이의 제기를 벗어나려는 (Martyn과 다르지 않은) de Boer의 방식이다. *to plērōma tou chronou*를 이런 식으로 해석하는 것이 불가능하다는 사실은 그 이론의 약점을 드러낸다.

'달려' 있지 않다. 하나님의 행위는 언제나 하나님 자신의 약속과 은혜에 달려 있다. 그런데 [바울이 갈 3장에서 인용하는 바로 그 장(갈 3:6에서 인용하는 창 15장—옮긴이)에서] 하나님의 약속은 늘 특정한 때를 바라본다. 물론 그 시기는 언제나 하나님 자신의 주권적인 통제 아래 있지만 말이다. 그리고 '때의 충만함'에 도달했다는 것은, 어떤 의미에서는 여행의 끝에 다다랐다는 것이다. 하지만 그것은 **목적지**로서의 끝이지, '다행스러운 종결'로서의 끝이 아니다. 여기서 로마서 10:4의 '텔로스'를 둘러싼 논란을 떠올릴 수 있다.

갈라디아서에서 핵심 부분에 해당하는 이러한 주해상의 문제들로 판단하건대, 마틴과 (그보다는 덜하지만) 드 보어가 그들의 '묵시' 개념을 바울에게 적용하는 방식은 가장 기본적인 시험도 통과하지 못했다. 그들의 설명은 그들이 근거로 삼은 그 편지에 바울이 실제로 적은 내용을 제대로 해명하지 못한다. 하나님이 복음 사건 안에서 '악한 현 세대'의 노예 상태를 해결하기 위한 결정적 조치를 취했다는 바울의 기본적인 믿음은 제대로 짚었다. 하지만 이 조치가 취해져야 하는 방식이 아브라함과 맺은 언약적 약속의 성취를 통해서였다는 사실은 보지 못했다. 그 성취는 '하나님의 아들이 나를 사랑하셔서 자신을 나를 위해 주셨을' 때 일어났는데, '때의 충만함이 온' 그 순간 '새 출애굽'을 일으킴으로써 일어났다. 아이러니한 점은, 『에녹1서』에서 『바룩2서』에 이르기까지 당시의 진정한 '묵시' 작가들은 이 모든 내용을 원칙적으로 이해했을 것이라는 사실이다. '우주론적 묵시적 종말론'(혹은 일부 마틴의 제자들이 언급하는 단순한 형태로서의 '묵시' 자체)을 바울 신학의 다른 요소들과 대립시키는 이 새롭게 재구성된 도식이 이런 내용과 계속해서 조화를 이루지 못한다면, 그 도식의 형편은 더 악화된다.

이보다 훨씬 더 짧은 아래의 세 단상을 통해 본 장도 때의 충만함에 도달한다.

첫 번째 단상. 바울을 '묵시적인' 인물로 보면 볼수록, 나는 무례한 질문 하나를 던지고 싶어진다. 그렇다면 정경의 바울서신 중 가장 '묵시적인' 글인 데살로니가후서를 왜 바울이 쓴 것이면 안 되는가? (그리고 1세기 맥락에서 묵시 문헌을 '읽는' 법을 배우면, 데살로니가후서는 또한 가장 명백히 정치적인 글이기도 하다.) 그리고 그보다 더한 의문인데, 권세들의 패배(2:14-15) 그리고 더 거대한 그리스도 대 권세들의 전투 시나리오(1:15-20)를 포함하는 골로새서는 왜 바울이 집필한 것이면 안 되는가? 설령 그 구절이 다른 출처에서 가져온 것이라 해도, 결국 **이 저자는** 그 글을 인용해 골로새서 전체의 원천이자 기준으로 삼는다. 그리고 골로새서가 그러하다면, 에베소서도 마찬가지다. 권세들에 대한 그리스도의 승리를 핵심 내용으로 삼으며(1:19-23), 독자들에게 그들도 같은 우주적 전투의 참여자라는 사실을 되새기며 마무리하는(6:10-20) 에베소서의 저자가 바울이면 안 되는 이유가 무엇인가? 이 질문에 '골로새서와 에베소서는 과도한 고 교회론을 담고 있기 때문'이라고 답한다면, 그것은 논점 회피가 아닐까? **그 두 서신은 적어도** 외견상 그 교회론(내 생각에는 이 교회론도 일부 제2성전기 묵시 문헌에서 확인되는 매우 유사한 유대교적 '교회론'에서 비롯된 것으로 보인다)과 '그리스도 대 권세들'이라는 순도 높은 '묵시적' 모티프를 결합하고 있는데, 20세기 후 사람들인 우리가 어찌 진정한 바울은 그런 결합을 배제했을 것이라고 선험적으로 알 수 있단 말인가? 그리고 (아마도 더 중요한 내용일 텐데) 만약 이 질문에, 하나님이 신자들을 **이미** '메시아 안에서 하늘에 앉히셨고' **이미** '살리셨다'는 개념 등을 언급하며 '골로새서와 에베소서가 과도 실현 종말론을 담고 있기 때문'이라고 답한다면,[87] 나는 이렇게 응수하겠다. 본질상 미래적인 묵시적 종말론이었던 케제만의 관점을 철저하게 수정해서 모든 것을 결정하는 '임박한 기대' 대신 이미 일어난 묵시만 남게 한 장본인이 바로 마틴이지 않은가? 그렇다면 마틴의

---

87   예를 들면, 엡 2:6; 골 3:1-4.

진정으로 개시된 종말론이 에베소서 및 골로새서의 종말론과 별반 다른 게 있는가? 만약 이 질문에 마틴은 부활보다 십자가 사건을 강조한다는 면에서 다르다는 식으로 답변한다면(결국 이 답변은 갈라디아서와 결이 같다. 갈라디아서에서 부활은 딱 한 번, 그것도 서두의 인사말에서 언급될 뿐이다),[88] 이것은 고작 편지 하나를 가지고, 그것도 변론의 목적이 매우 강한 편지를 가지고 완전한 바울 사상을 구축하려는 시도를 좀 더 경계해야 한다는 신호가 아닐까?

이 내용에서 파생되는 두 번째 단상은 지금은 잘 알려진 문제로, '묵시'와 갈라디아서 둘 다의 정치적 의미에 관한 것이다. 마틴은 고대 튀르키예의 카이사르 숭배를 언급은 하지만, 그것으로 끝이다. 하지만 만약 갈라디아서가 '묵시적'이라면, 어떤 면에서는 '정치적'일 수 있다. 왜냐하면 진정한 '묵시' 문헌 중 다수가 정치적이었던 것이 분명하며, 틀림없이 바울도 다니엘서의 방식을 따라 그 장르의 특성들을 정치적인 주장을 내세우는 방편으로 사용했을 것이기 때문이다.[89] 이러한 노선의 사고를 철저하게 진척시킨다면, 이 내용이 단순히 외부에서 접합된 '또 다른 차원'이 아니라 실질적인 신학과 주해의 일부로서 주해에 큰 차이를 가져오지 않을까? 특히나 고대 근동의 사고에서 왕의 의무가 우주적인 것과 정치적인 것 사이를 오갔으며 이 두 사안은 현대인의 추측보다 훨씬 더 융합되어 있었다는 것이 사실이라면, 두 사안은 상호 배타적이 않고, 심지어 '우주적인' 것은 '정치적인' 것을

---

88   갈 1:1. 하지만 *Christō synestaurōmai* 바로 다음에 나오는 2:20의 *zō de*와 이 한 쌍(십자가에 못 박힘과 그 후의 새로운 삶)도 비교하라. 이 내용은 2:19의 '내가 율법을 통해 율법에 대해 죽었는데, 이는 내가 하나님에 대해 살기 위해서입니다' 직후에 이어진다.

89   다시 한번 Portier-Young 2011; 그리고 예를 들면, Moore 2006을 보라. Martyn이 주도한 최근 논문집에서 Neil Elliott은 Portier-Young pp. xxiii, 27, 37를 언급하면서 묵시주의자들이 '하나님이 시간을 지배하며 역사 속에서 하나님의 계획이 실행된다는 사실을 긍정하기 위해 현세적 권세의 잠정성과 유한성'을 확고히 하려 했다고 주장한다 (Elliott 2013, p. 150). 따라서, '묵시적' 관점은 역사적 계획이라는 개념이나 그 개념의 정치적 함의와 대립되기는커녕, 실제로는 그런 것들을 내세워야 한다.

수반해야 한다고 생각되었을 수 있다.[90]

세 번째 논평은 필연적인 이야기지만, 그래도 언급할 필요가 있다. 갈라디아서 주석을 쓴 사람이 이 '갈라디아서'의 바울이 어떻게 로마서의 바울로 변화될 수 있는지 쉽게 이해하지 못한다는 것은 심각한 약점으로 보인다. 당연히 이 변화를 설명하기 위한 온갖 발전의 도식이 제시되어 왔다. 앞서 살펴보았듯이, 베커는 '일관성과 우연성'이 뒤섞여 있다고 생각했다. 휘브너 등은 특히 유대교 율법에 관한 부정적인 견해에서 긍정적인 견해로의 변화 같은 의미심장한 발전이 있었다고 가정했다. 그런데 마틴의 출발점에서 시작하면, 어떤 식으로든 두 편지 사이의 상호 관계를 유지하는 유일한 길은 다음 둘 중 하나를 택하는 것이다. 로마서를 신뢰성의 한계를 넘어서까지 위축시켜 그저 (이런) '갈라디아서'의 확장판에 불과한 편지가 되게 하든지, 두 편지 사이에 방대한 생각의 재검토가 있었다고 상정하든지 말이다. 그것은 우리가 하나님과 이스라엘, 복음 및 세계에 관한 철저히 다른 두 가지 비전 사이에서 하나를 선택하도록 강요받는다는 의미다. 결국 로마서에도 강력하고 주제적인 **내러티브** 코어가 존재하며, 문제의 내러티브는 아담과 아브라함 및 아브라함의 가족에 관한 고전적인 이스라엘과 유대의 이야기다. 특히, 율법을 명백히 긍정적으로 보는 로마서의 관점(율법이 파괴적인 역할을 할 때도 이 관점은 유지된다)[91]은 마틴의 갈라디아서 해석과 뚜렷하게 대조된다. 그리고 이스라엘에 관한 바울의 긍정적인 관점도 마찬가지다. 마틴의 바울은 로마서 3:1("유대인은 무엇이 유리합니까?")의 질문에 '전혀 없다'고 대답했을 것이다. 그런 식으로는 도드의 얄팍한 환원주의로 돌아갈

---

90 바울의 믿음에 내포된 정치적 의의에 대해서는 *PFG* 12장(거기서 나의 논쟁 상태는 John Barclay인데, 그는 나에 반대하면서 바울의 관심사는 '우주적'이고 나아가 '묵시적'이기에 '정치적'이지는 **않다**고 주장한다); Heilig 2015; 그리고 아래 12장을 보라.
91 롬 3:19-20; 4:15; 5:20; 7:5, 7-25.

뿐이다.[92]

　마틴의 프로젝트에 관한 마지막 단상을 몇 가지 차례대로 적어 보겠다. 처음에 한 말을 되풀이하자면, 나는 바울의 메시지가 철저히 '묵시적'이라고 믿는데, 그것은 바울이 예수와 관련된 사건들을 이스라엘과 세계를 위한 하나님의 구원 목적이 마침내 계시될 때로 오래전에 약속되었고 오랫동안 기다려 온 그 순간으로 믿었다는 의미에서다. 나는 이 사건이 세상을 압제해 온 비가시적인 초인간적 권세들이 타도당했다는 의미에서 **우주적**이라는 점에는 마틴 등과 같은 의견이다. 물론 오늘날 우리는 (a) 그 권세들을 말할 때 우리가 언급하는 대상이 정확히 누구라고 생각하는지, 그리고 특히 (b) 광범위한 구조적 악을 포함해 악과 죽음 자체가 세상에 계속해서 존재한다는 사실 앞에서 그 권세들의 패배를 주장할 때 우리가 실제로 긍정하는 내용이 무엇인지, 이 두 가지를 이야기하기가 어렵다는 사실을 알고 있지만 말이다. 실제로 나는 마틴보다는 베커가 그 점을 더 명쾌하게 이야기했다고 생각한다. 왜냐하면 베커는 새 창조의 시발점으로서 부활을 강조했기 때문이다. 하긴 베커는 그의 사유를 갈라디아서에 제한하지 않았다. 그래서 나는 바울에 관한 '묵시적' 관점과 '비묵시적' 관점 사이에 양자택일하라면, 주저 없이 열렬하게 '묵시적' 바울을 선택할 것이다. 다시 한번 이야기하자면, 불트만보다는 케제만을 택할 것이다.

　하지만 왜 그것이 유일한 선택지여야 하는가? 그리고 마틴이 배제하고자 했던 모든 것을 반드시 배제해야만 하는가? 아니, 그래서는 안 된다. 유대교의 묵시는 마틴의 생각보다 더 풍부하고 다양한 측면이 있다. 그것은 메시아와 성령을 중심으로 유대교의 묵시를 신선하게 수정한 바울의 묵시도 마찬가지다.

92　참조. Dodd 1959 [1932], p. 68.

이처럼 마틴은 온갖 주해상의 문제를 만들어 냈다. 마틴이 이런 프로젝트를 밀고 나가게 한 실제 동력을 알 수 있다면 그를 이해하는 데 도움이 될 것이다. 그의 프로젝트에 힘을 불어넣었던 의제는 무엇이었을까? 마틴의 영웅인 케제만의 의제는 분명했다. 케제만은 적어도 다섯 가지 관점에 반발하고 있었다. 첫째, 불트만이 신칸트주의와 헤겔주의의 관점에서 바울을 개인주의적 인간론으로 붕괴시킨 것에 반발했다. 둘째, 일종의 세속적 구원사(secular Heilsgeschichte)라는 그릇된 사상 아래 히틀러에게 동조했던 줏대 없는 독일 그리스도인(Deutsche Christen; 독일의 나치 정부 아래에서 나치주의와 기독교를 융합시켜 신봉했던 프로테스탄트 교인—옮긴이)에 반발했다.[93] 셋째, 가톨릭 신앙의 냄새를 풍기는 모든 것에 반발했다[그가 '그리스도를 본받아'(*imitatio Christi*; 중세 기독교 수덕 문학의 대표작—옮긴이)나 '새로운 신앙'(*devotio moderna*; 15세기 유럽에 퍼졌던 신심 운동—옮긴이) 등에 격렬한 반응을 보인 것에서 알 수 있듯이, 결국 케제만은 신심 깊은 루터파 교인이었다]. 넷째, 그가 독선적인 부르주아식 경건으로 본 전후 남부 독일의 신앙 행태에 반발했다. 다섯째, 아마도 영국에서는 '은사주의' 기독교로 불렸을, 그리고 미국에서는 '복음주의'(evangelical)와 '근본주의' 중간 어디쯤 위치했을 '열광주의'에 반발했다(독일어 evangelisch가 지시하는 것은 '루터파'다). 달리 말해, 이미 살펴보았듯이 케제만은 자신을 새로운 루터로 여기면서, 좌우에 있는 전통의 악령들뿐만 아니라 새로운 정치적 악령들과도 싸움을 벌였다. 여러 면에서 훌륭할 뿐만 아니라 굉장히 멋진 동기다.

그런데 이 모든 전투를 20세기 중반의 독일에서 세기말의 미국으로 옮겨 놓으면 어떻게 되는가? 세기말의 미국에서는 (물론 근본주의를 제외하면) 케

---

93   Stendahl 및 그를 넘어 Cullmann에 보인 Käsemann의 반응에 관한 본서 pp. 117-120를 보라.

제만의 적들이 상대적으로 적을 텐데 말이다. 마틴이 그토록 축출하려 했던 대상은 무엇인가? 마틴은 그에 대해 직접 이야기하지 않는다. 그의 주석이 케제만에게 헌정되었다는 사실은 무언가 비슷한 면이 있음을 암시한다. 그가 거울 독법으로 갈라디아서를 해석했듯이 우리도 거울 독법으로 마틴에 관한 추측을 감행해 볼 수 있다! 마틴의 동기는 그가 (a) 끊임없이 죄와 구원에 관한 이야기를 야단스럽게 떠들어 대고 자기 집단을 엄격하게 정의하면서 더 큰 우주적 사안은 무시하는 태평스럽고 유쾌한 싸구려 복음주의 혹은 근본주의와 (b) 주류 교회의 느긋한, 사회적으로는 순응적인 진보주의에 암시적으로 반대했다는 사실과 관련 있지 않을까? 하지만 그런 전투들이 분명히 가치 있는 싸움이라는 사실에 동의한다 해도(그리고 이것이 그저 거울 독법일 뿐이라는 점을 고려하면서, 이 전투들이 정말로 마틴의 주장에 암시된 공격 대상이라고 생각한다 해도), 이런 내용을 갈라디아서를 이해하기 위한 좋은 출발점으로 보기는 어렵다. 그것은 루터가 저지른 실수이지 않은가? 루터도 바울의 적들이 마치 루터 자신이 이전에 마주했던 적들과 같다고 이해하는 어리석음을 범하지 않았던가? 아무리 다른 측면에서 마틴이 샌더스 이후의 학자라 해도, 이 지점에서 마틴은 단연코 새 관점 밖에 머무르고 있었다. 앞서 살펴보았듯이, 실제로 일부에서는 마틴이 드 보어가 제안한 '묵시'의 '두 노선' 중 하나는 '묵시'라 불리는 '반종교적' 입장으로, 다른 한편으로는 언약, 구원사, '죄' 용서를 포함하는 '종교적' 입장으로 뭉뚱그린 방식을 보고는, 그가 샌더스 이전의 옛 바울 해석으로 미묘하게 회귀한 것으로 생각한다.

같은 질문의 긍정적인 측면은 마틴이 내세우는 제안과 관련된다. 마틴은 바울의 '묵시'가 교회와 그리스도인의 삶의 관점에서 어떻게 펼쳐질 것으로 생각했는가? 이것은 당연히 나에게 던져진 질문이기도 하다. 여기서 나는 엔버그페데르센(Troels Engberg-Pedersen)이 『바울과 스토아학파』(*Paul and the Stoics*)에서 펼친 주장을 인식하고 있다. 그는 '우리'가 '바울의 신학과 우주론을 수용할 수 없으며', 그것이 우리를 위한 '선택지'는 아니라고 주장했는데, 이는 우리가 세상을 그런 식으로 볼 '수 없는' 계몽주의 이후의 사상가라는 이유로 그렇게 주장한 것으로 보인다.[94] 마틴은 그의 '묵시적' 재구성이 실제로 오늘날 세계를 위한 '선택지'가 될 수 있다고 생각했을까? 그렇게 생각했다면, 그것은 어떤 의미였을까? 그것은 (일상적인 용어를 사용해) 어떻게 '설교할' 것인가? 나는 내가 사람들에게 현대에 적용 불가능한 고리타분한 고대 세계관을 수용하게 해서 그리스도인으로 만들려 하는 것 같다는 이야기를 자주 들었다. 마틴이 이런 이야기를 듣는다면 어떻게 대답할까? 누군가가 마틴의 '묵시적' 세계관으로 무장해서 오늘날의 주요한 신학적·정치적·윤리적 질문에 접근하면 어떤 모습일까? 달리 말해, 100년 전 독일 학계를 혼란에 빠트렸고, 굴곡을 거쳐 불트만의 (소위) 신화화에 도달했던 그 질문('어떻게 현대 세계를 사는 우리가 고대의 묵시를 믿을 수 있는가?')에 마틴은 어떻게 대답할까? 덧붙여, 마틴은 자신의 관점과 그의 스승인 케제만의 관점 사이의 명백한 차이를 어떻게 설명할까? 말하자면, 케제만에게 중요했던 것은 **파루시아**에 대한 '내재적 기대'였고, 그 기대는 모든 과도 실현 종말론을 배제하기에 의기양양한 '열광주의'도 배제했다. 하지만 마틴은 핵심적인 사건이 이미 발생했다고 보았는데, 이 차이를 그는 어떻게 설명할까? 20세기, 그리고 지금 21세기에도 너무나 명백하게 활동하는 정사들과 권세들을 목도하는 상황에서 어떻게 결정적인 승리가 이미 달성되었다고 선언할 수 있을까? 나는 이러한 질문들에 관한 답변이 부재하다는 것이 그의 갈라디아서 주석의 약점이라고 말하는 것이 아니다. 그렇지만 그 사실이 마틴의 갈라디아서 주석과 바르트의 초기 로마서 주석 사이에서 일부 학자들이 발견한 유사점에 의문을 제기한다고 생각한다. 적어도 바르트의 경우, 모두가 그

94　Engberg-Pedersen 2000을 보라. 이 점에 관해서는 *PFG*, p. 1388 및 관련 페이지를 보라.

가 어떤 결론에 도달했는지 안다.

구체적으로는 마틴이 제시한 '묵시적' 바울 해석에 대해서도 그 해석의 완전성 혹은 적합성에 관한 질문을 던져야 한다. 케제만과 마찬가지로, 마틴의 해석을 다른 많은 학자와 비교해 보면 굉장히 우수하다. 하지만 마틴의 해석을 바울의 편지들 자체와 나란히 두고 보면, 문제들이 발견된다. 나는 다른 글에서 바울이 진정으로 '묵시적' 신학자였다고 주장해 왔다. 말하자면, 바울은 하나님이 메시아 예수를 보낸 행위와 그의 죽음과 부활 사건을 통해 철저하게 새로운 일을 행했고 신선한 은혜의 선물을 주었으며 그럼으로써 메시아 예수가 이스라엘을 그들의 곤경에서, 세상을 악의 권세에서 해방했다고 믿었던 신학자다. 하지만 바울이 재차 주장하듯이, 이것은 바로 하나님이 이스라엘과 맺으신 언약의 원래 목적이었다. 기이하고 어둡고 비내재적인(non-immanent) 구원 역사가 처음부터 줄곧 향했던 목적지가 바로 여기다. 주해가로서 우리는 진정한 역사적 해석을 내세움으로써 현대의 왜곡에 이의를 제기해야 한다. 그래서 나는 드 보어의 역사적 제안이 증거가 없을뿐더러, 드 보어 자신이 집중했던 난점들을 고려하면 개연성도 낮으며, 나중에 마틴이 그에게 의존했던 무게도 감당할 수 없음이 확실하다고 생각한다. 마틴의 제자들이 많은 영역에서 주목할 만한 공헌을 하고 있지만, 그 건물의 상부 구조물이 과연 그 건물의 기반보다 더 안전할 수 있는지는 모르겠다.

9장

로마서의 묵시적 재해석? 더글러스 캠벨

1. 서론

더글러스 캠벨의 이미 유명한 책 『하나님의 구원: 바울의 칭의에 관한 묵시적 재해석』(*The Deliverance of God: An Apocalyptic Rereading of Justification in Paul*, 2009)에는 큰 문제가 하나 있다. 너무 짧다는 것이다.

물론 독자들이 900페이지 이상의 본문과 250페이지 가까운 작은 글꼴의 미주로 구성된 책을 만났을 때, 마음에 떠오를 첫 번째 문제가 '너무 짧다'는 것은 아닐 것이라는 점을 나도 인정한다. (덧붙이자면, 그 책의 두께만으로도 본서의 이 지점에서 상당한 지면을 할애할 만한 이유가 된다. 그리고 캠벨에 대한 내 반응의 어조가 이전과는 살짝 다를 텐데, 그것은 캠벨의 논조가 논쟁적이면서도 유쾌하다는 사실, 그리고 그의 의견에 반대할 학자들에게 대결을 신청하는 그의 방식 때문임을 이해해 주길 바란다.) 이제 그 책이 너무 짧다고 말한 이유를 설명해 보겠다.

캠벨 책의 주된 주장은 (a) 로마서 1-4장의 일반적인 독법은 틀렸고, (b) 넓게는 바울을, 좁게는 로마서를 이해하는 우월한 길을 제시하는 것은 로마서 5-8장이며, 따라서 (c) 로마서 1-4장을 이해하는, 실제로는 바울을 이해하는 철저히 다른 길을 찾아낼 필요가 있다는 것이다. 캠벨이 이런 주장을 내세우려면, (쉽게 생각할 수 있듯이) 단순히 로마서 첫 네 장에 관한 일반적인 이해의 오류를 증명하는 데 그쳐서는 안 되고, 나아가 다음 네 장의 신학적 우월성을 설명해 내야 한다. 이 책은 그런 작업을 전혀 시도하지 않는다. 처음에 가장 기본적인 요약만을 제시하고, 이후로는 마지막을 향해 가면서 ('로마서의 느슨한 결말'이란 제목하에) 산발적인 언급만 일부 등장한다.[1] 로마서 1-4장의 그릇된 해석을 능가하는 대안적 해석을 받아들이도록 우리를 설득하는 일류 이론, 웅장한 비전, 말하자면 로마서 5-8장을 설명하는 온전한 '묵시적' 장관을 그 책에서 찾으려 해 봤자 헛수고다. 도리어 핀터(Pinter; 노벨문학상을 받은 극작가로 부조리극으로 유명하다―옮긴이)의 연극처럼 주인공(이 경우는 롬 5-8장의 '묵시적' 비전)은 내내 무대에서 보이지 않는다.

나는 이 사실을 깨달았을 때 '로마서 5-8장에 대한 그의 관점을 다른 곳에 제시해 놓은 게 틀림없어'라고 생각했다. 하지만 그렇지 않았다. 캠벨의 이전 책인 『바울 복음 탐구: 제안된 전략』(*The Quest for Paul's Gospel: A Suggested Strategy*)에는 그런 내용이 없었다.[2] 로마서의 관련 장의 다양한 측면을 다루는 단락이 몇몇 있었지만, 더 큰 이론이 작동하는 데 필요한 본격적인 주해의 흔적은 찾을 수 없었다. 내가 아는 한 그나마 가장 근접한 글은 최근의 단행본에 포함된 30페이지짜리 논문이었다. 그 책은 네 명의 학자가 바울에 관한 각자의 관점을 요약하고 각자의 입장에 답변하는 형식이었다.[3] 그런데 문제의 그 논문은 그 책의 다른 기고자들도 신속히 지적했듯이 책의 취지에 걸맞지 않은 글이었다. 그 글은 조직신학의 다양한 전통

---

1   Campbell 2009, pp. 62-73, 821-827.
2   Campbell 2005.
3   Campbell 2012.

을 가리킬 뿐, 로마서 5-8장 해석은 그저 개요만을 간략하게, 그것도 굉장히 일반적인 관점에서 제시하는 데 그친다.[4] 그리고 놀랍게도, 캠벨 자신은 그의 논지가 '묵시적' 해석이라고 주장하지만, 로마서 8:18-25에 나오는 바울의 우주적 갱신에 관한 비전 가운데서도 가장 분명한 '묵시적' 본문—실로 그 주장의 절정이다!—으로 여겨지는 내용에 관심을 기울이지도, 자세히 설명하지도 않는다. 따라서, 본문을 전체로서 해석해야 한다는 캠벨의 주장은 옳고 적절하지만, 나는 그가 전체로서 로마서 1-16장은 말할 것도 없고 로마서 1-8장의 '온전한' 비전도 제대로 제시하지 않았다고 생각한다.[5] 짧지만 굉장히 길게 다가오는 책도 있지만, 캠벨의 책은 길지만 아주 짧게 느껴진다.

이 사실은 그 책의 또 다른 기본적인 문제와 바로 연결되는데, 바로 제목이다. 그 책은 제목도 잘못 지었다.

주 제목인 '하나님의 구원'은 바울의 핵심 문구로서 로마서 1:17; 3:21에 나오는 '디카이오쉬네 테우'의 번역으로 캠벨이 제시한 표현이다. 여기까지는 좋다. 대체로 이 번역은 케제만이 제안한 그 문구의 의미와 일맥상통한다. 그렇지만 캠벨은 그가 로마서 5-8장에서 발견한 구원론과의 관계에서 이 문구가 하는 역할에 관한 주해적인 혹은 신학적인 설명을 하려고 시도한 적이 없다. 캠벨이 지난 수년 동안 많은 각도에서 로마서 3:21-26에 관한 설명을 해 왔고 이 책에서도 다시 언급하지만, 여전히 나는 그 중요한 본문에 관한 그의 해석이 납득이 안 되며, 그 본문이 속한 더 큰 문단과 관련한 그의 설명도 납득이 안 된다.[6] 로마서 5-8장에서 바울이 상술한다고 캠

---

4   Bird 2012, pp. 144-158에 있는 T. R. Schreiner, L. T. Johnson, M. D. Nanos의 반응을 보라.
5   그 주장은 Campbell 2009, p. xxix에 있다.
6   특히 Campbell 1992; 2005; 그리고 *Deliverance* 15장과 16장을 보라. Campbell은 사람들이 반론도 없이 여전히 납득이 안 된다고 말한다면 자신은 수용하지 못 할 것이라고 선언한다(*Deliverance*, pp. 935-936). 이제 내 반론을 제시하겠다.

벨이 생각하는 내용이 '하나님의 구원'(the deliverance of God)이기 때문에, 방금 이야기했듯이 그 책의 제목은 실은 전달하지도(deliver) 못한 내용을 약속한 셈이다.

그런데 흐지부지 넘어가는 또 다른 문제는 그 책의 부제다(이것은 다른 문제들 가운데 캠벨이 빨리 인정한 잘못이다). 그 책은 '바울의 칭의에 관한 묵시적 재해석'을 자처하지만, 실상은 그렇지 못하다.

먼저, 그의 해석은 칭의의 '재해석'이 아니다. 오히려 파괴 공작이요 악의에 찬 비평으로, 칭의 이론가들의 놀이터에 던진 폭탄이다. 슈바이처는 묵시적인 틀을 지닌 '신비주의'를 주 분화구로, 그리고 '법정적' 사고를 그 주 분화구 안에 포함된 이차적인 범주로서의 부 분화구(Nebenkrater)로 보았다. 하지만 캠벨은 법정적 사고를 완전히 다른 행성으로 옮겨 버렸다. 그의 논의가 끝날 때쯤, '칭의'는 '재해석'된 것이 아니라 바깥 어두운 곳에 내던져지고 만다.

다음으로, 케제만 이후 학계에서 이 단계에 이르면 축복의 단어 '묵시'는 이미 과도하게 소모되어 이제는 안갯속에서 헤매며 자신의 정체성도 확신하지 못한 채 이런저런 이론에 얽어걸려 뒷받침이나 해 줄 뿐, 원래 자리로 돌아갈 길도 잊은 것처럼 보인다. 실제로는 애초에 원래 자리가 있었는지도, 고향이 존재했던 것인지도 잊은 것 같다. 톰 슈라이너(Tom Schreiner)가 2012년 그의 책에서 캠벨의 논문에 답변하며 뚜렷하게 지적했듯이, 캠벨의 글에서 외견상 '묵시'의 의미는 '초개혁주의적(über-Reformed), 혹은 나아가 초칼뱅주의적(hyper-Calvinist)'으로 보인다.[7] 캠벨은 그의 작업을 추동한 신학을 상당히 분명하게, 많은 곳에서 드러낸다. 물론 이런 태도가 신선하긴 하다. 많은 주해가는 주해를 하면서 실제로는 그들 자신의 의제가 여기

---

7 Schreiner, in Bird ed. 2012, p. 144.

저기서 삐져나오는 상황에서도, 자신은 그저 본문을 해석하고 이해하려고 노력할 뿐이라며 중립적인 관찰자인 척하기 때문이다. 하지만 캠벨이 '묵시'란 용어로 내세우는 것으로 보이는 기초적인 의미는(캠벨이 '묵시'를 통상적으로 사용하는 방식, 그리고 그가 '묵시적' 바울 읽기의 주도적인 옹호자로 마틴을 언급한다는 사실은 우리가 그를 본서의 다른 부분이 아닌 현재 부분에서 논의하는 것이 올바르다는 증거다), 캠벨 자신이 하나님의 주권을 믿으며 따라서 우주적 구원론보다는 언약적 구원론을 믿는다는 것,[8] 그리고 바울이 기존에 작동하던 체계를 가져와 거기에 예수를 끼워 맞춘 것이 아니라 예수 그리스도 안에서 나타난 하나님의 계시를 기초로 모든 것을 '후향적으로' 사고했다고 캠벨 자신이 믿는다는 것, 그리고 분노하는 위험한 하나님에 관한 메시지와 반대되는 모든 것을 뛰어넘는 하나님의 사랑에 관한 복음을 캠벨 자신이 믿는다는 것이다. 이 모든 내용과 더불어 '묵시'도 다시 한번 그 의미를 바꾼다. 이제 묵시는 **신학적 방법론**과 관련되어야 한다. Nachdenken, 즉 다른 '근본주의적' 출발점에서 시작해 예수로 **나아가는 전향적**(forward) 접근이 아니라 예수**에서 시작하는 후향적**(backward) 접근으로 사고해야 한다.[9] 그의 빈번한 각주에서 알 수 있듯이, 이런 내용 면에서 캠벨은 특히 칼뱅과 바르트로 대변되는 궤도 위 어디쯤 위치한다. 나는 그런 위치가 꼭 나쁘다고 생각하지는 않는다. 하지만 그의 관점은 우리가 확인 가능한 1세기의 의미에서 '묵시'와는, 혹은 이 문제와 관련해서라면 20세기의 관련 학계에서, 또한 케제만에게서 우리가 확인할 수 있는 의미에서 '묵시'와는 그다지 관계가 없다.

---

8 예를 들면, Campbell 2009, p. 903의 맨 윗부분에 있는 요약. 즉, 바울에 관한 '묵시적' 접근법은 '바울 구원론의 계시적 특성을 강조하며, 따라서 무조건적 특성도 강조한다. 결과적으로 칭의와 반대로 묵시는 전향적(forward) 작업이 아닌 후향적(backward) 작업이다.'
9 예를 들면, Campbell 2012, p. 129를 보라.

잠깐 이 문제를 더 짚고 가자. 왜냐하면 이 사안이 단순히 캠벨의 주장하는 바가 무엇인지와 과연 그의 주장이 의미가 통하는지의 문제를 넘어 현재 훨씬 더 폭넓은 중요성을 가진 문제이기 때문이다. 캠벨은 자신이 케제만과 마틴의 전통 위에 서 있다고 주장한다(되새기자면, 마틴은 해석의 기반을 드 보어의 분석에 두었다). 하지만 캠벨은 그 두 사람 중 누구에게도 가까이 줄을 서려는 시도를 거의 하지 않는다. 캠벨은 독재에 저항하지 못하고 무력했던 주의주의적(voluntarist; 주지주의와 달리 의지가 지성보다 우위라는 관점—옮긴이), 개인주의적 자유주의의 '무미건조한 낙관주의'(insipid optimism)와 대조해 하나님의 주권을 강조했던 케제만을 우호적으로 인정한다.[10] 하지만 캠벨의 글에는 케제만이 제시한 '묵시'의 의미, 즉 '임박한 기대'를 암시하는 신호가 없다(그 위대한 독일인은 그것을 '기독교 신학의 모태'로 보았었다). 또한, 케제만의 독특한 로마서 3:24-26 해석에 대한 언급도 없다(케제만은 3:24-26이 하나님의 언약적 신실하심에 관한 바울 이전의 '유대계 기독교' 정형어구를 포함하고 있으며, 바울이 이 정형어구에 '디카이오쉬네 테우'에 관한 그의 비언약적 해석을 추가해 수정한 것으로 본다). 물론 캠벨 자신의 새로운 제안 이면에 있는 일부 바우르 이후의 사고를 감지하는 사람도 있겠지만 말이다. 캠벨은 케제만이 '묵시'와의 관련성 안에서 바울을 해석한 결과가 로마서 1-4장에 표현된바 이신칭의를 새롭게 강조한 것이었다는 사실을 가볍게 지나치며, 도리어 로마서 1-4장의 이신칭의를 반발의 대상으로 삼는다.[11]

또한, 드 보어의 가설적인 휴리스틱 도구인 '유대교식 묵시적 종말론'의 '두 노선'을 암시하는 일말의 신호도 없다. (앞서 살펴보았듯이, 마틴과 그의 제자들은 이미 드 보어의 세심하고 조심스러운 제안을 밋밋하게 만들어 버렸고, 그 결과 첫

---

10 Käsemann의 동기를 분석한 Campbell의 탁월한 요약을 보라. 2009, p. 189.
11 Campbell 2009, p. 191를 보라. 결국 Käsemann은 루터주의자였지 칼뱅주의자가 아니었다.

번째 노선만이 '묵시'가 되고 두 번째 노선은 마틴이 제거하고자 하는 대상이 되었다.) 또한, 드 보어의 제안에서 '묵시'의 핵심 특징이었던 '두 시대' 개념을 암시하는 신호도 없다. 캠벨은 '두 시대' 개념이 사실은 로마서 5-8장이 이야기하는 바라고 답변할 수도 있었을 텐데, 실제로는 그런 주장을 하지 않은 듯하다. 또한, 미묘한 의미와 맥락을 잘 살린 베커의 '묵시' 개념을 보여 주는 신호도 없다. 베커의 '묵시' 개념은 '칭의', '구원사' 같은 다양한 다른 요소와도 무리 없이 공존할 수 있어서 묵시 외의 개념들을 내칠 필요가 없었다(마틴, 그리고 특히 캠벨은 그것들을 내쳐야 한다고 생각한다). 또한, 마틴 자신이 매우 강조했던 '우주적 권세'에 대한 하나님의 **승리**에 관한 신호도 많지 않다.

앞서 이야기했듯이, 대신 우리 손에 들린 것은 명쾌하게 진술된 형태의 칼뱅주의다. 물론 오늘날 많은 사람이 그 이름표를 열광적으로 수용한다. 특히 17세기 웨스트민스터 신앙 고백이 상당한 정도로 재유행한 북아메리카의 일부 지역이 그런 상황이다. 하지만 캠벨은 다양한 일가 중 그 분파와는 연결되기를 원치 않을 것이다. 캠벨은 자신의 신학적 출발점을 자주 언급했는데, 그는 칼뱅주의의 아형들 가운데 두 가지 내용 사이의 차이에 상당한 의미를 부여한다. 첫째, 기본적으로 **계약적인**(contractual) 신인 관계 관점이 있다. 이 관점은 일부 '개혁주의' 세계에 널리 퍼져 있고 교회뿐만 아니라 그런 원칙을 수용했거나 그에 반발한(아마도 과도하게 반발한) 사회의 형성에도 영향을 미친 '신인계약적'(federal) 관점으로 이어진다. 둘째, 진정한 **언약적인**(covenantal) 신인 관계 관점이 있다. 이 관점에서는 하나님의 주권적 사랑이 여전히 가장 중요하다.[12] 놀랍지 않은 사실이지만, 캠벨은 이 나중의 입장을 강조해야 한다고 주장한다. 앞으로 살펴보겠지만, 그는 보통 이 논

---

12 Campbell은 James B. Torrance와 그의 아들 Alan J. Torrance를 그의 저작 곳곳에서 자주 언급한다.

란을 더 대중적이고 저급한 형태의 알미니안적 복음 전도와의 지속되는 전투와 겹쳐서 논의하는 경향이 있다.

캠벨이 그의 핵심 용어를 더 정밀하게 사용할 것이라고 우리가 예상하는 지점에서 그는 쓸데없이 모호한 태도를 보인다. 그는 기표(記標)인 '묵시'를 이렇게 설명한다.

> '묵시'는 바울에 접근하는 서로 다른 기본적 접근법에 관련해 광범위한 전통과 방향성을 개략적으로 설명할 때 관련 논의를 소개하는 차원에서 유용한 이름표다. 묵시는 (특별히 이 맥락에서는) 루 마틴(Martyn)의 관심사 및 해석과 궁극적으로 결을 같이하고, 따라서 그가 인정한 대안적인 본문과 구원론적 패러다임에 동조하며, 그가 그 패러다임과 칭의 문제 사이에서 감지한 긴장 관계를 민감하게 인식하는 바울 접근법을 지시하는 이름표로 적절하다.[13]

캠벨은 [부분적으로는 배리 매틀록(Barry Matlock)이 다양한 곳에서 제기한 정당한 경고들 때문에][14] 이 선험적인 명제를 출발점 삼아 정당하게 주해나 해석상의 결론을 도출할 수는 없다는 사실을 잘 인식하고 있었던 것 같다. 하지만 곧 이야기하겠지만, 그의 책을 읽은 많은 사람은 그가 실제로는 그런 식으로 주장을 편다는 인상을 받는다. 마찬가지로, 그는 '아포칼립트' 단어군이 등장한다고 해서 반드시 '묵시'라고 불리는 거대한 신학 범주와 관련된 것은 아니라고 옳게 말하지만, 정작 자신도 그 덫에 빠지는 모습을 종종 보인다.[15] 슈바이처처럼 그도 '묵시' 범주와 '참여' 범주를 종합하고, 거기에 '신

---

13 Campbell 2009, p. 191. Campbell이 대문자 J로 '칭의'(Justification)를 쓸 때는 보통 그가 '칭의 이론' 혹은 JT라 부르는 내용, 즉 그의 책을 통해 폐기하려 한 롬 1-4장에 관한 대중적 해석을 가리킨다.
14 특히, Matlock 1996; 그리고 2009, pp. 190-191에 있는 Campbell의 논의를 보라.
15 그 언급은 2009, p. 191. 그런 덫에 빠지는 모습은 2012, p. 123 n. 25. 참조. p. 171 n. 51.

비' 범주까지 아우른다. 이 범주들 전부를 위한 방이 마련되어 있다. 일치단결해서 불쾌한 외부인인 '칭의'를 몰아내는 데 동의만 한다면 말이다.¹⁶

내가 보기에 이 관점은 위험이 많다. 첫째, 캠벨이 분명하게 밝히듯이 그는 마틴에게 전적으로 의존한다. 그런데 정작 마틴은 (a) 드 보어의 모델(우리는 드 보어의 모델에 문제가 많다는 사실을 확인했다)에 크게 의존하며, 나아가 (b) 그 모델에 다른 중요한 요소들을 추가하는데, 그 요소들은 드 보어의 원래 작업에는 등장하지 않지만, 잘 알려진 20세기의 패턴(예를 들면, '종교' 대 '계시')과 어울리는 것들이다. 이런 방법은 훌륭한 역사 분석을 위한 처방이 아니다.

둘째, 사실 일반적인 의미에서 인간의 주도권보다 하나님의 주도권을 우선한 것을 제외하면, 캠벨은 마틴의 관점과 그다지 일치하지도 않는다. 하나님의 주도권을 우선하는 관점을 '묵시'라고 한다면, 아우구스티누스, 루터, 칼뱅 등 위대한 신학자들은 모두 '묵시주의자'일 것이다. 내 생각에 그들이 이런 이야기를 듣는다면 대부분 의아해할 것이다(그리고 다니엘서, 『에녹1서』, 『에스라4서』의 저자 같은 진짜 '묵시주의자'가 그들이 아우구스티누스, 루터, 칼뱅의 주장과 같은 이야기를 하고 있었던 것이라는 말을 듣는다면 역시 당황해할 것이다.)¹⁷

셋째, 가장 중요한 내용인데, 1세기의 본문을 설명하면서 '묵시' 같은 단어를 사용할 때는 그 단어에 함축된 강력한 주장을 환기시키기 위한 것이

---

16 Campbell 2009, p. 192. 내가 필요 이상으로 Campbell의 꼬투리를 잡는다고 생각하면 안 되기에, 이를테면 Campbell 2005, p. 4를 보라. 거기서 Campbell은 자신의 모델['성령론적인 참여적 순교적 종말론'(pneumatologically participatory martyrological eschatology, PPME) 모델]을 천명하면서 이신칭의(Justification by Faith, JF) 모델 및 구원사(Salvation History, SH) 모델과 관련해 'JF와 SH 모델은 PPME 모델에 종속되거나, 그렇지 못할 경우 주해상으로 제거되어야 한다'라고 선언한다. 2009년의 책은 'JF'와 관련해 이 작업에 집중했다. 나는 Campbell이 이제 'SH'를 'PPME'에 종속시키는 방법을 알 수도 있다고 느낀다. *Deliverance*에서는 그 방법이 분명하지 않았다.

17 한 지점에서 Campbell은 에베소서가 '철저하고 일관되게 묵시적'이라고 주장한다(2009, p. 930). 내 생각에는 상당히 맞는 이야기인데, Martyn은 이를 반복해서 거부한다.

라는 사실을 다시 강조해야 한다. 말하자면, '묵시'를 담은 그런 본문은 당시 잘 알려져 있었을 1세기의 세계관 혹은 우주에 관한 담론에 속한 것이며, 더 넓은 배경에서 이해되어야 제대로 그 뜻을 드러낼 것이다. 내 말은 이렇다. '여기 세상을 바라보는 관점이 하나 있는데, 이 관점은 더 넓은 문화를 배경으로 볼 때 그 모습을 드러낸다. 이제 우리는 바울도 이 관점에 속했다고 주장을 할 것이다.' 만약 '묵시'가 그런 주장을 하기 위해 의도된 단어가 아니라면, 다른 단어를 찾는 것이 더 현명하고 나아가 더 정직한 처사일 것이다. '칼뱅주의자'라고 하면 안 될 이유가 있는가? '바르트주의자'는 어떤가? 이런 제안에 그 용어들에도 다양한 의미가 있고 여러 사람이 다른 신학적 관점을 지시하기 위해 그 용어들을 사용한다는 이의 제기를 한다면, 그건 '묵시'에도 똑같이, 아니 훨씬 더 해당하는 이야기다.[18] 그런데 '묵시'의 의미를 (방금 인용한 캠벨의 글에 명시적으로 드러나듯이) '루 마틴이 말한 내용'으로 축소한다면, 우리는 다시 한번 마틴이 자기 작업의 기반이 실제 유대교의 묵시 문헌에 관한 드 보어의 분석이라고 주장했다는 사실을 기억해야 한다. 그렇다면 드 보어가 솔직히 인정했듯이 그 문헌들 자체의 의미가 그다지 명쾌하지 않기에, 캠벨의 상황은 더 악화된다. 이것도 부드럽게 표현한 것이다. 실제로는 많은 학자가 지적했듯이, 제2성전기의 '묵시'는 **마틴과 캠벨 등의 마음을 사로잡았던 사안들을 전혀 논의하지 않는다.** 1세기의 사람들이 급박한 글을 썼던 이유는 후대에 불트만과 케제만을 갈라지게 했던 질문들에 답변하려는 것이 아니었다. 또한 그들은 17세기의 신인계약적 칼뱅주의자들(federal Calvinists)과 주권적 은혜를 강조하는 반대자들이 다투었던 주제를 토론하지도 않았다. 『에녹1서』와 『에스라4서』 같은 책은 신학적 방법론으로서 전향적 사고(Vordenken)와 후향적 사고(Nachdenken)의 문

---

18 Gaventa(2007, p. 111)가 제안하는 바다.

제를 다루지도 않는다.

설령 제2성전기의 묵시 문헌들이 이 본질상 현대적이고 문화에 제한을 받는 질문들을 논의했다 해도, 다시 한번 우리는 이 모든 사고가 딛고 서 있는 분석, 즉 드 보어의 분석이 '묵시'와 그 외의 범주 사이의 구분이 아니었다는 사실을 되새겨야 한다.[19] 드 보어의 분석은 (1) '우주론적 묵시적 종말론'과 (2) '법정적 묵시적 종말론' 사이의 구분이었다. 당연히 여기에는 마틴이 그토록 싫어하는 두 번째 범주가 이미 '법정적**이면서 동시에** '묵시적'인 것으로 이해되었다는 사실이 포함된다. 만약 캠벨이 마틴의 어깨 위에 서 있다면, 그리고 마틴은 드 보어의 어깨 위에 서 있다면, 캠벨과 마틴 중 누구도 '법정적' 개념, 즉 사법적 개념이나 칭의 관련 개념과 대립시켜야 하는 '묵시적' 범주를 그들이 확보했다고 주장할 수 있는 쉬운 길은 없다.

그렇다면 캠벨의 그 비범한 책은 무엇을 주장하는가? 간단히 말하면 다음과 같다. 현재 모습의 로마서 1-4장이 보여 주는 것은 소위 '칭의 이론' (Justification Theory, JT)인데,[20] 이 이론은 신학 측면에서는 문제가 많고 사회 문화적 측면에서는 위험하며 주해 측면에서는 근거가 부족하고 나아가 바울 가르침의 핵심과도 양립하기 힘들며, 이 문제를 풀어 보려는 지금까지의 시도는 모두 실패했고, 따라서 이 본문에 대한 철저하게 새로운 해석이 요구된다. 캠벨은 이 주장을 굉장한 솜씨로 풀어낸다. 주해 측면의 논의뿐만 아니라 여기서 언급하기에는 너무 많은 다른 영역과 관련해서도 자세한 내용에 엄청난 관심을 쏟고, 관련 주제와 특정 학자의 주장에 관한 수많은 '여담'을 제시한다. 미주 중 일부는 그 자체로 소논문이라 할 수 있을 정도다.[21] 하지만

---

19 Gaventa 2007, p. 83는 de Boer의 작업을 두고 Martyn 등이 제시한 '묵시' 의미가 제2성전기 문헌상으로는 근거가 빈약하다는 Matlock의 비판에 대한 답변이라고 이야기한다. 당연히 Matlock의 글은 고대 자료보다는 현대 해석가들에 관한 것이다.
20 때로는 간단히 '칭의'로도 불려 혼동을 일으킨다. 예를 들면, pp. 81-82, 309.
21 하지만 참고 도서 목록이 없어서 짧은 제목으로 제시된 참고 도서도 쉽게 식별할 수 없는 경

우리는 그 책의 주된 논지가 본질상 상당히 간단하다는 사실을 볼 수 있어야 한다. (1) 로마서 1-4장에 관한 일반적인 이해는 명백히 틀렸는데, (a) 역사적 측면에서는 바울이 기록한 그 본문에서 실제로 전개되는 논증을 왜곡했으며, (b) 신학적 측면과 사회정치적 측면에서는 이 오독으로 인해 온갖 나쁜 결과를 낳았기 때문이다. (2) 로마서 5-8장을 기초로 한 그의 새로운 해석이 문제를 해결할 것이다.

그 새로운 해석은 마틴의 갈라디아서 분석을 변형한 것으로 밝혀졌다. 마틴은 갈라디아서에서 바울이 그가 '여러분에게 혼란을 일으키고 있는 자들'(hoi tarassontes hymas)이라고 부른 집단에 반대하는 것이 분명하다고 설명하면서, 그들에게 '교사들'(the Teachers)이란 이름을 붙인다.[22] 이 지점에서 캠벨은 로마서의 집필 목적을 둘러싼 오랜 논쟁과 관련된 새로운 제안을 내놓는다. 마틴의 '교사들'과 같은 부류인 어떤 사람 — 캠벨은 그를 '교사'(the Teacher)라고 부른다 — 이 로마로 향하고 있었다. 어쩌면 이미 도착했는지도 모른다. 바울이 로마서 1-4장을 쓴 목적은 그가 이 사람과 벌여야 할 논쟁의 내용을 제시하기 위함이었다. 따라서 마틴의 바울은 종종 '교사들'의 입장을 인용할 때면 직후에 자신의 관점을 덧붙이는 절로 그들의 입장을 '교정'했다면(앞서 살펴보았듯이, 마틴은 갈 1:4a과 4b을 이런 패턴으로 이해한다), 캠벨의 바울은 '교사'의 관점을 훨씬 더 광범위하게 제시한 후 그 관점과 씨름을 벌이고, 이어서 대안적인 관점을 제시함으로써 그 관점을 논박한다. 캠벨에 따르면 '교사'는 그릇된 신학을 전하기 위해 로마 교회로 가는 길이었는데, 그 신학은 근본주의, 계약주의, 합리주의의 특성을 가졌고 궁극적으로는 완전히 다른 하나님에 관한 것이었다. 대조적으로 바울은 참되고 '묵시적'인

---

22 갈 1:7. 참조. 단수로 나오는 5:10. 우가 많다. 주제 색인이 아예 없다는 것은 정말 문제다.

신학을 제시했는데, 이 신학의 하나님은 복음 안에 자신을 계시한 참된 (그리고 삼위일체의) 하나님이다. 따라서 로마서 1-4장 해석과 관련된 서구의 전통 전체(캠벨이 언급하진 않지만, 내 생각으로는 동방 전통도 마찬가지다)는 이 장들이 바울의 '칭의 이론'을 상세히 설명하는 단일 주장이라고 생각하도록 속아 왔다. 사실 바울은 그 '칭의 이론'에 반대하는 입장이었는데 말이다. 이 문제에서 온갖 병폐가 비롯되었는데, 다양하게 분류할 수 있는 그 병폐는 합하면 50가지에 이른다.[23]

다음 세 가지 내용을 언급하는 것이 좋겠다. 바로, 학계 역사에서 캠벨의 제안이 차지하는 위치, 그가 파악한 문제에 답변하기 위해 그가 동원하는 근원적인 신학적 근거, 그 이론 자체의 특수한 제안이다.

첫째, 학계에서의 위치. 캠벨은 슈바이처와 샌더스, 그리고 '로마서의 집필 의도'를 둘러싼 최근의 논의를 배경으로 자신의 주장을 전개한다. 각각을 차례대로 다뤄 보겠다. (1) 슈바이처와 같이 캠벨도 로마서 1-4장과 5-8장이 서로 다른 신학적 틀을 제시하는 것으로 보인다고 이야기한다. 하지만 슈바이처와 달리 캠벨은 1-4장을 5-8장의 '둥지에 넣으려는' 시도를 하지도 않고, 5-8장에도 '칭의' 언어가 지속해서 등장한다는 사실을 고려하지도 않으며,[24] 바울이 '칭의' 언어를 동원하는 것이 교회에 이방인도 포함되어야 한다고 주장할 때라는 사실도 지적하지 않는다. 특히 이 마지막 내용은 바울에게 매우 중요한 측면이었지만(그리고 물론 다양한 '새 관점'에서 강조한 측면이지만), 캠벨의 관점에서는 제외된 듯하다. (2) 샌더스와 같이 캠벨도 전통적인 바울 해석이, 특히 로마서 1-4장 해석이 1세기 유대교를 잘못 기술하는 경향이 있었다고 지적한다. 하지만 캠벨이 말하는 '교사'(정의상 그는

---

23   Campbell은 pp. 168-169, 171-172, 396-406에서 눈에 확 띄는 문제 목록을 제시한다.
24   이 점에 대해서는 Wright 2014a를 보라.

단순한 유대인이 아니라 예수를 따르는 유대인이다)에게는 아주 많은 신학적 오류가 있었고, 그래서 캠벨은, 마치 마르키온이 유대인을 비판했던 것처럼, 아주 다른 신을 믿었던 것이라고 그 교사를 비판한다. (3) 로마 교회의 상황에 관한 캠벨의 제안(한 유대계 그리스도인 '교사'가 로마 교회에 있었거나 곧 도착할 예정인 상황)은 새롭지만, 바울이 '유대계 기독교'라 불리는 흐름과 대조되는 특정 유형의 기독교를 대변했으며, 그런 모습이 다른 서신처럼 로마서에도 드러난다는 주장은 더 일반적인 형태지만 과거에도 있던 주장이다. 차이는 바우르와 불트만에게 로마서 1-4장은 바울의 '이방계 기독교'가 '유대계 기독교'에 일격을 가하는 내용이었다는 것이다. 캠벨도 로마서 1-4장이 두 신학적 입장 사이의 대화로 구성되었다고 보지만, 그는 바울의 입장을 '이방계 기독교'라고 부르지 않고 '묵시'라고 부른다.

캠벨 주장의 신학적 뿌리에 관해서라면, 의심의 여지가 없다. 왜냐하면 (다수의 다른 신약학자와 달리!) 그는 많은 곳에서 자신의 견해를 솔직하게 드러냈기 때문이다. 그는 주해를 우선해야 한다는 일반적인 역사가들의 명령에 말로는 동의한다고 하지만,[25] 그가 현재 자신의 관점에 이르게 된 과정을 자서전적으로 설명한 내용을 보면 특정 유형의 개혁주의 신학, 특히 바르트 신학으로 가득하다.[26] 앞서 지적했듯이, 그는 매우 뚜렷한 신학적 대립쌍, 즉 '진정한 언약 신학' 대 '일종의 계약적 합의'를 염두에 두고 모든 내용에 접근한다. 후자는 많은 교회와 사회에서 유행하는 열등한 사이비 언약으로, 그 계약 관계에서 당사자들은 제1원칙을 기준으로 상황을 계산한 후 자신의 이익에 맞게 계약을 악용한다. 캠벨은 그러한 사례를 몇 가지 제시한다.[27]

특히 캠벨은 서구의 로마서 1-4장 해석 안에 사람들이 '구원을 얻는' 방

---

25 참조. 예를 들면 2009, p. xxvi.
26 Campbell 2009, pp. xxiv-xxvii.
27 참조. 2009, pp. 15-23, 24-28.

식과 관련된 **합리주의적인**, 또한 **근본주의적인** 설명이 들어 있다고 본다. 사람들은 일반적인 관찰과 추론을 근거로, 먼저는 그들이 **죄인**이라는 사실, 다음으로는 그들이 **무력한** 죄인이라는 사실, 그다음으로는 예수가 **그들의 죄를 위해** 죽었다는 사실, 그다음으로는 그들이 이 메시지를 **믿으면** 구원받을 것이라는 사실을 확실히 깨달아야 한다. 그들은 말하자면 문제에서 해결까지의 과정을 거쳐야 하는데, 그것도 합리적인 결론으로 이끄는 합리적인 단계들을 통과해야 한다. 따라서 로마서는 외견상 물샐 틈 없는 주장을 제시하는 것으로 해석된다. 모든 사람은 무력한 죄인이라는 주장(1:18-3:20)에 이어, 예수가 그들을 대신해 벌을 받았기에 죄인들은 이 기쁜 소식을 믿음으로써 구원받을 수 있다는 복음이 선언된다(3:21-4:25). 이런 설명은 명백한 제1원칙(모든 사람은 죄인이다)에서 시작해 궁극적인 결론(제공된 치료책)으로 나아가는 **전향적**(forward-moving) 논증이다. 캠벨은 이러한 사고 유형을 추적해서 그 근원을 서구 신학에서 가장 위대한 인물인 안셀무스와 멜란히톤(Melanchthon)에게서 찾는다.[28] 또한 그는 이런 관점을 빌리 그레이엄(Billy Graham) 같은 '대중적' 설교자, 그리고 대학생 선교회(Campus Crusade) 같은 단체가 활용하는 '사영리'(Four spiritual Laws) 및 그와 관련된 개념, 방법론과도 연결한다.[29] 그만의 독특한 설명으로 더 유명하긴 하지만 캠벨의 책이 지닌 또 하나의 특징은, 바울이 반대하는 관점을 요약하는 줄임말로 '회개하거나 불에 타 죽거나'(turn or burn; 한국식으로 하면 '예수 천국 불신 지

---

28   Anselm에 관해서는 2009, pp. 50-55, 75-76, 그리고 잡다한 다른 참고 도서를 보라. Melanchthon에 관해서는 pp. 258-261, 482-483 등을 보라. Campbell이 (표준적인) Anselm의 관점과 대척점에 자신을 자리매김시켰다는 사실은 현대의 소위 '묵시적' 바울 해석이 Gustav Aulén의 *Christus Victor*와 기본적으로 같은 주장을 하려고 노력했다는 점을 보여 주는 또 다른 신호다. 본서 pp. 319-320를 보라.

29   2009, pp. 284, 290-291, 337(현재 'Campus Crusade'는 'CRU'로 알려져 있다). 기억할 만한 내용인데, 어느 시점에서 그는 Billy Graham의 신학을 Rudolf Bultmann의 신학에 비긴다(p. 290). 다시 말하지만, 우리는 이 두 사람 모두 그런 비교를 들으면 깜짝 놀랄 것으로 생각할 수 있지만, 이 경우는 그렇게 비길 만한 이유가 있다.

옥'—옮긴이)라는 구호를 반복해서 사용한다는 점이다. 이 표현을 들으면 소위 '복음주의'(evangelism)의 특정한 형태가 연상될 수 있다.[30] 안셀무스나 멜란히톤이 그런 이야기를 한 적이 있는지 나는 모르겠다. 이 내용과 관련해서라면 빌리 그레이엄도 그런 표현을 쓴 적이 있는지 나는 모르겠다. 그래도 이 표현은 캠벨이 이 근본주의적이고 합리주의적인 변증이 제시하는 내용을 바라보는 관점을 요약하고 있다. '당신은 제1원칙에서 도출되는 이 합리적인 주장을 확신하고 받아들여야 한다. 그렇지 않으면 지옥에 갈 것이다.' 특정 형태의 저급한 설교와 가르침이 과잉 유통되는 현재 상황에 빌미를 제공한 당사자가 안셀무스와 멜란히톤(그리고 이 문제에 관해서라면 롬 1-4장의 저자)이 아니냐는 인상을 받는 사람도 있을 것이다. 하지만 이 문제는 일단 넘어가자.

캠벨은 이 모든 흐름의 반대편에 아타나시우스(Athanasius), 칼뱅, 바르트의 관점을 두고, '아래로부터의'가 아닌 '위로부터의' 기독론만이 아니라, '위로부터의' 구원론 **그리고 인식론**을 내세운다. 구원은 인간이 고정된 관찰 지점에서 출발해 그들의 재앙 같은 도덕적 실패와 구출의 필요성, 그리고 이 구출이 실제로 제공되었다는 사실에 관해 합리적으로 생각하는 것에 관한 이야기가 아니다. 구원은 조건 없이 인간의 상황으로 손을 내미신, 그리고 그럼으로써 (제시된 치료책에 비추어 보면) 처음부터 문제가 거기 존재했던 것임을 계시하신 하나님의 주권적 은혜에 관한 이야기다.

신약학계의 논쟁을 추적해 온 사람이라면 이 지점에서 비슷한 장면이 떠오를 것이다. 샌더스는 『바울과 팔레스타인 유대교』에서 바울의 '비판', 특히 이스라엘을 향한 비판이 후향적이라고 주장했다. 즉, 바울이 그리스도 안에서 구원을 발견하기 전에는 문제를 인식하지 못했지만, 그리스도를 만난 후

---

30 Campbell 2009, pp. 205, 617 n. 42 [=1097], 697, 707-708, 891를 보라.

에 돌이켜 보니 문제가 존재했음이 틀림없다고 성찰했는데, 그것은 놀랍게도 바울에게 '해답'이 주어졌기 때문이다.[31] 샌더스의 주장은 (말하자면) 바르트의 입장과 우연히 닮은 구석이 있다. 샌더스에게 그 주장은 역사적 분석의 사안이었고, 바르트와는 다른 문제에 대한 그의 답변이었다. 즉, (a) 토라를 반대하는 바울의 변론은 혼란스럽고 일관성이 없는 듯한데, (b) 이런 상황의 이유는 그 변론이 바울의 출발점이 아니었기 때문이고, (c) 사실 그 변론은 바울이 그리스도 안에서 구원을 발견한 것에 대한 자동적 반응이었으며, (d) 이렇게 이해하면 그 변론의 산만하고 임의적인 측면이 설명된다. 앞서 보여 주었듯이, 샌더스의 분석에는 중요한 측면에서 개혁주의 전통과 비슷한 점이 일부 있지만, 바울의 사고가 '해답에서 곤경으로' 움직였다는 그의 관점은 어떤 선험적 신학이 아닌 역사적·비평적 근거(토라에 관한 바울의 비일관성을 설명해야 할 필요성)에서 주장된 것이다. 하지만 일견 비슷해 보이는 바르트의 관점은 '자연 신학'의 배격을 포함하는 훨씬 더 큰 신학적 의제의 일부였다. 즉, 인간은 외부의 도움 없이 자체적으로 그들의 세상과 그들 자신의 상황을 자연적으로 연구하는 방식만으로는 그들 자신의 죄성을 포함해 그 어떤 중요한 것도 배울 **수 없다**는 것이다. 그것은 오직 그리스도 안에 나타난 계시에 비추어서만 가능하다. 익사할 뻔했던 사람은 구조되어 땅 위에 누웠을 때야 비로소 그가 처했던 곤경의 심각성을 깨달을 수 있다. 예상할 수 있겠지만, 캠벨이 바르트의 신학을 자주 언급한다는 사실을 고려하면 이 지점에서 그의 관점은 샌더스보다는 바르트의 변주(變奏)다.[32]

---

31 Sanders 1977, pp. 442-447 등, 그리고 본서 pp. 167-172를 보라.
32 바울이 '곤경'에 관한 그의 관점이나 토라에 관한 그의 관점에 도달하게 된 경로를 내가 이해하는 방식은 이전의 논의를 종합해 각각 *PFG*, pp. 747-772와 *PFG*, pp. 1032-1037에 제시해 두었다. Martyn 1997a, p. 95 n. 43 그리고 p. 266 n. 163은 이 부분에서 Barth와 Sanders에게 부분적인 유사점이 있다고 언급하며, Barth가 그의 관점에 도달한 것은 그가 '조직신학자이면서 동시에 주해가'였기 때문이라고 이야기한다. Barth가 정말로 주해가 – 사실 언약과 구원사라는 성경의 주제를 무시하기에는 너무나 훌륭한 주해가였다! – 였다는 사실을 고려하면,

캠벨은 이렇듯 분명한 신학적 토대 위에서 그의 대담한 가설로 나아간다. 즉, 로마서의 상당 부분, 특히 처음 네 장은 바울 자신이 말하고자 한 내용이 아니라 '**교사'가 말하고자 한 것으로 바울이 생각한 내용**을 대변한다는 것이다. 캠벨은 『하나님의 구원』에서 이 관점을 설명하기 위해 고대 문헌에서 꽤 잘 알려진 현상 하나를 제시한다. 그것은 '다른 인물로 말하기 기법'[speech in character, 이를 가리키는 전문 술어가 '프로소포포에이아'(*prosōpopoeia*)다]으로, 아테네의 데모스테네스(Demosthenes)나 로마의 키케로 같은 법정 연설 대가의 수사학에 등장한다. 이것은 잘 알려진 계략인데, 자신이 나중에 깎아내리거나 반박할 상대방의 문장이나 단락 전체를 상대방의 입으로 말하게 하는 것이다. (더 작은 규모지만) 유사한 현상을 '디아트리베'(diatribe)라는 수사법에서도 확인할 수 있다. 이 수사법은 바울 저작에도, 특히 로마서와 갈라디아서 일부에 특징적으로 나타나는 것으로 널리 인정된다('너희는 나에게 말할 것이다'라는 표현 뒤에 하나의 문장이나 생각이 나오고, 다음으로 반박이 따라온다).[33] 거의 틀림없이 고린도전서 6장과 8장에서도 바울은 유사한 수사법을 동원하는 것으로 보인다. 물론 논적으로 생각되는 대상의 입에 그가 집어넣은 정확한 말에 대해서는 논란이 있지만 말이다.[34] 바울 자신이 아닌 다른 사람의 말로 표현된 것으로 보통 인정되는 가장 덩치가 큰 본문은 로마서 7:7-25이다. 나를 포함해 많은 주해가들은 이 본문에서 바울이 토라 아래 살던 경건한 유대인들의 실제 신학적 입장을 되돌아보며(또다시 Nachdenken!) 표현한 것이라는 관점을 취한다.[35]

    이 특정한 관점을 가능케 한 것은 Nachdenken을 강조한 그의 특징이었음이 어느 정도 확실해 보인다.
33 분명한 사례로 롬 9:19. "그렇다면 하나님이 어째서 사람들을 책망하시는 겁니까? 누가 그의 뜻을 거역할 수 있겠습니까?'라고 말하는 사람도 있을 것이다." 바울서신에 나타난 'diatribe'에 대해서는 *PFG*, pp. 222-224, 453, 458, 1366-1367를 보라.
34 고전 6:12-13; 8:1-5과 일반 주석을 참고하라.
35 Wright 2002, 해당 본문의 주해, 그리고 Campbell 2012, pp. 133-136를 보라. 우리 두 사람

바울이 자신이 지지하지도 않으며 아마도 지지해 본 적도 없지만 곧 반박할 특정 관점을 '인용'하기 위해 이와 유사한 기법을 더 큰 규모로 활용했다고 주장한 사람은 지금까지 없었다.36 그런데 캠벨이 바로 그런 주장을 한다. 그는 로마서 1:16-3:20을 기막히게 분석하면서, '교사'의 말은 이탤릭체로, 바울의 응답은 일반 글꼴로 제시한다.37 캠벨은 1:18-32; 2:2-13 전부(3절에 '바울'의 입에서 나온 짧은 분량이 있다)와 2:25-29의 특정 구절은 '교사'가 말하는 것으로 간주해야 한다고 주장한다. 3장의 서두는 이런 논의에 더 잘 들어맞는 듯하다. 왜냐하면 여기서 바울은 빠른 속도로 질문과 답변을 이어 가면서 표면으로 드러나게끔 '디아트리베'를 사용하기 때문이다. 물론, 일반적인 기법과 달리 여기서는 질문을 던지는 쪽이 바울이고 거기에 답변하는 쪽이 '교사'로 보이지만 말이다. 그렇게 3:19b은 '교사'의 말로, 3:19a과 3:20은 '바울'의 말로 할당된다.

이어서 캠벨은 로마서 3:21-4:25도 (그리고 나중에는 9-11장도) 비슷하게 처리한다. 하지만 이 단락에서 '교사'가 끼어든 부분은 아주 짧다. 이 부분의 설명을 읽어 보면, 캠벨이 핵심 본문인 1:18-3:20을 설명할 때와 비교하면 이런 분석을 덜 고집한다는 인상을 받는다.

이 모든 내용에 대해 우리는 어떤 반응을 보여야 하는가? 먼저 캠벨의 만개한 프로소포포에이아 이론을 지그시 잠재워야 할 것이다. 거기에는 많은 이유가 있고, 캠벨 자신도 이미 그럴싸한 이유로 그렇게 했다. 고전 전공자들이 압도적인 이의 제기를 했고 캠벨은 자신의 주장을 재고하게 되었다.38

은 세부 사항에는 차이가 있지만, 여기서 바울이 지금은 자신의 관점이 아닌 한 신학적 입장을 서술한다는 데는 의견이 같다.
36 내 생각에 Campbell은 '교사'의 관점이 바울 자신이 과거에 고수했거나 가르쳤던 관점인지 아닌지를 분명하게 밝히지 않는다.
37 그런 분석은 2009, pp. 522-587, 제시된 본문은 pp. 587-590를 보라.
38 특히 Griffith-Jones 2014를 보라. (같은 책 pp. 175-181에 나오는) Campbell의 답변을 보면, 그가 이제는 해당 본문을 *prosōpopoeia*가 아닌 '패러디'로 부를 것이라고 나온다(p. 176).

구체적으로, 고전에 등장하는 그 현상의 위대한 사례들이 캠벨의 주장과 반대된다. 새로운 '연사' 혹은 적어도 새로운 '목소리'가 겉으로 소개된 후에 답변이 제시되는 것이 **본문들 자체에서** 드러나는 명백한 관행이기 때문이다. 나는 캠벨과의 사적인 대화를 통해 그가 이제는 그의 이전 주장, 즉 로마서를 읽어 주었을 사람(뵈뵈?)이 몸짓과 어조의 변화를 주어 편지 내용상의 화자가 변한다는 신호를 주었을 것이라는 주장을 포기했다는 사실을 알았다. 당연히 편지를 읽어 주었을 당사자가 그런 조처를 했을 가능성을 배제할 수는 없다. 하지만 이러한 효과를 의도했다는 명백한 단서가 없는 본문에 이런 주장을 하는 것은 현실에서 돈을 걸어 볼 만한 추측이 아니다. 캠벨은 이제 그런 이야기보다는 아이러니와 패러디, 나아가 풍자를 언급한다. 그는 바울이 관련 본문의 어조가 풍자로 이해될 것을 의도했다고 주장한다. 하지만 실제로 어떻게 그럴 수 있는지는 적어도 나에게는 분명하게 다가오지 않는다.

바울의 편지는 어조와 속도와 문체의 변화로 가득하다. 훌륭한 작가들은 종종 그런 식으로 글을 쓴다. 우리는 그런 모습을 로마서에서, 갈라디아서 4:12-20 같은 단락에서, 고린도전서 12장에서 13장으로 화제를 전환했다가 다시 14장에서 돌아오는 흐름에서, 그리고 어쩌면 특히 고린도후서에서 확인할 수 있다. 나는 바울이 대체로 그런 시적인 글을 쓰지 않는 것으로 알고 있다. 하지만 엘리엇(T. S. Eliot)의 '이스트 코커'(*East Coker*)에 있는 유명한 시구가 떠오르는 사람이 있을 것이다. '이스트 코커'에서 엘리엇은 일곱 행으로 이루어진 완벽한 연('11월 말은 무엇을 하는가/봄날의 혼란과 더불어…')을 표현한 후에 스스로 다섯 행으로 구성된 답변을 한다. 그 답변에서 그는 앞 연을 '그다지 만족스럽지 못하다', '구태의연한 시적 양식에 관한 완곡한 연구'로 묘사한다. 그는 이렇게 해도 여전히 '단어와 의미를 맞상대하는 버거운 싸움'이 남을 것이라고 논평한다. 정말로 그렇다.[39] 사람들이 단어와 의미를 가지고 놀기 위해 동원하는 온갖 수법이 존재하지만, 그런 수법을 사용한다고 해서 반드시 어떤 주장을 자세히 설명해 놓고는 이어서 그 주장을 무너뜨릴 것이라는 신호는 아니다. 로마서의 다양한 지점에서 어조, 속도, 문체, 분위기의 상당한 변화가 나타난다는 사실을 의심하는 사람은 없다. 그런 변화가 가장 분명하게 나타나는 부분이 8장의 마지막과 9장의 시작 사이다. 하지만 이런 사실 자체가, 그가 표면상 하는 진술이 과연 그가 긍정하려는 대상인지 부정하려는 대상인지를 알려 주는 것은 아니다.

명백한 예외로 보이는 주요한 본문인 로마서 7:7-25도 실은 캠벨이 이제 와서 강조하고자 하는 훨씬 더 완화된 주장에도 별 도움이 되지 않는다.[40] 로마서 7:7-25은 바울이 말하고자 하는 내용에 대한 **이의 제기**도 아니며, 다른 누군가가 주장하고 싶어 했을 내용도, 바울이 반박하거나 무너뜨리려고 했던 내용도 아니다. 그 단락은 "이것이 바로 '아우토스 에고'(*autos egō*), '나 자신'이 토라 아래 있을 때의 상황입니다"라는 뉘앙스로 가득 차 있다. 그의 모든 말은 현재 그의 삶에 관한 진술이 아니라, 토라 아래 있던 이스라엘의 곤경(다른 말로 하면, 토라 아래 있던 바울 자신의 옛 자아)에 관한 참된 진술로 의도된 것으로서, 5:20에 나온 아담의 죄를 되풀이하는 내용이다. 설령 어떤 의미에서 이 본문이 프로소포포에이아의 사례로 읽힐 수 있다 해도,[41] 캠벨의 원래 주장이 유지된다면 로마서 1:18-32이 이해되어야 할 방식과는 굉장히 다른 의미를 가진다.

게다가 '풍자적' 해석에 관해서는, 그리스 교부 중 단 한 사람도 그런 측

---

39 Eliot 1944, p. 23.
40 더 짧은 다른 사례들도 있는데, 그중 하나가 롬 11:19이다. 거기서는 짧은 '다른 인물로 말하기 기법'("가지들이 잘려 나간 것은 내가 접붙임 받을 수 있게 하려는 것입니다")이 명시적인 표현인 *ereis oun*("너희는 ~라고 말할 것이다")으로 도입된다.
41 이를테면, Stowers 1994, pp. 264-272가 주장한 것처럼. Stowers는 Campbell 이전에 바울 서신에 나타난 그 현상을 연구한 몇 안 되는 학자 중 한 명이다.

면을 파악하지 못했다는 사실은 그 해석이 가진 치명적 단점이다. 논의의 흐름을 이해하지 못한 것은 '서구의 독자들'만이 아니었다.⁴² 그것은 바울의 언어와 (상당한 정도로) 그의 문화를 공유했던 동방의 독자들도 마찬가지였다. 물론 학자들이 자신의 바울 이해를 뒷받침하고자 그리스 교부들에게 가볍게 호소한 것은 아니다. 종종 초기 기독교의 유대교 문화 속에 깊이 박혀 있던 요소들이 한두 세기 안에 아예 덮어 버린 탓에, 주해가와 신학자들은 다른 철학적 재료들을 동원해 무거운 교리적 벽돌을 쌓아 올려야 했다. 그런데 여기서는 이 점이 중요하다. 만약 뵈뵈가 캠벨의 이론이 성립되기 위해 그가 했어야만 하는 식으로 로마서를 '구연(口演)했다'면(로마서의 내용 자체에는 보이지 않는 따옴표가 어디에 위치해야 하는지 저자로부터 가르침을 받지 않은 독자에게 알려 주는 단서가 전혀 없다), 그런 전통 **일부**가 보존되었을 것이라는 희망을 품을 수 있다. 하지만 보존되어 있는 그런 전통은 없다.

어떻든, 프로소포포에이아 같은 것이 있었다 해도, 그리고 풍자나 아이러니 같은 것이 있었다 해도, 캠벨이 그의 신학적 의제를 설명한 내용으로 보건대, 이제는 수위를 낮춘 그의 제안도 역사나 주해를 근거로 도달한 의견이 아닌 것이 분명해 보인다. 모든 것이 선험적 명제(a priori)다. 그는 로마서 1-4장을 '곧이곧대로' 해석하는 관점을 다른 하나님을 이야기하는, 그리고 앞서 살펴보았듯이 합리주의적이고 근본주의적인 '복음'을 이야기하는 위험하고 거의 혐오스러운 관점으로 이해하게 되었다. 캠벨은 '바울의 생각이 변했다'거나 (C. H. 도드가 롬 3:9을 설명하면서 주장한 것과 매우 흡사하게) '바울이 내용을 오해했고, 그래서 5장부터 다시 시작해서 이번에는 제대로 이해했다'는 식으로 설명하기보다는, 바울의 의도로 이해한 1-4장의 '일반적인'

---

42   Campbell(2009, p. 529)의 제안처럼. Stowers는 앞서 인용한 곳에서 오리게네스가 롬 7:7-25을 '다른 인물로 말하기 기법'으로 이해했다고 지적하지만, 교회 초기의 주해가 가운데 Campbell처럼 로마서의 더 앞부분에서 그 현상을 인지한 사람은 없다.

해석이 사실은 바울 자신의 관점이 아니라고 주장하는 새로운 길을 찾기로 결심했다.

그 결과는 새롭고 더 격렬한 형태의 내용비평의 등장이다. 되새김하자면, 그 개념은 사실상 '바울은 X를 말했지만, 우리는 바울의 나머지 사상을 통해 보통 그의 실제 의도는 Y였다는 사실을 알 수 있다. 따라서 우리는 바울이 스스로 뛰어든 진흙탕에서 나오도록 도와주어야 할 것이다'라고 말한다. 앞서 확인했듯이, 불트만 등은 특정 본문의 경우는 후대의 편집자가 덧붙인 '난외주석'(glosses)이라고 주장했는데, 이것은 '우리가 가진 본문은 X라고 말하지만, 이것은 바울의 사상과 전혀 맞지 않으니, 후대의 어리석은 필사자가 추가한 내용으로 받아들여야 한다'라고 말하는 것과 마찬가지다.[43] 그런데 다소 수위를 낮춘 이 형태에서도 캠벨의 가설은, 해당 본문을 바울이 기록한 것은 맞지만 바울은 그 본문이 누군가의 목소리로 '들리도록' 의도했다고 주장한다. 아마도 그 사람은 편지의 일차 청중이 이미 알고 있거나 곧 만나게 될 사람으로, 바울은 나중에 반박할 목적으로 그 사람의 생각을 인용하거나 간략하게 소개했다는 것이다. 이렇게 주장한다고 해서 '난외주석' 이론처럼 실제로 본문 일부를 잘라 내는 조치가 수반되는 것은 아니지만, 같은 비판을 피할 수는 없다. 한 노련한 학자이자 교사의 비판을 들어 보자.

어떤 본문 일부가 해당 편지의 기원을 둘러싼 더 넓은 이론에 들어맞지 않는

---

43 본서 p. 346 n. 70를 보라. Ronald Knox는 유명한 *Essays in Satire* 중 한 논문에서 이 과정을 희화화하며, 한 유명한 주해가가 설록 홈스 이야기의 화자가 '존 왓슨'(John H. Watson)인데 한 이야기에서 왓슨의 부인이 그를 '제임스'(James)로 부른다는 사실을 발견했다는 것에 빗댄다. Knox가 내세운 가상의 논평자가 기록하길, '여기에 숨어 있는 것은 다름 아닌 매우 무식한 편집자다'[Nihil aliud hic latet nisi redactor ignorantissimus]. 또 다른 가상의 전문가는 이 오류가 바로 '제2왓슨(Deutero-Watson) 이론을 발달시킨 원동력'이었다고 조롱한다. Knox 1928, p. 148를 보라.

다는 이유로 잘라 내는 행태는 방법론 면에서 두서없는 조치임이 틀림없다. 본문 자료는 더 넓은 이론의 기반이 되어야 하는 것이지, 그 반대가 아니다.

이 문제의 학자는 더글러스 캠벨 자신이다. 그는 로마서 16:17-20을 잘라 내려는 모든 이론을 이렇듯 현명하게 물리쳤다.[44] 그도 그럴 것이, 이 본문은 위험한 거짓 가르침을 매섭게 경고하는 갑작스러운 권면으로, 캠벨 자신의 이론의 근거로 삼을 수 있는 내용 중 하나이기 때문이다(하지만 이 내용은 그와는 다른 많은 가설을 뒷받침하는 근거로 사용할 수도 있어서, 실은 캠벨 자신의 주장에 그다지 도움이 되지 않는다). 그래서 그는 관련된 본문을 잘라 내려고 시도하지 않았다. 하지만 그는 최선을 다해 그 본문을 무력화시켰고, 그래서 이 내용을 마치 바울이 자신의 사상을 전개하는 데 중요한 부분으로 의도했다는 듯 진지하게 다루려는 시도를 막으려 했다.

　학자들 가운데는 자신이 순진한 근본주의자가 아니라는 점을 증명하기 위해 어느 정도 내용비평이 필요하다고 생각하는 사람도 있다. 하지만 그런 생각은 범주 오류다. 어떤 플라톤 연구자가 플라톤은 자신이 집필한 내용 그대로의 의미를 의도했을 것이며, 본문에는 우리가 처음에는 그것을 이해하지 못한다 해도 그 나름의 논리가 있을 것이라고 전제한다고 해서, 그 연구자가 순진하거나 무비판적이라고 비난하지는 않는다. 어떤 오케스트라 지휘자가 일반적인 연주 전통과 어긋난다 해도 베토벤 교향곡에 있는 속도 표시를 있는 그대로 진지하게 받아들인다면, 그렇지 않으면 찾지 못했을 감추어진 의미를 그 곡에서 발견할 가능성이 더 커진다. 어떤 분야든 자료를 있는 그대로 두고 그 의미를 찾는 것은 순진함이 아니라 겸손하고 끈기 있는 학문의 증표다.

44　Campbell 2009, p. 513.

하지만 논의를 위해 한 번 상상해 보자. 조만간 로마의 교인들이 그릇된 특정 가르침에 노출될 텐데, 그런 상황에서 바울이 모종의 수단을 동원해 그들에게 경고하려 한다. 그 가르침은 어떤 종류이며, 그 기원은 어디일까? 캠벨은 꽤 분명하게 답한다. '교사'는 유대인 그리스도인이었다. (당연히 바울 자신도 유대인 그리스도인이었다. 이 사실은 바우르 이후 이런 유형의 이론들이 해결해야 할 문제다. 하지만 일단 캠벨의 주장을 따라가 보자.) 이 지점에서 캠벨의 주장은 이제는 대체로 신빙성을 상실한 이론들과 비슷하다. 그 이론들에 따르면 바울은 초기 기독교의 중간 단계를 대변하는데, 그 단계는 '유대계 기독교'(버리고 떠나야 할 대상)와 '초기 가톨릭'(Early Catholicism, 진리로부터의 이탈을 대변한다) 사이에 존재했던 진짜 복음의 시기였다. 이 '유대계 기독교'가 가르쳤던 내용은 무엇인가?[45] 답변은 '교사'가 캠벨이 크게 못마땅해하는 모든 것을 가르쳤다는 것이다. 교사는 근본주의자였고, 관찰을 통해 모든 인간이 죄에 빠졌다는 사실을 증명할 수 있다고 생각했으며, 죄인들이 돌이켜 토라에 순종하지 않으면 하나님에게 정죄를 받을 것으로 생각했다. 내 생각에, '유대인 그리스도인'이라는 표현에서 '그리스도인' 부분이 어떤 의미일지는 실제로 명확해 보이지 않는다. '교사'는 예수를, 특히 그의 죽음을 자신의 체계에 어떻게 통합시켰을까? 그런데 여기서 중요한 것은 '교사'가 그의 신학적 진술을 '(많은 설교가 애용하듯이) 배경에 지옥이라는 명멸하는 불을 켜둔 격정적인 수사를 앞세워' 시작한다는 것이다.[46] 달리 말해, 캠벨은 '교사'를 언급하면서 점차 '회개하거나 불에 타 죽거나'(turn or burn)라는 표현을 사용한다. 그것이 바로 캠벨에 따르면 '칭의 이론'의 [과도하게 '기초주의적

---

45 이론상, '통상적인' 롬 1-4장 독법과 '교사'의 특별한 신학 사이에는 차이가 있어야 한다. 왜냐하면 그렇게 구분할 때도 적어도 본문의 절반은 바울의 것이기 때문이다. 하지만 실제로 Campbell은 이 문제를 설명하지 못한다.
46 Campbell 2009, p. 529.

인'(foundationalist) 사고방식에서] 기초가 된 교사의 관점이다.

이 문제를 조심스럽게 표현해 보겠다. 바울 당대든 어떤 시대든 '유대인 그리스도인'이 이런 유형의 메시지를 설파했다는 현실 속 증거는 전혀 없다. 물론 로마서 1장(및 롬 9장)의 일부 측면과 솔로몬의 지혜 사이에 유사점이 있기는 하다. 하지만 지혜서의 저자가 기초주의자나 근본주의자로 보이지는 않는다. 물론 많은 유대인은 장차 임할 심판을 믿었다. 분명한 본문 하나를 취하자면, 창조주 하나님이 마침내 보좌에 앉아 그동안 창조 세계 전체가 학수고대했던 정의를 구현할 때, 다니엘 7장의 '짐승들'은 파멸을 맞을 것이다. 실제로 캠벨은 이 주제가 자신의 주장과 어울릴 때는 하나님의 '진노'를 세심하게 변호하면서, 하나님의 진노가 그의 선한 창조 세계를 훼손하는 악을 향한 선한 하나님의 적절한 반응이라고 주장한다. 말하자면, '악한 모든 상황을 반대해, 악을 향하는 자애로운 하나님의 분노라는 것이다.'[47] 그는 이를 두고 '하나님의 진노에 대한 묵시적 설명'이라고 묘사한다. 그리고 더 나아가 이 내용이 그가 '칭의 이론'과 '교사'의 말(칭의 이론과 유사한 이야기를 하는 그의 말은 캠벨의 '바울'에게 조롱과 반박을 당한다)에서 발견한 내용과 어떻게 다른지 설명한다.

분노는 보상에 대한 불만족 때문에 촉발될 수 있는 만큼이나 자비심이나 사랑에서 우러나온 반사적인 반응일 수 있다. 그렇기에 분노는, 먼저 계획했지만 그것이 거부당한 것에 대한 반응일 수 있으며, 따라서 일차적인 위치에서 주도적 기능으로 취해진 첫 번째 행동일 수 있는 만큼이나 이차적인 위치에서 기능할 수 있다.

---

47 이 내용과 이어지는 인용은 Campbell 2009, pp. 929-930를 참고하라.

그렇다면 데살로니가전서 1:10은 '교사'가 로마서 1장과 2장에서 하나님의 분노를 설명한 방식이 아니라,

> 죄가 지배하는 상황에 대한 하나님의 반응이란 관점에서 이해되어야 하며, 따라서 신적 자비에 관한 설명의 요소로서도 충분히 이해될 수 있다.

캠벨은 그런 본문들이 '근본적인 방식으로 이 행위를 하나님의 속성으로 돌리는 것'은 아니라고 주장한다.

달리 말해, 선한 진노와 악한 진노가 있다. 하나님의 진노는 단지 신적인 자비가 드러난 것으로서, 결코 '근본주의적'이지 않다. 악한 진노는 다른 하나님의 핵심 특징으로서, 부차적인 요소 혹은 이차적인 반응이 아니라 그런 주장의 기초로서 등장한다.

이런 제안의 첫 번째 문제는 1세기 유대계 기독교는 차치하고 제2성전기 유대교에도 이런 '악한 진노'와 같은 생각이 존재했다는 증거가 전혀 없다는 것이다. 그들이 이런 요소를 '회개하거나 불에 타 죽거나'식 설교의 기초로 활용했다는 신호도 전혀 없다.

두 번째 문제는, **로마서 1:18 자체가 선하고 자애로운 창조주의 이차적 '반응'을 정확히 선언한다는 것이다. 하나님은 그의 창조 세계를 망치고 훼손하는 모든 것에 '선한 진노'를 내린다.** 캠벨의 주장에서 핵심인 그 본문이 정반대의 이야기를 한다는 말이다. 캠벨 등은 단어 '아포칼립테타이' (*apokalyptetai*)를 '묵시적' 사고의 지표로 인용하는데(나는 이미 여기에 몇 가지 문제가 있다고 지적해 왔지만, 일단은 넘어가자), 우리는 방금 인용한 글에서 캠벨이 '하나님의 진노에 대한 묵시적 설명'으로 지칭한 바로 그 내용을 로마서 1:18이 제시한다는 사실에 주목할 수밖에 없다. '하나님의 진노가 **계시되었다**'(*Apokalyptetai gar orgē theou*). 번역이 아닌 영어로 음역을 한다면, 이

진노가 'apocalypsed'라고 말할 수 있겠다. 어디에서 계시되었는가? 사회의 윤리적 붕괴를 '중립적으로' 관찰하는 작업 안에서 계시된 것은 확실히 아니다. 이것은 본문을 너무 엄격하게 분리하려 했기 때문에 초래된 문제다. 실제 바울의 주장은 순차적으로 전개되고 수사적인 단계를 거쳐 마침내 2:16에서 멈추는데, 2:16은 바울이 선포한 복음에 따르면 하나님은 메시아 예수를 통해 모든 인간의 비밀을 심판할 것이라고 말한다. 달리 말해, 이 단락 전체를 떠받치는 것은 복음 선포와 복음 선포의 의미이지 어떤 기초주의적인 토대가 아니다. 바울은 복음에서 시작해 거꾸로 추적해 들어갔고, 마침내 신적인 분노가 '계시되었다'는 사실을 이해할 수 있었다. 예수의 복음에 비추어 보면, 그리고 오직 그 빛에 비추어 후향적으로 바라볼 때야, 우리는 그 게임이 어떻게 끝날지 알 수 있다.

주해가들은 이 내용을 이해하려고 몸부림쳤다. 1:18 시작에 있는 '가르'(*gar*)의 의미는 이해하기가 무척 어려웠다. 이전 내용과 1:18은 논리적으로 어떻게 연결되는가?[48] 캠벨은 거기서 기초주의적인 '회개하거나 불에 타 죽거나'식 메시지를 발견해서 바울에게 반박하라고 하고 싶지만, 외견상 로마서 1:18 내용에서 그런 메시지를 만들어 내기는 힘들어 보인다. 일부 설교자들이 캠벨이 싫어하는 방향으로 로마서 1-4장을 활용해 왔다 해도, 그 사실이 바울 자신이 그런 의도로 로마서 1-4장을 기록했다는 증거가 될 수는 없다.

이제 주해를 살펴볼 때가 거의 다 되었다. 캠벨이 바르게 이야기했듯이, 모든 주장은 본문을 실제로 설명할 수 있느냐에 따라 성패가 좌우된다. 하

---

48 Campbell 2009, pp. 340-341는 *gar*의 통상적인 의미를 피하려고 시도하지만, 설득력이 없다. 하지만 그가 제안하는 '더 느슨한' 혹은 '더 약한' 의미에는 '있잖아'(you see) 같은 표현도 포함되는데, 이 표현은 그가 거부하는 '왜냐하면'처럼 설명을 도입하는 역할을 한다. 나는 이 문제를 Wright 2002 [*Romans*], p. 432에서, 그리고 더 충분하게는 *PFG*, pp. 764-771에서 논의했다.

지만 주해를 확인하기 전에, 중요한 이야기를 해 두어야겠다. 이 이야기는 세 단계로 나누어서 하겠다.

첫째, 내가 처음 (출간 전 복사본으로) 캠벨의 책을 읽었을 때, 나는 그의 '칭의 이론'에 정말로 당혹했다. 나는 평생 다양한 종류의 교회를 다녔다. ('자유주의'와 '가톨릭' 등 수많은 다른 교파의 교회뿐만 아니라) 다양한 전통과 다양한 대륙의 '복음주의' 교회에 참석하고 설교를 들었지만, 캠벨이 '칭의 이론'(JT)이라 지칭하는 합리주의적이고 기초주의적인 메시지의 존재를 인지한 적이 전혀 없다. 물론 죄로 시작해서 십자가로 움직이는 설교는 많이 들었다. 하지만 그런 메시지도 늘 죄인들을 끌어안으려고 그들이—우리가— 실제 있는 그곳으로 손을 내미는 하나님 사랑의 관점에서 전해졌다. 거기에는 늘 강력한 **호소**가 들어 있었는데, 그것은 단순히 감정에만 호소하는 것도 아니고, 그렇다고 해서 맹목적이고 계산적인 '이성'에만 호소하는 것도 아니었다. (이런 모든 이야기들은 사실 설교자들에게는 다소 부당하다. 나는 1979년 빌리 그레이엄 선교단이 오기 전 케임브리지의 호들갑을 기억한다. 사람들은 그레이엄이 '집단 세뇌' 기술을 동원할 것이라고 우려했다. 실제로 선교단이 왔다 간 후, 반대자들은 혼란에 빠졌다. 그레이엄은 그저 예수에 관해 말하고, 이야기들을 들려주었으며, 하나님의 변혁적 사랑을 그들의 삶으로 받아들이라고 촉구했을 뿐이다. '집단 세뇌'는 어디서도 볼 수 없었다. 그래서인지 이제는 정반대 비판이 제기된다. 그에게는 감정이 없었는데, 그것은 아마도 그가 합리주의자 혹은 기초주의자였기 때문인 듯하다는 것이다.) 물론 나도 '로마서의 길'(Romans road; 로마서의 본문을 차례로 동원해 복음을 설명하는 방식—옮긴이)을 활용해 로마서 처음 네 장을 가지고 잠재적 회심자들을 인도하는 복음주의자들을 아는데, 그들의 방식은 캠벨의 반대를 받을 여지가 있다. 하지만 사람들이 진지하게 기독교 신앙에 관해 물어 올 때, 요한복음을 담은 책을 건네면서 그 책을 읽고 거기서 만나게 될 인물에게 마음을 열어 보라고 권하는 복음주의자도 많이 알고 있다. 그래서 나는 처음으로 캠벨의 책을 읽었을 때, 내 머리를 쥐어짜 봤지만 이전에 들었던 설교들 가운데 캠벨이 묘사하는 완고하고 합리주의적이고 기초주의적인 모델에 들어맞는 설교를 도저히 떠올릴 수 없었다.

하지만 그 뒤에 나는 그렇지 않다는 사실을 알게 되었다. 많은 사람이 그들의 교회에서 복음이 실제로 이런 식으로 제시되고 있다고 말해 주었다. 그리고 나는 특히 제임스 토런스(James B. Torrance)의 책에서 '신인계약적 칼뱅주의'(federal Calvinism)에 관한 광범위하고 자세한 연구를 확인할 수 있었는데, 신인계약적 칼뱅주의는 거의 캠벨이 말한 것처럼 작용했고, 언급된 몇몇 사례에서는 캠벨이 언급한 사회적·문화적 문제들과도 우려스러운 연관성이 엿보였다. 그래서 나는 두 손을 들고 말았다. '칭의 이론'은 실제로 존재하는 것이었구나! 그리고 정말로 문제들을 초래하고 있다. 그리고 그 이론이 내세우는 근거는 의심의 여지 없이 로마서 1-4장에 관한 특정한 이해였다.

하지만—두 번째 이야기다—이는 본질상 **현대의** 현상이지 고대의 현상이 아니다.[49] 캠벨은 '칭의 이론과 현대 진보 진영의 정치적 기획 사이의 강한 유사성'을 제시하고,[50] 나아가 현대 자본주의와의 비슷한 관련성까지 언급하는데, 이럴 때 캠벨은 이러한 연관성이 양방향일 수 있다는 사실은 인식하지 못하는 듯하다. 이 부분을 노골적으로 표현하자면, **이전의 '칭의 이론'식 로마서 이해가 르네상스 이후 세계를 형성했다기보다는**, 르

49　Campbell이 인정하듯이(2009, pp. 3, 935). 그 책의 마지막 단락은 그가 반대하는 해석이 '유럽의 오만함'에 해당하는 '본질상 현대적인 바울 해석'이라는 점을 강조한다.
50　Campbell 2009, pp. 284-285(원서 강조); 또한, p. 305 ('칭의 이론은 진보적 정치에 안성맞춤이다'); 그리고 특별히 p. 935. '내가 이 책 전체에서 비판하는 그 표면상 복음주의적인 관점은 사실 계약적·진보적 의미로서(물론 여기서 '진보적'은 정치적인 의미지만), 따라서 특징상 **현대적인** 복음이다'(원서 강조). 이어서 Campbell은 더 나아간다. '현재 바울은 이러한 각인 아래 종종 해석되어 실질적으로는 곧 북미의 복음으로 무비판적으로 수용된다. 일부 현대 독자들은…그들 자신의 형상으로 바울을 주조한다.' 실제로 그럴 것이다. 하지만 마찬가지로, 일부 현대 독자들은 그들 자신의 논적의 형상으로 바울의 **논적**을 주조하고 있다. 주해에서 이상한 일들이 벌어지고 있다.

네상스 이후 세계가 서구 그리스도인의 로마서 해석 방식을 형성했을 가능성이 훨씬 더 크다. '곧이곧대로' 해석된 로마서 1-4장이 콘스탄틴주의(Constantinianism), 제국의 악랄함, 자본주의 등을 초래했다는 주장은 전혀 맞지 않는다. 오히려 (종교개혁의 일부 측면에 도움은 받았겠지만, 종교개혁이 초래한 것은 분명히 아닌) 느리고 점진적인 문화적 과정에 미혹당한 서구 교회가 로마서 1-4장을 개인주의적·기초주의적·(때로는)합리주의적 방식으로 해석하게 되었을 가능성이 압도적으로 더 크다. 그 이유는 그런 해석 작업을 한 사람들이 바로 16세기와 17세기의 개인주의자, 기초주의자, (때로는) 합리주의자들이었기 때문이다. 캠벨이 나열한 문제와 악의 책임을 로마서 1-4장 자체에 지우는 것은 마치 미로에서 길을 잃었다고 신발 회사 탓을 하는 것과 같다.

달리 말해, '칭의 이론'에도 문제는 있다. 복음에 '계약적' 그리고 기초주의적 관점에서 접근하는 방식은 바울도, 복음 자체도 정당하게 다루지 못하며, 정부, 처벌 체계 등과 같은 형태의 더 넓은 문화와 뒤섞여 복음의 의미를 상당히 훼손했다. 내가 특별히 관심이 가는 것은, JT가 예수의 **삶**과 관련된 내용을 제대로 다루지 못하며(JT가 제대로 작동하려면, 예수의 동정녀 탄생과 십자가 죽음만 있으면 된다), 따라서 하나님 나라라는 주제 전체도 제대로 다루지 못한다는 캠벨의 주장이다.[51] 이런 이야기들은 모두 중요하다. 하지만 후대의 오해에 대한 책임을 로마서의 처음 네 장에 돌려서는 안 된다. 사람들이 때때로 그 본문의 가르침이라고 생각했던 내용이 실제 그 본문의 가르침은 아니었기 때문이다.

정리하면 (1) 캠벨이 공격하는 유형의 복음에 심각한 왜곡이 있을 수 있

---

51 Campbell 2009, p. 212. 이 문제에 관한 나의 연구로는 Wright 2011 [*How God Became King*]을 보라.

음을 나도 인정한다. 하지만 그런 복음이 캠벨의 생각처럼 광범위하게 퍼져 있다고는 생각하지 않는다. (2) 그런 복음은 본질상 **현대**의 현상이지 고대의 현상이 아니다. (3) '칭의 이론'이 바울을 오해했다면, 그것은 바울의 글 속에 담긴 다른 '목소리'를 듣지 못했기 때문이 아니라, 르네상스 이후 서구 세계의 다양한 영역들이 그들 자신의 문화, 압력, 질문에 비추어 로마서를 오독해 왔기 때문이다. 지금까지의 이야기는 성경이든 아니든 다른 모든 글처럼 로마서의 첫 네 장도 심각하게 오독할 수 있다는 사실을 제외하고는, 로마서의 첫 네 장에 대해 알려 주는 바가 없다.

2. 캠벨의 로마서 재해석

그러면 '칭의 이론'은 로마서 1-4장을 오독한 것인가? 캠벨은 이 혐의를 경감할 수 있는 다양한 제안을 검토했다고 주장하는데, 그는 그 제안들이 부족하다고 판단한다.[52] 본서는 그런 시도를 변호할 자리는 아니다. 또한, 캠벨이 제시한 로마서의 복잡한 구조 자체를 불필요하게 만들 새로운 주해적 주장을 상세하게 펼 자리도 아니다. 그런 작업 중 일부는 이미 다른 곳에 해 두었다. 그래도 몇 가지 간단한 지점은 짚고 넘어가야 더 자세한 설명을 쉽게 이해하는 데 도움이 될 것이다.[53]

첫째, 우리는 그동안 로마서 1:18-3:20을 푸대접해 왔다는 사실을 인정해야 한다(이것이 캠벨 주장의 핵심이다). 우리는 보통 로마서의 이 단락이 '모든 사람이 죄인이라는 사실을 증명하는 내용'이며 '유대인'은 그 사실을 보

---

52 Campbell 2009, pp. 412-460.
53 여기서 나는 특별히 *Pauline Perspectives* 30장과 33장에 있는 롬 2:17-3:9과 롬 4장에 관한 설명을 가져다 쓸 것이다(그리고 다소 과감하게 요약할 것이다). (또한 Wright 2014a도 확인하라.) 내 2002년 로마서 주석을 읽은 독자라면 이 본문들에 관한 내 해석이 지난 20년 동안 여러 면에서 발전했다는 사실에 흡족해할지도 모르겠다.

여 주는 특별한 사례라고 간단히 처리했다. 유대인은 일반적 정죄에서 자신들은 면제된다고 생각했지만, 결국 그들도 포함된다는 사실을 알게 되었다는 것이다. 이런 설명도 그 단락의 전체적인 결과 중 하나이기는 하다. 그리고 그것이 바로 바울이 최종적으로 3:19-20에서 도달한 내용인 것도 맞다. 하지만 (중요한 사실이다) 이 설명은 '하나님의 의'라는 핵심 개념을 이해하기 위해 굉장히 중요한 점 하나를 완전히 무시하고 있다. 로마서 2:17-20에서 바울이 유대인에 관한 내용을 나열한 방식은, '유대인'이 일반적 혐의에서 그들 자신은 면제되리라고 생각했음을 드러내는 방식이 아니라(그런 생각은 이미 1:18-2:16에서 미묘한 방식으로 공격당한다), 이스라엘의 성경이 하나님의 백성에게 세상의 빛, 전 지구적 문제에 대한 해답이 되라는 소명을 주었다고 '유대인'이 정당하게 주장할 수 있는 방식이다. 바울은 이스라엘의 소명에 관한 이 설명에 **동의한다**. 물론 곧이어 같은 성경을 근거로 이스라엘이 그들의 죄 때문에 그 소명을 이루는 데 실패했다는 사실을 보여 줄 것이다(2:24). 요점은 (2:21-22에 대한 이제는 지루할 정도로 반복되었던 반대에 답변하자면) '모든 유대인'이 간음을 저지르거나 신전의 물건을 탈취했다는 것이 아니다. 그것은 정말로 '어설픈 공격'이었을 것이며, 그렇기에 효과도 없었을 것이다. 왜냐하면 그런 죄를 짓지 않은 것이 분명한 유대인을 거론하기만 해도 쉽게 피해 갈 수 있는 공격이기 때문이다(빌 3:4-6에 나오는 바울 자신과 같은 사람들).[54] 물론 최근 로마에서 일어난 추문들을 가리키는 암시가 있을지도 모르지만, 그렇다 해도 그것이 요점은 아니다.[55] 또한 주잇(Jewett)의 주석에서 설명하듯이, 여기서 유대인을 호모 렐리기오수스의 원형인 '편협한 사람'(bigot)으로 보아서도 안 된다.[56] 요점은, 여기서 돈호법으로 단수로 지칭

---

54 '어설픈 공격'에 대해서는 Campbell 2009, pp. 371-372를 보라.
55 Jos. *Ant.* 18.81-84를 논하는 Campbell pp. 561-562를 보라.
56 Jewett 2007, 예를 들면, p. 223.

되지만 이스라엘 전체를 가리키는 이 '유대인'이 1:18-2:16에서 기술된 문제에 대한 **해답**이 되라는 하나님의 부름을 정말로 받았다는 것이다. 하지만 이 비범한 계획이 실행되기 위해서는 이스라엘이 완전해야 했다. 그런데 현실은 분명히 그렇지 못했다. 하지만 이어지는 마지막 단락(2:25-29)은 감질나게 하는 '~라면 어떻게 되겠는가?'라는 질문을 던진다. 성령으로 마음에 할례를 받아 생기를 되찾은 '이스라엘'이 존재한다면 어떻게 되겠는가? 그다음에는 어떻게 되겠는가?

이 이야기는 바울 주장의 이 단계에서는 성가신 내용으로, 하나의 암시이면서 멀리 떨어져 있지만 뇌리를 떠나지 않은 하나의 가능성에 불과하다. 바울은 나중에 이 내용을 확장해서 그가 목적한 바를 설명할 것이다. 하지만 이 애매한 형태로도 2:17-29은 일반적으로 주목되지 않는 방식으로 3:1-2의 질문을 제기하기에 충분하다. 하나님은 이스라엘을 통해 이 세상을 구원할 것이라고 말씀하셨다. 그것이 2:17-20의 요점이며, 바울은 그 점을 부정하지 않는다. 이스라엘은 '하나님의 신탁을 맡아서'(3:2), 더 넓은 세계를 위한 신적 계시의 담지자가 되어야 했다. 하지만 만약 이스라엘이 **이 위임**에 '신실하지 못했다'(unfaithful)면 어떻게 되겠는가? 그래도 하나님은 여전히 그분의 약속에 '신실하실'(faithful) 것인데, 그 약속은 일차적으로 이스라엘을 **향한** 약속이 아니라, 이 세계를 위한 이스라엘을 **통한** 약속이다. 3:5에서 특정해서 법적 혹은 법정적 언어로 표현된 그 '신실하심'(faithfulness)이 바로 이 본문에 나오는, 그리고 따라서 암시적으로 3:21에 나오는, 또한 암시적으로 1:17에 나오는 '디카이오쉬네 테우'의 의미다. 그것은 이어서 3:5-9에 제시되는 사고의 흐름의 시발점이다. 그리고 1-4장의 나머지를 지배하는 것이 바로 이 질문, 즉 이스라엘에게 주신 약속만이 아닌 이스라엘을 **통한** 약속으로서 이 약속에 대한 하나님의 신실하심에 관한 질문이다. 당장은 보편적인 죄가 인정되어야 한다. 이스라엘도 이방인과 마찬가지로 유죄로 기소된 상태로 피고석에 앉는다. 그런데 다시 한번 주목해야 할 사실은, 바울이 이 이야기를 죄성에 관한 기초주의적 주장으로 하는 것이 아니라, 메시아와 그의 복음(2:16)에 비추어서 한다는 사실이다. 유일한 신실한 이스라엘 사람인 그 메시아 안에서, 이스라엘의 하나님이 결국 그의 언약적 약속과 목적(신실한 이스라엘을 통해서 세계를 구출하시겠다는 약속과 목적)에 신실하심을 보이셨다. 바로 이 이유 때문에, 그의 죽음과 그 죽음의 효과로서 전 세계적인 한 공동체가 탄생하게 되었으며 그 공동체의 특징이 다름 아닌 '피스티스', 믿음 혹은 신실함인 것이다. '피스티스'(*pistis*)는 메시아 자신의 이름표였으며, 또한 하나님 자신의 특징이었다(3:3). 이어서 나오는 로마서 4장은, '그렇다면 아브라함은 어떻게 되는가?'라고 물었던 '교사'를 향한 단순한 인신공격성 반응이 아니고,[57] '의'와 '믿음'이 동시에 등장하는 구약의 편리한 증거 본문을 보여 준 것도 아니며,[58] 아브라함—그가 가진 믿음과 그가 받은 보상이 그리스도인의 삶에 원형이 되는 인물—이 '영웅적인' 사례라는 것을 보여 주기 위한 것도 아니다(물론 4:18-25이 암시하듯이 그런 측면에도 일면의 진리는 있다).[59] 오히려 아브라함 이야기가, 아니 창세기 15장이 로마서 4장에 나오는 이유는, 바울이 아브라함 이야기를 읽었을 때 창세기 15장이 바로 하나님이 아브라함에게 한 가족과 한 땅을 약속한 언약을 체결한 부분이기 때문이다. 그런데 문제의 그 가족은 모든 민족에서 모인 셀 수 없이 많은 광대한 가족이었고, 문제의 그 땅은 그저 작은 토지 정도가 아니라 '코스모스'(*kosmos*), 즉 세계 전체였다(4:13). 바울은 로마서 4장 마지막까지 이 편지 전체의 진정한 핵심 주장을 위한 토대를 놓는데, 그 주장

---

57 Campbell p. 625.
58 Campbell p. 396. 이것이 보통 E. P. Sanders의 관점으로 진술되는 내용인데, '성경의 증거'로 보는 일반적인 관점보다는 더 예리한 형태이긴 하나 여전히 부적절한 관점임이 틀림없다.
59 '영웅' 개념에 대해서는 Campbell 2009, pp. 405, 603, 625를 보라.

은 단지 '구원을 얻는 방법'에 관한 메시지가 아니라, 유일하신 하나님이 메시아 안에서 유대인과 이방인 모두로 단일한 백성을 창조했으며 그럼으로써 그분의 구원하는 강력한 언약적 신실하심을 드러냈다는 세심하게 균형 잡히고 솜씨 좋게 제시된 메시지였다. 로마서의 첫 네 장은 사람들에게 지적인 '신앙'을 강요하도록 고안된 기초주의적·합리주의적 주장을 제시하는 것이 아니라는 캠벨의 말은 정말 옳다. 비록 과장된 진술하긴 하지만, 이 단락을 그런 식으로 해석한 탓에 현대 서구 사회와 교회에 상당한 해악을 끼쳤다는 평가 역시 틀림없이 옳은 말이다. 하지만 그 장들을 이러한 오해에서 건져 낼 수 있는 유일한 방법은 이 부분을 유대계 그리스도인이었던 '교사'와 바울 사이의 대화로 재구성하는 것이라는 그의 생각은 틀렸다. 그는 이 장들을 거쳐 곧장 이 편지의 다음 세 단락인 5-8장, 9-11장, 12-16장으로 흘러가는 번뜩이는 사고의 흐름을 간과하고 말았다. 결국 로마서는 메시아 안에 있는 (그리고 또한 성령에 의한) 하나님 백성의 선교와 일치에 관한 이야기다. 1-4장은 이 설명을 위한 완벽한 토대를 놓는다. 캠벨은 로마서 3:21-4:25 곳곳에 스며 있는 강력한 교회론적 주장을 알아채지 못했다. 그렇기 때문에 그 역시 다른 많은 학자처럼 4:16-17에서 곤란을 겪는다.[60]

따라서 로마서 1:18-4:25은 보통 생각되어 온 것보다 훨씬 더 복잡하고 난해한 본문이다. 그동안 '구원을 얻는 방법'에 관한 핵심 본문을 찾으려는 시도(내 생각으로는 종교개혁 이전에도 그런 시도는 있었지만, 큰 동력을 얻은 것은 확실히 종교개혁 때다)의 일환으로 이 단락을 심각하게 오독해 왔다는 캠벨의 지적은 절대적으로 옳다. 로마서는 실제로 '구원을 얻는 방법'을 이야기하지만, 더

---

60 Campbell p. 735. Campbell은 그가 대담하게 Hays의 4:1 재해석을 따른다고 말하지만, 제대로 따랐다면(특히 Hays의 인정을 받은 나의 수정안을 참고했다면[Wright 2002 (*Romans*) pp. 489-490; *PFG*, p. 849]), 이 점을 볼 수 있었을 테고, 그런 곤란도 일부 피할 수 있었을 것이다.

큰 프로젝트의 일부로서 이야기한다. 더 큰 프로젝트란, 하나님의 언약적 신실하심을 드러내는 것 그리고 거기에 포함된 요소로서 사람이 무엇을 위해 구원받는지 설명하는 것이다. 특히 이 프로젝트는 '하나님의 진노가 하늘로부터 **계시되었다**'고 말하는데(1:18), 이 단락에 '묵시적인' 요소가 있다면 바로 이 내용이다. 앞서 말했듯이, 1:18-2:16을 (물론 이런저런 뒤틀림과 전환이 들어 있지만) 하나의 단락으로 읽으면 이 부분이 '기초주의적인' 내용도, '합리주의적인' 내용도 아니라는 사실을 알 수 있다. 물론 그렇게 읽히기도 했지만, 그런 독법은 이 단락의 처음 내용이나 마지막 내용을 진지하게 받아들이지 않았다는 사실을 보여 줄 뿐이다. 사도행전 17:31과 마찬가지로 이 단락이 말하는 '계시된' 사실은, 오랫동안 기다려 온 그 약속(이스라엘의 하나님이 마침내 세계 전체를 바로 잡을 것이라는, 말하자면 세상을 '심판할' 것이라는 약속)이 메시아, 인간 예수를 통해 이제 시행된다는 것이다. 오직 그 '계시'에 비추어 볼 때만, 인간의 타락에 관한 어두운 잡다한 묘사의 제 의미를 이해할 수 있다. 로마서 1:18-2:16은 '기초주의적인' 내용이 아니다. 도리어 '묵시적인' 내용으로서, 문제의 그 '계시'가 복음 사건을 통해 일어났다고 말한다.[61]

이런 내용은 우리를 두 번째 요점으로 인도한다. 일반적인 다수 해석과 상당히 다르면서도 캠벨이 규명한 문제에서도 자유로운 대안적인 1:18-4:25 해석을 제시하는 것이 가능하다면, '칭의'에 관한 주장은 실제로 어떻게 작동하는가?

바울의 답변은 매력적이다. 하지만 그의 답변은 캠벨의 관점뿐만 아니라, '교향곡'의 첫 두 악장(롬 1-4장과 5-8장) 사이에서 진행되는 바울의 영리한 스타일 변화로 인해 이 단락을 오독한 (슈바이처의 노선을 따르는) 모든 사람의 관점을 무너뜨린다. (로마서에서는 외견상 분리된 온갖 다른 '노선'이 갈 3:1-4:11에

---

[61] *PFG*, pp. 764-771를 보라.

서는 서로 엮여 하나의 주장을 이룬다는 사실을 고려하면, 그런 관점은 이미 힘을 잃었어야 했다. 빌 3:2-11을 참고할 수 있다.) 로마서의 첫 두 대단락은 마치 동물원에 나란히 서 있는 낙타와 코끼리처럼 서로 어색한 동거를 하는 듯 논의되곤 했다. 두 동물 모두 사람을 태울 수 있고 짐을 지울 수 있는 짐승이지만, 같은 종은 아니며, 일부는 (칭의 이론을 두고 그렇게 이야기하는 사람이 있듯이) 낙타는 믿을 만한 짐승이 아니라고 말하기도 할 것이다. 그동안 많은 사람이 빈번하게 로마서 1-4장과 5-8장을 그런 식으로 보았다. **하지만 바울은 로마서의 그 두 대단락을 그런 식으로 보지 않았다.** 이번에도 이 문제를 여기서 상세하게 논의할 수는 없지만, 바울이 1-8장 전체를 8:29-30('의롭다 하신 그들을 또한 영화롭게 하셨습니다')로 요약되는 하나의 거대한 주장으로 의도했다는 사실을 보여 주는 신호들은 지적하고 넘어가겠다.

이 논의를 시작하면서 언급했던 이상한 특징을 여기서 다시 만나게 된다. 즉, 캠벨은 자신의 주장을 5-8장 해석에 근거하면서도 실제로는 이 단락에 관한 설명을 자세하게 하지 않는다. 그는 이 단락이 바울이 (추정컨대, 바울의 복음이 윤리적 태만을 초래할 수 있다고 겁먹은 유대인 대화 상대에 대한 반응으로) '윤리'에 대해, 그리고 최종적 구원의 '확신'에 대해 말하는 곳이라는 통상적인 제안에 기댈 뿐이다.[62] 거기까지는 좋다. 분명히 이 단락에는 윤리적 권고가 많이 등장하며, 또한 틀림없이 신약의 어느 부분보다도 '확신'에 관한 가장 강력한 주장이 나타나는 곳이기 때문이다. 하지만 이상한 점은, 이런 이야기들이 '칭의 이론'의 관점에서 1-4장을 설명해 온 사람들이 보통 제시하는 범주들이라는 사실이다. 캠벨은 5-8장을 '그의' 묵시적' 심장부라고 주장함에도 실은 그 개념을 자세하게 풀어 설명하지 않은 것으로 보인

---

62 예를 들면, Campbell pp. 607-608, 708. 그리고 '윤리'를 강조한 Campbell 2012의 논문을 보라.

다. 앞서 살펴보았듯이, 가장 분명한 '묵시적' 본문인 8:18-25에도 그는 전혀 관심을 쏟지 않는다.

특히, **칭의에 관한 논의가 4장 마지막에서 끝나지 않지만**, 캠벨은 이 사실에 기어코 눈감아 버린다. 바울은 2:1-16에서 논의의 용어를 설정하고 8장에서 이 용어들로 되돌아온다.[63] 문제의 그 논의는 마지막 칭의(따라서 '확신'의 필요성)에 관한 것으로, 2장에서 '정죄'와 '칭의'의 관점에서 제기된 그 시나리오를 바울이 다시 꺼내 드는 곳이 바로 8장이다. 마침내 그 문제에 —특별히 세례와 성령에 관한 강력한 가르침을 가지고! —답변할 수 있게 되었기 때문이다. 로마서 3:21-4:25은 **현재의** 칭의에 관한 내용이지만, 바울이 2:1-16에서 제시한 문제는 **미래의** 칭의에 관한 것이었다. 바울은 마지막에 바로 그 문제로 되돌아온다. 이를 보여 주는 신호는, 바울이 '디카이오쉬네'와 그 동족어를 계속해서 언급한다는 사실이다. 그 본문들을 여기서 조사할 수는 없지만 언급하는 이유는 캠벨에게도 도움이 되는 이야기를 하기 위해서다. 즉, 로마서 1-4장은 칭의에 '관한' 내용이며, 5-8장은 그 외의 것(성화, 윤리, '신비주의', '참여' 등)에 관한 내용으로 보는 일반적인 서구 해석은 후대의 신학 체계를 바울 본문에 투사한 해로운 결과물이라는 것이다.

5:1의 서두 진술 이후로 '칭의', '의' 혹은 '디크'(dik) 어근의 단어가 중요하게 언급되는 5장의 구절은 다음과 같다. 5:9[(메시아의) 피로 의롭게 되다], 5:16['카타크리마'(katakrima)와 대비되는 '디카이오마'(dikaiōma). 2:12-13에서도 이렇게 대조되며, 8:1-4과 8:33-34를 내다본다], 5:17('옳다'는 선물을 받은 사람들이 생명 안에서 통치할 것이다. 이 내용은 8:30을 내다본다), 5:18(다시 한번 '카타크리마'와 '디카이오마'의 대조), 5:19(미래의 '칭의'. 이번에도 2:12-13에 상응하는 내용이다), 5:21(은혜가 "디카이오쉬네'를 통해" 통치한다). 이런 내용에 주목해 5장을 새로

---

63 다시 한번 Wright 2014a를 보라.

운 단락의 시작으로 보지 않고 1-4장과 묶어서 보는 학자도 일부 있다. 나는 현재의 장 구분을 선호하지만, 장 구분과 상관없이도 이런 흐름을 볼 수 있을 것이다. 하지만 5장이 칭의, 의 등을 그렇게 많이 언급하는 이유가 이전까지의 내용을 요약하기 때문이라는 설명도 불충분하기는 마찬가지다. 분명히 맞는 말이긴 하지만, 5장의 전반부(1-11절)와 후반부(12-21절)는 몇 가지 겹치는 다른 방식으로, 앞으로 이어질 내용의 토대를 놓는 역할도 하기 때문이다. 그리고 이어지는 이야기는 8장 마지막에 있는 찬양에 이르기까지 계속해서 '디카이오쉬네'에 관한 것이다.

따라서 6장에 '디카이오쉬네'가 이따금 언급된다는 사실(6:7, 13, 16, 18, 20)은 바울이 이 주제를 완결 짓지 않았음을 보여 주는 충분한 증거다. 바울이 6장에서는 이 단어를 다른 의미(말하자면, '법정적' 의미와 반대되는 '윤리적' 의미)로 사용한다는 설명도 소용없다. 6장은 여러 가지 면에서 5장에 의존하며, 이미 살펴보았듯이 5장은 이전 장들의 주제를 이어받았다. 그 후 7장의 어두운 막간이 지나고 나면 8장의 서두에서 우리는 5장에서 보았던 것과 같은 대조('카타크리마'와 '디카이오마')를 볼 수 있다. 5장에서 바울은 이전의 내용을 요약하고 논의를 진전시켰는데, '칭의'의 주제를 떠나지 않고 더 전개해서 미래의 종말론적 결말로 향하는 내용으로 채워 넣는다. 2장이 암시하듯이, 종말론적 결말은 늘 요구되는 요소였다. 성령이 도입되는 것이 바로 이 지점이다. 캠벨의 가장 큰 강점 중 하나는 성령을 포함하지 않고는(그리고 언급하지 않고는) 바울의 구원론을 논할 수 없다고 변함없이 주장한다는 사실이다. '칭의 이론'이 로마서 1-4장을 따로 떼어 논하면서 오랫동안 시도했던 것이 실은 그런 작업이다. 하지만 8:10은 "영은 '디카이오쉬네' 때문에 생명이다"라고 말한다. 이 내용은 8장의 위대한 '묵시' 단락을 통과해 마지막 극적인 결론(8:30)을 미리 가리킨다. 즉, '의롭다고 하신 그들을 또한 영화롭게 하셨다.' 다시 한번 우리는 이 내용이 실질적으로 5:17의 반복이라는 사실에 주목한다. 여기서 '영화'의 의미가 '천국에 가는 것'이 아니라 메시아의 영광, 즉, 시편 8편처럼 그의 주권적 통치에 참여하는 것이라는 점을 깨닫는다면, 이 사실이 눈에 들어올 것이다.

그렇다면, 이 교향곡 악장의 마지막 '코다'(coda; 곡을 끝낼 때 특별히 추가되는 마침 부분—옮긴이)에서 우리는 '칭의'와 '정죄'가 다시 한번 2장과 5장에서처럼 나란히 등장하는 모습을 본다. '그들이 의롭다고 선언하신 분은 바로 하나님이십니다. 누가 정죄하겠습니까?'(8:33-34). 달리 말해, **로마서 1-8장 전체가 칭의에 관한 내용**으로서, 논의가 진행되면서 주장이 진전되고 확장되며 더 많은 주제를 포섭하고, 차례대로 창세기, 출애굽기, 레위기 및 민수기, 그리고 영광스럽게도 신명기(약속된 '유업')와 공명한다. 하지만 **로마서 1-8장은 또한 칭의 그 이상을 이야기한다.** 즉, 그분이 하신 언약적 약속의 성취로서, '세상을 상속'할 전 세계적인 단일한 믿음-가족을 창조하는 하나님에 관한 이야기다.[64] 그리고 이 모든 내용은 죄와 죽음과 그 외의 모든 권세의 패배(8:1-3, 37-39), 그리고 창조 세계 전체의 갱신과 죽은 자의 부활을 가져올 오랫동안 기다려 온 옛 예언의 성취에 관한 것이기에, 바울이 행한 작업을 기술하는 적합한 단어 중 하나가 바로 '묵시'다. 이런 면에서 바울은 '묵시'란 이름표가 보통 붙여지는 제2성전기 문헌들과 같은 기반 위에 서 있다. '묵시'는 '칭의'와 다른 것이 아니며, '칭의'도 '묵시'와 다른 것이 아니다. 바울에게 묵시는 방식이고, 칭의는 결과였다. 그리고 이 모든 것은 메시아를 통해서, 성령을 통해서 이루어졌다. 말하자면, 성령을 통해 메시아의 백성으로 편입됨으로써 성취되었다. 칭의, 참여, 구원사, 성령이 주도하는 성취, 그리고 특히 '묵시.' 우리는 본질상 현대적이고 합리주의적인 '칭의 이론'을 떠난다

---

64 바울은 4:13에서 8:18-25을 예견하면서, 아브라함에게 땅을 주겠다는 약속을 메시아에게 전 세계를 주겠다는 약속을 통해 확장하는 유대교 전통(이 전통은 적어도 시 2편까지 거슬러 올라간다)을 의도적으로 따른다.

는 면에서는 캠벨에 합류할 수 있다. 마치 아브라함이 롯을 땅의 도시들로 떠나보냈듯이 말이다. 하지만 그러고서는 눈을 들어 우리 있는 곳에서 북쪽과 남쪽 그리고 동쪽과 서쪽을 바라보라는 말을 듣는다. 말하자면, 로마서 전체의 흐름과 새로운 단일 가족의 창조를 볼 수 있어야 한다. 이 가족은 장차 올 위대한 우주적 갱신의 신호이자 맛보기이기 때문에, 일치와 거룩을 위해 힘써야 한다. 그리고 갱신된 창조 세계 전체에 관한 비전의 한복판에는 여전히 칭의에 관한 바울의 묵시적 비전이 자리 잡고 있다. 즉, 미래의 칭의, 그리고 또한 오직 믿음에 의한 현재의 칭의.

나아가, 칭의는 메시아의 죽음을 통해 달성되었다. 이전 작업에서 캠벨은 예수에 관한 바울의 언어가 유대교 순교 문헌(martyr-literature)을 배경으로 한다는 점을 강조했다. 그 제안에 일부 유용한 면이 있는 것은 분명하다.[65] 하지만 로마서 5-8장의 위대한 절정 중 하나인 8:3-4에서 예수의 대속적·형벌적 죽음이 분명하게 진술된다는 사실은 그의 이론에 상당한 당혹감을 안긴다. 이 모티프는 '칭의 이론'에 속하며(보통 그렇게 여겨진다), 캠벨의 이론에 따르면 '묵시'에 이 모티프를 위한 자리는 없어야 한다.[66] 캠벨의 책 이 부분 전체에서 계속 등장하는 '묵시'의 정의 대부분에서 죄(Sin, '세력으로서의 죄')가 '정죄되었다'는 사실은 정확히 '묵시적' 주제다. 바울은 이 주제를 7장을 통해 매우 세심하게 전개한다. 그래서 8:1-4에 도달할 때쯤이면 우리는 '죄'(Sin)가 사실상 '사탄'과 동등한 존재라는 사실을 알게 된다. 그리고 '죄'(Sin)는 정죄된다. 의미심장한 사실은, 이 선고가 내려진 후에는 더는 죄에

---

65 그래서 Campbell 2005, p. 4처럼 그의 틀의 명칭이 PPME(pneumatologically participatory martyrological eschatology)다.
66 '정죄가 없다…하나님이 육신 안에 죄를 정죄하셨기 때문이다'는 바울의 말을 Campbell이 어떻게 인식했는지 확인하고자 그의 2005년, 2009년 혹은 2012년 작품을 뒤져 봤자 헛수고다. 그나마 가장 가까운 내용은 하나님이 '[인류를] 에워싼 악을 결정적으로 그리고 강력하게 처리하셨다'고 말하는 부분이다(2012, p. 126). 그로부터 몇 페이지 뒤에서는 '삼위일체의 힘이 인류를 해방했다'고 말한다(2012, p. 136).

관한 이야기가 나오지 않는다는 것이다. 오히려 '육체'에 관한 이야기, 육체를 따라 살아서는 안 된다는 급박한 요구가 많이 등장한다. 죄 자체에 대한 정죄가 선언되었기에 이제 죄는 시야에서 사라진다. '묵시적인' 내용이 존재한다면, 바로 이것이다.

그리고 이것은 또한 법정적인 내용이기도 하다.

> 그러므로 메시아 예수 안에 있는 사람에게는 결코 정죄함이 없습니다!…하나님께서 율법이…할 수 없는 일을 하셨기 때문입니다. 하나님께서 자기 아들을 죄 있는 육신의 모양으로, 또 속죄 제물로 보내셨습니다. 그리고 바로 그 육신 안에서 죄를 정죄하셨습니다. 이는 우리가 육신을 따르지 않고 영을 따라 살 때, 율법의 의롭고 정당한 판결이 우리 안에서 성취될 수 있게 하려는 것이었습니다.[67]

이것은 의심의 여지 없이 **대속적**(substitutionary)이다. '메시아 안에 있는 사람에게는 정죄가 없다.'…그것은 하나님이 메시아의 육신 안에서 '죄를 정죄하셨기' 때문이다. '정죄'는 틀림없이 **형법적**(penal)이다. 하지만 이러한 '형법적 내속'(penal substitution)은 캠벨이 당연히도 몹시 싫어하는 종류의 '칭의 이론'에는 잘 들어맞지 않는다. 도리어 바울이 로마서 8장에서 전개하는 더 거대하고 묵시적이며 우주적인 비전을 뒷받침한다. 즉, 죽음을 포함하는 모든 '권세'에 하나님이 승리했고 그 결과 창조 세계 전체가 부패의 종노릇에서 해방될 것이다. '형법적 대속'이 적절한 이름일 수 있는 내용에 대한 바울의 표현은 (무서운 다수의 그림과 무서운 다수의 설교에서 볼 수 있듯이) 자애

67　8:1-4. 8:4의 *dikaiōma*는 여전히 번역하기 까다로운 단어지만, 문맥상 *dikaiōma*가 *katakrima*와 대조되면서 2:12-13과 5:16에 나왔던 유사한 균형을 취하고 8:33-34을 내다본다는 사실은 이 부분이 여전히 법정 주제를 다룬다는 점을 보여 준다.

로운 예수가 하나님의 화를 진정시킨다는 중세의 개념과는 하등 관련이 없다. 그것은 오히려 창조 세계를 향한 하나님의 목적이 마침내 악의 권세를 정죄하고 정복시킴으로써 실현될 하나님의 언약적 신실하심에 관한 묵시적 주제인 '디카오쉬네 테우'라는 고대 유대교의 주제와 전적으로 관련이 있다.

여기가 바로 우리가 캠벨이 다른 곳에서 인정한 범주, 즉 '나쁜 진노'에 반대되는 '좋은 진노'를 언급할 필요가 있는 지점이다. 하나님이 '죄'(Sin)를 정죄하시는 것이 인류를 향한 증오의 행위일 리는 거의 없다. 그것은 도리어 자기를 내주는 사랑이 구현된 궁극적인 행위였다(5:8; 8:31-39). 나는 캠벨의 노력처럼 ('교사'가 내세웠던 것이 분명한) '법정적-응보적' 혹은 '사법적' 신학을 (바울이 내세웠던 것이 분명한) '법정적-비응보적' 혹은 '실행적'(executive) 신학과 분리하는 것으로 충분하다고 생각하지 않는다.[68] 그 복잡한 언어 이면을 보면, 이 구분은 그저 루터의 이분법을 재탕한 것으로, 우회로를 통해 케제만의 작업을 물려받은 것에 불과하다. 즉, 하나님이 죄인을 벌하고 의인에게 보상한다는 과거의 분배적 정의(*iustitia distributiva*)와, 새롭게 발견된 바 복음이 제시하는 구원적 정의(*iustitia salutifera*)를 구분한 것과 다를 바 없다. 하지만 이것은 드 보어가 제시한 '묵시'의 '두 노선' 이론만큼이나 설득력이 없다. '응보적'이란 단어에 어떤 의미가 있다면, 거기에는 반드시 '정죄'가 포함되어야 한다. 이 본문(우리에게 롬 5-8장으로 알려진 이 '묵시적'이고 '참여적'이며 '신비적'인 본문)의 중요한 순간에 바울은 하나님이 **죄(Sin)를 육신 안에서 정죄했다**고 기탄없이 선언한다. 바울에 관한 소위 '묵시적' 해석의 최근 형태의 핵심 중 하나가 이렇듯 수준 낮은 '법정적' 해석을 근본적으로 거부하려는 것인데, 일부 대중적인 신학은 사도 바울의 메시지를 그런 수준으

---

68 Campbell 2009, p. 662 등.

로 전락시켰다.[69] 하지만 진짜 '묵시적' 바울에는 예수의 죽음과 그 죽음의 효력에 신자들이 포함된다는 사실에 관한 '법정적' 설명도 포함된다. 우리의 복잡한 신학적·철학적·역사적·사회정치적 생각에 발목 잡혀 그 더 큰 전체를 우리 자신의 언어로 표현하는 것이 어렵다면, 그것은 우리의 문제지 바울의 문제가 아니다.

하지만 로마서 8장의 위대한 주장을 시작하는 부분의 중심부에서 바울이 하나님이 메시아의 육신 안에서 죄를 정죄했고 그래서 '메시아 안에 있는' 자들에게는 이제 '결코 정죄가 없다'라고 너무나 분명하게 진술하고 있다면, 난해하고 곤란한 본문인 3:24-26 이면에도 이와 비슷한 신학적 관점이 놓여 있을 것이라는 추정을 반박할 만한 이유는 원칙상 없다. 이 문제를 굳이 더 개진하거나 증명할 필요는 없을 것이다. 그저 로마서의 첫 여덟 장 전체가 '칭의'에 관한 논의며, 논의가 진행되면서 다른 차원들을 포섭해 나간다면, 우리는 예수의 죽음의 의미가 논의 전개의 여러 단계에서 서로 다르게 거론되겠지만 그래도 깊은 일관성을 가질 것으로 예상할 수 있다는 점만 언급하면 된다.

로마서 1-8장을 여러 단계를 거치지만 하나의 기본적인 전개 흐름을 가진 단일하고 일관된 주장으로 보는 것은 주해와 관련된 또 다른 중요한 사실을 알려 준다. 캠벨이 '교사'의 주장으로 할당한 1:18-4:25의 요소들이 실은 1-8장과 로마서 전체의 다른 본문과 여러 가지 방식으로 긴밀하게 엮

---

69   Campbell은 p. 1120 n. 87에서 Martyn의 갈 1:4 해석을 인용하면서, 바울이 복수인 '죄들'(sins)을 언급하는 사례를 주변화하려고 시도한다. Campbell은 '하나님과 그리스도 사건에 관한 양립할 수 없는 두 가지 개념'(pp. 705-707)을 이야기하는데, 그것은 '분노에 찬 하나님'과 '사랑의 하나님' 사이의 오래된 이분법의 새로운 형태로, 여러 시대에 다양한 방식으로 신학자들을 마르키온주의(Marcionism)로 이끌었던 구분이다. 또한, 그 책의 마지막 단락에서 Campbell은 그의 해석이 '더 친절하고, 더 온화한 바울'을 낳는다고 주장한다. 고약한 '바울'은 고약한 신을 선포했지만, 이제 Campbell의 더 온화한 바울은 멋진 신을 선포할 것이다! 달리 말해, 숨이 멎을 듯 정교한 그의 주장 이면에서 우리는 진부한 표현을 만난다.

여 있으며, 따라서 캠벨이 '교사'의 주장으로 돌린 내용을 떼어 내는 것은 로마서의 주장을 연결하는 단단한 이음매 중 일부를 제거해 버리는 꼴이다. 이번에도 이 사안을 자세하게 조사할 수는 없지만, 몇 가지 분명한 지점은 짚고 가야겠다.

첫째, 12장 서두의 위대한 명령은 1:18-32에 나오는 고발(캠벨이 '교사'의 것으로 돌리는 주요 본문)이 정반대로 역전된 내용 같다. 특히 '마음'의 역할에 주목할 수 있다. 12:2이 1:28의 역전이라면, 12:1의 전체적인 명령은 1:24-32의 전체적인 흐름의 역전이다. 1-4장 안에서도 우리는 유사한 역전의 과정이 일어난다는 사실을 볼 수 있다. 말하자면, 4:18-22에 나오는 아브라함의 믿음은 1:19-25에 나오는 인류의 부패가 역전된 현상으로 보이는데, 바울은 이를 세심하게 표현해 놓았다.[70] 같은 맥락에서, 1:20에 나오는 바 창조 세계에 관한 긍정적인 관점은 마침내 8:19-21에서 창조 세계의 속량으로 응답된다. 그 외에도 긴밀하게 연결된 본문들이 많은데, 언급하기 힘들 정도다. 3:1-9의 질문들은 9-11장의 질문들과 매우 밀접하다. 이 사실은 그 이른 단계의 질문들을 낳게 한 2:25-29이 9-11장을 낳게 한 본문, 즉 로마서 8장(아니, 롬 7장과 8장이라고 말해야 할지도 모른다)을 예견하는 내용으로 이해될 수 있음을 강력하게 암시한다. 긴밀하게 엮인 전체적인 구조를 풀지도 못해 놓고는, 어떤 한 부분을 떼어 내고 그것을 조각내서 다른 '목소리들'로 분리할 수는 없다. 로마서가 예리한 갈등이 벌어졌던 특정 지역의 상황에 답변하기 위해 집필되었든, 아니면 (내가 생각하듯이) 더 넓은 독자를 대상으로 삼지만 여전히 로마 교회의 구체적인 필요들에 답변하기 위해 집필되었든, 모든 신호는 로마서 안에는 요소요소에서 서로 겹치고 맞물리는 주장들이 매우 세심하게 배열되어 있다고 이야기한다. 나는 기초주의적이고

---

70 Wright 2002 (*Romans*), pp. 499-501를 보라.

합리주의적이며 개인주의적인, 그리고 조건적이고 계약적인 '칭의 이론'이 여전히 존재하는 한에서는, 그 이론의 어리석음과 결함을 폭로하고 대안을 제시할 필요가 있다는 데 동의한다. 하지만 단지 욕조에 가끔 거미가 보인다는 이유로 욕조를 버리지는 않는다. 바울서신의 경우는, 거추장스럽게 새로운 가상의 배우들을 만들고는 바울의 대본 중 일부를 할애해서 그 배우들에게도 말할 거리를 채워 주라고 바울을 설득할 필요가 전혀 없다.

마지막 할 이야기는 아마도 나보다 더 대담한 학자가 해야 할 이야기다. 분명히 바울이 고린도후서 11장에서 사용했던 기법(또 다른 '다른 인물로 말하기 기법'의 사례?)을 따라 '어리석은 자와 같이 말하는' 누군가가 주장할 수 있는 이야기인데, 캠벨의 방대한 그 책이 지닌 가장 큰 아이러니는 **그 자신의 주장이 정확히 그가 비판하는 방식으로 작동한다**는 것이다. '그 누군가는 아마도' 다음과 같이 이야기할 것이다.

첫째, 캠벨은 '칭의 이론'과 연결된 혹은 심지어 그 이론 때문에 초래된 수십 가지의 문제를 '기초주의적인' 방식으로 우리에게 납득시키려고 노력한다. 캠벨 자신의 말을 빌리면, 그는 그 따지기 좋아하는 사람들 속으로 뛰어들기로 결정했다.

> 그는 대체로 반박의 여지가 없으며, 주된 사안을 확고하게 정립하고 논의를 시작하는 데 도움이 될 수 있는, 특징을 잘 정리한 예비 자료를 들고 뛰어들기로 했다.[71]

이런 방식은 '기초주의'의 정의에 거의 들어맞는다. 그는 (롬 1장의 긴 죄 목록을 제시한 '칭의 이론'의 '바울과 매우 유사하게) 예비적인 고발을 제기한 뒤,

---

71   2009, p. xxvii.

(2:17-24에 대한 통상적인 해석이 이야기하는 바울과 매우 유사하게) 예외의 가능성을 논하고, (그의 책 12장에서) 그 가능성을 일축한다. 캠벨은 로마서 1-4장에 관한 모든 표준적인 독법은 오류를 범했고, '묵시'의 영광에 이르지 못했다고 결론 내린다. 따라서 긴 문제 목록[이해하기 좋게 범주화되어 있다. '내재적 난점', '체계적 난점', '경험적 난점', 그리고 차례로 이어지는 본문상의 '과소결정'(Underdeterminations; 어떤 과정을 불가능하게 만드는 특정 요소가 상황을 결정한다는 개념—옮긴이)과 '과잉결정'(Overdeterminations; 어떤 결과는 가능한 다양한 요소의 축적과 심화라는 개념—옮긴이)][72]은 '이어질 해석학적·주해적 논의를 위한 지렛대가 될 것'이다.[73] 캠벨은 그 모델이 '인상 깊은 합리적 통일성'을 가지고 있다고 말한다.[74] 그 논증의 상당 부분은 이처럼 분명하게 '합리적인' 방식으로 진행되어 기초적인 원칙에서 나온 주장인 것이 '틀림없는' 내용을 추론한다.[75]

그 후에는, 그 고발을 도저히 피할 길이 없기에 우리의 교사는 그가 우리에게 그것이 존재한다고 '납득시킨' 그 문제에 대한 해답을 제시한다. 이 비뚤어진 생각을 제자리로 되돌리기 위한 속죄 기제가 필요하다. 그러기 위해서는 '교사'를 희생양 삼아 로마서 1-4장의 현재 형태가 지닌 일관성을 희생시켜야만 한다. '칭의 이론'의 죄를 그 교사에게 뒤집어씌우고 광야로 내보내서, 바울의 진짜 의도인 '묵시'가 모습을 드러내고 거짓 가르침의 포로 상태에서 구출되게 해야 한다. 캠벨은 ('교사'가 아브라함에게 호소했듯이) 누군가 과거의 위대한 학자에게 호소할 경우를 대비해, 아타나시우스, 아우구스티누스, 칼뱅, 그리고 물론 바르트 같은 위대한 신학자들을 자기편으로

72　Campbell 2009, pp. 168-169, 171-172, 396-408.
73　2009, p. 8.
74　2009, p. 35.
75　예를 들면, 2009, pp. 32, 41.

내세울 것이다. 물론 (아브라함과 할례의 경우처럼?) 캠벨에게 필수적인 관점을 그 고귀한 인물들이 '뒷받침'하게 하려면 다수의 교묘한 주해가 필요할지도 모른다. (잠깐 진지하게 말하자면, 당연히 이 학자들은 모두 칭의를 믿었고 롬 1-4장에서 칭의를 발견했다. 그들 중 누구도 로마서를 캠벨처럼 이해하는 모습을 상상하지 못했을 것이다.)

그 귀결(캠벨의 설명에서는 '교사'의 합리주의적·기초주의적 호소의 귀결)은 분명하다. '교사'에게 그것은 '회개하거나 불에 타 죽거나'였다. 우리가 아는 어떤 1세기 유대인이 실제로 그런 말을 한 것은 아니다. 샌더스가 루터를 비판할 때 소위 중세 후기 로마 가톨릭의 그림을 바울의 적들에게 투영했다는 혐의를 제기했다면, 우리는 비슷하게 현대화의 오독이라는 혐의로 비판받는 캠벨의 모습을 상상할 수 있다. 캠벨의 해석도 마찬가지로 솔직하고 단호한 요구를 한다. '항복하라, 그렇지 않으면 소멸될 것이다!' 이미 이전 책에서 나는 캠벨의 눈에 띄는 협박, 즉 '칭의'와 '구원사' 모델은 자신의 모델에 종속되거나 '주해를 통해 제거되어야' 한다는 협박을 인용한 적이 있다. 이제 그는 이 협박을 더 상세히 설명한다.

전통적인 해석은 이제 적극적으로 자신을 변호해야지, 그저 우월하다는 말만 반복해서는 안 된다. 그리고 내가 50가지 넘게 열거한 수많은 문제를 처리해야 한다. 마찬가지로 나의 재해석도 적극적으로 반박해야 한다. 내가 제시한 증거들을 무너뜨리고 내가 제시한 관련 본문에 대한 설명의 문제점을 찾아내야 한다. 이런 시도도 없이 내 재해석에 '납득이 안 된다'는 말로만 응수하고 반박한다면, 그 자체로 설득력이 없음을 증명하는 꼴이다. 상황은 이미 단순한 묵살로 가능한 단계를 지난 지 오래다. 바울의 칭의 관련 본문에 관한 전통적 해석은 그저 가장 덜 나쁜 대안이었을 뿐이며, 이제 새롭고 우월한 대안이 제시되었으니 단순한 자기주장의 해석학(그리고 정치학)을 넘어서는 작업이 다분히 요

구된다. 칭의는 멋진 신세계에 적응해야 한다. 그렇지 않으면 소리 소문 없이 소멸하고 말 것이다.[76]

달리 말해, '회개하거나 불에 타 죽거나' 결정해야 한다. 이처럼 상위 차원(meta-level)에서, 기초주의적 주장이 기초주의적 결론을 낳고 있다. 나보다 더 대담한 비평가라면 이 점을 더 파고들고 싶을 것이다.

그런데 이것이 유일한 아이러니는 아니다. 캠벨은 코끼리를 연구하는 맹인이라는 고리타분한 이미지를 자주 언급한다. 바울 연구자들이 겨우 코끼리의 꼬리나 다리, 몸통, 상아 정도만 만져 보고는 바울 신학이라는 '코끼리'를 '실제로' 구성하는 것은 '칭의'나 '참여', '구원사' 등이라고 선언하는 꼴이라는 것이다. 하지만 내 생각에 캠벨의 책 전체에서 상당히 분명하게 발견되는 진짜 골칫거리는 따로 있는데, 바로 하나님과 이스라엘 사이의 **언약**이다. 복음 사건에서 이스라엘의 하나님은 이 언약에 신실했으며, 이 언약은 아브라함과 체결한 것으로 전 세계적인 가족과 전 우주적인 유업에 관한 약속을 포함한다. 내가 다른 곳에서 증명하려고 노력했듯이, 이 주제는 다른 관점에서는 이질적으로 보이는 바울서신의 강조점들을 종합해 낼 수 있는 잠재력을 가지고 있다.[77] 당연히 이런 내 견해는 다양한 '칭의 이론'의 옹호자로부터 조롱당해 왔다. 왜냐하면 내 주장이 (여러 가지가 있겠지만 그중에서도) 현대식 '복음'의 개인주의를 위협하는 것으로 보이기 때문이다. 하지만 우려가 큰 개념인 '계약'의 대척점에 적절한 '언약' 개념이 있다고 보는 스코틀랜드 신학자들의 관점에 명백히 기대고 있는 캠벨이, 이 지점에서 철저히 '묵시적'으로, 하지만 훨씬 더 인식 가능한 역사적 의미에서 '묵시적'으로 바

---

76 2009, pp. 935-936.
77 *PFG*, 특히 10장. 그리고 이제는 Wright 2014a도 보라.

울을 설명 할 수 있는 잠재력을 볼 수 있었을 텐데 그러지 못했다며 애석해 할 사람도 있겠다. 결국 실제 제2성전기 유대교의 '묵시주의자들'이 그들이 쓴 내용을 집필한 이유는, 창조주 하나님이 세상의 모든 정사와 권세(특히 이스라엘이 사회적·정치적 실체로서 직면하고 있는 현실의 물리적 대적)에 거둘 승리의 단서가 하나님과 이스라엘의 언약 속에 감추어져 있었기 때문이다. 그들은 '칭의'를 이야기할 때, 그런 맥락에서 했다.[78]

사실 그들은 '칭의'를 매우 드물게 언급할 뿐이다. 쿰란 문서와 『솔로몬의 시편』에서 '칭의'가 가끔 언급되긴 해도, 칭의 주제가 로마서와 갈라디아서에서 담당하는 것과 같은 두드러진 역할은 맡지 못한다. 이 지점에서 질문을 할 수 있다. '무슨 이유로 바울은 상대적으로 희소한 이 유대교의 주제를 동원했는가? 그리고 이 주제에 선례가 없을 정도의 중요성을 부여했는가?' 슈바이처와 브레데는 '그 주제가 이방인이 하나님의 백성에 편입된다는 완전히 새로운 주제(캠벨의 책은 이상하게도 이 주제에 거의 침묵한다)에 관한 내용이기 때문'이라고 대답했다. '칭의 이론'은 '인간의 죄는 너무 심각하고 유대교의 해답은 너무 부족하기에, 하나님은 다른 길을 제공해야 했기 때문'이라고 대답했다. (그렇다면 캠벨이 가정한 유대계 그리스도인이었던 '교사가 그런 관점을 수용하기 원했을 것이라는 주장은 더욱더 이상하다.) 언약적·묵시적 답변은 다음과 같을 것이다. "왜냐하면 바울은 복음 사건에서 하나님의 언약적 신실하심이 마침내 계시되어, 최초로 다음 두 가지가 가능하게 되었다고 이해했기 때문이다. 먼저 인간의 곤경을, 그리고 창조주 하나님이 세상의 모든 권세에 거둔 승리를 적절한 '후향적' 관점으로 최초로 설명할 수 있게 되었으며, 그

---

78   Campbell은 제2성전기 문헌을 거의 다루지 않는다. 이 주제가 '선행하는 유대교 전통', 그리고 그 뒤로 한편으로는 마카베오4서, 다른 한편으로 바울에 미친 영향에 관한 도표(p. 655)는 우리의 탐구를 기다리는 훨씬 더 넓은 세계를 가리키는 작은 암시인데, 이 세계를 조사하면 Campbell은 정작 다른 방식으로 답하는 쪽을 택한 문제에 대한 잠재적 대안을 발견할 수 있을 것이다.

리고 그러한 배경에서 하나님이 메시아의 죽음 안에서 죄에 내린 정죄가 어떻게 인간이 저지른 실제 죄에도 불구하고 복음을 믿는 모든 사람, 먼저는 유대인, 다음으로는 그리스인에게 (마지막 날의 선고를 올바르게 예견해) 현재 선언되는 '옳다는' 선고, '죄가 용서되었다는' 선고의 토대가 되는지 적절하게 이해할 수 있게 되었다." 당연히 이 답변은 칭의에 관한 이런 설명 전체를 다음과 같은 이야기 내부에 '자리매김'시킨다. (a) 어떻게 이 철저하게 새롭고 충격적인 사건이, 그런데도 후향적인 관점에서는 하나님의 옛 목적의 성취로서 이상하고도 감추인, 하지만 하나님의 인도를 받은 이스라엘의 내러티브를 그 목적에 이르게 하는 사건으로 이해될 수 있는지에 관한 이야기, (b) 어떻게 성령의 사역이, 그리고 '메시아 안으로' 신자들의 연합됨이 구속된 인류에 관한 설명의 기초가 되는지에 관한 이야기, (c) 어떻게 이 구속된 인류가 창세기 1장과 시편 8편에 나오는 원래 의도된 그들의 역할, 즉 구속과 정의를 가져오는, 모든 창조 세계를 다스리는 메시아의 통치에 참여하는 역할을 재개하는지에 관한 이야기. 그리고 당연히 이 모든 이야기는 로마서 1-8장의 내용과 매우 유사하다.

따라서 우리는 어느 정도 캠벨의 의견을 수용해야 한다. 그의 주장대로, 로마서 1-4장을 떼어 내 부분적으로만 적합한 임무('칭의'를 설명하는 일)를 맡긴 것은 실수였다. 그 그릇된 주해상의 판단이 현대 문화의 다양한 측면을 통해 매개되면서 온갖 혼란이 발생했다는 것도 맞는 이야기다. 하지만 딱 거기까지다. 캠벨처럼 로마서 1-4장을 여러 조각으로 분해해서는 혼란과 문제를 해소하기는커녕 제대로 답변도 못 한다. 혼란과 문제를 제대로 설명하고 해소하려면 로마서 전체와 특히 로마서 1-8장 전체의 더 큰 주장 안에서 로마서 1-4장이 적절한 역할을 맡게 해야 한다.

이런 이야기 배후에는 캠벨의 이전 작품인 『바울의 복음을 찾아서』(*The Quest for Paul's Gospel*)를 포함하는 그의 프로젝트 전체를 둘러싼 문제가 있다. 캠벨은 ('칭의 이론'과 마찬가지로) '복음'이 '사람이 구원을 얻는 방법'이라고 당연하게 받아들이는 듯하다.[79] 하지만 이런 태도는 이미 '칭의 이론'의 문제라고 그가 지적한 오해석에 결탁하는 꼴이다. 적어도 로마서에서 '복음'은 로마서 1:16-17에 규정된 내용이 아니다. 그 본문이 표현한 것은 '복음'의 **효과**다. 바울이 복음 자체를 정의하는 지점은 로마서 1장의 앞부분인 1:3-4이지만, 캠벨은 그의 설명에 이 본문을 전혀 실질적으로 참고하지 않는다. 복음은 예수 자신, 즉 십자가에 못 박히고 부활한 예수, 이스라엘의 메시아이자 전 세계의 정당한 주님인 예수에 관한 메시지다. '칭의 이론'의 문제 중 하나는 '복음'은 '그것이 나에게 가지는 의미'에 관한 것이라는 멜란히톤식의 주장이다. 이 내용은 벌써 문제의 초점을 개인과 개인의 '혜택'으로 돌린다. '그리스도를 아는 것은 그가 나에게 주는 혜택을 아는 것이다.' 반대로 진정으로 '묵시적인' 복음은 메시아 예수가 주님이며 '혜택'은 우리의 시선을 우리 자신에서 그에게로 돌릴 때 발견된다고 말한다. 캠벨은 '복음'을 '사람이 구원을 얻는 방법'과 동일시함으로써 이미 적들의 영역에 발을 들여놓은 셈이다. 온전한 '묵시적' 설명이라면 더 대담했어야 했다.

3. 결론: 옛 관점과 새 관점을 넘어서?

그렇다면 캠벨은, 그와 그의 제자 중 일부가 주장하듯이 새 관점을 넘어섰는가?[80] 그렇기도 하고 아니기도 하다. 소위 '묵시적' 바울의 다른 옹호자들과 마찬가지로, 실제로 그는 어느 한 궤도에만 속한 것이 결코 아니다.

---

79 예를 들면 2009, p. 520. "당신이 구원을 얻는 방법(그리고 당신은 구원받을 수 있다는 사실)이 '좋은 소식'이다." 여기서 Campbell은 '칭의 이론'을 요약한 것이지만, 이 부분에는 동의하는 듯하다.

80 예를 들면, *Beyond Old and New Perspectives on Paul*이라는 제목을 단 Tilling 2014를 보라.

왜 그렇게 봐야 하는가? 그의 주장도 바울에 관한 다른 많은 논의 가운데 그저 하나일 뿐이다. 캠벨은 편의상 '새 관점'이란 팻말을 달고 있는 다양한 흐름과 몇 가지 강조점을 공유한다. 이를테면, 기본적으로 '루터파'를 따르는 바울 해석(중 일부 특징)에 반발한다. 그는 인류의 '곤경'에 관한 바울의 생각에 한에서는, 그것이 '해답'에 관한 통찰에서 시작된 반응이었지 그 반대가 아니라고 주장한다. 하지만 소위 유대계 그리스도인이었던 '교사'('회개하거나 불에 타 죽거나'를 선포하는 설교가로서, 분노에 찬 하나님과 지옥의 불구덩이를 제시하고, 개인은 '믿음'이라 불리는 합리적 '결단'을 통해 구원받는다고 설파한다)에 관한 캠벨의 설명은 새 관점이 반대하는 희화화, 즉 열심 있는 유대인의 모습으로 변장한 중세 가톨릭의 옛 전망만큼이나 모든 면에서 문제가 많다. 물론 최고의 아이러니는, 과연 다가오는 하나님의 처벌에 관한 경고가 어디에 나오는지 확인하기 위해 고대 유대교 문헌을 훑어보려면, 우리가 보통 '묵시'라 부르는 문헌을 들춰 볼 수밖에 없다는 것이다. 앞서 살펴보았듯이, 19세기와 20세기의 많은 자유주의 사상가들은 바로 이런 이유로 '묵시'를 어둡고 위험한 이원론적 신학으로 보고 거절했었다. 이것은 심각한 오해였다고 생각할 수 있는데, 나는 실제로 오해였다고 본다. 하지만 (내가 그랬듯이) '묵시'를 제2성전기 유대교와 바울을 이해하는 핵심 열쇠로서 부활시키고 싶다면, 다음 두 가지 측면을 이해하기 위한 더 많은 작업이 필요하다. (a) 고대 유대교의 '묵시'가 실제로 기능했던 방식, (b) 메시아이자 주님인 예수의 복음 안에 드러난 이스라엘 하나님의 신선한 묵시가 이러한 사고의 형태를 탈바꿈시켜 더 넓은 세상의 문제에 답할 수 있게 한 방식.

그런즉 바울을 이해하기 위한 범주로서 '묵시'에 대해 우리가 무슨 말 하리요? 첫째, 사도 바울을 해석하는 도구로 '묵시'를 언급함으로써 결과적으로 얻게 되는 주된 수사적 효과는 가설적인 종교사적 매트릭스를 내세우는 것이라는 사실을 다시 한번 강조해야 한다. 하지만 '묵시'라는 단어가 이제는 다양한 다른 내용을 의미할 수 있다(실제로 그렇게 되었다)고 말하면서 그 매트릭스에서 떨어져 나오면, 그와 같은 종교사적 주장은 모두 효력을 잃는다. 그 후에 우리에게 남겨진 것은 특정 요소에 초점을 맞춘 체계에 신학적으로 호소하는 작업으로, 그 요소로는 임박한 파루시아(케제만), 십자가의 승리(베커), 두 '시대'와 '묵시'의 두 '노선'(드 보어), 세 명의 우주적 '대리자'(하나님, 인간, 권세) (마틴), '죄들'(sins)과 '죄'(Sin)의 구분(가벤타), 혹은 인간의 주도권에 대비되는 신적 주권의 중요성(캠벨) 등이 있었다. 물론 이것들은 다양하게 서로 조합되지만, 서로 간의 차이 역시 중요하다. 그런데 캠벨의 관점을 이야기하자면, 우리가 하나님의 주권을 언급할 때 마음속에 떠오르는 신학자들(아우구스티누스, 루터, 칼뱅, 바르트)은 또한 사뭇 전통적인 의미에서 칭의의 중심성도 역설했다. 캠벨은 그런 의미의 칭의를 거부했다. 만약 그들의 교리가 지난 4세기 동안의 서구 신학 내부에서 현대의 개인주의, 계약적 사고 등의 미묘한 침투를 통해 타락해 왔다면, 그것은 그 나름의 관점에서 답해야 할 문제이지 바울의 원래 편지에 관해서는 알려 주는 바가 거의 없다.

오히려 바울을 1세기 유대교 자체, 특히 '묵시'라는 이름표로 느슨하게 묶을 수 있는 문헌들의 역사적 배경으로 가져가면, 소위 '묵시'의 현대적 부흥이 배제했던 모든 특징이 그 속에 있음을 확인할 수 있다. '묵시'의 현대적 부흥 과정에서 발생한 사상자는 (거기에 동반되는 인간의 죄, 속죄 등의 문제와 더불어) 칭의만이 아니다. 또한, (더 중요한 문제다) 우리는 하나님이 이스라엘과 체결한 언약이란 개념, 그리고 길고 어두운 이야기가 마침내 신선하고 충격적인 계시, 하지만 오래전에 약속되었고 오랫동안 기다려 온 새로운 계시 안에서 그 목적에 도달했다는 일관된 의미도 잃어버렸다. 내러티브 개념, 그리고 신적인 언약 개념은 하나님의 주권을 강조하는 '묵시적' 개념과 대립하지 않고, 새로운 하나님의 주도권이 급진적으로 침입할 것이란 약속과도 대립하지 않으며, 초인간적인 '세상의 권세들'이 하나님의 주권을 찬탈했지만 마침내 제자리를 찾는다는 신념과도 대립하지 않고, '올 시대'가 '악한 현시대'로 쏟아져 들어온다는 '두 시대' 개념과도 대립하지 않는다. '묵시'의 요소로 추정되는 내용이 모두 제2성전기와 초기 기독교의 진정한 '언약' 신학 안에 완전히 편안하게 자리 잡고 있다. 이 문제들을 날카롭게 제기해 준 것에 우리는 드 보어, 마틴에게 고마워하듯이 캠벨에게도 고마워해야 할 것이다. 그리고 불트만의 개인주의적 실존주의를 깨고 나온 케제만의 지도력도 인정한다. 하지만 우리는 베커와 함께 (물론 베커도 훨씬 뛰어넘어) 온전하게 유대교적 배경을 강조해야 하고, 분리되지 말았어야 할 주제들을 바울은 온전하게 통합하고 있었다고 주장해야 한다.

물론 대화는 계속된다. 앞서 가벤타의 중요한 작업을 언급했는데, 앞으로 출간될 그의 로마서 주석은 틀림없이 논의를 진전시킬 것이다. 물론 그게 어떤 방향일지는 두고 볼 일이다.[81] 마틴의 관점을 출발점 삼아 논의를 진척시키려 한 다양한 논문집이 있다. 하지만 앞서 말했듯이, 그 모든 시도는 자신도 감당 못 하는 기반 위에 세워졌기에 나는 그 시도들을 본질상 불안정하다고 본다.[82]

하지만 내가 계속해서 주장했듯이, 내가 반대하는 것은 바울이 '묵시적' 신학자였다는 개념이 아니다. 내가 반대하는 것은 어떤 신학적 입장을, 아니

---

81 이미 나와 있는 Gaventa 2013b를 보라.
82 예를 들면, Davis and Harink 2012; Gaventa 2013a를 보라. Gaventa 2013a에 실린 Martyn의 마무리 논문(Martyn 2013)은 그 논문집이 '사도 바울에 관한 연구에서 우리 시대에 일어난 가장 의미심장한 국제적 사건 중 하나일 것이 틀림없다'라는 주장으로 시작한다(p. 157). Martyn 자신의 간략한 논문 대부분은 '대리자' 문제에 쏠려 있다. 말하자면, (헬레니즘 철학에서처럼) 인간이 자력으로 선한 행위를 할 수 있는지의 문제, 혹은 (Martyn의 '묵시적' 관점에서처럼) 인간은 신적인 '침입'이 일어나 이제 윤리적 드라마에 연루되는 두 '행위자', 즉 하나님과 '새롭게 창조된' 인간이 있기 전까지는 죄(Sin)의 노예 상태일 뿐인지의 문제. 내가 보기에 이런 논의는 Luther가 *The Bondage of the Will*에서 Erasmus에 대항해서 펼쳤던 주장이나, 더 거슬러 올라가 아우구스티누스와 펠라기우스의 논쟁 같은 하나님의 주권과 인간의 능력에 관한 옛 논의에 더해 주는 것이 별로 없다. 결국 '묵시주의'는 이제 그저 '아우구스티누스주의'를 의미할 뿐인가?

당황스러운 범위의 입장들을 시사하기 위해 그 단어를 사용하는 것이다. 그렇게 사용한다면 그 단어는 프로크루스테스의 침대가 되어 실제로는 당시의 많은 '묵시주의자'와 궤를 같이했던 바울의 다양한 이야기를 못 하도록 그의 입을 틀어막는 데 동원될 수 있다. 나는 또한 바울을 역사적으로 기술 가능한 '묵시적' 틀, 제2성전기 유대교의 틀 안에서 이해한다. 하지만 바울의 경우, 그 틀은 메시아와 성령을 중심으로 재고(再考)되었다. 나는 또한 바울 복음의 핵심이 유일한 하나님이 예수 안에서 극적으로, 결정적으로 역사해 '권세들'의 통치를 뒤엎고 인류와 세계를 그들의 손아귀에서 해방했다는 메시지라고 본다. 나는 또한 바울에게 세상의 참된 곤경은 그 자체로 복음에 계시되었으며, 나아가 그 계시에 따르면 인류는, 심지어 하나님의 선물인 토라의 복을 받은 유대인도 그들 자신의 구원을 스스로 개시할 능력이 전혀 없으며, 따라서 값없이 주어지는 하나님 은혜의 선물에 전적으로 의존할 수밖에 없다는 점을 강조한다. 나는 또한 바울이 '올 시대'가 예수의 죽음과 부활을 통해 시작되었으며, 그 시대는 로마서 8장과 고린도전서 15장에 기록된 사건들을 통해 완성될 것으로 믿었음을 강조한다. 나는 또한 이 모든 사실이 (고후 5:16-17과 갈 4:9 같은 본문에서 보듯이) 바울 안에 새로운 양식의 사고를 발생시켰다고 주장한다. 이 새로운 사고의 의미를 조금만 확장하면 '묵시적 인식론'이라고 불러도 무방할 정도다. 하지만 이렇게 쌓아 올린 이야기들은 많은 사람이 으레 생각하는 방식으로 작동하지 않는다. 이런 '묵시'는 죄, 속죄, 용서에 관한 강조를 배제하지 않는다. 도리어 그런 내용을 수용한다.[83] 그리고 묵시는 이스라엘의 어두운 긴 역사에 관한 강조, 그리고 그러한 장면들 배후에서 작용해 심판과 긍휼의 마지막 대단원을 가져오는 (내재적 과정이나 점진적 발전이 아니라, 창조주 하나님의 주권의 일부로서) 하나

---

[83] 이제는 Martyn도 그렇게 인정하는 듯하다(2013, pp. 163-164).

님의 목적에 관한 강조를 배제하기보다 도리어 기대하게 한다. 그리고 묵시는 **언약**이라는 더 큰 맥락을 배제하기보다 실제로는 더 내세운다. 다시 말해, 이 언약은 하나님이 마침내 성취하는 아브라함과의 언약, 메시아를 중심으로 재정의된 언약(메시아를 통해 그 약속들이 전 세계로 확장된다), 그리고 토라와 별개이면서 동시에 토라와 선지자의 증거를 받은 하나님의 언약적 신실하심이다. 앞서 말했듯이, 불트만과 케제만, 둘 중 한 명을 선택해야 한다면 우리는 반드시 케제만을 택해야 한다. 그런데 이 위대한 사상가들은 그들이 역사에 호소하는 전통 위에 서 있다고 주장했다. 실제 역사를 확인해 보면, 우리는 그들이 상상했던 것보다 더 큰 그림을 발견한다. 바울은 1세기에 속한 인물이었지, 황량하고 숨 막히는 19세기 유럽의 논쟁이나 좀 더 최근 계승자들의 논쟁에 속한 인물이 아니다.

따라서 본서의 세 번째 부분에서 돌아볼 주제는 바로 역사 자체다. 바울의 작품 곳곳에서 모습을 드러내며 바울이 그의 집약적이고 호소력 넘치는 편지들을 보냈던 실제 공동체들의 실제 역사 말이다. 내가 '실제 역사'(actual history)라는 표현으로 의도한 바는 다른 의미들 가운데서도 '사회사'(social history)다.

3부

바울의 세계 속 바울 – 그리고 우리의 세계 속 바울?

10장

사회사와 바울의 공동체

1. 서론

역사는 고집스럽다. 짓눌려 묵사발이 되기도 하고, 갈가리 찢기기도 하고, 토론의 대상이 되고, 잊히기도 하고, 망가지기도 하고, 이런저런 방식으로 얻어맞는 등 온갖 대우를 참아 낸다. 그런 후에도 마지막까지 살아남아 있다. 고집스럽게 던져지는 비꼬는 질문 속에서 피를 흘리지만 굴복하지 않고, 눈썹을 치켜뜨고 서 있다. 모든 소동과 함성이 잦아든 후에도, 이데올로기와 거대한 계획들이 위용을 과시한 후에도 역사는 거기 남아 참을성 있게, 하지만 억세게 자기 차례를 기다릴 것이다. 역사는 절대 사라지지 않을 것이다.

역사가 중요한 이유는 특히나 그것이 까다롭기 때문이다. 사람들 개개인도, 심지어 우리가 가장 잘 아는 사람도 우리가 상상해 왔던 모습과 정확히 일치하지는 않으며 우리가 생각했던 것과 상당히 다른 목적, 소망, 두려움을 가진 사람으로 밝혀지곤 하듯이, 그리고 현실의 인간관계도 우리가 가진 얄팍한 투사를 지속하는 것이 아니라 그런 차이를 직면하고 그것을 수용하고 다루는 법을 배우는 것을 수반하듯이, 지난주, 지난 세기, 나아가 2,000년 전에 발생한 사건의 세부사항도 자기를 봐달라고 계속 머리를 내민다. 현명한 역사가라면 그가 이전에 품고 있던 틀이 아무리 크고 쉽더라도 그 틀을 계속 증거에 부과하기보다는, 증거에 직면하고 증거를 받아들이고 다루는 법을 배울 것이다. 나는 그런 역사 작업이 늘 신약 연구의 중심이었다고 말하고 싶다. 적어도 그랬어야 했다.

그것이 바로 '역사비평적 방법'이라 불리는 작업이 핵심 과제로 언급되던 오랜 기간 그 속에 암시되어 있던 의미다. 우리는 게르만족 특유의 단호함으로 역사를 할 것이며(그들은 그렇게 생각했다), 이를 통해 통상적인 서방 기독교의 일부, 아니 대부분이 당연시했던 내용이 실제로는 오해에 근거한 것이라는 사실을, 특히 (초기 교회가 그들의 믿음을 지탱했던) 허구에 근거한 것이란 사실을 증명할 것이다. 그것이 바로 굴곡은 있지만 18세기 헤르만 자무엘 라이마루스(Hermann Samuel Reimarus)에서 시작해 19세기 페르디난드 크리스티안 바우르를 거쳐 20세기 루돌프 불트만과 그의 제자들에게로 이어진 의제다. 역사는 **전복적**이다. 특히 교회 전통에 관해서라면 더 그렇다. 오늘날의 많은 사람, 특히 북미 사람들은 자기가 그런 성격을 가진 행위에 참여한다고 생각하면서, 그들의 눈에는 여전히 정통 기독교 신앙 같은 것을 고수하고 옹호하면서도 '역사'를 한다고 주장하는 사람을 향해 독설을 퍼붓는다. 하지만 이런 부정적인 접근도 자기 논점을 기정사실로 전제한다는 면에서는 많은 기독교 옹호론자들과 다를 바 없다. 그런 태도는 18세기 말의 사회적·정치적·종교적 대격변에서 출현한 전제, 즉 왕권이든 교회든 옛 질서는 끝났고 새로운 질서가 출현하고 있다는 전제를 이어 가는 것일 뿐이다. 그 흐름은 멋진 신세계를 위한 굳건한 기반으로 '과학'에 호소했는데, 유추하자면 '과학적 역사'에 호소한 것이다. 역사에 호소하는 것의 곤란한 점은, 당연히 당신이 역사 작업에 뛰어들어야 한다는 것이다. 그리고 바울의 유명한 호소 속의 카이사르처럼, 역사는 당신이 듣고 싶은 이야기를 해 줄 수도 있지만 그렇지 않을 수도 있다(바울이 베스도의 제안을 거부하고 카이사르에게 상소하겠다고 말하는 행 25:11을 참고—옮긴이).

틀림없이 세 가지 경고음이 이미 들렸을 것이다. 첫째, 악명 높은 이야기지만, '역사'라는 단어는 세 가지 의미를 지닐 수 있다. (1) '발생한 일', (2) '발생한 일을 사람이 기록한 것', (3) '오늘날 역사가가 하는 일', 즉 가용한 증거를 가지고 의미 있는 내러티브를 구성하기 위해 노력하는 작업. 그래서 역사는 사건, 기록, 또는 작업일 수 있다. 주후 70년 예루살렘이 로마제국에 파괴되었다는 것은 '[사건] 역사'의 사안이다. 요세푸스가 그의 세 가지 장편 내러티브[『유대고대사』(*Antiquities*), 『유대전쟁사』(*War*), 『자서전』(*Life*)]에서 그 사건을 기록한 것은 '[기록] 역사'의 사안이다. 오늘날 우리가 '[기록] 역사' 및 다른 많은 자료를 읽으면서 과거에 일어났던 일['(사건) 역사']에 관한 우리 나름의 이야기를 만들려는 시도는 '[작업] 역사'의 사안이다. 기록으로서의 역사와 현대적 작업으로서의 역사는 서로 겹치기도 한다. 어떤 의미에서 요세푸스는 현대의 역사가에게 자료인 동시에 선배 역사가이기도 하다. 하지만 연구라는 작업과 집필되어 완성된 결과물, 그리고 원래 사건은 분명히 서로 다른 것이다. 이러한 다층적인 모호함 내부에 우리를 오랫동안 괴롭힌 여러 가지 골칫거리가 놓여 있다. 그 특별한 사례로 (실제로 살고 숨을 쉬고 죽었던 현실의 예수를 의미하는) '역사적 예수'와 (역사가들이 특정한 세계관 속에서 작업하며 재구성을 시도한 '예수'를 의미하는) '역사적 예수' 사이의 곤란한 차이를 들 수 있다. 후자에 의구심을 가지는 사람 중 일부는 전자의 중요성을 부정하는 것처럼 보인다. 불행 중 다행인지, 우리의 현재 관심사는 예수가 아닌 바울이다. 하지만 바울과 관련해서도 비슷한 반응을 볼 수 있다. 이를테면, 교회의 신학자들이 우리에게 '칭의'의 의미를 알려 주었기 때문에, 우리는 바울이 설명하고 논의한 실제 본문에서 바울 자신이 의도했던 바에 관한 곤란한 역사적/주해적 질문을 제기해서는 안 된다고 주장하는 사람을 떠올려 볼 수 있다.

두 번째 경고는, '사실'(facts)은 복잡하며 도달하기 어렵다는 것이다.[1] 본서 3부와 관련해 중요한 작품을 쓴 학자의 말을 인용해 보겠다.

> 사실이란 조약돌처럼 집어내기만 하면 되는 것이 아니다. 사실은 얻어내는 것이고, 미로 같은 현상들에서 애를 써서 끄집어내는 것이며, 발명하는 것이다. 사실을 발견하려면, 날카로운 눈만이 아니라 강인한 상상력도 필요하다.…과학자처럼 역사가도 사실을 추구하는 고집을 즐겨야 한다.[2]

다시 이 단어, '고집'을 만난다. 사실(facts)은 중요하다. 사실을 이해하기 위해 상상력이 필요하다고 해서, 그것이 허구라는 의미는 아니다. 절대 그렇지 않다. 어떤 사실이 당신의 이론에 딱 들어맞는다고 해서, 반드시 그것이 당신이 자기 목적을 위해 사실을 조작했다는 의미는 아니다. 이 지점에서 역사가와 냉정한 과학자는 거의 완전히 같은 수준이다. 차이는 물리학은 언제나 실험을 반복해야 하지만, 역사는 절대 그럴 수 없다는 것이다. 율리우스 카이사르가 주전 48년에 루비콘강을 두 번째로 건넜다 해도(실제 카이사르가 루비콘강을 건넌 것은 주전 49년이다—옮긴이), 그 사실 자체가 1년 전에 그가 같은 행위를 했다는 증거가 될 수는 없다. 또한, 두 번째 도하의 의미가 첫 번째 도하와 같지도 않을 것이다.

---

1   *NTPG* 4장, 특히 pp. 88-92를 보라.
2   Meeks 2009, p. 136. Meeks는 *The First Urban Christians* 2판의 서문에서, 고된 작업을 계속해서 그 책을 완성하도록 이끈 요인은 '호기심에서 비롯된 순전한 고집이었다. 결국 그 호기심이 바로 내가 역사가가 되려고 노력하는 확고한 이유 중 하나다'라고 말한다. Meeks 2003 [1983], p. ix.

세 번째 경고는, 역사의 원자료—고문서, 고대의 필사본, 주화, 비문, 오래된 사진, 편지, 고고학적 발견 등—가 그 안에서 의미를 가질 수 있는, 적어도 모호한 개념으로서의 '큰 그림'(big picture)도 없이 역사에 뛰어드는 사람은 거의 없다는 것이다. 무엇이 '일리 있는 것'으로 간주되는지는 또 다른 문제다. 우리는 누구의 '이해'를, 어떤 종류의 '의미'를, 인간의 동기에 관한 어떤 설명을 규준으로 상정하고 있는가? 하지만 내 요점은, 다른 연구와 마찬가지로 역사 작업에서도 큰 그림과 작은 세부사항 사이, 전체적인 가설과 그 가설로 '설명'하려는 자료 사이에 끊임없는 대화가 이루어져야 한다는 것이다. 자기는 '중립적'이라고 주장하는 사람이 있다면 즉시 그를 의심해야 한다. 그것은 마치 위대한 패턴을 알아냈다고 주장하는 사람이 설명하기 힘든 세부사항으로 도전받아야 하는 것과 같은 이치다. 다시 한번 웨인 믹스의 말을 인용하겠다.

> 우리가 발견하는 가장 귀중한 사실(facts)은 보통 우리가 원치 않는 내용이다. 어떤 연구 분야도 보고 싶은 것을 보려는 사고방식의 영향을 벗어나기 힘들다. 그런 측면에서 종교 연구는 아마도 가장 위험한 분야일 텐데, 불편한 사실보다는 마땅히 그렇기를 바라는 사실을 보고 싶어 하는 욕구가 크기 때문이다. 이 위험은 열정적으로 믿음을 옹호하는 사람과 열정적으로 믿음을 경멸하는 사람 모두에게 거의 같은 영향을 발휘하는 것으로 보인다.[3]

물론 '큰 그림'도 상당히 다른 여러 가지 가운데 하나일 것이다. 그것은 모호한 직감일 수 있다. 그것은 (혁명의 열망 혹은 철저한 사회 개혁 같은) 당연시되는 사회적 명령일 수 있다. 그것은 온전한 형식으로 제시된 철학 이론이

---

3   Meeks 2009, pp. 136–137.

나 이데올로기일 수 있다. 18세기 통상적인 기독교의 초상과는 완전히 다른 '역사적 예수'를 구성하기 위해 '역사'에 호소했던 사람들은 종종 두 번째 유형의 큰 그림(사회적 요구)을 취한 것으로 보인다. 사람들의 불안을 초래했던 것은 전통 신앙의 훼손뿐만 아니라 그들의 프로젝트에서 감지된 전복성이었다. 19세기와 20세기 초의 초기 기독교 연구 분야에서 가장 영향력 있는 학자 가운데는 세 번째 유형의 큰 그림(이데올로기)을 취한 사람들이 있었다. 그들은 칸트와 헤겔에 관한 나름의 이해를 가지고 다른 모든 것, 모든 역사와 모든 인간의 삶을 해석하는 지배적인 체계를 구축했다. 그러한 틀 안에서는 바울도, 심지어 예수도 새로운 '영'의 움직임, 끊임없는 '진보'의 과정에서 새로운 순간을 대변하는 단역에 불과하다. 최근의 '묵시' 옹호자들이 거부하는 것이 바로 이런 접근으로, 그들은 슈바이처와 바르트, 그리고 그 너머로는 (아마도 혼란스러운 사실일 텐데) 니체(Nietzsche)의 비슷한 저항을 (그들이 늘 인정하는 것은 아니지만) 따른다. 그들은 이데올로기가 학자들을 재앙 같은 막다른 골목으로 인도했다고 생각한다. 그들이 원했던 것은 과거와의 철저한 단절이자 완전히 새로운 혁명이었다.

우리가 본서의 이 부분에서 연구할 학자들은 같은 도전에 직면했지만 상당히 다른 답변을 내놓았다. 그들에게 이데올로기에 대한 답변은 묵시가 아니라 역사를 더 밀고 나가는 것이었다. 다시 말해, 그것은 고집스러운 역사 작업이다. 그것은 '위인들'과 그들의 '사상'에 관한 역사가 전혀 아니다. 또한, '종교'의 역사도 아니다. 물론 그 단어가 조금 더 정리되면 더 큰 역사 프로젝트 내에서 적절한 자리를 차지할 만한 대상을 가리킬 것이다. 또한 특별히 초기 기독교 운동의 서로 다른 부분들을 '유대교'와 '헬레니즘'이라는 거대한 두 개의 인위적 구성물로 축조한 가설적 체계 안에 '자리매김'시키려는 시도로 이루어진 '역사'도 아니다. 우리가 이제 조사할 연구들에 따르면 우리에게 필요한 것은 초기 기독교의 **공동체들**에 관한 역사다. 그것은 '사회사'를 의미한다.

2. 사회사, 사회 과학, 두터운 묘사를 향한 탐구

1) 서론

'역사' 자체와 마찬가지로 '사회사'도 복잡하다. 사회 자체가 복잡하기 때문이다. 가장 냉정한 개인주의자도 인정하겠지만, 두세 사람이 모이면 부분의 합 이상의 무언가가 창조되기 마련이다. 이것이 바로 우정이나 가정이 우리를 살아 있게 해 주는 원천인 동시에 큰 골칫거리인 이유며, 연구 주제로서는 흥미로운 대상인 동시에 파악하기 어려운 대상인 이유다. 사회는 실제 삶에서도 중요하지만, 역사에서도 그만큼 중요하다.

여기는 서로 경쟁하고 겹치기도 하는 사회사, 사회 연구, 사회학, 사회 과학 영역에서 현재 부상하고 있는 흐름을 적절하게 소개하는 자리가 아니다. 그런 내용은 다른 학자들이 더 충분하게 제시해 주었다.[4] 내 과제는 그저 지난 세대 동안 사회 연구의 잇따른 조류가 바울이란 해안에, 아니 바울 공동체들─바울의 복음 전파를 통해 탄생한 신자들의 공동체로, 바울은 이들을 향해 그의 난해하고 고무되는 편지를 썼다─이란 해안에 밀려온 몇 가지 방식을 전달하고 논평하는 정도다.

모든 역사가 그렇듯이, 사회 연구의 요점 가운데 하나는 다른 시대와 다른 장소의 사람들도 비행기나 전자기기만 없을 뿐 우리와 다를 바 없는 사람일 것이라는 쉬운 가정에 이의를 제기하는 것이다. 다른 말로 하면,

---

4 예를 들면, Blasi, Duhaime and Turcotte 2002를 보라. 위대한 사회 역사가인 Asa Briggs는 최근의 회고록에서 '우리는 늘 문학을 역사와 연결해야 한다'는 주장과 더불어, 사회사는 '정치를 배제한 역사'라는 G. M. Trevelyan의 관점에 반대해 사회사는 사실 '정치를 가미한 경제사'라고 주장했다(Briggs 2012, p. 7). 이것은 신약학자에게도 도전이 될 말이다.

사회 과학이 서구, 유럽의 성경학자들에게 던진 가장 도발적인 도전은⋯우리가 '통상적인', '자연스러운', '명백한', '분명한' 개념이라고 가정하며 빈번하게 인용하는 내용이 전혀 그렇지 않다는 사실을 폭로한 것이다.[5]

모든 역사가 그렇지만 중요한 점은 쌍둥이 악을 피하는 것이다. 하나는 시대착오(anachronism)이고, 다른 하나는 때때로 '자민족중심주의'(ethnocentrism)로 불리는 것으로, 자기 문화가 어떤 식으로든 다른 모든 사람의 규준이기도 하다는 '묻지 마식 전제다.[6] 그리고 그러한 '묻지 마식 전제는 역사의 상당 부분이 그리고 주해와 신학의 더 많은 부분이 보통 무시해 왔던 영역들 깊숙이 흐르고 있기에, 피상적인 수준이 아니라 우리의 탐구를 진행하는 내내 이 점을 고려하는 방식을 찾는 것이 중요하다.[7]

이것이 바로 지난 세대 동안 성경학계 내부에서 일었던 활기차고 복잡한 흐름의 목적이었다. 지금 우리의 과제는 이 흐름을 간략하게 제시하는 것인데, 특히 그 흐름이 지난 40년 동안 바울을 주제로 집필된 가장 중요한 책 중 두 권을 이해하기 위한 넓은 배경이기 때문이다. 당연히 이 판단은 나의 주관이며 혹독한 비판의 대상이 될 수 있다. 하지만 다음 장에서 살펴볼 것이지만, 문제의 그 책들을 다시 읽어 보아도 내 생각에는 전혀 변화가 없다.

2) 세부 사항을 향한 결연한 욕구

'사회적 세계'를 배경으로 한 신약 연구는 한 세대 동안 한창 무르익은 상태

---

5 Smith-Christopher 2013, p. 160.
6 이 점에 대해서는 예를 들면, Esler 1994, p. 22를 보라. 이것은 Malina 1981의 주된 강조점이었다.
7 Esler 1998, pp. 27, 39는 내가 바울서신 안의 '사고 형태와 사고 패턴'을 언급함으로써 '관념론적 오류'(idealistic fallacy)를 벗어나지 못했다고 비난한다. 나는 바울 신학과 거기에 연루된 실제 공동체 사이의 풍부한 상호작용을 강조했기 때문에 이 판단은 사실 성급한 것이라고 대꾸하고 싶다.

며, 많은 다른 학자들이 그 기원, 진행 과정, 결과를 연대순으로 정리하는 작업에 뛰어들었다. 그 흐름에는 물론 더 깊은 뿌리가 있지만, 활기찬 움직임이 나타난 것은 1980년대 초다. 이즈음에는 같은 주제로 수렴되는 상당수의 책과 논문이 집필되었다.⁸ 성경 연구 학계는 공인된 연구 형태와 과정을 준수하는 것을 다소간 늘 염두에 두는 분야이다 보니, 이 흐름을 선도한 학자들은 그들 작업의 역사적 선배들을 언급하는 것과 최근에 이 문제가 갑자기 전면에 부상한 이유를 설명하는 것에 신경을 썼다. 그 흐름의 공인된 선도자 중 한 사람인 게르트 타이센(Gerd Theissen)은 1970년대의 '사회학적 주해의 갱신'을 이야기하면서, 그 흐름을 1960년대 학생 봉기와 1980년대 '녹색' 운동 같은 더 큰 사회적 맥락에 자리매김시킨다.⁹ 당시 다른 많은 사람처럼 타이센도 제2차 세계대전 후 성경 연구가 단지 개념으로만 구성된 세계에 빠진 것으로 보였다는 좌절감을 인식했다. 그 세계는 신앙과 사상, 주장으로 이루어진 세계로, 이 모든 것은 그 신앙을 믿고 그 사상을 생각하며 그 주장에 참여하는 사람들의 실제 세계나 실제 삶과는 명백히 분리되어 있었다. 바르트와 불트만의 시대에 독일을 지배했던 '말씀의 신학'(theology of the Word)은, 고의든 아니든, 이전에 융성했던 역사적 세부사항에 관한 연구를 몰아냈다. 양 대전 사이 '시카고학파'(Chicago School)는 미국에서 사회

---

8   예를 들면, Kee 1980 (1993년에 나온 2판); Malherbe 1983 [1977]; Harrington 1980; Scroggs 1980; Schütz 1982 (Theissen 1982에 대한 '서론'); Tidball 1983; Osiek 1984를 보라. 그로부터 10여 년 뒤 여기에 Holmberg 1990; Theissen 1992(특히 '서론', pp. 1-32와 도전적 결론, pp. 257-287를 보라); Elliott 1993 등이 가세했다. 참조. 유용한 장인 Tuckett 1987, 특히 9장(pp. 136-150). 더 최근의 연구와 확장된 설명으로는 Esler 1994, 특히 1장(pp. 1-18); Esler 1995, 특히 Esler 자신이 쓴 '서론'(pp. 1-22); Rohrbaugh 1996; Horrell 1999. Horrell 1999의 '서론'(pp. 3-28)을 나중에 확장한 것이 Horrell 2002다. 최근의 중요한 논문집으로는 Porter and Pitts 2012가 있다. 앞에 언급한 책 대부분에는 광범위한 참고 목록이 들어 있다. 특정 주제에 관한 수많은 연구 가운데 누가행전(Luke-Acts)에 관한 책 두 권을 언급할 수 있다. Esler 1987; Neyrey 1991. 두 책 모두 흥미로운 서론을 포함하고 있다.
9   Theissen 1992, pp. 15-16.

적 연구의 기운을 이어갔지만, 확실히 소수의 관심사였을 뿐이다.[10] 신약은 '신학과 윤리'에 관한 것이었을 뿐, 사회적·문화적 맥락에 관한 질문은 그저 부수적인 배경 막의 문제로, 무대에 올리는 드라마에는 아무 영향을 주지 않는다는 전제가 광범위하게 퍼져 있었다.

많은 사람이 이 접근에 좌절감을 느낀 부분적인 이유는, 유럽과 미국의 교회들이 20세기 그들 자신의 사회적·문화적 사안을 붙잡고 씨름할 필요가 있었기 때문이며, 이러한 질문에 도달하는 한 가지 길이 1세기의 동등한 사안을 조사하는 것일 수 있다는 인식과 관련이 있다. 이 문제는 나중에 다시 살펴볼 것이다. 그런데 그 좌절감은 (그런 의미에서) 해석학에 관한 것인 만큼이나 역사에 관한 것이기도 했다. 그 좌절감의 뿌리는 내가 방금 '세부 사항을 향한 결연한 욕구'라고 표현한 것으로, '초기 교회'에 관한 일괄적 일반화에 대한 불만이었는데, 이 일반화는 첫 그리스도인들의 사회적·경제적 상황을 고려하지도 않으며, 그들의 일상을 형성했을 암묵적 전제와 감추어진 사회적 내러티브, 문화적 상징의 네트워크도 고려하지 않았다. 이런 흐름이 성육신 자체를 선호하는 저항이라거나,[11] '육체와 영혼'을 다시 통합하려는 노력[12]이라고 주장하는 것은 지나친 언사일 수도 있지만, 분명 이 흐름은 초창기 기독교를 단순히 몇몇 지도자의 역사나 '초창기 기독교 사상'의

---

10   '시카고학파'와 특히 S. J. Case의 작업에 대해서는 Keck 1974, pp. 436-437; Malherbe 1983, p. 5; Theissen 1992, p. 15; Horrell 2002, p. 5(Case가 인기 없는 교리를 대체하는 '사회 복음'에 집착하는 것을 지적한다); 특히 Baird 2003, pp. 305-330를 보라. 또한, 하버드 대학교의 Kirsopp Lake의 작품도 확인하라. 예를 들면, Lake 1927에 대해 Stephen Neill은, 몇 가지 명백한 오류가 있음에도, '젊었을 때 Lake를 읽은 사람이라면 이 책이 그동안 영어로 출간된 신약 관련 서적 중 최고 중 하나라고 생각하게 될 것'이며, Lake의 지도를 따라가다 보면 '우리 자신이 비기독교 세계에서 그리스도인이 된다는 것의 의미를 발견하려는 혼란스러운 작업을 위해 분투하는 새로운 그리스도인 집단과 함께 있다는 느낌을 받는다. 거기에는 작업복을 입고, 후광은 없는 그 사도가 있다.…'[Neill and Wright 1988 (1964), p. 178].

11   예를 들면, Malina 1981, p. 154가 그렇게 이야기한다.
12   Scroggs 1980, pp. 165-166.

역사,[13] 혹은 실존주의의 의미에서 '초창기 그리스도인의 경험'의 역사가 아닌 전체로서 초창기 기독교에 관한 더 온전한 역사를 제시하려고 노력했다.[14]

당연히 그런 관심에도 긴 '뒷이야기'가 있고, 거기에는 트룈치(Troeltsch), 뒤르켐(Durkheim), 카를 마르크스(Karl Marx) 같은 인물이 포함된다. 특히 마르크스는, 로빈 스크록스(Robin Scroggs)에 의하면, '지식 사회학(sociology of knowledge)의 기본 전제를 이해한 첫 인물'이다.[15] 내 생각으로는, 한정된, 사실상 환원주의적인 '지식 사회학'에 입각해 연구하는 경우가 아니라면, 이런 이야기도 너무 지나치다. 마르크스는 사람들이 가진 생각이 그들의 '사회적 존재'(social being)와 연관된다(correlated)는 수준을 넘어, 실제로는 사람들의 생각이 그들의 '사회적 존재'에 의해 결정된다(determined)고 보았다.[16] 사회학의 여러 가지 세부분야에 관한 정의 자체도 논란이 많지만, 신약과 관련해 지식 사회학을 추구하는 우리 대부분에게 필요한 것은 (내 생각에는) '확정'(determination)의 욕구에서 한발 뒤로 물러나, 개념과 환경 사이의 복잡한 상호작용을 예상하는 '연관성'(correlation)에 만족하는 것이다. 나는 계몽주의 이전의 많은 기독교 집단도 그러한 연관성의 필요성을 이해했다고 생각하는데, 가능한 사례로는 급진적 종교개혁파(radical Reformation)와 칼뱅의 제네바를 들 수 있다. 고트홀트 레싱(Gotthold Lessing)이 말한 영원한 진리와 상황적 진리 사이의 '추하고 넓은 도랑'(ugly broad ditch)이 교회의 사고에 영향을 준 것도 오로지 계몽주의가 시작된 후였고, 그것마저도 부분

---

13 Keck 1974, p. 438를 보라. '[시카고학파]가 우리에게 한 공헌은 초기 기독교가 사회적 요인의 영향을 받았다는 **그 점**을 주장한 것이다. 우리의 과제는 그 통찰에 자세하고 구체적인 내용을 입히되 환원주의를 피하고, 사회경제적 요소로부터 지나치게 단순한 방식으로 개념과 가치를 도출하지 않는 것이다.'
14 그 책의 제목을 보라(Bornkamm 1969).
15 Scroggs 1980, p. 177. Troeltsch에 관해서는 그가 Theissen에 미친 영향, 그리고 그의 '교회'와 '종파' 구분이 학계에서 지속되어 사용되는 방식(아래를 보라)을 지적하는, 예를 들면 Horrell 2002, p. 4를 보라.
16 구체적인 내용을 담고 있는 Scroggs, 1980, p. 177 n. 45.

적인 영향만 주었을 뿐이다. 18세기의 변화가 일어난 후에야 비로소, 분리되었던 것들을 다시 연결할 필요성이 대두되었다. 하지만 1960년대와 1970년대에 등장한 서구 세대의 정치가 좌편향되었다는 상황도 사회학 연구를 향한 새로운 열정이 힘을 얻을 수 있는 중요한 배경이었다.

아마도 신약 연구에서 가장 중요한 사실은, 루돌프 불트만의 오랜 유산이 더 새로운 흐름의 선구자로도 언급되지만, 그 흐름이 해답을 제시한 문제의 일부로도 언급된다는 점이다. 우리는 이미 그 문제를 언급했다. 즉, 불트만의 '말씀' 신학, 그리고 거기에 응답하는 실존적 '믿음' 신학이 역사의 우연성에서 유리될 수 있었다는 점, 그리고 나아가 (그것이 예수의 실제 역사든, 그의 첫 제자들의 역사든) 역사 자체를 '믿음'과는 다소간 무관한 것으로, 심지어 '믿음'에 해로운 것으로 볼 수 있었다는 점이다. 이제 와서 보면, 불트만이 제안한 (유명한) 양식비평 관점의 복음서 읽기는 예수 전승이 어떻게 초기 기독교 공동체의 실제 삶을 통해 발생하고 형성되었는지 이해하기 위한 끊임없는 시도를 했다는 면에서 사회문화적 관점의 신약 해석의 긍정적 초기 진술이 될 수도 있었지만, 방금 언급한 문제 때문에 그럴 수 없었다. 불트만의 작업은 대체로 일반론 수준에 머무르고 말았다. 그는 초기 기독교의 삶에서 특징적인 교리와 논쟁 등이 발생했던 구체적인 사회문화적 배경에 관한 질문을 거의 던지지 않았다.[17]

이 새로운 흐름을 진전시킨 두 가지 학문적인 진보가 있다. 그중 하나는 대체로 인정을 받아 새로운 체계 안에 자리 잡은 반면, 다른 하나는 종종 무시되지만 내 견해로는 완전한 통합을 향한 탐구가 굳건한 역사적 기반을 갖추려면 매우 필요한 요소다. 첫 번째 진보는 한편으로는 클리포드

---

17 Bultmann 및 신약의 사회사적 해석과 관련된 그의 방법론에 관해서는 Keck 1974, pp. 439, 446; Kee 1980, p. 16; Tuckett 1987, pp. 140, 142; Holmberg 1990, p. 119; Theissen 1992, p. 12; Horrell 2002, p. 6를 보라.

기어츠, 다른 한편으로는 피터 버거(Peter Berger)와 토마스 루크만(Thomas Luckmann)의 사회문화이론이 대중화된 것이다.[18] 그들은 노련한 철학가인 찰스 테일러와 더불어 한 번 눈에 띄면 쉽게 잊기 힘든 문화의 온갖 측면에 이름을 붙일 수 있는 다양한 언어적 가능성을 제시했다. 먼저 상징이다. 인간은 상징을 중심으로 그들의 삶에 질서를 부여한다. 그리고 내러티브('신화'?)다. 내러티브는 사람들이 그들 자신이 해야 하는 역할을 이해하는 (혹은 좌절당하는 일이 없다면 그들이 수행하기를 바라는) '대본' 역할을 한다. 이어서 프락시스(praxis). 모든 종류의 '의식'(ritual)도 포함되는 이 프락시스 역시 사람들에게 당연시되는 것이지만, 개인과 공동체의 자기 이해 및 동기를 형성하는 역할을 한다. 마지막은 한 사회의 '에토스'다. 에토스 역시 인식되기보다는 전제되며, 다수의 사상과 단어와 행위에 색을 입힌다.[19] 사회이론가와 실천역사가 모두가 이러한 제안의 세부사항을 계속해서 수정해 나가겠지만, 이제 그들은 다시는 램프 안으로 도로 집어넣을 수 없는 요정을 풀어놓는 셈이다. 우리가 '상징 우주'(symbolic universe), '생활 세계'(life-world), '에토스', '세계관', '사회적 상상'(social imaginary) 같은 줄임말을 사용할 때, 우리는 비록 이차적이긴 하나 모두 사회학자다. (이러한 뼈대에 살을 입힌 특정 '모델'들의 추가적인 발전은 또 다른 주제로서, 곧 살펴볼 것이다.)

---

18 Geertz 2000 [1973]은 당연히 유명하며, 여전히 가독성과 설득력 면에서 탁월하다. Berger and Luckmann 1984 [1966]은 '실재의 사회적 구성'('social construction of reality) 개념을 도입했는데, 이 개념은 이후로 많은 학문 분야의 주된 흐름이 되었다. Watson 2007 [1986], p. 10는 이 개념의 영향력을 이렇게 기술한다. '실제 세계의 삶 내부에서 지식의 생산과 역할에 관한 이 지속된 성찰은 그 전과 그 후의 어떤 책보다 나에게 깊은 인상을 남겼다.' 그리고 Barth의 『교회 교의학』(Church Dogmatics, 대한기독교서회)을 한 권의 책으로 본다면 예외일 수 있다고 각주에 덧붙였다.
19 Taylor 2007을 보라. Taylor가 내세운 '사회적 상상물'이란 범주는 Geertz와 Berger and Luckmann에 나오는 다른 범주와 어느 정도 같은 역할을 한다. 아래 '세계관'에 관한 논의를 보라. 초기 기독교의 '에토스'(ethos)에 관해서는 Keck 1974, 특히 예를 들면, p. 440를 보라. 그는 '에토스'를 정의하면서 '한 공동체 양식의 실천과 습관, 문제, 가치와 소망'을 포함했고, 이러한 내용 중 많은 부분이 전의식 혹은 무의식에 속한다고 지적했다. 종종 그렇듯이 Keck의 생각은 시대를 앞섰다.

초기 기독교의 사회적 배경과 역사에 관한 더 온전한 이해를 엄청나게 촉진한 두 번째 학문적 진보는 이제 활용 가능해진 1세기 유대교 세계에 관한 방대한 작업이다. 여기에는 아이러니가 있다. 지금 내가 기술하는 흐름 내부에서는 요아힘 예레미아스(Joachim Jeremias)와 마르틴 헹엘의 과거 작품을 받아들이는 것이 상식이다.[20] 하지만 우리의 목적이 구체적인 사회 묘사라면, 참고 도서 목록에 포함하는 정도를 넘어 복잡하고 혼란스러운 현실적인 역사 지도 제작에 반드시 고려해야 할 몇몇 다른 작업이 존재한다. 이를테면, 에밀 쉬러(Emil Schürer)의 개정된 『예수 그리스도 시대의 유대민족사』(*History of the Jewish People in the Age of Jesus Christ*) 전집이 있으며, *Compendia Rerum Iudaicarum ad Novum Testamentum* 시리즈(시작은 1960년대. 기독교의 기원을 설명해 주는 유대교 자료에 관한 참고서로 기획되었고, 이후 로마 치하에서 유대교와 기독교의 역사와 문헌을 다루는 단행본과 논문집 시리즈로 발전했다. 2021년 현재 15권까지 발간되었다―옮긴이)가 있다.[21] 또한, 샌더스의 탄탄한 작업, 특히 『유대교: 실천과 신앙』(*Judaism: Practice and Belief*)도 무시할 수 없다.[22] 우리가 실제 사회, 특히 가장 초기 그리스도인들의 출신지이자 그들 중 다수의 지속적인 거주지였을 실제 사회에 관한 '두터운 묘사'를 이야기하려면, 이러한 저서들과 더불어 다른 많은 유사한 저서들도 필수 자료다. 마찬가지로, 이제 활용할 수 있는 복잡하고 다양했던 1세기 그리스 로마 세계에 관한 방대한 작업도 반드시 참고해야 할 자료다. 이제 우리는 고전 세계에 관한 자세한 연구를 많이 확보했으며, 특히 바울이 상당한 시간을 보냈던 많은 장소에 관한 더 새로운 고고학적 설명을 풍부하게 가지고 있다.[23]

---

20 Jeremias 1969; Hengel 1974a, 1974b, 1981 [1968]을 보라.
21 Schürer 1973-1987; Safrai and Stern 1974-1976, 그리고 이후의 몇몇 작품들.
22 Sanders 1992.
23 *PFG*, pp. 328-335를 보라. 어떤 한 영역에서 '두터운 묘사'의 사례를 원한다면 Mitchell 1993a and 1993b를 보라.

바울의 설명에 의하면, 그는 디아스포라(Diaspora)라는 더 넓은 유대교 세계와 그 디아스포라가 세워진 비유대교 세계가 교차하는 지점에 서 있었다. 우리에게는 그 복잡한 세계에 관한 수준 높은 몇몇 연구가 있고, 바울 및 그의 교회들의 사회사라는 더 큰 그림을 그릴 때 이 연구들을 고려해야 한다.[24]

최근 수십 년간 신약 연구에 일어난 사회학적 혁명의 '뒷이야기'는 이 정도로 해 두자. 이제 이 흐름은 무리 없이 두 번째 세대로 접어들었다. 두 번째 세대를 확인하기에 앞서, 먼저 그 새로운 접근의 선구자 역할을 했던 몇몇 학자를 더 자세히 살펴볼 필요가 있다. 사회 역사가들은 '위대한 인물들'의 이야기라는 관점에서 역사 작업하기를 좋아하지 않는다. 하지만 그들도 카리스마 있는 지도자들을 상당히 좋아하고, 우리 영역에는 그런 지도자들이 있다.

3) 선구자들

초창기 기독교에 관한 현재 사회학 연구의 관심을 촉발한 것이 에드윈 저지(Edwin Judge)의 『1세기 그리스도인 집단의 사회적 패턴』(*The Social Pattern of Christian Groups in the First Century*)이라는 점에는 모두가 동의한다.[25] 저지는 30대 초에 이미 로마의 공화정 후기와 제국 초기 세계에 관한 존경받는 역사가가 되어 있었다. 그 책의 집필 당시에도 여전히 우리와 즐거운 시간을 보냈던 그는 오랫동안 호주 시드니의 매쿼리 대학교(Macquarie University)의 명예교수로 재직했다.[26] 초기 기독교 사회학 분야의 선도자인 학자들은 줄을 서서 저지의 작업을 극찬했다. 물론 그를 반대하는 목소리도 있지만,

---

24 참조. 예를 들면, Trebilco 1991; Barclay 1996; 그리고 더 최근의 저서로는 Porter and Pitts 2012 같은 논문집.
25 Judge 1960.
26 Judge의 글은 대부분 전문적인 논문이며, 이제는 세 권의 책으로 취합되었다. Scholer 2008; Judge 2008; Judge 2010.

이제 그가 받는 커다란 존경에 비하면 배경음에 지나지 않는다. 데이비드 숄러(David Scholer)가 편집한 논문집 표지를 살펴보면, 캐럴린 오식(Carolyn Osiek)은 저지의 '위대한 공헌'을 이야기하며, 존 엘리엇(John H. Elliott)은 저지의 작업이 '늘 상상력이 풍부하고, 늘 비문학, 금석학, 파피루스학의 증거로 가득하며, 늘 사회적 함의에 민감하며, 늘 최고의 비평을 제기한다'라고 말하며, 웨인 믹스는 저자의 '조용한 탁월성'을 언급하고 그의 작업을 '없어서는 안 될' 자료라고 선언한다. 게르트 타이센은 저지의 1960년 저서를 가리켜 '현대 사회학적 주해 역사에서 마땅히 영광의 자리를 차지해야 할' 책이라고 말했다.27

저지는 왜 특별한가? 그리고 되돌아 평가했을 때 그가 시작한 것은 무엇인가? 앞서 말했듯이, 저지의 작업이 뿌리내린 터는 후기 고대 로마 세계에 관한 평생에 걸친 자세한 연구였다. 자료에 관한 해석은 다를 수밖에 없지만, 자료에 통달하는 것은 선결 조건이며, 이 점에서 그보다 더 철저한 학자는 오늘날에도 거의 없다. 이러한 점은 바로 그가 자신의 프로젝트를 설정한 책의 서두에서 다음과 같이 제기한 문제에 답변할 수 있는 이상적인 기반을 마련해 주었다.

단지 개념들의 철학적 연관성을 발견하는 것만으로는 결코 개념들을 만족스럽게 설명할 수 없다고 주장할 수 있다. 개념들이 표현되었던 특정 환경과의 관련성 안에서만 그 의미가 특정되어야 한다. 이 지점에서야 의미가 고정되며, 그것이 규명되기 전까지는 의미를 확신할 수 없다.28

27　Theissen 1992, p. 19 n. 23.
28　Judge 1960, p. 8. (이 소책자는 Scholer 2008, pp. 1-56에 재인쇄되었다.)

이 말은 지식 사회학의 고전적 진술이다. 저자는 개념이 사회 상황에 의해 생성된다고 말하는 것도 아니며, 개념이 사회 상황의 용어로 환원될 수 있다고 말하는 것도 아니다. 그는 사회 상황에 관한 지식 없이는 개념의 의미를 확신할 수 없다고 주장하고 있다.

> 단어의 의미를 궁극적으로 결정하는 요소는 과거의 용법, 병행 용법, 파생 용법이 아니라, 그 단어가 속한 맥락에서의 상황이다.…[신약에서는] 개념들의 출처가 통상 그 내용을 결정하기 마련이지만, 보통 그 개념들에도 특정 상황과 관련해 부과되어야 할 특정 구조가 존재할 것이다. 이 점을 무시하면 정확성이 떨어지거나, 나아가 오류를 범할 수 있다.[29]

따라서, 복음서를 연구하든 서신서를 연구하든, 각 글이 속한 형태 안에서 그 내용을 읽는 것이 중요하다. 말하자면 이 글들은

> 헬레니즘 문화의 도시에 속한 종교 공동체들에 정보를 주기 위해 그리스어로 수집되고 형성되었다. [이 자료들을] 제대로 이해하려면, 그 공동체들의 관점에서 이해해야 한다.[30]

이것은 당시에는 급진적인 제안이었으며, 본문을 붙잡고 씨름하는 거의 독자반응비평(reader-response method) 같은 방법을 주장한 것이었다. 틴데일 출판사(Tyndale Press)의 초기 책 중 하나에서 저자가 이런 이야기를 별다른 제재 없이 했다는 사실을 알면 놀랄 것이다. 하지만 그의 일반적인 주

---

29   Judge 1960, p. 9.
30   Judge 1960, p. 10.

장이 이제는 널리 수용되고 있다. 즉, 우리가 초기 기독교 문헌을 이해하고자 한다면, 그 글들이 기록된 대상이 어떤 집단이었는지 알아야 한다. 그들은 그들 자신을 어떻게 보았는가? 다른 사람들은 그들을 어떻게 보았는가?

그래서 저자는 로마 사회 내부의 서로 다른 수준의 기관들과 서로 다른 유형의 모임들을 연구했다. 더 넓은 단위는 폴리테이아(*politeia*), 즉 공화국 전체, 나아가 제국 치하의 더 광활한 로마 세계였다. 그런데 그 사회 내부에서는 '가정'(*oikos/oikia*)이 주요 사회 단위였다. 저자는 신약의 저자들이 그들의 정체성에 관한 믿음을 표현하기 위해 이 두 용어를 모두 사용한다는 사실을 지적하며, 특히 초기 그리스도인들이 '하나님의 종'이라는 인식을 강조한다.[31] 그 사회 내부에는 역시 다소 느슨하고 비격식적 개념인 코이노니아[*koinōnia*, '협력 단체'(partnership) 혹은 '친교 단체'(fellowship)]가 자리 잡고 있었고, 그 사회적 맥락에서 이 개념은 우리를 느슨한 '조합'(associations), 콜레기아(*collegiai*), 전문가 집단과 같은 세계로 안내한다. 현대 기독교계에서 쉼 없이 반복해서 사용하다 보니 닳아서 매끄러워진 개념들은 이런 식으로 갑자기 거친 모서리가 돋아나고 실제 1세기 현실이라는 3차원 형태를 얻게 된다. 저자는 그리스도인이 그들의 유대인 이웃들과 마찬가지로 그들 자신을 국제 단체로 생각했지만, 그리스도인에게는 유대인과 달리 '그들의 예배를 위한 공인된 국가적 자리'는 없었다고 분명하게 이야기한다.[32] 이 내용은 나중에 웨인 믹스가 취한 많은 주제 가운데 하나다. 그리고 더 큰 그림에서 매우 중요한 또 다른 내용은, 외부의 관찰자들이 보기에 이 새로운 '조합'에 관한 가장 충격적이고도 우려스러운 사실 중 하나는 그들이 참신한 조합의 신학적 개념을, 특히 유일신론과 종말론을 선보였다는 것이다.[33]

---

31   Judge 1960, pp. 38-39.
32   Judge 1960, p. 44.
33   Judge 1960, p. 48.

이로써 우리는 저지의 책이 내세운 핵심 주장을 이해할 준비가 되었는데, 그 주장은 그리스도인 집단의 사회적 구성원에 관한 것이었다. 그리스도인 대부분이 극빈층에 속했다고 본 이전 관점과 달리 저지는, 이제는 널리 수용되는 노선, 즉 '구성원들의 사회적 신분은 놀랄 정도로 다양했던 것으로 보인다'는 관점을 주창했다.[34] 저지는 특히 고린도에 초점을 맞추면서, 첫 도시 그리스도인들의 사회적 다양성과 이 다양성이 초래한 문제 모두를 강조한다.

> 그렇다면, 결코 사회적으로 하류층이 아니었던 고린도의 교인들이 어느 정도건 대표성을 띤다면, 그리스도인 중 우세했던 부류는 대도시 인구 가운데 사회적으로 자부심 강한 집단이었을 것이다. 그 외에도 그들은 아마도 지도적 인물들이 부양했던 가족 구성원으로 대표되는 폭넓은 지지층을 끌어냈던 것으로 보인다. 이해관계가 이런 식으로 묶인 집단이라는 면에서 그리스도인은, 보통 사회적·경제적으로 가능한 한 균질한 구성원을 가졌던 다른 비공식적 조합들과 구분되었다. 틀림없이 이런 현상 때문에 그리스도인 사이에 지속적인 차이가 존재했을 것이다.[35]

지난 세대는 이 관점을 토론하고 세심하게 변화를 주며 발전시켰다. 합의된 사안으로 받아들여진 내용에 저지가 이의를 제기한 것도 옳았으며, 1세기의 상황이 이전에 생각했던 것보다 더 복잡하다고 결론 내린 것 역시 옳았다. 계속 진행된 연구를 통해 밝혀진바, 소위 합의된 관점의 원조인 다이스만 자신도 실은 좀 더 다채로운 그림을 이야기했으며, 바울 공동체를 대체

---

34 Judge 1960, p. 54.
35 Judge 1960, p. 60.

로 가난한 부류로 보는 주장에는 부족한 점이 많다.³⁶ 어쨌든 적어도 저지는 논의를 새로운 방향으로 끌고 갔다.

저지는 획기적이었던 그의 초기 논문 이후, 바울과 바울서신 연구에 매우 많은 통찰을 추가로 제공했다. 그중에서 적어도 나에게는 두 가지 통찰이 눈에 띈다. 첫째, 초기에 저지는 그리스도인 집단을 '종교적 사회'로 범주화했지만, 점차 초기 교회를 고대 후기의 '종교적' 세계와 분리하려 했다.³⁷ 첫 그리스도인들은 동물 제사를 드리지도 않았고, 계급에 따른 제사장 제도나 신성한 건물도 없었기 때문이다. 나아가, 고대 종교들은 대체로 더 거대한 신학적 질문에 관심이 없었고 추종자들의 윤리적 행동을 통제하는 데도 무관심했다. 반면에 초기 그리스도인들은 둘 다에 관심이 많았다. 그래서 저지는 그리스도인이 '종교'보다는, 그가 '스콜라풍'(scholastic) 사회라 부른 일종의 철학 학파에 더 가깝다고 주장했다.³⁸

내 생각에 이 제안은 기껏해야 절반의 진리에 불과하다. 사실 초기 그리스도인들은 그들을 다른 사람과 묶어 주고, 그들이 경배하는 주님을 그들과 묶어 주는 의식을 행했다(세례와 주의 만찬이 분명히 떠오를 것이다). 이 '묶는다'는 개념은 그 당시 세계에서 '종교'가 가질 수 있는 의미 중 하나였다. 나는 이 점을 다른 곳에서 더 상세하게 논의한 바 있다.³⁹ 하지만 저지가 초기 그리스도인들이 **배움** 공동체였다는 사실을 강조한 것은 옳으며, '스콜라풍'이란 단어가 시대착오적(저지도 이 점을 분명히 인식했다)이라는 이유로 그가

---

36 예를 들면, Meggitt 1998; Friesen 2004; Longenecker 2009, 2010을 보라. Longenecker 2009, 2010에 관해서는 본서 pp. 504-505를 보라.
37 예를 들면, Scholer ed. 2008, p. 130를 보라. "첫 번째로 버려야 할 모델은 '종교' 모델 그 자체다." 또한, Judge 2008, pp. 404-409도 보라.
38 중요한 논문인 'The Early Christians as a Scholastic Community' in Judge 2008, pp. 526-552 (orig. pub. 1960/1961); 그리고 'Did the Early Christians Compete with Cult-Groups?', 같은 책, pp. 597-618 (orig. Pub. 2003)를 보라.
39 특히 *PFG* 4, 13장을 보라.

관심을 유도한 역사적 현실을 흐려서는 안 된다.[40] 따라서 그는 정당한 질문을 제기한 것이다. 당시의 맥락에서는 초기 그리스도인들의 모습과 당대의 '종교'가 딱 들어맞지는 않았던 것이 확실하다. (또한, 초기 그리스도인들의 모습은 우리 시대의 사람들 대부분에게 '종교'가 의미하는 바와도 딱 들어맞지 않는다.) 그런 종류의 비판적 거리를 얻는 것이 바로 사회 과학적 연구의 의의다.

둘째, 저자는 초기 그리스도인들을 그들이 속했던 고전적 환경에 자리매김하는 세심한 연구를 통해서, 그리스도인들이 어떤 면에서는 그들이 살던 사회적 세계의 틀을 깨부순 급진적 혁신가라는 점을 보여 줄 수 있었다. 달리 말해, 사회 과학적 연구는 기존의 범주에 자료를 욱여넣는 것을 의미하지 않는다. 오히려 꽤 새로운 것들, 말하자면 경계를 넘나들고 새로운 사회적·문화적 삶의 방식을 꾀하는 행위들이 시도되고 있었다는 사실을 발견하는 것을 의미할 수 있다. 따라서

> 예수의 제자들은 그들이 구분되는 공동체요, 그들 나름의 독특한 백성이라는 이해를 유대교에서 물려받았다. 그리스 로마 사회와 대결했던 그들의 색다른 역사를 간단히 그 사회의 계급과 신분 체계의 관점에서 설명할 수는 없는 노릇이다. 그들의 목적은 기존의 모습 그대로 그 세계에서 그들의 자리를 찾는 것이 아니었다. 그들은 고대 그리스 로마의 질서를 찍어 무너뜨리는 사상과 실천을 도입했다.[41]

---

40 Winter 2002 [1997]을 보라. 이 책 서문(p. ix)에서 G. W. Bowersock는 바울과 필론에 관한 Winter의 연구가 1세기 중엽 '제2소피스트' 운동의 뿌리를 규명했다고 인정한다(*PFG*, pp. 236-237를 보라). 더 최근의 연구(Smith 2012)는 '배움 공동체'란 용어를 선호했음에도 Judge의 실질적 결론을 옹호했다. 나는 이런 점들에서 도움을 준 Judge 교수에게 감사한다.

41 Judge, in Scholer 2008, pp. 155-156 (orig. pub. 1982). 또한, 같은 책, pp. 131, 134 (from an essay orig. pub. in 1980). '역사상 이에 비길 만한 현상이 없다는 것도 당연한 일이다. 따라서 유추를 통해 작동하고 인간 행동의 반복성을 전제하는 사회학 방법론으로 원시 기독교를 설명하려는 시도는 근본적 오류로 밝혀질 것이다.…바울은 가장 친밀한 삶의 관계 안에서 작동할 강력한 새로운 개념들을 제시함으로써 교회안에 독특한 사회력(social force, 社會力)

저자는 그의 작업이 지닌 이 일관된 주제를 2003년에 쓴 논문에 다섯 가지 요점으로 정리했다. 신약의 교회들은 (1) '일종의 성인 재교육'(adult re-eduction)이라 할 수 있는 사상운동을 만들어 냈고, (2) 그들의 지적인 전제는 철학자들의 자연주의 논리와 달랐고, 종말론을 기초로 생성되었으며, (3) 이런 전제 위에 결과적으로 구축된 공동체는 '민족, 신분, 성별, 나이'에 제한을 받지 않는 집단이었고, (4) 그 원동력은 각자에게 부어진 하나님의 선물이었으며, (5) 그래서 '대안적·초민족적 사회로 운영됨으로써, 당시 일반 공동체의 근간을 흔들었다.'[42] 이러한 이야기들은 놀랍게도, 소위 바울에 관한 새 관점과 바울 복음의 정치적 함의를 둘러싼 최근의 논쟁 모두를 이미 내다보고 있다.

바울 공동체가 그 당시 다른 공동체들과 의미심장한 차이를 보였음을 강조하는 이 결론은, 사회 과학적 모델을 모든 차이를 없애는 선험적 수단으로 사용하길 원하는 사람들에게는 틀림없이 달갑지 않을 것이다.[43] 마찬가지로, 저자도 그의 재구성 작업에서 자료(특히 사도행전과 논쟁의 여지가 있는 바울서신들)를 사용할 때 동원한 명백히 무비평적인 방식 때문에 비난받을 수 있다. 하지만 이 분야에서 저자의 주된 가치는 그가 제시한 세밀한 작업뿐만 아니라 그가 새롭게 제기한 질문들 때문이기도 하다. 어쨌든, 그런 질문들은 잠시 제쳐둘 수밖에 없다. 이제 시드니에서 하이델베르크로 갈 시간이다.

을 창조해 냈다.'
42 Judge 2008, p. 615.
43 명백한 사례가 Engberg-Pedersen 2001, p. 2다. 그는 '적절한 역사 분석이라면 반드시 독특성이란 범주를 배제해야 한다'라고 말한다. '우리의 이성 배후에 도사린 해석학 범주들에 관한 강력한 학자적 자의식'(같은 책, p. 3)이 필요하다는 Engberg-Pedersen의 혹평은 훌륭하지만, 당연히 그 말은 분야를 가리지 않고 적용되어야 한다. 예를 들면, Horrell 2005, pp. 22-24에 있는 비판을 보라. Kee 1980, pp. 104-105는 기독교에는 독특한 것이 전혀 없다고 전제하는 '좌파 실증주의자'와 '역사적으로 초기 기독교와 유사한 종교는 전혀 없었다는 점을 반드시 밝혀야 한다고 느끼는' 우파 실증주의자' 모두에게 경고를 던진다.

에드윈 저지를 신약 연구에 사회학적 질문을 다시 도입한 선구자로 보는 것이 학계의 합의라면, 비슷한 위상을 게르트 타이센에게도 부여할 수 있다. 타이센은 1970년 이후로 독일 신약학계의 의제에 혼자 힘으로 사회학적인, 또한 심리학적인 질문을 덧붙인 학자다. 하지만 처음에 타이센의 조국은 그의 작업을 의심의 눈초리로 바라보았다. 그는 오히려 영국과 미국에서 열광적으로 수용되었다. 그의 초기작이 영어로 번역되어 SCM 출판사에서 나왔을 때 타이센은 '본(Bonn) 대학교의 신약학 교수'로 소개되었는데, (1970년대에 열렸던 초기의 어느 옥스퍼드/본 신학 학회에서의 내 기억으로는) 당시 실제 본 대학교의 신약학 교수였던 볼프강 슈라게(Wolfgang Schrage)는 이 사실에 깜짝 놀랐다. 타이센은 이른 나이부터 곤란한 질문을 던졌고, 그의 초기 연구들, 특히 1973년과 1977년 사이에 연속해서 출간된 다양한 예수 어록들과 바울에 관한 사회학적 분석을 주제로 삼은 열 개 이상의 논문은 (아마도 의도했겠지만) 상당한 파장을 일으켰다.[44] 사회학의 질문을 제기하고 나면, 해석이 더는 전과 같을 수 없다. 타이센은 결국 1978년 코펜하겐에서 교수가 되었고, 1980년에는 하이델베르크의 교수직을 맡기 위해 독일로 돌아가 현재까지 그 자리에 있다.

타이센과 바우르 사이에는 흥미로운 유사점과 더불어 굉장히 중요한 차이점이 있다. 유명한 이야기인데, 바우르는 고린도 교회에서 벌어졌던 파벌들 사이의 분란을 자기 논의의 출발점으로 삼았다. 그는 그 파벌들을 '유대계 기독교'(야고보와 베드로)와 '이방계 기독교'(바울)로 나누어 정리했고, 이 종교사적(religionsgeschichtlich) 대립쌍을 고린도전서 주해만이 아니라 1세대 기독교의 더 큰 그림을 찾는 작업에도 동원했다. 1970년대 들어 바우르는 광범위한 비판을 받았고 종교사적 분석 방법에도 이의가 제기되었지만,

---

44   Theissen의 초기작 목록은 Theissen 1982, pp. 25-26에서 확인할 수 있다.

논의의 형태는 그대로 살아남아서 학자들은 마치 '유대계 기독교'와 '이방계 기독교'가 여전히 존립 가능한 범주인 양 계속해서 이 주제에 관한 글을 썼다.[45] 타이센은 종교사(Religionsgeschichte)를 사회사(Sozialgeschichte)로 대체하는 대담한 발걸음을 내디뎠다. 그는 '유대인과 헬라인'을 대신해 '부자와 가난한 자'에 초점을 맞추었다. 그가 주장하길, 고린도에서 발생한 '약한 자와 강한 자'의 분열은 사실 신학적 입장의 차이라기보다는, 자기가 원하는 대로 음식을 사서 먹을 수 있었던 부자와 애초에 고기를 사서 먹을 형편이 안 되었던 가난한 자 사이의 문제였다. 마찬가지로 고린도전서 11장에 나오는 주의 만찬에서의 문제도 가난한 그리스도인을 차별 대우하는 부자 그리스도인의 문제였다.

> 주의 만찬을 둘러싼 갈등은 가난한 그리스도인과 부자 그리스도인 사이의 갈등이었다고 추정할 수 있다. 이 갈등의 계기는 부자들의 특정 습관이었다. 그들은 그들 덕분에 가능했던 회중 식사에 참여하면서 그들끼리 무리 지어 식사했다. 아마도 다른 사람과 물리적으로 분리한 채 그들만의 식탁에서 식사했을 것이다.[46]

고린도전서 11장에 관한 이 분석이 오늘날 폭넓게 수용된다는 사실은 타이센의 성공을 보여 주는 척도다.

한편으로는 저지, 다른 한편으로 믹스와 마찬가지로 타이센은 더 급진적인 태도, 말하자면 초기 기독교를 순전히 사회 현상으로 설명하려는 태도나 사회학 모델을 가지고 '반드시 그러했을 것'으로 추정되는 내용을 예측하려

---

45 Stephen Neill도 그런 글을 썼다. Baur에 관한 이전의 분석에도 불구하고 말이다. Neill 1976을 보라.
46 Theissen 1982, p. 151.

는 태도를 수용하지 않았다. 그의 태도는 더 중도적인 것으로, (a) 사회적 맥락을 배제하고 '종교적' 주제를 현상학적으로 분석하는 관점과 (b) 외견상 '종교적인' 혹은 '신학적인' 주제의 기원을 비종교적 요인에서 찾아내려는 환원주의적 관점 사이에 해당한다. 표면으로 나타난 문제가 '부자와 가난한 자' 사이의 갈등이라 해도, 타이센에게 이 문제는 종교적이면서도 신학적인 문제였고, 그런 관점에서 다루어져야 했다. 그가 선호한 선택지는 '기능주의'(functionalism)였는데, 그것은 '종교 현상이 지닌 의도성을 진지하게 다루되 그 현상이 기초적인 사회 문제에 대한 해결책으로 기여하는 바와 관련해 해석하는 것'을 의미하는 관점이다.[47] 물론 이것은 개괄적인 설명에 불과하지만, 그래도 이로 인해 타이센은 '사회학자'보다는 '사회 역사가'에 더 가까워 보인다.[48]

현재 고려 중인 바울 본문들의 해석과 관련해 타이센이 제안한 전체적인 주장은 그가 '사랑 가부장제'(love-patriarchalism)라고 부르는 것이다.

> 이 사랑 가부장제는 사회적 차이를 당연시하지만, 존중과 사랑의 의무를 통해 그 차이를 긍정적으로 만들어 가는데, 이 의무는 사회적 강자에게 부과된다. 약자에게는 복종, 충성, 존경이 요구된다.[49]

이 가부장제는 단순한 평등주의(egalitarianism)와는 다른데, 타이센은 갈릴리에서 예수를 처음으로 따른 제자들의 전통에 평등주의가 있었다고 본다. 타이센은 트뢸치(Troeltsch)에게서 '가부장제' 개념을 빌려 와 사회학적 세계와 신학적 세계를 바울 안에서 종합하려고 시도하면서 그 개념을 수정했

---

47   Schütz 1982, p. 16도 그렇게 말한다.
48   Schütz 1982, p. 15.
49   Theissen 1982, p. 107. Horrell 1996, 4장에 있는 비판을 보라.

고, 그 개념과 더 급진적인 초기 갈릴리 운동의 차이에 주목했다.⁵⁰

오스트레일리아에서는 저지가, 독일에서는 타이센이 넓게는 신약, 좁게는 바울에 관한 사회학적 접근을 시도한 현대의 흐름을 대변한 초기 지도자였다면, 미국은 이 도전에 서로 관련된 두 가지 방식으로 응했다. '초기 기독교의 사회적 세계'를 논의하기 위해 성서학회 내부에 모임이 만들어졌다. 이 모임을 대표하는 유명한 초기 작업으로는 웨인 믹스의 유명한 논문과 존 게이저(John Gager)의 특출한 책이 있다.⁵¹ 다른 분야의 선도자들도 그와는 다르지만 겹치는 측면이 있는 프로젝트를 진척시켰다. 브루스 말리나(Bruce Malina)와 제롬 네이리(Jerome Neyrey)는 독자적으로, 때로는 협력해서, 보통 말하는 사회학을 넘어 그와 관련된 문화 인류학의 세계로 나아갔고, 대체로 지중해 세계에 관한 인류학적 연구에서 도출된 다양한 '모델'을 조사한 일련의 책과 논문을 집필했다. 말리나의 책 『신약의 세계: 문화 인류학의 통찰들』(*The New Testament World: Insights from Cultural Anthropology*, 1981)에 제시되었듯이, 그들의 일차적인 목적은 느긋한 전제에 안주하는 현대 독자들, 특히 북미 학생들에게 충격을 주고, 중동의 문화가 그러한 학생들이 본능적으로 받아들이는 문화와 철저히 달랐다(그리고 여전히 다른 면이 있다)는 사실을 알려 주는 것이었다. 다른 사회학 연구와 마찬가지로, 핵심은 그런 연구가 없다면 피할 수 없을 시대착오와 자민족중심주의의 함정을 피하는 것이었다.⁵² 말리나, 네이리와 함께 반드시 언급해야 할 학자들이 있다. 존 엘리엇은 특히 베드로전서를 사회사적으로 연구한 선구자다.⁵³ 필립 에슬러(Philip F. Esler)는 비슷한 접근법을 끊임없이 숙고해 몇몇 연구에서 신

---

50 Schütz 1982, pp. 14-15에 있는 요약을 보라. 초기 팔레스타인 기독교에 관한 Theissen의 관점은 Theissen 1978 [1977]과 Theissen 1992, 1-4장을 참고하라.
51 Meeks 1972; Gager 1975.
52 Malina 1981. 더 자세한 내용은 Malina 1986; Neyrey 1990, 1991; Neyrey and Stewart 2008을 보라.

약의 특정 책에 적용했다. 그의 연구는 전통적인 의미의 주석은 아니지만, 본문을 철저하게 조사해서 (앞서 언급한 저자의 말을 빌리면) '특정 상황과 관련해 부과되어야 할 특정 구조'에 관한 새로운 제안을 한다.[54] 이제 다년간 영어권에서 집필된 것 중 가장 방대한 로마서 주석을 언급할 때가 된 듯하다. 그것은 헤르메네이아(*Hermeneia*) 주석 시리즈로 발간된 로버트 주잇(Robert Jewett)의 로마서 주석으로, 그는 에슬러를 따라 사회 과학적 분석을 로마의 상황에 적용하고, 이어서 로마서 해석에도 적용한다.[55] 주잇은 수치스러운 그리스도의 십자가를 전한 바울의 설교가 그리스 로마 세계와 유대 세계의 암묵적인 전제를 약화시켰다고 주장한다. 말하자면, 그 설교는 모든 사회 집단에 동등하게 하나님의 은혜를 제시하며, 그럼으로써 당시 세계에서 가장 중요했고 또한 위험한 분열을 초래했던 '명예와 수치'라는 함축적 체계에 철저한 대안을 제기했다는 것이다. 이런 식으로 에슬러와 주잇은 사회적·인류학적 모델화(modelling)라는 훨씬 더 철저한 체계를 발전시킴으로써, 타이센이 고린도에 관한 연구를 통해 시작한 길을 더 진척시켰다.[56]

말리나, 네이리, 엘리엇, 에슬러는 '상황 그룹'(Context Group)의 창시자들 중 일부며, 여전히 핵심 구성원으로 남아 있다. 여기서 나열할 수 없을 정도로 많은 이 그룹에서 나온 출간물들은 1980년대 말리나가 개진한 논제, 즉 우리는 '지중해 세계'를 통해 상세하고 강력한 문화적 전제를 추적할 수 있고 이 내용이 초기 기독교 집단에도 적용될 것으로 추정할 수 있다는 주장을 발전시켰다. 그들은 우리가 신약을 애초에 '우리 같은 사람들'을 위해 집필된, '우리의' 관심사를 다루는 글로 보지 말고, 우리와는 매우 다른 방식

---

53   Elliott 1981.
54   예를 들면, 누가행전에 관한 초기작(Esler 1987)을 기반으로 한 Esler 1994, 1995; 그리고 갈라디아서(Esler 1998)와 로마서(Esler 2003)에 관한 글을 보라.
55   Jewett 2007.
56   또한 훨씬 더 이른 시기인 Minear 1971과도 비교해 볼 수 있다.

으로 생각하고 살았던 사람들의 필요와 문제에 답변하기 위해 기록된 글로 읽으라고 이야기한다. 물론 역사가도 늘 시대착오를 피하고자 노력하지만, 상황 그룹 및 비슷한 작가들이 제안한 '모델화'는 더 큰 단위('지중해 세계')에 관한 사회학 분석의 방법과 도구를 수용해 한편으로는 초기 갈릴리 공동체에, 다른 한편으로는 바울의 교회들에, 그 후에는 더 폭넓게 베드로전서 같은 문서에 적용한다.[57] '상황 그룹'은 더 넓은 의미에서의 '사회사'와 그들의 영역을 명확하게, 그리고 실제로는 솔직하게 구분했고, (이를테면) 웨인 믹스나 데이비드 호렐의 절충적이면서 방법론에 덜 의존하는 방식에는 상당히 비판적이었다.[58] 하지만 다수의 젊은 학자는 기꺼이 이러한 경계들을 가로질러 내가 여기서 기술하고 있는 폭넓은 흐름 속에서 연구물을 만들어 내며, (이런 구분이 정말로 유효하다면) 말리나, 네이리, 에슬러 같은 사회 과학자(social scientists)뿐만 아니라 저지, 타이센 같은 사회사가(social historians) 등 여러 흐름을 수용하는 것으로 보인다.[59]

새로운 지도자들이라는 일반적인 제목 아래 이런저런 이야기를 했는데, 이 정도면 이 영역에서 그동안 진행된 논의를 어느 정도 소개하는 데 충분했을 것이다. 이제 뒤로 물러나서 이 학문 영역을 조금 체계적으로 정리해 보자.

4) 느슨한 연대에서 나온 새로운 제안

개략적으로 말해, 신약의 '사회학적' 접근이라는 느슨한 제목 아래 네 가지 다른 과제를 들 수 있다. 그것들은 **묘사**(description), **설명**(explanation), **예측**

---

57 여기서 또한 탄탄한 작품인 Stegemann and Stegemann 1999 [1995]; 그리고 다른 각도에서 접근한 deSilva 1999, 2000도 언급할 수 있다.
58 예를 들면, Schütz 1982, p. 20. 참조. Horrell 2002, pp. 11-14. Meeks의 상당히 예리한 반응은 Meeks 2003 [1983], pp. ix-xii를 보라.
59 Oakes 2001, 2009b; Barclay 2011(이 책은 Wayne Meeks에게 헌정되었다)를 예로 들 수 있다. 이와 더불어 Barclay 1995는 '상황 그룹'이 자리를 잡고 모양새를 갖추는 데 큰 역할을 했다. 또한 예를 들면, John Kloppenborg.

(prediction), **적용**(application)으로 범주화할 수 있다.[60]

에드윈 저지의 작업을 분명한 사례로 들자면, 그의 작업에서 우리의 가장 중요한 관심사는 **묘사**다. 저지는 자료, 특히 고전 시대와 초기 기독교의 원자료를 조사했고(유대 세계의 원자료는 그다지 조사하지 않았지만), 초기 기독교의 삶과 저작의 다양한 측면에 관한 날카롭고 세심한 설명을 제안했다. 그는 유명한 본문 여럿의 의미를 새롭게 조명했다. 내가 가장 좋아하는 사례는 고린도후서 11:21-33이다. 저지는 이 본문에 나오는 바울의 '자랑'이 당시 로마의 관습을 고의로 아이러니하게 반전시킨 것이라고 주장한다. 이 본문은 바울이 광주리를 타고 벽을 내려와 도망가는 것으로 마무리된다. 저지는 이 결말이 포위한 성벽을 가장 먼저 올라간 병사에게 수여되었던, 대단히 칭송받았던 무공훈장인 성벽관(*corona muralis*; 성벽이나 탑을 형상화한 관—옮긴이)을 겨냥한 패러디라고 주장한다.[61] 이런 종류의 분석은 '[작업] 역사' 자체의 영역으로, 원자료와 현대적 재구성 사이의 끊임없는 대화이며, 언제나 그 목적은 '실제로 발생한 사건'과 그 사건이 당시 사람들에게 가졌던 의미의 '두터운 묘사'다.

역사 자체는 보통 **설명**을 포함한다. 하지만 무언가를 설명한다는 것은 첫눈에 보기보다 더 복잡한 작업이다. 등잔에 불이 붙은 이유가 '등유가 인화성이 높기 때문'이라는 설명은 귀중한 도자기가 깨진 이유가 '아무도 그것을 잡아주지 않으니 떨어진 것'이라는 유명한 설명만큼이나 불쾌하고 쓸

60　이 사중 과제는 Elliott 1993, 3장이 제시한 다섯 가지 과제[사회적 실재물(*realia*)을 조사하는 것, 통합된 사회사를 구축하는 것, 초기 기독교의 사회 조직을 묘사하는 것, 사회문화적 제약을 연구하는 것, 사회학 모델을 성경 본문에 동원하는 것]와는 바로 연결되지 않는다. 나는 Judge가 그저 Elliott의 범주 중 첫 세 가지에 답했을 뿐이라는 Scholer 2008, p. xiv의 주장이 틀렸다고 생각한다.

61　Judge in Scholer ed. 2008, 2장 (orig. 1968); 그리고 Appendix in Judge 2008, pp. 707-708 (orig. Pub. 1966)를 보라. *Corona muralis*에 관해서는 예를 들면, Maxfield 1981, pp. 77-78를 보라. 일차적인 고대 자료는 Aulus Gellius, *Noctes Attici* 5,6,4와 Livy 26,48이다.

모없는 얘기다. 그런 설명에도 일말의 진리는 있지만, 질문자가 원하는 것은 당연히 인화성이 높은 그 등잔에 불이 붙은 이유(누가, 왜 담배꽁초를 등잔에 떨어뜨렸나?) 혹은 보통은 안전하게 보관되는 그 도자기가 바닥에 떨어진 이유(누가, 왜 선반에 있던 도자기를 손으로 쳤나?)를 알아내는 것이다. 필요조건이지만 충분조건은 아닌 요소(등유의 인화성, 도자기의 무게와 깨지기 쉬운 성질)를 포함하면서도 그 상황에서의 필수조건은 아니지만 충분조건인 요소(무신경한 흡연자, 부주의한 손자)를 찾아내는 설명의 그물망이 존재할 것이다. 이 경우들에는 유책 인물의 존재 때문에, 그렇지 않았다면 무한한 설명 사슬에 빠졌을 조사가 중단되지만(물론 범인이 무신경하거나 부주의했던 이유를 묻는다면, 또다시 그의 정신 상태를 따져야 할 것이다). 많은 경우에, 확실히 역사적인 묘사와 설명에서는, 그 사슬이 오랫동안 지속될 수 있다.[62] 역사의 경우, 특정 조사 방식을 통해 연구가 가능한 요인으로 설명을 제한하려는 시도는 문제투성이일 수밖에 없다. 율리우스 카이사르는 왜 암살되었는가? 바울은 왜 로마에 가려고 했는가? 예수는 왜 비유를 동원했는가? 이런 질문들, 그리고 이와 비슷한 다른 질문들은 종종 예상되는 것보다 훨씬 더 복잡하다. 그렇다면, 어떤 답변을 좋은 답변으로 **간주할** 수 있는가?

역사의 다른 영역에서 가져온 사례로 설명해 보겠다. 제2차 세계대전이 발발한 이유를 설명해 보려는 책들이 최근에 많이 나왔다. 그토록 많은 나라의 지도자들이 그런 양상으로 서로 싸우는 것이 당시의 문제를 해결하는 올바른 방법이라고 생각하도록 이끈 요인은 도대체 무엇이었을까? 그런 책 가운데 하나는, 전쟁에 연루된 여러 나라와 지도자를 연구해서 그 문제에 답했는데, 그 결론이 "그들은 무슨 생각을 하고 있었는가? 희망, 두려움,

---

[62] 이 질문 전체에 관해서는, Kirwan 1995에 있는 간략하지만 유익한 요약, 그리고 Cohen 1995에 있는 조금 더 충분한 설명을 보라.

사상, 그리고 무언의 전제들"이란 제목의 중요한 장으로 이어진다.[63] 이 사례에서는 해답을 찾기 위해 제국주의, 자유주의, 군국주의, 민족주의, 그리고 특히 사회진화론을 조사한다. 많은 사람이 세계를 탈바꿈시키리라 생각하며 전쟁을 열렬히 기다렸다. 실제로 세상이 전쟁으로 탈바꿈되긴 했지만, 그들이 바라거나 상상했던 방식으로는 아니었다. 여기서 내 요점은, 무언가를 설명하려면 우리 자신과 아주 다른 사람들의 사상과 사조 속으로 들어가서, 우리에게는 낯설어 보이는 사실이 그들에게는 명백하게 다가왔던 이유를 알아볼 필요가 있다는 것이다. 이를 위해서는 충분한, '두터운' 묘사가 요구된다.[64]

앞서 언급했듯이, 그런 묘사를 신학이든 사회 과학이든 아니면 그 외의 무엇이든, 어떤 한 영역에 제한하려고 시도하면 문제가 생기기 마련이다. 이것은 어떤 학문 영역에서든 곤란한 문제이겠지만, 초기 기독교에 관해서라면 그 운동의 발흥을 신적인 개입의 관점에서 설명하려는 관념론자(이 경우에는 소위 정통 그리스도인)와 '사회력'(social force)의 관점에서 설명하려는, 전부는 아니지만 일부 사회학자를 포함하는 유물론자 사이의 오래된 이분법이 다시 등장하기 쉽다.[65] 이러한 동향은 서구 사상계에 벌어졌던 더 큰 철학 논쟁 위에 자리매김되어야 필요가 있는데, 그 기원을 추적하면 적어도 흄(Hume)까지 거슬러 올라간다. 어떤 것을 설명으로 간주해야 하는지는 과학 철학자들 사이에서 논의가 계속 진행 중이다. 어떤 사람은 충분한 정보

---

63 MacMillan 2013, 9장(pp. 228-265).
64 유사한 현상을 보여 주는 또 다른 현대 사례로는, 미국 하부문화의 특정 세부 사항을 연구한 두 권의 혼란스러운 책인 Jewett and Lawrence 2002; Jewett and Lawrence 2004가 있다.
65 유물론자의 좋은 사례로 Smith 1975를 들 수 있다. 그는 '기독교의 발흥을 이끈 사회력'을 이야기한다(p. 20). Hock 1980, p. 36는 더 미묘한 의미를 담아낸다. 바울이 천막 제조업자였다는 사실이 '그에게 아무런 지위가 주어지지 않았던 사실을 설명해 주는 적어도 부분적인 이유'로, 또한 '아마도 그가 험담을 들었던 원인'으로 이해되어야 한다. 하지만 바울 자신은 궁극적인 원인을 유대인에게는 스캔들이고 이방인에게는 어리석은 말이었던 복음으로 보았기 때문에, Hock가 이런 제안을 조정한 것은 잘 한 것이다.

만 있다면 설명 가능한 사실을 실제로 예측할 수 있는 확정적 인과율을 요구하지만(아래를 보라), 어떤 사람은 그런 요구에 대해, 특히 사회 과학의 경우, 인간의 행동은 그렇게 확정적으로 결정될 수 없다고 답변한다.[66] 따라서 역사가와 사회 과학자는 둘 다 가능한 많은 정보를 확보하길 원하며, 다른 분석에 비해 특정 유형의 분석을 우선시하려는 시도는 반드시 의심을 받는다. 양자역학으로 인해 '경성과학'[hard sciences; 방법론적 엄격함, 정확성, 객관성을 기초로 과학을 분류하는 표현으로, 보통 자연과학을 경성과학, 사회 과학을 연성과학(soft science)으로 부른다—옮긴이]에서도 예측이 어려워졌다면, 사회 과학에서는 얼마나 더 예측에 조심해야겠는가!

사회사 연구에 관한 논의에서는 보통 주목받지 못하지만, '설명'의 좋은 사례가 하나 있다. 그것은 몸의 부활에 관한 바리새인과 사두개인 사이의 관점 차이다. 현대 서구인의 생각에는, 부활을 믿었던 바리새인은 '보수주의자', 부활을 믿지 않았던 사두개인은 '자유주의자' 혹은 '급진주의자'로 보일 수 있다. 실제는 정반대였다. 사두개인이 일부 문화권의 귀족들처럼 그들이 누리는 현재 모습이 그대로 유지되는 사후 세계를 꿈꿨을 것이라고 예상하는 사람이 있을 것이다. 실제로, 사두개인은 부유한 귀족이었고 바리새인은 사회적 저항 단체였다는 사실을 알고 나면, 사두개인은 틀림없이 적어도 그들 나름의 방식으로 사후 세계에 관한 관점을 발전시켰을 것이고, 바리새인은 그런 관점이 사회적 변화를 회피하는 방편이라며 거부했을 것이라고 '예측'하는 사람도 있을 것이다. 그런데 왜 실상은 정반대였을까? 부활은 세상을 뒤집을, 장차 있을 하나님의 조치를 선언하는 혁명적인 교리로 이해(이것은 올바른 이해다)되었기 때문이다. 이런 신념을 가졌던 바리새인 같은 사람이라면 현실에서도 누구보다도 혁명적인 행동에 먼저 달려들 준비가 되어 있

---

[66] 예를 들면, Hempel 1965과 Cohen 1995에 있는 논의를 보라.

었을 것이다.[67] 본질상 사회학적인 이 설명이 종교적인 혹은 신학적인 설명을 배제하는 것은 아니다. 이런 믿음을 고수하려면, 단지 사회적 불만을 강하게 인지할 뿐만 아니라, 창조주이자 심판자이신 이스라엘의 하나님에 관한 분명하고 흔들림 없는 믿음도 가져야 했을 것이다. 하지만 우리는 사회적·정치적 요소도 그 나름대로 충분하게 고려해야 한다.

설명이 묘사의 한 차원 혹은 한 층위 정도로 축소해서는 안 될 복잡한 문제라면, **예측**의 문제는 더 논란의 여지가 많다. 앞서 살펴보았듯이, 예측은 깨뜨릴 수 없는 인과의 연쇄를 수반하기에, 사건 이후의 설명으로 간주되는 내용이 원칙적으로는 사건 이전의 예측으로도 간주될 수 있다. 그렇다면 과학적 용어로서 '예측'이 가능해지는 것은, 자료 관찰의 결과로서 규칙성에 관한 가설을 만들 수 있을 때다. 이를테면, 일출과 일몰의 정확한 시간이나 월식, 일식 같은 현상, 그리고 조수 간만의 규칙적인 변화가 그런 경우다. 어떤 사람이 사회와 집단을 관찰하는 것과 관련해서 '과학적'이란 단어를 사용할 때 그 목적 중 일부는, 그가 구체적이고 반복적인 행동 패턴을 관찰할 수 있으며, 일식과 마찬가지로 그 패턴으로부터 **앞으로** 일어날 일이 아니라(우리가 논하는 대상은 고대의 역사다!) 그 사건이 기록되었든지 기록되지 않았든지 **틀림없이** 일어났었을 일을 '예측'할 수 있다고 주장하기 위함이다. 어떤 차원에서 이것은 별스럽지 않은 이야기다. 로널드 호크(Ronald Hock)가 천막 제작자 바울에 관한 책에서 보여 주었듯이, 우리는 그런 직업에 대해 충분한 지식을 가지고 있기에 어떤 상황과 개인적 도전이 '틀림없이' 바울의 일상적 숙명이었을지 추론할 수 있다.[68] 하지만 다른 차원에서는 조심할 필요가 있다. 때때로 '어떤 사회학 모델이 사실에 잘 들어맞는지 확인하

---

67 특히 Wright 2003 [*RSG*] pp. 137-140를 보라.
68 Hock 1980을 보라.

기 위한 경험적 타당성 조사로 시작한 것이, 나중에는 그 모델이 반드시 그랬어야 하는 사실을 우리에게 알려 주는 수단이 되는' 일이 벌어지는데, 그런 시점에서는 우리가 선을 넘었을 수 있다.[69] 비슷한 이야기를 특별히 '지중해 문화'에 대해서도 할 수 있다. 더 큰 범주로 거론되는 '지중해 문화'는, (예를 들면) '지중해 주변의 소작농'은 대부분 문맹이었기 때문에 '지중해 주변의 소작농'이었던 예수도 틀림없이 문맹이었을 것이라는 주장의 근거로 동원된다.[70]

당연히 어떤 환경 아래서는, 그리고 어떤 제한된 범위 안에서는 예측이 정말로 가능할 수 있다. 모든 역사는 일부 범위까지는 예측을 동원한다. 어떤 첨언도 하지 않고 단순히 원자료만 인용하는 경우만 아니라면, 학식이 있는 사람이라면 상상을 통해 단서들을 서로 연결할 것이다. 상상력 교육에는 잠재적으로 병행하거나 유사한 점들을 분별하는 것이 포함되며, 특히 고려해야 할 특정 문화가 현대 서구 문화와 대조되는 경우라면 더 분별력이 필요하다. 왜냐하면 틀림없이 현대 서구 문화는 시대착오와 자민족중심주의에 의거한 거짓 유사성을 우리에게 제시할 것이기 때문이다. 그런데 에드윈 저지, 웨인 믹스 등이 자세히 설명한 바로 그 이유 때문에, 그러한 유사성을 '모델'로 체계화하려는 작업은 늘 철저한 혁신의 가능성을 몰아낼 위험이 있다. 그리고 모든 조짐으로 보건대, 첫 그리스도인들은 적어도 어떤 측면에서는 철저한 혁신가였다.

특히, 우리는 두 가지 주요한 구분을 절대 잊어서는 안 된다. 첫째, '경성' 과학과 '사회' 과학 사이에는 중요한 차이가 존재한다. 사회 과학은 절대 '실험을 반복'할 수 없다. 인간 사회는 저마다 다르며, 시간에 따라서도 변한다.

---

69 Tuckett 1987, p. 147는 Scroggs 1975의 주장을 문제 삼는다.
70 특히 Crossan 1991과 더불어, 예를 들면, *JVG* pp. 44-65에 있는 비판을 보라.

둘째, 관찰과 설문지와 조사를 통해 현재 사회와 행동 패턴을 연구하는 '일반' 사회 과학과, 설문과 조사를 시행할 수 없고 우리가 할 수 있는 것은 제한된 자료를 '관찰'하는 것뿐인 고대 세계 연구 사이에도 상당한 차이가 존재한다. 게다가, 우리에게는 고대 지중해 세계에 관한 많은 자료가 있지만, 우리가 가진 초기 기독교 자료는 그 운동의 적어도 일부 측면에 관한 생생한 묘사에서는 타의 추종을 불허한다. 따라서 소위 기지의 사실(일반적인 면에서 고대 지중해 사회)에서 미지의 사실(초기 기독교 집단의 사회적 패턴)로 옮겨 가기 위해 사회 과학적 모델을 사용하는 것은, 일부 제안이 아무리 유익하다 해도 문제투성이다. 이렇든 저렇든, '지중해 세계'와 현대 서구 사회를 대조적으로 내세우는 것도 그리 간단치 않은 것이, 현대 서구 사회를 포함해 세계의 여러 곳에는 여전히 소위 고대 문화의 요소들이 건재하다.

마지막 네 번째 요소는, 나머지 요소와 절대 동떨어지지 않는 **적용**이다. 스크록스는 시카고학파가 제기한 '사회적 질문들'이 그 학파의 구성원들이 선포하고 싶었던 '자유주의 기독교 및 사회 복음'과 긴밀한 것들이라고 지적했다. 스크록스 자신도 조심스럽긴 했지만 같은 방향을 가리키고 싶어 했다. 그는 마르크스주의 신학자 페르난도 벨로(Fernando Belo)가 다음과 같은 질문을 던짐으로써 '우리 학자들의 세계에 도전'을 던졌다고 이야기한다.

> 과연 신약 주해가 진정으로 생태학, 인간 억압, 경제적 속박, 대규모 영양실조 등에 뭐라도 할 말이 있는지, 혹은 우리는 그저 침묵하고 복음서를 다른 사람에게 넘겨주어야 하는지 자문한 적이 있는가?[71]

비슷하게 게르트 타이센은 사회학적 주해의 목적이 해석자들이 그동안 무

---

71   Scroggs 1980, pp. 164-165, 179(원서 강조). 참조. Horrell 2002, p. 5.

시했을 사안을 그들에게 알려 주는 것이라고 이야기한다.

> 그렇게 되면, 신학자들의 사회의식이 현재의 사회적 문제에 직면할 때만 자극받는 사태가 더는 없을 것이고, 그들의 신학 작업의 중심에서, 즉 그들이 성경을 붙잡고 씨름하는 그 순간마다 계속해서 그들의 사회의식이 새롭게 함양될 것이다.[72]

여기가 바로 고대 지중해 세계와 현대의 서구 세계의 엄격한 구분이 무너질 우려가 있는 지점이다. 우리는 이런 위험을 로버트 주잇의 작업에서 분명하게 볼 수 있다. 그는 바울이 로마서를 집필한 주목적이 명예/수치 이분법의 복음을 극복하고 수치스러운 십자가의 메시지로 이질적인 회중을 통합하는 것이었다고 주장하기 위해 그의 방대한 로마서 주석을 집필했고, 그 후 교회가 사회적·문화적 화해와 일치를 위해 노력하도록 설득하기 위해 왕성하게 세계 곳곳을 여행했다.[73] 우리는 같은 주장을 에슬러의 신선한 주장에서도 볼 수 있다. '우리는 현재의 그리스도인 집단이 재맥락화하는 데 도움이 되는 방식으로 본문의 원 의미를 드러내야 한다.'[74] 이 주제 진술이 과거 수많은 세대의 해석자들이 그들의 목적으로 삼았던 내용(신약을 역사적으로 연구해 당대에 재적용하는 것)과 원칙적으로 어떻게 다른지 나는 확실히 모르겠다. 유일한 차이라면, 에슬러의 경우 '지중해를 연구한 인류학이 보여 준 성경 시대 세계의 낯선 모습'이 '원의미'에 접근할 수 있는 통로를 다른 접근으로는 불가능한 방식으로 어떻게든 제공한다고 믿었다는 점 같다.

---

72 Theissen 1992, p. 29.
73 Jewett and Yeo 2012; 그리고 Jewett 2013을 보라.
74 Esler 1995, p. 14.

이미 이런 질문이 떠오른 사람도 있을 것이다. '성경의 세계가 그토록 낯설다면, 굳이 성경의 원의미를 우리 시대를 위해 재맥락화할 필요가 있을까?' 그것은 순전히 시대착오적인 시도나 원시주의(primitivism; 인간의 바람직한 생활 방식은 인간이 단순하면서도 자유롭게 살았던 아주 먼 과거에 있다고 믿는 관점—옮긴이) 아닐까? 이런 방식으로 과연 이전 세대의 많은 해석자가 제기했던 문제, 즉 우리는 우리와 전혀 다른 문화권의 임의적이고 우연적인 요소들을 오늘날의 규범으로 삼아서는 안 된다는 지적을 피해 갈 수 있을까?[75] 우리의 세계가 정말로 그렇게 다르다면, 이 재맥락화를 어떻게 시작해야 할까? 나는 이런 질문(성경 연구와 해석 분야의 잘 알려진 다른 도전에 상응하는 이 새로운 연구의 물결 내부의 도전)에 적절한 답변이 이루어졌다고 생각하지 않는다. 신약을 그 자체의 맥락에서 이해하려는 시도, 그리고 그 이해를 우리 자신의 맥락에 '적용'하려는 시도 모두에 존재하는 순환 논리의 위험은 다른 곳만큼이나 여기서도 문제가 된다.[76] 나는 역사 묘사와 현대 적용을 동시에 시도하는 작업에 박수를 보내지만, 내가 보기에 사회사적 조사는 (다른 분야에서는 개탄 받아 마땅한 피상적인 의미의 전이에 만족하려는 것이 아닌 이상) 이런 시도를 오히려 더 복잡하게 만드는 것 같다.

이 지점에서 우리가 떠맡아야 할 과제가 등장한다. 내가 이제껏 발견한 것 중 이 과제에 관한 최선의 설명은 웨인 믹스의 설명이다. 그의 작업에 대해서는 곧 확인할 것이다. 믹스는 「하버드 신학 비평」(*Harvard Theological Review*)의 크리스터 스텐달 기념호에 처음 실린 논문에서, 조지 린드벡(George Lindbeck)의 작업을 비판적으로 조사하면서 '본문에 어울리는 사회적 구체

---

75 참조. 예를 들면 Nineham 1976.
76 Horrell 2002, pp. 14-15에 있는 논의를 보라. "일부 급진적 해석이 역사적 실재보다는 현대적 관심사의 이상화된 반영에 가까운 '역사'를 제시한다고 느끼는 사람도 아마 있을 것이다." 옳게도 Horrell은 '그런데도'(그런 접근은 '부르주아' 해석가들에게 불편한 가능성을 고려하라는 도전이 되었을 것이다)라는 말로 이야기를 이어 가지만, 이 경고는 여전히 중요하다.

화가 이루어져야만 해석학적 순환이 종결된다'라고 주장했다.[77] 물론 그의 말처럼(중요한 주의사항이다), 우리는 본문에 함의된 현재를 위한 사회적 구체화를 확인하고도 거기에 동참하지 않는 쪽을 택할 수 있다. 하지만 린드벡이 오늘날 적절한 독자들의 상징 세계까지 본문 자체에 자리매김하려는 접근 방식을 취한 것에 반대해, 믹스는 해석 작업이 완성되기 위해서는 실제 삶의 구체적 사안들을 붙잡고 씨름하는 이 시대의 실제 공동체들이 필요하다고 주장했다. 그는 이런 작업에는 주해가들과 신학자들 사이의 대화보다 '초기 기독교를 연구하는 사회 역사가들과 기독교 윤리학자들 사이의 대화'가 훨씬 더 필요할 것이며, 바울 작품 중 다수가 '윤리적 형성에, 그리고 사회학자들이 새로운 종파의 제도화라고 표현할 수밖에 없는 내용'에 할애되었다는 사실을 인식해야 한다고 주장한다. 따라서

> 사회적 구체화의 해석학은, 때로는 우리를 당황케 하는 초기 그리스도인의 세속성과 일상성을 위한 자리를 발견해 줄 것이다. 이 해석학은 세상 속에서 적합하게 행동하는 능력의 습득으로서 그리스도인의 지성을 규정해 줄 것인데, 그것은 본문과 역사 사이의 변증법을 통해 특유의 방식으로 이해되도록 번역될 것이다.[78]

그렇다면 목표는 분명하다. 사회사적 해석은 명제로서의 진리를 식별하는 옛 해석학도, 불트만식의 '진정성'도 아닌 새로운 공동체로 이어져야 한다.

문화언어학 모델에 관한 신학적 해석학의 목적은 본문이 가르치는 객관적인

---

77 Meeks 1986a. Meeks, Hilton and Snyder 2002, pp. 185-195에 실려 있는 그 논문의 p. 192. 이 부분과 아래 내용에서 나는 나중 인쇄본을 참고했다.
78 Meeks, Hilton and Snyder 2002, p. 194.

참된 명제를 믿는 것 혹은 본문의 상징이 촉발하는 진정성 있는 자기 이해를 개인이 받아들이는 것이 아니라, 본문이 부여하거나 가리키는 상징 우주에 상응하는 삶의 형태를 가진 공동체를 형성하는 것이다.[79]

에슬러는 이 내용을 다른 말로 바꾸어 그의 기획을 담은 1995년 발표 논문에 실었는데, 믹스가 상냥하게 제기했던 유의사항을 더 분명하게 표현했다.

> 하지만 우리는 초기 그리스도인들이 예수의 이야기를 그들의 이야기로 수정해서 다시 전하던 방식에 의문을 제기해야 할 경우가 종종 있다는 점을 인정해야 한다.…기독교 운동의 가장 초창기에도, 외견상 우리 전통의 기반(예수에 관한 체제 전복적 기억)과 어긋나는 이데올로기와 이미지가 혼합되어 있었다는 신호들이 있다.…따라서, 태고의 이야기를 그들 나름대로 전했던 형태를 소화하려 할 때, 우리는 그 전달 형태에 몰래 들어온 왜곡을 인식하고 잘라 내야 할 경우가 있을 것이다.[80]

당연히 이런 이야기들은 잘 알려진 난제로 다시 우리를 몰아갈 뿐이다. 무엇이 '기반'이고 무엇이 '왜곡'인지 어떻게 알 수 있는가? 사회사적 접근은 종류와 무관하게 이 중요한 구분을 시도할 때 어떻게 도움이 되는가? 우리

---

79 Meeks, Hilton and Snyder 2002, p. 193. 같은 책, p. xv에 있는 Meeks의 더 온전한 진술을 보라.
80 Esler 1995, p. 18. Esler는 Meeks의 결론을 (인정받은 것은 아니지만) 다음과 같이 의역했다. '목표는…존재론적 진리로 주장되는 명제를 변호하는 것도 아니며…성경의 사상과 상징을 무분별하게 반복하는 것도 아니다. 목표는 우리 시대에 공동체들을 만들어 내는 것이다.' 하지만 Esler는 불트만식 해결책에 관한 Meeks의 언급(그리고 반박)을 피하려다 같은 실수를 저지른다. 그는 이어서 이렇게 이야기한다. "그 공동체의 정체성은 그들이 속한 지역의 상황 속에서, 처음 그리스도인의 '이야기'를 비판적으로 전용함으로써 만들어졌다. 말하자면 예수의 이야기를, 그리고 그가 대변하는 이 세상 속 하나님의 임재를 형성한 그들의 경험을 그들 자신의 다양하고 긴급한 요구들에 동화시킴으로써 만들어 갔다." 이런 이야기는 예전 실존주의의 의제와 비슷하지만, 이제는 새로운 사회학적 옷을 입은 모습이다.

가 원하는 모든 사회적 모델링과 더불어 후기 고대의 그리스 로마 세계와 유대 세계의 가능한 모든 측면을 고려해 봤자 여전히 같은 문제가 남으며, 심지어 이제는 더 많은 렌즈를 통해 그 문제를 보아야 한다. 에슬러가 추천하는 방법은 내용-비평의 새로운 형태 혹은 나아가 '역사적 예수 탐구'의 새로운 버전에 불과한데, 그는 '역사적 예수 탐구'의 '체제 전복적 기억'을 우리가 초기 기독교 전통의 다른 부분을 평가하는 잣대로 사용하기를 바랐다.[81] 이렇듯 모든 것을 고려하고 첫 그리스도인들의 '상징 우주'를 이해하는 것에 관한 믹스의 주된 논점에 충분히 동의하고 그 후에 우리 자신의 세계에서 그와 같은 것을 재생산한다는 것의 의미가 무엇인지 이해했다 해도, 결국 우리는 돌고 돌아 처음 시작한 곳 근처로 돌아온 것으로 보인다.

물론 그렇지 않을 수도 있다. '상징 우주'란 표현은 마침내 다음 질문으로 우리를 이끈다. '이 모든 사회사적 탐구를 통해 우리가 정말로 찾는 대상은 무엇인가? 우리는 그 작업에 어떻게 착수하고, 지도를 그리고, 전체를 조망해야 하는가?'

5) 상징 세계의 지도를 그리고 모델링하기

하워드 클라크 키(Howard Clark Kee)는 기독교의 기원에 관한 사회학적 관점을 다룬 1980년의 중요한 논문을 시작하면서, 이전 세대의 위대한 미국 학자인 헨리 캐드베리(Henry J. Cadbury)의 말을 인용한다. 캐드베리는 '누가 무엇을 언제 집필했는지'에 집중했던 학계의 흐름에 반대해 더 깊은 조사가 이루어지길 바랐다.

---

81 또한 Esler 1998, p. 28를 보라. 거기서 Esler는 성경 본문은 구원 사건을 증언하며 '그 사건을 얼마나 충실하게 증언하는지를 기준으로 평가받는다'라고 말한다. 이 전면적인 단순화는 거대하고 다층적인 해석학적 전제와 문제 전체에 걸쳐 있다.

기원이나, 나아가 정확한 연대 혹은 저자 같은 당면 문제보다 더 중요한 것은 문화(또는 Weltanschauung)의 문제다. 단도직입으로 말해, 나는 신약의 저자들이 누구인지보다는 그들이 어떻게 그 길에 도달하게 되었는지에 훨씬 더 강한 호기심을 느낀다.[82]

헨리 캐드베리가 Weltanschauung으로 의도한 뜻이 정확히 무엇인지 나는 모르지만, 일반적인 번역인 '세계관'(world view 혹은 간단히 worldview)은 사회학자들이 체계적으로 정리하려는 더 큰 전체를 가리키는 여러 가지 이름표 가운데 하나로 자리를 차지하고 있다. 키(Kee)는 나름의 주장에서 그 개념을 발전시킨다.

> 지식 사회학…분야가 제기하는 끊임없는 요청은, 어떤 사회의 전통과 역사의 세부사항을 이해하려면 그 사회의 세계관을 재구성하라는 것이다.…어떤 사회든 그것을 묶어 주는 것은 인간의 기원과 운명, 가치, 한계, 책임에 관한 공통의 전제로 구성된 거대한 집합체다.…[83]

계속해서 키는 버거와 루크만에게 받은 지대한 영향을 인정하면서, '생활 세계', '공유하는 현실관'(shared view of reality)에 대해, 그리고 '발화된 내용이 의미하는 대상과 발화되지 않고 남겨진 내용이 전제하는 대상, 양자 모두'를 명확히 하려는 시도로서 역사가의 과제에 대해, 그리고 그러한 관련성 속에서 '함축된 의미들의 연결망'에 대해, 그리고 그 새로운 움직임 내부의 '의식(儀式)과 신화의 패턴'에 대해 이야기한다.[84] 그의 말에 따르면, 초기 기

---

82   Kee 1980, p. 11가 인용한 Cadbury 1953, p. 54.
83   Kee 1980, p. 23.
84   Kee 1980, pp. 23-24, 28.

독교 저자들이 말하려 했던 것은 무엇인지, 그리고 그들의 글이 어떤 의미로 들렸을지 이해하려는 시도는

> 그 글의 집필 대상이었던 특정 집단이 받아들이고 유지했을 그들의 세계관에 충분한 관심을 기울인 후에야 비로소 제대로 수행될 수 있다.[85]

이것은 '지식 사회학'의 과제이며, 문제는 이 작업을 어떻게 시작하느냐다. 모리스 블로흐(Maurice Bloch)가 '여러 가지 흐름을 가진 비선형적 방식으로 조직되고 군집된 의미작용(signification)의 네트워크'라는 생생한 표현으로 묘사한 이 과제를 우리는 어떻게 받아들여야 할까?[86] 이 질문은 조너선 스미스(Jonathan Z. Smith)가 답하려 했던 질문과 실질적으로 같다. 그는 '그 세계에 살기로 한 사람들에게 개연성의 구조를 제공하는 의미의 세계'를 조사할 것을 요청하면서, 여기에는 다음과 같은 것이 포함된다고 설명한다.

> 초기 그리스도인들의 세계를 공감적으로 재구성하는 것, 즉 초기 기독교의 상징과 의식과 언어를 통해 묘사되고 결정되는 세계 안에서 산다는 것이 '어떻게 다가왔을지' 세심하게 상상하며 구성하는 것.[87]

이 말은 또한 버거와 루크만이 '상징 우주'로 의도한 의미와 별반 다르지 않다. 에슬러는 그 개념을 이렇게 요약한다. '사회적 세계를 정당화하기 위해 동원되는 다양한 의미와 상징체계들의 통합된 총체.'[88] 같은 맥락에서 우리

---

85   Kee 1980, p. 29.
86   Bloch 1992, pp. 129-130. Esler 1995, p. 6에 인용되었다.
87   Smith 1975, p. 21.
88   Berger and Luckmann 1984 [1966], 2부, 2장(pp. 1101-1146)을 인용하는 Esler 1994, p. 9.

는 바울의 교회들에 관한 마거릿 맥도널드(Margaret MacDonald)의 중요한 책을 인용할 수 있다. 그는 그 책에서 바울서신들이 '바울 공동체들의 신앙과 실천을 형성하고 거기에 질서를 부여하는 상징 우주를 구축하고 유지하려는 시도'를 대변한다고 이해한다.[89] 마지막으로 존 슈츠(John Schütz)가 게르트 타이센의 작품을 소개하면서 한 말을 인용할 수 있다. 그는 '사회적 세계'를 '현실에 관한 상징적 공동 인식의 구조'(construction of a symbolic communal perception of reality)라고 언급한다.[90]

굳이 다른 이야기를 더 하지 않아도, 명명에는 차이가 있지만(세계관, 상징 세계, 상징 우주, 삶의 방식 등) 이 학자들은 모두 대체로 같은 대상을 이야기하는 것으로 보인다. 즉, 특정 사회의 사상과 행동을 '정당화'하며('그것이 바로 우리가 이곳에서 무언가를 행하는 방식입니다') 또한 미래의 역사가들에게 이를 '설명해 주는'('그것이 바로 그들이 그런 식으로 생각하고 행동했던 이유입니다'), 보통은 감추어진 전제들의 복합체에 관한 이야기를 하는 것으로 보인다. 이제 널리 인식되는 바와 같이, 그러한 복합체에는 개념적 전제들('우리는 모두 X가 맞다고 믿는다')뿐만 아니라, 세계에 관한 암시적이자 때로는 명시적인 내러티브라는 의미에서의 '신화', 그리고 그 행위가 명백히 '종교적'이든 아니든 세계관이 상징적인 표현으로 드러나는 행동이라는 의미에서의 '의식', 그리고 세계관의 핵심 특징을 집약하고 구체화하는 사물 혹은 이미지라는 의미에서의 실제 상징이 포함된다. 이 모든 내용이 나에게는 사회 연구 분야에서의 상식이자 과거에 관한 '두터운 묘사'를 진지하게 받아들이는 학자의 기본으로 생각된다.

현대 연구에서 이러한 생각의 상당 부분은 이런저런 방식으로 클리포드

---

89 MacDonald 1988의 기획을 요약하는 Horrell 1999, p. 233.
90 Schütz 1982, p. 1.

기어츠의 여전히 읽을 가치가 높은 중요한 작품을 기초로 한다. 물론 그는 '세계관'이란 용어를 어떤 문화의 '인지적·실존적 요소'를 가리키는 말로 따로 남겨 두었고, 이를 그가 '에토스(ethos)라고 부른 윤리적·심미적(그리고 따라서 '가치 평가적') 요소 옆에 나란히 배치했다.[91] 그의 설명에 따르면 '의미'는

> 오직 십자가, 초승달(이슬람교의 상징—옮긴이), 날개 달린 뱀(메소아메리카 문명의 종교적 상징—옮긴이) 같은 상징 안에만 '저장'될 수 있다. 의식 속에 극화되거나 신화 안에 나타나는 그와 같은 종교적 상징은 그 상징이 울림을 주는 사람에게는, 세계가 존재하는 방식에 관해 알려진 사실과, 이를 통해 뒷받침되는 감정적 삶의 질과, 그 안에서 행동해야 하는 방식을 요약하고 있는 것으로 느껴진다. 따라서 신성한 상징은 존재론과 우주론을 미학과 윤리와 연결한다. 상징의 독특한 힘은 상징이 가진 것으로 받아들여지는 능력, 즉 가장 근본적인 수준에서 사실과 가치를 연계하는 능력에서 비롯된다.[92]

상황을 바라보는 이런 관점 안에서 '세계관'과 '에토스', 이 두 용어는 긴밀하게 연결되어 있는데, 그것은 우리의 생각 속에서는 그 둘을 분리할 수 있지만, 실제 삶에서는 그 둘을 분리하는 사회는 없다는 실질적인 이유 때문이다.

> 어떤 수준에서 세계관과 에토스를 종합하려는 경향은 논리적으로는 필요치 않더라도 최소한 경험적으로는 강제적인 것이며, 철학적으로는 정당화되지는 않더라도 최소한 실용적으로는 보편적인 현상이다.…에토스와 세계관 사이에는, 그리고 공인된 삶의 양식과 전제된 현실의 구조 사이에는 단순하고 근본적

---

91 5장, 'Ethos, World View, and the Analysis of Sacred Symbols'의 시작 부분인 Geertz 2000 [1973], pp. 126-127.
92 Geertz p. 127.

인 일치가 존재해서 결과적으로 그 둘은 더불어 서로의 의미를 완성하고 서로에게 의미를 부여한다.[93]

기어츠는 그 설명이 명확하고 비유와 사례가 탁월하다는 점에서 알베르트 슈바이처처럼 자주 인용되어야 마땅한 학자 중 한 명이다. 하지만 그런 점을 보여 주는 것은 이 정도면 충분하겠다.

내 연구를 아는 사람이라면 이런 이야기에 익숙할 것이다. 나는 1992년 이후로 세계관 분석이라는 특정한 방법을 설명하고 사용해 왔는데, 나는 그 방법을 동맹군처럼 동원해 나의 신학 분석 작업을 위한 배경을 설정했다. 그 과정에서 나는 방금 언급한 생각의 흐름을 따랐는데, 그것은 마거릿 맥도널드(신앙과 실천을 형성하고 거기에 질서를 부여하는 상징 우주)와 (앞으로 살펴볼) 웨인 믹스(그는 바울 공동체의 사회적 세계에 관한 분석에 다섯 장을 할애하고, 이어서 여섯 번째 장에서는 그러한 사회적 세계 안에서 의미가 통했던 신앙을 간략하게 설명한다)의 작업에 영향을 받은 것이었다. 나는 『기독교의 기원과 하나님에 관한 질문』(Christian Origins and the Question of God) 시리즈의 첫 책에서 이 모델을 제시했고, 그 모델을 1세기 유대 세계와 일반적인 초기 기독교 운동에 자세하게 적용했다. 다음으로는 그 모델을 예수에게 적용했고, 중간에 부활에 관한 프로젝트를 마무리한 후 가장 최근에는 그 모델을 바울에게 적용했다.[94]

이 과정에서는 나는 실수라 할 수 있다면 실수를 저질렀다. 말하자면, 한편으로 기어츠, 다른 한편으로 버거와 루크만을 언급한 것을 제외하고는 이 분석 방법을 내가 본 장에서 제시한 사회학적 논의와의 관련성 안에 자

---

93 Geertz 127, p. 129.
94 참조. *NTPG* 5장(pp. 1211-1244); *JVG* pp. 137-144; *PFG*, pp. 22-68. 분량이 증가한 이유는 이 내용이 모든 사람에게 나처럼 분명하거나 유익한 것은 아니라는 인식이 생겼기 때문이다.

리매김하지 않은 것이다. 내 설명에서는 접두사 '사회'(socio-)로 시작하는 단어가 두드러지지 않았다. 마찬가지로, 나는 '신화'보다는 '내러티브'를, '의식'보다는 '실천'에 관한 이야기를 주로 했다. 그리고 나는 다른 많은 사람이 했듯이, 사회적 묘사를 신학적 믿음의 묘사와 대립시켜서는 안 되며 오히려 둘 사이의 뒤얽힌 공생관계를 볼 수 있어야 한다고 분명히 주장했다.[95] 로빈 스크록스의 유명한 진술과 궤를 같이한 나는 기독교의 현실을 사회적 역학으로 환원하려고 노력한 것이 아니라, '반대쪽 극단의 환원주의, 즉 기독교의 현실을 내면적-영적 체계 혹은 객관적-인지적 체계로 제한하려는 관점에 대항하려고' 노력했다.[96] 이런 요인들이(아마도 더 많을 것이다) 그동안 내 제안이 사회학자들에게 많은 관심을 받지 못한 이유를 어느 정도 설명해 줄 것이다. 어떤 관점에서는 오히려 잘 된 것이, 정말 우연이지만, 나는 신약에 관한 사회학적 접근을 몰래 관련 논의로, 아마도 나아가 신약학계로 끌어들인 셈이었다. 그들이 문에 빗장을 걸고 말리나나 에슬러, 혹은 심지어 믹스가 문 앞으로 다가오는 모습을 흘끔흘끔 쳐다보는 상황에서 말이다.

나는 관건이 되는 그 세계관 분석을 '모델'이라 불렀지만, 당연히 그것이 적당한 용어인지 이의를 제기할 수 있다. 그 분야에서 '모델'이란 단어는, 내가 간략히 제시한 종류의 세계관 도표 **내부에서** 발견할 수 있는 특정 제안에 더 적용되어 온 표현이었다. 벵트 홀름베리(Bengt Holmberg)에 따르면, 이런 의미에서 '모델'은 '이론보다는 하위이지만 유추보다는 상위인 어떤 것'이다.[97] 내가 나의 세계관 도표를 '모델'이라 부를 때, 내가 의도한 것은 거의

---

95 예를 들면, Judge 1960, p. 48; Kee 1980, pp. 117-118; Meeks 1983, 6장; Horrell 2002, p. 23를 보라.
96 Scroggs 1980, pp. 165-166. 이 내용이 바로 Scroggs가 초기 기독교에 관한 사회학이 '다시 한번 육체와 영혼을 통합하기를 원한다'라고 말한 지점이다. 이 말은 물론 집약적 표현이지만, 내가 시도했던 종류의 작업을 가리킨다. 또한 Holmberg 1978, pp. 201-203를 보라. 거기서 그는 한편으로는 '관념론적 오류'를, 다른 한편으로는 '유물론적 오류'를 물리친다.
97 Carney 1975를 (페이지를 기재하지 않고) 인용한 Holmberg 1990, p. 14. pp. 12-17에 있는

문자 그대로의 의미다. 즉 당신이 레고 블록이나 진흙 점토를 가지고 원칙적으로 만들어 낼 그런 것이다. 하지만 초기 기독교에 관한 최근의 사회사적 연구에서 그 단어가 가지게 된 의미는 일종의 구체적인 제안으로서, 더 넓은 사회적 세계(아마도 더 넓은 '지중해 세계')에 관한 핵심 관찰을 집약해 요약한 것이며, 이어서 이를 취해 (최소한 질문의 형태로) 구체적인 본문과 상황에 적용할 수 있는 것이다. 이것이 바로 로널드 호크가 매우 구체적인 수준에서 장인(匠人)으로서의 바울과 관련해 제안한 내용이다. 즉, 우리는 그 세계의 장인의 모습에 대해 상당히 알고 있으며, 이 지식은 바울의 일상이 거의 확실히 어떤 모습이었을지 뿐만 아니라 이러한 삶의 양식이 반영된 것으로 보이는 바울서신의 몇몇 구절을 조명하는 데도 도움이 될 수 있다.[98]

이 새로운 학문적 흐름이 발전함에 따라 개발된 주요 '모델들'은 잘 알려져 있다. 이 중 가장 분명한 모델 중 하나가 '종파'(sect) 모델이다. 비교 문화 연구는 어떤 소규모의 운동이 모체(母體)에서 분리될 때는 특정 행동들이 일어나기 마련이라고 주장하는데, 우리는 이 주장을 초기 기독교의 일부 특징을 설명하는 데도 적용할 수 있다. 물론 예수의 제자들이 이룬 초기 공동체들이 바울의 공동체들과 같은 **종류**의 운동이었는지는 별개의 문제다.[99] 하지만 내가 보기에 일반적인 논지는 원칙적으로 유용하며, 종종 인용

Holmberg의 전체적인 논의는 정곡을 찌른다. 또한, Esler 1994, pp. 12-13를 보라. 거기서 그는 '모델'이 해석자의 관점을 열어 준다는 점을 강조한다. 모델은 휴리스틱 도구로서, 모델 자체를 본문에 강제하기보다는 본문을 열어 주기 위해 고안되었으며, 그 목적은 '사회학적 상상력을 자극하는 것'이다. 그는 어떤 모델의 유용성은 '그 모델과 고려 중인 자료가 상당한 정도의 비교 가능성을' 지녔는지에 달려 있다고 (상당히 분명하게) 진술한다.

98 Hock 1980, pp. 18-19와 여러 곳을 보라.
99 이 분야의 선구자 중 한 사람이 Scroggs 1975(이후의 논의를 Horrell이 요약한 내용과 함께 Horrell 1999, pp. 69-91에 재인쇄됨)다. Esler 1987은 이 모델을 누가행전에 적용했고, 1994, pp. 13-17에서 그 내용을 간략히 설명했으며, 1995, 4장에서는 안디옥 갈등에, 5장에서는 쿰란과 요한 공동체에 적용했다. Elliott 1995는 그의 이전 작업(예를 들면, Elliott 1981)에 이어서, '분파에서 종파로'라는 제하에 초기 기독교 운동 전체를 개관하고, '종파'가 출현하는 조건과 관련된 변수의 목록과 그런 집단의 존재 및 행동 방식을 제안한다. Watson 2007 [1986]은 '종파' 개념을 핵심 주제로 삼았다.

되는 갈라디아서 2장은 이 논점이 잘 적용되는 사례인 것이 분명하다.[100] 안디옥에서 바울과 베드로 사이에 있던 문제가 단순히 '구원을 얻기 위해 무엇을 믿어야 하는가' 또는 '구원을 얻는 것에 **관해** 무엇을 믿어야 하는가'—마치 안디옥 사건이 16세기나 17세기에 일어난 '칭의' 논의의 맛보기인 것처럼—의 문제라는 모든 전제에도 불구하고 이 모델은 바울이 더 큰 유대 세계와 긴장 관계에 있던 새로운 집단을 대변한 반면, '야고보에게서 온 사람들'을 따르는 베드로는 그 문제에서는 기존의 더 큰 집단에 동조했다는 사실에 관심을 기울였다.

이 지점에서 '종파'라는 전문 용어를 도입한다고 해서 이 설명이 소위 새 관점 내부에서 기대할 수 있는 설명과 실질적으로 얼마나 달라지는지 확실치 않다고 논평하는 사람도 있을 수 있다. 실제로, 그 복잡한 흐름에 반발하는 사람들이, 우리가 예상할 수 있듯이, 사회학적 환원주의를 염려하는 이들 가운데서 나타났다.[101] 추가로, '종파' 모델에는 다른 문제도 많다.[102] 분명한 문제를 하나 들자면, '교회와 종파'라는 언어는 후대 기독교 역사에서 빌려 온 것이 너무나도 확실하다. 일부 제안을 따라 이 표현에서 '교회'를 '세계'로 대체한다 해도, '종파'라는 단어 안에 공명하는 현대의 의미가 너무 많기에 이 단어가 정말로 역사 도구로 유익할지 의구심이 들 수 있다.[103]

---

100 특히 Esler 1994, pp. 62, 68-69를 보라. 바울은 유대교와 관련된 하나의 종파주의적 입장을 제안하고 있었고, 그의 대적들은 기독교를 '유대교 내부의 개혁 운동'으로 생각했을 것이다.
101 Esler 1994, 4장은 Dunn과의 토론에 참여한다. 하지만 Esler(1995, p. 4)가 1세기의 현실에 뿌리내린 것이 아니라고 비판하는 '경계 표지'에 관한 Dunn의 주장이 부적절하다면, '종파'라는 언어 자체도 부적절하다. Esler가 인정하듯이(p. 68), '종파' 개념도 '현대 용어'다.
102 이를테면, J. T. Sanders 1993, pp. 114-125에 있는 Scroggs 등에 대한 정곡을 찌르는 비판; Horrell 1999, pp. 69-70, 91가 언급한 비판; Harland 2003, pp. 177-195에 있는 상세한 비판을 보라. Scroggs에게는 이 모델이 1세기를 이해하는 도구 이상으로 다가왔다. 그는 '신정통주의 시대 동안 신약학계 대다수의 특징이었던…과도한 신학화'를 통렬하게 지적하고 (p. 71), '이러한 관점에서 교회는 신학교가 아니라 세상의 고통과 공동체적 수용의 치유를 경험한 사람들의 집단이 되었다'라고 선언한다(p. 89).
103 (Horrell 1999, pp. 71-72 n. 4에 있는) Scroggs의 설명대로, Troeltsch와 Weber는 '교회와 종파'를 이야기했지만, Peter Berger는 van der Leeuw를 따라 종파를 '세계'와의 대립 관계

그래도 이 모델은 구체적으로 두 가지 사안에 관심을 기울인다. 첫째, 이 모델은 어떤 집단이 모체에서 분리될 때 두드러지는 점들이 있다고 지적한다. 즉, 강력한('권위 있는'?) 지도력, 새로운 집단의 경계를 규정하고 그들의 존재를 '정당화'할 필요성, 옛 집단에 대항하는 변론, 강력한 의미의 집단 정체성(아마도 '유사 가족 개념'), (상당히 자주 나타나듯이) 임박한 사건을 통한 미래의 신원에 대한 기대. 따라서, 갈라디아서의 사례를 계속 이어 가자면, 본문만 읽어서는 이러한 것들이 눈에 들어오지 않더라도 '종파' 모델에 신경을 쓰다 보면 그런 요소들에 눈이 뜨일 것이다. 물론 그런 모델이 바울의 지도력 아래서 왜 이 집단이 그들이 믿었던 내용을 믿은 이유를 좀처럼 '설명'해 주지는 못한다. 여기에 위험성이 있다. 즉, '사회력'은 전능한 것으로 이해되고, 실제 집단을 구성하는 사람은 그런 힘의 행보에 휘말려 사라지는 존재일 뿐이라고 무비판적으로 이해된다. 바울이 어떤 사람이었든, 일단 그는 무비판적인 사람이 아니었으며, 자신의 교회들도 생각이 깊고 의식적인 집단이기를 바랐다. 그래도 종파 모델은 타당하며, 어떤 면에서는 '종파'란 용어가 딱 들어맞기도 한다.

이 모델이 관심을 기울인 두 번째 지점은 '종파'와 '개혁 운동'을 구분할 수 있다는 점이다. '종파'는 모체로부터 깔끔하게 분리되기를 바라지만, '개혁 운동'은 이전 신분을 유지하면서 가능하면 내부에서 개혁을 일으키길 원한다. 하지만 이 구분이 안디옥 사건에서 바울과 베드로의 견해 차이를 제대로 포착한 것인지는 그리 명확하지 않다. 나는 베드로나 '야고보에게서 온 사람들'이 바울처럼 예수를 메시아로 믿었다 해도, 그들 자신을 유대 세계 내부의 개혁자로 본 것인지는 잘 모르겠다. 이번에도 사회학적 제안은 더 충분하게 검토되고 수정되어야겠지만, 적어도 독자들에게 3차원적 이해

에서 보았다.

의 가능성을 알려 주며 '신학적 환원주의'에 저항하는 탄탄한 역할을 할 수 있다.

앞서 말했듯이, 종파주의의 관점에서 초기 기독교를 이해해 보자는 제안은 다른 요소도 포함할 수 있다. 종파를 탄생시킨 권위 있는 지도력, 그리고 종파가 편안하게 받아들일 세계관을 창조하는 '정당화' 작업 등.[104] 모든 사회적 '모델'이 같은 수준에서 작동하는 것은 아니며, 어떤 것이 다른 것에 내포되기도 한다.

종파적 요소 내부에 내포될 수 있는 또 다른 요소는 '회심'에 뒤따르는 '재사회화'다. 재사회화는 광범위하게 연구되었고, 바울의 교회들에서 진행되었을 상황을 이해하는 일반적인 범주로서 상당히 확실해 보인다.[105] 이 요소와 긴밀하면서도 이 내용의 이면이라 할 수 있는 요소가 있으니, 새로운 집단과 모집단-혹은 경쟁 관계에 있는 '새로운 집단들'-은 모두 상대방을 부정적으로, 말하자면 참된 길에서 이탈한 것으로 인식하게 된다는 점이다. 여기에 적용되는 전문 용어가 '일탈'(deviance)이다. 일탈은 '일탈한 것'이라고 이름 붙일 수 있는 개인의 실제 행위만이 아니라, 한 집단이 형성되고 다른 집단이 배제되는 상황의 사회적 부산물을 가리킬 수 있다. 존 바클레이가 이 주제에 관한 중요한 논문에서 지적했듯이, 이런 식으로 사태를 바라보는 방식은 '1960년대의 분위기에 완벽하게 들어맞았고, 그래서 놀랄 정도로 짧은 기간에 새로운 정통(orthodoxy)이 되었다.'[106] 그런 사회학적 논지는 당시 저항 운동에 어느 정도 이바지한 것이 확실해 보인다. 말하자면, 일부('기득권층'?)가 '일탈'로 간주하는 것이 실제로는 일탈이 아니며, 그

---

104 이것이 Esler 1987의 주요 요소다.
105 특히 Taylor 1995를 보라. 또한, 예를 들어, Kee 1980, pp. 74-81; 그리고 이제는 특히 Chester 2003을 보라.
106 Barclay 1995, p. 115. 이 논문은 Horrell 1999, pp. 289-307에 논평 및 추가된 참고 문헌과 함께 재인쇄되었다. Malina and Neyrey 1991a는 이 이론을 누가행전에 적용한다.

저 한 집단이 다른 집단에 대항해 자신을 규정하는 방식일 뿐이다.[107] 달리 말해, '일탈'은 사회적 구성 개념(social construction)이지, 그런 이름을 붙일 수 있는 행동이나 신념에 관한 '객관적' 사실이 아니다. 그런 분석은 구성주의(constructivism)의 일반적 목적에 일조해서, 외견상 중립적인 진술 배후에 숨어 있는 권력 게임을 알리는 역할을 했다. 하지만 그러한 흐름들이 으레 그렇듯이, 문제는 그 담론이 정의주의(情意主義) 윤리를 동반하는 일종의 유아론(唯我論)으로 전락하고 만다는 것이다. 정의주의 윤리에서 '좋다'라는 단어는 **오직** '나는 이것을 좋아한다'라는 의미, '나쁘다'라는 단어는 **오직** '나는 저것을 싫어한다'라는 의미만 가질 뿐이다. 하지만 현실 속의 어떤 공동체도, 그리고 현실 속의 개인 대부분은 그러한 윤리에 기초해서는 긴 시간을 살아갈 수 없다. 권력층의 담론을 까발리려는 외견상 세련된 움직임도 머지않아 결국은 (아마도 전복적이겠지만) 또 다른 권력을 내세우는 방식이 되고 만다. 하지만 '일탈' 이론은 본래의 '낙인' 행태만이 아니라, 사건들이 전개되는 양상을 설명하는 데도 도움이 될 수 있다. 잭 샌더스(Jack T. Sanders)가 그 현상을 연구하며 설명한 대로

> (심각한 경제적·정치적·군사적 압력 아래 끊임없는 위협에 시달렸고, 한 시기에는 거의 멸망할 뻔했던) 주류 유대교는 일탈한 그리스도인들에 맞서 자신의 경계선과 자기 정체성을 지키기 위해 행동했다. 왜냐하면 이방인들이 그들을 파괴하려고 위협하는 바로 그 시점에 그리스도인들이 그들의 경계선을 무너뜨리고 있었기 때문이다.…신학적 쟁점도 존재했지만, 그것만으로는 그 갈등을 설명하기에 충분치 않다.[108]

---

107 Barclay는 이제는 유명해진 Becker 1963, p. 9의 정의를 인용한다. "일탈은 개인이 저지르는 행위의 특성에 관한 것이라기보다는, 타인이 '범법자'에게 규칙과 제재를 적용한 결과다. 일탈자는 그 낙인이 적당히 적용된 대상이며, 일탈 행위는 사람들이 그렇게 낙인찍은 행위다."

유대교의 관점 혹은 초기 기독교의 관점에서 어떤 사람이 그 공동체 자체를 하나님의 백성으로 보려 한다면, 그 공동체의 정체성과 거기에 가해진 압력 자체도 '신학적인' 것이라고 논평하는 사람도 있겠지만, 그래도 앞서 한 이야기는 타당하다. 하지만 (갈 2:13에서 바울이 베드로와 바나바를 '위선자'라고 낙인찍었듯이) '낙인'이 다양한 방향을 향할 수 있다는 이유만으로, 거기에 수반되는 신학적 질문(십자가에 못 박힌 예수가 정말로 이스라엘의 메시아였고, 그의 십자가 처형은 하나님의 백성을 철저하게 재편했는가?)을 잊어도 되는 것은 아니며, '실제로' 진행되었던 상황이 단순히 '일탈' 및 '갈등'(이 지점에서 흔히 언급되는 또 다른 범주)과 관련된 것일 뿐이었다고 주장할 수 있는 것도 아니다.[109] 이런 면에서 바클레이가 제시한 주의사항은 정곡을 찌른다.

일탈 이론은 초기 기독교를 연구하는 역사가들이 당면한 복잡하게 얽힌 많은 문제를 풀어 줄 마술 지팡이가 아니다. 그저 세부적인 역사 자료 분석과 연계해 사용될 수 있을 뿐, 자료들 사이의 공백을 채우지는 못한다.[110]

일부 종파주의의 삶에서 관찰되는 다소 다른 특징을 존 게이저가 동시대적 '사회 묘사' 프로젝트의 초기 단계에서 제시한 바 있다. 그는 페스팅거(Festinger) 등의 작업에 기반해 초기 기독교의 긴박한 선교 명령을 '인지 부조화'(cognitive dissonance)의 관점에서 이해하려고 시도했다. 말하자면, 예수

---

108 Sanders 1993, p. 150. 이전의 긴 논의(pp. 129-151)를 요약하는 부분이다.
109 Schütz 1982, pp. 18-20에 있는 논의를 보라. 그는 '갈등'을 경제의 범주로만 환원하는 마르크스주의의 관점은 근거가 없으며, 실제 우리가 확인하는 바는 '종교적인 상징, 행위, 개념과 더 넓은 범위의 사회적·경제적·정치적·생태적 실재 사이의 연관성을 강조하기 위해…남용된 광범위한 불균형'(p. 19)이라고 주장하는데, (내가 보기에) 옳은 말이다. 그리고 이것은 내가 다양한 방식으로 동원한 세계관 모델에 담으려고 노력했던 내용이기도 하다(본서 pp. 464-472를 보라).
110 Barclay 1995, p. 125.

가 십자가 처형을 당했기 때문에, 그리고 그들이 기대했던 '왕국'이 오지 않았기 때문에, 예수의 제자들은 그 운동을 포기하기보다는 오히려 더 열심을 내서 다른 사람들을 설득해 그 운동에 끌어들임으로써 그들의 절망감 숨겼다는 것이다.[111] 이 이론은 나름의 성과를 거두었지만, 신학적인 뒷받침도 안 되고 역사적인 근거도 없다.[112]

먼저 이론에 관한 이야기다. 페스팅거와 동료들은 비행 물체를 숭배하는 작은 집단에 잠입했다. 그 집단의 중심은 한 여성이었다. 그는 자기가 외계에서 메시지를 받았다고 주장했다. 그 메시지는 거대한 홍수가 곧 닥칠 것이라고 경고했고, 그 집단은 정해진 날 비행 물체를 통해 구출될 것이라고 주장했다. 그의 추종자들은 그날이 될 때까지 함구했다. 막상 그날이 왔지만, 홍수는 일어나지 않았고 비행 물체도 나타나지 않았다. 그러자 그들은 그들의 메시지를 바꾸고(하나님이 예견되었던 재앙에서 세계를 구원했다) 그들의 종교 양식도 바꾸고는, 열성을 다해 그들의 신앙을 다시 전파하기 시작했다. 사회학 이론의 수준에서 이 연구의 문제를 지적하자면, 이 집단이 너무 작았던 탓에 어느 시점에는 잠입한 사회학자들이 전체 구성원의 삼분의 일이나 될 정도였고, 그 사람들이 그 집단에서 신망이 두텁고 언변이 뛰어난 동료가 되어 언론 인터뷰에 응하거나 전화에 응답하기까지 했으니, 이것은 신뢰할 만한 과학 실험이 아니었다.

다음으로 역사적 측면에 관한 이야기다. 첫째, 초기 그리스도인들이 세상을 향해 선포한 것은 그들이 이전부터 이미 생각해 왔던 내용이 전혀 아

---

111 Gager 1975. Horrell 1999, pp. 177-194에 Horrell의 논평 및 더 읽을거리와 함께 관련 장이 재인쇄되었다. 핵심적인 사회학 문헌으로는 Festinger 1957와 Festinger, Riecken and Schachter 1956이 있다.
112 이어지는 내용과 관련해서는 나의 *RSG* pp. 697-701에 있는 충분한 설명과 더불어 그곳에 기재된 참고 도서를 보라.

니었다.¹¹³ 둘째, 제2성전기에 일부 유대교 집단에서 이런저런 예언자나 자칭 메시아를 추종했다는 증거가 있다. 그런 집단에서 지도자가 살해당하는 경우에는 (집단 자체가 말살되지 않았다면) 두 가지 선택지가 있었다. 그 운동을 포기하든지, 또는 새로운 지도자를 찾든지 말이다. 요세푸스는 그런 집단 몇몇을 묘사하는데, 그들이 '인지 부조화'를 겪었다는 신호는 전혀 없다.¹¹⁴ 그런 결론을 내리기를 주저하는 사람도 있겠지만, 내가 보기에는 이런 종류의 '이론'이나 '모델'에 초기 기독교를 묶으려는 시도 자체가 '특정 비평가들이 느끼는 강력한 욕구'와 '기독교가 발흥한 이유와 방식에 관한 실제 역사적 증거' 사이의 부조화에서 기인한 결과인 것 같다. 확실한 것은, 이런 부류의 주장이 초기 기독교 운동에 관한 사회사적 분석에서 지속적인 위상을 가져서는 안 된다는 것이다.

또 다른 제안이 있는데, 이것은 종파의 특성에 관한 개념과 무관하게 작동한다. 그것은 '지중해 세계'가 오늘날 서방 세계에서는 통용되지 않는 특정 사회 규준들을 당연하게 받아들였다는 제안이다. 그중 하나인 후견인/피후견인(patron/client) 관계는 분명 오늘날에는 보기 힘들다. 나는 학창 시절 유베날리스(Juvenal)의 『풍자』(*Satires*)를 읽다가, 평범한 로마 시민 중 다수가 매일 아침 부유한 '후견인'의 집을 방문하고 거기서 지원품으로 음식과 돈을 받았다는 사실을 알고는 깜짝 놀랐던 것을 여전히 기억한다. 피후견인들은 그에 대한 보답으로 미래에 정치적·법적 갈등이 벌어졌을 때 그들의 후견인을 지지할 것이다(당연히 그럴 것으로 여겨졌다). 후견인/피후견인 체계의 꼭대기에는 황제가, 밑바닥에는 종과 자유인이 있었다. '후원자'(benefactor) 신분은 높게 평가되었고, 후견인과 피후견인 사이의 '조정자' 내

---

113   *RSG* pp. 699-700를 보라.
114   *RSG* pp. 557-559. 더 넓은 배경에 대해서는 *NTPG* pp. 170-181를 보라.

지 '알선인'이 된다는 것은 잠재적인 권력층이 된다는 의미였으며, 선물을 주다는 것은 늘 세심하고 균형 잡힌 계획에 따른 행위였다.[115] 신약과 관련해 이 주제를 다루는 최근의 연구들은 바울이 적어도 이 체계에 잘 들어맞으며 또한 어떤 면에서는 그 체계를 의도적으로 전복한다는 점을 보여 주는 것으로 보인다. 이것이 바울이 고린도 교회로부터 돈 받기를 거부한 이유 중 하나일 것이다. 하지만 그는 다른 곳, 예를 들면 빌립보의 재정적 지원에는 감사를 표했다.[116] 후견인-피후견인 체계라는 사회적 역학은 바울의 교회가 등장한 도시들에서 매우 분명했던 현상이었을 것이다. 하지만 우리는 너무 성급하게 접근해서는 안 된다. 이 사실로부터 주해와 역사 면의 즉각적인 결론을 끌어내거나, 현대 서구 사회에는 그와 유사한 제약이 존재하지 않는다고 주장하는 등 말이다. 멀리 볼 것도 없이, 학계만 보아도 자금을 지원하거나 중단할 힘을 가진 '후원자'에게 연구 기금을 요청해야 한다는 사실을 끊임없이 고민한다. '후견' 개념은 다른 사람은 자력으로 얻지 못할 유리한 위치를 '고위직 친구'를 동원해 확보하는 것과 같은 부패의 냄새를 풍기기에 심각한 의혹의 대상이 되었지만, 오늘날에도 돕거나 방해할 권력을 가진 이들이 그들의 결정은 자신의 가치 판단에 따랐을 뿐이라고 강변할 것이란 점 또한 사실이다. 고매한 로마인도 당연히 비슷한 주장을 했을 것이다. 달리 말해, 오늘날에는 고대 로마처럼 매일 부자의 집을 서성거리는 굶주린 시민의 행렬을 찾아볼 수는 없지만, 우리에게 그런 체계가 없는 것은 아니다. '상황 그룹'의 일부는 '과거'와 '현재'의 명백한 차이를 강조하지만, 다른 곳과 마찬가지로 이 지점에서도 그 차이는 과대 포장된 것 같다.

이 현상은 그들의 주장 중 가장 유명한 내용, 즉 '지중해 세계'를 '명

---

115 많은 연구 중 최근 연구로 deSilva 2000, 3장; 누가행전에 적용한 Moxnes 1991을 보라. '후원자'에 관한 기초 연구는 Danker 1982; 또한, 예를 들면, Winter 1994; Elliott 1996을 보라.
116 참조. 고후 11:7-11. 곧 출간될 John Barclay의 연구에 이와 유사한 주제들이 다루어질 것이다.

예/수치' 사회로 바라본 것과 관련해 특별히 더 나타난다.[117] 이 주제에 관해서는 이미 많은 글이 집필되었고, 그 개념을 신약의 각 부분에 적용하려는 시도도 많이 이루어졌다. 여기서 중심 주장은 당시 '세계'의 공적인 삶은 '명예'가 걸린 끊임없는 투쟁이었고, 모든 사람이 '명예'를 얻고 '수치'를 피하려는 이 경쟁에 뛰어들었다는 사실, 그리고 초기 그리스도인들은, 혹은 그중 일부는 다른 의미의 '명예'가 존재하며, 예수가 십자가에서 겪은 '수치'가 그 명예/수치 체계 전체를 실제로 전복했다는 것을 깨닫기 시작했다는 사실이다. 틀림없이 이 점은 신약의 많은 부분을 해석할 때 우리가 반드시 고려해야 할 중요한 차원이다. 여기서 우리는 예수가 이런저런 이의 제기에 예리한 짧은 말이나 전복적 이야기로 답변했던 논쟁들 또는 수치스러운 예수의 죽음에 관한 바울의 묘사만이 아니라,[118] 바울이 그의 약함을 드러내는 사건들을 자랑하고 복음의 어리석음에도 불구하고 복음을 '수치스러워하지 않았다'라고 주장했다는 사실도 생각해 볼 수 있다. 하지만 이 주장과 관련해서 적어도 세 가지 문제를 반드시 지적해야 한다.[119]

첫 번째, 현대 서구 세계에도 상당히 뚜렷한 '명예와 수치' 체계가 작동하고 있는 것은 아니라고 확실히 말할 수 없다. 옷차림만 바꾼 것일 수 있다. 실제로 딱 옷차림만 바꾼 사례로, 공식 만찬 자리에 너무 간소한 옷차림(내지 너무 화려한 옷차림)으로 참석한 사람과 같다.[120] 교외에 사는 사람들이 마

---

117 Malina 1981, 2장; Malina and Neyrey 1991c; Esler 1994, pp. 25-29; deSilva 2000, 1장과 2장을 보라. *Semeia* 한 권 전체가 이 주제를 다루기도 했다(vol. 68 for 1994). 거기에는 J. H. Neyrey가 이 모델을 요한복음의 수난 내러티브에 적용한 논문도 실려 있다(이제는 Horrell 1999, pp. 151-176에 논평과 함께 재인쇄되었다).
118 참조. 예를 들면, Hellerman 2005.
119 나는 David Horrell이 Horrell 1999, pp. 12-15, 151-153에서 말한 세심한 문제 제기에 대체로 공감한다.
120 Society of Biblical Literature에서 구연 발표하는 경우도 사례로 들 수 있다. 유럽 학회의 자유분방한 분위기에 익숙한 학자는 미국 학회에서는 곤란을 겪을 수 있다. 왜냐하면 미국인은 학회 같은 상황이 '명예'를 얻으려는 암호화된 경쟁을 포함한다고 전제하기 때문이다.

당 잔디를 깔끔하게 정돈하거나 맵시 좋은 차를 가지려고 끈질기게 경쟁하는 모습, 혹은 정치인들이 끊임없이 미디어로 좋은 이미지를 광고하는 행태, 혹은 대중들이 스포츠에 열광하는 모습 정도만 떠올려 봐도, 명예와 수치 체계가 다른 형태이지만 여전히 현대 서구 문화에도 건재하다는 사실을 충분히 확인할 수 있다.

두 번째 문제를 초래하는 요인이 바로 그 '다른 형태'인데, 이번에는 고대 세계에서의 다른 형태다. 사회학자와 인류학자들은 어떤 단일한 문화 모델을 엄청난 간격을 가로질러 일관 적용하는 것에 점차 저항하는 경향을 보인다. 우리 중 다수가 '황제 숭배' 같은 현상이 1세기에 단일 형태가 아닌 다양한 모습이었다는 사실을 배워야 했듯이, 모든 대규모 일반화에도 유사한 조정이 가해져야 한다.[121]

세 번째, 수많은 다른 사회학 모델도 가진 문제인데, 진짜 문제는 우리가 고대 현실의 한 측면을 정말로 소개받고 있는 것인지가 아니라, 그 한 측면으로 다른 측면들까지 포괄할 수 있는지다. 이 문제가 특히 적용되는 사례가 요한복음의 십자가 처형 내러티브를 아이러니한 명예/수치 경쟁으로 해석하려 한 제롬 네이리의 시도다. 이 주제가 아주 중요한 것도 맞고, 많은 전통적 해석이 예수의 죽음 이야기를 일차원적인 소위 '신학적' 해석으로 제시해 온 것도 맞지만, 아무리 그렇다 해도 그 이야기를 소위 명예에 관한 '지중해적' 탐구라는 넓은 범주로 환원하려는 것은 편곡에만 신경 쓰느라 멜로디를 놓치는 꼴과 같다.

'1세기의 분위기'는 '쌍자적(dyadic; 한 쌍의 개인 사이의 관계성을 가리키는 사

---

121 황제 숭배에 관해서는 *PFG*, pp. 321-343를 보라. 전문 인류학자가 '모델'에 던진 면밀한 문제 제기로는 Chance 1994를 참고하라. 그는 Malina와 Neyrey가 관건이 되는 중요한 저작에서 관련된 이론적 문제를 회피했으며, 그들의 작업은 이미 '약간 시대에 뒤처졌다'라고 언급한다 (p. 143).

회학 용어—옮긴이)이지 개인주의적이지 않았다'라는 제안에도 비슷한 지적을 반드시 해야 한다.[122] 브루스 말리나는 이와 같은 이분법을 제안하면서, 현대의 차가운 '개인'은 자신을 개인으로 이해하고 타인과 분리된 존재로서 자기 나름의 '독특한 사회적·자연적 환경'에서 살아간다고 묘사한다. 그는 이런 현대인의 관계를 '쌍자관계'(dyadism)와 대조한다.

> 쌍자적 개인은 자신이 진정으로 누구인지 알기 위해 지속적으로 타인을 필요로 하며…타인이 그를 파악하고 그에게 반응하는 내용의 관점에서 자신을 파악하고 자아상을 만들어 가는 개인이다.[123]

결과적으로 말리나는 예수와 바울 같은 사람은 심리적 상태나 발전, 혹은 내면의 분석에 관해 알지도 못했고 신경도 쓰지 않았으며, 진정으로 서로를 이해할 능력이 없었다고 주장한다.

> 1세기의 사람들은 현재 우리가 사람을 아는 방식으로 타인을 그다지 많이 알지는 못했다. 이를테면 심리적으로, 개인적으로, 친밀하게, 그리고 사적으로 타인을 알지 못했다.…예수 자신이 좋은 사례다.…그가 선택한 열두 제자 중 한 사람은 그를 배신했고, 다른 한 사람은 그를 부인했으며, 나머지 제자도 여러 차례 투덜대다가 결국은 위기 상황이 오자 예수를 버렸다. 바울도 그가 끌어모은 다양한 집단의 충성심과 관련해서는 끊임없이 곤란한 상황을 겪었다. 이런 사례들은 모두 당시 문화권의 사람들이 개인의 특성과 개인의 심리를 판단하는 능력이 굉장히 떨어졌음을 보여 준다. 그 이유는 그들이 둔감하거나 부주의해서가 아니다. 오히려 그런 능력이 문화적으로 중요하지 않았기 때문이다.

---

122 Malina and Neyrey 1991b의 제목이다. 또한, Malina 1981, pp. 52-70를 보라.
123 Malina 1981, pp. 54-55.

당시에 이러한 특징을 강조했다는 문화적 단서는 없다.[124]

나는 두 가지 면에서 이 주장이 놀랍다. 첫째, 관리직을 해 본 사람은 알겠지만, 과도하게 심리학에 물든 우리 문화가 제공하는 온갖 도구와 성격 분류 기술을 동원해도 당신의 팀원 중에는 당신을 실망시키고 요점을 파악하지 못하고 투덜대는 사람이 있기 마련이다. 둘째, 그 누구보다도 자기중심적인 사람이라면 이미 알고 있겠지만, 오늘날 서구 세계의 사람들도 때로는 매우 깊은 수준에서 자신의 또래와 가족, 동료, 친구, 그리고 일반적으로는 사회의 의견과 평가에 아주 민감하다. 우리는 날마다 이러한 관계망 내부의 상호작용을 통해 '우리가 누구인지' 확인한다. 우리를 이 관계망에서 떼어놓는다면(지구 반대편으로 여행을 가거나, 사람이 없는 호텔 방에 있게 되는 경우), 우리가 가장 먼저 할 일 중 하나는 스마트폰으로 고향에 있는 가족과 친구에게 전화를 걸거나 그곳 사람들을 직접 만나러 나가는 등 다른 사람과 접촉하는 것이다.

당연히 내향적인 사람에서 외향적인 사람까지 사람의 성격은 아주 다양하다. 내향적인 사람은 호텔 방 구석에서도 맘에 드는 책을 읽으며 행복한 시간을 보낼 것이다. 외향적인 사람은 타인과의 만남을 원하는 것으로 보일 것이다. 하지만 이런 성격 분석은 현대 서구 문화와 비교했을 때, 고대 지중해 세계에서는 아무 의미가 없다. 또한 상담 치료나 정신 치료를 받는 사람은 자신이 고립된 개인임을 인식하는 것으로 치료 과정을 시작하겠지만, 가장 내향적인 사람도 곧 알게 되는 사실은 바로 삶은 1세기나 현대 세계나 다를 바 없다는 것이다. 그렇기에 부부 치료를 받으려고 상담소를 방문하면 보통 다른 친척들과의 관계까지 이야기해야 하는데, 친척들은 현재 그 부부

---

124   Malina 1981, pp. 58-59.

의 모습을 말 그대로 만드는 데 일조했고 (심지어 사망한 경우라도) 계속해서 그 부부의 삶의 방식에 영향을 주었을 사람들이기 때문이다. 사회학자들이 바울 당시의 사람들은 그들 자신을 수많은 인적 네트워크, 연합, (실제든 가상이든) 혈연관계에 속한 일원으로 이해했다는 사실에 주의를 집중한 것은 옳다. 이 사실을 잊는다면 우리는 본문을 오독하게 될 것이다. 하지만 이 사실이 우리 사이에 거대한 간극을 창조한다고 결론 내리기 전에 잠깐 멈춰서 생각할 필요가 있다.

사회학자들은 다른 많은 '모델'도 연구해 왔다. 2차문헌은 그런 모델들로 가득하다. 나는 이 사실 자체가 시사하는 바가 크다고 생각한다. 앞서 언급했듯이, 이 모델들이 모두 같은 수준은 아니다. '정당화'(legitimation), '카리스마 있는 지도력', '일탈'과 '재사회화'(resocialization), 권력과 권위에 관한 질문 등은 일차적으로 그보다 더 넓은 범주인 '종파' 모델에 포함되며, 다음으로 이 '종파' 모델도 '교회'나 '세상'으로 부를 수 있는 모체뿐만 아니라 '개혁 운동'과 대립점에 있다. '명예와 수치', '쌍자적 관계', 다양한 '갈등' 모델 등은 사회 전체에 관한 더 폭넓은 일반화에 더 가깝다. 이 모델들이 사회적 현실을 정확하게 묘사하는 관점이라면, 서로 다른 종류의 집단에도 다른 양식으로 등장할 것으로 추정할 수 있다. 다음 장에서 이 중 일부는 다른 맥락에서 다시 등장할 것이다. (우리는 이 사실을 거의 언급조차 하지 않았지만) 완전한 그림을 그리고 싶다면 수사비평, '문학 사회학'(sociology of literature; 문학 작품을 사회 현실 또는 사회학적 관점을 통해 접근하는 방식—옮긴이) 등과 같은 연관된 영역 전체를 도입해야 한다. 신약 연구 전체는 말할 것도 없고 바울 연구에도 여기서 제시할 수 있는 것보다 훨씬 더 큰 지도가 분명히 존재한다. 나의 주된 목적은 지난 세대 동안 진행된 담론의 세계를 무비판적이지 않지만 여전히 기본적으로는 호의를 가지고 보여 주려는 것이다.[125]

이 세계는 같은 기간 영어권 바울 학계에서 진행된 두 가지 주요한 사상의 흐름에, 무관심까진 아니지만 대체로 영향을 받지 않은 듯하다. 사회학자들은 우리가 본서의 1부와 2부에서 탐구한 샌더스, 마틴을 중심으로 일어난 논란을 모르는 것 같다. 이 미국 학자 트리오 중 세 번째 구성원인 웨인 믹스로 눈을 돌리기에 앞서, 우리가 발견한 내용을 정리해 보자.

6) 종파인가 개혁 운동인가? 바울에 관한 사회적 연구

지금까지의 논의를 보면서 어떤 아이러니를 감지한 독자도 있을 것이다. 한 신생 집단이 신약학계 안에, 더 세부적으로는 바울 학계 안에 등장했다. 이 집단이 형성된 이유는 그들이 모집단에 오랫동안 좌절감과 소외감을 느꼈기 때문인데, 이제 그 집단은 모집단과 확언한 경쟁 관계에 있게 되었다. 이 집단이 탄생한 것은 단지 이런 좌절감과 사태를 적절히 균형 잡힌 상태로 되돌리려는 욕구 때문만은 아니었다. 이 집단이 등장한 것은 에드윈 저지, 게르트 타이센, 브루스 말리나, 제롬 네이리, 필립 에슬러 등 그것이 누구의 것이었든 비범하고 '카리스마 있는' 리더십 때문이었다. 혹은 실제로는 웨인 믹스의 리더십 때문일 수도 있는데, 여기서 그의 이름을 거론하면 문제가 더 첨예해진다. 이 집단은 역사적 맥락에서 볼 때 신약학계 내부의 개혁 운동인가? 아니면 나름의 경계와 궁극적으로는 나름의 (적당한 '정당성을 갖춘') 상징 우주를 가진 진정한 분파인가?

'상황 그룹'을 적어도 그 맹아 단계에서는 하나의 분파로 이해해야 한다는 주장이 설득력 있게 제기될 수 있다. 그 집단은 1986년 말리나 등의 지도 아래 설립되었는데, 분명하고 새로운 목적이 있었고, 무엇보다도 때때로 상의하달식 접근, 말하자면 '다음 모델들을 다음과 같은 방식으로 적용하

---

125 신약의 수사비평에 관해서는 예를 들면, Kennedy 1984; Robbins 1996을 보라. Ben Witherington III는 '사회수사비평'(socio-rhetorical criticism)을 활용해 신약 주석을 완간했다. 예를 들면, Witherington 1998.

기 바랍니다'라고 제시하는 접근처럼 보이는 특징이 있었다. 물론 필립 에슬러 같은 일부 구성원은 그 모델들은 그저 휴리스틱일 뿐이며, 다른 방식으로는 확인하기 힘든 역사 자료의 특징을 끄집어내기 위해 고안된 수단에 불과하다는 점을 강조했다. 하지만 그 집단은 더 큰 규모의 주장, 즉 단순히 신선한 관점을 넘어 이런 식으로 역사 자료에 접근하지 않으면 본문을 진정으로 이해할 수 없다는 식의 주장을 계속했다.[126] 초기에는, 그러니까 '상황 그룹' 자체가 완전히 등장하기 얼마 전에는, 사회학적 접근과 '모체'인 주류 신약학계 사이에 갈등의 조짐이 계속 있었다. 스크록스는 해롭고 과도한 신학화의 경향이 있다면서 신약학계를 비판했고, 왓슨은 적어도 그의 유명한 단행본의 초판에서는 사회학과 신학 사이에 날카로운 이분법을 구축했다.[127] 상황 그룹이 확실하게 구축된 후로는, 그 경계에 대한 감시가 이루어졌다. 특히, 비슷한 작업을 하는 것처럼 보였지만 이제는 그렇지 않다는 것이 확실해진 학자들의 작업을 비판적으로 검토했다. 바울이 베드로와 바나바를 꾸짖은 것처럼, 말리나도 믹스, 저지, 호렐 등이 사회학적 분석을 더 넓은 역사 작업 내부에서의 개혁 운동의 도구로 사용한다며 날카롭게 비판했다.[128] 믹스가 다양한 곳에서 제기한 반응을 보면, 분명히 이 흐름 안에는 경계가 존재하며 그 경계를 기준으로 자신은 말리나 등과는 다른 편에 위치한다는 점을 인식했음을 알 수 있다.[129] 이 모든 상황은 한쪽에는 도그마,

---

[126] Esler 1994, p. 2를 보라. '사회적 측면을 다룰 수 있는 적절한 방법론 없이는' 배경도 케리그마도 이해할 수 없다. 이 말에는 방법론상 정교화된 사회학적 방법론이 등장하기 전까지는 아무도 기독교의 케리그마를 이해하지 못했다는 의미가 함축되어 있다.

[127] Scroggs, in Horrell 1999, p. 71; Watson 1986. 하지만 Scroggs도 Watson도 '상황 그룹' 자체의 구성원은 아니다.

[128] 예를 들면, Meeks 1983에 대해 J. H. Elliott(*Religious Studies Review* 11, 1985, pp. 329-335에 실림) 그리고 Malina(*JBL* 104, 1985, pp. 346-349에 실림)가 쓴 서평을 보라. 하지만 상황 그룹에 대한 Neyrey의 논평에 주목하라. '역사비평적 방법을 포기하기는커녕, 사회 과학의 활용에 주의를 기울임으로써 도리어 확장했다.…'(Neyrey 1991, p. ix). 문제는 그들이 역사비평적 방법을 확장했다고 주장하지만 실상은 제약한 것은 아닌지 여부다.

[129] 예를 들면 Meeks 2009, p. 135를 보라. 거기서 그는 'Bruce Malina와 상황 그룹의 다른 구성

다른 쪽에는 역사를 두고 벌였던 훨씬 오래된 전쟁의 세속화된 현대식 버전으로 보이기 시작한다.

이 분석이 어느 정도 현실에 근접하다면, 주해가 설 수 있는 유일한 안전한 장소는 역사라는 불안전한 세계뿐이다. 초기 기독교에 관한 사회적 묘사를 시도한 많은 학자는 (유용해 보이기만 하면 이런저런 '모델'을 절충적으로 동원하는 것을 포함해) 그들이 하는 시도가 기본적으로 역사 작업을 보강하고, 결과적으로 강화하는 것이라고 주장해 왔다.[130] 사실, 사회사적 접근을 주창한 초기 학자들이 실제로 말한 내용을 읽어 보면, 그들이 다른 많은 역사비평가들이 했던 것과 굉장히 비슷한 작업을 이번에는 다른 각도를 고려해서 한 것임을 알 수 있다.[131] 키(Kee)는 '역사 연구와 사회 과학적 방법론의 연계'를 이야기하고, 다음과 같이 그의 프로젝트를 요약한다.

> 기독교가 발흥한 과정의 복잡성을 파악하고 예수 이야기가 제국 초기의 그리스 로마 문화 안에 촉발했을 다양한 반응을 확인하려고 노력할 때, 사회 과학 분야에서 발달된 분석적 방법론이 우리의 탐구에 도움이 된다.[132]

또한, 스탠리 스타워스(Stanley Stowers)도 균형 잡힌 의제를 제안한다.

> 사회 과학의 모델과 방법론과 이론은 지평을 넓힐 새로운 기회를 역사가에게 제공한다. 동시에 이로 인해 새로운 복잡성도 생기며, 역사가들이 다른 문화권

원 일부가 가장 강력하게 제기한 불만, 즉 단지 사회사 작업만을 목적으로 삼는 우리는 **과학적**이지 않으며, 따라서 읽을 가치가 없다는 불만을 이야기하면서, Horrell이 같은 책의 첫 장에서 이 불만에 답변한 내용에 동의한다(Still and Horrell 2009, pp. 6-20, 특히 pp. 11-12). 2003 [1983], p. xii에 있는 Meeks의 진술을 다시 살펴보라.
130 다양한 도구와 모델의 '절충적인' 사용에 관해서는 예를 들면, Theissen 1992, p. 286를 보라.
131 예를 들면, Kee 1980.
132 Kee 1980, pp. 22, 170.

연구를 위해 사회 과학을 활용하는 것에 관한…지속적인 비판적 논의도 필요하다.¹³³

데이비드 호렐은 사회 과학적 접근과 지난 세대의 다양한 자유주의적 해석의 차이를 논평하면서 이렇게 평가한다.

성경에 사회 과학적으로 접근하는 방법론은 다른 새로운 방법론 중 다수보다, 특히 문학비평 형태의 일부보다 역사비평의 관심사와 더 밀접한 관련성을 유지한다.¹³⁴

앞으로 분명해지겠지만, 이 지점에서 나는 말리나 등의 더 독단적인 사회 인류학적 접근보다는 더 일반적인 사회 역사적 접근에 동조한다. 하지만, '지중해 문화'의 요소로 추정되는 한 측면과는 달리, 이것은 제로섬 게임이 아니며, 그래서도 안 된다. 틀림없이 새로운 세대는 '종파'와 '개혁 운동' 사이에 강화된 보호벽을 세우려는 시도가 필요도 없고 도움도 안 된다고 결론 내릴 것이다. 상황은 변했다. 그 변화를 추적하려면 이 영역에서 내가 중추적인 토대로 간주하는 두 편의 책을 조사해야 한다.

거기에 앞서, 짧게 세 가지 수수께끼를 언급하겠다. 첫째, 어째서 이 모든 작업은 마치 에드 샌더스가 없는 것처럼, 그의 이름으로 대변되는 사상의 노선이 존재하지 않는 것처럼 진행되었을까? 만약 샌더스의 주장이, 그리고 그의 작업에 뒤따라 꽃을 피운 새 관점의 다양한 이야기가 절반이라도 맞다면, 역사가와 주해가들은 마지못해서라도 1세기에 탄생한 실제 공동체들

133　Stowers 1985, p. 168.
134　Horrell 1999, p. 7. 이 점에 관해 그는 Barton 1995를 인용한다.

을 연구하고 그 공동체들이 어떻게 그들의 삶을 규제하고 그들의 경계를 강화했으며 그들의 상징, 이야기, 실천을 '정당화하는' 틀을 구성했는지 조사하는 일에 뛰어들어야 한다. 이러한 흐름이 마땅히 나타나야 했지만, 별로 눈에 띄지 않았다. 이제 때가 무르익었다.

둘째, 우리가 조사한 저자 중 다수는 초기 기독교를 '천년왕국' 운동의 관점에서 이야기한다. 심지어 일부는 초기 기독교를 남태평양의 화물 숭배(cargo cults; 남태평양의 섬 사람들이 서양인과 처음 접촉하면서 발생한 것으로, 조상신이 배나 비행기에 특별한 화물을 실어 올 것이라고 믿으면서 기다리는 풍습—옮긴이)에 비유하기까지 한다.[135] 내가 보기에 이런 관점은 '인지 부조화' 이론만큼이나 기본적인 실수인데, 그 이유는 본서 2부에서 논의한 바 있다. 많은 사람의 주장처럼 초기 기독교를 '묵시' 집단으로 부르는 것도 문제를 해소하기보다는 더 초래할 뿐이다. 그 문제들에 대한 답변은 이데올로기를 투사하는 방식이 아니라 역사 연구를 통해 이루어져야 한다.

셋째, 나는 이 장에서 조사한 학자 중에 내가 앞서 제시했던 문제, 즉 그들의 작업을 '적용'하는 문제를 실질적으로 충분히 다룬 사람은 아무도 없다고 생각한다. 그 흐름을 주도한 초기 선구자 중 일부에게는 매우 분명한 의제가 있었다. 말하자면, 외견상 무기력해 보이는 '신학'을 폐위시키고 일종의 사회 윤리를 받아들이려는 의제가 있었다. 앞서 살펴보았듯이, 에슬러와 믹스는 1세기 복음의 온전한 사회적 구현에서 현시대에 걸맞는 (신중한 주의사항으로 제한을 둔) 재구현으로 이동할 필요성에 대해 말한다. 결국, 신약을 향한 새로운 사회사적 관심이 등장한 것은 1960년대 사회 저항의 분위기 속이었고, 그 관심의 결과가 당시의 분위기를 반영하지 않는다면 그것도 이상한 일이다. 하지만 여기서 우리는 난관에 봉착한다. 이 흐름의 선도적 인

---

135 Duling 1996에 있는 요약과 논의를 보라. 유용한 참고 문헌 목록도 있다.

물 중 일부는 우리가 동원하는 사회학적 도구의 기능은 우리 사회와는 완전히 다른 사회로 돌아가 생각해 보게 하는 것이라고 주장하기 때문이다. 우리는 두 가지 입장을 모두 수용할 수는 없다. 세계들이 저마다 철저하게 다르다고 볼 경우, 고대 세계 연구는 오직 매우 복잡한 단계별 '번역' 과정을 거쳐야만 현대 세계의 삶에 도움이 될 수 있다. 하지만 세계들이 여러 면에서 매우 다르지만 기이하게도 서로 유사한 면이 있다고 볼 경우, (이를테면) 1세기의 사회적 역학에 관심을 기울임으로써(실제로 현대 세계에서 도출해 낸 횡문화적 모델의 도움을 받아 이런 작업을 진행할 수 있다!) 새로운 도전과 가능성에 눈을 뜨고 다시 우리 공동체를 바라볼 수 있다. 이번에도 이 사안에는 보통 시도되는 것보다 훨씬 더 세심한 지형도 그리기가 요청된다.[136]

실실제로, 초기 기독교를 먼 과거의 실체로 만들어, 결과적으로 현 시대의 실제 현실 혹은 가능한 현실과는 거의 관련이 없는 낯설고 동떨어진 운동으로 유지시키는 방식으로 분석한 학자도 일부 있다. 이를테면, 존 게이저의 작업에서 내가 받은 인상이 그랬다. 하지만 본서에서 조사한 학자들 대부분은 이런 인상과는 거리가 있다. 우리의 좋고 싫음을 떠나, 바울을 그 자신의 세계에 자리매김시키는 관점은 (그 접근이 얼마나 다층적이든) 대부분 다음과 같은 질문을 불러일으키는 것 같다. '이 작업은 오늘날 우리에게, 우리 자신의 세계에 어떤 의미일 수 있는가?' 따라서 바울과 그의 공동체에 관한 사회적 연구는 더 큰 질문을 가리키지만, 아직은 답변이 제대로 이루어지지 않은 상태며, 이제는 이런 질문을 연구 주제로 삼는 학자들이 등장하고 있다. 이러한 상황은 결국 우리를 두 명의 학자로 안내한다. 이들이 집필한 책이 사실 이 3부의 핵심 조각이다.

---

[136] John Milbank의 대표작은 나름의 독특한 시각에서 상당히 다른 비판을 제기한다. Milbank 1990, 5장을 보라.

11장

사회적 연구, 사회적 윤리: 믹스와 호렐

1. 1세기 기독교와 도시 문화

웨인 믹스는 학자로서의 왕성하고 긴 이력을 회고하면서 자신이 해 왔던 작업과 그 작업이 남긴 수수께끼를 그 독특한 짓궂은 말투로 다음과 같이 요약했다.

> 나는 거의 반세기 전 대학원에 들어갔다. 신약신학을 하는 법을 배우고 싶어서였다. 그 방법이란, 이미 어렴풋이 알고 있었지만, 초기 기독교에 관한 역사가가 되는 것이었다.···동료 학생들과 나는 우리가 진정으로 훌륭한 역사를 할 수 있다면 우리에게 요구되는 것을 달성해 낼 수 있다는 믿음을 갖게끔 사회화되었다. 그 후로 우리가 배운 것은 그 작업이 지난(至難)하다는 사실이었다. 또한, 우리는 정말로 중요한 질문들···말하자면 '무엇을 믿을 것인가', '어떻게 살 것인가', '궁극적인 진리는 무엇인가'와 같은 질문들에 과연 역사학(historiography)이 답변할 힘이 있는지 환멸을 경험하기도 했다. 신약학자들이 그와 같은 질문

에 **역사 작업을 통해** 답변할 수 있다고 생각하게 된 과정 자체도 길고도 복잡하며 결정적으로 현대적인 이야기다. 우리 시대에 그 이야기는 예상치 못한 페리페테이아(peripeteia, 급변)에 도달했고, 이런 상황은 확신의 상실로 광범위하게 표현되었다.…그런데도 이전의 종종 그릇된 목표를 가진 자기 확신의 그림자는 여전히 우리의 모든 작업에 드리워져 있다. 이로 인해 우리에게는 두 가지 거대한 질문이 제기된다.

첫째, 우리가 역사를 정확하게 수행한다 해도, 그리스도인이 된다는 목표에, 혹은 더 중요하게는 인간이 된다는 목표에 도달하는 데 도움이 되는가?

둘째, (모든 과학처럼 역사학도 끊임없이 자기를 교정해야 하며, 그저 가능성을 산출할 뿐 확신을 낳을 수 없는 운명이기에) 우리가 역사를 정확하게 수행할 수 없다면, 그것은 역사가 아무 쓸모가 없다는 의미 아닌가? 결코 완결될 수도 없는 노력이 과연 어떤 구체적인 방식으로 우리에게 도움이 될 수 있을까?

…[이 질문들에] 대한 나 자신의 답변은, 비록 잠정적이고 미숙하지만, 긍정적이라는 사실이 독자들 대부분에게 분명해질 것이다.…[1]

이 글은 우리가 믹스의 작업 전체에서 발견할 수 있는 내용의 상당 부분을 요약하고 있다(물론 그는 느지막이 그것을 이해한 것처럼 기록했지만 말이다). 그것은 '인내하는 겸손함'이다. 즉, 아무리 잘 수행한다 해도 역사는 단지 우리가 직면한 거대한 질문을 향한 꾸불꾸불하고, 종종 비포장 상태인 길을 제공할 뿐임을 인식하면서도, 그것이 바로 우리가 여행해야 할 길이라고 확신하는 겸손함이다. 지도 제작자가 실제로 훌륭하게 포장된 평평한 길이 존재하는 것처럼 지도에 그려 놓는다면, 다시금 환멸을 초래할 뿐이다. 힘든 길을

---

[1] Meeks 2009, pp. 145-146, 원서 강조. 웹스터 사전은 *peripeteia*를 '환경이나 상황의 급작스러운 반전 또는 예상치 못한 반전'으로 정의한다.

따라 끈질기게 계속 여행하는 편이 훨씬 더 낫다. 그러다 보면 멀리서 언뜻 볼 수만 있었던 종착지에 다가갈 수 있을 것이다. 신약과 신약의 핵심인 바울서신은 쉬운 교리적 접근이 예상했던 것보다는 낯설지만, 쉬운 회의주의가 믿고 싶은 것보다는 훨씬 더 가능성으로 가득하다. 믹스의 작업은 우리에게 이 두 가지 내용 모두를 계속해서 상기시킨다.

그런 이유로, 그리고 다양한 지점에서 지속되는 의견 차이에도 불구하고, 나는 『1세기 기독교와 도시 문화』와 그 책이 요약하고 새롭게 설정했던 프로젝트를 지난 세대 영어권 바울 학계에서 가장 희망적인 징조 가운데 하나라고 평가한다. 내 책 『바울과 하나님의 신실하심』의 서평을 썼던 학자 중 한둘은 내가 믹스의 책을 상당한 정도로 언급했다는 사실에 놀라움을 드러냈다. 그럴 만도 한 것이, 나는 PFG의 2부가 어떤 의미에서는 『1세기 기독교와 도시 문화』의 2-5장에 해당한다고 생각하면서 그 단락에서 바울이 심어 주려 했던 세계관, 특히 상징과 내러티브와 실천에 관한 지도를 그리려고 노력했다. 그리고 PFG의 3부는 믹스의 책 6장에 해당하는 것으로 생각했는데, 특히 우리가 바울서신에서 발견하는 '신앙의 패턴들'이 어떤 식으로 (우리가 이전에 식별했던) 그런 종류의 공동체, 그런 종류의 세계관을 존속시켰는지 보여 주려 했다. 예리한 독자라면 믹스가 그의 책 6장에서 했던 것처럼 나도 PFG의 3부를 바울이 재조정한 유일신론에 관한 내용으로 시작했다는 사실을 이미 알고 있을 것이다. 다시 한번 여기에도 그럴만한 이유가 있다. 지난 세대 영어권 바울 학계를 되돌아보면, 샌더스, 마틴, 믹스라는 세 명의 위대한 랜드마크가 여전히 우뚝 서 있다. 그중에서 내가 가장 높게 평가하는 사람은 믹스다.[2]

---

2 완벽한 설명을 위해 추가하자면, PFG 1부는 TFUC 1장에 대체로 상응한다. 말하자면, 바울의 전체적인 배경을 구성했던 실제 역사 세계인 유대 세계, 그리스 세계, 로마 세계를 조사한다. PFG의 4부는 Meeks의 프로젝트에서 더 나아가, 바울이 1부의 세계에 영향을 미치는 2부의

『1세기 기독교와 도시 문화』는 거의 이십 년 동안 진행된 집필 과정의 정점이었는데, 그 과정 전체에서 믹스는 다음 질문에 답변하려 했다. 초기 그리스도인들이 이루었던 실제 공동체에 관한 사회적 연구와 그들의 핵심 문서들이 풀어 설명하고 있는 신앙을 어떻게 종합할 수 있을까? 초기 기독교 신학자들이 보여 준 신선한 사고와 집단적 코이노니아(koinōnia)가 보여 준 신선한 양식 사이에는 어떤 의미의 '어울림'(fit)이 존재하는 것일까? 바울서신에서 반영된 것으로 보이는 공동체는 어떤 종류였다고 말할 수 있을까? 외부인에게 그들은 어떻게 보였을까? 내부인들은 그들이 무엇을 하고 있다고 생각했을까?[3] 이 경로에 세워진 유명한 이정표로는 재구성된 '요한 종파주의'의 렌즈를 통해 본 요한 기독론에 관한 믹스의 유명한 연구와 안디옥의 초기 기독교에 관한 자세한 연구가 있다.[4] 우리가 앞 장에서 조사한 많은 학자와 마찬가지로 믹스에게도 참된 명제를 찾으려는 시도나 실존주의적인 자기 이해(보수주의든 급진주의든 전자는 이성주의고, 후자는 불트만주의다)는 모두 철저히 불만족스러웠다.[5] 그는 사람들이 '역사적' 내지 '역사비평적' 신약 연구를 이야기할 때 그것이 초기 기독교 **개념**의 역사를 **종교** 역사라는 가설적 지도 위에서 식별한다는 의미인 경우가 많다는 것을 점차 분명하게 알게 되었는데, 그 지도는 중간에 거대한 대양이 있는 '유대교'와 '헬레니즘'이라는 두 대륙으로 구분된 것이었다. 이것은 역사학자 대부분이 이해하는 의미에서의 '역사'가 아니다. 말하자면, 나름의 독특한 삶의 양식과 사회적·문화적 관습과 윤리, 나름의 도전과 소망을 가진 실제 공동체에 관한 역사

세계관과 3부의 신학을 어떻게 보았는지 묻는다.
3   7년 동안의 *TFUC* 작업을 Meeks 자신이 요약한 내용(2009, p. 134)을 보라.
4   Meeks 1972; Meeks and Wilken 1978을 보라. 더 충분한 참고 문헌은 예를 들면, Meeks, Hilton and Snyder 2002, p. 276; Still and Horrell 2009, p. 156를 보라.
5   Meeks, Hilton and Snyder 2002, p. 259에 수록된 Meeks의 '후기'(Afterword)를 보라. 거기서 그는 '종교에 관한 인지주의 개념'과 '그와 대조되는 형태인 실존주의 개념'을 이야기한다.

가 아니다. 믹스는 더 깊은 세계에 잠겨 보기로 했다. 이제 와서 그가 말하듯이, 그가 찾고자 했던 초기의 소망이 이루어진 것은 아니지만, 그 여정은 굉장히 가치가 있었던 것으로 보인다. 그도 내 생각과 같을 것이다.

믹스는 사회 과학이 거대한 추상적 명제를 발견해서 그것을 자료에 부과하는 작업이 아니라는 점을 역설하기로 초기에 결정했고 계속해서 주장했다. 따라서 주지의 사실로서 그는 '상황 그룹'에는 페르소나 논 그라타(*persona non grata*; 상대편 국가에서 외교 사절로 받아들이기를 꺼리는 인물─옮긴이)였다. 물론 거리를 두고, 아마도 비역사적인 경건주의의 관점에서 이 상황을 바라보면서 그들 사이에는 유사점이 더 많다고 생각하는 사람도 있겠지만 말이다. 믹스는 상황 그룹에서 그가 받은 비판과 관련해 재판된 그의 걸작 서문에서 그 비판을 설명하고 그에 답한다.

나를 비판하는 학자 중 몇몇은 내가 사회 과학자로서 아마추어라고 몹시 비난했다. 그 말은 특정 이론의 관점을 수용하고 그 관점으로 모든 자료를 분석하는 접근을 내가 거부했다는 의미다. 이런 주장을 가장 가혹하게 했던 자들 대부분이 실은 그들 자신도 사회 과학에 아마추어였다는 사실은 흥미롭다. 그들도 나처럼 성서학자에 불과하다. 도리어 우연히 내 작업을 본 사회학자와 인류학자들은 나의 절충주의가 굉장히 정상적이라고 평가하는 것으로 보인다.

이 말 속에 명백히 드러난 예리한 구분에서 신학 자체에 접근하는 여러 방식에 관한 최소한의 유사성을 발견하는 사람도 있을 것이다. 교회 일치를 둘러싼 오랜 논란과 토론을 거친 상황에서 포괄적인 일반화의 위험을 무릅쓰고 이야기해 보겠다. 다양한 전통의 많은 사람이 가진 인식이 있는데, 그들에게 '무엇을 생각해야 할지'와 '그 사고들을 표현할 때 어떤 언어를 사용해야 할지'를 알려 주는 것은 교회의 전통이므로, 신약 자체는 아직 충분히 형성되지 않은 초기의 진술이며 더 후대에야 더 완전하게 설명되는 것으로 이해되어야 한다는 것이다. 재밌는 것은, 이런 인식이 개신교 종교개혁자들의 관점과 기묘한 동거를 하고 있다는 사실이다. 종교개혁자들은 성경이 외견상 혼란스럽고 비체계적인 세부사항을 담고 있지만 그런데도 성경 자체를 예수에 관한 일차적이고 규준적인 증언으로 보는 관점에서 그들 자신의 과제를 이해했고, 이런 관점은 그들이 긍정하고자 했던 전통을 포함해 후대의 모든 전통도 그 빛에 비추어 평가할 것을 요구했다. 웨인 믹스의 접근은 강단이 세며 거의 루터를 닮은 특성이 있어서, '하나의 항목', 즉 '모든 것의 제자리를 잡아 줄 하나의 열쇠'를 찾으려는 하향식 접근(top-down approach)을 거부한다.

그런 열쇠는 존재하지 않는다. 후견인/피후견인 관계도, 명예와 수치 사회도, 지위 불일치(status inconsistency; 개인이 동시에 몇 가지의 지위를 갖고 있을 때 지위들이 동등하게 평가되지 못해 지위 간에 균형을 유지할 수 없는 상태를 가리키는 사회학 용어—옮긴이)도, 카리스마의 일상화(routinization of charisma; 특정 개인이 아닌 제도 자체가 카리스마 있는 권위를 가지는 것—옮긴이)도, 쌍자적 관계도, 시장경제 이전의 합리적인 선택도, 집단 역동도 그런 열쇠가 될 수 없다. 일부 학자가 제안한 이런 구성 개념들은, 나아가 그와 같은 모든 환유어(metonyms)도 우리 손안에 있는 자료 일부를 새로운 각도에서 바라보도록, 혹은 거기 있다는 사실을 깨닫지 못했던 증거를 발견하도록 도와줄 수 있다. 하지만 그런 것들은 추상적 개념에 불과할 뿐, 1세기 사람들이 남겨 놓은 산발적이고 수수께끼 같은 흔적들에 오랜 시간 깊이 몰두하는 작업을 절대 대체할 수 없다.…이야기를 종합하는 것은 결국 과학보다는 예술에 가깝다. 내가 알고 지내는 과학자들은 과학도 많은 부분 예술이라는 점을 곧잘 인정한다.[6]

마지막 문장이 알려 주듯이, 이 말은 특정 형태의 사회 과학적 절대주의를 거부하는 것 이상의 의미를 담고 있다. 말하자면, 서구 사회 대부분의 기반을 이루었던 '예술'과 '과학' 사이의 거대한 분리, 그 그릇된 양자택일을 부정한다는 의미다. 이렇게 믹스의 작업이 관심을 받아 마땅한 이유는, 단지 그의 작업이 바울과 그의 공동체들, 그리고 초기 기독교의 사회적·신학적 패턴을 알려 주기 때문만이 아니라, 더 거대한 우리 자신의 문화적 문제라는 지도 위에 그가 세워 놓은 이정표 때문이다. 아마도 이런 내용이 고대 세계에 관한 우리의 이해가 우리 세계의 공동체적 실천에도 신선한 활력을 불어넣을 수 있다고 믹스가 썼을 때 염두에 둔 의미일 것이다.[7]

이것은 아마도 *그들이* 선호하는 신학적 혹은 종교적 믿음이 그들 자신의 사회문화적 정체성의 표현에 불과한 것으로 매도될까 두려워하는 불안한 전통주의자들이 보통 제기하는 환원주의를 둘러싼 질문에 대한 놀라운 답변일 것이다. '칭의'가 **실제로는** 바울 공동체들의 종파적 특성에 관한 이야기였는가? '기독론'은 **오로지** 이질적인 집단을 단합시켜야 필요성을 반영한 담론에 불과한가? 믹스는 그의 전 생애를 모든 이데올로기에 저항하며 보냈다. 그는 초기 그리스도인을 '귀만 가진 영혼'으로 취급하는 과도한 신학적 이데올로기뿐만 아니라, 역사적 자료를 부적절한 이데올로기 양식에 억지로 끼워 맞추려는 철학적 혹은 사회학적 접근에도 저항했다.[8] 앞 장에서

---

6 Meeks 2003 [1983], p. xii. Horrell 2009, pp. 11-17에 있는 이 문제에 관한 논의를 보라.
7 본서 pp. 462-463를 보라.
8 예를 들면, H. D. Betz와 G. Lüdemann에게서 다시 등장한 F. C. Baur의 오랜 전통을 반박하는 Meeks의 2001년 논문을 예견하는 Meeks 1983, p. 223 n. 41을 보라. '나는 1세기에 단일한, 통일된, 유대계 그리스도인들의 반바울(anti-Pauline) 흐름이 있었다는 그들의 전제가 그 자료들과 관련된 불필요한 추론이며, 우리가 가진 적은 증거를 설명하는 가장 경제적인 방식도 아님을 알게 되었다. 게다가 독일 학계에서 벌이는 논쟁의 모습은 내가 보기에는 너무 이데올로기에만 혈안이 되어 있다. 유대교의 의식 관습을 지속하는 것 혹은 폐기하는 것이 지녔던 사회적 함의 역시 적어도 신학적·기독론적 신념만큼이나 중요했던 것이 틀림없다.' 또한, 이 자체도 환원주의가 아니다. '당연히 바울에게 실천적인 요소는 신학 및 기독론과 불가분한 관계였다.' 이 내용은 또한 Dahl 1977, pp. 95-120를 언급한나. 또한, Meeks 1983, p. 33를 보라.

조사한 몇몇 학자와 마찬가지로 믹스도 신약의 신학적·종교적 진술을 사회학이나 이데올로기로 '환원'하려는 모든 시도에 결연히 반대했다. 이런 모습은 『1세기 기독교와 도시 문화』의 마지막 장에 드러난다. 믹스의 관심사는 환원이 아니라 연관성이었다.[9]

믹스 자신도 목도했듯이, 『1세기 기독교와 도시 문화』는 신약학계에서 하나의 '이정표'(place marker)가 되었다.[10] 하지만 그 책만 있는 것은 아니다. 믹스는 차후에 지속된 두 연구에서 그가 첫 그리스도인들의 '윤리 세계'라고 부른 내용을 더 자세하게 탐구한다. 그는 이 내용을 종종 '윤리'로 논의되는 주제와 구분한다. 그가 연구하는 주제는 단순히 특정 영역에서의 규칙 목록이 아니라, 더 거대한, 새로운 세계관의 생성 및 존속에 관한 것이었다. 이 세계관 내에서 사람들이 행하는 적극적인 일들은 특정 '세계'가 외적으로 구현된 표현으로서, 그들은 이제 그 세계에 소속되었고 그 세계의 특징적인 모습을 따르려고 노력한다.[11] 이런 주제들은 모두 본서와 같은 프로젝트에 포함되는 이야기지만, 여기서 자세하게 논의할 수는 없다. 나는 그저 믹스의 25주년을 기념하기 위해 2009년 출간된 연구에 초점을 맞추어 그의 주저에서 핵심에 해당하는 부분을 간단히 정리하는 데 만족하고자 한다.

믹스는 『1세기 기독교와 도시 문화』의 주된 주장을 '바울계 기독교의 도시 환경'이라는 실질적인 장으로 시작한다. 그것이 제목이긴 하지만, 실제 그 장은 더 넓은 영역을 포괄한다. 그 장은 한편으로는 더 좁은 시골의 촌락 환경, 다른 한편으로는 로마제국 사이에 바울 세계의 고대 도시를 자리

'[1세기 유대 세계를 분석하기 위한] 전통적인 범주에는 모호함, 시대착오, 부적절한 정의 같은 문제가 있다.'

9   Meeks 1983, pp. 2-7, 190-192.
10 Meeks 2003 [1983], p. x.
11 Meeks 1986b, 1993.

매김한다. 그리고 그 더 넓은 세계 안에서 당시 사람들의 두드러진 특징이었던 유동성(mobility)을 추적한다. 이어서 여성의 위치를 조사하고, 이어지는 가장 흥미로운 단락에서는 '연결성'(connections), 즉 그 세계에서 사람들이 서로 만나고 모이고 관계를 수립했던 방식을 조사한다. 이 내용은 디아스포라 내부의 유대 세계에 관한 세심한 연구로 이어지고, 마지막으로 바울이 시간을 보내며 교회를 설립한 여러 도시에 관한 세부적인 설명이 나온다.

물론, 언급해야 할 훨씬 더 많은 내용이 있다. 믹스는 거대하고 활기 넘치고 문화적으로 다양했던 지리적 영역의 사회적 환경에 관한 불균질한 광범위한 자료들을 50페이지도 안 되게 요약한다. 거기에는 상당한 각주가 포함되어 있다. 이 작업의 모든 측면은 백배로 확장할 수 있다. 하지만 대체로 믹스의 요약은 공정하고 날카롭다. 물론 과거의 학계 전통에 대한 자신의 비판을 제대로 이행하지 못할 때도 있지만 말이다.[12] 특히, 바울이 낯선 도시에 도착해 신속히 관계를 형성할 수 있는 사람들을 찾는 것이 가능했던 당시 세계에 관한 믹스의 설명은 우리가 첫 복음 전파의 모습을 상상하는 데 중요한 도움을 준다.

> 외부인이 한 도시에 도착하면…사람들은 당연히 그 사람이 같은 지역이나 민족(ethnos) 출신의 이민자 또는 임시 거주자 그리고 같은 직종의 사람을 찾을 수 있는 곳을 이미 알고 있거나 쉽게 알게 될 것으로 생각했다.…이 두 가지는 이웃을 확인하고 형성하는 데 가장 중요한 요소였다.[13]

12　예를 들면, 그가 '북갈라디아설'의 문제를 언급하고서도 그 가설을 고집할 때(pp. 42-43. 그렇지만 p. 49에 있는 열린 각주를 참고하라). 앞서 살펴보았듯이, 다른 곳에서 그는 이 관점 배후에 있는 이데올로기에 비판적이다. (강력한 '남갈라디아설'의 예로는 Mitchell 1993b, pp. 3-4를 보라.)

13　Meeks 1983, p. 29.

믹스가 지적하듯이 '사생활이 거의 없었던' 세계에서 새로운 외부인이나 이목을 끄는 사람의 등장에 관한 소식은 빠르게 퍼졌을 것이다.

> 운세나 계시를 알려 주는 동판이나 부적을 만드는 행상인은 첫 손님과 접촉한 후로 자신에 관한 소문이 퍼지는 것을 기대할 수 있었다.[14]

이 첫 접촉으로 그 신참은 확장된 가족들의 관계망으로 들어가고, 다음으로는 '연합'(associations)이나 '동호회' 같은 다양하고 구별되는 특수 이익집단들의 관계망으로 들어갔을 것이다.

믹스는 바울이 활동했던 도시들의 세부사항에 관해 더 자세히 알 수 없다는 사실에 유감을 표현한 적이 있다. 그러한 부족함도 적절한 주의만 기울이면, 후대를 위해 놀랄 만큼 잘 보존된 장소인 폼페이(Pompeii)를 조사함으로써 적어도 어느 정도는 보충할 수 있다. 이것이 피터 옥스(Peter Oakes)가 믹스의 작업을 논의한 논문 하나와 유사한 사고 노선을 동원해 로마서를 조사한 책 전체에서 주장한 내용이다.[15] 옥스는 '상황 집단'의 구성원이지만, 그의 작업은 그들의 방법론과 믹스의 방법론 사이에 존재했던 이전의 예리한 구분선이 무너지고 있다는 신호다. 빌립보서에 관한 그의 이전 책에서 드러났던 그의 절충적이고 창조적인 사회 기술 방식은 믹스가 떠맡았던 프로젝트와 잘 들어맞는다.[16] 옥스가 내세운 주된 새로운 주장(나는 믹스도 기꺼이 받아들였을 것이라 확신한다)은 최근 몇 년 동안 '공간', 즉 다양한 면적의 주거 공간으로 구성된 도시의 공간과 집 내부의 가사 공간의 사회적 중요성에 관해 훨씬 더 많은 이야기가 나오고 있다는 것이다. 우리는 이 주제

---

14   Meeks 1983, p. 29.
15   Oakes 2009a; 2009b를 보라.
16   빌립보서에 대해서는 Oakes 2001을 보라.

에서 많은 것, 특히 권력과 명예의 영역에 관한 것을 배울 수 있다.[17]

믹스는 넓은 맥락을 제시한 후에 바울의 교회에 관한 모든 사회적 분석에서 핵심 질문 중 하나인 **사회적 수준**에 관한 질문에 답한다. 그는 저지 등의 의견에 동조하며 다이스만이 진술한 옛 합의가 불안전하다는 것을 보여 준다. 다시 말해, 바울의 교회는 극빈층이 대부분이었던 집단이 아니고, 오히려 '도시 사회의 단면을 상당한 정도로 반영한' 집단이었다.[18] 계층화는 고대 역사에서 어려운 주제로서, 다른 시각에서 접근할 필요가 있다. 그런데 이 주제에서 그래도 가장 분명한 부분은 (물론 가장 오해의 소지가 많기도 하지만) 이름에 관한 연구다. (이 문제에 '오해의 소지가 많은' 이유는 바울이 이름을 거명하는 교회의 지도자들이 틀림없이 사회에서 대표적인 인물은 아니었을 것이기 때문이다.) 믹스는 타이센을 따르지만, 그가 명백히 과도한 단순화를 저질렀다고 비판한다. 사회적 신분을 이해할 때는, 단일 차원이 아니라 '서로 다른 몇몇 차원의 최종 결과'로 이해해야 한다.[19] 이를테면, 고린도 교회의 구성원 중 다수는 '신분이 변동하는' 상태였을 가능성이 크다. 말하자면,

> 그들은 경제적인 면에서 부유하다거나, 식민지에서 라틴계 신분을 지녔다거나, 부양가족과 평민의 뒷받침을 받는다거나, 한두 경우는 공무원이었을 수도 있는 등 어떤 차원에서는 높은 지위였을 것이지만, 출신이나 직업, 성별 같은 다른 차원에서는 낮은 지위였을 수 있다.

그렇다면 고린도 교회의 '강한 자들'이 높은 신분의 부유한 계층에 해당할 것이라고 단순하게 제안하는 것(타이센이 그랬듯이)으로는 충분치 않다. 아마

---

17 Oakes 2009a, p. 35.
18 Meeks 1983, p. 73.
19 Meeks 1983, p. 70.

상황은 더 복잡했을 것이다.[20] 바울 자신에게도 '지위 불일치'가 있었다. 말하자면, 어떤 사회적 기준으로는 정말로 엘리트층이었지만, 다른 기준으로는 밑바닥에 가까웠다. 믹스는 과연 이런 유형의 사람들에게 특별히 매력적인 요인이 초기 기독교에 있었던 것인지, 아니면 역으로 이런 유형의 사람들('그러한 뒤섞인 지위를 낳는 동기, 능력, 기회를 지닌 사람들')이 무리 중에서 그냥 두드러졌을 뿐이고 그래서 지금까지 남아 있는 문서에서 확인되는 것인지의 질문을 제기했다. 둘 다 부분적으로 진실일 것이다. 믹스는 묘사(description)와 대조되는 '설명'(explanation)에 곧장 뛰어드는 것은 보류했지만, 그의 책이 진행되다 보면 긍정적인 답변이 등장하는 것으로 보인다.[21]

믹스의 책을 기념하는 25주년 서평 모음집에서 사회경제적 평가에 관한 장은 브루스 롱네커(Bruce Longenecker)가 썼다.[22] 그는 다이스만의 입장과 '새로운 합의'(new consensus)의 대립 자체가 부정확할 수 있다고 주장한다. 왜냐하면 실제로 극빈층에 속하는 메시아 신자들이, 집필된 증거에서 드러나는 것보다 더 많았던 것으로 보이기 때문이다(믹스도 그럴 가능성을 인정했다). 롱네커는 특별히 바울계 그리스도인 대부분이 극빈층(very poor)이었다고 주장한 저스틴 메깃(Justin Meggitt)의 중요한 작업과, 더 복잡한 계층화가 있었고 이를 통해 보면 높은 비율이 상대적 빈곤층(relatively poor)이었음을 드러내는 다양한 그림이 모습을 드러낸다고 제안한 스티븐 프리센(Steven Friesen)의 작업을 논한다.[23] 외견상 바울은 그의 청중이 대체로 최저 생활 수준 이상의 사람들, 즉 평범하지만 안정된 직업을 가진 사람들로 구성된

---

20   Meeks 1983, p. 70.
21   Meeks 1983, p. 73; 그리고 본서 pp. 529-532를 보라.
22   Longenecker 2009.
23   Meggitt 1998; Friesen 2004을 보라. Meggitt의 작업은 *Journal for the Study of the New Testament* 24, 2001의 논의를 촉발했다.

것으로 생각하는 듯하다.[24] 그래서 롱네커는 사람들이 교회를 찾은 이유가 사회경제적 상황 때문이었다는 가정에 반대한다. 물론 더 가난한 구성원에게는 그런 면이 교회에 온 요인일 수도 있겠지만 말이다. 그리스도인 집단은 우리가 다른 맥락에서 알 수 있는 조합인 콜레기아(collegia; 로마 제정 후기의 동직조합―옮긴이)의 유복한 구성원과는 다른 수준이었던 것으로 보인다. 우리는 교회에 참여한다는 것이 '명예'의 척도를 한 단계 높이는 것으로 간주하는 모든 제안을 일축할 수 있다. 그런 의미가 있더라도 도리어 반대였을 것이다.[25] 롱네커는 믹스의 프로젝트가 실은 『1세기 기독교와 도시 문화』로 멈춘 것이 아니라, 첫 그리스도인들의 '윤리 세계'에 관한 더 자세한 연구로 지속되었으며, 그 이유는 바로 '윤리 세계'의 관심 대상이 단지 개인행동을 위한 규칙만이 아닌 (가난한 자와 아픈 자를 돕는 것과 같은) '사회적 실천'도 포함하며, 그리스도인 집단이 그런 실천을 통해 다른 집단과 구별되었기 때문이라고 언급한다.[26]

이 부분까지 믹스가 제안한 것은 세심한 사회적 분석이다. 이 내용은 다양한 방식으로 바울서신 주해와 해석에 영향을 줄 수는 있겠지만, 판을 뒤흔들 만한 내용까지는 아니다. 하지만 세 번째 장에 들어서면 온갖 파문을 일으킬 주제가 등장한다. 초기 그리스도인을 구성했던 것은 어떤 종류의 '집단'인가? 수많은 '집단'이 있었던 당시 세계에서 그들은 어떤 집단으로 비췄을까? 그리고 그들은 그들 자신을 어떤 집단으로 보았을까? 믹스는 그리스도인 집단이 당시 환경에서는 한 가지 측면에서 '독특했다'고 즉각적으로 지적한다.

---

24 Longenecker 2009, p. 51.
25 Longenecker 2009, pp. 54-55.
26 Meeks 1986b, p. 1993. 참조. Longenecker 2009, pp. 58-59.

이 지역 집단의 친밀하고 긴밀한 삶은 동시에 더 거대하고, 궁극적으로는 전 세계적인 운동 혹은 실체로 간주되었다.[27]

더 넓은 세계로 확장해서 보아도, 이런 현상을 위해 사람들을 준비시켰던 것으로 보이는 사회적인 집단은 많지 않았으며, 그리스도인 '집단들'이 지녔던 양면, 즉 지역적 정체성과 초지역적 정체성을 조사해 보면 그들의 자기인식에 관한 많은 것을 알 수 있을 것이다.

저지가 이해한 대로 더 넓게 보면 동원 가능한 다양한 모델이 있다. '가계'(household)는 기본 단위였고, '자발적 연합'도 흔했다. 둘 다 그리스도인 집단과 상당한 유사점을 보여 준다. 둘 다 상당한 차이점도 드러내는데, 그리스도인 집단이 보였던 초지역적 특성은 다시 한번 명백한 차이점 중 하나다. 마찬가지로, 그리스도인 집단은 그들 자신을 '어떤 동호회도, 나아가 어떤 이교의 종교적 연합도 보여 주지 못할 정도로 배타적이고 전체주의적'(exclusive and totalistic)이라고 보았다. 바울의 회심자들은 '이례적으로 철저한 재사회화'를 거쳤고, 믹스는 이러한 재사회화에 '비견할 만한 고대 사회의 확실한 유일한 사례는 유대교로의 회심'이라고 말했다.[28] 하지만 그리스도인 집단이 어떤 의미에서는 '배타적'이었다 해도, 또 다른 의미에서는 다른 동호회 또는 연합과 비교해 '사회적 계층화와 다른 사회적 범주 면에서 훨씬 더 포용적이었다.' 바울 당시 세계에서 사회적 신분이 아무 의미가 없는 새로운 공동체를 건설하려고 시도한 사람들은 그리스도인 외에는 없었다. 유대교로의 회심과 유사한 점도 또 다른 면에서 의미심장하다. 말하자면, '에클레시아'(ekklēsia)라는 단어에는 비유대교적인 함의도 있지만, 그리

27　Meeks 1983, p. 73.
28　Meeks 1983, p. 78. Meeks는 피타고라스학파와 에피쿠로스학파도 부분적인 유사성을 보일 수 있다고 인정한다.

스도인은 이 단어를 70인역의 '케할 야훼'(qebal YHWH), 즉 '주님의 회중'을 환기시킬 요량으로 사용했던 것으로 보인다. 다시 한번 이 사실은 유대인 공동체와의 유사점, 즉 그들이 폐쇄적인 제의 공동체인 동시에 더 거대한 초민족적 실체의 구성원이었다는 특징을 가리킨다.[29]

그 후 믹스는 초기 그리스도인 집단을 일종의 철학 학파로 이해하려는 저지의 제안을 논하고, 이 제안이 중요한 이야기를 하는 것은 맞지만 '바울 집단과 유사한 집단으로서 제의적 연합(cultic association)을 너무 빨리 배제했다'고 결론 내린다. 이 점은 더 넓은 사회적 세계 안에서 유사점과 병행점을 찾는 것을 특징으로 하는 사회학 작업에서는 놀라운 주장, 즉 바울 공동체는 그들 자신을 새로운 종류의 사회적 실체라고 생각했고, 외부인들도 그렇게 이해했을 것이라는 주장을 가리킨다. 물론, 시간이 흘러도 존속하는 모든 사회 조직은 고유한 요소를 발전시킬 가능성이 크다. 하지만 우리가 바울서신에서 일별하는바 초기 그리스도인의 문화는 특징적으로 다른 집단에서 전혀 볼 수 없는 세 가지 요소를 가지는데, 바로 일련의 신념들, 새로운 윤리적 세계, 특별한 세부적인 의식이다. (다시 한번, '세계관'이 작용하는 방식을 떠올려 보자. 세계관은 상징, 내러티브, 에토스, 의식 등을 하나로 묶는다.) 바울계 그리스도인들은 '소속 언어'(language of belonging), 가상적 혈연 관계를 가리키는 언어, '그리스도의 몸'을 가리키는 언어를 동원했는데, 이런 언어는 스토아학파에서 흔히 쓰는 표현이었지만 이제는 '십자가에 못 박히고 죽은 자 가운데서 부활한 예수의 인간적 육체를 구체적으로 암시하는' 표현으로 사용되었다.[30] 그 은유는 나아가 '우주적 회복의 신화'와도 연결될

---

29 Meeks 1983, p. 80.
30 Meeks 1983, p. 89. Meeks는 '몸' 이미지를 '유대인 저자들이 이스라엘을 언급할 목적으로 기꺼이 각색했다'라고 주장하지만, 그가 언급한 참고 문헌[Conzelmann 1975 (1969), p. 211]은 비유대교적인 병행 본문을 제공할 뿐이다. 그리고 Strack-Billerbeck(3.446-3.448)이 일부 랍비 유대교의 유사 사례를 제시하지만, 내 생각으로 소위 유대교식 각색은 Meeks의 주장처

수 있었다.³¹

이 모든 내용으로 보건대 바울 공동체들은 도드라질 수밖에 없는 실체였고, 이것은 이전의 '종교사'로는 도저히 설명이 불가능한 내용이었다.

한 세기에 걸친 종교사학자들의 연구는, 신약에 증언된 믿음 가운데 당시 배경이나 이전 역사 중 어디에서든 유사점을 조금도 발견할 수 없는 내용은 거의 없다는 사실을 증명했다. 하지만 장단점을 모두 고려해 보면, 이 연구들은 또한 이 유사점들이 (종종 엄청난 것을 밝혀 주기도 하지만) 그리스도인들 자신의 맥락에서 그 믿음의 의미와 역할을 좀처럼 설명해 주지는 못한다는 사실도 보여 주었다.

그 이유는 다음과 같다. 기독교 신앙의 발전이 상당히 느린 과정이었다고 추측하는 옛 관점과 달리,

예수의 죽음 이후 첫 수십 년은 예수의 제자들과 예수 사후의 초기 회심자들 사이에서 새로운 상징과 믿음의 조합이 비범할 정도로 재빨리 등장한 시기였던 것이 분명하다. 이로 인해 기독교 운동은 당시 다른 유대교 종파들과 구별되는 특징을 신속하게 갖게 되었다.³²

이 결론도 최근 비판을 받고 있지만, 그 부분은 때가 되면 살펴볼 것이다.

럼 분명하지는 않았다.
31 골 1:15-20; 2:10; 엡 1:22 등을 인용하는 Meeks 1983, p. 90. Meeks는 골로새서와 에베소서를 바울의 저작으로 보지 않는다. 그런데 그는 예수의 부활이 성령을 통해 실행되는 것을 모델로 삼고 거기에서 동력을 얻는 우주적 회복에 관한 주제가 롬 8장의 주된 주제이기도 하다는 사실을 언급하지 않는다.
32 Hengel의 1972년 논문, 'Christology and New Testament Chronology'를 인용하는 Meeks 1983, p. 91. Hengel의 논문은 현재 Hengel 1983, 2장에 재인쇄되어 있다.

이어서 믹스는 중요한 문장에서 그가 6장에서 더 충분하게 풀어 설명할 내용, 즉 그러한 차이가 표현되었던 믿음과 기풍(*ethos*)의 연결망을 간단히 묘사한다. 그들은 어떤 면에서는 매우 유대교적이지만, 다른 면에서는 그렇지 않은 공동체였다. 이 공동체의 특징 중 하나는 그들 나름의 유대교 형태의 유일신론이었는데, '엄격한 성적 윤리 규범'을 지지하지만 '이교도의 도시에서 유대인의 정체성을 보호해 주었던 의식적 표지'는 없는 유일신론이었다.[33] 모든 것의 초점은 바울과 그의 제자들이 받았다고 믿었던 특별한 계시, 즉 '하나님의 메시아로서 예수의 죽음과 그의 부활'이라는 신비였다. 믹스는 '이 믿음을 공유하는 사람들은 엄청난 생성의 힘을 지닌 종교적 상징을 공유했던 것'이라고 이야기한다.[34] 이 말은 아마도 굳이 언급할 필요도 없는 당연한 내용을 진술한 것으로 보인다. 하지만 때때로 사람들이 그것을 간과하는 경우에는 당연한 내용도 굳이 이야기해야 한다.

이어서 믹스는 바울계 그리스도인들이 그들 자신을 나머지 세상 사람들(여기에는 예수를 믿지 않는 유대인도 포함된다)과 구분하기 위해 동원했던 언어를 조사한다. 이러한 분리 의식은 (종종 종파 정체성이 그런 식으로 강화되듯이) 박해와 고난으로 강화되었다.

믹스는 이런저런 식으로 바울과 그의 동료들이 '새로운 사회적 실체를 창조하는 작업'에 몰두했다고 결론 내린다.

---

[33] Meeks 1983, pp. 91-92. 다시 한번 새 관점의 강력한 반영을 본다. 하지만 상호 참조하는 다른 내용은 없다. p. 101에서 Meeks는 바울이 배우자 간의 성관계를 논의할 때 출산을 언급하지 않는 점에 관심을 기울이는데, 이는 의미심장하다.

[34] Meeks 1983, pp. 92-93. Meeks는 당시 학계의 주류에 반대해 일관되게 *Christos*를 '메시아'(Messiah)로 번역했고, 사회학적 견지에서 기독교에 독특한 형태를 부여한 것은 십자가에 못 박힌 예수의 메시아직이었다고 이해했다. 하지만 "그 단어[*Christos*]의 일상적인 의미는 '기름 부음'이었다"(p. 94)는 Meeks의 말은 오해의 소지가 많다. LXX를 포함해 기독교 이전 그리스어에서 *christos*는 '기름 부음을 받은'을 뜻하거나, 부어야 하는(이 경우 사용된 단어는 *pistos*다) 의학용 액체와 달리 의학용 기름과 관련되어 '발라야 하는'을 뜻하는 형용사였다. 그리고 LSJ 2007에 참고 문헌이 부족하다는 사실이 시사하듯이, 그 단어는 '일상적'으로 사용되지 않았다. 최근의 유익한 논의로 Novenson 2012, pp. 48-53를 보라.

그들은 독특한 신념 체계를 고수하고 정교화했는데, 그중 일부는 은유로 가득한 극적인 주장으로 표현되었다. '메시아 예수, 십자가에 못 박히신 분.' 그들은 윤리적 권고와 사회적 통제에 관한 규준과 양식을 발전시켰는데, 그 속에는 외부 문화의 윤리 담론에서 온 많은 공통점이 있음에도 총체적으로는 독특한 기풍을 이루었다. 그들은 독특한 의식적 행위를 전수받아 실천하고 해설했다.…그 결과적 총합(resultant)은 외견상 차이가 나는, 새로운 하부문화에 관한 진화된 정의였다.[35]

하지만 나머지 세상과의 엄격한 분리를 통해 그 '차이'를 유지하며 자신을 격리시키는 것은 그 하부문화의 특성이 아니었다. '종파적 단합'은 '보편적 의미를 갖는 이미지'로 묘사되었고, 바울계 그리스도인들은 자기 자신을 단지 지역적 에클레시아가 아닌 전 세계적 에클레시아의 일부로 생각했으며, 이런 개념의 가능한 유일한 출처는 그 운동의 유대교 뿌리다.[36] 바울의 여행과 바울의 서신들 자체, 그의 동역자들이 보인 방향성, 그의 다양한 재정 관련 기획과 준비 등에는 모두 이런 특징이 담겨 있다.

『1세기 기독교와 도시 문화』 3장은 믹스 책의 중심부로서, 바울 교회들이 (이전 에드윈 저지의 제안과 일맥상통하게) 상당히 독특한 사회적 특성을 보였다고 주장한다. 이 단계에서 유일한 나의 첨언은, 자신들을 지역 집단임에도 더 거대한 실체의 일부로, 아마도 전 세계적 공동체의 일부로 이해했던 '긴밀한 유대를 지닌 지역 집단'이라는 이 개념이 분명히 회당 공동체와도 유사한 면이 있지만, 또한 적어도 느슨하게는 로마제국의 두 가지 특징이었던

35　Meeks 1983, pp. 104-105. [여기서 단어 'resultant'는 과학적 의미가 있는 명사다(resultant는 수학에서 벡터의 총합을 가리킨다—옮긴이)]. 이 내용은 내가 *PFG*의 1장('A World of Difference')에서 빌레몬서 주해를 통해 주장한 점과 정확히 같다.
36　Meeks 1983, p. 108.

공무(公務)와 군대와도 유사하다는 것이다. 두 영역 모두 지역 단위들은 공동의 삶과 직무 면에서 서로 긴밀하게 연결되어 있었지만, 황제와 그의 전 세계적 통치에 충성할 의무도 있었다. 바울과 그의 교회들이 이러한 유사성을 얼마나 인식하고 있었을지는 알기 어렵다. 때때로 예수와 그의 제자들에 관한 바울의 '제국' 언어는 이런 방향을 가리키는 것으로 보이지만, 이 역시 논란이 있다. 바울이 동역자들을 '동료 병사들'로 언급할 때는 아마도 지역을 초월한 사회적 실체로서 군대에 관한 암시가 존재했을 것이다.[37] 믹스가 초기 기독교를 독특한 집단으로 부각시켰던 특징들, 특히 지역 정체성과 보편적 정체성을 종합했던 집단이었다는 점을 강조한 것은 확실히 옳다. 하지만 일부 다른 '유대교' 요소와 마찬가지로, 이런 점은 단순히 이 새로운 운동이 당시 추종자들 자신이 인식했던 것보다 훨씬 더 전복적인 특징을 가졌다는 점만을 부각하는 것일 수 있다.

에드워드 아담스(Edward Adams)는 토드 스틸과 데이비드 호렐이 편집한 책에서 『1세기 기독교와 도시 문화』의 이 세 번째 장을 논의한다.[38] 아담스는 1983년 이후로 바울의 교회들과 동시대의 다른 사회 현상 사이에 예리한 차이가 존재했다는 개념을 강화하거나 부정하려고 시도한 많은 연구에 집중한다. 한편으로, 존 클로펜보르크(John Kloppenborg) 같은 학자는 믹스가 인정했던 것보다 훨씬 더 밀접한 유사성을 보여 줄 수 있는 다른 사회적 집단의 특징에 주의를 기울였는데, 아담스는 이에 반대하면서 실제 증거는 클로펜보르크 등이 제안하는 것보다 빈약하다고 주장했다.[39] 다른 한편으로, 리처드 호슬리는 바울계 공동체는 그들 자신을 지배적인 로마제국과 그

---

37 예를 들면, 빌 2:25; 몬 2. 나는 이 내용을 Dr J. P. Davies에게 배웠다.
38 Adams 2009.
39 예를 들면, Kloppenborg and Wilson 1996; Ascough 2003을 논의하는 Adams pp. 68-71. 또한, Harland 2009를 보라. 예상과 달리 바울의 교회들은 다른 곳에 있는 유사한 다른 집단에 관심이 없었다는 Ascough의 주장에 반대하는 의견으로는 Still 2009, pp. 80-81를 보라.

구조의 (어떤 의미에서) 대안 사회로 보았고 외부인들도 그들을 그렇게 보았을 것이라고 역설했다.[40] 또한, 아담스는 바울 교회의 사회적 위치와 상대적인 빈부를 둘러싸고 진행 중인 논란을 연대순으로 정리했다. 이 논란은 고린도 및 다른 관련 도시에서 발굴된 큰 가옥 중 일부가 교회 모임을 가졌던 장소일 수 있다는 다른 논의들과도 연관되어 있다. 에드윈 저지가 옹호했던 바울 공동체와 철학 학파 사이의 가능한 유사성에 관한 더 자세한 작업도 진행되었는데, 특히 2세기 의사인 갈레노스(Galen)가 제시한 증거에 관한 러브데이 알렉산더(Loveday Alexander)의 유명한 논문이 있다.[41]

이런 점에 추가로, 아담스는 고고학 및 다른 증거에 비추어 고린도, 데살로니가, 빌립보 같은 도시들 사이의 차이를 구분할 필요가 있다는 최근의 작업에도 관심을 기울인다. 우리는 바울 공동체의 사회적 구성이나 자기 이해가 그러한 공동체들이 존재했던 지역 어디에서나 동일할 것이라고 가정할 수 없다. 아담스는 결론을 내리면서, 이 공동체들은 사회적 환경 면에서 다른 공동체들과 비슷하기도 하고 달랐을 것이라는 믹스 자신의 요약을 긍정한다. 믹스는 에클레시아에 대해 다음과 같이 이야기했다.

1세기의 관찰자라면 [에클레시아] 안에서 기존 사회의 온갖 특징을 볼 수 있었을 것이다. 말하자면 유대교의 종파이면서, 가족에서 이루어지는 동호회 모임이고, 입회 의식이면서, 하나의 학파로도 보였을 것이다. 하지만 에클레시아는 그런 것들의 총합 이상이었으며, 서로 모순되는 그런 경향들을 단순하게 결합한 모습과도 달랐다.[42]

---

40 예를 들면, Horsley 2004, 2005(Adams pp. 74-76에 요약되어 있다)를 보라.
41 Alexander 1994 등을 논의하는 Adams pp. 73-74를 보라.
42 Meeks 1986b, p. 120.

믹스의 고전 네 번째 장은 그가 '거버넌스'(governance, 또는 통치, 지배권)라고 부른 내용을 다룬다. 오랫동안 지속되는 모든 집단이 그렇듯 바울계 공동체에도 기관, 구조, 지도력이 필요했고, 바울서신은 이 모든 요소에 관한 폭넓은 증거를 제시하며 또한 그 자체가 종종 도전을 받았던 그의 '권위'에 관한 바울 자신의 이해를 보여 주는 중요한 증거 역할을 한다.[43] 지난 세대 이 부분에서 엄청난 작업이 진행되었는데, 믹스는 다시 한번 그 길을 제시한 인물이다.[44]

하지만 내 생각으로는 그 책에서 이 장이 가장 설득력이 떨어지는데, 그가 말한 내용보다는 그가 빼먹은 내용 때문이다. 믹스는 바울이 자신의 권위를 뒷받침하기 위해 내세운 '보증'을 목록으로 제시한다. 그 목록은 바로 권위 있는 위치, 그가 받은 신적인 계시, 기독론과 종말론의 관점에서 해석된 성경, 교회의 전승과 바울의 관습, 성령의 인도와 고취, 십자가 처형과 부활이라는 예수 자신의 패러다임이다. 믹스는 여기에 그가 가장 중요하다고 생각한 요소를 추가하는데, 하나는 공동체 안에서 성령의 권위이고, 다른 하나는 특히 고린도전서 9장이나 빌립보서 3장에 등장하는 바울의 권리 포기처럼 바울 자신의 일생이 보여 주는 본보기다. 믹스는 바울이 특정 유형의 행동은 용인되고 다른 행동은 그렇지 않다고 암시할 때, 다른 사안과 동떨어진 규칙을 제시하는 것이 아니라 (다시 한번) 더 큰 세계관과 관련된 이야기라는 사실을 강조했다. 따라서 권장되는 행동들은 그리스도인에게만 독특한 신성한 상징과 역사적 기풍의 조합과 연결되어 있었다.[45] 이 모든 이야기에서 믹스는 바울이 그리스도인의 행동 방식에 관해 더 구체적인 가르

---

43   Meeks 1983, p. 115. 데살로니가전서는 바울이 '회심자들을 향한 그의 가르침이 시공간을 뛰어넘어 전달되는 도구가 되도록 그 편지의 양식을 갖춘' 방식을 보여 준다.
44   이전의 중요한 연구에는 Schütz 1975; Holmberg 1978이 포함된다.
45   Meeks 1983, p. 136.

침을 줄 수 있었고 실제로 주기도 했지만, 대체로 그의 가르침은 매우 일반적인 용어로 표현된다는 사실에 주목했고, 이는 옳은 관찰이다.[46]

여기까지 모두 괜찮다. 그렇다면 내가 믹스의 주장이 아주 설득력이 있는 것은 아니라고 말한 이유는 무엇일까? 그 이유는 믹스가 기독론과 종말론 중심의 성경 재해석을 분명히 언급했음에도 그 주제에 충분한 비중을 두지 않았다고 생각하기 때문이다. 다른 곳에서도 같은 주장을 했지만, 이 주제에 대해서는 이어지는 내용에서 깊숙이 파고들 것이다. 바울에게 성경은 단지 그에게 길잡이가 되어 주는 잡다하고 비역사적인 자료가 아니었다. 성경은 바울이 그 자신과 그의 공동체들이 여전히 살아가고 있다고 믿었던 내러티브의 이전 단계, 그리고 어떤 의미에서는 결정적인 단계였다. 이 내러티브는 메시아의 십자가 처형에서 단절되었지만, 이제는 십자가라는 새로운 형태로 재개되었다. 바울이 (이를테면) 고린도전서 10:1-13에서 출애굽 이야기에 호소할 때 그는 단순히 오래전 비슷한 사례를 뽑아낸 것이 아니라 이전에 이교도였던 고린도의 회심자들에게 그들도 과거 이집트에서 구출되었던 그 단일 가족의 일부라는 점을 강조하기 위해서였다. 나중에 쓴 논문을 보면 믹스는 더 거대한 단일 내러티브에 관한 이 사실을 정확히 알고 있다. 하지만 내 생각에 그는 그 사실이 넓게는 바울 공동체의 자기 이해나 좁게는 자신의 권위에 관한 바울의 이해에 지니는 함의를 충분히 탐구하지 않았다.[47] 단언컨대, 바울은 자신을 성경에 뿌리내리고 메시아에게 초점을 맞춘 하나님의 새로운 운동의 선봉대장으로 보았다. 오랫동안 기다려 온 승리

---

46 Meeks 1983, pp. 136-139.
47 Meeks, Hilton and Snyder 2002, pp. 191-192[orig. 1986]는 '그 내러티브가 나중에 교회를 형성하고 생기를 불어넣고 교정했을 것'이라고 말하지만, '혹시 그 이야기, 그 줄거리 자체는 이미 초기 그리스도인이 실천했던 의식과 윤리적 권고와 이야기 구연과 예언과 미드라쉬 안에 이미 형태를 갖추고 있었던 것이 아닐까?'라고 묻는다. Meeks는 여기서 전체로서 정경의 형성에 관해 이야기하지만, 핵심 내용은 바울과도 분명히 관련이 있다.

이자 악한 세력에 대한 역설적인 승리가 이 운동을 통해 영향력을 발휘해, 하나님의 옛 백성이 드렸던 예배에 동참하는 전 세계적인 가족을 불러낼 것이다. 권위에 관한 믹스의 말, 다 좋다. 하지만 그것의 충분한 의미를 깨닫기 위해서는, 이러한 내러티브의 의미와 그 내러티브 안에서의 바울의 역할에 뿌리를 둘 필요가 있다.[48]

토드 스틸이 믹스의 네 번째 장을 논의하는 논문에서 지적했듯이 이제 여러 방면에서 반발이 시작되었는데, 이런 이야기는 그런 반발의 효과를 무마시키는 효과가 일부 있다. 바울은 노골적이며 권력에 굶주린 조종 행위를 한 것이며, 회심자들을 속여 그가 원하는 행동을 하게 하려고 온갖 수사적인 속임수를 동원했다는 비난을 받았다. 고린도후서는 바울 당시에도 그가 이런 혐의로 비난받았음을 보여 준다.[49] 하지만 그 고린도후서 본문에 대해서도 훨씬 더 세심한 관점을 제시할 수 있다.[50] 믹스는 질문 전체에 대해 간략하고 상식적인 답변을 제시했다.

> 물론 한 사람의 설득 행위가 다른 사람에게는 조종 행위일 수 있다. 하지만 나는 고대의 신중한 수사법의 목적이 상대방이 그 대화 외에는 달리 관심을 가질 기회가 없었을 주제를 느끼고, 생각하고, 행하도록 설득하는 것이었다고 받아들이겠다.[51]

당연히 더 해야 할 이야기는 많고, 특정 교회에 관한 연구 그리고 그 교회

---

48 예를 들면, 롬 10:14-21; 15:7-13을 보라.
49 Still 2009, pp. 88-89를 보라. 현대에 들어 이런 비판의 노선은 Friedrich Nietzsche와 George Bernard Shaw로 이어졌고, 더 최근에는 다른 인물인 Shaw (1983)와 Castelli 1991, Moore 1994, Marchal 2006, 2008, 2012 등도 같은 비판을 했다.
50 예를 들면, Ehrensperger 2007을 보라.
51 Meeks 2009, p. 143.

와 바울의 관계에 관한 몇몇 연구는 신선한 시각을 촉발했다.[52] 그런데 이 모든 이야기의 핵심에는 '권력'의 재정의, 그리고 자연히 애매한 현대 용어인 '리더십'의 재정의가 자리 잡고 있다. 고린도에 보낸 두 번째 편지를 보면 잘 알 수 있다. 고린도후서의 문제 자체가 바울이 교인들의 적대감과 적대 행위에 직면해 자신의 권위를 긍정해야 했던 당시 상황이 얼마나 고통스러웠는지 보여 준다. 하나님 자신의 권세도 메시아의 십자가라는 약함을 옷 입고 있다면, 그와 같은 패턴이 사도 바울의 지위와 권위 안에서도 구체화되어야 한다.

> 그래서 내가 메시아를 위해 약하고 능욕을 당하고 곤란한 상황을 겪고 박해를 받고 재난에 직면할 때, 나는 기뻐합니다. 여러분도 알다시피 내가 약한 그때 내가 강합니다.[53]

믹스의 다섯 번째 장은 그의 기초적인 세계관 모델을 완결한다. 모든 공동체와 마찬가지로, 바울이 설립한 집단들도 인류학자의 용어로 '의식'(ritual)이라는 명칭을 붙이는 것이 적절한 특정 실천에 참여했다. 이 주장은 쉽게 받아들여지는데, 다양한 사회학자들의 이론 배후에 있는 공통된 이해의 핵심은 후대 기독교 사고의 지배적 흐름과 일치하기 때문이다. 의식은 단순히 정보를 전달하는 것만이 아니라, **그 자체로 무언가를 한다**.[54] 믹스는 바울서신에 나타난 다양한 실천, 모임, 노래, 교육, 기도, 예수를 환호하는 행위 등을 묘사한 후, 마지막에는 핵심적인 교회의 실천인 세례와 주의 만찬에 초점을 맞춘다. 이런 행위들에 관한 1세기 자료가 상대적으로 빈약

---

52 Andrew Clarke가 차례로 쓴 책을 보라. Clarke 1993, 2000, 2008.
53 고후 12:10.
54 Emile Durkheim과 Mary Douglas의 논의를 따르는 Meeks 1983, pp. 141-142.

하지만, 그래도 그 공동체들이 그들 자신의 근간이 십자가에 못 박히고 부활한 메시아라는 기이한 사실이라고 이해했다는 점을 분명히 알려 준다. 예수는 완전히 새로운 '세계'를 개시했으며, 이 실천들은 그 행위를 통해 그 새로운 현실로 들어가거나 그 현실 안에서 살아가는 상징적인 행위였다.[55]

헷갈릴 수 있겠지만, 여기서 동시에 두 가지 이야기를 해야겠다. 첫째, 바울과 그의 회심자들에게 이 새로운 '세계'는 정말로 '신성한 일치의 세계'를 구성했기에, 주의 만찬이 지닌 상징성은 그리스도인 집단의 '내적 일관성, 일치, 평등'을 강화해 다른 제의적 연합들(달리 말해, 이교도 신전들)과의 관계에서 경계를 보호하는 역할을 했다. 둘째, 혼란스러운 점이지만 그런데도 이 새로운 세계는 진행 중인 현재의 세계와 중첩되어 있기에, 한 시각에서는 세계와 대립하는 '종파'로 보일 수 있는 실재가 다른 시각에서는 더 넓은 세상 자체에 도전을 던지는 개혁 운동으로 보일 수 있다.[56] '예수가 주님이시다'라는 구호가 바로 그런 의미다.[57]

루이스 로렌스(Louise Lawrence)는 믹스의 다섯 번째 장에 관한 논문에서 믹스의 기본적인 통찰이 옳다는 점을 보여 주지만, 그 통찰은 그가 지시한 영역들과 상당히 다른 영역으로도 확장될 수 있다.[58] 오늘날에는 더는 그 장의 주제인 '의식'이 단지 이전에 정의된 내러티브를 반영하는 것만으로 이해되지 않고, 더 넓은 사회적 권력의 역동과 관련된 '정치적인 의의를 지닌 역동적이고 변혁적인' 행위로 이해된다.[59] 로렌스는 여기서 믹스가 비판받아 온 지점을 언급한다. 어떤 사람은 믹스가 덜 중요한 의식들을 평가절하한다

---

55 Meeks 1983, pp. 150-157(세례: p. 156, '세례받은 자들이 다른 세계로 통합됨); pp. 157-162(주의 만찬).
56 Meeks 1983, p. 160.
57 Meeks 1983, pp. 152, 155가 *kyrios Iēsous*를 '주님은 예수시다!'라고 번역함에도.
58 Lawrence 2009.
59 Lawrence p. 99.

고 비판했다. 또 다른 사람은 더 예리한 범주를 제안했는데, 이를테면 '상태의 역전 혹은 변화'를 수반하는 비정규적이고 예측 불가능한 사건을 의미하는 '의식'과, 기존의 상태를 긍정하는 정규적이고 예측 가능한 사건을 의미하는 '기념행사'(ceremonies)를 구분해야 한다는 것이다. 확실히 세례는 이 둘 중 '의식'의 사례고, 주의 만찬은 '기념행사'의 사례로 보인다.[60] 이어서 로렌스는 (믹스가 제시한 더 넓은 의미에서의) '의식'에 관한 연구가 새로운 영역으로 발전한 경로를 추적한다. 첫째, (내 연구에서처럼) 성경의 세계에 관한 '두터운 묘사'에서 핵심 요소는, 우리가 행위와 사건으로 구성된 이 세계에 접근할 때 거의 배타적으로 본문의 문자적 세계에 의존한다는 점을 인식하는 것이다. 둘째, 믹스가 이미 인식했던 의식과 '윤리 세계'의 연관성이 더 자세하게 연구되었는데, 특히 본서의 후반부에서 논의할 데이비드 호렐이 중요한 인물이다.

셋째, 앞서 언급한 리처드 호슬리의 논평과 일맥상통한 내용으로, 의식과 제국 사이의 (혹은 이 경우에는 의식과 함축적인 제국의 전복 사이의) 더 명시적인 연관성이 제시되었다. 세례 의식을 로마제국의 자랑이었던 '수자원 관리'에 대한 '상징적 반전'으로 보는 것은 정말 지나친 주장이겠지만, 몇몇 중요한 연구와 궤를 같이해 더 넓은 바울의 의식 세계가 카이사르가 아닌 예수에게 충성을 바치는 공동체를 구별하는 역할을 했다고 이해하는 주장은 가능하다.[61] 이것이 데일 마틴(Dale Martin)의 획기적인 책이 강조하는 내용 중 일부인데, 본서에서 할 수 있는 것보다 훨씬 더 충분한 논의를 하는 것이 마땅한 책이다. '그리스도의 몸은 의식적·상징적 면에서 로마 정치의 대안을 구성했다.' 의식은 일련의 '비폭력적인 반격'을 구성했고, 공동체는 이를

---

60 Neyrey 1990의 공헌을 논의하는 Lawrence p. 104.
61 '제국의 수자원 관리'에 관해서는 Purcell 2011 [1996]을 보라. 이 책은 Lawrence p. 110에서 논의된다.

통해 황제는 결국 사람도, 자연 세계도 다스리지 않는다고 선언했다.[62]

마지막으로, 초기 그리스도인의 의식은 인간의 모든 실존에서 가장 핵심적인 주제인 삶과 죽음에 관한 문제에 답변하는 데 극도로 중요했다. 로렌스는 '공동체와 형성에 관한 근원적 지식이 알려지는 지점은 그러한 삶/죽음의 경계'이기에, 의식 속에 그 경계를 형식화함으로써 초기 공동체들은 새로운 종류의 지식으로 향하는 길을 닦았고, 이 지식은 믹스가 이야기한 새로운 세계와도 조화를 이룬다.[63]

이런 이야기들은 마침내 우리를 『1세기 기독교와 도시 문화』의 6장으로 인도한다. 거기서 믹스는 초기 공동체들의 사회적 세계와 그들의 '신앙의 형식과 삶의 형식' 사이의 연관성을 조사한다. 이러한 움직임은 양쪽 모두의 저항에 부딪혔다. 즉, 일부 사회학자는 사회적 실재가 이상주의의 안갯속으로 사라질 것을 염려했고, 일부 신학자는 유물론적 환원주의를 염려했다. 따라서

> 우리는 과연 진술된 신앙과 사회적 형태 사이의 연관성을 발견할 수 있을지 묻겠지만, 어느 하나가 다른 하나의 **원인**이라고 가정하지는 않을 것이다. 또한, 주어진 신앙이 논리상 특정 행위를 함축하는 것처럼 보일 때도, 구체적인 증거가 없는 한, 그런 행위가 실제로 뒤따랐다고 가정하지도 않을 것이다.[64]

믹스는 당연히 사회학적 측면에서 이런 세심한 균형을 가지고 접근했기에, 바울 신학 전체에 관한 실제적 개요를 정리하려는 유혹에 저항했다.

---

62 Martin 1995를 요약하는 Lawrence p. 110.
63 Lawrence p. 115.
64 Meeks 1983, p. 164.

당장 우리의 관심사는 바울계 교회의 전형적인 구성원이 믿었던 내용이 지닌 사회적 힘이다.[65]

믹스는 이것이 얼마나 도달하기 어려운 목표인지 잘 알고 있다. 하지만 반드시 시도해야 하는 작업이며, (내가 앞서 언급했듯이) 첫 단계가 가장 중요하다. "'하나님은 한 분이시다'라는 확언"은 유대교 전체만큼이나 바울계 기독교에도 기초적인 토대였다.[66] 이 진술은 정확히 **유대교** 형태의 유일신론으로, 스토아학파와 (적어도 일부) 중기 플라톤주의자들이 신봉했던 것과는 상당히 다른 신관이며, 그 사실은 바로 사회적 영향력 면에서도 중요한 의미가 있다. 철학자들이 제시하는 유일신론은 제국 시대의 이교주의를 특징짓는 '종교적 삶의 포용적인 다원주의와 관용을 옹호하는 이데올로기를 제공'한 반면, 열방의 '우상들'과 대조되는 '한 하나님'에 대한 유대교 신앙은 '독특한 민족으로서 그들[즉, 유대인들]의 공동체적 통일성을 지켜 내는 특유의 실천'을 만들어 냈다. 요점은 이것이다. '기독교는 유대교의 입장을 온전히 수용했다.'[67]

이런 이야기가 1980년대 초에는 혁명적이었다. 믹스는 유일신론에 중요한 자리를 부여하고 이를 초기 공동체의 사회적 특성과 연결함으로써, 많은 사람이 본뜨고 싶어 하는 논조를 만들어 냈다.[68] 그전에는 유일신론의 중요성에 큰 관심을 두는 신약학자가 많지 않았지만, 이제는 훨씬 더 일상적인 모습이 되었다.[69] 믹스는 사회학을 염두에 둔 유일신론 연구로부터 몇 가지

---

65 Meeks 1983, p. 164.
66 Meeks 1983, p. 163.
67 Meeks 1983, p. 163.
68 특히 *PFG* 9장을 보라.
69 그러한 방향을 보여 주는 얼마 안 되는 조짐 중 하나가 Meeks의 예일 대학교 선배였던 Nils Dahl의 논문이다. Dahl 1977, 10장(pp. 178-191).

원칙을 끄집어냈는데, 비록 간단하게 진술되긴 했지만 내 판단에 이 원칙들은 더 온전한 바울 신학의 발전을 위해 굉장히 중요한 내용이다.

첫째, '한 분이신 하나님에 대한 믿음의 바람직한 사회적 표현은 예배자들의 배타적 단합'이었다. "'주는 예수시다'라는 고백과 이교 사이에는 건널 수 없는 경계"가 존재했다.[70] 이 내용 때문에 믹스는 에베소서와 골로새서로 향하게 된다. 이 두 서신이 위서라 해도 바울의 사회적·신학적 역동을 반영하고 있다. 한 분이신 하나님과 하나님의 한 백성. 이런 면에서 바울 공동체는 그 당시 유대교 공동체와 같은 이야기를 하고 있었다.

물론 차이가 있다. 바울은 다른 종류의 공동체를 이야기한다. 그 공동체는 이제 민족과 그 민족을 구별하는 표시가 아닌 완전히 다른 세트의 경계 표시로 정의된다.[71] 이렇게 믹스는 본서 1부에서 살펴본 샌더스 이후 일부 학자가 주장한 지점에 다른 경로를 통해 도달했다. 그 공동체는 메시아를 중심으로 재정의되었다.

> 바울과 그의 집단에게…예상치 못한, 거의 상상할 수도 없었던 주장, 즉 메시아가 율법의 저주를 받아 죽었다는 주장은, 이후로 하나님의 백성을 구성하고 경계 짓는 방식에서의 극명한 단절을 수반했다.

따라서 바울이 그의 편지를 집필할 무렵 이미

> 확립되어 있던 패턴은…모든 도시에서 이방인과 유대인을 다 같이 아우르는,

---

70   Meeks 1983, p. 166. Meeks는 '유일신론과 단합'에 관한 같은 주장이 갈 3:19-20 배후에 있다는 사실을 보았지만, 그 본문의 주해상 딜레마를 푸는 방법은 보지 못했다. 이 문제에 대해서는 Wright 1991 [*Climax*] 8장을 보라.

71   이 내용이 구성원들의 변함없는 민족적 기원의 관점에서 어떻게 적용되는지는 *PFG* 15장, 특히 pp. 1426-1434에서 논의된다.

그리스도를 믿는 신자들의 연합체를 만드는 것이었다.[72]

이 새로운 공동체가 '언약 백성을 다신론의 세계에서 구별하기 위한 주된 유대교의 장치들'을 폐기했을 때, 그들은 '관용'의 이상이나 율법 폐기론에 기초해서 그런 결정을 내린 것이 아니었다. 그들이 유대교의 경계 표지를 폐기한 것은

> 그 세계와 비교해 자신들을 정의하기 위한 강력한 경계선을 유지하지 않았다는 의미는 아니다.[73]

'메시아를 중심으로 다시 그려진 유일신론과 선택론'은 내 최근작의 중심 주장으로서, 믹스는 이 주장을 이미 30년 전에 스케치해 보여 주었다. 이 주장은 여전히 엄청난 저항에 직면해 있지만, 믹스가 제안한 내용에서 역사나 주해 면에서 그릇된 내용을 찾기는 어렵다.

이 사실은 바울에게 하나의 문제를 제기했는데, 이 문제는 신학의 관점에서, 그리고 포괄적인 내러티브의 관점에서 다음과 같이 표현될 수 있다.

> 바울 자신에게 신학적인 핵심 문제는 단지 유일신론의 함의를 풀어 보여 주는 것만이 아니라, 역사를 관통하는 하나님의 통일된 목적이 어떻게 십자가에 못 박힌 메시아라는 새로움(*novum*)을 아우를 수 있는지 설명하는 것이었다.

바울은 이 모든 내용을 로마서에 기록했고, 그 편지의 '신학적 변증'은 '바울

---

72   Meeks 1983, p. 168.
73   Meeks 1983, p. 169.

의 선교 여정 전반이 지닌 이런 사회적 차원과 분리될 수 없다.'[74] 이 선교의 목적은 세상에 물들지 않음으로써 순수성을 유지하는 소규모 종파를 설립하는 것이 아니었다. 교회는 자신을 새 창조와 만물의 갱신이라는 프로젝트의 선봉장으로 이해해야 한다. 바울의 선교 신학은 '사회적 관점에서 잠정적이고 일시적인' 공동체들의 창조에 관한 것이었는데, (충분히 주목할 만한 사실인데) 그 목적이 보편적이었기 때문이다.

> 소규모 그리스도인 점조직으로 구성된 그 얇은 네트워크는, 유일한 참 하나님의 창조로서 회복된 보편적 인류라는 대담한 이미지로 자신을 표현했다.[75]

이 모든 내용은 하나님 나라에 관한 바울의 비전을 구성하는 요소인데, 바울은 '하나님 나라'라는 표현을 자주 사용하지는 않는다.

> 하늘 보좌에 앉아 계신 우주의 주권자라는 하나님 이미지는 당연한 것으로 간주되었고, 이 이미지는 그의 통치에 참여하는 그리스도의 승귀에 관한 설명으로 확장되었다.[76]

믹스가 이 모든 내용을 상세히 설명하는 여섯 페이지의 구석구석은 그 내용이 앞서 제시한 사회적 설명과 어떻게 연관되는지 보여 주는데, 내 생각에 이 페이지들은 그 책에서 가장 중요한 부분이며, 전체적으로도 부분적으로도 바울에 관한 최근의 다른 저작들보다 훨씬 더 가치 있다.

하지만 내 판단에, 다음 단락인 '묵시와 혁신의 관리' 부분에는 그런 평

---

74 Meeks 1983, p. 168.
75 Meeks 1983, p. 169.
76 Meeks 1983, p. 170.

가를 내릴 수 없다.[77] 본서 2부에서 자세하게 펼쳤던 '묵시'에 관한 논의를 여기서 반복할 필요는 없다. 그저 믹스가 1980년대에 폭넓게 수용되었던 의견, 즉 '이전 그리스도인들은 유대교 묵시주의자들과 마찬가지로 세계에 곧 종말이 닥칠 것으로 믿었다'라는 의견을 따랐다는 언급만으로 충분하다.[78] 믹스는 이 주제를 다른 논란들 가운데 배치하면서, (이를테면) 특히 독일에서 벌어진 많은 논쟁을 보면 스스로 '인류학'과 '우주론'이라고 부르는 관점 간의 교착 상태가 존재하며 '토론 참여자들은 이 두 용어를 각자의 특유한 의미로 사용한다'라고 언급한다.[79] 그리고 믹스는 그의 전체적인 목적에 맞추어 이 '묵시적' 신념 체계가 초기 기독교 운동의 사회적 역동에 어떻게 들어맞는지 묻는다. 여기서 다른 많은 이들처럼 믹스도 '천년왕국 운동'이라는 더 넓은 사회 현상을 언급한다. 하지만 앞서 살펴보았듯이, 그러한 운동들은 대부분 그 자체로 기독교나 유대교 분파였고, 그렇기에 '중립적인' 비교 대상은 아니다. 이 사실은 사람들이 그런 운동에 뛰어들었을 이유에 관한 설명을 암시한다.

> 사회적으로 부침을 겪어 본 사람, 자신이 계층 구조와 관련해 모호한 위치임을 인식한 사람이라면 세상이 고장 났고 이제 철저한 변화를 눈앞에 두고 있다는 상징을 재빨리 이해했을 것이다. 그들은 그런 새로운 현실에 관한 그림을 따라 삶을 만들어 가려는 집단에 마음이 끌렸을 것이다.[80]

앞서 주장했듯이, 우리는 다른 관점에서 '묵시'를 이해하지만, 믹스의 이 진

---

77 Meeks 1983, pp. 171-180.
78 Meeks 1983, p. 171.
79 Meeks 1983, p. 172.
80 Meeks 1983, p. 174.

술은 여전히 유효하다. 어쨌든 믹스는 바울에게 '묵시'가 이미 일어났다(마틴의 관점이 지닌 강점)는 이해가 있었던 것으로 보았다. 바울의 사고가 자리 잡은 뿌리는 '종말론적 소망이 현재 성취되었다'는 사실이었고, 이는 천년왕국 집단의 일반적인 미래 지향적 관점에 다소 흠집을 내는 관점이었다.[81] 또한, 믹스는 갈라디아서에서 바울이 성경에 호소하는 것을 '묵시적' 사고방식의 일부로 보는데, 이는 마틴의 관점과는 정반대다. 이 지점에서 믹스는 '철저히 새로운 내용이 이미 성경 안에 증언되어 있다'라고 주장하는 것이 '묵시의 특징'이라고 이야기한다.[82] 내가 다른 곳에서 이야기했듯이, 나는 마틴이나 믹스가 이 지점에서 본 것보다 훨씬 더 많은 의미가 갈라디아서에 담겨 있다고 보지만, 일반적인 수준에서 볼 때 바울에게 '종말론적 신념은 날카롭게 수정된 실천을 뒷받침할 만한 근거를 전통적인 맥락에서 제시했을' 것이라는 말은 확실히 맞는 이야기다.[83]

이 단락 전체에서 나의 인상은, '묵시'가 지배적인 범주라거나 설명을 위한 주된 범주라는 식의 과도한 주장이 되지 않도록 믹스가 조심한다는 것이다. 실제로 그는 묵시에 과도한 의미를 부여하는 해석을 경고한다.

> 우리가 묵시로 간주하는 요소들을 그 편지들에서 끄집어낼 때, 우리는 관념을 만들어 내는 것이다. 바울게 운동에 참여한 그 누구도 그들의 믿음에 담긴 측면을 지칭하기 위해 '묵시'나 '종말론'이란 이름표를 사용하지 않았을 것이다.…우리가 바울 사상에서 묵시라며 분리해 낸 요소들이 나름의 역할을 하는 이유는 오로지 그것들이 더 거대한, 매우 복잡하고 유연한 믿음 복합체의 일부이기 때문이다. 그런 의미에서 마찬가지로 우리는 본 장에서 논의한 다른

---

81 Meeks 1983, p. 176.
82 Meeks 1983, p. 177.
83 Meeks 1983, p. 177.

모든 믿음도 기능적으로는 묵시적이라고 말할 수 있다.[84]

나는 이 말에 전적으로 동의하지만, 예외가 있다. 마지막 문장의 '묵시적'을 '유대교적'으로 바꾸면 더 좋겠다. 앞서 확인했듯이, '두 시대' 개념, '현시대'와 '올 시대' 개념, 그리고 이 모두와 관련된 하나님의 목적이라는 개념은 더 거대한 신념 체계에 속한 요소며, 또한 더 큰 내러티브, 즉 하나님과 창조 세계에 관한 내러티브, 하나님과 이스라엘에 관한 내러티브, 일부 경우에는 하나님과 메시아에 관한 내러티브의 일부였다. 이런 이야기는 유대교 사상의 (전부는 아니지만) 많은 흐름에 등장한다. 이 단락에서 믹스가 조사한 자료들은 이제는 시대에 뒤떨어진 의미에서의 '묵시' 범주보다는 단순히 더 넓은 '유대교적' 범주로 이해하면 훨씬 더 자연스럽게 이해된다.

'십자가에 못 박힌 메시아'에 관한 (상당히 짧은) 다음 장은, 내용 자체가 더 거대한 내러티브 안에 편안히 자리 잡고 있다는 동일한 인상을 준다.[85] 여기서 믹스는 '바울계 신앙이 결정화된 구심점은 하나님의 아들 메시아의 십자가 처형과 부활이었다'라고 주장하는데, 이는 옳은 말이다. 하지만 나라면 이 혼합물의 중심에 성령도 추가하겠다. 바울에게 '십자가에 못 박힌 메시아를 믿는 믿음은 하나님의 행동 양식에 관한 새로운 지배적 패러다임을 도입했다.'[86] 이는 당연한 이야기로 들릴 수 있다. 그런데 여기서 믹스는 메시아의 죽음을 단순히 어떤 문제에 대한 해답으로 보는 관점을 배제한다. 그것도 물론 맞는 말이지만, 바울에게 메시아의 죽음은 그보다 훨씬 더 큰 의미였으니, 하나님과 하나님의 행위를 선명하게 볼 수 있게 하는 렌즈였다. 믹스는 바울이 교회와 교회의 행실을 이해할 때도 같은 렌즈를 사용했음

---

84 Meeks 1983, pp. 179-180.
85 Meeks 1983, pp. 180-183.
86 Meeks 1983, p. 180.

을 깨달았으며, 이는 옳은 관찰이다.

그런 후에 믹스는 부활에 관한 논의를 시작하고, 4장에서처럼 권력과 약함의 이슈와 관련된 부활의 의미를 잘 보여 준다. 하지만 내 판단으로 그는 유대교에 굳건하게 뿌리내린 바울의 부활 해설이 비범한 사회적 관련성을 지닌다는 점(다른 곳에서 내가 조사한 바 있다)을 실제로는 파악하지 못했다.[87] '그리스도의 부활 같은 핵심적인 신념의 의미를 풀어서 설명하는 작업은 변증적인 과정'이어서 나름의 사회적 중요성을 지닌다는 사실에는 의견을 같이 할 수 있다. 하지만 나는 이 작업이, 적어도 1983년에 믹스가 실제 한 것보다 더 나아갈 수 있었다고 생각한다.

『1세기 기독교와 도시 문화』 6장이 지닌 많은 중요한 특징 중 하나는 믹스가 드디어 '악 그리고 악의 전복'으로 관심을 돌리는 시점이 바로 이 단계, 즉 유일신론과 '묵시', 십자가에 못 박힌 메시아를 논의한 후라는 사실이다. 물론 많은 사람은 그들이 '바울 신학'이라고 생각하는 내용의 핵심을 '하나님이 어떻게 인간의 죄를 처리하고 그럼으로써 사람들을 구출해 마지막 구원에 이르게 하는가'라는 질문이라고 생각한다. 그 질문이 신속하게 초점을 맞추는 지점은 예수의 십자가 처형이 성취한 것에 관한 바울의 설명이 작동하는 메커니즘이다. 믹스는 이 질문을 다르게 받아들인다. 즉, 우리의 과제는 바울이 어떤 식으로 '악의 현존이나 악의 위협'을 언급하는지 확인하고, 또한

> 악과 악의 치유에 관한 믿음이 사회적 동기, 태도, 성향과 관련되는 방식을 보여 주는 암시가 존재하는지 확인하는 것이다.[88]

87　*RSG* 3, 4장을 보라. 다른 곳처럼 여기서도 필론은 넓게 적용되는 규칙에서 분명한 예외에 해당한다.
88　Meeks 1983, p. 184.

믹스는 이 질문에 답하기 위해 네 가지 범주를 언급한다. 이 중 처음 두 가지는 우리가 서로 대립하는 것으로 자주 이해하는 것들이다. 첫 번째 범주는 '속박과 해방'으로, 사람을 노예화하는 인간적 세력과 비인간적 세력 사이의 관련성을 추정할 수 있겠지만, 바울의 글들에서 그런 주제는 탐색되지 않는다. 두 번째 범주는 더 전통적인 범주로 느껴지는 '죄책과 칭의'인데, 일반적인 대립 명제('죄와 칭의'?)와 딱 일치하지는 않는다. 세 번째 범주는 '불화와 화해'로, 바울이 로마서 5:1-11과 고린도후서 5:11-6:2에서 자세히 서술하는 주제를 강조한다. 네 번째 범주는 '흉함과 탈바꿈'으로, 인간은 약함과 죄, 그리고 무엇보다도 죽음 때문에 '흉해진' 것이며, '구원은…잃어버린 창조주의 형상을 회복하는 것으로 묘사된다'.[89]

믹스는 각 범주와 관련해 문제의 대립쌍들이 어떤 식으로 사회 상황을 반영하고 있을지 약간의 제언을 한다. 첫 번째 범주에는 압제 혹은 적대를 행사하는 주체로서 '우주적' 세력과 인간적 세력 사이의 연관성이 암시되어 있을 수 있는데, 바울이 이런 내용을 직접 언급하는 경우는 별로 없다. 두 번째 범주와 관련해 믹스는 칭의 언어가 보통 교회 안에서 유대인과 이방인의 하나됨과 연결되어 있었다는 사실에 주목한다.[90] 이 사실에 뒤따르는 세 번째 범주 역시 유대인과 이방인의 화해에 관한 표현으로, 바울은 선교사로서 그의 생애를 통해 이 화해를 이루어 내려고 노력했다. 마지막 범주는 유기체의 이미지를 환기시키는데, 삶과 죽음의 변증법 자체는 '사회적 관계에 관한 어떤 사실', 즉 바울과 고린도 교회 교인 사이의 관계가 지닌 특징을 가리키는 역할을 한다.[91] 이런 제언들은 광범위한 일반화라는 점에서, 그

---

89   Meeks 1983, p. 188.
90   또한 그는 분명한 예외인 고후 5:21이 분명한 예외인 유일한 이유는 그 구절이 '바울이 자신의 선교사로서의 경력을 변호하는 주장의 절정'이기 때문이라고 언급한다. 정말로 그렇다. *PFG*, pp. 879-885를 보라.
91   Meeks 1983, p. 189.

리고 문제를 단순히 진술하는 수준에 그쳤다는 점에서 다소 실망스럽다. 하지만 믹스가 완전한 바울 신학을 제시하겠다고 약속한 것은 아니었다. 적어도 그는 다른 많은 학자가 이제 따르고 있는 방향을 가리키는 역할을 했다. 즉, 그는 일반적으로 바울의 '속죄' 신학이라 부를 수 있는 내용과 실제 사회적 현실 사이의 연관성을 이야기했다. 그리고 앞서 강조했던 점을 반복하자면, 의미심장한 것은 믹스가 더 자세한 관심이 필요한 것이 분명한 이 사안을 간략하게 요약한 내용을 (a) 유일신론, (b) 메시아를 중심으로 한 하나님 백성의 재정의, (c) 종말론이라는 더 큰 구조 **내부에** 자리매김시켰다는 사실이다.

이 단락은 훨씬 더 간략한 '맥락'에 관한 논의로 마무리되면서 바울서신 속의 '악의 규모'가 '정치 영역'보다 더 좁으면서도 더 넓다고 주장한다. 다시 말해, 한편으로는 부도덕과 연약함을, 다른 한편으로는 우주적 불화와 화해를 담고 있다는 것이다. 혹자는 믹스가 이 장에서 다루고자 하는 진정한 사안은 유일신론과 묵시, 그리고 메시아를 중심으로 한 공동체와 종말론의 재정의였으며, (일반적인 용어로) 구원론에 관한 질문은 믹스에게 그다지 큰 관심사가 아니었거나 아마도 그다지 분명한 사회적 상관관계를 제공하지 않았을 것이라는 분명한 인상을 받을 것이다.

실제로 그 책의 간략한 결론부의 제목이 '상관관계'다. 믹스는 그의 연구 결과를 요약한 후, 특정한 사회 위치나 특정한 사회 상황에 놓인 사람이 어떤 식으로 바울의 메시지 및 공동체에 매력을 느꼈을지 이야기한다. 만약 바울계 그리스도인들에게 '지위 불일치'의 특성이 있었다면, 그것은 그런 특성을 가진 사람들이 '전통에 뿌리내린 변화를 표현하는 강력한 상징들, 개인적 및 공동체적 탈바꿈에 관한 상징들, 하나님의 심판과 은혜에 에워싸인 악한 세계에 관한 상징들'에 특별히 매력을 느꼈기 때문이지 않을까?[92] 아마도 그런 사람들에게 그리스도인 집단의 친밀함은 따뜻한 피난처가 되어 주었을 것이며, 감성이 풍부한 가족 및 애정 언어와 사람을 돌보시는 인격적 하나님의 이미지는 강력한 해독제가 되어 주었을 것이다. 그러는 한편 십자가에 못 박힌 구원자라는 주요 상징은 세상의 실제 작동 방식을 보여 주는 믿을 만한 그림의 결정체로 다가오지 않았을까?[93]

믹스는 이 동전들에 이면도 있다는 점을 인정한다. 하지만 믹스의 이런 조심성에도 나는 이러한 제안들의 논조가 앞선 분석에서 보였던 공명정대함과는 다소 어긋난다는 인상을 받는다. 또한, 복음이 유대인에게는 거리끼는 것이요 이방인에게는 미련한 것이라는 바울의 진술과도 다소 어긋나고, 사람들이 그 공동체에 마음이 끌린 이유가 모두가 불가능하다고 생각한 사건, 즉 예수의 부활에 관한 반직관적인 믿음(그 믿음은 복음 선포를 통해 성령의 능력이 작용한 결과다)과 더 관련이 많다는 바울의 상당히 분명한 진술과도 다소 어긋난다. 물론 그런 것들이 사회적 진공 상태에서 일어났던 것은 아니지만, 여전히 믹스는 그 마지막 순간에, 바울의 메시지에 사람들이 보인 반응에 관해 어떤 식이든 사회학적 **설명**을 제시하려고 노력하는 것 같다.

나는 실제 상황은 이런 결론이 제시하는 것보다 훨씬 더 다층적이고 다면적일 것으로 추측하며, 믹스도 그렇게 추측했을 것으로 추측한다. 결국 그가 한 말은, '회심이라는 사회적 변화와 악의 표상 사이의 상관관계는 일방적인 인과관계를 함축하지 않으며', '종교는 필요에 대한 반응인 동시에 필요를 창출한다'라는 것이다.[94] 오늘날 교회의 목회에서 이러한 균형을 유지하기는 힘들다. 우리와는 판이한 시대의 판이한 문화를 이해하려는 작업

92　Meeks 1983, p. 191.
93　Meeks 1983, p. 191.
94　Meeks 1983, p. 184.

에는 엄청난 어려움이 있다. 하지만 우리는 믹스의 결론적인 단락에 진심 어린 동의를 보낼 수 있다. 다음 몇 세기 동안 이어진 지중해 연안과 유럽의 철저한 변화는 단순하지만 엄청난 생각과 더불어 시작되었다.

> 로마 동편 십여 개의 도시에 등장한 그 이상한 작은 집단들은 (정작 그들 자신은 이런 식으로 표현하지는 않았겠지만) 새로운 세계를 건설하는 작업에 참여하고 있었다.[95]

20세기 말 바울 학계의 관점에서 보면 웨인 믹스도 그런 작업에 참여하고 있었다고 말할 수 있다.

믹스의 책 6장을 25년이 지난 뒤 업데이트하는 작업은 믹스의 예일 대학교 후계자이자 수제자인 데일 마틴(Dale B. Martin)에게 지워졌다.[96] 마틴은 '상관관계'를 찾으려는 믹스의 시도를 바른 안목으로 바라보면서, 그 자신의 초기작인 『구원으로서 노예』(*Slavery as Salvation*)에서 시작해 최근의 연구서인 『미신 지어내기』(*Inventing Superstition*)에 이르기까지 어떻게 자신이 그 개념을 발전시켰는지 묘사한다.[97] 『미신 지어내기』의 경우 바울의 교회들에 국한하지 않고 더 넓은 범위를 다루지만, 사회 구조 면에서의 이동에 관해 다음과 같이 주장한다.

> [사회 구조 면에서의 이동은] 사람들이 자연을 바라보는 방식에도, 그들의 상징 우주에도, 그리고 그들 자신, 신들, 귀신들, 몸과 질병에 관한 기본적인 믿음에도 변화를 **일으켰다**.[98]

---

95   Meeks 1983, p. 192.
96   Martin 2009.
97   Martin 1990, 1995, 2004.

마틴은 그의 전작 『고린도서의 몸』(The Corinthian Body)에서 이런 면을 예상한 바 있다. 거기서 그는 고린도전서에 반영된 의견 차이가 (타이센처럼) 부와 가난의 관점에서 '엘리트'와 '일반' 계층의 차이가 아닌, 몸과 질병에 관한 개념의 관점에서 '엘리트'와 '일반' 계층의 차이에서 온 것으로 보았다.

> 더 높은 계층의 사람들은…철학적·의학적 개념의 영향을 받았을 가능성이 크지만, 더 낮은 계층의 사람들…그리고 바울 자신은 '대중적인' 몸과 질병 개념을 받아들였다. 사회적 위치와 권력 면에서의 이런 차이는 몸에 관한 전제에서의 차이와도 연결되었고, 그러한 차이들이 고린도전서와 고린도후서에 묘사된 **갈등을 촉발했다**.[99]

이것은 믹스가 했던 작업을 넘어서는 대담한 시도이지만, 마틴의 논증이 단순한 가설을 넘어서는 수준이라고 주장한다면 더 대담한 판단일 것이다.

마틴은 우리가 믹스와 더불어 '종교사'를 떠나 그것과 다른 무언가로 옮겨갔다고 주장한다. 나는 곧 이 주제를 다룰 것이다. 그가 연구했던 대상의 '종교적' 요소들은 더 큰 사회적 세계 안에 자리 잡고 있었기에, 그는 "우리에게는 이미 '종교'처럼 보이지 않았던, 사회의 부분들 안에서의 '상관관계'를 찾으려 했다."[100] 믹스가 우리에게 되새기듯이, 그는 이런저런 관습의 계보를 추적한 것이 아니라, 공동체 안에서 그런 관습의 맥락과 기능을, 그리고 고립된 사건이나 개념보다는 '양식'이나 '체계'를 찾으려 했다.

이어서 마틴은 자신의 작업을 넘어, 믹스의 제안 중 일부를 진척시킨 학자들을 고려한다. 나는 그가 이 부분에 어느 정도 분명한 주제인 신학 자체

---

98   Martin 2009, p. 121(원서 강조).
99   Martin 2009, p. 120, 저자 강조.
100 Martin 2009, p. 123.

를 포함했기를 바랐다. 앞서 살펴보았듯이, 믹스는 이 주제를 간단히 묘사할 뿐 개진하지 않았다. 자신을 믹스의 후계자로 생각하는 사람들은 그의 신학적 제안이 지닌 함의를 충분히 숙고하는 데 특별한 관심이 없는 것처럼 보이며, 더 큰 바울의 신학 구성체를 연구하는 사람들은 보통 예비 작업의 일환으로서 사회 과학적 연구를 수행하는 데 어려움을 느끼지 않는다. 내가 최근 펴낸 바울 관련 책에서 범주를 넘나들며 작업한 것이 바로 이런 환경에서였다. 하지만 학계에서 믹스의 확대 '가족'의 구성원이라 할 수 있는 학자들이 과연 나를 그들의 식구로 인정할지는 가끔 의심스럽다.[101]

어쨌든, 마틴이 조사한 세 가지 영역을 보면, 그가 적어도 믹스의 제안 중 일부를 따랐다고 이해해도 무빙하다. 존 바클레이는 고린도와 데살로니가를 나란히 두고 보면, 서로 다른 두 가지 사회 상황에서 상당히 다른 방식으로 종말론이 작동하는 것으로 보일 수 있다고 주장한 바 있다.[102] 데이비드 호렐은 고린도의 상황을 후대의 『클레멘스1서』(1 Clement)에 반영된 상황과 비교하는데, 시대의 흐름을 따라 공동체 안에서 서로 영향을 미치는 믿음과 '에토스'의 변화를 정리하는 틀로서 앤서니 기든스(Anthony Giddens)의 구조화 이론(structuration theory; 사회 구조에 의해 행위가 결정된다는 구조주의와 행위 주체의 자유로운 행위가 의미를 창출한다는 기능주의를 절충한 입장으로, 사회 구조와 행위 주체의 상호작용을 강조한다—옮긴이)을 동원한다. 그는 고린도전후서에서 바울은 십자가의 메시지를 들고 사회적 계층구조에 반대했지만, 『클레멘스1서』가 집필된 즈음에는 상황이 반대로 변해 신학이 사회적 계층구조를 강화하는 역할을 했을 것이라고 주장한다.[103] 저스틴 메깃은 초창기 그리스도인은 모두 실제로 극빈층이었다고 꾸준히 주장하면서 믹스 등의 '새

---

101 *PFG* 2부(사회적 묘사)와 3부(신학)를 보라.
102 Martin 2009, pp. 124-125가 요약한 Barclay 1992.
103 Martin 2009, pp. 125-126에서 논의되는 Horrell 1996.

로운 합의'에 완강히 반대하지만, 사회적 지위와 신학의 상관관계, 이 경우에는 심각한 가난과 바울의 공동체적 기독론에 포함된 신학적 평등주의의 상관관계를 추적함과 관련해서는 믹스를 따른다.[104]

이어서 마틴은 '상황 집단'의 작업을 간단히 개요로 제시하면서, 그들이 믹스를 비판하긴 했으나 그들도 신앙과 실천의 상관관계를 설명하려고 노력했다는 점을 지적한다. 이 내용은 '자유주의 신학과 사회적 상황'에 관한 충분한 논의로 이어진다. 이 부분에서 그는 먼저 믹스를 뛰어넘어 바울 신학에서 로마제국을 향한 암시적 비판을 식별해 내려고 시도한 리처드 호슬리 등의 작업에 초점을 맞추고, 이어서 엘리자베스 쉬슬러 피오렌자(Elisabeth Schüssler Fiorenza)와 앙투와네트 클라크 와이어(Antoinette Clark Wire) 같은 유명한 여성주의 작가들을 다룬다.[105] 마틴은 이런 논의들에서 결론을 도출하는데, 이 결론에서 그는 믹스를 향한 비판들, 즉 믹스의 작업은 환원주의며 우리가 가진 증거가 문헌뿐이기에 사회적 재구성의 가능성에 대한 믹스의 기대는 과도한 낙관주의라는 비판에 대항해 그를 변호한다. 또한, 그는 믹스 등이 본문의 등장인물들이 인식하지 못했을 현대의 범주를 동원했다는 비판도 타당하지 않다고 지적한다. 우리는 모두 어느 정도 그렇게 한다. 실제로, 이런 면에서는 사회학자보다 신학자의 문제가 더 큰 경우가 빈번하다. 신학자들은 바울과 그의 동료들의 주장을 이해할 때, 우리가 그들이 사용한 단어를 들었을 때 우리 마음에 가장 먼저 떠오르는 사안들을 그들도 '틀림없이' 이야기하고 있었을 것이라고 가정한다.

나는 의도적으로 믹스의 주저에, 그리고 그 책 및 믹스의 후속 작업에 관한 최근 학계의 논의에 초점을 맞추었다. 그쪽 분야를 아는 사람이라면 내

---

104 바울의 '상호주의'(mutualism; 생물학 용어로 개체 혹은 종 사이에 서로 이익을 주는 관계—옮긴이)를 제안하는 Meggitt 1998을 보라. 이 내용은 Martin 2009, pp. 126-127에서 논의된다.
105 Horsley 1997; 2000; Schüssler Fiorenza 1983; Wire 1990.

설명이 스케치에 불과할 수밖에 없으며 다른 많은 사안과 중요한 학자를 제쳐 두었다는 사실을 잘 알 것이다. 변명하자면, 개인적인 측면과 실제적인 측면이 있다. 개인적인 면에서 나는 기어츠나 버거, 루크만보다 믹스를 먼저 읽었으며, 내가 나중에 이 저자들을 열심히 탐독한 이유도 믹스가 나에게 바울 공동체의 사회적 정황의 중요성과 우리가 조사해 온 가능한 상관관계의 중요성을 인식시켜 주었기 때문이다. 실제적인 측면에서 나는 더 넓은, 하지만 더 얕을 수밖에 없는 범위를 제시하기보다는 한 구명을 상대적으로 깊이 파고드는 편을 선호한다. 믹스의 작품이 지난 세대 바울 학계의 주요 이정표 중 하나라는 것은 공통된 의견이며, (개인적인 측면으로 돌아가자면) 그의 책은 내 작업에도 수요한 모델 역할을 했기에, 이 선택은 적당해 보인다.

그렇다면 웨인 믹스는 바울 해석과 관련해 무엇을 했는가? 내 생각으로는 특별히 두 가지가 있다. 첫째, 그는 바울 신학의 초점을 '**종교**사'에서 역사로 결정적으로 이동시켰다. 그는 특히 사회사를 강조했는데, 고대 지중해 세계와 바울이 교회를 세웠던 특정 도시들에 관한 '두터운 묘사'에 포함된 작업으로서 사회사를 강조했다. '종교'에 관한 질문도 그런 작업에 포함되는데, 믹스는 1983년의 책과 2001년의 중요한 논문 모두에서 전체적인 연구 주세로 '종교'를 상정하면서 '유대교와 헬레니즘'을 서로 대립하는 특별한 연구 대상으로 삼는 관념론적 구성에 완강하게 이의를 제기했다. 하지만 마치 이런 혁명이 일어나지도 않은 것처럼 여전히 많은 글이 계속 집필되는 현실을 보면, 이 분야는 여전히 믹스에게 많은 것을 배워야 한다. 동시에 그는 그를 향한 지속석인 반대를 향해 비울 공동체에는 정말로 매우 독특한 요소가 있었으며, 그 특징 중 일부는 디아스포라 유대 공동체와 매우 유사했다고 주장했다. '유대교'와 '헬레니즘'의 대립을 당연시하는 그릇된 종교사학파의 전제에서 벗어나면, 진정한 특징이 드러날 수 있다.

둘째, 믹스는 **신앙**, 이 경우에는 바울이 그의 공동체에 심어 주려 했던 신앙에 관한 연구를, 내가 '세계관'이라 부르는 대상에 관한 연구 **내부에** 자리 매김했다. 세계관은 상징, 신화, 의식 등을 아우르는 큰 덩어리다. 그는 (어떤 사람은 밀접한 연관성을 찾아낼지도 모르지만) 이런 접근이 어떤 방향으로든 환원주의가 아님을 보여 주었다. 물론 해석자가 억지로 그렇게 하지 않는 이상은 말이다. 믹스는 교회의 일치와 거룩을 향한 바울의 간절한 촉구를 반복해서 강조했고, 그러한 촉구와 관련된 주요 개념이 메시아로서의 예수를 중심으로 재고한 유대교식 유일신론이라고 지적한다. 마찬가지로 믹스는 슈바이처 및 브레데의 관점을 따라, 그리고 소위 새 관점과 유사하게(물론 외견상 새 관점에 주목하지는 않았지만) 칭의에 관한 바울의 언어가 유대인과 이방인으로 구성된 바울 공동체의 사회적 현실과 밀접한 관련성이 있다고 주장했다. 하지만 그는 이런 주장을 하면서도 프랜시스 왓슨의 1986년 단행본이나 '상황 집단'이 저질렀다고 일부 비판을 받는 환원주의에 빠지지 않았다. 그는 마찬가지로 바울 신학의 핵심 요소 중 일부는, 사람들을 이 세상 밖으로 데려가는 것이 아니라 완전히 새로운 창조의 선봉으로 자신을 이해하는 공동체를 창조하려는 바울의 선교적 열정을 배경으로 이해할 때만 제 의미를 찾는다는 사실을 보여 주었다.

이렇게 믹스는 역사와 세계관, 신앙과 선교의 관점에서 바울을 연구해야 한다고 주장했다. 이 네 가지 요소는 바울에 관한 나의 주저를 구성할 때 사용한 범주이기도 하기에, 믹스를 내 연구에 영향을 준 가장 중요한 선배로 생각한다고 말해도 독자들은 놀라지 않을 것이다(믹스의 지지자 중 일부는 놀랄지도 모르겠다).

그렇다면 믹스가 바울 해석과 관련해서 하지 **않은** 것은 무엇인가? 먼저, 자신의 신학적 통찰을 그다지 많이 진척시키지 않았다. 그의 논문을 보면, 탐구해 볼 만한 다른 노선의 질문을 내포한 시사하는 바가 큰 구절들이 많다. 하지만 그의 에너지는 초기 기독교 세계의 신학적인 측면보다는 윤리적인 측면으로 더 향했다. 그는 바울서신 속의 '문제와 해결책'에 관한 네 가지 모델을 제시했지만, 보통 바울 학계의 관행처럼 이 모델들을 서로 대립시키려 하지 않았다. 그렇다고 해서, 신학적으로든 사회학적으로든 이 모델들이 더 큰 일관된 체계의 구성 요소일 수 있음을 보여 주려고 노력한 것도 아니다. 나는 그가 그 지점에서 좋은 기회를 놓쳤다고 생각한다. 다른 곳에서 내가 주장했듯이, '언약' 신학(내가 보기에 적절한 명칭이다)이라고 부를 수 있는 것에 대한 바울의 재작업은 서로 다른 모델들을 조화롭게 결합할 것이며, 사회적·문화적 세계 안에서도 그 작업은 명쾌하게 가능할 것이다.

덧붙여, 한편으로는 바울과 그의 공동체들, 다른 한편으로는 카이사르와 제국의 세계 사이에 존재했을 수 있는 날카로운 상호작용을 믹스가 조사하지 않았다는 점도 놀랍다(당시에 흔한 일이지만). 나는 그 주제를 발전시킨 호슬리 등의 연구가 믹스의 작업을 자연스럽게 확장한 것이라는 데일 마틴의 의견에 동의하지만, 이 의견에도 여전히 논란이 많다.[106] 믹스의 연구를 기반으로 더 많은 작업이 진행될 여지가 있는 다른 영역은 바울과 당시 철학자들 간의 가설적 혹은 암시적 논쟁이다. 철학자들도 그들이 속한 사회적 세계 안에서 살고 추론했고, 그 상관관계를 연구한 작업은 상당히 많다. 그런 작업을 바울 연구와 연계할 수는 없을까? 그래서 내가 다른 책에서 상상해 보았던 바울과 세네카 간의 가설적 논쟁을 그려보는 수준을 넘어, **자신의 사회적 세계 속에서의** 바울 그리고 **그들 자신의** 사회적 맥락 속에서의 스토아학파, 에피쿠로스학파, 아카데미아학파 또 견유학파인 어떤 인물 사이의 '두텁게 묘사된' 논쟁을 상상해 볼 수는 없을까? 물론 거대한 프로젝트이겠지만, 내 생각에는 매우 유익할 것이다.[107] 더 많은 연구가 역시 필

---

106 *PFG* 12장에 있는 논의와 본서 pp. 584-585를 보라.
107 *PFG* 14장을 보라. 이런 방향의 단초를 제공한 것은 Glad 1995다. 또한, Thorsteinsson 2010을 보라.

요한 주제로는 바울 공동체의 사회적 수준과 계층에 관한 연구, 그리고 '가난한 자들을 기억하라'는 바울의 전략이 당시 의미를 가졌던 방식, 그리고 그 전략이 그가 믿었던 다른 모든 내용과 긴밀히 통합되었던 방식에 관한 연구를 들 수 있다.[108]

믹스는 사람들이 대부분 바울을 읽으면서 염두에 두는 질문 하나, 즉 '이 내용이 우리에게는 무슨 의미가 있는가?'에 관해서는 말이 없다. 바울의 의견에 동조하기를 바라는 사람과 바울과 의견이 다를 것으로 기대하는 사람 모두가 묻는 이 질문은 여전히 학계 전체에서 시급한 사안이다. 앞 장에서 확인했듯이, 바울의 세계와 우리 세계의 예리한 차이를 상세히 늘어놓는 사람조차도 우리가 바울의 세계에서 바울이 의미한 바를 찾아낸다면 그 의미를 어떤 방식으로든 ('물론 지금 우리는 다르게 생각하지만'이라는 말을 덧붙인다 해도) 우리 시대로 옮겨 오는 것이 가능하다고 암시한다. 앞서 확인했듯이, 믹스는 어렵고 복잡한 작업이라는 점을 인식했지만 '사회적 구체화의 해석학'(hermeneutics of social embodiment)을 암시했다. 믹스가 지난 세대 위대한 두 명의 미국 학자(나는 이 두 학자의 작업을 이 프로젝트의 중심으로 삼고 있다)와 마찬가지로 이 점을 충분히 파고들지 않았다는 사실은 충격적이다.

믹스를 샌더스나 마틴(Martyn)과 나란히 놓고 보면, 흥미로운 유사점과 차이점이 드러난다. 먼저 '현대적 적용' 면에서, 샌더스는 바울의 '종교 양식'을 '팔레스타인 유대교'와 비교하는데, 이런 접근은 우리가 배워야 할 주된 내용은 그저 '바울과 유대 세계가 실제로 아주 많은 부분에서 유사하다'라는 점뿐이라는 인상을 남긴다. 마틴도 그의 '묵시적' 바울 해석을 오늘날 교회의 설교와 삶에 직접 적용하는 것에 대해서는 거의 단서를 남기지 않았

---

108 특히 Longenecker 2010을 보라.

다. 물론 그의 제자 중 일부는 덜 과묵했지만 말이다.[109] 믹스는 착수해야 할 더 많은 과제가 존재하는 것은 맞지만 더 자세한 역사를 묘사하는 것이 더 시급하다고 보았다. 그는 여전히 다음과 같이 믿는다고 말했다.

> 믿음의 사람들에게는 내가 추구해 온 그런 부류의 학문이 필요하다. 동기, 목표, 방법론이 아무리 다양해도, 그 결과가 아무리 불완전하고 불안정해도, 나의 학생과 제자들은 새로운 방향으로 그 학문에 정진할 것이다. '왜냐하면 우리는 눈으로 볼 수 있는 것을 따라서 걷는 것이 아니라, 믿음으로 걷기 때문이다.'[110]

그래도 이상한 점이 남는다. 샌더스와 마틴, 믹스가 모두 1970년대와 세기말 사이에, 넓게 보면 비슷한 배경에서 학자로서 전성기를 맞았다는 점을 고려하면, 그들과 그들의 학생, 제자들이 공동의 학파를 만들지 않았다는 사실은 주목할 만하다. 그들은 배경도 비슷하고, 핵심 성경 본문을 해석하는 일반적인 방식에 비슷한 좌절감을 표현했지만, 각자 다른 방향으로 나아가 나름의 '학파'를 만들고 그 모습을 유지하고 있다. 샌더스와 믹스는 둘 다 '종교'에 관심을 쏟았지만, 샌더스가 바울의 종교(다소간 그의 신학으로 드러난)를 팔레스타인 유대교와 비교했다면, 믹스는 '종교'를 바울의 유대 세계를 포함하면서 그것을 넘어서는 폭넓은 바울의 사회적 세계 내부의 한 요소로 다룬다. 샌더스와 마틴은 둘 다 바울의 사고가 '해답'에서 '곤경'으로 움직였다고 보지만, 샌더스가 그 이유를 토라의 비일관성에 대한 바울의 비판에서 찾고 이를 설명하려 했다면, 마틴은 그 이유를 바울의 (다소간 바르트적인) 신학이 그것을 요구했기 때문으로 이해했다. 믹스는 그가 '묵시'라 부

---

109 예를 들면, Rutledge 2007.
110 Meeks, Hilton and Snyder 2002, p. 261에 있는 Meeks, 'Afterword.' 여기서 그는 관건이 되는 본문, 즉 고후 5:7의 사역(私譯)을 인용한다.

른 개념을 바울의 신앙 체계 핵심 근처에 배치했지만, 그 논란이 많은 용어로 마틴이 염두에 두었던 것과는 다른 의미를 가리키는 것으로 보인다. 두 사람의 묵시 이해 모두 실제 유대 세계의 묵시관에 관한 더 자세한 연구에 비추어 조정이 필요하다.

내가 확인할 수 있는 한에서는, 이 세 학자 중 누구도 바울서신을 읽다 보면 누구나 핵심 주제로 이해하게 되는 두 가지에 관한 충분한 혹은 적절한 설명을 제시하지 않았다. 하나는 예수의 '신성' 문제고, 다른 하나는 '이신칭의' 문제다. 믹스는 '이신칭의'를 여러 하부 주제 중 하나로 취급했고, 샌더스와 마틴은 둘 다 이 문제를 상대화했다(슈바이처처럼 완전히 상대화한 것은 아니다). 샌더스는 참여주의적 구원론을 선호했고, 마틴은 '묵시'를 선호했다. 하지만 바울에게 두 주제는 굉장히 중요하기에, 사람들은 이 주제들이 반드시 논의되어야 한다고 생각하기 마련이다. 하지만 (샌더스가 보기에) 이 주제들은 유대교와 비교해 보면 당연히 난처한 문제였고, 마틴이 제안한 '묵시적' 관점에서 핵심 주제도 아니었으며, 거기에 쉽게 포함하기도 힘들었을 것이다. 믹스는 이 두 주제가 바울 사역의 사회적 측면과 연관이 있음을 인식했지만, 이 인식을 자세하게 파고들지 않았다.

마지막으로, 내 생각에 이 세 학자 중 아무도 바울이 (아마도 다른 방식이었겠지만) 여러 도시를 돌아다니며 직면한 근본적인 사회문화적 문제 하나를 적절히 설명해 주지 않았다. 그것은 예수를 메시아이자 주님으로 받드는 유대인과 이방인으로 구성된 공동체와 그렇지 않은 유대인 공동체의 관계다. 샌더스는 어느 정도 이 문제를 조사한 적이 있지만, 그 후로 상황은 많이 변했다. 그가 (스텐달과 함께) 더 '관용적인' 자료 해석 면에서 선도적 역할을 했다는 평가로만 그친다면 그것은 너무 안이한 처사가 될 것이다. 일관되게 마틴은 바울이 반대했던 변형된 유대교식 '종교'를 내세웠던 '교사들' 그리고 그들에게 '계시'로 응답했던 바울 사이의 날카로운 대조를 암시한다. 믹스는 이것이 민감한 사안을 건드리는 것임을 인식했다. 그의 사회적 연구가 디아스포라 회당과 바울 교회들의 관계를 더 근접해서 다루는 기회가 될 수 있었음에도 그것은 믹스가 추구했던 주제가 아니다.

이 세 학자는 서로 다른 방식으로 바울을 더 충분하게 이해하는 길을 제공하는 듯하다. 아마도 이 세 학자 모두에게 배우려는 용감한 영혼이라면 그들이 제시한 중요 주제 혹은 그 외의 중요 주제를 탐구하는 새로운 길을 발견할 것이다. 물론 그렇지 않을 수도 있다. 나의 경우는, 이 세 사람을 지난 세대 바울 학계의 '예루살렘'이라 할 수 있는 미국 학계의, 또한 얼마간은 영어권 학계의 게바와 야고보와 요한으로 생각한다. 그들은 '기둥 같은 존재로 여겨지는 사람들'(*hoi dokountes styloi einai*)이다. 물론, 이것은 모호한 역할이다. 그들이 다른 질문과 개념을 들고 찾아온 사람들에게 '더해 줄 것'이 있을지 없을지, 그들의 제자들이 그들의 뜻을 다른 흐름과 접근에 억지로 부과해 주해가로서 사람들이 가진 자유를 엿볼지 말지, 종국에는 바울 학자들의 협회가 '종파'나 '개혁 운동'이나 완전히 다른 실체 중 무엇으로 판명이 날지는 모두 앞으로 지켜볼 문제다. 내 의견을 말하자면, 샌더스가 제안한 '종교 비교'에는 심각한 결점이 있다.[111] 마틴이 주장한 '묵시적' 관점은 훨씬 더 약점이 많다.[112] 오직 믹스가 제시한 화려하진 않지만 끈질기고 자세하며 허세를 부리지 않는 역사 작업만이 궁극적으로 유익할 것이다.

믹스는 자신이 학문 작업을 해 온 시대를 반영하면서, 정확히 이런 자세한 역사 연구가 종국에는 역사 자체를 넘어 단지 신학만이 아니라 시와 상상력으로 향할 것이라는 점을 점점 더 밝히 보게 되었다. 이는 매혹적이며 흥미를 북돋는다.[113] 이 점은 신약학자 대부분이 꿈꾸었던 것보다 더 수준

---

111 *PFG*, pp. 1321-1325에 있는 나의 논의를 보라.
112 앞의 2부를 보라.
113 Meeks, Hilton and Snyder 2002, p. xxvii에 있는 Meeks, 'Reflections on an Era,' 그리고

높은 종합을 암시한다. 즉, 우리 선배들이 해 놓은 가장 왕성한 주해 작업보다 더 큰 수고를 요구할 과제와 주제, 나아가 목표를 암시한다. 믹스가 『1세기 기독교와 도시 문화』의 신판 서문의 말미에 적은 것처럼, 오직 '1세기 사람들이 남겨 놓은, 여기저기 흩어진 수수께끼 같은 흔적들에 깊고 오랫동안 푹 잠겨 보는 방식'을 통해서만 우리가 가야 할 곳으로 향할 수 있다. 믹스는 우리가 앞서 다른 맥락에서 인용했던 한 글귀에서 그처럼 푹 잠기는 것에 대해 다음과 같이 기록했다.

> 그처럼 푹 잠기는 과정을 통해 우리는 나중에 '기독교'가 된 그 운동이 확고한 형태를 갖추기 시작했던 도시들의 삶을 이루었던 다양하고 복잡하며 역동적인 인간관계의 망을 어느 정도 이해할 수 있다. 그 이야기를 종합하는 작업은 결국 과학이 아닌 예술이다. 내가 아는 과학자들은 그들의 과학 안에도 많은 예술이 존재한다고 기꺼이 인정한다.[114]

모든 과학이 예술을 포함한다면, 역사 '과학', 사회 '과학', 그리고 우리가 '사회사'라는 용어로 가리키는 것도 분명히 예술을 포함할 것이다. 당시를 배경으로 바울을 연구함으로써 현재 우리에게도 도움이 될 기회가 존재한다면, 그것은 이런 세심하고 다층적인 역사적·반성적 작업을 통해서일 것이다. 그런 식으로 작업한다면, 그것은 과학인만큼이나 예술일 것이기에, 그리고 그것은 두 영역이 궁극적으로 종합되어야 한다는 점을 보여 주는 사례일 것이기에, 우리에게는 거리를 두고 몰래 관찰하는 듯한 '객관성'을 확보한 척할 필요가 더는 없다. 우리가 연구 중인 타문화가 우리 자신의 문화와

같은 책, pp. 230-253에 있는 Meeks의 논문, 'Vision of God and Scripture'를 보라.
114 Meeks 2003, p. xii.

상당히 다르다는 사실을 인식하는 바로 그 순간에 우리는 여전히 우리 자신의 시각으로 타문화를 보고 있다는 사실, 그리고 우리 자신이 끼고 있는 문화적 안경이 우리가 대상을 보는 방식과 우리에게 민감한 대상을 다른 식으로 보게 되는 방식에도 영향을 미칠 것이라는 사실을 인식한다. 따라서, 작업의 다음 단계로 넘어가면 이런 영향 모두가 더 확연해질 것이다. 바울 연구에서 분명한 출발점이 될 수 있는 것은 바울이 시를 명백히 동원했다는 사실이다. 바울은 다른 곳에 명쾌하게 표현한 신념들의 경계를 꾸미는 장식 정도가 아니라, 후대 신학자들이 조직화할 신념들의 가장 명쾌하고 가장 집약적인 진술로서 시를 동원했다.

다층적인 바울 연구를 보여 주는 최근의 사례 중 최고는 데이비드 호렐의 『연대와 차이』(*Solidarity and Difference*)다. 이제 이 책을 살펴보자.

2. 연대와 차이: 역사와 해석학

데이비드 호렐은 이미 몇 번 이 이야기에 등장했다. 그는 처음 출간된 지 25년이 지난 웨인 믹스의 유명한 책을 논하는 기획서의 편집자 중 한 명이었다. 호렐의 중요한 책인 『연대와 차이: 바울 윤리의 동시대적 해석』(*Solidarity and Difference: A Contemporary Reading of Paul's Ethics*)도 처음 출간된 지 10년 만에 2판으로 나왔다.[115]

이 책의 제목은 아마도 의도한 것은 아니겠지만, 방금 내가 언급한 딜레마를 보여 준다. '연대와 차이'라는 표현이 외견상 가리키는 주제는 두 가지 사회적 비전 사이의 긴장이다. 첫 번째 비전에서는 모든 사람이 일률적인

---

115 따로 언급이 없는 한, 앞으로는 Horrell 2005를 가리킨다. 2015년 판은 출간 전이어서 내가 확인할 수 없었다.

기준들('자유주의적' 이상)에 합의하고 '연대'를 이루어 낸다. 분명 이 비전에서 그 '기준들' 중 하나는, 적어도 이론상으로는 다른 관점들을 '관용'하는 것이다. 두 번째 비전에서는 집단과 개인을 막론하고 소수자의 정체성과 자유를 존중하면서 순응('공동체주의적' 사고)을 강요하지 않고, 따라서 '차이'를 긍정한다. 물론 더 넓은 '연대'의 일부 유형을 긍정하는 것도 종종 원하겠지만 말이다.

잠깐 이 문제를 더 언급하겠다. 소개하는 수준에 불과하겠지만, 인식론 자체가 특히 넓게는 역사, 좁게는 사회사에 적용될 때 발생하는 딜레마가 바로 이것이다. 과거의 인간 공동체를 연구하다 보면 온갖 종류의 연대를 확인할 수 있다. 우리와 과거 사이에 존재하는 명백한 차이의 이면에서 우리는 우리 자신의 기쁨과 슬픔, 딜레마와 불일치의 울림을 감지한다. 이런 이유로 고대의 그림과 시, 도자기가 여전히 강력한 힘을 가진다. 하지만 차이도 중요하다. 물리학자든, 심리학자든, 사회학자든, 고고학자든, 신학자든, 지리학자든, **앎**이라는 인간의 예술이 발견되는 지점은 관찰 주체와 관찰 대상 사이의 미묘한 균형이다. 바울의 세계와 우리 세계 사이에 걸터앉아 그 '차이'를 살펴보며 우리가 그 둘 사이의 '차이를 인식하는 연대'(differentiated solidarity)라고 부를 수 있는 것을 허용하려는 비범한 시도인 호렐의 책은 스스로 그 책이 설명하는 원칙을 2차 수준에서 예시한다.

그 원칙 자체는 21세기 초 대중문화 속으로 깊이 침투해 있다. 내가 이 장을 계획 중일 때, 런던 거리에 걸린 대형 광고판을 보았다. '함께해요. 달라도 돼요.'(Be Together, Not the Same). 신형 안드로이드 핸드폰 광고였는데, 당신과 친구들이 '함께'('연대') 하면서도 당신 나름의 개성은 유지('차이')할 수 있다는 광고였다. 이 이야기는 어떤 주제에도 적용할 수 있다. 동화될 필요 없는 유대, 획일화를 요구하지 않는 연대. 그것은 이론상 우리가 모두 원하는 것이다.

과연 그럴까? 사회를 바라보는 이 두 관점 사이의 충돌은 추하게 변했다. 2015년 1월 7일, 테러리스트들이 파리의 잡지사 샤를리 엡도(*Charlie Hebdo*)를 공격했다. 이 잡지사는 열렬한 세속적 '연대'를 지지했고, 그 일환으로 이런저런 특정 종교의 '차이'를 대변하는 사람들을 풍자했다. 과격분자들은 그들 편에서 그들의 '차이'를 옹호하는 행동을 했다. 이 책을 쓰고 있는 2015년 봄, 미국의 '문화 전쟁'도 그와 비슷한 긴장을 낳고 있다. 특정 종교를 신봉하는 사람들의 '권리'를 보장하려는 법('차이')이 공격을 받고 있는데, 사람들로 하여금 특정한 새 도덕 규범('연대')에 서명하게 하는 특정한 사회 비전을 훼손시킬 수 있기 때문이다. 당연히 여기서 아이러니는, 그 새 도덕 규범 중 일부가 대중의 의식에 파고들 때, 소위 소수자의 권리를 옹호함으로써 '차이'에 호소한다는 것이다. 하지만 일단 목적이 달성되자, 지지자들은 재빨리 '연대'를 주장했고, 그 결과 이미 상투어가 된 '비자유적 자유주의'(illiberal liberalism)가 탄생했다.[116] 그런 모습이 바로 우리 세대를 휩싸고 도는 혼란이다. 우리가 어떻게 바울을 읽어야 하는지에 대한 신선한 제안을 내밀며 데이비드 호렐이 걸어 들어간 것이 바로 이러한 복잡한 세계다.

호렐은 바울뿐만 아니라 신약의 다른 부분에도 정통한 신학자이며, 초기 기독교에 관한 사회 과학의 연구에서도 권위자다.[117] 그는 믹스를 따라 특히 초기 그리스도인의 윤리 세계를 둘러싼 질문을 탐구했다. 그가 집필한 주요

---

[116] Horrell(p. 51)이 요약한 대로, "자유주의가 '자처하는 중립성'은 무엇이 진정으로 좋고 좋지 않은지의 측면에서 존재하는 명백한 선호를 감추려는 것으로 보일 수 있다." 그는 자유주의의 주장에 대해 '좋은 삶은 자유롭게 이루어지는 삶 혹은 그 삶을 사는 사람이 자율적으로 선택한 삶'이라는 Mulhall and Swift 1996 [1992], p. 32를 인용한다. 하지만 이런 입장에는, 이상적인 '자유주의' 세계는 당연히 온갖 '차이'를 포함할 수밖에 없고, 이를 통합하는 유일한 요소는 그 차이들이 모두 자유롭게 선택되었다는 점이지만, 그 선택들은 좀처럼 같을 수 없다는 사실이 내포되어 있다. 더 자세한 내용은 Horrell pp. 201-203를 참고하라. 이 부분은 곧 더 자세하게 논의할 것이다.

[117] 예를 들면, Horrell 1996; 2000, 그리고 본서의 참고 도서 목록에 나오는 다른 책과 논문을 보라. 그는 지금 베드로전서에 관한 주석을 집필 중이다.

저서의 부제에 '윤리'라는 단어가 포함되어 있긴 하지만, 그는 '윤리'라는 용어를 피하려는 경향이 있었고, 믹스처럼 그도 단순히 고립된 '행동 규칙'이 아니라, 전체로서 인간의 사회적 삶이 어떻게 이루어졌는지 그리고 바울이 이 문제에 어떤 이바지를 했는지와 같은 훨씬 더 큰 주제를 조사했던 것이 분명하다. 따라서 호렐의 의도는 믹스가 '사회적 구체화'(Social Embodiment)에 관한 그의 논문에 제시한 프로젝트, 즉 "그리스도인의 '사회적 세계'에 관한 바울의 거대한 비전이 우리의 세계와 대화를 하면 어떻게 될까?"에 이바지하는 것이었다.[118]

이 장에서 지금까지 살펴본 신약에 관한 사회적 연구의 초창기 흐름에 비하면 훨씬 더 명백하게 호렐은 역사적·사회학적 의식을 지닌 주해 작업을 21세기의 출발점에 선 서방 세계에서 진행 중인 더 거대하고 더 중요한 윤리적 논쟁과의 창조적인 대화로 연결하고 있었다. 그는 바울을 '실용적인 윤리 철학자'로 대우했고(pp. ix, 31), 그런 관점에서 바울과 대화를 시작하는 것은 중요하다.[119]

호렐의 책을 떠받치는 근간은 '전체로서 바울의 윤리'(p. 1)에 관한 설명이다. 그는 바울이 '인간 공동체의 형성과 유지'(p. 3)에 힘을 쏟았다고 보면서, 공동체가 연대(바울은 일관되게 단합을 호소한다)와 '차이'(바울이 관용을 강조했다는 사실은 잘 알려져 있다)를 둘 다 유지하기 위해 필요한 가치를 탐구했다. 호렐은 순진함과 시대착오라는 혐의가 자신에게 쏟아질 것을 잘 알고 있었다. 그 문제를 그렇게 현대적으로 공식화한 표현이 과연 바울의 실제 작업

---

118 Meeks, Hilton and Snyder pp. 185-195 [orig. pub. 1986]. Horrell p. 45를 보라. 그는 바울의 윤리를 '그의 세계관에 속한 다른 요소와 분리된 규칙이나 명령으로서가 아니라, 공동체 형성 담론의 일부로서' 연구했다. 그리고 윤리를 의무론 혹은 결과주의로 축소한다는 Esler의 비판에 맞서 Hays를 변호하는 pp. 95-97를 참고하라.
119 내가 Horrell에게 진 빚은 *PFG*의 각주를 보면 명백히 알 수 있다. 특히 6장에서 나는 그를 (T. S. Eliot과 더불어) 나에게 주요한 영감을 준 학자요 대화상대로 삼았다.

을 반영하는가? 바울 시대의 문제에 견줄 만한 우리 시대의 사안들을 그토록 쉽게 짚어 낼 수 있다고 생각해도 되는가? 이 질문에 대한 답변은 대화의 두 당사자가 참여해 가다머 모델(Gadamer model)의 지평 융합을 추구하는 것과 같은 더 큰 프로젝트에서 발견될 텐데, 이번에도 호렐이 잘 알고 있듯이 그 대화 속의 '바울'은 여전히 **우리가 해석한 바울**일 것이다. 우리가 틀린 말을 하면 단호하게 '그런데 내 의도는 그게 아닙니다'라고 말해 줄 사도 바울이 우리 곁에는 없다. 복화술의 위험은 상존한다. 현대 해석자들은 바울이 했을 법한 말에 관한 그들 자신의 생각을 우리에게 들려주면서도, 우리가 마치 바울의 말을 듣고 있는 양 착각하게 만든다. 그들은 말 못 하는 꼭두각시 뒤에 숨어 그들 자신의 성경 해석으로 바울의 '입'을 조종하고 있다. 앞서 살펴보았듯이, 이 위험은 '바울'의 말을 옹호하려는 사람과 그를 반대하려는 사람에게 다 같이 적용된다.

호렐은 그의 책 첫 장에서 바울 윤리에 관한 다양한 현대의 연구서를 검토하면서 그가 차후에 논의할 주제들을 도입한다. 그의 논지에 특별히 중요한 책이 바울에 관한 대니얼 보야린(Daniel Boyarin)의 책이었다. 그 책은 호렐이 주제로 삼은 질문을 정확히 표현하고 있었다. 즉,

> 사람 사이의 연대를 생성하고 유지하면서 동시에 차이와 다양성을 존속시키고 보호하는 핵심적인 윤리 과제.[120]

확실히 이 지점에는 무한후퇴(infinite regress; 어떤 일의 원인이나 조건을 찾아 한없이 거슬러 올라가는 과정—옮긴이)의 위험이 존재한다. 보야린은 바울이 '차이'를 없애 버리는 '동일성'을 목표로 삼았다고 비판한다. 바울이 그러한 일

---

120   Boyarin 1994를 논의하는 Horrell p. 43.

치 안에서도 지속되는 차이를 가치 있게 여겼다(그래서 그리스도인 유대인은 여전히 유대인이라는 등)고 답변한다 해도, '그리스도인'이라는 단어 자체는 여전히 그 단어에 그리스도인이 된다는 것이 중요하다는 개념을 부과한다고 반문할 수 있다.[121] 특정 시점에서 이 무한후퇴는 다음 질문에 직면할 수밖에 없다. '바울은 예수를 이스라엘의 메시아라고 생각했는가? 그것이 중요했는가?' 그렇다면 문제는 '연대'를 **자리매김시키고** 연대의 특정 형태를 식별하는 것이다. 단순히 '연대'라고 말하는 것만으로는 우리가 추구하는 미묘한 설명에 도달할 수 없다. 나중에 이야기하겠지만, 믹스가 이미 확인했듯이, 바울에게 '메시아 안의 새 인류'는 새 인류 전체를 위한 일종의 원형이었다. 그러한 결론은 배후에 놓인 바울의 사고 구조, 즉 창조와 새 창조 구조에서 직접 도출된 것이다. 나는 호렐이 '바울이 의존했던 공동체 형성 신화(community-forming myth)를 구성했던 신학'(p. 3)이라고 기술한 실체 안에 이 창조와 새 창조 구조가 포함되었다고 믿는다. (하지만 호렐은 이 실체 안에 창조와 새 창조 주제를 포함하지 않았고, 앞으로 살펴보겠지만 그로 인해서 결국 그의 바울 해석은 나의 해석과 갈라지고 만다.) 만약 예수를 믿는 것은 그와 동등한 가치를 지닌 다른 많은 선택지 중 하나라고 바울이 말했다면, 틀림없이 보야린은 그 말을 선호했을 것이다. 하지만 바울은 차이의 동등함을 주장하는 보야린의 탈근대 세계가 내세우는 '연대'가 이제 예수에 관한 그리고 예수를 통해 탄생한 새 창조를 이야기하는 특정한 메시아적 믿음의 '차이'를 억압하는 것이 아니냐고 반응했을 것이다. 보야린은 그가 바울이 그 자신의 전통에 했다고 말한 것을 바울에게 하려는 것으로 보인다.[122]

여기서 우리는 이미 호렐의 책이 초대하고 권장하는 토론에 입장한 셈

---

121 Horrell 2005는 이러한 토대 위에서 나의 Boyarin 비평(Wright 2013b [*Perspectives*], 8장에 실려 있다)을 다룬다.
122 *Perspectives* p. 128를 보라.

이다. 그의 책 두 번째 장은 두 명의 중요한 사상가에게서 확인할 수 있는 현대의 윤리적 딜레마를 제시한다. 대륙의 철학자 위르겐 하버마스(Jürgen Habermas)는 '자유주의' 관점에서 '연대'의 프로젝트를 대변하며, 미국의 윤리학자 스탠리 하우어워스(Stanley Hauerwas)는 '공동체주의' 관점에서 '차이'의 프로젝트를 대변한다. 하버마스와 그의 '담론 윤리'(discourse ethics)가 가진 이상은 사회 구성원들이 의견 일치를 이룰 때까지 계속해서 서로 대화해야 한다는 것이다. 하우어워스의 경우, 사회 구성원들이 가능한 한 대화해야 하는 목적은 그들이 의견을 달리할 수밖에 없는 지점을 식별하기 위해서다. 여기에는 흥미로운 지점이 많다. 21세기의 첫 20년간 일어난 사건들로 인해 이 논란은 20년이나 30년 전보다 훨씬 더 시급한 문제가 되었다. 하지만 호렐과 우리의 목적을 위한 다음 단계는 바울을 이 논의로 끌어들이는 것이다.

바울은 그리스도인 공동체의 독특한 정체성을 어떻게 생각했으며, 이 생각은 윤리적 가치를 더 넓은 세상과 공유할 가능성과 어떻게 관련되는가? 바울은 그것을 근거로 모든 인류가 윤리적 가치를 공유할 것으로 기대할 수 있는 어떤 보편적 합리성에 호소한 적이 있는가, 아니면 그런 도덕적 합의에 도달할 수 있다는 가능성을 표현한 적이 있는가? 그런 적이 있다 해도, 바울은 그 공동체 내부의 (윤리적 확신의) 차이를 어떻게 처리하며, 그러한 다양성과 마주했을 때 어떤 종류의 윤리적 주장을 동원하는가?…그리고 이 모든 것을 포괄하는 질문인 '바울 윤리의 형태와 구조가 비평적·구성적 결론을 통해 자유주의 대 공동체주의 논쟁에서 제기된 사안들과 관련해 제시하는 바는 무엇인가?'[123]

---

123 Horrell p. 82.

그것이 바로 호렐이 집필한 책의 의제다. '현대의 논쟁을 그려 내되, 우리가 바울을 해석하는 맥락으로서 그리고 우리의 어떤 해석이 유익한 성찰을 만들어 낼지와 관련해 그려 내는 것'(p. 98).

3장은 넓게는 바울 공동체, 좁게는 고린도의 사회사적 지형을 제시한다. 호렐은 더 거대한 바울 사상을 구성하는 연구에서는 보통 중심을 차지하지 못하는 본문들에 초점을 맞추는 미덕을 보여 준다. 우리 중 다수처럼 그도 출발점으로 버거와 루크만을 인용하고, 이어서 기어츠를 제시하며, 그러면서 교회에 관한 바울의 비전에서 식별할 수 있는 '신화, 의식, 정체성, 기풍'을 조사한다. 그는 더는 '더 종합적인 양식으로 작동할 수' 없는 세부 내용과 차이에만 집착하는 학계의 경향에 반대해 크고 전반적인 그림을 그리는 작업의 적절성을 역설한다.

> 다양한 세부 사항에 적절한 관심을 기울이면서도 전체적인 그림을 그려 내는 작업은 불가능한 것이 아니며 믿을 수 없는 것도 아니다.[124]

특히 호렐은, 이런 의미에서 '신화'는 예수에 관한 사건을 초점으로 삼지만 훨씬 더 넓게 확장되는 거대한 내러티브라고 주장한다.

> 이 핵심 열쇠에는 확실히 '수직적' 차원이 있다.…하지만 또한 수평적 차원, 시간적 범주도 있다. 즉, 시간이 찼을 때, 율법의 시대가 지난 뒤, 하나님이 그의 아들을 보내셨다.…따라서 바울은 그리스도 사건이 그에게 '묵시적' 사건임을 인식했고, 그 사건은 바울의 자아를 뒤흔들고 새로운 방향성을 부여했다.…동시에 이 그리스도 사건은 바울이 과거에 진실로 믿었던 이야기들의 개작을 요

---

124 Horrell p. 89.

구했으니, 그것은 '점적인'(punctiliar) 사건이 아니었다. 바울은 그 사건을 하나의 내러티브 틀 안에서 제시한다.[125]

그는 '의식'(儀式)도 비슷하게 조사한다. "초기 그리스도인의 믿음은 '믿어질' 뿐만 아니라 실천되고 수행되었다."[126] 바울에게 그리스도인의 '정체성'은 '지금 그리고 아직'이라는 전통적인 역설, 또는 윤리적 명령법을 낳는 현재형 직설법이 아니라, '끊임없이 천명되어야 하는 정체성 서술과 집단 규범'에 관한 것이었다(p. 94).

이런 출발점들을 확립한 상태에서 호렐의 주장이 본론으로 접어드는 것은 4장이다. 여기서 그는 다음과 같은 주장을 제기한다. (a) 바울에게 '우선적이고 가장 근본적인 윤리 가치'는 '평등주의적 목표를 지닌 인류의 연대라는 형태의 공동체적 연대'라는 가치였으며(p. 99), (b) 우리는 바울이 품었던 상징과 그가 사용한 언어를 조사함으로써 '그 연대가 **어떻게** 생성되었는지' 확인할 수 있다(p. 101, 원서 강조). 세례는 "한 세계에서 다른 세계로 '죽음'을 통과해 옮겨 가는 회심자의 이동을 상징한다"(p. 103). 하지만 호렐은 일반적인 경향에 반대해 '다른' 세계란 회심자들이 '그리스도와 함께 다시 일으켜지고 있는' 영역이라고 주장하는 학자들의 의견과는 거리를 두었다.[127] 이 문제를 요약한 그의 진술은 더할 나위 없이 훌륭하다.

두 가지 의식, 즉 세례와 주의 만찬은, 적어도 바울의 해석에서는, 그리스도의

---

125 Hays를 인용하고 Martyn과 대조하는 Horrell p. 87.
126 Horrell p. 91. 또한, p. 130를 보라. 거기서 Horrell이 세례와 주님의 만찬이 '경계를 초월하는 집단적 연대를 확립'하는 '사회적 성취'를 이루어 낸 방식을 명쾌하게 설명할 수 있었던 것은 세계관 모델 덕분이다.
127 그는 Catchpole 2004를 인용한다. 또한 Wright 2002 [*Romans*], pp. 533-541를 인용했을 수도 있다.

죽음과 부활을 우주의 역사에서 핵심 사건으로 이해하는 세계관을 전달하고 강화하는 역할을 한다. 이 사건들은 세상에 의미를 부여하며, 세상이 이해되어야 하는 근본적인 해석학적 방향성을 제공한다. 동시에 그리스도인의 기풍에서도 핵심 주제로서, 과거의 분열을 극복하는 그리스도 안에서의 연대라는 관념을 전달한다.[128]

이 내용은 바울의 친족(kinship) 언어에 관한 설명으로 이어진다. 호렐은 정확하게 이 표현을 유대교 배경에서 가져온 것(더 강화할 수 있었을 논지다)으로 이해했으며, 이 표현이 그가 '타인 배려의' 윤리라 불렀던 내용에 관한 바울의 주장을 형성한 요소라고 이해했다. 이런 이해는 다른 식으로 남용되고 있는 단어인 '사랑'과 관련해 조금이나마 비평적 거리(critical distance)를 확보할 수 있는 길로 보인다.[129]

이를 통해 호렐은 그의 핵심적이고도 섬세한 논지로 나아간다. 바울은 수많은 사안을 다루었던 것이 분명한데, 그중 일부에 대해서는 어느 정도의 다양성을 허용했을 것이다. 하지만 다른 사안들에 대해서는 '어떤 의견 불일치도 용인하지 않았을' 것이며, 그런 사안 중 하나가 바로 '일치의 필요성'이었다. 그는 "완전한 혹은 맹목적인 '동일성', 일률적인 순응"을 추구했던 것이 아니라,

연대를 위한 기초를 제공할 수 있는 의견 일치와 공유된 관점을 추구했으며, 그러한 연대 안에서 제한된 다양성은 유지될 수 있었다.[130]

---

128   Horrell p. 110.
129   Horrell p. 115 등.
130   Horrell p. 119.

호렐은 "관용을 위한 이 '무관용적' 틀"이 '바울 윤리와 자유주의 윤리 사이의 흥미로운 유사성'을 보여 준다고 설명한다. 실제로, 호렐의 주장은 상당히 분명하게 이런 방향으로 흐른다. 하지만 내 생각에 그런 결론은 너무 성급하다. 그 유사성은 그저 표면적일 뿐이다. '관용'이란 단어 자체에 비밀이 담겨 있다. '관용적' 사회를 꿈꾸는 현대 자유주의의 이상과 바울이 빌립보서 2:1-4 같은 유명한 본문에서 주장하는 '사랑'은 전혀 같은 것이 아니다. 그리고 나는 '타인 배려' 개념이 이 둘을 아우를 수 있는지도 확신이 서지 않는다. 호렐은 이 문제와 관련해 고린도전서와 갈라디아서의 관점이 미묘하게 다르다고 주장한다. 즉, 고린도에서 중요한 것이 그리스도 안에서의 **연대**라면 갈라디아에서 중요한 것은 **그리스도 안에서의** 연대라는 것이다(p. 121). 나는 주해 면에서 이 설명이 문제가 있다고 보는데, 호렐이 과연 갈라디아의 문제나 그 문제에 답변하는 바울의 방식을 제대로 규명한 것인지 의심이 든다. '다른 복음'을 전했던 사람들을 향해 '분노에 찬 비난'을 바울이 쏟아부었다고 해도, 이 '격렬하고 융통성 없는 자세'가 과연 '다른 곳에서 일치를 호소했던 자세와 모순되는지' 묻는 것은 상황을 제대로 이해하지 못한 것이다. 바울이 강조하는 바는 이것이다. 그의 복음은 일치를 주장하지만, 그가 반대하고 있는 교사들의 메시지와 안디옥에서 보인 게바의 행동은 실질적으로 두 개의 구분된 메시아 신자 공동체, 즉 유대인 공동체와 비유대인 공동체를 만들고 있다는 것이다.[131] 그런데도 호렐의 전체적인 주장은 타당하다. 바울이 일치를 주장한 것은 단지 '하나님 앞에서 평등하게 구원에 접근할 수 있다'는 문제가 아니라,

사회적·정치적 공간에 관한 것이기도 하다. 그곳은 사회적 관계와 공동체 구성

---

131 Horrell pp. 119-120를 보라.

원 사이의 상호작용이 그리스도 신화가 생성한 세계관과 정신에 비추어 새롭게 생각되고 재구성되는 공간이다.[132]

여기서 우리는 실제 공동체를 이야기하는 것이지, 다른 사람들을 다른 사회적 공간에 그대로 내버려 두는 소위 '영적' 일치를 이야기하는 것이 아니다.

    이 모든 내용을 종합하면, 결국 바울에 관한 '자유주의적' 이해가 되는 것인가? 호렐은 그 장의 마지막에서 이런 방향으로 기울어지면서, 바울의 이상은 '평등과 우애라는 자유주의적 민주주의 가치에 필적할 정도'라고 주장한다. 동시에 그는 바울 공동체의 근간은 기독론이며, 이 사실은 '공동체주의'로 다소 기운다고 강조한다. 하지만 실제로 이런 이야기들은 호렐이 기대한 만큼 바울을 이해하는 데 도움이 되는 범주가 아니다. 구체적으로 말하자면, 호렐은 시대착오의 혐의(바울의 사상은 프랑스 혁명의 강령에 반 이상 도달했다. '자유'만 추가하면 완벽해진다)를 피하려다 도리어 그 덫에 걸리고 만 것이다. 그는 [바울과 프랑스 혁명의] '유사점을 부인하는 것은 받아들이기 어렵다'라고 말하지만, 이 유사성은 아마도 (그가 제안했듯이) '이러한 초기 기독교 전통의 영향사(Wirkungsgeschichte)를 일정 부분 반영하는 것'일 수 있다(pp. 131-132). 정확히 그렇다. 지금 여기서 18세기 혁명 슬로건의 계보를 조사할 수는 없지만, '자유, 평등, 우애'라는 이상은 (좋게 보면) 교회가 늘 가르치고 본을 보이려 했던 가치의 세속화된 형태라는 느낌이 있다. 실제로, 계몽주의가 기독교적 비전의 열매를 취하면서도 기독교가 자라 나온 뿌리는 거부했다는 것이 이제는 계몽주의를 향한 표준적인 비판 중 하나가 되었다.[133] 단언컨대, 이것이 바로 탈근대의 윤리가 소란스러운 이익 집단의 상

---

132 Horrell pp. 128-129.
133 Habermas 2002, pp. 162-163를 보라. Horrell은 이 내용을 Horrell, pp. 62-63, 203 n. 99 에서 논의한다. '철학의 과제는 종교 언어를 대중적 추론의 언어로 번역하는 것인데', 사람들

충하는 주장('권리'?)으로 전락한 나머지, 소중한 '연대'는 거의 찾기 힘든 복잡한 '차이'만을 낳는 경향을 보이는 이유 중 하나다. 그런데 호렐은 이러한 방향을 바라보다가 그 장의 말미에서는 뒷걸음질을 친다.

> [바울 특유의] 연대를 위한 기초가 발견되는 곳은 바울의 기독론이다. 말하자면, 신자들이 그리스도의 이야기를 자신의 이야기로 삼고 그의 죽음과 새로운 생명에 참여하는 것과 마찬가지로, 그들은 옛 세계를 떠나보내고 그리스도 안에서 한 몸의 구성원이 된다.[134]

달리 말해, '연대'는 '그리스도 안에서의' 연대며, 연대를 표현하는 개념과 이미지가 외부 세계의 것과 유사할 때에도 '그리스도 안에서의'라는 특징이 외부 세계가 말하는 연대와의 '차이'를 보여 준다. 그리고 이 '차이'가 다음 장의 주제다.

호렐의 다섯 번째 장은 '구분의 수사학'에 관한 것으로, '정결, 경계, 정체성'에 초점을 둔다. 여기서 중심은 '거룩'에 관한 언어와 실천이다. 이는 유대 세계에서 가져온 주제들과 공명하는데, 자신들은 우상을 숭배하고 성적 부도덕에 빠진 이교도와 구별된다는 유대인의 감각을 이어받는다. 이 지점에서 나는 유대교의 선택 신학을 재구성했다는 관점에서 바울의 교회론을 바라보면, 호렐의 설명을 강화할 수 있다고 생각한다. 이 점에 초점을 맞추면, 우리가 갈라디아서에서 발견하는 '문제화'(problematization)가 정결과 경계, 정체성 분석에 영향을 주었을 것이라는 주장, 달리 말해 메시아 백성 안의

이 더는 '종교적' 추론을 믿지 않을 것이며 따라서 다른 기반을 찾아야 하기 때문이다(또한, p. 283도 보라). 21세기는 이미 이러한 종류의 작업이 얼마나 불안정할 수밖에 없는지 보여 주었다고 덧붙일 수 있다.

134 Horrell p. 132.

민족적 경계선에 대한 바울의 반대가 마찬가지로 '정결' 경계에도 함의를 지녔을 것이라는 주장을 약화시킬 것이다.[135] 하지만 반대로, 바울이 선택론을 재구성한 내용은 현대 신학계에서 호렐이 인식한 것보다 더 논쟁이 되는 주장, 즉 바울에게 메시아 백성은 '한편으로는 유대인, 다른 한편으로는 그리스인과 구별되는 독특한 집단'을 형성한다는 주장을 암시한다.[136]

행동의 세부 사항과 관련해서 분명히 호렐은 바울의 관심이 개인의 행위보다 '정체성' 이슈에 더 실렸다고 보았다. 하지만 내가 보기에 호렐은, 특정 행위는 그 정체성을 훼손한다고 바울이 생각했던 이유를 충분히 조사하지 않았다(아래를 보라). 내 판단에, 바울의 성 윤리가 '재산 원칙'(property rules; 오직 본인의 자발적 의사에 따른 교환이나 거래를 통해서만 권리 또는 권익의 이전이 가능하다는 원칙 – 옮긴이)을 기초로 형성되었다는 컨트리맨(Countryman)의 주장을 호렐이 거부한 것은 옳다. 바울의 성 윤리는 오히려 하나님 백성으로서 교회의 정결에 관한 것이다.[137] 내 생각에 이 주장 역시 더 넓은 배경으로서 바울의 '새 창조' 개념을 통해 강화될 수 있다. 결혼이 그토록 중요한 이유는 교회가 새 창조 자체의 갱신을 본보기로 보여 주어야 하기 때문이다. 결혼은 원래 창조의 선함과 그것을 회복하려는 창조주의 의도를 보여 주는 신호다. 이 점에 대해서는 곧 다시 살펴볼 것이다.

이 내용은 곧장 호렐의 다음 질문을 자극한다. '바울 공동체의 윤리 규준은 그들에게만 독특했는가 아니면 주변 사회와 널리 공유되었는가?' 호렐은 우리가 발견한 답변이 '독특한 (그리고 윤리적으로 우월한) 정체성 인식'과 '공유된 윤리적 규준'의 '아이러니한 병치'로 보일 것이라고 주장한다(p. 159).

---

135 Longenecker를 인용하는 Horrell p. 137를 보라.
136 고전 1:22-23. 10:32을 인용하며, Esler의 사회학적 견지에서의 논평(Esler 1998, pp. 141-177)을 포함하고 있는 Horrell p. 139. 관련 논쟁과 폭넓은 주장을 확인하려면 *PFG*, pp. 1443-1449를 보라.
137 Horrell p. 143. 참조. Countryman 1988, pp. 109, 197-202, 213.

이 아이러니가 특히 두드러진 곳은 빌립보서인데, 4:8에서 바울은 주변 세상에서 선한 것으로 인정받는 특징들을 나열하면서, 메시아 백성도 이런 것들을 '생각'하라고 권면한다. 놀라운 사실일 텐데, 호렐은 외견상 드러나는 이 절과 다음 절의 균형을 논의하지 않는다. 바울은 빌립보의 회중이 더 넓은 세상의 미덕과 선량함을 **생각해야** 하지만, 다음 절에서는 또한 구체적으로 **그를 본받으라고** 주장한다. 그들은 그들이 직접 관찰한 바울의 특별한 삶의 방식을 따라야 하는데, 그 삶의 방식은 주변 세상과 차이가 있다(4:9; 2:14-16과 비교하라). 윤리적 이상의 측면에서 바울 공동체와 그들 주변의 비유대교 세계 사이에는 서로 공유하는 같은 단어로 표현될 수 있을 정도로 상당히 겹치는 부분이 있었다(물론 예외도 있다. 철학자들은 고대 윤리에 겸손, 인내, 자선, 특히 순결이 부재했다고 언급한다).[138] 하지만 주된 차이는 그리스도인은 다른 사람이 언뜻 알 수는 있어도 보통 무시하는 윤리적 이상을 따라 살 수 있고, 살아야 한다고 바울이 주장했다는 것이다(p. 162). 그리스도인이 그처럼 본보기가 되는 행동을 성공적으로 수행해야 한다는 이야기를 들으면 오늘날 많은 사람은 눈살을 찌푸리겠지만, 바울은 최초의 그리스도인들에게 그런 행동을 정말로 기대했으며 첫 교회는 현재의 주류 서방 교회에서는 거의 사라진 윤리 훈련을 위한 조치를 취했다.

내가 방금 언급한 '새 창조' 주제는, 호렐이 그 장의 말미에 제기한 수수께끼에 대한 답변이 될 수 있다. 호렐은 바울의 주장이 '특정 행동을 윤리적 혹은 비윤리적으로 분류해야 하는 이유를 실제로 설명해 주는 것은 아니며', 바울의 윤리적 확신 중 일부는 '그 윤리에 동기를 부여하는 신학적 전통에서 출현한 것이 아니라, 당시 사회에서 공유하며 당연한 것으로 간주했

---

138 Blackburn 2008 [1994], p. 381를 보라. '고전 시대 그리스인에게 기독교의 겸손, 인내, 자선, 순결은 윤리 미덕으로서 이해하기 힘든 요소였을 것이다.' 바울 공동체와 이웃 사이의 윤리적 '연대'를 설명하려는 시도는 상당히 눈에 띄는 이 문제에 답변해야 한다.

던 일련의 윤리 전제의 일부로서 수용되었던 것'이라고 말한다(pp. 163-164). 이런 이유로 그는 '진정한 그리스도인 윤리는 교회라 불리는 공동체를 형성하는 특별한 이야기에 의해 생성된다'라는 하우어워스의 설명에 의문을 제기한다(pp. 164-165). 내가 하우어워스를 대변할 수는 없지만, 내가 보기에 바울이 이런저런 형태로 수정해서 들려주는 그 특별한 이야기가 가장 중요한 기준점으로 삼았던 것은 늘 창조에 관한 이야기 그리고 메시아를 통해 성취되고 성령을 통해 시행되는바 그 창조의 회복에 관한 이야기였던 것으로 보인다(이런 점을 보여 주는 명백한 본문이 롬 8장과 고전 15장이다). '새 인류' 개념은 보통 바울의 저작으로 여겨지는 편지들보다 에베소서에서 더 두드러지는데, 웨인 믹스가 말한 대로 에베소서는 종종 소위 '주요 서신' 속에 잠재된 요소를 끄집어낸다.

호렐의 여섯 번째 장은 바울의 '타인 배려' 요구를 유명 본문인 고린도전서 8-10장 및 로마서 14-15장과 관련해 논의한다. 바울은 이 본문들에서 '자유주의적' 의미에서 '관용'을 격려하는가? 만약 그렇다면, 그 말은 곧 보야린 등이 제기한 혐의처럼 바울이 문화적 차이를 제거한다는 의미인가? 이 두 본문은 분명히 호렐의 프로젝트 전체에서도 핵심 본문이다. 호렐은 바울이 음식 문제(무엇을 먹고 무엇을 먹지 말아야 하는가)를 다룰 때는 성행위에 관한 가르침에서 보였던 것과는 완전히 다른 노선을 취한다는 중요한 사실에서 시작한다.

> 음식 자체는 [성행위와] 같은 정도의 윤리적 중요성을 갖지 않으며, 따라서 다른 형태의 윤리적 주장이 발전되는 초점이다.[139]

---

139 Horrell p. 168.

이 말은, 바울이 한 영역에서 소위 '관용'을 내세웠다는 사실을 근거로 다른 영역에서도 비슷한 태도를 취했을 것이라고 주장하려는 모든 시도에 선을 긋는다. 하지만 이것은 시작에 불과하다. 이어서 호렐은 음식 문제에 관한 바울의 '관용적' 태도의 기초는 '윤리적 의사 결정을 뒷받침하는 다른 유형의 기반과 동기로서, 구체적으로는 기독론적 형태를 띤 본질상 관계적인 타인 배려의 윤리'라고 주장한다(p. 172). 그리스도의 죽음이라는 패턴을 따라 '강한' 자들은 그들의 당연한 권리를 '약한' 자들을 위해 포기해야 한다. 이 윤리의 '기반은 기독론이며'(p. 177), '기독론을 버팀목으로 삼는다'(p. 181). 그런데 바울은 그가 '양심'이 약하다고 판단한 사람들을 가르치려 들지 않는다. 오히려 확신과 실천의 차이가 존속되도록 허용하는 '타인 배려'를 격려한다(p. 182).

이 제안은 상당한 장점이 있다. 음식 금기를 둘러싸고 서로 다른 관점을 가진 사람들에 대한 기독론에 기초한 관심은 분명히 바울 주장의 핵심 요소였다. 하지만 호렐이 훨씬 더 근본적인 요소로 생각될 수 있는 내용, 즉 기독론을 중심으로 재정의된 **유일신론**에 관한 바울의 강조를 아주 세심하게 배제한다는 사실이 나에게는 놀랍게 다가온다. 앞서 살펴보았듯이, 이 점과 관련해서 웨인 믹스는 강력한 주장을 펼친 바 있다. 유일신론은, 구체적으로는 고린도전서 8:6에 나타난바 유일신론의 기독론적 형태는, **공동체를 정의하는 역할**을 한다는 것이다. 고린도전서 8, 9, 10장의 주장 전체가 실은 이 유일신론 틀 안에 자리 잡고 있으며, 10:26, 31은 그 주장을 강력하게 (그리고 특유의 유대교 표현으로) 마무리한다.[140] 바울의 공동체들이 미리 다음 두 가지 사실, 즉 우상은 어떤 신적인 실체도 대변하지 않는다는 사실 그리고 하나님이 창조하신 모든 것이 선하기 때문에 감사함으로 받기만

---

140 *PFG*, pp. 661-670를 보라.

하면 모든 음식을 즐겨도 좋다는 사실을 알고 있는 이유는, 그들이 '한 하나님, 한 주님' 형태의 유대교 유일신론을 굳게 믿기 때문이다. 바울의 논의 전체는 호렐이 생각하는 것보다 그 논의 자체도 그리고 다른 사안과 관련해서도 훨씬 더 긴밀하게 통합되어 있다. 바울이 누가 무엇을 먹을지에 관해서는 '관용'을, 우상 신전에 들어가는 문제에 관해서는 [신적인 존재는 아니지만 여전히 그 경내에 출몰하는 악의에 찬 '다이모니아'(*daimonia*) 때문에] '불관용'을, 그리고 이 모든 일이 진행되는 동안 다른 메시아 백성 모두를 향한 (단순히 '타인 배려'가 아닌?) '사랑'을 동시에 주장할 수 있었던 것은 이 유일신론이 지닌 특징 때문이었다. 그렇다. 바로 그 유일신론 안에서(이 자체도 의미심장하다) 바울은 십자가에 못 박히고 부활한 예수를 '사랑'이 합당한 분으로, 그리고 우상 신전에서 우상에게 바치는 고기를 먹는다면 다투게 될 주님으로 강조한다. 하지만 예수의 주되심에 관한 이 강조는 유일신론이라는 더 큰 범주 내부에서 기능하는데, 그럼으로써 특히 **창조**의 유일신론(creational monotheism)을 가리킨다. 창조와 새 창조에 관한 바울의 관점이 다른 논의만큼이나 이 논의도 뒷받침한다. 나는 다음과 같은 정도로는 호렐의 요약이 매우 정확하다고 생각한다. 다시 말해, 바울은 단지 잡다한 가르침을 주고 있는 것이 아니라, '다른 유형의 윤리적 의무를, 즉 기독론적 형태를 띤 [여기에 나는 '유일신론에 기반을 둔', 그리고 그렇기 때문에 '창조에 기반을 둔'을 덧붙이겠다] 타인 배려의 의무'를 제시하고 있었고, 이 의무가 (어느 한도 내에서) 윤리적 실천의 결정 요인이어야 했다(p. 181 n. 53).

여기서 바울은 '약한 자들'을 '교육하려' 들지 않았다는 호렐의 주장이 정말로 맞을까? 나는 그렇게 생각하지 않는다. 바울은 창조적 유일신론이 우상 숭배는 '배제'하고 모든 음식은 '용인'한다고 보았던 것이 분명하다. 바울이 (비록 시간이 걸리는 과정이겠지만) 메시아 추종자들 모두가 이런 확신을 공유해야 한다고 설득하려 들지 않았다면 그건 이상한 이야기다. 그런데 우리가 여기서 보는 것은 **목회자**로서 바울의 모습이다. 바울은 사람들의 양심이 여러 가지 상징과 기억, 내러티브 등으로 구성된 거대하고 복잡한 세계 안에서 형성되기 때문에 그들의 양심이 단 하룻밤에 새로운 관점으로 변화될 수는 없다는 사실을 알고 있었다. 당연히 '타인 배려' 혹은 나아가 '사랑'을 향한 그의 열망은 사람들이 과거에는 서로 생각이 어긋났던 것들에 이제는 의견을 같이한다는 수준에서 멈추지 않았다. 그것은 계속해서 적절한 상호 간의 태도가 되어야 했다. 하지만 우리가 때때로 '관용'이라는 부르는 태도는, 다른 영역은 아니더라도 이 영역에서는 (길든 짧든) 의견 차이가 지속되는 기간에 한해서만 적용된다. 나와 의견이 다른 사람을 '사랑하라'는 가르침이, 그 '사랑'을 통해 새로운 연대를 생성하는 것을 허락하지 않는 주장으로 변질되어서는 안 된다.

내 판단에, 로마서 14, 15장에 관련해서 호렐이 '약한 자들'이 비그리스도인 유대인이라고 주장하는 나노스(Mark Nanos) 등의 시도에 반대한 것은 옳다. 두 집단 모두 그리스도인 신자들이 맞다(p. 183). 실제로 호렐은 여기서 과연 그동안 자주 제안되었던 대로 유대인/이방인 사이의 역학이 작용하는지 의구심을 갖는다. 물론 나를 비롯한 학자들은 바울이 15장까지 이 문제를 명백히 드러내지 않은 이유가 다시 한번 목회적으로 민감한 이유로, 바울이 유대인/이방인 문제에 초점을 맞추기보다는 음식 및 거룩한 날에 관한 관습상의 차이를 마치 그것이 그가 원하는 것인 양 논의하는 쪽을 선호했기 때문이라고 주장했다. 그리고 그런 것들은 메시아 백성을 나뉘게 해서는 안 된다. 하지만 어차피 드러나겠지만, 로마서 14장은 호렐이 찾고 있던 균형 잡힌 관점을 보여 주는 고전적인 본문이다. 바울은 '마음과 목적의 일치'를 주장하는데, 이것은 절대 '일률성이 아니다.' 바울은 '동시에 내부의 다양성도 보호하는 일치된 공동체'를 주장한다(p. 187). 여기서 바울은 '로마에 있는 그리스도인 공동체의 공동체적 연대를 함양하려고' 노력하면서 동시에 윤리적 실천 측면에서의 차이를 정당화한다(p. 189). 호렐이 이 주장을 마무리하면서, 바울 주장의 절정인 로마서 15:9-12에서 핵심은 '로마서 전체의 주제로서 하나님의 목적은 늘 유대인과 이방인을 하나의 예배 공동체로 통일시키는 것이었다는 메시지를 강화하는 것'이라고 강조한 것은 확실히 옳다.[141]

이어서 호렐은 (적어도 동시대의 인식으로는) 이런 논의들에서 전면에 등장하는 핵심 주제인 양심, 자유, 관용, 차이를 조사한다. 첫 두 주제에는 거의 문제가 없지만, 호렐은 '관용'을 바울 시대로 억지로 끼워 넣을 경우 시대착오적인 의미를 지닐 위험이 큰 현대 용어라고 강조했는데, 이는 옳다(p. 193). 호렐은 우리가 바울을 우리 식의 '관용'을 옹호했던 인물로 보려 한다면, 바울은 어떤 영역에서는 분명한 경계를 설정하고 다른 영역에서는 그렇게 하지 않았던 일관성 없는 인물로 보일 것이라고 주장한다. 바울이 이야기하는 소위 '관용'은 바울 자신의 관점에서만 의미가 통한다. '오직 그리스도'라는 모토가 공동체적 연대의 기반이었고, 그리스도와의 연합을 위협하는 모든 행위는 그런 이유로 금지된다(p. 195).[142]

바울의 상황과 우리의 상황 사이에 존재하는 차이로 인해 이 지점에서 호렐은 매우 일반화된 결론적 요약에 이르게 된다. 바울 논의의 세부 사항을 '동일성'과 '차이' 같은 넓은 범주로 번역하려 들면, (당연한 사실이지만) 그런 정확성이 우리를 기만한다는 사실을 알게 될 것이다.

---

141 Horrell p. 189.
142 Horrell은 바울이 내세운 관용과 금지의 토대가 단순히 바울 자신의 확신이었다고 말함으로써 '기독교의 우월성'을 주장하는 듯한 함의를 피하려 한다(p. 195 n. 86). 여기와 다른 곳을 보면, 그는 메시아의 죽음 및 부활과 더불어 새 창조가 이미 개시되었다는 바울의 **종말론적** 확신을 격하하는 것으로 보인다. 바울은 '유대교가 틀렸다거나 잘못되었다'라고 말했던 것이 아니라, '하나님의 새로운 세계에 관한 유대교의 비전이 현실이 되었다'라고 말하고 있었다.

> 바울은 특정 유형의 차이를 위한 공간을 남겨 놓는다.…어떤 의미에서 바울의 담론은 차이를 허용하고 나아가 보존하면서도, 어떤 의미에서는 '동일성'을 요구한다.…이런 종류의 '동일성'—차이를 보존하기 위한 바로 그 수단을 제공하는 강제적인 윤리적 틀—은 그 특성과 구성 측면에서 자유주의의[liberal, 그리고 실제로 '탈근대의'(postmodern)] 관용이 전제하는 틀의 종류와 그다지 다르지 않다.[143]

내 생각에, 이런 내용에서 도출되는 진정한 그리고 다소 골치 아픈 결론은, 오늘날 서구 세계의 범주들을 가지고 바울에게 접근한 호렐의 사고 실험이 우리가 기대한 것보다 더 큰 간극의 존재를 드러낸다는 것이다. 바울에게 '연대와 타인 배려의 가치는 일치된 공동체 내부에 (심지어 윤리적 확신의 측면에서도) 다양성과 차이를 유지하는 기초를 제공했다'라는 말은 매우 좋다(p. 199). 당연히 이 말은 '윤리적'이란 단어를 어떤 의미로 사용하는지에 달려 있다. 로마서는 '윤리적 상대주의의 한 형태'를 자세히 설명하는 것이라는 주장도 어느 정도는 맞는 말이겠지만, 이런 주장은 '한 형태'란 표현이 지닌 모호함을 남용한 것이다. 나는 로마서 14, 15장을 그런 식으로 요약하는 것이 도움이 되는지 잘 모르겠다. 바울이 '관용할 수 있는 다양성의 정도'에 '엄격한 제한'을 설정했다는 경고를 고려한다 해도 말이다. 내 의문을

---

[143] Horrell pp. 197-198. '특정한 유형의…어떤 의미에서…어떤 의미에서는…그다지 다르지 않다'라는 문장의 틀 자체에 이미 나름의 이야기가 담겨 있다. 그리고 'liberal'과 'postmodern'에서 ism이 생략되었다는 사실이, 적어도 나에게는 무언가 잘못되었다는 신호로 읽힌다. Horrell이 사용하는 의미에서 '자유주의'(liberalism)는 보통 '근대주의'(modernism)와 연관되지만, '차이'를 내세운 것은 탈근대적 저항이었고, 따라서 우리는 탈근대주의가 '더 다원주의적이고, 더 관용적이며, 차이와 타자성의 권리에 더 열려 있는 초 자유주의(super-liberalism)를 전제한다'라고 말해야 할 것이다(Benhabib 1992, p. 16을 인용하는 p. 202). 그러한 '초 자유주의'[후기 근대성(late modernity?)]가 '반(anti)자유주의'[탈근대성(postmodernity?)]가 되었는지는 Horrell의 프로젝트 전체 배후에서 풀리지 않고 맴도는 사안 중 하나다.

다음과 같이 표현할 수 있겠다. 만약 바울이 오늘날의 세계에서 '윤리적 상대주의'란 표현으로 통용되는 의미를 알았다면, 그 관점을 혹은 그 관점의 '한 형태'를 그가 옹호했다는 주장에 동의했을까?

호렐은 이 문제를 인식하고 있는 듯하다. 그 장을 마무리하면서 호렐은 오늘날의 '자유주의'가 "자유의 실천에 규정적이고 '비관용적인' 제한"을 두는 경향이 있으며(p. 200), 그 결과 '자유주의의 근본적인 윤리 원칙과 모순되는 실천은 관용되지 않는다'라고 언급한다(p. 202 n. 97). 궁극적으로, 고전적인 서구 형태의 '자유주의'는 타협 불가능한 특정 가치를 내세우며, 이 가치는 (필요할 때는) '자유주의의 기치 아래 포섭되는 다른 전통들의 가치'를 압도하기도 한다(p. 203). 호렐은 대담하게, 하지만 주의할 점들과 더불어, 따라서 '바울이 유대교에 했던 작업을 자유주의가 기독교에 하는 것'이라고 이야기한다(p. 203). 이 지점에서 분명히 표면적인 유사성이 보일 수 있다. 확실히, 계몽주의의 수사는 집요할 정도로 대체주의적(supersessionist)이어서, 난파되는 기독교에서 그들이 원하는 것은 인양하려고 시도하면서 동시에 그리스도를 대체하려 한다. 하지만 그런 대체주의적 모델은 바울에게 적합하지 않다. 그런 편의적 접근으로는 바울의 복음과 이스라엘의 소망 사이의 관련성을 제대로 포착할 수 없다. 핵심은 줄곧 이스라엘의 성경 자체가 고대의 약속들이 마침내 실현될 성취의 때를 내다보고 있었다는 것이다. 기독교 안의 어떤 것도, 믿음 자체가 제거되고 일반적인 윤리로 대체되어야 하는 세속적 천국을 내다보지 않았다. 자유주의가 목표로 삼고 어느 정도 성공을 거둔 것은 그들이 앉아 있던 가지를 잘라 내는 작업이었다. 그럼으로써 자유주의는 한편으로는 탈근대성의 날카로운 주장을, 다른 한편으로는 공동체주의의 (종파적?) 반발을 낳았다. 내 생각에, 이것이 바로 현대의 논쟁 가운데 호렐이 열거하고 제기한 논의들에 아직 고려되지 않은 차원이다.

호렐이 그의 주된 주장을 내세우고 논의하는 4, 5, 6장을 지나고 나면,

그 책의 7, 8장은 상대적으로 직설적이다. 7장은 '타인 배려'가 '바울 윤리의 두 번째 핵심 메타 규준'으로서 '공동체적 연대'와 연결된다고 주장한다(p. 204). 이 주장은 구체적으로 빌립보서 2:5-11과 관련해서 설명된다. 고린도전서 9장도 중요하다. 바울은 그의 '권리'를 포기하는데, 다시 한번 그것은 그리스도를 본받는 모습이다(p. 231). 그리스도의 자기희생 모델은 고린도 교회 교인들을 향해 후하게 '헌금'하라는 바울의 호소에서도 핵심 역할을 담당한다(p. 241). 그렇다면 이 '타인 배려'는 그리스도 및 그의 본보기와 분리된 것이 아니며, 이 특징적인 본보기 때문에 적어도 어느 정도는 바울이 새로운 권력의 담론을 구성한 것이라는 혐의를 몰아낼 수 있다(pp. 242-243). 이 모든 이야기를 고도로 일반화해서 표현하자면, 잠깐 숨을 멈추고 바울이 정말로 하버마스의 의견에 동의하는 모습을 상상해 볼 수 있다.

> 따라서 하버마스와 바울은, 비록 (당연하게도) 이 사상을 매우 다르게 표현하긴 했지만, **인간관계가 뒤틀린 상황에서** 자기희생은 추천할 만한 행동이며, 이런 행동의 목적이 그러한 자기희생이 더는 필요하지 않을 공정한 연대를 회복하거나 창조하는 것이라는 데는 의견이 같다.[144]

그 책 전체의 더 큰 프로젝트로 다시 초점이 옮겨지는 지점이 바로 이런 곳인데, 이번에는 의문 부호가 붙은 형태다. '이렇게 주해를 모두 마쳤는데, 과연 우리는 논의를 훨씬 더 진전시킨 것일까?' 그 실험은 굉장히 가치가 있어서, 바울 특유의 많은 주제와 본문을 새로운 시각에서 조사할 수밖에 없게 한다. 믹스의 질문(그리고 그를 이은 에슬러의 질문)이 시험대에 올라 있는데, 조사의 방향이 적어도 내가 보기에는 분명치 않아 보인다. 믹스는 '사회적

---

[144] Horrell pp. 244-245(원서 강조).

구체화의 해석학'을 바울에 관한 구체적 묘사와 사회문화적 분석에서 그와 비슷하게 두텁게 묘사된 현재의 상황으로 옮겨 가는 수단으로 생각하는 듯하다. 하지만 호렐의 프로젝트에서 이 단계까지는 그의 접근 방향이 오히려 반대인 것으로 느껴진다. 즉, 하버마스와 하우어워스에서 출발해 바울에게 되돌아가는 것으로 보인다. 호렐이 원한 움직임은 두터운 묘사와 세부 사항에 관한 관심보다는 고도의 일반화 수준으로 옮겨 갈 때만 가능하다. 이렇게 말한다고 해서 그 실험의 가치를 부정하려는 것은 아니다. 그저 그 실험이 끝났을 때, 우리가 바랐던 것만큼 많은 것을 배운 것인지 아니면 다시 한번 두 세계 사이의 철저한 차이와 시대착오의 위험성만을 확인한 채 단절된 우리 세계로 돌아온 것일 뿐인지 의문을 제기하는 것이다.

호렐의 마지막 주요 장인 8장은 '윤리와 외부인'에 관한 것이다. 바울의 윤리적 가르침은 보통 교회를 향한다. 우리는 바울에게서 '모든 사람이 공통적이고 보편적인 윤리 규준을 인식하기 위한 여지를 가질 수 있다는, 가져야 한다는, 혹은 가진다는 의미를 조금이라도' 발견할 수 있는가?(p. 247) 달리 말해, 바울의 윤리는 교회 삶의 기반이 되는 특정 이야기에서 흘러나온 독특한 것이었는가 아니면 '상식적인 윤리 규준을 공유하고 전제하며' 따라서 '더 일반적인 간청'을 포함하는가?(p. 247) 호렐은 '자연법'에 관한 논의로 시작해 이를 로마서 1, 2장의 문제와 연결하지만, 어떤 극적인 결론에 이르지는 못한다. 이어서 그는 로마서 13:1-7에 초점을 맞추는데, 여기서 바울은 권력자에게 순종하라는 의무를 내리면서 이 의무를 보편적 원칙으로 보이는 것에 근거를 두고 있다. 심지어 호렐은 이 가르침을 보편적으로 적용할 수 있다는 사실을 강조하기 위해 바울이 이를 고의로 비기독론적으로 제시했다고 제안한다.[145] 하지만 바울의 주장은 여전히 본질상 유대교

---

145 Horrell p. 254. 그는 Stendahl 1976, p. 4 등이 주장한 것처럼 이 내용에 상응하는 본문으로

적이요 유일신론적이며, 로마제국의 주장에 담긴 함의와 달리 통치자들 자체는 신적 존재가 아니며 그저 위임받은 권위를 지닌 인간일 뿐임을 드러낸다. 어떻든 다음과 같은 결론이 뒤따른다. 즉, 이 본문은 두 가지 의미에서 '보편적 윤리'를 대변한다.

첫째, 모든 정치 권세는 하나님이 부여한 질서로 이해된다는 의미에서…비그리스도인과 그리스도인이 다 같이 알 수 있는 상식적인 선악의 의미가 여기서 전제된다. 둘째, 그것은 그런 권세에 복종해야 하는 책임이 보편적인 인간의 의무라는 의미에서다.[146]

호렐은 외부인의 반응에 대한 바울의 간헐적인 관심을 조사하면서, '사회 전체에 우세했던 규범과 믿음 공동체에 독특했던 기풍 사이의 틀림없는 조화'가 존재했을 것으로 전제한다.[147] 하지만 바울은 거기서 더 나아간다. 바울의 관심사는 단지 외부로 비치는 모양새가 아니라 외부를 향한 **선행**이었다. 교회는 기회가 될 때마다 외부인에게 '선을 행해야' 한다. 여기에는 메시아 추종자들이 적대적인 환경을 향해서도 보여야 할 긍정적인 반응 역시 포함된다(p. 265). 호렐은 외부를 향한 이러한 태도가 폐쇄적인 공동체주의 윤리를 벗어난 것이라고 주장한다. 이 부분은 종종 생각되는 것보다 바울에게 더 중요했다.

윤리 면에서 공통 기반의 존재는 그저 역사비평을 동원해야 발굴할 수 있는

롬 10:17-11:36을 제안하지만, 이는 어폐가 있으며, 나는 그것을 *PFG*, pp. 1160-1161에서 보여 주었다.
146   Horrell p. 257.
147   Horrell p. 259에 인용된 Furnish 2002, p. 112.

내용으로서 바울의 수사적 흐름에 역행하는 것이 아니라…복음의 타당성을 주장하기 위한 본질적인 출발점으로서 바울이 명시적으로 인정하고 활용하는 내용이다.[148]

호렐이 주장하길, 여기가 바로 우리가 바울을 단순히 '교회론의 관점'에서 읽을 때 길을 잃을 수 있는 지점이다(p. 272).

여기서 나는 다시 한번, 창조와 새 창조 주제가 누락되었음을 감지한다. 바울의 전체적인 선교 전략과 동기, 그리고 그런 측면에서 물리학·윤리학·논리학 같은 전통적인 철학 주제에 관한 그의 이해는 모두, 메시아의 부활 안에서 그리고 그에게 속한 사람들이 성령을 따라 사는 삶 안에서 시작된 것이 이전과는 **다른** 창조가 아닌 **갱신된** 창조라는 사실에 근거해 파악되고 이해되어야 한다.[149] 교회와 세상의 대조는 호렐이 5장에서 조사한 거룩함의 철저한 '차이'를 만들어 내는데, 바울의 사고에서 이 대조는 현 창조의 **부패**, 그리고 그 부패와 인간의 결탁과 연관된다. 복음 안에서 작용하는 성령의 역사를 통해 인간이 그들에게 개인적으로 침투했던 부패에서 구출되면, 해방된 그들은 완전히 다른 존재가 되는 것이 아니라, 옛 지식을 초월하고 탈바꿈시킨 것이긴 하지만 여전히 옛 지식을 포함하는 새로운 지식을 소유하는 '새 창조'의 일부가 된다(고후 5:17).

호렐은 '자유주의자와 공동체주의자 사이의 바울'(바울을 이렇게 자리매김 시키는 것은 바울을 전통적으로 '유대인과 이방인 사이'에 자리매김시킨 것만큼이나 바울에게는 불편할 것이다)에 관한 조사 결과를 요약함으로써 그의 비범한 책을 마무리한다. 그의 첫 번째 결론은 이제 논란이 되지 않는다. 즉, 바울의 '메

---

148 Horrell p. 271.
149 *PFG* 12, 13, 14장을 보라.

타 규준'(metanorms)은 '공동체적 연대와 타인 배려'였다(p. 274). 두 번째 결론은 단서가 달린 폭넓은 일반화로 신속하게 이동한다.

> 공동체적 연대가 차이의 제거를 함축하는 것은 아니다. 바울은 교회 공동체 안에 다양성을 유지하고 싶어 했다. 거기에는 윤리적 확신과 문화적 실천의 차이도 포함되지만, 이 차이는 의무적인 메타 규준에 의해 부분적으로 결정되는 허용 가능한 다양성의 한계 안에 존재하는 경우에만 허용된다.[150]

이 말이 큰 의미가 있으려면 추가적인 조건이 필요하며, 나는 호렐의 설명이 바울이 원했던 것만큼 나아가지는 못했다고 생각한다. '허용 가능한 다양성의 한계'를 설정한 요인은 '그리스도와의 연합이…그리스도인 특유의 정체성을 위한 중대한 기반'이라는 바울의 믿음이었다는 말은 의미 있는 지적이다(p. 275). 하지만 내 생각에, '특별히 우상 숭배나 성적 부도덕의 영역에서 이 연합을 위협하거나 파괴하는' 행위가 어떤 것인지에 관한 결정의 유래가 '기독교의 신화 자체가 아니라, 유대교 및 다른 당대의 윤리 전통'이라는 제안(p. 275)은 만족스럽지 못하다. 여기서 다시 한번 호렐은 창조와 새 창조의 유일신론을 설명의 틀에서 슬쩍 밀어낸다. 이 윤리적 흐름이 실제로 '유대교에서 유래된' 것으로 이해될 수 있다는 사실을 고려하면, 그 '유래'는 호렐의 문장에 암시되어 있듯이 복음과 유기적 관련이 없는 전통에서 어떤 경구나 일반적 규칙을 취사선택하는 정도의 문제가 아니다. 오히려 그것은 창조주 하나님, 이스라엘의 언약의 하나님이 부활을 통해 새 창조 프로젝트를 개시하기 위해 행동했다는 것이 무슨 의미인지, 그리고 복음, 세례, 주님의 만찬 및 그와 동반된 모든 공동체 형성 사건들을 통해 사람들이

150　Horrell p. 274.

새 창조의 일부로 부름 받아 한 하나님을 예배하고 새 창조의 삶을 산다는 것이 무슨 의미인지 철저히 숙고하는 차원의 문제였다. 바울에게는 그런 삶에 포함된 구체적인 요소 중 하나가 우상 숭배와 성적 부도덕을 피해야 한다는 것이었다.

세 번째 발견은, 서로 다른 정체성과 윤리적 입장이 상대화된다는 것이다. 이것은 새 관점의 일부 형태에서 볼 수 있는 것과 실질적으로 동일한 통찰이다. 즉, 그리스도와의 연합을 표현하는 실천들이 집단 정체성과 공동체 경계를 결정하는 요소이기 때문에, '그 외의 다른 문화적/윤리적 실천은 더 이상 이러한 정체성을 규정하는 중요성을 갖지 못한다'(p. 276).

호렐의 네 번째 발견은, '그리스도 안에 있는' 공동체는 순수하고 거룩해야 하지만, 동시에 더 넓은 세상도 공유하는 가치들을 포용해야 한다는 것이다. 여기서 다시 한번 더 강력한 창조와 새 창조 신학이 도움이 될 것이다. 이 내용은 다섯 번째 발견으로 이어진다. 즉, 그리스도인은 외부인에게 (모든 사람이 '선'으로 인정할 만한 '선'으로서) '선을 행해야 한다.'

여섯 번째와 일곱 번째 발견은, 내가 호렐의 프로젝트 전체에서 가장 강력한 지점이자 가장 취약한 지점으로 생각하는 측면이다. 먼저, 그는 바울 윤리의 기반이 "바울의 '신학'을 구성하는 신화"(p. 278), 구체적으로는 그리스도 이야기와 그 이야기의 내적 의미라고 분명하게 이해한다. 하지만, 다음으로 그는 기독론을 포함해 바울의 신학이 '바울이 특정 윤리적 확신, 이를테면 성적 부도덕을 구성하는 내용에 관한 확신을 고수한 이유를 설명하지는 못한다'라고 말한다(p. 279). 앞서 언급했듯이, 여기가 바로 정작 바울은 자신의 관점이 단순히 (특히) 유대교 같은 '그가 속했던 더 넓은 세계에서 유래한 것'이 아니라, 새 창조의 소식으로서 복음에 관한 그의 핵심적인 확신에서 자라 나온 것이라고 대답했을 것으로 내가 생각하는 지점이다. 내 생각에, 호렐은 이 지점에서 사도 바울로부터 어느 정도 비평적 거리를 확보하기 위해 이용할 수 있는 허점을 찾아내려고 노력하고 있는 것 같다.

바울의 윤리는 따라서 어떤 의미에서는 공동체주의와 자유주의의 색채를 모두 띤다. 하우어워스는 바울의 어떤 부분은 좋아하지만 다른 부분은 좋아하지 않을 것이다. 하버마스도 어떤 요소에는 박수를 보내겠지만 다른 요소에는 불편한 기색을 비칠 것이다. 이 프로젝트 전체의 사고 실험은 결국 다음 질문으로 압축된다. '복수성, 관용, 차이라는 (자유주의적) 가치와 이런 가치들이 상정하는 사회적 연대가 의식을 통해 구현되고 공동체적으로 공유되는 일종의 전승된 이야기를 통하지 않는다면, 어떻게 함양되고 동기가 부여되며 구체화될 수 있겠는가?'(p. 285). 이 질문은 호렐의 결론으로 이어진다. 그 결론에서 호렐은 '바울의 윤리를 전유(appropriation)하기 위한 가능한 세 가지 모델'을 제안한다(p. 285). 내 생각에 우리는 호렐이 주장하는 핵심을 바로 여기서 확인할 수 있다. 그 책의 모든 자세한 주해와 사회적 분석은 이 핵심 주장을 향한 것이었다. 또한, 여기서 우리는 주해 전통 바깥의 철학자들과 신학자들 편에서 바울에 관한 관심이 최근 폭발하게 되는 전환점을 확인할 수 있는데, 이 문제는 결론부에서 잠깐 살펴보는 정도만 하겠다. 이렇게 호렐은 그의 주장을 마무리하는 지점에서 이미 진행 중인 폭넓은 논의들로 향하는 일종의 가교를 놓고 있는데, 그 논의들이 우리를 역사적인 (실제로는 사회역사적인) 주해 면에서 전진시킬지 아니면 퇴보시킬지는 더 지켜봐야 할 사안이다.

호렐의 세 가지 모델은 각각 바울과 '함께', 바울을 '넘어', 다음으로는 바울에 '반해' 생각한다는 것의 의미를 조사한다. 첫 번째 모델은 더 공동체주의적 접근을, 세 번째 모델은 자유주의적 관점을 지향한다면, 바울을 '넘어' 생각한다는 것은 중재하는 관점을 제공한다. 이것은 우리가 이미 살핀 과거 에슬러 등이 했던 작업을 하려는 정교한 시도로서, 우리 자신의 맥락에 있는 사안들과 씨름하기 위해 바울서신 자체의 사회적 맥락을 배경으로 바울서신을 붙잡고 씨름하는 것이다.

바울과 '함께' 생각하는 것은 하우어워스의 교회 윤리와 다를 바 없는 교회 윤리로 이어진다. 하지만 그런 윤리가 '반드시 바울이 당연하게 받아들였던 구체적인 윤리적 관습을 재생산할 필요는 없는데, **그 관습들은 절대 그리스도인 특유의 것이 아니라** 많은 경우 바울 당대의 윤리적 합의와 겹치는 요소들이기 때문이다'(p. 287, 저자 강조). 게다가, 바울이 그리스도인 공동체 외부에서 폭넓게 받아들여지던 선악의 기준에 호소했기 때문에, 우리 역시 바울의 '구분의 수사학'을 넘어 더 '폭넓게 공유되는 윤리 규준'을 바라보아야 할 것이다. 그렇지 않는다면 우리는 '그리스도인 특유의 윤리가 아닌 고대의 윤리를 재생산하려는 시대착오적인 시도'에 머물지도 모른다고 호렐은 경고한다. 그는 고대의 세계관을 비신화화한 불트만처럼 고대의 사고 형태를 현대의 형태로 번역하는 방식을 찾아야 할 것이라고 말한다.

이런 이야기들은 분명히 미세하게 조정된 주장들이다. 우리가 관련 사안에 대해 어떤 이야기를 하든, 그것은 세심하게 균형 잡힌 내용이어야 한다. 하지만 내가 앞서 암시했듯이, 나는 그 특정 주장이 유효하다고 생각하지 않는다. 겉으로 보기에 호렐의 작업은 (굉장히 정교한 수준이라는 점은 인정하지만) 이전의 해석 논쟁에서 익숙하게 보아 온 주장을 재생산한 것에 불과하다. 다시 말해, 주된 메시지에 필수적인 신약의 요소들과 그저 '문화의 제약을 받은' [그래서 (시대착오적인 내용으로) 제쳐 두어도 크게 잃을 것이 없는] 요소들을 구분해야 한다는 주장 말이다. 당연히 이런 시도는 좌초될 수밖에 없는 것이, 바울이나 다른 초기 그리스도인 작가의 어떤 요소도 문화적 환경에서 자유롭다고 선언하는 것이 불가능하기 때문이다. 그리고 특정 요소가 바울의 핵심 내러티브의 일부라는 호렐의 주장에 대해서는 해석자가 그러한 구분선을 너무 엄격하게 그었을 가능성이 늘 존재한다고 응답해야 한다. 현재의 문제와 관련해서, 바울이 우상 숭배와 성적 행동 같은 행위에 관해한 말들에 대해 우리는 다른 견해를 가질 수 있다. 하지만 그렇다고 해서 그런 규칙들이 바울의 '기독교 신화'와는 가시적 관련성도 없고 우리의 문화적 윤리와도 공명하는 부분이 없는 주변 문화에서 취사선택한 잡다한 경구에 불과하다고 말할 수는 없다는 것이 내 생각이다.

바울을 '넘어' 생각한다는 것과 관련해서 호렐은 자신의 호소가 '그리스도인 공동체의 구성원이 공통적인 윤리 규준을 충족하는 면에서 당대 사람들보다 더 잘 할 수 있도록 하는 것'이었다고 주장한다(p. 288). 그는 그리스도인의 이야기가 '교회의 담장 밖에서(extra muros ecclesiae) 발견되는 선한 것들을 구술하고, 긍정하고, 그로부터 배울 수 있을 것'이라고 주장한다.[151] 이 내용은 바울에 '반해' 생각하라는 도전으로 이어진다. 호렐은 이것을 '다원주의 사회를 위한 바울의 윤리'라고 부른다. 그는 통일성 안에서 다양성을 추구하라는 바울의 도전을 오늘날 우리가 사는 복잡하고 위험한 세계를 향한 유사한 도전으로 번역할 수 있다고 주장한다[다음 장에서 살펴보겠지만, 알랭 바디우(Alain Badiou) 등이 응한 것이 바로 이 도전이다.] 이런 것이 유행이 되려면, 우리는 플라톤이 한 지점에서 제안했던 것을 수행하고, 새로운 신화를 써야 할 수도 있다.

따라서 우리는 우리가 해석한 바울 윤리로부터 인류의 연대는 일부 공유된 신화를 요구한다는 생각을 도출할 수 있다. 의식 안에서 구체화되는 그런 신화는 그 연대를 구술하고 형성하며, 동시에 제한은 있겠지만 차이를 소중하게 여겨야 한다는 강력한 근거를 신앙과 양심 등의 차이 개념을 통해서든 아니든 제공할 수 있다.[152]

---

151 Horrell pp. 288-289. 이 라틴어 문구의 의미는 '교회의 담장 밖에서'(outside the walls of the church)다.
152 Horrell pp. 289-290.

이러한 광의의 일반화에는 조사가 필요하다. 어떤 종류의 신화인가? 모든 꿈이 실현될까? 어떤 부류의 연대인가?(20세기가 보여 준 세속적 연대들을 몸서리치며 떠올려 보라). 어떤 차이들? 어떤 제한들? 어떤 강력한 근거? 다른 신앙을 가진 사람들을 자기 양심을 따라 죽인 사람들은 어떠한가? 그런데 이 지점에서 호렐은 명백히 사도 바울에 반하는 방향으로 나아간다.

> 그렇다면 우리는 다원주의 사회, 나아가 초국가적인 사회에 적합한 윤리를 만들어 내기 위해 오직 그리스도만이 기반을 제공할 수 있다는 개념을 비켜 가는 인간의 연대와 차이에 관한 새로운 이야기들, 새로운 신화들을 설파하고, 그럼으로써 바울을 넘어설 뿐만 아니라 바울에 반할 수 있어야 한다.[153]

다시 한번 질문을 던질 수 있다. 어떤 종류의 이야기들인가? 그런 길을 가리키는 소설, 희곡, 영화가 오늘날에 존재하는가? 오늘날의 이야기 중 일부는 그리스도인의 관점에서 긍정적으로 보인다. 그렇다면 우리는 그런 이야기들에 우리 자신을 맡겨야 하는가? 우리는 어떤 방식으로, 어떤 근거로 선택해야 하는가? 다른 방향을 가리키는 이야기들은 어떤가? 현대 서구 사회에도 수많은 '신화'가 여전히 건재하며 상당히 파괴적인 영향을 미치고 있다는 호렐의 지적은 옳다. 그는 로렌스와 주잇이 연대순으로 정리한 '미국의 슈퍼히어로(superhero) 신화'를 예로 든다.[154] 하지만 그가—바울의 전복적인 복음을 웅장하게 설명한 이후에!—예수 이야기 **이외의** 다른 이야기가 '더 넓은 인류 집단 안에서 [그리스도인의] 정체성을 포괄하면서 동시에 상대화하는 새로운 이야기'를 제공할 수 있다고 주장한 것은 내가 보기에 과

---

153 Horrell p. 290.
154 Jewett and Lawrence 2002를 보라.

도하게 낙관적인 데다 신기하게 맹목적이다. 이런 주장은 당대의 지배적인 문화와의 '연대', 그리고 기독교 사상의 주된 (그리고 여전히 강력히 살아 있는) 흐름과의 '차이'로 향하는 가장 확실한 길이다. 호렐은 다시 한번 바울의 유대교에서 바울의 기독교로 이동해야 한다고 호소한다. 그는 그와 유사한 이동이 오늘날에도 적절할 수 있으며, 그런 이동은 추가적인 '사회적 성과로서, 그 속에서는 그리스도인들 역시 각자의 차이를 유지하지만 이제는 인류의 연대라는 새로운 기반 아래 연합을 이룬 사람들 가운데 자리 잡게 된다' (pp. 290-291). 아마도 이 지점이 바울 사상의 '묵시적' 의미를 재천명할 필요가 있는 지점일 듯하다. 호렐은 사회역사적 흐름의 학자들 대부분과 달리 '묵시적' 의미를 좀처럼 그의 논의에 고려하지 않는다. 그리스도 사건이라는 단일 순간은 더 일반적인 원칙을 보여 주는, 이 경우에는 상황이 급진적으로 변해야 한다는 개념을 보여 주는 하나의 '사례' 정도가 아니다(가장 탁월한 사례인 것도 아니다). 후기 계몽주의 서구 세계는 바울 복음의 그 핵심 사건을 그런 위치로 격하하기를 간절히 원했고, 그 이유는 후기 계몽주의 자체의 '근대성', '성년이 된 인류' 프로젝트를 보호하기 위해서였다. 역사는 오직 하나의 정점만을 가질 수 있다. 근대는 18세기에 그 정점을 자처하면서, 바울 복음에 선두 자리를 양보하고 싶지 않아 했다. 이 지점에서 냉혹한 선택이 요구된다. 예수의 죽음과 부활이 지닌 종말론적 함의, 그리고 그런 의미에서 '묵시적인' 함의를 약화한다는 것은, 큰 손실 없이 제쳐 두어도 되는 문화적 제약을 지닌 부속품 정도가 아닌 바울 메시지의 정수를 포기한다는 의미다. 그리고 단회적인 메시아의 업적에 관한 바울의 비전을 곤란한 문화적 변화를 처리하는 방법에 관한 고대의 세련된 사례 정도로 격하하는 것이 결국 적절한 조치였다 해도, 호렐이 그런 말을 쓴 이후 10년 동안, 기독교의 일부 요소를 통합하면서도 그것을 넘어 비범한 새로운 세계로 향할 새로운 신화와 새로운 사회적 실재의 출현의 가능성은 이전보다 훨씬 더 빈약해졌다. 이 지점에서 호렐은 전통적인 '계몽주의' 입장과 매우 유사한 비전을 제시한다. 즉, 기독교의 가치 혹은 적어도 우리 자신이 보존하기 원하는 가치가 더 넓은 사회의 실재 안에 담길 수 있는 새로운 '시대'(saeculum)에 도달했다는 것이다. 이런 주장을 이전에 견지했던 다른 사람들 가운데 한 명이 토머스 제퍼슨(Thomas Jefferson)이다.

하지만 나는 호렐이 이 비범한 책에서 제기한 사안들에 민감한 바울 독자들에게 열려 있는 상당히 다른 선택지가 존재한다고 믿는다. 나는 바울이 고수했던 그리스도 신화의 기본적인 이야기와 바울 공동체를 만들고 그 모양새를 갖추었던 의식들의 의미가 단지 이스라엘 메시아의 죽음 및 부활 자체와만 관련된 것이 아니라, 절정에 도달한 창조 세계 자체의 구출과 재구성으로 이해된 그 사건들과도 관련된다고 믿는다. 이 내용은 갱신된 인류에 관한 바울의 윤리, 그리고 교회의 경계를 넘어 창조 세계의 선함에 관한 바울의 인식, 그리고 '모든 사람에게 선을 행해야 한다'라는 그의 결단, 그리고 메시아의 통치 아래 창조 세계 전체의 갱신에 관한 그의 비전—믹스는 이를 아주 분명하게 이해했지만, 호렐은 이를 아주 명백하게 무시했다!—을 뒷받침하는 신학적 기초로서, (바울의 주변 세계에서 빌려 온 문화적 잡동사니에 포함된 요소로, 바울의 신앙 체계에 붙여 놓은 것이 아니라) 바울의 신앙 체계 핵심과 유기적으로 연결되어 있고 또한 그 핵심에서 흘러나온 내용이다. 달리 말하면, 나는 '자유주의'와 '공동체주의'라는 예리한 대립쌍, 즉 이 책에서도 예리하게 제시되었고 근대와 근대 말, 나아가 탈근대적 서구 세계의 특징이기도 한 그 대립쌍이 우리가 시작해야 할 지점일 수는 있지만, 바울이 우리를 데리고 갈 종착점일 수는 없다고 믿는다. 이 두 입장은 (한편으로는) 독단적인 기독교에 등을 돌리되 그 난점은 빼고 추정되는 유익만을 취하고, (다른 한편으로는) 진정한 기독교의 목소리를 재발견하려고 하면서도 새 창조의 복음을 격하하거나 무시한 시도가 낳은 장기적 결과다. 새 창조의 복음은 그저 집단 내부만을 지향하는 종파주의로 전락하는 것을 막아 줄 바울의 주요한 주제였다.

그렇다면 지난 2세기 혹은 3세기 동안의 서구 신학은 이 두 지점 사이를 왔다 갔다 한 것이다. 때로는 계몽주의 내러티브와 공모하기도 하고, 때로는 거기에서 사적인 세계로 도피를 시도하기도 했다. 차이를 유발하는 차이(즉, 참된 연대를 위협하는 차이)와 차이를 유발하지 않는 차이(즉, 유연하고 다층적인 연대 내부에서 환영받고 포용되어야 할 차이)를 어떻게 구분할지와 관련된 도전이 교회 외부뿐만 아니라 교회 내부에서도 일어났지만, 지난 세대의 교회는 그 도전에 직면하기를 회피하려고 갖은 애를 썼다. 어떤 것은 '아디아포라'(*adiaphora*; 즉, 차이를 유발하지 않는 문제)이고 어떤 것은 의무적(즉, 중요한 차이를 유발하는 문제)이라는 사실을 우리는 모두 안다. 문제는 그러한 구분의 내용과 방식 그리고 주체다. 그렇다면, 아디아포라 개념은 '보완성'(subsidiarity; 문제들을 어떤 수준에서 정리할 수 있는가? 지역 교회 수준 혹은 더 큰 본체 수준?) 및 '권위'(authority; 누가 결정하는가? 어떤 근거에서? 어떤 견제와 균형을 가지고서?) 개념과 함께 삼각형을 이루어야 한다. 따라서 믿음의 가정 안에서조차, 호렐이 기독교 신앙과 더 넓은 세계의 관점에서 자리매김한 '연대와 차이'의 문제가 그 존재감을 드러내고 답변을 요구한다.

이런 질문들은 모두 현대 기독교에 관한 사회학적 설명이 우리의 안내자 역할이 되어 줄 수 있는 질문이다. 호렐이 그의 많은 책에서 발전시킨 초기 기독교에 관한 사회학적 설명과 더 효과적으로 대화할 수 있도록 말이다. 게다가, 이 질문들은 호렐의 주된 연구 본문인 고린도전서가 많은 것을 이야기하는 내용이기도 하다. 사실 이 질문들에 대해서는 『연대와 차이』보다 고린도전서가 훨씬 더 많은 이야기를 하고 있다. 데이비드 호렐의 책은 바울을 바울 자신의 관점에서 그리고 바울 자신의 세계를 배경으로 이해하려는 목적으로, 그리고 궁극적으로는 그 새로운 이해를, 그와 유사한 방식으로 다차원적으로 이해된 우리 자신의 세계와의 창조적 대화로 발전시키려는 목적으로 '사회사'를 시도한 지난 세대의 작업에서 비롯되었고, 바울의 문화가 지닌 많은 측면과 우리 자신의 문화를 둘러싼 많은 질문을 볼 수 있도록 우리의 눈을 열어 주었다. 그 책은 내가 이제껏 읽은 가장 창조적이고 혁신적인 책 중 하나다. 내 생각에 그 책은 그 책이 추구했던 바울의 복음과 내일의 세계 사이의 지평 융합을 위한 청사진을 제시하지는 못했다. 하지만 그러한 도전이 실제 어떤 모습일지 볼 수 있도록 도와준 거대한 진전이었다.

12장

시장 속의 바울: 더 넓은 맥락으로?

1. 다시 아레오파고스로

1) 서론

바울 자신의 사회적 세계를 배경으로 바울을 연구하다 보면, 첫눈에는 완전히 새로운 조합의 질문으로 보이는 내용이 등장한다. 이런 신선한 질문들에 대해서는, 새 관점도, 불안에 떠는 새 관점의 반대자들도, 또한 '묵시'를 퍼뜨리는 사람들도, 나아가 (놀라운 사실이지만) 믹스와 호렐처럼 그러한 질문들이 자라 나왔을 토양인 사회학 연구의 최전선에 있는 학자들도 제대로 대답하지 못한다. 그렇다 하더라도, 특별히 '연대와 차이'를 부각하고 그러한 표어에 압축된 더 거대한 사안들과 바울의 관련성을 조사한 호렐의 작업은 이러한 질문들을 지시하는 이정표로 우뚝 서 있다. 물론 호렐은 그 질문들에 답변을 내놓기는커녕, 그 질문들이 실제 어떤 모습인지 확인하려는 발걸음도 내딛지 않았다. 이 질문들은 우리가 바울을 당대의 사회적·문화적·정치적 질문들을 취급하던 시장 속에 던져 놓고 그가 아테네의 시장에서 했던 것처럼 논적들과 토론하는 장면을 지켜보다 보면 목격하게 될 그런 질문들이다. 혹은 바울을 다름 아닌 아레오파고스(Areopagus; 아테네의 가장 오래되고 유서 깊은 법정으로, 행 17장은 사람들이 바울을 이곳으로 데려가 그의 말을 들었다고 한다—옮긴이)로 데려가 바울 자신의 생각을 더 충분하게, 아마도 더 위험하게 설명해 보라고 부추기면 듣게 될 이야기이기도 하다.

물론, 지난 2세기 동안 바울 학계의 다수는 바울의 아테네 활동에 관한 사도행전의 기록을 의심의 눈초리로 대했다. 이러한 태도의 부분적인 이유는 역사가들이 2차 자료(사도행전은 집필 시기나 자료의 신빙성은 차치하고 저자가 누군지도 알 길이 없다)보다 1차 자료를 선호하는 자연스러운 경향 때문이다. 하지만 그러한 의심을 향해 의구심을 가져야 할 때도 있다. 바울의 아테네 이력에 관한 의심은 특정 종교 역사학자들과 특정 신학자들이 바울을 시장에서 **떨어뜨려 놓으려는** 욕구, 특히 온갖 수를 동원해 그를 아레오파고스와 분리하려는 욕구와 관련 있지 않을까? 많은 사람이 바울의 임무가 그저 사람들에게 오직 믿음으로 칭의를 얻는 방법을 설명하는 것이었다고 생각해 왔다. 그런 바울이 스토아학파나 에피쿠로스학파와 토론을 벌일 필요가 있었겠는가? 그리고 바울이 아테네에서 짧게 체류한 뒤 고린도에 도착했을 때 고린도 교회 교인들을 향해 "여러분을 대할 때, 나는 메시아 예수, 특히 그분의 십자가 죽음 외에는 아무것도 알지 않기로 작정했습니다"라고 말했다면, 이 말에는 그가 십자가가 아닌 부활을 설파했던 아테네 사역의 반응이 썩 좋지 못했다는 사실이 반영된 것이 아닐까?[1] 그래서 그는 세상의 지혜와 관련된 모든 시도를 제쳐 두기로 작정한 것이 아닐까?

이런 설명에도 진실의 일면이 들어 있지만, 내 생각에는 정말 일면만 들어 있을 뿐이다. 바울이 처음 고린도에서 설파했던 복음을 요약한 내용을

---

1   고전 2:2.

보면 십자가와 부활이 세심한 균형을 이루고 있다.² 그리고 바울서신의 곳곳에서 우리는 그의 말처럼 '모든 생각을 포로로 사로잡아 메시아께 순종하게 만들기로' 작정하고 하나님의 지혜를 거슬러 각을 세우는 기발한 주장과 오만한 개념을 분쇄하는 바울의 모습을 본다.³ 나는 이 문제를 본서에서 가능한 것보다 훨씬 더 자세하게 다른 글에서 조사한 바 있고, 바울과 당대 사상가들 사이의 암시적 대화를 추적할 수 있는 몇 가지 방도가 존재한다고 주장했다.⁴ 내가 마지막 장에서 주장했듯이 바울은 창조와 새 창조의 신학자였기 때문에, 그는 단순히 메시아의 추종자들이 살아갈 사적인 정신세계 혹은 영적 세계를 창조하는 선에서 그칠 수 없었다. 그들은 **현실** 세계, 즉 옛 창조 세계의 한가운데서 솟아오르는 새 창조 세계의 시민이었다. 성전과 토라 같은 유대교의 상징 안에서 하늘과 땅이 서로 겹쳤듯이, 메시아의 백성도 새 창조 세계와 옛 창조 세계가 서로 위험하고 혼란스럽게 겹친 세계의 한가운데서 살아야 했다. 그들은 옛 세계를 향해 새 창조의 진리를 설파해야 했다. 사실 속량을 전하는 복음의 진리가 애초에 만들어진 목적이 옛 세계를 위한 것이었다.

그런데 바울을 **우리** 시대의 사상가들과 암시적 대화를 시킨다면 어떨까? 이런 모습을 상상해 보면, 바울을 하버마스의 '자유주의' 철학 및 하우어워스의 '공동체주의' 윤리와 대화시킨 데이비드 호렐의 대담한 실험도 갑자기 시시하게 느껴진다. 마르크스와 프로이트, 니체나 발터 벤야민, 푸코와 데리다를 바울과 대화시켜 보면 어떨까? 비슷하게 아도르노와 아렌트, 헤겔과 하이데거, 칸트와 카프카, 라캉과 레비나스 등은 어떤가? 오늘날의 바울 독자들이 이런 사상가들을 알지는 모르겠으나, 이 작가들은 우리의 사

---

2 고전 15:3-11.
3 고후 10:4-5.
4 *PFG* 14장을 보라.

고방식과 현재 서구 문화의 모습에 지대한 영향을 준 사회적·문화적·정치적 희망과 두려움을 형성한 인물들이다. 바울과 발터 벤야민(그 탁월하지만 비극적 인물이 오늘날 종종 언급되는 방식과는 사뭇 다른 방식으로)의 대화를 상상해 본 나 자신의 간단한 사고 실험이 굉장히 소박하게 느껴진다.[5] 게다가 벤야민은 훨씬 더 넓은 세상, 즉 바울을 읽는 영어권 독자 대부분에게는 생면부지의 인물일 것이다.

정말 유감이다. 본서에서 이러한 새로운 방향에 관해 간단히 언급하는 수준 이상으로는 살펴볼 수 없다는 사실도 유감이다. 이 새로운 영역을 조사한 가장 최근의 논문집 하나는 600페이지를 훌쩍 넘지만, 관련된 사안들을 제대로 토론하기는커녕 각각을 언급하는 것조차도 불가능했을 것이 확실하다.[6] 내 말에 조금이라도 의심이 드는 사람을 위해, 그 책의 표지에 있는 '소개문'을 인용하겠다.

> 사도 바울이 현대 철학계에서 유력한 인물로 다시 부상하고 있다. 비표상주의(nonrepresentational)와 유물론을 옹호하는 가장 강력한 최근의 학자 중 일부와 사건 중심 철학자들(event-oriented philosophies)이 이 고대 사도의 주제와 비유를 거듭 가져다 쓰고 있다. 바울이 칸트식 코스모폴리타니즘(Kantian cosmopolitanism), 주관성과 권력에 관한 정신분석 모델, 슈미트식 정치 신학(Schmittian political theologies), 데리다식 메시아주의(Derridean messianism), 정치적 보편주의, 후기 세속 사회 내부에서 진행 중인 정체성 정치(identity politics)의 재편을 찬성하거나 반대하는 목소리로 전유되고 있는 것이다.

---

5 *PFG*, pp. 1473-1484를 보라.
6 Blanton and de Vries 2013을 보라. 안타깝게도 그 책은 색인이 부족해 지침서로 삼기에는 어려움이 있다.

논란이 되는 이 책에는 바울과 바울 당대의 사상들 사이의 창조적 대화도 일부 포함되어 있지만, 주요한 초점은 우리 시대를 향해 제안할 수 있는 신선한 바울 이해다.[7]

이 새로운 프로젝트와 이 프로젝트가 대변하는 광범위한 연구들에 관해 네 가지 논평을 하려 한다. 먼저, 이런 연구들을 보면 1970년대의 문화적 상대주의가 시야에서 사라졌다는 사실이 눈길을 끈다. 40년 전에는, 적어도 일부 집단에서는, 18세기 어디쯤 두꺼운 선을 긋고는 그 시간 이전의 사상을 '현대 세계'로 번역해 와서는 안 된다고 혹은 번역해 오려면 적어도 엄청난 수정과 거리 두기를 거쳐야 한다고 선언하는 것이 상식이었다. 물론 지금도 그런 작업을 할 때는, 상당한 정도의 수정은 거쳐야 한다. 근래 바울을 논하는 철학자 중 대다수는 (이를테면) 부활에 관한 바울의 관점을 수용하지 않을 것이며, 많은 학자는 바울이 기록한 신이든 다른 신이든 신의 존재를 믿지 않을 것이다. 하지만 원칙상, 먼 과거의 사상가도 현재 우리가 제기하는 사안에 관한 이야기를 할 수 있다는 것이 당연시된다. 고대 사상가들은 지혜의 보고였다는 점을 인정하는 것이 요즘의 분위기다. 출판사에서 에픽테토스 및 바울 당대의 다른 학자에 관한 새로운 연구서를 발간하는 것이 가치가 있다고 생각하고, 그 책이 나아가 사람들이 고대 세계를 연구하는 것을 넘어 현대 세계를 탐험하는 데 도움이 된다고 생각한다면, 의미와 희망을 찾고 현대 세계의 사회적·문화적·정치적 딜레마로부터 한 걸음 전진하는 길을 찾는 사람들이 사도 바울에게 시선을 돌리는 것도 어쩌면 자연스러운 현상이다.[8]

---

7 창조적 대화의 사례로는 Holloway 2013; Wasserman 2013을 보라.
8 1995년에 출간된 한 에픽테투스 선집은 '지혜를 알려 주는 소책자'(Little Books of Wisdom) 시리즈의 일부로 나왔다. 또한, Epictetus and Lebell 2007; 그리고 예를 들면, Vernezze 2005를 보라. 후자는 '어수선한 시대를 위한 고대의 지혜'라는 부제를 달고 있다.

둘째, 첫째 내용에 뒤따르는 이야기인데, 불트만 당시의 실존주의가 대체로 자취를 감추었음을 알 수 있다. 하이데거와 사르트르는 여전히 중요한 기준점이지만, 이제 초점은 정치 철학에 관한 질문, 더 나은 세상을 향한 희망 쪽으로 훨씬 기울었다. 그래서 나온 것이 데리다의 '메시아주의'며, 이런 측면은 벤야민을 따른 것이다. 다시 말해, 오만한 근대주의의 꿈이 해체되었으니, 이제 폐기된 과거에 가시적인 뿌리를 두지 않은 새로운 가능성, 신선한 희망이 존재할 것이 틀림없다. 이것이 바로 지난 한두 세대 사회적·정치적 사상의 상당 부분을 추동했던 희망으로, 이 희망은 고립된 개인적 진정성에 집착했던 과거와의 절연이자 불트만에 반대했던 케제만의 반응으로 상징되는 신약 연구의 전환을 대변한다. 결국 불트만은 칸트식 관념론자였다. 그렇다면 새로운 바울은 '유물론자'인가? 이것이 바로 (적어도) 최근 출간된 그 두꺼운 논문집의 편집자 중 한 명인 워드 블랜튼(Ward Blanton)이 그의 날카로운 재해석에서 펼친 논지다.[9]

셋째, 여기에서 파생된 굉장히 다른 종류의 정치 비판이 있다. 이 비판은 지난 세대 동안 바울 학계에서 세력을 확장했다. 나는 이런 흐름에 관해 다른 글에서 더 자세한 이야기를 했기에 본서에서는 그 논의를 반복하진 않겠지만, 현재의 주제와 관련된 한두 가지는 언급하겠다.[10] 바울(과 나머지 신약)에 관한 새로운 '정치적' 해석의 갑작스러운 (대체로 미국에서 일어난) 물결은 대체로 (a) 그 시점 전까지는 상식으로 받아들여졌던 비정치적 독법에 관한 깊은 불만족과 (b) 로널드 레이건(Ronald Reagan)과 조지 부시(George W. Bush) 집권기에 소위 '종교적 우파'(religious right)의 태평스러운 전제들을 성경에 기초해 반박할 수 있어야 했다는 반성에서 비롯되었다. 갑작스럽게

---

9   Blanton 2014.
10 *PFG* 12장을 보라.

도, 로마서 13:1-7을 바울이 지배 권력이 그들의 방식대로 세상을 운영하는 것에 만족했던 보수적인 정치 사상가였다는 주장을 뒷받침하는 증거 본문으로 인용하는 것이 더는 통하지 않게 되었다. 바울서신의 표층 아래서 온갖 '전복적' 주제들이 식별되었다. 예를 들어, 예수가 주(Lord)시라면, 당연히 카이사르는 주가 아니다! 나는 다른 글에서 다소 단조로웠던 초기의 관련 진술에 더 풍부한 뉘앙스를 더하려고 노력하면서 학계의 최신 지견을 반영하려 했다. 하지만 여기서 내가 강조하려는 바는, 현대 (대체로 유럽의) 철학자들 편에서의 더 새로운 논의의 출발점은 그와는 완전히 다른 세계였다는 점이다. 리처드 호슬리 등과 관련된 '바울과 정치' 흐름은 거의 철저히 미국 특유의 현상이며, 그 수사법도 미국에서 일어나는 다슈하고 분열을 심화시키는 '문화 전쟁'으로 표현되었다.[11] 반면 더 새로운 흐름은 대개 유럽 대륙에서 나타났다.

넷째, 세 번째 내용의 균형을 잡아 주는 부분인데, 바울과 정치를 둘러싼 최근 북미의 논의 대부분은 바울을 구체적으로 그 당시 로마제국 안에 자리매김시키려고 노력한다. 그 작업이 만만치 않음에도 말이다. 그렇다면 이 기획에는 역사적 난점(우리가 그 세계를 정확하게 묘사하는지 어떻게 확신할 수 있으며, 그 세계를 지시하거나 적어도 암시할 가능성이 있는 바울서신의 본문들을 어떻게 평가할 것인가)과 해석학적 난점(로마제국에 관한 바울의 관점을 우리가 알아냈다 해도, 그 내용을 그와는 상당히 다른 우리 시대의 제국에 어떻게 전용할 것인가)이 뒤따른다. 그런데 더 새로운 대륙의 저작들에서는 학문 작업의 방향성이 반대로 바뀐다. 아마도 이 현상은 '역사' 자체에 대한 더 큰 좌절감을 반영하는 것 같다. 아감벤(Agamben), 타우베스(Taubes), 바디우 같은 철학자들은

---

[11] 예를 들면, Horsley 1997, 2000; *PFG*, pp. 1276-1277에 있는 더 자세한 나의 논평을 보라. 논쟁은 진행 중이다. 예를 들면, McKnight and Modica 2013; Heilig 2015를 보라.

현대의 상황에 관한 분석을 논의의 출발점으로 삼는다. 그 분석에서 미국 제국은 단역에 해당하며, 소위 자본주의적 재앙을 보여 주는 일차원적 사례일 뿐이다. 그들은 이런 분석을 마친 후에야 비로소 이와 비슷하거나 이를 반영하는 내용을 바울서신에서 찾는다. 당연히 실제 상황은 절대 그처럼 간단치 않다. 현대 미국에서 '바울과 정치'를 연구하는 학자 중 일부도, 아니, 아마도 대다수가 현재 사회에 관한 그들의 불만족에서 출발해 그들의 마음에 상정된 유사성을 품고 1세기로 향하는 것으로 보인다.[12] 하지만 이 두 학파가 실제로 집필한 내용의 차원에서는 눈에 띄는 차이가 존재한다. 물론 미국의 경험과 유럽 대륙의 경험 사이에는 분명한 유사점도 있다. 모두 18세기 말의 영광스러운 혁명(프랑스에서는 1789-1794년에, 미국에서는 1776년에 일어났다)을 되돌아보며, 또한 19세기 중반에 일어난 차후의 사회적 격동(유럽에서는 1848년, 미국에서는 1860년대의 내전)을 되새긴다. 하지만 이러한 사건들이 문화적·철학적·정치적 상상의 차원에서 대서양의 동쪽과 서쪽에 미친 영향에는 의미심장한 차이가 있으며, 그 차이는 주해와 해석학 면에서 각자가 내세운 프로젝트의 차원에도 드러난다. 으례 그렇듯이 영국은 어색하게 중간쯤에 자리 잡고 있다. 지리적으로는 유럽, 언어상으로는 미국과 연결되어 있고, 사상 측면에서는 미국의 영향을 받는다는 의심이 짙으며, 단기적 실용주의에 현혹된 것이 영국이다.

이러한 이야기들은 더 새로운 철학적 흐름의 맥락을 설정하는 데 도움이 될 수 있으며, 또한 바울 학계의 서로 다른 흐름 사이에 그동안 대화가 없었던 이유에 대한 얼마간의 설명이 될 수 있다. 일반적으로 바울 학계와 마찬가지로, 특히 철학과 정치학의 차원에서도 영어권 학계가 지배적이라는 사

---

12 예를 들면, Badiou 2003 [1997], p. 2를 보라. '분명히 말하지만, 내 의도는 역사화도, 주해도 아니다. 내 작업은 철저히 주관적이다.'

실은 그와는 다른 방식의 질문 설정 자체를 배제한다는 것을 의미한다. 본서의 앞부분에서 언급한바 샌더스, 마틴, 믹스로 대변되는 흐름들 간에 대화가 부족했다는 사실을 유감스럽게 생각할 수 있다. 하지만 '바울과 정치'란 주제를 연구한 학자들을 포함해 영어권 바울 학자들 대부분과 더 새로운 대륙의 논의들 사이의 대화 부족에 비하면 그 정도는 약과다. 양쪽 모두 상대에 큰 관심이 없다.[13] 이런 상황은 당연히 도움이 될 리 없다. 조만간 누군가는 잠망경을 올리고 높이 솟은 벽 너머를 살펴봐야 할 것이다. 물론 뒤를 돌아보기 위한 또 다른 잠망경도 필요할 것이다. 현재의 간단한 논의가 그러한 잠망경의 역할로 의도된 것은 아니다. 그저 우리의 관심을 기다리는 작업이 있다는 사실을 알리려는 것뿐이다.

본서의 앞부분에서 살펴본 세 가지 주요 흐름과 마찬가지로 바울을 철학적인 관점에서 복원하려는 움직임 역시 좌절감에서 비롯되었다. 우리가 확인했듯이, 새 관점의 동인은 유대교를 경멸하는 관점을 거부하려는 몸짓이었다. '묵시적' 운동의 동인은 인간 내면에 집중하는 (불트만식) 실존주의에 대한 케제만의 실망이었다. '사회사적' 운동의 동인은 맥락을 제거한 20세기 '말씀 신학'에 대한 불만족이었다. 더 새로운 철학적 저술들은 (물론 궁극적으로는 서로 연관되어 있겠지만) 그와는 다른 좌절감에서 등장했으며, 이런 기운은 이미 1930년에 감지되었고 이제는 상당히 커졌다. 구(舊) 유럽 좌파는 러시아 혁명을 프랑스 혁명의 적통으로 간주하곤 했지만, 십수 년 만에 의심이 싹트기 시작했고 히틀러와 스탈린이 1939년 8월 독소불가침 조약을 체결하자 의심은 더욱더 커졌다. 전후(戰後) 마르크스주의는 1989년 베를린 장벽의 붕괴와 더불어 최후의 일격을 맞았다. 물론, 프랜시스 후쿠야

---

[13] 해당되는 책들의 색인만 훑어봐도 이 문제를 확인할 수 있다(예를 들면, Badiou 2003 [1997]; Taubes 2004 [1993]; Agamben 2005 [2000]; Blanton 2014). 이 책들 대부분에서 지나가는 언급 이상으로 평가되는 유일한 신약학자가 Bultmann이다.

마(Francis Fukuyama)가 성급하게 선언한 것처럼 그 시점에서 역사가 종언을 고한 것은 아니다.[14] 사실 세계는 더 위험하고 혼란스러운 장소가 되었고, 우리는 모든 질문을 값싼 좌우 논리('공산주의가 졌고 자본주의가 승리했다') 아래 포섭할 수 있다고 가장하는 방식으로는 이러한 위험에서 자신을 지키거나 우리의 혼란을 해명하지 못한다. 필수적인 질문들이 아직 남아있으므로 도움을 구하는 것이 현명하다.

그래서 『바울의 새로운 순간』(*Paul's New Moment*)이라는 책의 편집자들은 다음과 같이 정곡을 찌르는 배경 설정으로 그들의 작업을 소개한다.

자본주의 세계가 주체할 수 없는 지경이 된 이 시점에서 우리는 걸음을 멈추고 자문해 볼 수 있다. '부당하고 비인간화를 부추기는 세계 자본주의의 논리에 맞서야 할 진지한 좌파 저항운동은 무엇을 했는가?' 지난 수십 년 동안, 자본주의 내부의 어두운 논리를 비판하는 모든 시도는 케케묵은 시도로(혹은 비미국적인 것으로) 일축되었다. 하지만 금융 자본주의 전체가 붕괴할 위험을 맞은 이 시점에서[이 책은 2008년 전후로 집필된 것으로 보인다], 좌파의 참된 비판들조차 어떤 이유로 그리고 어떤 문화적 상황 아래서 체계적으로 배제되어 무위로 돌아가는 것인지 궁금할 수 있다.…앞장서서 발언할 사람 혹은 학문 분야는 없는가?[15]

이 시점에서 새로운 통찰이 절실하게 필요하다. 철학자들(그중에는 명백한

---

14   Fukuyama 2012 [1992].
15   Milbank, Žižek and Davis 2010, p. 1의 'Introduction.' 이 부분의 날카로운 변론도 미국 중심적이어서, 그다지 유용하지 않아 보인다. '이 책의 주요 목적은 미국의 세속적인 기독교 해석에 도전을 던지려는 것이다. 그들은 싸우려는 시도도 없이 세상을 기업에 넘겨 버렸다'(p. 4). 이 내용은 Milbank의 주요 논문에 풍부하게 설명되어 있고, 곧 논의할 것이다. 그렇다고 해서 이 내용이 내가 방금 언급한 분리, 즉 대륙의 철학자(그리고 당연히 미국식 복원)와 미국의 '바울과 정치' 작가들 사이의 차이를 훼손하는 것은 아니다.

무신론자도 끼어 있다)이 도움을 구하고자 바울에게 시선을 돌린다는 것은 아주 고무적인 현상이며, (예를 들면 하나님의 존재에 관한 문제 같은) 아주 기본적인 차원에서 명백한 의견 차이가 있는데도 바울이 종종 그런 철학자들에게 신선한 자극을 제공한다는 사실은 바울 사상의 강력함에 관해서도 시사하는 점이 많다.[16] 우리가 '사회적 구체화의 해석학'이라는 웨인 믹스의 의제를, 혹은 '연대'와 '차이'의 문제를 다루어야 한다는 데이비드 호렐의 제안—호렐도 그만의 제한된 관심사 안에서 독특한 방식이지만 이 철학자들의 작업을 다소간 하고 있다. 물론 호렐은 훨씬 더 주해적인 측면을 고수한다—을 따라야 한다면, 어떤 식으로든 이 새로운 흐름과의 대화를 시작해야 한다.

솔직히 고백하자면, 이 사안과 관련해 주류 바울 주해가 당면한 문제는 이중적이다. 첫째, 철학자들이 말하는 내용을 이해하는 작업만 해도 지난 200년간 유럽의 철학 사상에 관한 집중 수업이 필요할 것이다. 이런 논의들은 오랫동안 진행되었으며, 바울을 이런 논의들 가운데로 가져가려 한다는 것의 의미는 그보다 더 긴 담론의 역사 안에서 따져 볼 문제다. 하지만 그런 내용 중 대부분을 주류 바울 학자들도, 심지어는 학위 수준까지 철학을 연구한 이들도 교육 과정 중에 다루지 않고 있는 실정이다. 둘째, 아마도 이런 상황의 결과일 텐데, 관련 저작들의 내용이 종종 (적어도 문외한들에게는) 무슨 말인지 이해가 되지 않는다. 다른 모든 학문 전통 및 전문 분야와 마찬가지로, 그리고 이 문제라면 음악계나 체육계와 마찬가지로, 정치 철학자도 줄임말과 암호를 사용한다. 이런 용어들은 특정 종파의 은어처럼 내부에서 진행되는 상황을 외부인이 알 수 없게 만들려는 의도로 비칠 수 있다.

그렇다면 참 유감스러울 것이다. 왜냐하면 (잠시 워드 블랜튼의 이야기를 다시 하자면) 내 생각에 블랜튼의 기획은 바울에 관한 가장 중요한 내용 중 하나,

---

16   예를 들면, Badiou 2003 [1997], pp. 1-3에 나오는 날카로운 진술을 보라.

즉 **바울은 플라톤주의자가 아니었다**는 점을 제대로 간파했기 때문이다(오늘날 바울을 어떻게 복원할 것인가의 차원에서 중요한 점이다). 블랜튼은 기독교가 '대중을 위한 플라톤주의'(a Platonism for the masses)라는 니체, 프로이트 등의 가정에 맞서 일관되고 집약된 논의로 반발한다. 블랜튼의 책 제목인 『대중을 위한 유물론』(*A Materialism for the Masses*)에 이런 측면이 반영되어 있다. 이 책은 바울을 물질세계에 열렬한 관심을 가졌던 인물로 이해한다. 따라서 니체로부터 데리다에 이르는 노선의 사상가들은 바울을 오독한 것이다. 니체는 바울을 '나약함'을 찬양하는 비인간적 태도를 최초로 제공한 인물로 이해했고, 데리다는 바울의 사상을 '시대에 역행하는 이원론적 형이상학'이라고 풍자했다. 반면 블랜튼은 그러한 '바울' 독법을 두고 이렇게 주장했다.

> [그러한 '바울' 독법은] 서양의 종교사 및 철학사에서 결정적인 시기와 유물론 철학이 벌였던 소통을 모호하게 만들었고, 그 결과 요즘 같은 생물정치(biopolitics) 혹은 포스트휴머니즘(posthumanism) 시대의 절실한 요구인 삶에 관한 새로운 유물론 철학에 대한 중요한 자료들을 모호하게 만들고 말았다.[17]

(결과적으로) 바울을 일종의 쾌락주의자(Epicurean)로 만드는 것(이 입장은 그렇게 될 우려가 있다)도 그를 관념론자로 만드는 것만큼이나 방식에 있어 문제가 많다. 다시 한번 역사와 주해의 관점에서 문제의 소지가 있다. 발터 벤야민은 어떤 작품의 진실에 도달하려면 '주어진 대상의 개별적인 세부 사항에 최대한 정밀하게 몰입하는 과정'이 필요하다고 적었다.[18] 무언가를 복원하려

---

17 Blanton 2014, pp. 10-11. 참조. 또한, Milbank et al. 2010, p. 1. 신학은 (그리고 기독교 전통은) '주관적 진리의 유물론적 정치'에 연료를 공급하는 원천과도 같다. 이 학자들은 궁극적 '사건'이 예수의 성육신과 십자가 그리고 부활이라고 주장한다.
18 Benjamin 1974-1489, vol. 1, p. 208. 나는 이 언급을 de la Durantaye 2012, p. 50에서 발견했다.

는 프로젝트가 복원할 대상에 끊임없이 관심을 기울이지 않는다면, 얼마나 멀리까지 그 작업을 진척시킬 수 있을지는 불확실하다. 다시 한번, 이것은 역사의 영역이다. 내가 두려워하는 것은 우리가 언급하는 인물이 문화적 기억 속의 '바울'인 경우가 너무 빈번하다는 사실이다. 당연히 이것은 우리가 모두 당면하는 문제로서, 역사 연구를 끊임없이 갱신하는 것만이 이 문제에 대한 유일한 해결책이다.

이 지점에서 우리에게 필요한 것은 아감벤, 타우베스, 바디우 등이 바울에 관한 그들의 연구를 저술한 문화적·정치적·철학적 환경의 지도다. 그 지도에서 블랜튼과 다른 사람들 그리고 데이비스, 밀뱅크, 지젝(Žižek)이 더 발진된 연구 및 제안과 함께 등장하고 있다. 이 거대하고 종종 금지된 영역을 탐험하기 위해서는 호렐의 책 2장과 동등한 작업이 우리에게 필요하다. 호렐은 그 장에서 하버마스와 하우어워스를 '자유주의'와 '공동체주의' 프로젝트 각각의 분명한 대변자로 설명했다. 그러한 작업은 가장 간단한 형태로 압축한다 해도 한 장 이상의 분량이 필요할 것이다. 니체의 복합적인 사상과 영향만 해도 그러할 것이다. 내가 여기서 할 수 있는 일이라곤 그런 작업을 시작할 수 있는 지점을 가리키는 정도다. 내가 내 저술에서 대화상대로 삼은 바울 신학자들도 그렇지만 나 역시도 중요한 사항들이 발견될 것으로 생각되는 지점 근처를 살짝 훑어보는 수준의 작업밖에 할 수 없음을 인식하고 있다.

내 생각으로 우리가 직면한 것은 케제만과 호렐이 서로 다른 방식으로 제기한 해석학적 질문의 더 집약되고 복잡화된 형태다. 케제만은 딜레마와 마주했다. "바울의 복음을 불트만처럼 개인적이고 '인간론적인' 메시지로 이해해야 하는가, 아니면 '우주적' 조망에서 해설할 필요가 있는가?" 그 질문은 20세기 중반에 날카롭게 부상했다. 케제만은 악의 세력이 날뛰는 시기에 각 사람이 자신의 진정성을 함양하는 것으로는 충분하지 않다고 믿었다. 바울도 고대 환경에서 하나님의 의와 어둠의 세력 간의 거대한 전투를 연상케 하는 언어를 사용하기 때문에, 우리는 우리 자신을 위해 그 언어를 복원하려고 노력해야 한다. 하지만 앞서 2부에서 살펴본 바와 같이, 그러한 양자택일('인간론'이나 '우주론' 중 하나)을 바울 이해의 템플릿으로 사용하려는 시도는 유대교의 '묵시' 본문과 바울서신 모두의 실제 역사적 주해 면에서 실패하고 만다. 바울은 그런 이분법에 저항하며, 계속해서 자기 나름의 방식으로 자신의 이야기를 한다. 데이비드 호렐의 경우, 그 딜레마는 20세기 말의 관점에서 제기되었다. "바울은 기본적으로 '자유주의' 사상가인가 '공동체주의' 사상가인가?" 내 생각에 호렐은 바울이 이런 이분법에 저항했으며 우리 문화를 갈라놓은 이 두 이념을 통합하는 나름의 방식을 바울이 발견한 것으로 이해했다. (여기서 1부로 돌아가서 샌더스가 제기한 질문이 어떤 측면에서 바울 자신은 저항했을 질문인지 혹은 적어도 다른 방식으로 표현했을 질문인지 물을 수 있다.)[19] 그런데 이제 질문은 더 복잡해졌다. 왜냐하면 다음과 같은 질문으로 나아가야 할 것이기 때문이다. "세상을 더 나은 곳으로 탈바꿈시킬 결정적인 메시아적 '사건' 혹은 혁명적 '사건'을 고대했지만 이제껏 더 큰 실망만을 경험해 온 세상을 향해 바울은 무슨 말을 해야 할까?" (나를 포함해) 최근의 저작 일부에서 제기된 '바울과 제국'에 관한 양자택일식 접근보다 훨씬 더 깊은 주제가 있으니, 바로 '바울과 서구 문명'이다.

이 질문에는 지난 두 세기의 유럽 역사에 관한 (그리고 일정 정도로는 유럽이 다른 곳에 결정적인 영향력을 가지게 된 이후 세계 역사에 관한) 어떤 관점이 전제되어 있는데, 그 관점에서 프랑스 혁명은 결정적인 관문 역할을 한다. 여전히 많은 유럽의 정치 사상가들은 프랑스 혁명을 가장 결정적인 '사건', 즉 계몽주의 이상 중 적어도 일부를 실제 정치 속에 구현한 사건이자 옛 봉건제를

---

19 *PFG* 13장, 특히 pp. 1321-1324를 보라.

일소했다고 선언한 사건으로 이해한다. 그런데 프랑스 혁명은 무엇을 위한 기반을 닦은 사건이었는가? 답은 극히 혼란스러운 19세기를 위한 기반을 닦았다는 것이다. 19세기에는 프랑스 군주제가 회복되었다가 다시 폐지되었다가 회복되기를 반복했고, 결국 위대한 혁명의 해인 1848년으로 이어졌다. 1848년 몇몇 유럽 국가에서 혁명이 발생했고, 이 혁명들은 카를 마르크스와 프리드리히 엥겔스(Friedrich Engels)가 장차 올 훨씬 더 거대한 혁명에 관한 그들의 이론을 고안하는 데 충분한 원자료를 공급했다. 이 모든 운동은 궁극적으로 거대한 혁명을 위한 이정표로 이해될 것이다. 프랑스 혁명 자체가 사회적 유토피아를 낳은 것은 아니었다. 지배적인 좌파 내러티브 하나에 따르면, 1789년(프랑스 대혁명이 일어난 해—옮긴이)의 사건들은 오래되고 낡은 봉건제도를 제거했고, 그럼으로써 우연히도 새로운 중간 계급인 부르주아의 발흥을 위한 문을 열었으며, 이들은 옛 귀족들의 경제력을 우리가 (이런저런 형태의) 자본주의로 알고 있는 새로운 경제 체제로 대체했다. 이어서 자본주의는 (적어도 마르크스 등의 견해로는) 수많은 새로운 종류의 불의와 불평등을 낳았고, 그 결과 새로운 세계를 꿈꾸었던 사람들은 그들 자신이 두 시기 사이에 끼인 존재임을 알게 되었다. 즉, 그들은 수많은 희망을 낳았던 원래 혁명의 시기와 그러한 꿈들이 (혹은 적어도 그러한 꿈들의 직계 후손들이) 마침내 실현될 다가올 더 위대한 혁명의 시기 사이에 놓인 존재였다.

마르크스에서 니체를 거쳐 발터 벤야민 등에 이르기까지의 사상가들은 이 새로운 '사건'이 어떻게 일어날지에 관해서는 의견이 달랐다. 적극적인 봉기와 저항을 통해서 올 것인가? 내부로부터의 혹은 아래로부터의 개혁 시도를 통해 추진될 것인가? 아니면 옛 질서 자체가 그 무게를 감당 못 해 붕괴될 때 일어날 것인가? 여기서 우리는 성경적·신학적 딜레마의 반향을 읽을 수 있다. 도망치던 이스라엘 민족은 돌아서서 이집트 군대와 맞서 싸워야 하는가 아니면 가만히 서서 주님의 구원을 목도해야 하는가? 소위 혁명

당원들은 새로운 형태의 폭정에 맞서 최선을 다해 저항해야 하는가 아니면 그런 저항은 자력 구원을 추구하는 세속적 펠라기우스주의일 뿐으로, 그들에게 필요한 것은 세속적 형태의 외부에서 개입되는 (묵시적인?) 신적인 구출 행위인가? 개혁을 시도하는 것은 부르주아적 자본주의 세력과 타협하고 결탁한다는 의미로, 그저 그들의 악한 방식으로 그들의 힘을 강화해 주는 것인가? 그리고 위대한 새로운 순간이 온다면, 그것은 체계 내에서 은밀하게 작동하는 사회적·문화적·경제적 세력을 통해서 혹은 그 길을 가리키기 위해 등장한 어떤 '위대한 인물'을 통해서 오는 것인가?

이런 와중에 교회에서 제시할 수 있는 유일한 답변은 세상에서 도피하는 쪽을 추구하는 근본주의와 세상을 수용하는 쪽을 추구하는 자유주의라는 양극화된 길로 보였다. 그것은 문제를 재진술하는 것에 불과할 것이다.

> 하지만 겉으로는 달라 보이는 이 두 해석의 지평(근본주의와 자유주의)은 사실 더 깊고 더 은밀한 수준에서는 한통속이라는 사실에 주목하라. 왜냐하면 이 각각은 그리스도인의 저항이라는 골치 아픈 문제를 세상을 포기하거나(근본주의) 권력을 세상에 넘겨주는(자유주의) 것으로 축소해 버린다.[20]

여기서 '자유주의'란 개념이 호렐이 하버마스와 관련해 사용했던 것과 같은 의미로 사용되었다고 생각하지는 않는다. 하지만 여기에 언급된 이분법은 독자들 대부분에게 친숙할 것이다.

이 일반성의 수준에서도, 우리는 20세기 유럽의 정치적·철학적 논쟁에 내재된 긴장을 적어도 어느 정도는 이해할 수 있다. 제1차 세계대전으로 인해 모든 것이 한층 더 악화되었고, 당연히 서로 다른 많은 불꽃의 장작이

20　Milbank et al. 2010, p. 4.

쌓였으며, 모든 면에서 새로운 번뇌와 분노의 층이 추가되었다. 1917년 러시아 혁명, 1920년대 경제 위기, 1930년대 바이마르 공화국의 몰락과 나치의 발흥 등 여기서 간단히 다루기에도 너무 복잡한 이 사건들 각각은 오직 급진적인 새로운 순간만이, 아마도 '메시아적'이라는 세속화되었지만 여전히 유대교적인 그 명칭이 어울릴 수도 있는 그런 순간만이, 갈수록 절망적으로 변해 가는 상황을 많은 사람이 여전히 꿈꾸고 있는 방식으로 탈바꿈시킬 수 있을 것이란 인식이 확대되는 데 이바지했다. 철학 용어로 표현한 이 모든 요소가 20세기 말에 벌어졌던 논쟁의 배경이며, 일부 바울을 복원하려는 시도와도 관련되어 있다. 앞서 말했듯이, 영어권 바울 학자 중에는 이러한 복잡한 문화적·철학적 딜레마에 뛰어든 사람이 거의 없으므로, 이 문제를 완전히 소화한 새로운 작업을 찾기도 힘들고, 있더라도 주해가보다는 철학자들만의 작업이라는 사실은 놀랍지 않다.[21]

제2차 세계대전 이후로 상황은 변했다. 서로 다른 다양한 혁명 신학이 나타났다 사라졌다. 옛 유럽 좌파는 1968년 파리의 그 사건(les événements) 당시, 그들이 기대했던 것에 가까운 결과를 낳을 조짐이 잠시 보였을 때, 숨을 죽이기도 했다. 하지만 그 순간은 (적어도 그들이 바라던 종류의) 지속적인 사회정치적 결과를 만들어 내지 못하고 지나가고 말았다. 그리고 20년이 흐른 뒤, 아직 어떤 형태든 마르크스-레닌주의의 꿈을 붙잡고 있던 사람들은 1989년 소련과 그 위성 국가들의 붕괴를 보고 절망해야 했다. 그 후에 남은 것은 심하게 변형된 중국식 공산주의와 많은 조롱을 받는 고립된 북한식 공산주의, 그리고 현대의 가장 큰 정치적 실험 후 누더기가 된 베네수엘라 등의 정권이다. 이로 인해 좌파는 다시 궁지에 몰렸지만, 그들 중 일부는

---

21 유용한 책들이지만 Milbank, Žižek and Davis 2010 와 Harink 2010a 같은 책들에서와 마찬가지로, Martyn 2010의 논문은 Agamben 등을 이야기하지 않으며, Fowl 2010과 Elliott 2010의 논문은 자세한 주해를 피한다.

그들은 늘 그런 상황이라고 생각했기 때문에 반드시 찾아올 또 다른 위기의 순간을 기다리며 준비했다. 바로 자본주의 체계가 비대해질 대로 비대해진 무게를 못 이기고 비틀거리며 무너질 순간 말이다. 2007년과 2008년 경제 위기가 때마침 찾아왔지만, 그 결과는 '체계'의 변혁이 아닌 재확인이었다. 서구의 권력은 은행과 대기업을 원조하기 위해 세금을 동원해 자산가들을 파산에서 구출했다. 물론, (마르크스주의자뿐만 아니라 많은 사람의 눈에도) 그 자산가들은 극빈층을 파산으로 몰아넣었지만 말이다. 이 책을 집필하는 동안 반쯤 지나고 있는 21세기의 두 번째 10년은 유럽만이 아닌 전 지구적 규모로 사회적·정치적 불안과 소동이 증가하고 있다. 신이슬람 무장 세력은 테러와 파괴를 자행하고, 이스라엘과 팔레스타인의 곪은 상처는 나아지기보다 악화되는 것으로 보이며, 옛 철의 장막을 따라 긴장이 다시 고조되고 있다. 그러는 동안, 각광받아 온 서구 자유 민주주의의 효과를 향한 의심이 심지어 대중적 수준에서도 제기되었는데, 불안하게도 그 의심들은 이전 세기 전체주의의 길을 닦았던 의심들과 유사하다. 이러한 의심들은 세속적 '생명정치'(biopolitical)를 따르는 많은 철학적 관찰자들이 표현한 더 깊은 이론적 동요와 연결되었는데, 이 부분은 곧 살펴보겠다.

바울과 동시대의 철학자들에 관한 최근 책의 평론가들 다수는 우리 시대의 문제와 대화하려 하며, 독자들은 이제 내가 이 영역의 간략한 지도를 제시하는 작업도 본서보다 훨씬 더 두꺼운 책이 될 것이라고 말할 때의 그 의미를 이해할 것이다. 이 연구 영역의 많은 부분에 스며들어 있는 전제는 생각이 제대로 박힌(right-thinking) 관찰자들 모두[이 말은 당연히 좌파(left-thinking) 관찰자들까지 의미한다]는 일종의 개시된 종말론을 수용해야 한다는 것이다. 이 종말론은 **시간**에 관한 이해로서, 과거의 혁명적 사건이 그 이상의 유사한 사건들이 일어날 가능성의 문을 열었고 그 사건들이 (말하자면) 그 과정을 완성할 것이라는 시간관이다. 그들이 바울을 언급하는 것이 바로 이 이유 때문이다.

2) 바울, 시간, 조르조 아감벤

새로운 시간관을 다룬 이러한 작가 중 가장 유명한 사람이 이탈리아 철학자인 조르조 아감벤(Giorgio Agamben) 이다. 그는 철학, 정치, 미학 관련 주제에 관해, 그리고 이러한 주제와 유대교 및 기독교 사상의 만남에 관해 광범위한 집필을 하고 있다.[22] 이제는 폭넓게 논의된 바울에 관한 그의 논문은 로마서 주해를 자처하지만, 사실 그 논문은 훨씬 더 넓은 성찰을 위한 도약대로써 로마서의 처음 몇 절만을 활용할 뿐이다.[23]

아감벤은 그가 새로운 종류의 시간, '메시아적' 시간을 산다는 것에 관한 바울의 강조로 이해한 내용을 자세히 설명한다. 그 시간은 과거의 사건과 장차 올 사건 사이에 속하며, 이 시간 속에서는 모든 것이 달라진다. 이것은 불트만이 고린도전서 7장 해설에서 '마치 그렇지 않은 것처럼'(hōs mē) 살아야 한다고 말한 시간이다. 아감벤은 "마르크스주의의 '계급 없는 사회'(classless society) 개념은 메시아 시간 개념을 세속화한 것"이라는 발터 벤야민의 주장을 짚어 내서, 이를 궁극적·구속적 미래의 관점에서 모든 것을 바라보아야 한다는 아도르노의 경구와 연결한다.

절망적인 상황에서 책임감 있게 실행될 수 있는 유일한 철학은, 모든 것이 속량

---

22 예를 들면, 그의 특출한 책 *The Kingdom and the Glory* [Agamben 2011 (2007)]를 보라. 나에게 이 책을 알려 주고 Agamben에 관한 유익한 토론을 해 준 내 친구이자 동료인 스위스 Freiburg University의 Barbara Hallensleben에게 감사한다.
23 Agamben 2005 [2000]은 이 절들이 로마서 전체를 압축적으로 담고 있다는 주장으로 이러한 선택을 정당화한다. 이 주장은 자세하게 정당화하기는 힘들지만, 보통 비슷한 이유로 종종 인용되는 롬 1:16-17을 격상시키는 장점이 있다. 앞으로 Agamben을 언급하면 이 책을 가리키는 것이다.

의 관점에서 자신을 어떻게 표현할지 성찰하려는 시도다.[24]

아감벤이 말하길, 바울에게는 이것이 급진적인 움직임과 더불어 시작한다. '마치 그런 것처럼'(as if, '마치' 속량이 가까이 온 '것처럼' 사는 것)이 아니라 '그렇지 않은 것처럼'(as not)인 이유는,

> 메시아의 도래는 모든 것이, 심지어 이 사안을 성찰하는 주체들까지도 **그렇지 않은 것처럼**에 포획되어, 부름 받는 동시에 취소됨을 의미하기 때문이다.[25]

아감벤은 "이것이 갈라디아서 2:20, '사는 것은 더 이상 내가 아니라…내 안에 사시는 메시아시다'의 의미"라고 말한다. 이것이 새로운 종류의 시간, '권력과 그 권력의 법의 손아귀를 벗어난 공간'을 탄생시킨 핵심 사건이다.[26] 이런 식으로 아감벤은 압제적인 세속 사회의 신호와 상징인 '법'을 향한, 이제는 규준이 된 정치 비판을 위해 바울의 '복음과 율법' 변증법을 동원한 것으로 보인다. 그가 적길, '율법의 원칙은 따라서 구분이며, 메시아는 실제로 율법과의 갈등을 보여 주는 최고의 사례다'(pp. 47, 49). 이로 인해 아감벤은 바울의 '남은 자'(remnant) 개념을 차용할 수 있었는데, 이제 이 용어는 지배 체계에 대한 저항을 구현하는 사람들을 표상한다(p. 57). 이런 이야기들은 예언자보다는 사도로서 바울이 아직 오지 않은 때에 관해서가 아니라, '현 시간'(*ho nyn kairos*, present time)에 관해 이야기했다는 그의 주장으로 이어진다. 현재라는 시간의 특징은 '현 세대'(present age)도 '올 세대'(age

---

24 Agamben 2005 [2000], p. 35가 인용하는 Adorno 1974 [1951], p. 247.
25 Agamben p. 41.
26 Agamben p. 27. 이 내용 때문에 나는 십자가라는 '시구'(trope)가 'Agamben의 바울 해석에 현저히 부재하다'는 Griffiths 2010, p. 190의 주장에 의문을 품게 되었다.

to come)도 아닌 남은 시간(remant)으로서, 그 두 세대 사이에 존재하는 시간이며, 시간의 분할 자체가 분할되는 시간이다.[27]

이 지점이 아감벤의 책에서 핵심 주장이다. 바울은 이 새로운 종류의 시간을 단순히 연대기적으로 이어지는 시간이나 세상 마지막에 관한 사색과 관련된 텅 빈 공백으로 보지 않고, 붙잡아야 할 순간, '매수해야 할' 혹은 '속량해야 할' 순간, 나아가 '꽉 쥐어야 할' 시간으로 설명한다.

> 메시아적 시간은 **시간이 끝장나기 시작하는 시간**이다. 아니 더 정확히 표현하면, 우리가 끝장을 내기 시작해야 할 시간, 우리의 시간 표상을 획득해야 할 시간이다. 이것은 (표현은 가능하나 생각은 불가능한) 연대기적 시간의 선도 아니며, (마찬가지로 생각이 불가능한) 시간의 마지막 그 순간도 아니다. 또한, 연대기적 시간에서 잘라 낸 분절도 아니다. 오히려 연대기적 시간 내부에 압축된, 그리고 그 내부에서 작용하며 그 시간을 변화시키는 조작적 시간(operational time)이다. 그것은 우리가 시간의 끝을 내야 할 시간으로, **우리에게 남겨진 시간**이다.[28]

아감벤은 이런 통찰을 안식일과 연결하며, 안식일을 일종의 메시아적 시간으로 보아야 한다고 제안한다. 즉, 안식일은 그저 다른 하루가 아닌 다른 **종류의** 날로서, 일상의 시간 안에 분리를 일으키고, '우리는 그것을 통해—아슬아슬하게—시간을 움켜쥐고 시간을 성취할 수 있다'(p. 72). 이 시간은

---

27   Agamben p. 62.
28   Agamben pp. 67–68, 원서 강조.

'과거(완료된 것)는 현실을 재발견하고 미성취된 상태가 되며, 현재(미완료된 것)는 일종의 성취를 획득하는' 순간이다(p. 75).

이런 이야기는 바울의 '총괄'(recapitulation; 엡 1:10의 등장하는 개념으로, 개역개정은 '통일'로 번역 — 옮긴이) 개념에 관한 폭발적인 주장으로 이어진다. 아감벤은 에베소서 1:10이 그 편지만이 아니라 서구 문화를 관통해 장차 올 것의 많은 부분을 요약한다고 생각했으며, 이는 옳은 판단이다.

바울은 메시아적 속량이라는 신적 기획을 제시한 후 다음과 같이 기록했다. '시간의 충만(pleroma)의 섭리에 관해 말하자면, 만물이, 하늘에 있는 것과 땅에 있는 것이 그분 안에서 총괄된다.' 이 짧은 문장에는 굉장한 의미가 담겨 있어서, 서구 문화의 토대를 이루는 몇몇 개념 — 오리게네스와 라이프니츠(Leibniz)의 만유구원론(Apocatastasis), 키르케고르(Kierkegaard)의 반복(repetition) 혹은 회복(retrieval) 개념, 니체의 영원 회귀(eternal return) 개념, 하이데거의 반복 개념 등 — 은 이 문장에 정초된 의미가 폭발한 결과라고 말할 수 있을 정도다.[29]

그 구절의 일차적인 초점은 **공간적** 두 요소(하늘과 땅)의 통일에 관한 것으로 보이지만, 아감벤은 '시간의 성취'라는 개념을 취해 **시간적** 요소의 통일을 강조한다.

메시아적 시간이 시간의 성취를 목적으로 삼는 한…그것은 총괄, 즉 만유의 집대성을 가져온다.…창조 때로부터 메시아적 '현재'에 이르기까지 발생한 모든 것, 전체로서 과거의 의미가 집대성된다. 메시아적 시간은 과거의 즉결 총괄

---

29 Agamben p. 75. Agamben의 문장은 엡 1:10의 그리스어, 또한 Kierkegaard와 Heidegger의 전문적인 네덜란드 용어, 독일 용어를 포함한다.

(summary recapitulation)이다.³⁰

따라서 흔한 오해지만, '메시아적 시간'을 일차적으로 미래에 관한 것으로 보는 시각은 오해다. 반대로

> 바울에게 총괄(*anakephalaiōsis*)은 현 시간(*ho nyn kairos*)이 과거와 현재의 단축이며, 우리는 그 결정적 순간에 다른 무엇보다도 과거의 빚을 정리해야 할 것이라는 의미다.³¹

아감벤은 이러한 이해를 따라 '우리가 바울 본문에서 파악하려고 시도 중인 메시아적 시간의 구조를 보여 주는 구체적인 사례이자 일종의 소규모 모델'로 향한다(p. 78). 그는 이 사례가 '아마 당신을 놀라게 할 수도 있다'라고 꾸밈없이 말하는데, 바울 주해자 대부분에게는 그럴 것이라고 말해도 무방하다. 아감벤은 서구의 시, 특히 압운(rhyme) 현상이 이 새로운 종류의 시간을 보여 주는 전형적 사례라고 제안한다. 압운은 그 자체의 시간을 생성시키며, 그 시가 창조한 세계는 끝을 향해, 따라서 '일종의 종말론'을 향해 움직이지만, 그러는 와중에도 그 자체의 '시간'을 소유한다고 말한다(pp. 78-79). 아감벤은 특별한 사례로 세스티나(sestina; 6행으로 된 6연과 3행의 결구를 가지는 운문 형식―옮긴이)를 들면서 이렇게 주장한다.

> 세스티나는―그리고 이런 의미에서 모든 시는―구원론적 장치로서, 끝 단어에 압운을 배치하거나 취소하는(이 기교는 과거와 현재 사이의 표상 관계와 대응한다) 정교한 도구(*mēchanē*)를 통해 이 장치는 연대기적 시간을 메시아적 시간으로 변화시

---

30   Agamben pp. 75-76.
31   Agamben p. 78.

킨다. 메시아적 시간이 연대기적 시간이나 영원과 별개는 아니지만, 남은 자들에게 취해질 때 시간이 겪는 변화이듯이, 또한 세스티나의 시간도 마지막 때의 시간이며, 그 시가 끝장을 내기 위해 시작한 시간인 이상 겪게 되는 변형이다.32

따라서—아감벤 자신의 더 큰 논의까지 끌어모아 압축하자면!—'세스티나의 여섯 행을 통한 전개는 창조 때 여섯 날의 전개를 반복하며, 이와 더불어 시간의 메시아적 성취의 암호로서…이 날들과 토요일의 관계를 설명한다'(p. 83). 이러한 이해는 잠재적으로 유익한 주장을 만들어 낸다. 그는 말하길, '압운은 메시아적 시간을 운문 언어로 부호화하는 장치로서 기독교 시에서 흘러나왔으며, 바울이 일깨운 유형론적 관계와 재현의 유희를 따라 구조화되었다'(p. 85). 그런데 그렇다면 바울의 글 자체는

> 내적 운율, 두운과 각운의 전례 없는 언어유희를 따라 전반적으로 활력을 얻은 글임을 스스로 드러낸다.…바울은 고전 수사학과 히브리어 산문의 대구법, 대조법, 압운을 극단적으로 사용한다. 하지만 운율을 통해 분명히 표현하고 강조하는바 문장을 짧고 갑작스러운 절(*stichoi*)로 분할하는 모습을 보면, 그리스어나 심지어 셈어 문장에서도 미증유의 단계에 도달한 것으로 보이는데, 마치 내적 절박함과 시대적 동기에 반응하는 것처럼 보인다.33

따라서 그는 이렇게 결론짓는다.

> 압운을 광의의 의미로, 즉 기호론적 흐름과 의미론적 흐름의 차이를 표시하는

32　Agamben pp. 82-83, 원서 강조. 원래 첫 문장에 있던 '비록'(though)을 내 추측에 저자가 의도했을 '통해'(through)로 교정했다.
33　Agamben, pp. 85-86. 그는 사례로 고전 7:30-31; 15:42-44; 딤후 4:7-8을 제시한다.

장치로 이해한다면, 바울이 현대 시학에 남긴 메시아적 유산인 압운의 역사 및 운명은 시에서의 메시아적 선포의 역사 및 운명과도 일치한다.[34]

이 모든 것이 전문가들의 검토를 견뎌 낼지는 두고 볼 일이다. 하지만 이것은 아감벤의 주요 주장을 분명하게 드러내는데, 그가 바울의 에베소서의 한 구절인, "우리는 하나님의 작품, 그의 '시'"(autou gar esmen poiēma)라는 구절을 인용하는 내용에서도 뚜렷하게 확인된다.[35]

지금쯤, 신학과 정치에 관한 이야기를 기대하면서 아감벤 혹은 그에 관한 이 짧은 논의를 읽는 독자들이라면, 놀라움뿐만 아니라 실망감을 느낄지도 모르겠다. "이런 이야기는 틀림없이 굉장히 흥미롭긴 해. 하지만 그다음은 뭐지?" 답변은 분명하다. 우리가 '남은 시간', '메시아적 시간' 개념을 이해하고 나면, 이 새로운 종류의 시간 속에서 **'율법의 행위들'은 '폐지된다'**는 사실을 알 수 있다. 아감벤은 바울이 단어 '카타르게오'(katargeō)를 '메시아가 율법의 행위에 미친 영향'을 표현하기 위해 의도적으로 사용한다고 주장한다. 왜냐하면 그 동사는 '안식일에 행위가 유예되는 것을 가리키기' 때문이다.[36] 메시아적 시간이 율법의 행위를 무효로 만들었는데, 그것의 존재를 없앴다기보다는 힘을 없애 버렸다(pp. 97-98). 이런 통찰은, 숨 막히는 '법'의 권력에서 벗어나려 했던 근대의 몇몇 다른 시도들은 그 자체로 원조 메시아 비전에 비하면 초라하고 세속화된 형태에 불과할 뿐이라는 사실을 드러낸다. '해체는 어긋난 메시아주의요, 메시아적인 것의 유예에 불과하다'

34　Agamben p. 87.
35　엡 2:10. Poiēma는 '행위', '행실'이라는 광의의 의미가 있지만, 플라톤과 다른 작가들은 이 단어를 시(poem)나 글귀를 가리키는 데도 사용했다. LSJ p. 1429를 보라.
36　이 주장은 과장으로 보인다. Agamben은 마카베오2서 5:25에서 argeō가 활용된 사례를 인용하지만, 창 2:2-3 혹은 출 20:11 혹은 나아가 히 4:10에서 사용된 것은 이 단어가 아니다 (물론 이러한 논의의 문을 연 것은 히 3장과 4장이다).

(p. 103). 니체도 그가 내비친 의도에 비하면, 이미 바울이 엿본 내용을 반복했을 뿐이다.

따라서 『**안티크리스트**』(*The Anti-Christ*, 아카넷)도 메시아적 패러디로 읽을 수 있다. 그 책에서 반메시아(Antimessiah)의 옷을 입은 니체는 실제로 바울이 쓴 성경을 낭독하고 있을 뿐이다.[37]

아감벤은 여기에서 몇 가지 결론적인 단상을 끌어내는데, 하나는 서로 다른 '믿음' 개념에 관한 단상이고, 다른 하나는 이전의 상당 부분에서 배경에 있던 학자인 발터 벤야민과의 마지막 연관성을 제시한 것이다. 아감벤은 위대한 유대인 학자 게르숌 숄렘(Gershom Scholem)이 그의 친구 벤야민과 사도 바울의 유사성을 알아챘을지도 모른다고 이야기하면서(나도 『바울과 하나님의 신실하심』 마지막 장에서 나름대로 이 두 사람의 연관성을 제시할 때, 그런 결론에 처음 도달한 사람이 숄렘이라는 아감벤의 관찰을 깜빡했다!), 첫눈에는 그럴듯하지 않은 이 조합에 담긴 함의를, 내가 앞서 언급한 대립쌍의 초월을 가리키는 방식으로 보여 준다. 대륙의 철학자들은 바울을 그들 자신의 시대로 가져오려고 한 반면, 미국 철학자들은 그들의 시대를 바울의 시대 안에서 찾으려 했다.

거의 2000년의 시간으로 분리되어 있지만 둘 다 철저한 위기 상황에서 기록된, 우리 전통이 소유한 이 기초적인 두 메시아 본문[즉, 바울과 벤야민]은 하나의 성좌를 형성하고 있는데, 그 독해 가능의 시간이 마침내 오늘날 왔다…[이 독해 가능의 시간이란 개념은] 진정한 벤야민식 해석학 원칙을 규정

---

37 Agamben p. 112.

하는데, 이 원칙은 각각의 작품은 어떤 때라도 무한한 해석의 대상이 될 수 있다는 ['일반적인 주해'라는] 현행 원칙의 정반대 개념이다.…대신 벤야민의 원칙은 모든 작업, 모든 본문에는 역사적 색인이 포함되어 있고, 이 색인은 독해의 대상이 어떤 확정된 기간에 속한다는 점과 어떤 확정된 역사적 순간에만 완전히 독해된다는 점을 가리킨다.[38]

그렇다면 아감벤은 해석학적 간극을 가리키고 있었던 것이며, 가다머가 말한 것과 같은, 바울의 고대 세계와 우리의 현대 세계 사이의 지평 융합을 제안하고 있었던 것이다.[39] 바울이 복음의 '메시아적 시간'(ho nyn kairos)을 특별한 종류의 시간으로, 즉 '율법'이 폐기되는 시간으로 설명했듯이, 현재의 우리도 일종의 '시간 사이의 시간', 안식의 순간을 식별할 수 있다. 이 시간은 통상 모든 것을 포괄했던 혁명 이후 세속화 시대의 주장을 제거하고 진정한 '예외'를 만들어 낼 수 있는 순간으로, 유명한 슈미트식 용어를 빌리면 예외 상태를 결정하는 주권을 소유했다고 주장하는 자기 잇속만 챙기는 사람들의 기만을 폭로할 것이다.[40]

이쯤 되면 내가 폭넓은 새 흐름의 상징적 대변자로 선택한 아감벤이 고

---

38 Agamben p. 145. 내가 제시한 Benjamin과 바울의 유사성을 보고 싶다면 *PFG*, pp. 1473-1484를 보라.
39 방금 인용한 단락에서 Agamben은 '바울과 로마서는…구원 역사적 과거에 굳건하게 정초되어 있기에, Jewett이 한 것 이상으로 시간적 거리를 두고 읽어야 한다'는 인식을 표명한다. Harink 2010b, p. 311는 내 주석에 대해서도 같은 이야기를 한다(Jewett 2007도 언급한다). 그러므로 Jewett과 내가 정당한 주해 작업, 즉 그가 '시간적 간극을 성찰하는 것'으로 정의한 작업을 거부했다는 주장인데, 그의 주장이 왜곡이라는 점은 내 로마서 주석에 반복해서 '단상'(Reflections) 부분이 등장한다는 사실, 그리고 Jewett이 Jewett and Yeo 2012에서처럼 그의 바울 해석을 현대의 문제를 위한 시급한 해결책으로 열정적으로 선전한다는 사실로 증명된다. 우리가 검토 중인 책 안에 종종 드러나는 Agamben 자신의 역사학적·문헌학적 연구를 보면, Harink가 불필요하다고, 심지어 쓸모없다고 간주한 듯한 역사학적·언어학적 연구의 필요성을 그가 인식했음을 알 수 있다.
40 Agamben pp. 104-108. 더 자세한 이야기는 Agamben 2005 [2003]를 보라. 이 주제에 관해서는 Griffiths 2010, pp. 181-184를 보라.

대와 현대 모두의 본문을 놀라울 정도로 도발적이고 다방면으로 읽어 낸 독자로서 대담한 가설을 만들어 낼 능력이 있는 사람이라는 점이 확실해졌을 것이다. 나는 그의 가설을 즐겁게 숙고했는데, 특히 그의 주장에 비하면 내 나름의 시도가 상대적으로 얌전하게 보이기 때문이었다. 하지만 새로운 '독해 가능성'의 제안이 어떤 식으로든 거점을 확보할 수 있을지는 분명치 않다. 그리고 예의 그렇듯, 이는 유사 과학적 방법으로 증명을 시도할 수 있는 성질이 아니다. 그것은 일종의 예언자적 통찰을 통해 파악되고 감지될 수 있는 대상이어야 할 것이다. 이 지점에서 초기 바르트의 유명한 주장이 메아리치고 있음을 들을 수도 있다. 나중에 철회하긴 했지만, 그는 16세기 종교개혁자들이 바울을 읽을 때 1세기와 16세기 사이의 담장이 허물어져 바울이 그들의 상황을 향해 직접 말할 수 있게 되었다고 주장했다.[41] 이런 정도로 아감벤이 하고 있는 작업은 기본적으로 **설교**(preaching)다. 말하자면, 한편으로는 그 자신을 본문 속에, 다른 한편으로는 비판적인 동시대적 성찰 속에 푹 담그고, 새로운 융합이 일어나도록 허락하는 것이다. 그렇다면 그의 이야기는 말하자면, 청자 혹은 독자의 관점에서 이차적인 판별을 요구한다. 아감벤의 제안은 우리에게 의미가 통하는가? 우리 시대의 관점에서 바울의 의미를 조명해 주고, 바울의 관점에서 우리 시대의 의미를 조명해 주는가? 우리의 눈을 열어 '물론이지! 세상은 사실 그렇게 돌아가고 있었는데, 전에는 우리 눈이 가려져 있었을 뿐이야'라고 말하게 하는가? 아니면 뒤섞인 반응만을 불러일으키는가? 어떻게 하면 지혜로운 들음과 어리석은 들음 사이를 판단할 수 있는가? 이러한 질문들에 더 주목할 필요가 있으며, 매우 다른 방향을 향하지만 이제는 아감벤과 더불어 보통 인용되는 다른 작품들이 제기할 유사한 질문들에도 마찬가지로 주목해야 한다.

---

41 본서 pp. 185-186를 보라.

바울 학계라는 굴레 안에서 일어나는 논의들 그리고 철학자들 사이에서 일어나는 논의들이 먼저 초점을 맞출만한 중요한 한 요소가 있다. 그것은 '바울과 율법'과 관련이 있다. 현시대의 철학자들은 19세기 대륙의 철학자들이 그들이 바울에 관해 알고 있다고 생각했던 주요한 내용 중 하나를 복원하려고 시도하고 있다. 즉, 바울이 복음이라는 새로운 말씀을 이스라엘 토라의 일반화된 형태로 여겨지는 '율법'과 대조했다는 사실이다. 따라서 그는 현시대의 저항을 위한 길을 보여 주고 있었다(그런 식으로 생각되어 왔다). 단지 이런저런 형태의 도덕률 폐기론(antinomianism)을 찬성하는 정도가 아니라, 더 구체적으로 칼 슈미트 등이 논의한 내재적 '법'(immanent 'law') 혹은 실증적 '법'(positivistic 'law')의 구성 전체에 대항하는 길을 보여 주고 있었는데, 거기서 '신권'(divine right)에 해당하는 모든 관념의 제거는 '절대적 규칙에 대한 신학적 권위 부여의 세속화'를 의미했다.[42] 위로부터의 신적 합법화['왕권신수설'(divine right of kings)]를 제거한 결과는 실은 지속적인 무신론이 아니라, '민심이 천심'(*vox populi, vox Dei*) 기저에 있는 암시적 유신론이었다. 여기서 '법'은 서구 세계의 시민 사회를 이야기하는 방식이 되었다. 서구 시민 사회는 근대식 민주적 절차를 통해 아래로부터 지탱되며, 이 절차 안에서 자본주의와 세속적 가치는 자화자찬하는 후기 계몽주의 수사 아래 서로를 굳게 동여맨다. "**우리가** 마침내 세상을 운영하는 방법을 발견했다! 몇 년마다 투표를 시행하고, 우리와 다르게 행동하는 이국 사람들에게는 폭탄을 투하하면 된다!" 다르게 표현하면, **우리** 계몽된 서구 세계는 일종의 사회적 다원주의를 통해 발전했고, 그 결과 이제 '아래로부터' 정당화된 정치 체계를 활짝 꽃 피웠으며, 그렇기 때문에 우리는 우리 행동이 보통 적용되

---

42 Milbank 2010, p. 28에 요약된 바와 같다. 참조. p. 24. '소외는 정치적 대표성이라는 개념 자체의 고질적인 문제다.'

는 규칙에 명백한 예외일 때도 우리 행동을 정당화할 수 있는 위치에 있다.

이것이 소위 '생명정치'(biopolitical)로 불리는 것으로, 벤야민 이후 학자들이 그런 식의 논의를 해 왔다. 아감벤은 이러한 바이오스(*bios*)로서의 실존 양태와 조에(*zōē*)로서의 진정한 인간적 삶 사이에 중대한 구분을 둔다. 오늘날의 후기 자본주의 민주주의에서는 (그 이론은 이렇게 말한다) 조에가 바이오스로 쪼그라들었고, 바이오스는 근대 서구의 계몽주의 이후 세계 특유의 장치로 정의되기 때문에 오늘날 사람들은 오직 여기에서만 진정한 바이오스를 찾을 수 있다고 생각하는데, 이는 나머지 세계에는 재앙 같은 결과를 가져온다.[43] 이러한 종류의 바이오스는 사회적 삶의 형태로서, 그 안에서는 홉스, 다윈 등이 합세해 겉으로 자유를 자처하는 것들 이면에서 일종의 진화적 정치를 강화해 나가는데, 이 진화적 정치는 그 자체의 열기로 발달하면서 철칙('상황은 그런 식으로 진행되기 마련이야')과 임박한 혼란(유럽 연합에 닥친 경제 위기와 그에 대한 대처로 내려진 단기적 실용주의가 증명하듯이) 사이를 요동친다. 이것이 바로 다시 '그 사건', 특히 '메시아적 사건'을 향한 소망이 급격히 생겨나는 맥락이다. 즉, 새로운 어떤 것이 일어났고, 일어나고 있으며, 거기서 이 바이오스의 '법'은 결정적인 도전에 직면한다.

여기가 바로 내가 본서 1부에서 초점을 맞추었던 논의가 다시 한번 유의미해지는 대목이다. 다양한 형태이지만 새 관점의 본질적인 특징은, 중세 가톨릭이 인식한 도덕주의를 고대 사례의 맛보기로 이해했던 16세기와 17세기의 통상적인 율법 해석이 1세기 다소의 사울이 깨닫고 실천했을 유대교 토라를 좀처럼 제대로 다루지 못했다는 점, 그리고 역사와 해석학을 거의 동일한 것으로 생각했기에 둘 다 제대로 다루지 못했다는 점이다. 이제는 '생명정치'의 제유적 줄임말이 된 '법'이 세속화된 중세 도덕주의의 역할을 떠

---

43   다시 Griffiths 2010, pp. 181-182를 보라.

맡아 아감벤의 루터에게 에크(Eck) 행세를 하는 듯한데, 과연 사정이 더 나을까?[44] 또한, 결과적으로 ('옛 관점'이 그랬듯이) 고대와 현대의 유대인을 새로운 방식으로 와전하지는 않을까? 종교개혁의 해석이 그랬듯이, 우리에게 바울을 왜곡하는 관점을 강요하지는 않을까? 어떻게 해야 아감벤이 제안한 '독해 가능성', 즉 특정 본문이 신선하고 분명한 활력을 얻게 되는 그 순간의 도래가 그 자체로 더 많은 혼란과 파국의 계기가 되는 것을 막을 수 있을까?

이것은 바울을 이해하기 위한 새로운 철학적 제안을 숙고할 때 마주하게 되는 문제 중 (아마도 본보기가 되는) 하나일 뿐이다. 다른 문제도 있을 것이다. 바울은 진정한 메시아적 사건이 나사렛 예수의 죽음과 부활이었다고 말하지 않았을까? 그리고 그 말은 곧, 바울을 추궁한다면 그의 입에서는 **예수의 부활 이후로** 모든 시간이 '메시아적 시간'이라는 답변이 나올 것이라는 의미 아닐까? 그렇다면 또 다른 곤란한 문제가 제기되지 않을까? 그 후로 지속되어 온 2000년의 세월은 무슨 의미인가? 또한, 18세기 유럽(그리고 미국?)에서 일어난 일들을 메시아적 사건이라는 지위로 추켜올릴 수 있는가? 계몽주의 시대를 거창하게 자화자찬하는 해석이 문제의 일부이자 바울의 복음이 그 밑바탕부터 무너뜨렸을 자만의 일부 아닌가? 게다가, 새로운 시대에 관한 벤야민 이후의 비전에서, 성령의 임재와 활동을 강조하는 바울의 관점에 상응하는 요소는 무엇인가? 그리고—신이 나서 벤야민을 언급하는 사람 중 일부가 또한 마틴 등이 옹호한 '묵시'도 열렬하게 수용하기 때문에 하는 말인데—십자가와 재림(parousia)이라는 '묵시적' 사건으로 인해 오늘날 철학자들의 그러한 주장들은 어떤 방식으로 맥락화되고 (어쩌면) 상

---

44 Johann Eck(1486-1543)는 1519년 라이프치히 논쟁(Leipzig Disputation)에서 Luther의 주적이었으며, 이후로도 계속 주도적인 반대자였다.

대화되는가? 나는 이런 질문을 바울이 아레오바고 연설에서 던졌던 마지막 도전을 오늘날의 형태로 변환한 모습이라고 생각한다. 다양한 철학적 비전 사이의 토론은 중요하다. 왜냐하면 복음의 하나님은 창조주요 재창조주(re-creator)인 하나님이기 때문이다. 하지만 아마도 예수의 부활은 그러한 토론의 틀을 급진적인 방식으로 바꾸어 버려서, 대부분은 이런 변화를 비웃을 것이고, 오직 일부만이—이런 사람이 아마도 아감벤이 상상한 다른 '남은 자'일 것이다—더 많은 이야기를 들으려 할 것이다.

내가 이런 질문들을 만들어 낸 것은, 아감벤 등의 도전을 밀어내고는 안전한 교회 공간에 틀어박혀 소위 역사적 주해를 동원해 문을 막고 침입자의 접근을 막겠다는 뜻이 아니다. 이 질문들은 마찬가지로 바울을 복원하겠다고 자처하는 온갖 다른 흐름에도 적용된다. 말하자면, 미국 정치 쪽에 비중을 크게 싣고 있는 근본주의자에게도, 그리고 그들에게 반대하기 위해 바울을 동원하려는 급진주의자에게도, 또한 그런 싸움에서 기도와 전례의 사적 세계로 철수하고픈 가톨릭 또는 개신교 경건주의자에게도 모두 적용되는 질문이다. 특히—애초에 현대의 세속적 현실정치(Realpolitik)라는 복잡하고 혼란한 사안을 염두에 두고 바울 주해에 참여하는 것을 절대 원치 않으며 당장 시작할 마음도 없는 사람들의 이의 제기를 예상하고 하는 말인데—바울은 사회 개조나 심지어 혁명에 관해서가 아니라 예수의 복음에 관해서 기록한 것이니, 그는 그런 문제에 관해 전혀 이야기하지 않았다고 불평하는 것은 온당치 않다. 적어도, 그런 이의 제기를 하고 싶은 사람이라면 그렇게 함으로써 자신이 적어도 어떤 의미에서는 불트만으로 회귀하는 것이라는 사실을 곱씹어 봐야 할 것이다. 즉, 복음의 초점을 자신의 내적 진정성에만 맞추게 되는 셈이다. 그런 입장은, 그중에서도 특히 이른바 '보수적' 형태는 점차 위험에 처하고 있다. 당연히 바울 복음의 목적은 인간 실존의 모든 부분을, 즉 내적과 외적 부분, 개인과 공동체 부분, 인격적·사회적·문화적·정치적 부분까지 포함해서 변화시키는 것이다. 따라서 본서의 주요 세 부분의 두드러진 주제였던 질문들, 즉 '종교 패턴'('들어가기와 머물기')과 관련된 질문, 묵시 및 역사와 관련된 질문, 당시와 현재의 메시아 추종자들의 사회 조직과 관련된 질문을 들고 바울에게 찾아가는 것이 정당하다면, 작금의 문화적·사회적·철학적·정치적 위기에 관한 질문을 다루는 것도 정당할 것이다. 물론 바울이라면 아테네의 노인들 앞에서 그랬던 것처럼, 그 질문들을 재설정해야 한다고 주장할 것이다. 하지만 그때도 그랬듯이, 상대방의 용어로 그들을 만날 것이다. 책임 있는 주해가 허용하는 대로 우리가 바울을 우리의 인도자 삼아 그의 본보기를 따르면 안 된다는 선험적 이유가 있는가?

물론, 그런 작업을 여기서는 시작조차 할 수 없다. 방금 내가 아감벤을 논의한 것은 실제 할 수 있는 작업의 시늉에 불과하다. 대신, 나는 최근 작업 가운데서 가장 주목받는 학자 중 한 명의 논문 하나를 고찰해 보려 한다. 그는 신학과 사회학 사이의 대화가 수행되는 용어들 자체를 변화시키는 데 이바지해 왔고 현재도 이바지하고 있는 학자다.

3) 바울, 생명정치, 존 밀뱅크

존 밀뱅크는 그의 독창적인 논문 '생명정치에 반대하는 바울'(Paul against Biopolitics)에서, 바울이 파괴적이고 노예화하는 '생명정치'를 넘어 다른 종류의 세상으로 나아가기 위한 길들 중 어느 하나가 아닌, 가능한 유일한 길을 제시했다고 주장했다. 밀뱅크가 이 이론이 어떤 식의 영향을 미칠 것으로 생각했을지는 확실치 않다. 왜냐하면 밀뱅크는 전통적인 형태로 '복음을 설교한다'고 스스로 생각하는 자들에 맞서 끊임없이 전쟁을 벌였기 때문이다. (달리 말해, 그의 비전은 어떻게 공동체적 행위로 번역될 것인가?) 그래도 그의 비전이 조사할 가치가 있는 것은, 밀뱅크가 아감벤 등의 이전 연구를 끌어들이고 발전시키면서 복잡한 이 분야를 요약하고, 관련 논의를 다음 단계로 이끌고 가려고 시도하기 때문이다.

밀뱅크는 먼저 '현대의 생명정치'를 조사하면서, (우리가 앞서 살펴보았듯이) 공공의 삶에서 초월성을 인위적으로 제거함으로써 얻어진 세속적 구성 개념이 결과적으로 산출한 것은 소위 유토피아가 아닌 새로운 형태의 압제와 노예 상태라고 주장한다. 그러한 체제 아래에서 교회들은 통상적인 활동을 지속할지는 모르지만, '보상을 바라는 미덕과 정중함을 추구하도록 교육함으로써' 그 결과

> 궁극적으로는 내면적 관념만을 제공하는 유사 자본주의적 공동체가 되고 말았음을, 그리고 경찰 당국과 같은 목적을 지향하는 일종의 파출소가 되고 말았음을 깨닫지 못할 것이다.[45]

이 말이 괴이하고, 심지어 극단적으로 들릴 수 있지만, 잠시 이 말 그대로의 의미를 음미해 보면 분명 일부 구체적인 사례를 찾는 것은 어렵지 않을 것이다. 물론 다른 곳에서와 마찬가지로 이 발언에서도 밀뱅크의 일반화는 이의 제기나 반박을 불러일으키겠지만 말이다. 어쨌든, 그의 요지는 '생명정치에서 벗어나는 진정한 종교적 길은 오직 하나, 즉 바울이 보여 준 길밖에 없을 것'이라는 것이다.[46] 그는 바울에게 접근할 때, 먼저 현대의 '생명정치'가 아닌 고대의 '생명정치'를 보아야 한다고 했는데, 이는 옳다. 바울의 세계는 한편으로는 아리스토텔레스 등의 이론으로, 다른 한편으로는 로마의 실용주의로 형성된 세계였다.[47] 그래서 그는 간략하긴 해도, 바울이 살았던 로마의 정치 세계와 철학 기반을 일반적인 관행보다 더 정교하게 분석하는 쪽

---

45 Milbank 2010, p. 33.
46 Milbank 2010, pp. 33, 36.
47 Milbank 2010, pp. 33-42.

으로 향하지만, 내 생각에 핵심에 닿은 것 같지는 않다.[48]

밀뱅크는 주장하길, 바울은 밀뱅크가 '부활의 정치'라고 부른 것으로 고대와 현대의 '생명정치' 모두를 초월한다. 내가 곧 제기할 비판적 질문이 있기 때문에 이 지점에서 미리 강조하고 싶은 것은, 내 생각에 밀뱅크는 방향을 제대로 잡았다는 사실이다. 그의 주장은 바울이 '대중을 위한 유물론' (A Materialism for the Masses)을 제시하고 있었다는 워드 블랜튼의 개념과 (필요한 부분만 약간 수정해) 궤를 같이한다. 바울의 신학 전체는 구체적인 실재, 즉 그 존재와 특성 자체로 모든 인간 공동체에 의문을 제기하는 새로운 공동체라는 실재에 관한 것이다. 바울의 주장에 의하면, '가장 고상한 삶은 오로지 시민 집단(civil assembly)에서만 발견된다는 고전적인 고대 관념은 폐기된 것이 아니다.' 물론 바울이 말하는 그런 삶으로 진입하는 양식, 즉 '시민권의 요구 조건'은 낯선 종류였다. 그것은 '죽음에 얽매인 육체로부터의 분리 실천과 영적인 신성화 영역으로의 진입'이었다.[49] 따라서(밀뱅크는 확실히 그가 과거 바울에 관한 종교사학적 분석을 반향하고 있음을 인식하고 있었다),

> 그가 이 체제[기존의 로마-그리스 정치 질서] 내부에 마치 무해한 기생충처럼 주입하려 했던 '교회'의 새롭고 더 근본적인 정치 질서는 유례없는 의미의 신정론적 질서였다. 이제 완전한 자격을 갖춘 시민이 될 수 있는 것은 오직 신비 제의의 추종자들뿐이다. 즉, 더 근본적인 영적 삶에 참여하고 온전히 정화된 열정을 향해 자신의 몸을 변모시키기 시작해 진정한 시민적 미덕을 갖출 수 있

---

48 나는 내 책에서 바울의 철학적 세계와 정치적 세계를 분리해서 논의했다. 이것이 인위적인 구분이라는 사실을 알지만, 이 두 영역이 연결되는 방식까지 보여 주느라 이미 두꺼워진 책을 더 두껍게 만들고 싶지는 않았다. 내 관점에서 볼 때, Milbank는 매우 논란이 많은 Blumenfeld 2001의 이론에 과도하게 의존한다(*PFG*, p. 1272에 나오는 나의 요약과 이어지는 대안적 제안을 보라).
49 Milbank 2010, p. 46.

는 사람뿐이다.[50]

밀뱅크가 부활을 언급하지만, 나는 바울이 그 용어로 의도한 바를 밀뱅크가 제대로 사용하는 것은 고사하고 온전히 파악했다고도 생각하지 않는다. 밀뱅크는 '죽음이 없는 타락 이전의 생명'과 '바울이 영원한 것으로, 부활을 제공하는 것으로 여길 수 있던 초월적 생명'에 대해 말하는데, 이는 '불멸의 실재에 대한 전적으로 반(反)사실적인 기도'가 될 것이다. 그는 '몸도 불멸이라는 것'을 의미하는 '육체의 부활'과 '죽음을 절대적으로 견딤을 통해 다시 얻어진, 죽음 이전의 그리고 죽음이 없는 원래 생명'인 '부활 생명'을 이야기한다.[51] 우리가 앞서 확인했듯이, 바울에게 중요한 것은 **새 창조**였는데, 새 창조는 부활한 메시아와 더불어 그리고 부활한 메시아의 권세 아래 시작되었다. 부활은 정말로 바울의 정치신학 심장부에 자리 잡고 있지만, 밀뱅크가 허용하는 것보다 훨씬 더 직접적이다. 메시아는 '열방을 통치하기 위해 일어난' 분(롬 15:12)이며, 여기서 바울은 시편 2편과 110편 같은 핵심적인 시편을 인용한다.[52] 이 부분에서 밀뱅크의 주장은 단순화될 수 있었고, 더 직접적인 형태가 될 수 있었으며, 따라서 더 강화될 수 있었다.[53]

밀뱅크는 바울의 부활 기반 정치학을 네 가지 주제로 자세히 설명한다. 그중 첫 번째 주제는 우리가 앞 장에서 살펴본 바울 공동체에 관한 사회학적 분석을 반영한다. 바울은 오이코스(*oikos*)와 폴리스(*polis*)를 융합했고, 그 결과 '가족'(household)이 새로운 정치 질서의 축소판이 되었다.[54] 이 내용은

---

50 Milbank 2010, p. 47.
51 Milbank 2010, pp. 42, 45, 46, 47, 48.
52 롬 1:3-4; 고전 15:23-28.
53 Milbank는 영지주의적 바울 해석의 일부 의미의 가능성을 열어 놓고 싶은 것처럼 보인다. pp. 49-50 n. 56을 보라.
54 Milbank 2010, p. 48. 다시 한번 Blumenfeld 2001에 의존한다.

두 번째 주제, '신뢰와 생명이 율법과 죽음을 극복한다'의 기초가 된다. 여기서 밀뱅크는 혼합된 관점을 취한다. 다시 말해, 한편으로는 바울이 '복음이 유대교 율법을 대체했다는 점'을 옹호하는 오래된 관점('옛 관점'?)과 다른 한편으로는 '피스티스 크리스투'의 해석에서는 주격 속격 해석을 취해 '칭의는 예수 **자신이** 행사한 신뢰에 참여함으로써 일어난다'는 특정 해석을 되찾아오는 것이다.[55] 이 내용은 그의 '정치적' 제안으로 이어진다. 즉, 바울은 '율법이 아닌 정의로 결합된, 다시 그려진 새 이스라엘 공동체'를 그리고 있었다는 것이다.[56] 혹자는 이러한 새 비전에서 '신뢰'가 단지 무정부 상태, 즉 법이 제거된 상태를 낳을지도 모른다고 생각하겠지만, 그렇지 않다. 이것은 정확히

> 하나님은 우리가 도저히 상상도 못 할 정도로 탁월하고, 한계가 없을 정도로 정의롭다는 신뢰며, 이 정의가 결국 승리해서 평화로운 질서의 조화가 유대인과 이방인(그들은 그들의 다양한 관습이 어떻게 서로 어우러지는지 결국 깨닫게 될 것이다)만이 아니라 모든 하나님의 피조물까지 포용할 것이다.[57]

내 생각으로는, 밀뱅크의 주해 중 일부가 이상하게 들릴 수는 있지만, 바울이 가졌던 소망에 대한 성찰로서 이런 이야기에는 그럴 만한 충분한 근거가 있다.

하나님을 신뢰함으로써 우리는 또한 현재의 부정적 질서는 깨진 상태이며 '결

---

55 Milbank pp. 48 n. 54, 49. p. 49에서 그는 RSV의 롬 3:25-26 번역이 본의를 감추었다고 책망한다. '이 구절의 맥락은 성찬이다.' 하지만 그의 견해는 이상한 주해적 판단으로, 이에 대해 Milbank는 어떤 타당한 근거도 제시하지 않는다.
56 Milbank 2010, p. 52.
57 Milbank 2010, p. 53.

국에는' 선물의 질서가 틀림없이 회복된다는 것을 신뢰한다. 그렇다면, 타인을 잠재적으로 선한 존재로―(바울의 선교적·정치적 실천이 끊임없이 입증하듯이) 대가 없는 삶의 잠재적 원천으로―신뢰한다는 것은 곧 타인이 지닌 하나님에 대한 신뢰 그리고 종말론적 결말에 대한 신뢰를 신뢰하는 것이다(고후 9:6-14).

내 생각에 이 부분에서는, 밀뱅크가 성경에서 '디카이오쉬네 테우'의 온전한 의미를 파악하지 못한 점이 그의 주장을 저해한다. 밀뱅크는 그가 '전가된 구원'(imputed salvation, 이런 표현을 썼다는 사실 자체가 밀뱅크가 관련 논의에 전혀 친숙하지 않다는 사실을 보여 준다)이라고 부른 옛 개신교 개념을 물리치는 데 너무 몰입한 바람에, 그리고 아리스토텔레스가 반영되었다는 블루멘펠트(Blumenfeld; 본서 11장 48번 각주 참고―옮긴이)의 주장에 너무 경도된 바람에, 이스라엘의 성경에서, 특히 바울이 핵심 본문에서 자주 반영하는 시편과 이사야서에서 중요한 개념이 이스라엘의 하나님만이 아닌 창조 세계 전체의 하나님이신 하나님의 **언약적 신실하심**이라는 사실을 의식하지 못했다. 이 말의 의미는, 바울이 그의 핵심 주장 속에서 유대교 율법으로 규정되지 않는 어떤 공동체를 정말로 꿈꾸고 있었다는 것이다. 하지만 이 공동체 사상은 소위 20세기의 간절한 요구인 시민 정치체(civic polity)와는 느슨한 유사점만이 있을 뿐으로, 시민 정치체는 슈미트가 주장한 의미에서의 '법'['성문법을 넘어선 주권적 형평법(sovereign equity)']을 넘어선다.[58] 밀뱅크가 말하길, 바울은 따라서 '인간 변혁의 계약적 경제와 비법률적 실천으로서 에클레시아(*ekklēsia*)를 발명한 것'이다.[59]

이 내용은 밀뱅크의 세 번째 주장으로 이어진다. 그것은 바울이 그 속량

---

58 Milbank 2010, p. 56. 이곳과 다른 곳에서 Milbank는 T. W. Jennings를 자세히 독해하면서 때때로 반박한다. Jennings는 Derrida와 바울에 관한 책(Jennings 2006)에 이어 중요한, 하지만 내가 보기에는 오류가 많고 편협한 로마서 해석을 내놓았다(Jennings 2013).

된 공동체 안에서 '선물의 분배와 위계질서'(division and hierarchy of gifts)를 꿈꾸었다는 주장이다. 이 관점은 교회를 그것 안에서 '감추어진 영원한 현재와 종말론적 미래를 꿈꾸며 갈망함이…정의의 가능성을 위한 초석이 되는' 공동체로 여긴다. 왜냐하면,

> 세계는 이미 시작된 마지막 역사적 사건, 또한 하나님으로부터의 영원한 유출인 초역사적 비밀의 최종적 공개이기도 할 그 사건을 기다리기 때문이다. 역사적 시간 속에서 발생하는 것들은 이 묵시적 차원을 예표하고 드러나게 하는 정도에 불과하지만, 신비롭게도 그리고 영원으로부터 그 영원한 거대서사(metanarrative)는 인간의 시간 안에서, 십자가 위에서 유일하게 실연된, 악을 극복한 그 사건을 포함한다.[60]

이 이야기는 바울과 관련된 그의 네 번째 그리고 마지막 주제인 '민주주의와 뒤섞인 군주제'로 연결된다. 밀뱅크는 바울의 메시아 언어를 무시하고, 헬레니즘의 피타고라스 학설과 '두 몸'을 지닌 고대 왕에 관한 사변적 허구에서 바울의 왕 테마를 뽑아내려 한다. 그리하여 왕이 죽으면 생명을 이어갈 또 다른 가설적 몸이 있다는 것이다.[61] 여전히 그는 바울이 부활로 의도한 의미에 확신이 없는 듯한데, 그는 바울은 '지금 여기서 시작된 한 죽은 자, 한 처형당한 자의 영원한 통치'를 선언했고, 그것은 "(사실이든 아니든) 그의 부활에 관한 '허구'가 영원히 지탱되어야 할 것이 틀림없음"을 의미한

---

59 Milbank 2010, p. 57 n. 71.
60 Milbank 2010, p. 59. 꽤 명확해 보이는 이 진술도 모호해지는 것이, Milbank는 그것이 "'동양적'이고 '비의적'인 영속적 묵시적 비밀과 '서양적'이고 '개방적'인 우연적 역사적 사건 간의 비범한 순환적 상호의존을 드러낸다"라고 주장하기 때문이다(p. 59). 이러한 종류의 종교사적 추측은 증명할 수도 없을뿐더러, 십자가에 못 박히고 부활한 메시아에 비추어 이해된 이스라엘 성서를 통해 더 확실한 모습으로 형성된 바울의 비전에는 도무지 불필요하다.
61 Agamben 등을 따르는 Milbank 2010, pp. 60-61.

다고 말한다.[62] 따라서 바울은 예수의 추종자들 자신을 '왕들'로 생각했다. 밀뱅크가 이상한 경로를 통해 도달하긴 했지만, 이것은 분명 맞는 말이다. 또한 내 생각으로는, 고대 사회에서 굉장히 중요했고 핵심 요소였던 '후원' 관행을 복음이 전복하는 방식에 관한 설명도 맞다. '과두제적 가부장주의가 통치의 일차적 수단으로 새롭게 간주되는 상호 선물의 과정으로 변화된다.'[63] 따라서 새로운 사회에 관한 바울의 비전은 세네카가 꿈꾸었던 사회를 넘어서는데, 그 새로운 사회는 선물 주고받음이 세심한 균형을 이룬다.[64]

따라서 밀뱅크는 그 자체로 현대의 '생명정치'를 초월하는 정치체의 한 형태를 미리 본보기로 보여 주는 교회론을 제안한 것으로, 현대의 '생명정치'에서 '예외의 법칙'은 '주권적인' 세속 국가가 불의를 영속화하는 것을 가능케 한다.

만약 사도 바울이 옳다면, 그리스도가 설립한 에클레시아는 심지어 예외의 법칙의 예외로서 죽음을 초월해 집합적 삶을 사는 유일한 정치체 혹은 적어도 그런 정치체의 가능성을 가리키는 이름일 것이다. 왜냐하면 에클레시아는 정치꾼들을 은혜로 주어진 상호 신뢰의 영적 몸으로 대체하기 때문이다.[65]

바울은 그렇게 해서 하룻밤 사이에 제국을 교체하려는 것이 아니었다. 하지만,

법으로 살해당했지만 신이 부활시킨 왕의 통치를 받는 반(反)정치체를 암시함

---

62 Milbank 2010, pp. 60, 62.
63 Milbank 2010, p. 67. '후원'에 관해서는 본서 pp. 478-479를 보라.
64 Barclay 2015를 보라.
65 Milbank 2010, p. 71.

으로써, 바울은 고대와 현대의 생명정치적 과정이 토해 낸 불안정한 과잉이 그럼에도 불구하고 계급적·일방적으로 조장되는 공평과 민주적·상호적으로 교환되는 공평의 활발한 과잉이라는 특징을 점차적으로 띠게 될 가능성을 독특하게 열어 주었다.[66]

아마 이 문장의 하부 사항 모두에 동의하지 않는다고 해도, 이 안에 중요한 주장이 있다는 사실은 알아챌 수 있을 것이다. 하지만 밀뱅크는 계속해서 부활을 '반사실적'(counterfactual)이라고 말하기 때문에, 그의 부인에도 불구하고 그의 주장에는 결국 영지주의적인 면이 있다는 혐의를 지우기 어렵다.

> 인간의 생명은 그 생물학적 불꽃[그 자체는 논리적으로 죽음에 앞설 수밖에 없다. 죽음은 순전한 무(無)다] 내부에 또한 어느 정도건 영적 불꽃도 지녀야 한다. 영적 불꽃은 인간의 생명을 불멸의 선(善) 및 정의와 연결하며, 인간의 생명으로 하여금 기본적인 (바울에 따르면) '육의' 정욕, 즉 생존과 자기만족, 타인을 성적으로 소유하고 힘으로 정복하려는 욕구에만 관심이 있는 정욕을 완전히 근절할 수 있게 한다.[67]

이 말을, 바울이 은혜, 성령의 열매 등의 용어로 말한 내용을 비신화한 진술이라고 우호적으로 읽을 수 있다. 그런 언어가 명시적으로 등장하지 않으므로, 정말로 그런지 확신하기는 어렵지만 말이다. 인간이 되는 다른 길을 교회가 증언한다는 밀뱅크의 비전은 인상적이어서 뇌리에서 떠나진 않지만, 그것을 포착하기는 다소 힘들다.

---

66 Milbank 2010, p. 72.
67 Milbank 2010, p. 73.

따라서 잘 어울리는 것(associate well)이 우리의 윤리적 의무일 것이다. 그런 행동은 그 자체로 영원하고 부활된 인류의 이미지를 모호하게나마 드러내기 때문이다. 하지만 그러한 실재가 제때 도래해야만, 불멸의 삶에 관한 그러한 회복 존재론의 묵시적 진리를 확정하고 따라서 인간 사회의 정의 프로젝트를 가능케 하는 사건을 '피스티스'에게 제시할 수 있다.[68]

'잘 어울리라'는 이 호소가 설령 미래의 세계에서 주목받고 그 고상한 프로젝트를 '가능한' 수준 이상으로 만들어 준다고 하더라도, 그 호소가 과연 충분한지 의문을 제기할 수 있다. 그런데 여기서 밀뱅크는 기독교를 전용하려는 타우베스, 바디우, 지젝 등의 더 세부적인 프로젝트 쪽으로 어느 정도 나아갔다. 하지만 그 주장, 즉 '법'과 그 '생명정치적' 결과를 격렬하게 거부하는 주장의 복잡한 전제를 공유하는 이 시대의 바울 학자는 거의 없기 때문에, 과연 오늘날 많은 사람이 그가 선택한 길을 따라가길 원할지는 의심스럽다.

내 관점에서는, 이렇게 되면 유감일 것이다. 나는 이 논문이 실린 책에 수록된 다른 논문이나 이 새로운 연구 흐름에서 논의되는 다른 책을 조사할 시간을 갖지 않았다. 하지만 나에게는 이런 질문이 매우 중요하게 다가오는 것이, 과거 나 자신도 기여자 중 한 명이었던 다소 피상적인 '친제국-반제국' 논의를 넘어서기 때문이다. 그래서 나는 더 온전한 바울의 정치적 비전을 향한 여정에 이러한 발걸음 중 적어도 일부는 포함되어야 한다고 생각한다.

밀뱅크가 바울 당시의 유대 세계를 좀 더 직접 다루지 않았다는 사실은 매우 애석하다. 그는 잠재적인 설명의 틀로서 다양한 비유대교적인 문

68　Milbank 2010, p. 73.

화 관련 문헌을 들여다보지만, 우리가 가지고 있는 자료와 비교하면 나에게는 설득력이 없어 보인다. 즉, 하나님의 백성을 그들의 마음에 율법이 적힌 백성으로 구성한다는 (혹은 재구성한다는!) 신적 정의에 관한, 성경에 뿌리 내린 비전이 있지 않은가! 이 개념이 지금까지 보아 왔던 다른 것들보다 슈미트 이후의 논의에 더 적절하다고 생각한 사람이 있었을 것이다. 나의 지적은 정확히 슈바이처를 따른 항의며(가까이 흐르는 냇물이 있는데, 멀리서 물을 길어 오는 행위), 분명히 슈바이처의 지적은 여전히 유효하다. 특히, 바울과 대략 동시대의 문헌인 『에스라4서』 같은 책이 일깨워 주듯이 신적인 의(*dikaiosynē theou*)라는 성경 주제는 단지 세상에 진정한 정의를 가져오는 창조주라는 의미에서의 '의'가 온전하게 최종적으로 계시되는 것뿐만 아니라, 그럼으로써 인간 공동체를 향한 창조주의 뜻을 구현하는 한 백성의 창조까지 염두에 두고 있다. 따라서 자연스럽게 우리는, 만약 다소의 사울 같은 사람이 창조주 메시아의 죽음과 부활이라는 충격적이고 불미스럽지만 또한 극도로 강력한 사건 안에서 자신의 디카이오쉬네를 계시했다고 믿게 되었다면, 그 사건은 그에 걸맞은 종류의 공동체를 창조했을 것이라고 예상할 수 있다. 하지만 바울이 생각한 새로운 메시아 공동체와 이스라엘 토라 사이의 관계는 (a) 생명정치 이후 현대 세계의 모습으로 추정되고 꿈꾸어지는 사회적으로 공정한 세계 질서와 (b) 미묘한 차이나 비판은 처음부터(*ab initio*) 배제되는 세속화된 혹은 자본주의화된 국가의 철권통치라는 의미에서의 '법' 사이의 관계에 대한 정확한 예상이 아니다. 이것은 내가 앞서 아감벤과 관련해 언급했던 이야기를 밀뱅크와 관련해서도 반복한 것이다. 다시 한번, 이전 장에서 데이비드 호렐의 제안에 내가 했던 논평에서와 마찬가지로, (a) 다소의 사울이 이해한 대로 이스라엘의 토라와 (b) 사도 바울이 선포한 율법 없는 (그런데도 율법을 성취하는) 복음 사이에 일어난 단번의 전환을, 이후 세대에서도 다양하게 반복될 수 있는 전환의 모델이나 사례로 이해해서는 안 된다. 예수 안에서 그리고 예수를 통해 일어난 것은 단번에 영원히, 독특하게 발생한 것이었다는 개념은 바울의 메시아 메시지를 구성하는 특징이다. 분명히 밀뱅크는 그 점을 진지하게 다루길 원했다. 하지만 내 생각에 그의 주장은 동시대를 향한 복음의 철학적·정치적 도전을 자세히 설명하는 지점까지는 나아가지 못한 것으로 보인다.

4) 결론

바울은 과연 오늘날의 시장에서 혹은 (성난 탈근대의 폭도들이 할 수 있는 것처럼, 바울을 아레오바고로 끌고 갈 경우에는) 정치적·철학적 법정 앞에서 무슨 말을 할까? 그는 교전을 시작할 것이다. 이것은 의심의 여지가 없다. 그리고 그는 문화의 이런저런 측면, 철학의 이런저런 흐름과 관련해 말할 수 있는 긍정적인 부분뿐만 아니라 대립하는 방식으로 언급할 수밖에 없는 부정적인 부분도 찾아낼 것이다. 그런데 나에게 의문의 여지가 없는 것은, 바울이 사도행전 17장에 기록된 아레오바고 연설에서 강조하는 두 가지를 할 것이라는 점이다. 첫째, 그는 우상 숭배는 잘못된 판단에서 기인한 것이라고 설명할 것이다. 전능자는 손으로 지은 건물에 살지 않는다. 나는 바울이 20세기와 21세기의 정치적 구상을 듣는다면 당연히 많은 부분이 우상 숭배적이라고 결론 내리면서 '민심이 천심이다'(*vox populi, vox Dei*)가 '민심이 성전이다'(*vox populi, domus Dei*)는 의미가 되었다고 설명할 것이라고 생각한다. 즉, 민중의 목소리 자체가 예배와 제사가 드려지는 성지(聖地)로 변모했다. 그리고 둘째, 내 생각에 바울이 최강의 힘—달리 말해, 폭력 그리고 궁극적으로는 죽음의 위협—을 동원해 최고의 권력을 휘두르는 일반적인 압제적 주장과 마주한다면, 다시 한번 만물의 창조주가 세상을 소환해 해명을 요구할 한 날을 지정해 놓았으며, 이 사실을, 그리고 장차 올 심판자의 정체를, 그를 죽은 자 가운데서 살림으로써 확증했다고 단언할 것이다.

이 말이 바울에게는 전혀 '반사실적'이지 않았다. 아이스킬로스(Aeschylus; 그리스의 비극 시인—옮긴이)를 알고 있는 아테네 사람들에게는 물론 반 사실적으로 들렸겠지만 말이다.[69] 바울에게 이 말의 의미는 이사야 11장에 나오는 의미였고, 그 이유는 이사야서와 시편에서 규명된다. 이새의 뿌리가 '일어나 열방을 통치할 것이다.' 결국, 밀뱅크의 논의는 절반만 다루었을 뿐이다. 예수의 부활은 '천국을 바라보는' 혹은 '초자연적인' 믿음을 위한 기반이 아니다. 그것은 하늘에서처럼 땅에서도 이루어지는 하나님 나라의 징표다. 소위 새로운 과학적 증거 때문이 아니라 바로 이런 의미 때문에 계몽주의 이후 세계가 부활 개념에 그토록 강하게 저항한 것이다. 그 세계에서는 '종교'가 '제거되어' 오직 '세속'만 남았다고 주장하며, 그 주장은 새로운 유형의 제국 건설을 위한 공간을 창조한다. 그러한 제국은 사두개인과 마찬가지의 이유로 부활 개념에 이의를 제기해야 했다. 부활이 권력을 지닌 그들의 자리를 위협하기 때문이다. 정말로 부활은 밀뱅크 등이 '생명정치'라 부른 것에 도전을 던진다. 하지만 나는 부활이 그런 도전을 던지는 진정한 방식과 수단을 현대의 생명정치 사상 전통이 아직 파악하지 못했다고 생각한다.[70]

2. 역사, 신학, 해석학에서의 바울

우리는 그동안 바우르와 슈바이처에서 최근 바울과 그의 저작에 관한 더 새로운 사회적·정치적 분석까지 먼 길을 왔다. 하지만 질문은 여전히 비슷했고, 이제 우리는 세 가닥(역사, 신학, 해석학)을 실제로 분리할 수 있음에도 이 분야들을 만날 때는 늘 한 매듭을 구성하는 요소로서만 만난다는 사실

---

69 *Eumen.* 647-648. *RSG* p. 32를 보라.
70 *RSG* pp. 728-731에 나오는 간단한 언급을 보라.

을 깨닫기 시작한다. 우리는 역사가의 질문을 던질 수 있다. "바울의 시대와 그의 복잡한 문화 세계에서의 바울에 대해 우리는 충분한 역사적 타당성을 가지고 어떤 이야기를 할 수 있는가?" 우리는 신학자의 질문을 던질 수 있다. "바울 신학의 일관성에 대해서 혹은 일관성이 없다면 바울이 하나님, 예수, 세계, 인간의 죄, 구원 등에 관해 말해야 했던 내용에 대해서 어떤 이야기를 할 수 있는가?" 우리는 실천적인 질문을 던질 수 있다. "이 모든 이야기는 우리가 사는 이 시대의 세계와 교회, 개인에게 어떤 말을 건넬 수 있는가?" 하지만 이러한 질문들은 각각 즉시로 나머지 두 분야와 연결되며, 이들이 서로 관련이 없는 척해 봤자 별다른 진척을 이루지 못할 것이다.

제대로 이야기하자면, 당연히 '해석학'이란 단어는 이 셋 전부의 결합을 가리키며, 그 모든 작업의 중심은 주해다. 물론 대중적 용법에서 주해는 오로지 세 번째 작업, 즉 '적용' 혹은 '관련성'의 질문만을 지시하게 되었지만 말이다. 우리의 조사가 보여 주었듯이, 아무리 역사가가 '중립적'이려고 시도한다 해도, 아무리 신학자가 오늘날의 삶에 기초한 '외적'(etic) 설명을 만들어 내기보다 바울의 눈을 통해 본문을 보려고 시도한다 해도, 두 영역 모두에서 객관적 혹은 실증적 입장은 가능하지도 않을뿐더러 바람직하지도 않다. 우리는 하나님의 관점으로 볼 수 없으며, 어차피 그렇게 만들어진 존재도 아니다. 그런 관점을 얻으려는 시도는 프로메테우스와 같을 뿐이다. 우리는 인간의 관점으로 본다. 수많은 관점 중 하나에 불과하지만, 그래도 괜찮다. 학문을 한다는 것은 자신의 관점을 공론의 장으로 가져와 논의를 통해 다듬어 가는 것이다. 지식은 공동체적인 것이어서, 모든 사람이 최선을 다해 이바지해야 한다.

첫 두 질문은 그 자체로 명백히 연결되어 있다. 아마도 주석을 쓰거나 바울서신을 설교할 목적으로 '바울 신학'을 만들어 내는 작업은, 혹은 심지어 그러한 것의 작업 모델을 만드는 작업도 그 자체로 역사의 문제다. 그런 작업은 한쪽 끝에서는 언어의 역사, 즉 사전학(lexicography)에서 시작한다. 바울 시대에 그 단어의 의미는 무엇이었고, 바울은 그 단어를 특수하게 사용하거나 재정의하지는 않았는가? 70인역의 그리스어는 바울이 어릴 때부터 사용했던 코이네 그리스어에 어떤 영향을 주었는가? 다른 쪽 끝에서는 신에 관한 이야기의 역사로 시작한다. 바울 시대의 사람들은 하나님 혹은 신들에 대해, 그 존재들과 세계의 관계 등에 대해 무슨 이야기를 했는가? 그들은 하나님 혹은 신과 인간의 관계에 대해 무슨 이야기를 했는가? 특히 유대인은 이러한 것들에 관해 어떻게 이야기했는가? 그렇다면 우리는 이와 같은 내용과 관련해 바울을 어떻게 자리매김시킬 수 있는가?

이 두 출발점 사이, 사전학과 신학 사이 어디쯤 위치한 우리는 바울의 실제 주장이 던지는 다양한 도전과 마주한다. 바울은 예수에 관해, 성령에 관해, 죽음과 부활에 관해, 외부 환경 배후에 도사리고 있는 어둠의 세력에 관해, 죄와 구원에 관해, 에클레시아와 그것의 일치에 관해, 행실과 거룩함과 겸손함과 소망에 관해 무슨 말을 했는가? 왜 아가페(*agapē*, 사랑)는 바울에게 그런 의미를 가지게 되었는가? 사랑은 외부 세계에 어떤 영향을 미쳤는가? 그리고 바울은 그것이 어떤 영향을 미칠 것으로 **기대했는가**? 이 모든 **신학적** 질문에는 바울이 생각하고 기록했던 것에 관한 **역사적** 답변이 필요하며, 바울이 당시 세계 안에서 어떤 지점에 자리했었는지에 관한 역사적 질문은 역으로 바울 사상의 핵심과 일관성(그런 것이 존재했던 것으로 보인다)에 관한 (기초적이든 예비적이든) 일종의 이해에 의존한다. 이렇게 역사와 신학이 불가피하게 서로를 필요로 함에도, 연구의 역사가 보여 주듯이 이런 이중 질문에 답변하려 했던 사람들은 보통 (놀랍지 않게도) 그들 자신의 개인적·교회적·문화적 배경에서 쉽게 이해되는 방식으로 바울을 설명해 왔다. 예외가 있다면, 무신론 계열의 니체 같은 사람, 유대교 계열의 마코비(Maccoby) 같은 사람은 소위 역사적 바울을 그들이 경멸하거나 나아가 수

치심을 주기 용이한 모습으로 '묘사했다'.[71]

당연한 이야기지만, 이들 역시 '중립성' 측면에서는, 매주 강단에 올라 자기 관점에서 바울이 그들을 위해 준비한 말씀이 무엇인지 회중에게 전하는 설교자들과 다를 바 없다. 설교자들의 직무를 언급했으니 말인데, 주해의 문제는 다른 영역들과 교차한다. 각각의 서신은 무엇을 말하며, 그것을 어떻게 말하는가? 주해는 그 자체가 '해석학'으로 불릴 수 있는 것의 핵심에 자리하며, 역사와 신학이 끊임없이 만나는 구체적인 장소다.

하지만 본서의 중추는 근본적인 역사적 과제다. 이것은 바우르와 슈바이처가 제시한 (논란의 여지가 있는) 과제였고, 계속해서 많은 우여곡절을 거쳐 샌더스 및 그와 같은 시대의 학자들, 그리고 마틴과 그의 추종자들, 나아가 믹스와 호렐 같은 사회 과학자들에 이르기까지 이어졌다. 우리는 바울 자신이 그의 이해를 형성했던 역사적 맥락에 대해, 그리고 바울이 그런 맥락에서 출현한 방식에 대해, 또한 그런 맥락과 어떤 면에서는 맞아떨어지고 다른 면에서는 그런 틀을 깼던 방식에 대해 어떤 설명을 할 수 있을까? (바울이 틀을 깼다는 사실에는 논란이 거의 없을 것이다. 역사 기록의 대상이 될 정도의 역사 인물은 대체로 기존의 틀을 깨는 모습을 보여 준다. 사도행전에 나오는 소요 사태, 고후 11장에 나열된 처벌들이 단지 바울이 기존의 세계관에 가벼운 수정을 제안했다는 이유로 초래되었을 리는 없다.)

지난 세기 이런 질문에 대답하려 했던 이들을 되돌아보면, 크게 두 가지 변화가 눈에 띈다. 이 두 가지가 첫눈에는 서로 대립하는 것처럼 보이지만, 내 생각에 이 둘은 사실 긴밀하다.

첫째, 본서의 앞 장에서 언급했듯이, 1세기 유대 세계에 관한 관심과 지식이 아주 많이 늘어났다는 사실을 알 수 있다. 이 말의 의미는 바울이 당

71　Maccoby 1986을 보라.

시 세계 안에서 이해되던 방식, 그리고 당시와 그 이후 유대인 다수가 경계를 허무는 것으로 보았던 것들을 그가 믿고 말했던 방식에 관한 관심과 이해력이 매우 향상되었음을 의미한다. 오늘날 '유대교'를 말할 때, 우리는 바우르의 시대에 그 단어로 떠올릴 수 있었던 것보다 훨씬 더 많고 다양하고 역사적 기반을 갖춘 실체를 생각할 수 있다.

하지만 '유대교'라는 단어 자체에도 이제는 의문을 제기해야 하며, 그 결과 지난 한두 세대 동안 두 번째 거대한 전환이 일어났다. [많은 '주의'(-isms)처럼 '유대교'(Judaism)라는 단어에도 19세기의 특정한 이데올로기적 짐이 지워져 있다.[72] 19세기에 바우르와 그의 추종자들은 (a) 기독교는 소위 '종교'라 불리는 것의 특수한 사례였고, (b) 당시에는 다양한 유형의 '종교'가 존재했으며, (c) 유대교는 잘못된 유형의 '종교'였고, (d) 기독교는 최고의 종교를 보여 주는 가장 세련된 유형이었다고 쉽게 가정했다. 바우르가 이러한 전제들을 세웠던 두 가지 배경은, 루터가 '율법의 행위들'에 관한 유대교의 가르침에 반대하고 있었다는 (따라서 진정한 바울의 의미는 '유대교' 안에서는 이해될 수 없다는) 개신교의 참조 틀, 그리고 **역사적** 가설로서 사상의 거대한 움직임은 변증법적 과정(유대계 기독교, 이방계 기독교, 그리고 이후에 나타난 종합인 '초기 가톨릭')으로 진행되었다고 주장할 수 있는 헤겔적 세계관이었다. 하지만 이 훌륭한 체계 전체도 기초부터 흔들리게 되는데, 그것은 단지 우리가 바우르를 그 자신의 문화적 맥락에 두고 그 맥락이 그의 주장에 얼마나 광범위한 영향을 미쳤는지 확인할 때뿐만이 아니라, 다름 아닌 고대 역사 연구를 통해 고대 세계에서 '종교'는 18세기와 19세기에 가지게 된 그 단어의 의미와는 철저하게 다르다는 사실을 깨닫는 때다.[73] 두 번째 거대한 전환은 20세기

---

72   다시 한번 Meeks 2001; Martin 2001; 그리고 특히 Mason 2007을 보라.
73   *PFG* 4장과 13장을 보라.

말과 21세기 초에 일어난 것으로, 19세기 모델로 생각된 '종교' 이해를 가졌던 '**종교의 역사**'를 뛰어넘어 더 큰 비전으로 나아갔다. 이 비전은 역사를 훨씬 더 큰 해석의 격자(사회적 구성, 세계관 등) 안에서 사람들이 무엇을 하는지, 사람들이 어떻게 사는지, 그리고 (이 두 가지와 분리된 범주로서가 아니라 그 내부에서 그리고 그 영향을 받아 형성되는 범주로서!) 사람들이 어떤 생각을 하는지, 어떻게 기도하는지, 무엇을 믿는지, 무엇을 소망하는지 등 다면적인 특성을 그려 내는 사회적·문화적·개인적 묘사의 과제로 본다. 여기가 바로 사회학에 뿌리를 둔 세계관 모델이 자기 존재감을 제대로 보여 주는 지점으로서, 역사에 관한 '두터운 묘사'를 제공한다.

따라서 '역사'에 관한 더 온전한 비전을 껴안은 사람들에게 환원주의는 없다. 바우르 등이 고대 '종교'를 철학적 이상주의 체계 안에서 취급했다는 이유만으로 그들을 유물론자라고 몰아세울 이유는 없다. 마찬가지로 일부 학자가 '역사'를 '18세기 흄 이후 회의주의를 과거에 투사한 것'의 의미로 사용했다는 이유만으로 역사 자체를 위험하거나 반 기독교적인 추구라고 선언할 이유도 없다. 여기서 당연히 중립 지대는 없지만, 내가 보기에 요세푸스의 문헌 자료로부터 가장 최근의 고고학 발굴에서 나온 자료에 이르기까지 실제 역사 증거에 관한 실제 연구가 끊임없이 보여 주는 것은, 사람들이 생각하고 믿었던 것과 그들의 근원적 세계관을 드러내는 상징, 이야기, 일상의 실천 사이에 지속적인 교류가 존재했던 통합된 세계다. 그것은 바울의 유대 세계에도, 바울이 성장했고 친숙하게 알았던 도시들이 속해 있던 그리스 세계에도, 유대 세계와 그리스 세계의 지배권을 장악하고 바울이 선교사로서 파송된 문화의 색채를 결정했던 로마 세계에도 모두 적용되는 사실이다.

그렇다면 바울 연구는 늘 역사와 연루되어 있다. 그렇지만 더 최근의 바울 해석자들은 이데올로기적 짐을 진 이전의 '**종교사**'(history-of-religions) 모델을 훨씬 더 복합적이고 포괄적인 일반적 의미의 '역사' 모델로 확장했다. 다른 이유도 있지만 바로 이런 상황 때문에 바울에 관한 역사 연구 서적이 점점 두꺼워지고 있다. '종교'는 그것이 일관된 범주인 한 이 모든 작업의 중추적 요소다. 하지만 우리는 고작 그것이 무엇인지, 더 큰 전체 안에서 어떤 역할을 담당했는지 알고 있을 뿐이다. 고대 후기의 유대 세계에 관한 최근의 연구는 이러한 작업에 실질적 도움을 주었다. 말하자면, 형식 수준에서는 고대의 의미든 현대의 의미든 '종교'가 삶의 다른 모든 측면과 단단하게 얽혀 있었음을 증명했으며, 자료 수준에서는 '두터운 묘사'에 도움을 주는 대량의 정보를 제공했다.

전체적인 역사 작업이 이처럼 확장되고 변모한 덕분에 본서에서 살펴본 수요한 세 영역과 그 영역들 사이의 잠재적 관계를 더 제대로 파악할 수 있게 되었다는 것이 나의 생각이다. 다시 한번 샌더스, 마틴, 믹스와, 그들이 대표한 것으로 간주될 수 있는 넓은 사상적 흐름을 간단히 살펴보자.

샌더스는 정말로 그의 프로젝트를 '종교 유형 비교'로 설정했다. 그런데 소위 유대교 '유형'과 관련한 그의 전체적인 주장은 그 유형이 자신이 생각했던 것보다 더 넓고 더 복잡하다는 것이었고, 그 사실은 유대교 삶의 실재물(realia)에 관한 샌더스 자신의 더 자세한 연구가 필요함을 암시했으며, 따라서 소위 바울주의(Paulinism)로 (혹은 다른 무엇으로든) 불리는 '종교'와 대비되는 개념으로서 '유대교'(Judaism)라는 이데올로기적 구성물과 결별했다. 샌더스는 바울에게 '종교'가 실제로 '신학'에 관한 문제라고 보았기 때문에, 그리고 바울의 종교를 가까운 사촌인 '유대교'와 비교했기 때문에, 바울의 신학적 입장에 대한 그의 역사적 설명이 알베르트 슈바이처의 설명과 아주 가깝다는 것은 놀랄 만한 사실이 아니다. 슈바이처도 가족 유사성을 최대한 활용했고, 바울의 핵심 사상으로 '칭의'보다는 '그리스도 안에 참여'를 강조했다. 나는 이러한 이분법에 근거가 없다고 생각하지만, 이제 이 분야에서는 샌더스나 슈바이처 쪽 보다는 더 통합적인 유대교적 해석으로 보는 경향이 생겼다.

관건이 되는 이 특정한 판단(실제 주해는 이 부분에 할 말이 많을 것이다) 배후에는 (얼마나 모호하고 그 자체의 맥락이 어떻든) 2차 세계대전 이후 샌더스의 스승인 데이비스의 작업과 더불어 일어난 전환이 자리 잡고 있다.[74] 만약 바울이 영지주의자나 헬레니즘 철학자가 아니었고, 사실은 메시아가 올 것이라고 믿었던 랍비였다면 어떻게 되는가? 이 문제를 더 구체화해서 우리가 미슈나, 탈무드 등을 통해 알고 있는 랍비들은 유대인의 역사에서 후기 단계를 대변한다는 사실, 그리고 사해 두루마리, 위경, 요세푸스를 사용하면 작업할 수 있는 더 이른 시기의 더 큰 캔버스를 갖게 된다는 사실을 인식하기만 한다면, 내 생각에 슈바이처의 논지를 따르지만 그와는 다른 원자료를 가지고 내세운 데이비스의 논지는 올바른 방향을 가리키는 이정표다. 바울을 역사적인 관점에서 이해하고 싶다면, 그를 둘러싼 유대 세계에서 시작해야 하며, 그 자신의 신선한 생각을 포함해 그의 프로젝트 전체를 당시 세계 내부에서 발생한 돌연변이로 보아야 한다.

하지만 유대 세계의 특징 하나가 19세기가 남긴 유산인 그릇된 양자택일로 인해 배제되어 왔다. 만약 바울이 '유대인' 사상가나 '이방인' 사상가 **둘 중 하나**라면, 추정컨대 (이런 식의 암시적 주장이 깔려 있다) 자칭 '이방인에게 보냄 받은 사도'로서 바울은 비유대인 청자들에게 호소하기 위해 자신의 '유대교' 개념을 배제하고 그들이 이해할 수 있는 언어로 이야기했을 것이다. 이 전제는 단지 바우르의 패러다임만이 아니라 초기 기독론에 관한 가장 영향력 있는 책인 부셋의 『주 그리스도』(*Kyrios Christos*)의 구성 요소이기도 하다. 부셋의 책은 '메시아'는 이방인은 이해할 수 없는 유대교 개념이므로 틀림없이 바울은 그것을 포기했을 것이며, 크리스토스(*Christos*)는 고유명사로만 사용하고 대신 예수를 지시하는 데는 잘 알려진 종교 제의 언

---

74 Davies에 관해서는 본서 pp. 62-68를 보라.

어로 헬레니즘의 퀴리오스(*Kyrios*)를 활용했을 것이라고 주장한다.[75] 여기서 나의 요점은 이 주장을 (초기 기독론에 관한 가장 중요한 현대 연구 서적 중 하나가 보여 주었듯이) 성경 주해로 변호할 수 없다는 것만이 아니라,[76] 또한 이 주장이 유대 세계 자체의 핵심적인 함축적 주장 하나를 오해했다는 것이다. 제2성전기는 유대 민족이 포위당해 궁지에 몰려 있다고 보았으며, 그래서인지 더 큰 세계를 향한 비전을 서술하는 경우가 드물었다. 하지만 그들의 기도서 역할을 여전히 담당했던 시편에는 그런 비전이 담겨 있었다. 시편은 이스라엘의 하나님이 온 세상의 창조주이기 때문에 결국 창조 세계 전체를 향한 그의 주권을 행사하고 그 세계 안에 자신의 이름과 영광을 드러낼 것이라는 소망을 자주 표현한다. 그리고 아주 빈번하게 이 거대한 소망은 장차 올 다윗 혈통의 왕과 연관되어 표현된다. 당연한 이야기지만, 이 비전은 기본적으로 부정적인 형태를 띠는 경우가 잦다. 즉, 이스라엘의 하나님은 악한 열방을 정죄할 것이다. 하지만 때때로 긍정적인 형태를 띤다. 즉, 열방이 와서 이스라엘의 축복에 참여할 것이다.[77] 이 주제들이 이러한 성경적 반향을 담고서 바울서신과 공명한다는 것이 어느 정도 분명하므로, '유대교' 종교사 분석이 이방인의 사도에게는 부적합하다는 생각은 전혀 타당한 근거가 없다. 사실, 이방인을 위한 사도직이라는 개념 자체가 오직 성경과 유대교를 배경으로 할 때만 이해되는 내용이다. 바울 당대에 얼마나 많은 유대인이 그의 관점에 수긍했을지는 확실히 말하기 힘들다. 하지만 사도 바울이 비유

---

75   Bousset 1970.
76   Hurtado 2003. 기독론 연구의 관점에서 바울 신학의 역사를 열거하는 것이 가능할 것이며, 그런 이야기라면 어떤 이야기에서든 Hurtado의 책은 중요한 전환점이 될 것이다.
77   명백한 사례로 시 2; 24; 46; 48; 67; 72; 89; 93; 96; 97; 98; 99; 110편, 그리고 18:43-50; 22:25-31; 33:8-22; 47:6-9; 57:5, 11; 66:1-4; 68:28-35; 102:15-16, 22; 138:4-5 같은 본문. 여기에는 열방을 향한 하나님의 심판을 언급하는 많은 시편은 포함되지 않는다. 당연히 이사야서의 본문들, 예를 들면 11:1-10; 49:6-7; 52:15을 추가할 수 있고, 이런 본문들을 바울이 활용한 것에 주목할 수 있다.

대 세계를 위한 유대교 비전을 담은 메시지를 설명하기 위해서, 그리고 그 메시지를 더 거대한 함축적 내러티브 안에 자리매김시키기 위해서 잘 알려진 풍부한 성경 본문을 의식적으로 동원했다는 사실은 부인할 수 없다. 그러한 비전이 옛 종교사학파의 패러다임과 잘 들어맞지 않는다면, 그 패러다임의 상황은 훨씬 더 나쁜 것이다. 역사는 우리에게 더 나은 패러다임을 택하라고 충고할 것이다.

이 요점의 역(逆)도 중요한데, 옛 종교사학파의 작업은 이 내용도 배제했다. 고대 유대 세계를 연구하면 할수록, 그 세계의 가장 강력한 전통 중 하나가 내부 비판의 능력이었다는 사실이 더 선명해지는데, 그러한 전통의 뿌리는 시편과 선지서다. 이 내용은 '종교' 자체보다는 전체로서의 사회 맥락에서 보아야 훨씬 더 의미가 잘 통한다. 그런 전체로서의 사회 모습, 즉 왕적 혹은 제사장적 지도층, 대중에 영합하는 압력 집단, 불쑥 등장한 통솔력 있는 지도자, 혁명전쟁 등을 포함하는 사회의 모습을 그려 내고 나면, 바울을 더욱더 '유대인답게' 만들수록(특히 그 '유대인다움' 중 하나가 그가 '메시아적' 운동에 뛰어들었다는 것이었다면) 우리는 그가 유대 세계 **내부에서** 논란의 인물이었을 것이라고 예상해야 한다. 내부 비판이라는 개념은 그 특성상 옛 종교사학파의 작업으로는 발견할 수 없는 것이다. 하지만 역사는 바울의 기본적인 유대인다움을 더 많이 알수록 그에게서 (메시아를 믿지 않는) 동료 유대인을 향한 비판을 발견하기 더 힘들 것이라는 주장을 가로막는다. 간혹 받을 수 있는 인상이 있는데, 사람들이 바울의 유대인다움을 현대적으로 복원하는 작업을 유대교와 기독교는 단지 같은 실체의 두 가지 다른 형태라는 주장을 목적으로 하는 흐름의 일부로 해석하고 있다는 것이다. 이것은 마치 크리스터 스텐달에서 에드 샌더스를 거쳐 모두를 향한 자유주의적 '관용'을 수용하는 하이 모더니즘(high modernist)에 이르는 일종의 변동 척도(sliding scale)가 존재하고 이를 사도 바울에게 거꾸로 투영한다는 인상을 준다. 우리가 바울에 관해 무슨 말을 하든지, 우리는 그가 구약의 자료를 동원해 동료 유대인에게 해명을 요구하는 본문들을 이해할 수 있어야 하고, 그가 왜 '내가 율법을 통해서 율법에 대해 죽었다'와 같은 말을 했는지 이해할 수 있어야 한다.[78] 따라서, 아마도 아이러니한 이야기인데(갈라디아서에서 인용한 방금 그 글귀에서 확인할 수 있는 비슷한 아이러니다), 우리가 구체적인 역사 연구에서 알 수 있는 더 큰 세계 안에서 바울을 더 '유대인답게' 만들어 갈수록, 그리고 우리가 '종교적' 구속에서 벗어나 '종교'가 풍경을 지배하지 않고 제 역할을 하는 더 온전한 사회적 세계로 들어갈수록, 우리는 다음과 같은 주장을 더 신빙성 있게 할 수 있다. 즉, 바울은 메시아로 정의되지만 논쟁적인 공간이라고 그가 이해한 곳에 정말로 자리를 잡고 서서, 거기가 이스라엘과 세계를 위한 하나님 계획의 중심이라고 주장하면서도, 바로 그 주장 때문에, 그리고 그 주장이 율법과 관련해 지니는 급진적인 함의로 인해 자신이 변절자나 범법자로 보일 수밖에 없는 돌연변이라는 사실을 인지하고 있었다는 것이다.

이런 생각들은 더 큰 논의를 가리키는 이정표지만, 본서에서는 그 논의를 다룰 공간이 없다. 그것은 당대의 유대교 문헌 내부에서 바울을 연구하는 작업이다. 그러한 작업에도 긴 역사가 있으며, 그 영역은 결코 변론이나 현대적 복원 시도에 국한되지 않는다.[79] 여기서 내 요점은 샌더스의 프로젝트가 그 모든 한계에도 불구하고 바울을 그 자신의 유대 세계, 즉 새롭게 기술되고 단지 '종교'로서가 아닌 거대한 전체로 그리고 복합적인 전체로 이해된 유대 세계의 내부에서 역사적으로 묘사하려는 더 큰 탐구를 가리키는 표지 역할을 했다는 것이다. 실제로, 샌더스에 대한 ('옛 관점' 내부의) 반

78　갈 2:19.
79　특히 Langton 2010을 보라.

발 중 일부는 다음 두 가지 성격 모두에 대한 저항으로 촉발되었다고 말할 수 있다. (a) 16세기의 신학적 오류에 대해 1세기 바리새인을 비난하기 훨씬 더 어렵게 만드는 유대 세계에 관한 더 거대한 관점에 대한 저항, 그리고 (b) '종교'를 일상과 단절된 안전한 공간이 아닌 정치, 사회, 문화, 현실에 대한 전체적 관점과 긴밀하게 엮인 공간에 두는 것에 대한 저항. 물론, 사람들에게 이 모든 것을 수용하라고 요구하는 것은 대단한 일이다. 그들은 당연히 '묵은 것이 더 좋다'라고 말하고 싶어 할 것이다. 하지만 모든 차원을 염두에 두고 과거를 연구하기 시작하면 이쪽으로 움직이는 것을 피할 수 없다. 내 관점으로는, 이렇게 결론 내리는 것을 두려워할 이유가 전혀 없다.

매우 비슷하면서도 매우 다른 이야기를 마틴과 그의 '학파'의 공헌에도 말할 필요가 있다. 불트만에 대한 케제만의 저항 그 자체는 협소하게 쪼그라든 형태의 바울 메시지에 대한 저항이었다. (케제만의 저항은, 그에 앞서 바울을 그의 '묵시적' 배경에서 보려 한 슈바이처의 프로젝트에 신선한 활력과 방향성을 제공했다. 슈바이처의 이론 중 몇몇 핵심 요소는 버렸지만 말이다.) 그의 저항은 지평을 확장했다. 그가 확장한 영역은, 이제는 샌더스가 그린 더 거대한 '종교적' 세계나 믹스 등이 말하는 더 거대한 '사회적' 세계가 아니라, 정사와 권세들, 어둠의 세력이 존재하는 더 거대한 '우주적' 세계였다. 세계의 운명을 결정하겠다고 덤벼드는 그 세력은 복음 사건 안에서 일어난 하나님의 '묵시적 침입'을 통해 전복되어야 한다. 이 역시도 바우르의 다른 일부 계승자들처럼 불트만도 후퇴하고 말았던 갑갑한 종교사적 바울 연구에 반대한 저항이었다. 또한, 그것은 이전의 주해에서는 사라졌던 바울의 총체적 이해의 세계라는 측면을 복원하려는 시도였다. 또한, 헬레니즘적 종교사 관점의 설명에서 유대교적 종교사 관점의 설명으로 (영지주의에서 '묵시주의'로) 전환되는 전후의 변화를 보여 주는 또 다른 전형적 사례인 한에서, 한편으로는 데이비스, 다른 한편으로는 헹엘로 대표되는 동일한 더 거대한 흐름의 일부로 이해될 수 있다.

하지만, 본서 2부에서 주장했듯이, 이 '묵시' 운동을 둘러싸고 역사, 신학, 주해의 수준에서 심각한 이의 제기가 있다. (현대적 해석의 수준에서 제기된 이의 제기도 흥미롭지만 때때로 모호한 면이 있다. 왜냐하면 마틴이 이러한 바울 읽기가 교회에 신선하고 반가운 방향성을 제시할 수 있는 이유나 방식을 더 명쾌하게 밝히는 작업을 제자들에게 남겨 두었기 때문이다.)[80]

다시 한번 기본은 역사적 질문이다. 첫째, 마틴이 상정한 '묵시' 신학은 관련 유대교 문헌에 탄탄한 기반을 갖추고 있는가? 그런 것 같지 않다. 왜냐하면 그가 제안한 '묵시'와 다른 주제들, 이를테면 '언약', '구원사', 하나님의 죄 처리 같은 주제들 사이의 대립은 본문에서 도출한 것이 아니라 본문에 부과된 것이기 때문이다. 드 보어는 '묵시'의 핵심 특징을 '두 세대' 체제로 보았고, 마틴은 최근 논문에서 '묵시'의 핵심 특징을 '삼인극'(three-actor drama)으로 본 듯하다. 하나님이 첫 번째 배우, 두 번째는 인간, 그리고 세 번째 역할을 맡은 것은 육신과 죄라는 '반하나님 권세'(anti-God powers)다.[81] 하지만 두 세대 체제, 그리고 반하나님 권세의 활동은 '묵시' 문헌에만 국한된 것이 아니다. 또한, 그 둘 중 어느 것도 다른 요소들과 대립시킬 수 있는 더 거대한 신학적 전체를 구성하지도 않는다. 둘째, 마틴이 주로 그의 갈라디아서 주석에서 옹호한 '묵시' 신학은 갈라디아서나 다른 바울서신에 나타나는 바울의 관점을 묘사하기에 적합한 방식인가? 나는 앞선 내용

---

80 예를 들면 J. L. Martyn과 그의 아내에게 헌정된 작품인 Rutledge 2007을 보라. 나처럼 바울 복음의 '우주적' 차원을 발견한 것에 박수를 보낸다고 해서 그것이 '이신칭의'를 한쪽으로 제쳐놓는 이분법에 야합하는 것은 아니다. 그 책의 표지에서 John Barclay는 Rutledge가 "현재 기독교 교회를 불구로 만들고 있는 '자기 계발적' 종교성에 해독제를 제시했다"며 찬사를 보냈다. 하지만 만약 '자기 계발적' 종교성이 사실은 교회를 해방시키기 위해 Martyn의 갈라디아서 해석이 의도한 것이라면, 우리는 그저 '옛 관점'의 한 형태로 회귀하는 것일 뿐이다(아래를 보라).

81 Martyn 2010, pp. 27-29. 각주 24에서 그는 "본 논문에서 나는 '묵시'라는 용어를 삼인극을 가리키는 의미로 사용한다"라고 말한다.

과 다른 글에서 그렇지 않다고 주장해 왔다. 마틴의 묵시 신학은 바울서신 안에서 조화롭게 어울리는 것으로 보이는 바울 사상의 여러 요소를 통합하라는 도전을 회피한다. 하지만 일부 현대 학문 전통은 그 요소들이 양립 불가능하다고 생각한다. 물론, 현대 전통 가운데는 개인주의적 '복음'이 대부분을 차지하고 모든 '우주적' 혹은 '지구적' 요소는 배제해 버린 다양한 소위 바울적 표현이 존재한다. 물론, 개인주의적 도덕주의든 공동체적 전통주의든, '자력 구제' 종교처럼 보이는 것도 존재한다. 하지만 (조심스레 표현하자면) 과연 바울이 갈라디아서에서 반대한 대상이 이런 것 중 하나라는 것도 분명치 않다. 그것은 과연 우리가 편리하게 '묵시'라고 부를 수 있는 고대의 세계관이 존재했는지, 그리고 예수에 대한 바울의 믿음에 의해 수정되었으며, 그러한 개념을 타파하는 데 핵심 무기로 동원한 묵시 개념이 존재했는지가 분명치 않은 것과 마찬가지다. 사실 이러한 관점들에 관한 케제만적 계보를 고려하면 예상할 수 있듯이, 여기서 다시 한번 마주하는 것들이 실제로는 다양한 '옛 관점'의 모습이며, 거기서 '유대인'은 호모 렐리기오수스의 전형이 된다.[82] 이렇게 되면 또다시 바우르로, 그리고 그와 연관된 많은 문제로 도로 돌아가는 꼴이며, 이것은 단지 주해와 관련된 문제만이 아니다.

내 생각에 이런 문제 중 하나는, 샌더스와 마틴이 각각 대변하는 학계 사

---

[82] 예를 들면, Martyn 2010, p. 22(바울의 복음은 '시내산 형태를 띤, 두 길을 제시하는 정통 도덕극을 대면하고 있었다'), pp. 24-25(교사들은 '이방인을 삶과 죽음의 두 길, 율법 준수와 비 율법 준수의 두 길 앞에 둔다. 그들을 거기에 두고, 교사들은 거의 틀림없이 그들에게 그들 자신의 결단력을 사용하라고 훈계했을 것이다.…교사들은 율법 준수의 길을 택할 수 있는 타고난 능력인 갈라디아 사람들의 도덕적 역량을 당연한 것으로 간주한다'), p. 29(바울은 '자율적인 도덕적 진보를 달성한다'는 개념에 반대한다'), p. 33(바울의 하나님은 '인간 대리자의 편에서 자율적인 결정권을 보장하기 위해 두 가지 길을 제시한 후에는 무대에서 퇴장해 버리는 분이 아니다')를 보라. 바울이 만약 그런 생각들과 싸우기 위해 글을 썼다면 분명히 하나님의 은혜의 주권을 강조했을 것이라는 의견에 나도 완전히 동의한다. 하지만 그것이 갈라디아서의 주제라는 증거는 없다. 결국, 우리가 칼뱅주의의 일부 형태를 강력하게, 조금은 웅장하게 재확증하는 수준 이상으로 나아간 것인지는 불확실하다.

이의 통합이 결여되어 있다는 것이다. 어떤 차원에서 보면, 이 문제는 놀랍다. 둘 다 바울을 유대교의 특정 범주와 관련해 이해하려고 하며, 둘 다 어떤 의미에서는 슈바이처에게 빚지고 있으며, 둘 다 불트만 전통에 반발하고 있다. 또한, 둘 다 바울의 유대교 비판을 복음에 자극받은 반사 작용으로 보고, '해답'이 '곤경'에 선행했던 것으로 이해한다. 하지만 또 다른 수준에서 보면, 통합의 결여가 그다지 놀랍지는 않다. 샌더스는 '종교 패턴'의 비교를 그의 주제로 삼았는데, 문제는 그것이 현대 의미에서의 '종교'였다는 것이다. 마틴은 그런 의미를 거부하고, '종교'는 갈라디아의 '교사들'이 바울의 복음을 구성하는 '계시'와 반대되는 것으로 제시했던 대상이라고 이해했다. 샌더스의 패턴 비교는 바울을 '팔레스타인 유대교'의 반대편에 두었지만, 일부가 '묵시'라고 부르는 세계는 사람들이 상상한 것만큼이나 크게 다루어지지 않았다. 실제로 샌더스는 『에스라4서』를 비전형적이라며 한쪽에 제쳐둔다. 하지만 이 구분된 두 진영 양 '쪽' 모두의 학자들이 상대적으로 작은 규모인 같은 자료를 연구하고 있으며, 그 의미를 찾기 위해 비평적 역사 방법론을 이용하려 한다는 사실을 고려하면, 실제로 대화조차 없는 이 분리된 두 세계가 존재한다는 사실이 적어도 표면적으로는 곤혹스럽다.

하지만 샌더스와 마틴을 한편에 묶고 웨인 믹스가 대변하는 세계의 반대편에 두면, 첫눈에 무언가 다른 차이점이 눈에 들어온다. 당연히 믹스는 유대 세계가 아닌 그리스 로마 사회의 도시 세계를 자세하게 연구했고, 그 세계는 바울이 그의 메시지를 가지고 들어간 세계였다. 하지만 그렇다고 해서, 적어도 믹스의 경우에는(일부 다른 학자에게도 해당이 될까?), 바울의 사상을 설명하는 격자로 헬레니즘을 가져왔던 과거의 시도로 회귀한다는 의미는 아니다. 도리어 반대. 믹스와 호렐은 바울 공동체를 상세하게 연구함으로써 바울이 분명한 독특성을 주장하고 있음을 인식했다. 즉, 바울의 공동체들 자체는 기존의 사회적 패턴과 겹치는 부분도 있지만 기존 패턴에 순응하지 않았다. 우리는 특히 이 공동체들의 일치와 거룩함에 대한 바울의 강조에서 이상하고, 명백하게 이례적이지만 여전히 식별 가능한 다양한 **유대인의** 사회화를 목격하고 있다. 교회들은 단지 더 넓은 인종을 일원으로 받아들이는 '열린' 정책을 가진 회당에 불과했던 것이 아니다. 그렇지만 교회들은 당시 가능했던 그 어떤 비유대교적인 사회적 모델보다 디아스포라의 유대인 집단과 더 많은 공통점을 가지고 있었다.

여기에 아이러니가 있다. 샌더스가 '종교'를 비교하고 마틴이 '묵시' 안에 나타난 신적 주도권을 강조했으니, 바울 신학의 핵심 특징에 주의를 기울인 사람이 바로 그들이라고 생각하는 사람도 있을 것이다. 하지만 그렇지 않다. 믹스의 엄격한 사회학적 연구의 결과로, 단지 바울 공동체가 품게 된 추상적인 신앙으로서가 아니라, 역사적으로나 사회학적으로 그들이 가진 공동체의 실제 형태와 정확하게 연관된 개념으로서 유대교 형태의 유일신론의 역할을 부각시키는 작업은 믹스에게 맡겨졌다. 이러한 틀 안에서 관건이 되는 유대교 유일신론이 종말론 및 기독론과 긴밀하게 통합되어 있음을 이해한 사람도 믹스다. 물론 바울의 '묵시'에 관한 그의 관점은 마틴과 (그리고 실제로는 나와도) 상당히 다르지만 말이다. 샌더스와 마틴 모두 바울이 '해답에서 곤경으로' 움직였다고 말했지만, 바울의 주된 믿음에 관한 나름의 설명 구조, 즉 유일신론, 묵시, 기독론을 주요 항목으로 상정하고, '바울이 하나님이 악, 죄, 죽음을 어떻게 처리했다고 보았는지'의 문제를 그 주요 항목들에 뒤따르는 질문으로 다루는 설명 구조 안에서 '해답에서 곤경으로'를 구체화하고 뉘앙스를 부여한 사람은 믹스다. 그 결과물 중 하나는, 믹스가 보기에 '참여'와 '칭의' 사이에 혹은 '묵시'와 '구원사' 사이에는 어떤 거대한 장벽도 없다는 것이다.

물론 현재의 논의를 이런 형태로 압축하려는 시도는 과도한 단순화다. 고대 역사와 마찬가지로, 학문 분야의 현대 역사도 미진한 부분들, 옆길로

새는 연구 방향, 탁월하지만 부분적으로만 진행된 생각들로 가득할 수밖에 없으며, 아마도 유통기한이 한참 지났음에도 여전히 쓸 만해 보이는 탁월한 생각들도 있을 것이다. 하지만 나는 특정 경향의 연구를 급하게 요약할 수밖에 없었던 본서가 적어도 그 미진한 부분 중 일부라도 한데 모아, 이제 제기되어야 할 추가적인 질문들과 그런 질문들을 다루는 방법과 관련된 추가적인 제안을 가리키는 이정표가 되기를 바란다.

나는 본서에서 주해 작업 자체에 관해서는 하고 싶은 것보다 말을 덜 했다. 흥미롭게도 샌더스나 믹스는 바울서신에 관한 그 어떤 주석도 집필하지 않았다. 물론 그들에게서 많은 것을 배운 다른 학자들이 쓴 주석은 있지만 말이다. 마틴의 유명한 갈라디아서 주석은 미국 '묵시' 운동의 중심이지만, 바르트의 로마서 주석과 마찬가지로 사람들이 바울이 실제로 쓴 내용보다는 마틴의 신학적 의제에서 도리어 더 많은 것을 배운 것은 아닌지 의문 정도는 제기할 수 있겠다. 이 질문을 여기서 다룰 수는 없다. 하지만 바울의 가장 유명한 단락 중 하나를 골라서, 그동안 조사한 핵심 해석들이 제공한 다양한 관점에 대한 논평을 그 본문과 관련지어서 해 보려 한다. 그것이 이 프로젝트 전체를 마무리하기에 좋은 방법으로 보인다.

3. 다수의 시선으로 본 안디옥(Antioch through Many Eyes)*

"게바가 안디옥에 왔을 때, 나는 그에게 정면으로 맞섰습니다. 그가 잘못을 저질렀기 때문입니다." 두 사도 사이의 갈등이 벌어졌던 이 순간이 바우르에게는 초기 교회의 근본적인 분열을 보여 주는 사건이었다. 게바는 '유대

---

* 저자와 함께 책을 집필하기도 했던 Stephen Neill의 책 제목 『다수의 시선으로 본 예수』(*Jesus Through Many Eyes*)를 오마주한 것으로 보인다―옮긴이.

계 기독교'를 대표했으며, 바울은 '율법이 제거된' '이방계 기독교'를 위해 싸우고 있었다. 나중에 그 싸움은 고린도의 파당들 사이에서도 벌어졌던 것으로 보인다. 여전히 바우르의 영향을 받는 후대 주해들은 바울서신 자체에서도 같은 싸움을 발견할 수 있다고 보았다. 사도 바울은 자신이 믿었던 내용을 정확히 반영하는 교리적 문구를 만들어 낼 수 없었거나 만들어 낼 생각이 없었기에, 글을 전개하면서 '유대계 기독교'의 표현을 인용하고 그것들을 변경했다. 로마서 3:24-26의 명백히 '언약적인' 본문과 로마서 1:3-4의 메시아적 진술, 그리고 갈라디아서 1:4의 대조되는 구원론적 진술 등이 그런 본문이다.[83] 하지만 불트만의 계승자들이 갈라디아서 2장을 두고 토론할 때쯤에는 이 학계의 전통 내부의 상황도 꽤 철저하게 변해 있었다. 불트만은 칭의에 관한 언어를 '죄 아래 인간'에서 '은혜 아래 인간'으로의 개인적인 옮겨 감의 관점에서 읽었지만, 케제만을 포함해 다른 학자들은 관건이 되는 내용을 우주 자체의 관점에서 이해했다. 그러는 동안 개신교와 가톨릭 양쪽 모두의 전통적인 해석은 변함없이 그 본문에 포함된 구체적인 질문─함께 식탁 교제를 나누기에 적합한 대상에 관한 질문─을 추상적인 교리인 '칭의'를 가리키는 이정표에 불과한 것으로 취급했다. 식탁 교제와 관련된 규칙은 그저 '율법'을 보여 주는 사례에 불과했고, 핵심은 사람은 율법이 아닌 은혜에 의해서 그리고 믿음을 통해서 의롭게 된다는 것이었다. 그들은 칭의와 십자가에 관한 모든 이야기는 16세기의 질문인 '사람이 어떻게 구원을 받는가'에 대한 답변이라고 가정했다. 갈라디아서 2장도 그런 식으로 읽었고, 그 결과 식탁에서의 연합과 관련된 질문은 '율법'이라는 추상적 주제 뒤로 사라지고 말았다.

'샌더스 혁명'이 일어난 것은 샌더스가 상대주의적인 의제를 증진시키길

---

[83] 본서 pp. 339-345를 보라.

원했기 때문이 아니었다. 물론 샌더스의 작업에는 20세기 말 상대주의를 보여 주는 신호가 실제로 존재하며, 많은 사람이 그런 관점에서 그의 작품을 읽었지만 말이다. 또한, 단순히 고대 유대인이 실제로 어떻게 생각하고 행동했는지, 특히 그들이 자신의 '율법 준수'를 어떻게 이해했는지에 관한 더 세부적인 연구가 진행되었기 때문도 아니다. 물론, 그 내용이 분명 샌더스 혁명에서 핵심 부분이긴 하지만 말이다. '샌더스 혁명'이 일어난 부분적인 이유는, 갈라디아서 2:11-21 같은 본문이 소위 사회문화적이라 부를 수 있는 차원을 상당히 분명하게 담고 있으면서도 단언컨대 동등하게 신학적인 차원도 품고 있었기 때문이다. 이 두 차원이 더는 분리될 수 없다는 사실이 점차 분명해졌다.

직설적으로 표현해 보겠다. 바울이 2:15-16에서 사람이 '의롭게 되는' 방법에 관한 이야기를 시작할 때, 주해가에게는 선택지가 있다. 하나는 바울이 2:11-14에 묘사한 분란 이야기 후에 주제를 변경했다고 보는 것이다. 다른 하나는 2:16과 이후의 2:17-21에 나오는 '칭의'에 관한 이야기가 둘 다 2:11-14의 논의와 연속된 내용이라는 것이다. 2:11-14은 '내가 어떻게 구원을 받는가'나 '내가 어떻게 은혜로운 하나님을 발견할 수 있는가'에 관한 것이 아니라, 예수를 메시아로 믿게 된 무할례자 이방인이 유대인 신자들과 같은 식탁에서 식사해야 하는지 아니면 하면 안 되는지에 관한 것이다. 이 문제에 대해 바울은 '해야 한다'라고, 게바는 '하면 안 된다'라고 말했는데, 바울은 '해야 한다'는 자신의 답변을 (그리고 결과적으로 게바를 향한 단호한 '틀렸소'라는 답변을) **사람이 '의롭다'고 선언되는 방식에 관한 질문과 관련해** 설명하고 있다. 어떤 식으로든 '의롭다'고 선언되는 것과 식탁에서 환영받는 것은 밀접하게 연결된 것으로 보인다. 적어도 나에게는 이것이 새 관점의 핵심이며, 나는 새 관점이 복음을 '식탁 예절'이라는 사소한 문제로 축소한다는 모든 주장에 계속해서 저항해 왔다.

단언컨대 교회의 일치는 갈라디아서의 주요 주제다. 옛 관점 전통에 서 있는 많은 주석을 통해서는 이 점을 알 수 없다는 사실만으로도, 이미 그 주석들에 의문을 품기에 충분하다. 교회의 일치, 즉 하나님이 아브라함에게 약속한 이 단일 가족의 일치는 로마서와 마찬가지로 갈라디아서에서도 복음과 성령이 작용한 직접적인 결과물이다. 따라서 새 관점에서 출현한 통찰은 사회학적 독해에서 출현한 바울 공동체의 특징에 관한 통찰과 연결된다. 확실히 우리는 새 관점의 주장 안에 '연대와 차이'에 관한 호렐의 질문도 마찬가지로 존재한다는 사실을 감지할 수 있다.

또한, 여기서 우리는 또 다른 분열을 만난다. 사람이 '의롭게 되는 것'은 메시아 예수**를 믿는** 그들의 믿음을 통해서인가, 아니면 메시아 예수**의 신실하심**을 통해서인가? 옛 관점은, 그리고 새 관점의 선도자 중 적어도 한 명(제임스 던)은 '예수를 믿는 믿음'을 고수해 왔다. 우리 중 다수는(선도자 가운데는 리처드 헤이스가 있다) 예수 자신의 신실함이라는 의견을 옹호해 왔다. 물론 이 해석을 개진하는 방식도 매우 다양하며 때로는 서로 상충하기도 한다. 일부는, 그중에서도 헤이스와 나 자신은 예수가 '죽기까지 순종하셨다'라고 말하는 빌립보서 2:8과 로마서 5:12-21에 비추어 '예수의 신실하심'을 이해해 왔으며, 따라서 이 표현을 예수의 죽음을 통한 하나님의 구원 행위를 가리키는 말로 보았고, 갈라디아서 2:19-21에서 예수의 죽음이 핵심이라는 사실은 이런 해석을 입증하는 것으로 보인다. 헤이스는 이러한 바울의 정식화가 '믿음'은 '우리가 하나님을 기쁘게 하려고 하는 행위'가 아니라는 증거라고 강조한다. 믿음은 대체 '행위'(substitute 'work')가 아니며, 그런 식으로(마치 '믿음'이 '진정으로 하나님이 우리가 행하길 원하는 것'이라는 식으로) 이야기하는 것은 근본적인 오해를 드러내는 것이다. 나는 로마서 3:22과 마찬가지로서 이 본문에서도 메시아의 '신실하심'이 이스라엘을 위한 하나님의 계획에 대한 그의 신실하심이라는 점을 강조해 왔는데, 그것은 십자가에서 그 목표(*telos*)에 도달한 굉장히 역설적인 계획이었다. 이러한 견해들이 양립할 수 없는 것은 아니다. 하지만 내가 보기에 양립할 수 없는 의견이 하나 있다. 그것은 마틴과 드 보어가 제시한 '피스티스 크리스투' 해석인데, 그들은 그 표현이 가리키는 대상이 여전히 예수의 죽음이지만, 그 의미가 선례도 없고 준비도 없었던 신적인 '침입', 역사적 준비나 전례가 없는 '묵시'라고 이해한다.

하지만 옛 관점이 다시 한번 개입해서 묻는다. 분명히 바울은 여전히 인간의 죄에 관해, 그리고 사람이 어떻게 죄로부터 구원되는지에 관한 글을 쓰고 있지 않은가? 그렇다. 갈라디아서에서는 (죄가 주요 주제인 로마서와 반대로) '죄'라는 단어가 기의 등장하지 않지만 말이다. 갈라디아서에서 죄가 도입되는 곳은 2:15에서 이방인을 율법 밖의 열등한 인종으로 지칭하기 위해 사용된 별칭인 '이방 죄인'이다. 이 지점에서 우리는 다시 사회학자들을 들먹일 수 있다. 우리가 이야기하고 있는 주제는 하나님의 백성을 사회문화적으로 정의하는 문제다. 그리고 바로 그 이유로, 같은 식탁에서 함께 먹도록 허용되는 대상이 누구인지 아는 것은 중요하다. 그리고 **그것이** 중요한 이유는, 메시아가 왔다면 그는 하나님의 구출 계획을 대행하는 자로 온 것이기 때문이다. 식탁 교제는 단지 즐거운 사교 행사가 아니다. 식탁 교제는 메시아적 정체성을 보여 주는 신호이자 맛보기이며, 따라서 하나님의 구출 작업으로부터 얻는 혜택을 보여 주는 신호이자 맛보기이기도 하다.

그렇다면 사회학적 관점은 2:17-18의 의미를 설명해 주며, 바울의 함축적 주장과 더 넓은 신학 내부에서 '죄'와 '용서'에 관한 주목할 만한 새로운 통찰을 열어 준다. 만약 예수를 믿은 유대인이 바울의 관점을 진지하게 받아들여 '이방 죄인'[유대인(메시아를 믿는 유대인까지 포함해)이 이방인(메시아를 믿는 이방인도 포함해)을 당연하게 평가하던 방식을 요약하는 표현으로, 2:15에서 사용된다]과 함께 식사하기로 결정했다면 무슨 일이 일어나는가? 그런 유대인도 이방 죄인과 마찬가지로 '죄인'이 되는가? 그렇다면 그것은 메시아가 '죄'를 방조하고 사주했다는 뜻인가?[84]

이 내용을 이해하려면 반드시, 대체로 고대 유대인이 이방 세계를 어떻게 바라보았는지 알아야 한다. 이 지점에서 중요한 언급이 하나 필요하다. 유대인의 '순혈주의' 관습 개념이 일부 학계에서는 논란의 대상이었는데, 유대인 학자들이 '그리스도인들'이 (때로는 칭의를 말하면서) 유대교를 다시 한번 결함 있는 종교 혹은 파괴적인 종교로 묘사하려고 시도하는 모습을 보고 분개했기 때문이다. 하지만 그것이 핵심이 아니다. 중요한 것은 **'종교' 비교가 아니라 종말론에 관한 주장**이다. '메시아가 왔다'라고 말한다고 해서 유대인을 향해 '너희 종교는 틀렸다'라고 말하는 것이 아니다. 그 말은 '너희의 종교, 즉 너희의 소명, 너희의 전체적인 삶의 방식은 정말로 한 분 하나님의 선물이자 부르심이 맞다. 그리고 그 하나님이 이제 그가 약속했던 일을 행했다. 그런데 역시 그의 약속대로, 그가 행한 일은 충격적이고 예기치 못했던 것이다'라고 말하는 것이다. 물론, 기독교 전통에 속한 많은 사람은 종말론을 잊었고, 종말론을 종교의 비교만이 아닌 신학의 비교로 변질시켰다. 그러고는 기독교 혹은 기독교 신학이 유대교나 유대교 신학보다 '낫다고' 이야기한다. 그것은 '묵시적' 저항이 가진 위험성이기도 하다. 너희에게는 '종교'가 있지만, 우리에게는 '묵시'가 있다! 이것도 절대 바울의 요점이 아니다. 물론 샌더스는 바울이 실제로 '유대교'에서 '잘못된' 것을 전혀 발견하지 못했다고 결론 내렸지만, 그의 '종교 패턴 비교'가 뜻하지 않게 이런 오해를 영속화하는 데 기여했는지도 모른다. 중요한 것은 메시아적 주장이다. 즉, 때가 차매 이스라엘의 하나님이 늘 약속해 왔던 그 철저하게 새로운 일을 행했다.

갈라디아서 2:17-18로 돌아가면—그리고 여기서 다시 새 관점과 사회학

---

[84] 이 질문은 롬 6:15-16에 포함된 사고 노선과 일맥상통하지만, 이 점은 그다지 주목받지 못했다.

적 해석이 수렴한다―바울의 사고 노선을 따르는 유대인 메시아 추종자들 앞에 아이러니한 선택이 놓여 있음을 본다. 그들은 메시아 및 메시아의 백성과 함께해야 하는데, 그러면 할례받지 않은 '이방 죄인'과 같은 식탁에 앉아야 하며 그 결과 기술적인 의미에서 '죄인'이 된다. 그렇지 않으면 '너희가 무너뜨린 것을 한 번 더 세워야' 한다. 달리 말해 유대인과 이방인을 분리하는 토라의 담장을 메시아의 가족 안에도 세워야 한다. 하지만―바울은 여기서 줄임말을 사용하지만, 다른 곳에서는 더 충분하게 풀어 설명한다―너희가 그렇게 해서 너희를 '죄'의 오염으로부터 안전하게 지키고자 토라에 호소한다면, 너희는 바로 토라가 너희를 정죄한다는 것을 알게 될 것이다. 토라는 니희가 '율법 위반자', '범법자'라는 사실을 보여 줄 것이다. 단순히 '죄인'이 아니라, 알려진 계명을 위반한 사람인 것이다.

　이 본문과 로마서 3, 4장에서 바울이 주장하는 것은, 복음 안에서 **이스라엘의 하나님이 '죄'의 문제를**, 그러니까 이방인을 '죄인'으로 만드는 죄와 율법 위반에서 드러나는바 유대인을 '범법자'로 만드는 죄, 두 가지 모두를 **처리했다**는 것이다. 여기가 바로 바울에 관한 옛 관점 해석과 새 관점 해석 그리고 사회학적 해석 모두가 가리키는 하나의 실재다. 옛 관점을 선호하는 사람들이 가하는 공격에 맞서 새 관점의 일부 형태를 변호한 우리 가운데서는, 바울이 아브라함의 가족에 합류하는 이방인(롬 4장과 갈 3장의 주제)을 이야기할 때 바울이 의도한 의미는 이방인이 아담의 죄와 그 죄의 결과를 역전시키고 취소하는 것을 목적으로 하는 언약 백성에 합류하는 것이었다는 점을 습관처럼 지적해 왔다. 그런 이야기 자체는 주해상 논란의 여지가 있지만, 여기서 나의 요점은 미묘하게 다르다. 내 생각에 바울은 갈라디아서 2장의 이 부분에서 그런 이야기들을 더욱더 단단하게 묶는다. **하나님이 메시아의 죽음 안에서 '죄'를 처리했기 때문에, 메시아의 백성 안으로 들어온 이방인은 더는 '죄인'이 아니다.** 여기서 '죄'라는 단어의 의미는 통상적인 두 범주, 즉 한편으로는 실제로 범한 인간의 그릇된 행동으로서의 죄, 다른 한편으로는 우주적 권세로서의 죄를 얼마간 초월한다. 여기서 '죄'는 이방 세계를 유대인의 관점에서 재단하는 **사회학적** 범주이기도 하다. 따라서 죄를 용서하는 것은 하나님이 이방인을 환영하는 방식이며, 또한 하나님이 유대인도 메시아적 가족으로 포함하는 방식이기도 하다.[85] 이것이 바로 갈라디아서 1:4의 첫머리 진술(메시아 예수가 "우리 아버지 하나님의 뜻에 따라 현재의 악한 시대로부터 우리를 건지시려고 우리 죄를 위하여 자신을 내주셨습니다")과 결정적인 절정인 2:19-20("하나님의 아들이…나를 사랑하여 나를 위해 자신을 내주셨다")이 서로 만나는 지점이다.

지난 200년간 바울을 둘러싸고 소용돌이쳤던 거대한 논의와 관련해, 이 부분의 모든 단어는 중요하다. 이 모든 이야기로부터 도출되는 내용으로서, 이 결론적인 요약 부분을 짧게 단순화하기에 적합한 세 가지 내용이 있다. 내 생각에 이 세 가지는 바울에 관한 주요한 이론 전부의 강점을 결합하고 있는데, 논쟁적 맥락과 목회적 맥락 모두에서 그렇다.

첫째, 바울은 새로운 정체성, 즉 토라가 아닌 메시아로 정의되는 정체성에 관해 이야기하고 있다. "내가 율법을 통해 율법에 대해 죽었는데, 이는 내가 하나님에 대해 살기 위해서입니다." 이것은 유대 세계에서는 말도 안 되는 소리였을 것이다. 왜냐하면 애초에 토라를 주신 것이 하나님이기 때문이다. 하지만 여기서 바울의 요점은 그가 유대 세계에서 떨어져 나왔다는 것이 아니라, 그가 이스라엘의 메시아에게 속했다는 것, **그리고 이스라엘의 메시아가 죽었다가 부활했다**는 것을 선언하는 것이었다. 그것이 바울의 세계, 그의 세계관, 그의 사고, 그의 기도, 그의 복음에서 중심이었다. 바울은 이 말이 신실한 유대인에게 얼마나 충격적인 소리일지 매우 잘 알고 있었다.

---

85   또한 흥미롭게도, 행 26:17-18을 보라.

바울 자신도 신실한 유대인이었다. 그렇지만 "만약 '의'가 율법을 통해 온다면, 메시아께서 헛되이 죽으신 것"이다(21절). 역으로 표현하자면, 십자가에서 처형된 메시아가 의미하는 바는 이제 '의'를 다른 방식으로는 얻을 수 없다는 것이다.

이 부분에서 또 다른 주요 단절선이 존재하는데, 그것은 옛 관점과 새 관점이 갈리는 선과 가깝긴 하지만, 모든 측면에서 그 선을 따르는 것은 아니다. 나를 비롯한 몇 사람은 바울의 '의' 언어를 '언약 구성원 자격'과 연관지어 이해해 왔다. 이러한 견해를 옛 관점의 옹호자들은 일관되게 거부했고 새 관점 내부에서도 대다수가 무시했다. 하지만 여기서 요점은 바울의 새로운 정체성이며, 그리고 그가 옛 정체성에서 떠나왔다는 사실이다. 이 내용은 2:11 이후의 논의와도 긴밀하게 연결된다. 바울은 율법으로 정의되는 사람이기를 중단했다. 그리고 할례를 받지 않은 메시아 신자들로부터 자신을 분리해야 하는 사람이기를 중단했다. 이제 그는 메시아 사람(Messiah-person)이다. 왜냐하면 '율법에 대해 죽은' 후 살아남으로써 이제 그가 갖게 된 삶은 메시아 안에서 살아가는, 메시아 자신의 삶이기 때문이다.

이 부분에 바울 사상의 핵심 요소가 있는데, 이 요소는 본서에서 그동안 그려 온 주요한 흐름에서는 비스듬히 놓여 있던 내용이다. 나는 지금까지 마이클 고먼의 작업을 전면에 내세우지 않았다. 하지만 후향적으로 보면 그의 제안들은 오래된 문제들을 해결하는 새로운 방식을 미리 가리키고 있었던 것으로 보일 수 있다.[86] 사려 깊고 종종 획기적인 일련의 연구들에서 고먼은 메시아의 **거주**(indwelling)라는 바울의 개념을 복음이 일으키는 탈바꿈의 중심 의미로 보고 그 개념에 주의를 기울여 왔다. '하지만 내가 살아 있다. 그런데 그것은 내가 아니라, 내 안에 사시는 메시아다.' 소위 '법정적' 칭

---

86   예를 들면, Gorman 2001, 2009, 2015를 보라.

의를 주장하는 사람들에게 이 말은 논리상 두 번째 단계로, 즉 최초의 선언에 뒤따르는 '성화' 단계로 이해된다. 슈바이처에서 샌더스로 이어지는 노선을 따르는 사람들에게 '내 안에 있는 그리스도'는 기껏해야 더 흔한 표현인 '그리스도 안에 있음'의 역(逆)으로 보일 뿐이다. 또한, 내 생각에는 '묵시주의자들'도, 사회사학자들도 이 요소를 크게 고려해 온 것 같지 않다. 하지만 바울은 이 본문과 다른 본문에서 이러한 이야기를 상당히 분명하게 하고 있으며, 갈라디아서 2:19-20은 바울의 주장에서 결정적인 절정인 것이 분명하므로 우리는 모든 요소를 마땅히 중요하게 다루어야 한다.

고먼이 보기에, 이것은 단지 그리스도인의 경험뿐만 아니라 '칭의' 자체에서도 핵심이다. 고먼은 이 내용을 지시하기 위해 테오시스(*theōsis*), 즉 '신화'(神化, divinization)를 사용한다. 이 단어는 이전에는 인기 없는 용어였지만, 내주하는 메시아와 성령에 관한 바울의 언어는 이 단어의 사용을 정당화하는 것으로 보인다. 물론, 함축된 의미를 파악하기 위한 노력이 더 필요하며, 고먼 등이 열정적으로 그 작업을 진행하고 있다.[87] 만약 바울 연구에 속한 거대한 패러다임들에 이 요소를 위한 여지가 없다면, 그것은 그 패러다임들이 부실하다는 증거일 것이다. 과연 십자가에 못 박히고 부활하신 메시아의 내주를 통한 성도의 탈바꿈이란 개념이 실제로 바울이 '칭의'로 **의도한 의미**인지 혹은 '칭의' 및 그 동족어들이 이 탈바꿈과 밀접하게 연결된 다른 것을 가리키는 것인지의 문제는 남아 있다. 이 문제에 답하려면, 갈라디아서뿐만 아니라 로마서와 빌립보서의 관련 본문을 매우 세심하게 조사해야 한다. 하지만 나는 빌립보서 2장과 같은 다른 핵심 본문과 더불어 특히 갈라디아서 2장의 마지막 부분에 초점을 맞춘 고먼의 작업이, 내가 하고 있는 현재 프로젝트 전체를 요약하면서 일종의 중간 보고서를 제시하는 것으로

---

87 예를 들면, Blackwell 2011; Litwa 2012를 보라.

본다. 하늘과 땅에도, 확실히 바울에게도, 우리가 가진 모든 사고 틀로 꿈꿀 수 있는 것보다 훨씬 더 많은 것이 존재할 것이다. 바울서신의 복잡하지만 중요한 의미를 담은 핵심 본문들에서 출현하는 새로운 노선의 탐구들은 우리의 모든 거대한 사고 틀에도 결함이 존재한다는 사실과 더불어 새로운 길들이 계속해서 열린다는 사실을 보여 준다. 탈바꿈이란 주제가 더 풍부한 일관성을 가리킬 수 있는 잊혀진 요소 정도가 아니라, 바울 연구 자체 내부에서 아직 발생하지 않은 상황을 가리키는 은유로 밝혀질지도 모르겠다.

틀림없는 사실은, 바울이 '나는 메시아와 함께 십자가에 못 박혔다' 혹은 '메시아가 내 안에 산다'라고 말할 때, 그것은 바울이 그를 타인과 다르게 구별시키는 특별한 '경험'을 했다는 의미를 전달하기 위함이 아니다. 바울이 자신을 언급하는 것은 자신을 패러다임을 대표하는 사례로서 제시하려는 의도다. 이것은 십자가에 못 박히고 부활한 메시아의 가족으로 유대인이 들어왔을 때의 모습이다. 달리 말해(게바를 향한 암시적인 답변이며, '교사들'이 말하는 내용과 관련해 갈라디아 교회들에도 공명되었을 의미인데), 메시아가 십자가에 못 박히고 다시 살아났다는 사실 그리고 그에게 속한 사람들이 그 사건의 의미에 동참한다는 사실은 외적인 자격과 내적인 탈바꿈에 의해 그런 특징들을 가진 새로운 가족, 즉 메시아 가족이 존재한다는 것을 가리킨다. 여기서 바울이 자전적인 표현을 사용하는 것은 일부 다른 본문과 마찬가지로 '너희' 혹은 '그들'을 사용해서 이것이 바울 자신의 이야기는 아닌 것처럼 이야기하는 것을 피하려는 목적이다. 그렇다면 가장 우선되는 것은 메시아의 죽음과 부활로 형성되는 새로운 정체성이다.

두 번째는 이 모든 일이 하나님의 계획과 은혜의 결과로서 발생했다는 것이다. 다시 21절을 보라. '나는 하나님의 은혜를 저버리지 않습니다.' 메시아의 죽음은 하나님의 은혜가 역사한 것으로 이해되어야 한다. 이 부분이 '묵시' 학파의 강점인데, 적대적인 힘에 의해 통치를 받던 어두운 세상 속으로 하나님 자신이 결정적으로 침입했다.[88] 이 내용은 다시 1:4과도 연결되는데, 거기에는 이런 요소들이 역으로 구성되어 있다. 즉, 1:4에서는 '악한 현 시대에서 우리를 구출하시려고' 메시아가 '우리 죄를 위해 자신을 주셨지만', 2:21에서는 '하나님의 은혜'의 행위 안에 나타난 계시로서 '하나님의 아들이 나를 사랑하여 나를 위해 자신을 주셨다.' 당연히 바울은 (a) 메시아의 죽음과 부활이, 그리고 (b) 죄가 용서되었기 때문에 이제 연합될 수 있는 새로운 메시아 가족이 창조되었다는 관점에서 그 메시아 사건의 효력이, 하나님 자신이 옛 성경에서 말씀하셨던 모든 것을 어긴 것처럼 보일 수 있다는 사실을 알고 있었다. 바로 그 이유로 바울은 다음 장에서 재빨리 아브라함 언약의 원래 조항들을 자세히 설명하면서, 놀라울 수도 있지만 메시아 안에서 발생한 일들이 그저 철저히 새로운 일을 일으키며 작용하는 하나님의 은혜가 아니라, **처음부터 줄곧 약속되었던 대로의** 하나님의 은혜라는 사실을 보여 준다. 그리고 이 말은 곧 '묵시적 침입'(apocalyptic invasion)이라는 표현이 어떤 한 관점에서는 완벽하게 정당해 보이지만, 다른 관점에서는 심각한 오해의 소지가 있다는 의미다. 이스라엘의 하나님은 창조주이며, 그의 권좌가 찬탈당한 때에도 세상은 여전히 그의 것이다.

마찬가지로 바로 이런 이유로 19절의 마지막 어구를 강조하는 것이 중요하다. 토라에 대해 죽은 것은 '내가 하나님에 대해 살려 함'이다. 바울은 다음 장에서 하나님의 전체적인 계획과 토라의 수여 사이에 명백한 괴리가 발생했다는 문제를 설명할 것이지만, 잠시 그 문제를 역설적인 상태로 놔둔다. 그런데 여기서 바울이 강조하려는 요점은 '율법에 대해 죽는 것'이 이스라엘의 하나님을 저버리는 것이 아니라는 사실이다. 오히려 그는 완전히 새로운 방식으로 하나님을 위해 살고 있다. 그는 모든 유대인 메시아 신자들이

---

[88] 예를 들면, Martyn 1997a, pp. 103-105; de Boer 2011, p. 34; Gaventa 2012를 보라.

자신처럼 살기를 바란다. 즉, 메시아적 이름표인 '피스티스', 메시아-믿음을 공유하는 모든 사람과 더불어 메시아의 가족, 아브라함의 가족에 온전하게 참여함으로써 완전히 새로운 길을 구체화하기를 바란다. 이 이름표는 그들에게, '죄'가 처리되고 용서되었기에 이제는 '율법 안에' 있는 사람들과 '이방 죄인들' 사이에 아무런 구별이 없다는 사실을 일깨운다.

마지막 세 번째, 바울은 중요한 것은 사랑이라고 강조한다. "나를 사랑하여 나를 위해 자신을 내주신 하나님의 아들의 신실하심 안에서 사는 것입니다." 앞서 살펴보았듯이, 여기서 바울은 1:4의 정형어구를 반복한다. 메시아가 '우리 죄를 위하여 자신을 주셨다.' 죄를 위한 메시아의 죽음은 바울이 '우주적' 메시지를 추구하는 가운데 버리려고 노력했던 유대계 기독교의 개념이 아니다. '우주적' 메시지도 도입되지만, 그렇다고 죄를 위한 메시아의 죽음 개념을 버리지 않는다. 바울이 주장하길, 인간의 죄를 법정적 차원에서 또한 탈바꿈의 차원에서 처리함으로써 이스라엘의 하나님이 그의 왕좌를 찬탈한 '권세들'을 폐위시키셨다. 이러한 설명의 틀 안에서 보면 바울 해석에 존재했던 가장 오래된 분열 중 하나—원조 분열인 유대인과 이방인 사이의 분열만큼이나 그 방식에 있어서 완고했던!—도 간단히 녹아 없어진다. '칭의'가 바울의 중심인가, 아니면 '참여'가 중심인가? 슈바이처에서 샌더스를 거쳐 캠벨에 이르는 노선은 (아마도 '묵시적' 맥락에서) 참여라고 대답한다. 바우르에서 불트만을 거쳐 옛 관점에 이르는 노선은 칭의라고 대답한다. 바울은 둘 다라고 말한다. 그리고 더 큰 맥락에서 둘 다를 의미한다. 왜냐하면 성경의 용법에서 '사랑'이란 단어 그 자체가, 다음 장에서 바울 자신을 사로잡을 주제인 하나님의 언약을 직접적으로 가리키는 표현이기 때문이다. 그 언약 안에서 보면, 그리고 그들의 사회학적 차원이 바로 이런 종류의 새로운 연합을 가리키고 있는 가족 안에서 보면, 그리고 메시아의 십자가와 부활을 통해 내부로부터 형성된 탈바꿈된 삶 안에서 보면, 메시아를 통해 이제 성취된 아브라함의 약속이 의미하는 것은 더는 유대인도 이방인도 없고, 더는 묵시도 구원사도 없으며, 더는 참여도 칭의도 없다는 것이다. 이 모두가 메시아 안에서 하나다.

여기서 관건이 되는 그 사랑은 신적인 사랑으로, 메시아의 사랑은 신적인 사랑의 구현이다(롬 5:8; 8:37-39과 비교해 보라). 갈라디아서 5장에서 사랑을 강조한다는 사실이 분명하게 보여 주듯이, 이 주제는 바울 사상의 모든 단계에서 중심이다.[89] 우리가 옛 관점을 옹호하든 새 관점을 옹호하든, 종교사를 연구하든 단순히 역사를 연구하든, 묵시를 믿든 구원사를 믿든, 사회사학자이든 사회이론가이든, 바울을 철학자로 보든 정치가로 보든 그저 어리둥절한 구경꾼으로 보든, 우리 해석의 중심부 근처에서 이 구출과 변혁의 아가페를 노래하는 음이 들리지 않는다면, 우리는 바울의 관점에서 바울의 강조점을 따라 바울을 읽은 것이 아니다. 바울 신학의 심장에는 (그는 그것이 역사의 중심에 있다고 믿었기 때문에) 세계와 바울을 재형성했던 하나님의 행위가 있었고,[90] 그것은 반드시 그 이상의 행위로 번역되어야 할 행위였다. 사랑이 궁극적인 앎의 양식인 것처럼, 사랑은 또한 궁극적인 연합일 뿐만 아니라 궁극적인 해석의 틀이요, 기초적인 임무이기도 하다.[91] 모든 이론과 전제 배후에서, 그리고 복잡한 주해와 패러다임을 둘러싼 혼란 배후에서 튀어나오는 것이 바로 이것이다. "하나님의 아들이 나를 사랑하여 나를 위해 자신을 주셨다." 그것이 바로 안디옥에서 바울이 자신의 정체성으로 내세우기로 선택한 메시지이며, 그것이 바로 '복음의 진리'가 메시아 추종자들을 묵시적으로 창조된 사회적·신학적·선교적 실체로 규정하는 방식이다. 학계든 교회든 바깥세상이든, 바울을 연구하는 사람이라면 이 지점에서 시작하는 것이 좋겠다.

---

89 5:6, 13, 14, 22을 보라.
90 갈 6:14. 참조. 고후 5:13-17.
91 다시 Gorman 2015를 보라.

참고 도서

Adams, E. 2009. 'First-Century Models for Paul's Churches: Selected Scholarly Developments Since Meeks' in Still, T. D., and D. G. Horrell, eds. *After the First Urban Christians: The Social-Scientific Study of Pauline Christianity Twenty-Five Years Later*. London: T & T Clark, pp. 60-78.

Adorno, T. W. 1974 [1951]. *Minima Moralia: Reflections from Damaged Life*. London: Verso. 『미니마 모랄리아』(길).

Agamben, G. 2005 [2003]. *State of Exception*. Chicago: Chicago University Press. 『예외상태』(새물결).

_____. 2005 [2000]. *The Time That Remains: A Commentary on the Letter to the Romans*, tr. P. Dailey. Stanford, CA: Stanford University Press. 『남겨진 시간: 로마인들에게 보낸 편지에 관한 강의』(코나투스).

_____. 2011 [2007]. *The Kingdom and the Glory: For a Theological Genealogy of Economy and Government*. Stanford, CA: Stanford University Press. 『왕국과 영광: 오이코노미아와 통치의 신학적 계보학을 향하여』(새물결).

Aletti, J. N. 2010 [1992]. *God's Justice in Romans: Keys for Interpreting the Epistle to the Romans*, tr. P. M. Meyer. Rome: Gregorian and Biblical Press.

Alexander, L. C. A. 1994. 'Paul and the Hellenistic Schools: The Evidence of Galen' in Engberg-Pedersen, T., ed. *Paul in His Hellenistic Context*. Edinburgh: T & T Clark, pp. 60-83.

Allen, R. M. 2013. *Justification and the Gospel: Understanding the Contexts and Controversies*. Grand Rapids: Baker.

Allison, D. C. 1998. *Jesus of Nazareth: Millenarian Prophet*. Minneapolis: Fortress Press.

Anderson, G. A., and J. S. Kaminsky. 2013. *The Call of Abraham: Essays on the Election of Israel in Honor of Jon D. Levenson*. Notre Dame, IN: University of Notre Dame Press.

Ascough, R. S. 2003. *Paul's Macedonian Associations: The Social Context of Philippians and 1 Thessalonians*. Tübingen: Mohr.

Aulén, G. 1969. *Christus Victor: An Historical Study of the Three Main Types of the Idea of Atonement*, tr. A. G. Hebert, with a Foreword by J. Pelikan. New York: Macmillan.

Avemarie, F. 1996. *Tora und Leben: Untersuchungen zur Heilsbedeutung der Tora in der frühen rabbinischen Literatur*. Tübingen: Mohr.

Badiou, A. 2003 [1997]. *Saint Paul: The Foundation of Universalism*, tr. R. Brassier. Stanford, CA: Stanford University Press. 『사도 바울: '제국'에 맞서는 보편주의 윤리를 찾아서』(새물결).

Baird, W. 1992. *History of New Testament Research, Volume 1: From Deism to Tübingen*. Minneapolis: Fortress Press.

_____. 2003. *History of New Testament Research, Volume 2: From Jonathan Edwards to Rudolf Bultmann*. Minneapolis: Fortress Press.

_____. 2013. *History of New Testament Research, Volume 3: From C. H. Dodd to Hans Dieter Betz*. Minneapolis: Fortress Press.

Barclay, J. M. G. 1992. 'Thessalonica and Corinth: Social Contrasts in Pauline Christianity.' *Journal for the Study of the New Testament* 47: 49-74.

_____. 1995. 'Deviance and Apostasy: Some Applications of Deviance Theory to First-Century Judaism and Christianity' in Esler, P. F., ed. *Modelling Early Christianity: Social-Scientific Studies of the New Testament in Its Context*. London: Routledge, pp. 114-127.

_____. 1996. *Jews in the Mediterranean Diaspora from Alexander to Trajan (323 BCE-117 CE)*. Edinburgh: T & T Clark.

_____. 2011. *Pauline Churches and Diaspora Jews*. Tübingen: Mohr.

_____. 2015. *Paul and the Gift*. Grand Rapids: Eerdmans. 『바울과 선물』(새물결플러스).

Barclay, J. M. G., and S. J. Gathercole, eds. 2006. *Divine and Human Agency in Paul and His Cultural Environment. In Early Christianity in Context*, Library of New Testament Studies 335. London/New York: T & T Clark.

Barth, K. 1936-1969. *Church Dogmatics*. Edinburgh: T & T Clark. (=CD) 『교회 교의학』(대한기독교서회).

_____. 1963. *Evangelical Theology: An Introduction*, tr. G. Foley. London: Weidenfeld & Nicolson. 『개신교신학 입문』(복있는사람).

_____. 1968 [1933]. *The Epistle to the Romans*, tr. E. C. Hoskyns. Oxford: Oxford

University Press. 『로마서』(복있는사람).

Barton, S. C. 1995. 'Historical Criticism and Social-Scientific Perspectives in New Testament Study' in Green, J. B., ed. *Hearing the New Testament: Strategies for Interpretation*. Grand Rapids: Eerdmans, pp. 61-89.

Bauckham, R., J. R. Davila, and A. Panayotov, eds. 2013. *Old Testament Pseudepigrapha: More Noncanonical Scriptures*. Vol. 1. Grand Rapids: Eerdmans.

Baur, F. C. 2011 [1873]. *Paul the Apostle of Jesus Christ*. Grand Rapids: Baker.

Bauspiess, M., C. Landmesser, and D. Lincicum, eds. 2014. *Ferdinand Christian Baur und die Geschichte des frühen Christentums*. Tübingen: Mohr.

Becker, H. S. 1963. *Outsiders: Studies in the Sociology of Deviance*. New York: Free Press.

Beilby, J. K., and P. R. Eddy, eds. 2011. *Justification: Five Views*. Downers Grove, IL: Inter-Varsity Press. 『칭의 논쟁: 칭의에 대한 다섯 가지 신학적 관점』(새물결플러스).

Beker, J. C. 1980. *Paul the Apostle: The Triumph of God in Life and Thought*. Philadelphia: Fortress Press. 『사도 바울: 바울의 생애와 사상에서의 하나님의 승리』(한국신학연구소).

_____. 1982. *Paul's Apocalyptic Gospel: The Coming Triumph of God*. Philadelphia: Fortress.

Benhabib, S. 1992. *Situating the Self: Gender, Community and Postmodernism in Contemporary Ethics*. Cambridge: Polity Press.

Benjamin, W. 1974-1989. *Gesammelte Schriften*, ed. R. Tiedemann and H. Schweppenhäuser. Frankfurt: Suhrkamp. 『발터 벤야민 선집』(길).

Berger, P. L., and T. Luckmann. 1984 [1966]. *The Social Construction of Reality: A Treatise in the Sociology of Knowledge*. Garden City, NY: Doubleday, Anchor. 『실재의 사회적 구성: 지식사회학 논고』(문학과지성사).

Bird, M. F. 2007. *The Saving Righteousness of God: Studies on Paul, Justification and the New Perspective*. Milton Keynes: Paternoster.

_____, ed. and introd. 2012. *Four Views on the Apostle Paul*. Grand Rapids: Zondervan.

Blackburn, S. 2008. *The Oxford Dictionary of Philosophy*. 2nd edn. rev. Oxford: Oxford University Press.

Blackwell, B. C. 2011. *Christosis: Pauline Soteriology in Light of Deification in Irenaeus and Cyril of Alexandria*. Tübingen: Mohr.

Blanton, W. 2014. *A Materialism for the Masses: Saint Paul and the Philosophy of Undying Life*. New York: Columbia University Press.

Blanton, W., and H. de Vries, eds. 2013. *Paul and the Philosophers*. New York: Fordham University Press.

Blasi, A. J., J. Duhaime, and P.-A. Turcotte, eds. 2002. *Handbook of Early Christianity: Social Science Approaches*. Walnut Creek, CA: AltaMira Press.

Bloch, M. 1992. 'What Goes Without Saying: The Conceptualization of Zafimaniry Society' in Kuper, A., ed. *Conceptualizing Society*. London/New York: Routledge, pp. 127-146.

Blumenfeld, B. 2001. *The Political Paul: Justice, Democracy and Kingship in a Hellenistic Framework*. Sheffield: Sheffield Academic Press.

Boccaccini, G. 1991. *Middle Judaism: Jewish Thought 300 B.C.E. to 200 C.E.* Minneapolis: Fortress Press.

Bockmuehl, M. 2001. '1QS and Salvation at Qumran' in Carson, D. A., Peter T. O'Brien, and Mark A. Seifried, eds. *Justification and Variegated Nomism, Volume I: The Complexities of Second Temple Judaism*. Grand Rapids: Baker Academic, pp. 381-414.

Boer, R., ed. 2010. *Secularism and Biblical Studies*. Sheffield: Equinox.

Borg, M. J. 1984. *Conflict, Holiness and Politics in the Teachings of Jesus*. Studies in the Bible and Early Christianity 5. New York/Toronto: Edwin Mellen Press.

_____. 1986. 'A Temperate Case for a Non-Eschatological Jesus.' *Foundations and Facets Forum* 2.3:81-102.

_____. 1987. "An Orthodoxy Reconsidered: The 'End-of-the-World Jesus'" in Hurst, L. D., and N. T. Wright, eds. *The Glory of Christ in the New Testament: Studies in Christology in Memory of George Bradford Caird*. Oxford: Oxford University Press, pp. 207-217.

Bornkamm, G. 1969. *Early Christian Experience*, tr. P. L. Hammer. London: SCM Press.

_____. 1971 [1969]. *Paul*. London: Hodder & Stoughton. 『바울』(이화여자대학교출판부).

Bousset, W. 1970. *Kyrios Christos: A History of Belief in Christ from the Beginnings of Christianity to Irenaeus*, tr. J. E. Steely. 1913. Repr. Nashville: Abingdon.

Boyarin, D. 1994. *A Radical Jew: Paul and the Politics of Identity*. Berkeley: University of California Press.

Briggs, A. 2012. *Special Relationships: People and Places*. Barnsley: Frontline Books.

Bultmann, R. 1951-1955. *Theology of the New Testament*, tr. Kendrick Grobel. London/New York: SCM Press/Scribner's. 『신약성서신학』(성광문화사).

_____. 1960a. *Existence and Faith*, ed. Schubert M. Ogden. Living Age Books. New York: World Publishing, Meridian.

_____. 1960b. *This World and the Beyond: Marburg Sermons*. New York: Scribner's. 『차안과 피안』(대한기독교서회).

_____. 1967. *Exegetica*. Tübingen: Mohr.

_____. 2007. *Theology of the New Testament*. Introd. R. Morgan. Waco, TX: Baylor University Press.

Cadbury, H. J. 1953. 'Current Issues in New Testament Study.' *Harvard Divinity School*

Bulletin 19:49-64.

Caird, G. B. 1978. 'Review of Sanders 1977.' *Journal of Theological Studies 29: 538-543*.

_____. 1980. *The Language and Imagery of the Bible*. London: Duckworth.

Campbell, D. A. 1992. *The Rhetoric of Righteousness in Romans 3.21-26*. Journal for the Study of the New Testament Supplement Series 65. Sheffield: JSOT Press.

_____. 2005. *The Quest for Paul's Gospel: A Suggested Strategy*. London: T & T Clark.

_____. 2009. *The Deliverance of God: An Apocalyptic Rereading of Justification in Paul*. Grand Rapids: Eerdmans.

_____. 2012. "Christ and the Church in Paul: A 'Post-New Perspective' Account" in Bird, M. F., ed. *Four Views on the Apostle Paul*. Grand Rapids: Zondervan, pp. 113-143.

_____. 2014. *Framing Paul: An Epistolary Biography*. Grand Rapids: Eerdmans.

Carney, T. F. 1975. *The Shape of the Past: Models and Antiquity*. Lawrence, KS: Coronado Press.

Carson, D. A. 2001. 'Summaries and Conclusions' in Carson, D. A., Peter T. O'Brien, and Mark A. Seifrid, eds. *Justification and Variegated Nomism, Volume I: The Complexities of Second Temple Judaism*. Tübingen: Mohr, pp. 505-548.

Carson, D. A., P. T. O'Brien, and M. A. Seifrid. 2001-2004. *Justification and Variegated Nomism: Vol. 1: The Complexities of Second Temple Judaism; Vol. 2: The Paradoxes of Paul*. Tübingen/Grand Rapids: Mohr/Baker Academic.

Castelli, E. A. 1991. *Imitating Paul: A Discourse of Power*. Louisville, KY: Westminster John Knox Press.

Catchpole, D. R. 2004. 'Who and Where is the "Wretched Man" of Romans 7, and Why is "She" Wretched?' in Stanton, G. N., B. W. Longenecker, and S. C. Barton, eds. *The Holy Spirit and Christian Origins: FS James D. G. Dunn*. Grand Rapids: Eerdmans, pp. 168-180.

Chance, J. K. 1994. 'The Anthropology of Honor and Shame: Culture, Values, and Practice.' *Semeia* 68:139-149.

Charlesworth, J. H., ed. 1983. *Apocalyptic Literature and Testaments. Vol. 1 of The Old Testament Pseudepigrapha*. Garden City, NY: Doubleday.

_____, ed. 1985. *Expansions of the 'Old Testament' and Legends, Wisdom and Philosophical Literature, Prayers, Psalms and Odes, Fragments of Lost Judaeo-Hellenistic Works. Vol. 2 of The Old Testament Pseudepigrapha*. Garden City, NY: Doubleday.

Chester, S. J. 2003. *Conversion at Corinth: Perspectives on Conversion in Paul's Theology and the Corinthian Church*. London: T & T Clark.

Chilton, B. D. 2004. *Rabbi Paul: An Intellectual Biography*. New York: Doubleday.

Clarke, A. D. 1993. *Secular and Christian Leadership in Corinth: A Socio-Historical and Exegetical Study of 1 Corinthians 1-6*. Leiden: Brill.

_____. 2000. *Serve the Community of the Church: Christians as Leaders and Ministers*. Grand Rapids: Eerdmans.

_____. 2008. *A Pauline Theology of Church Leadership*. London: T & T Clark.

Cohen, L. J. 1995. 'Explanation' in Honderich, T., ed. *The Oxford Companion to Philosophy*. Oxford: Oxford University Press, pp. 262-263.

Coleridge, S. T. 1836. *The Literary Remains of Samuel Taylor Coleridge*. Vol. 1. London: W. Pickering.

Collins, J. J. 1987. *The Apocalyptic Imagination*. New York: Crossroad. 『묵시문학적 상상력』(가톨릭출판사).

_____. 2000. 'Eschatologies of Late Antiquity' in Evans, C. A., and S. E. Porter, eds. *Dictionary of New Testament Background*. Downers Grove, IL: InterVarsity Press, pp. 330-307.

_____ 2010. 'Apocalypse' in Collins, J. J., and D. C. Harlow, eds. *The Eerdmans Dictionary of Early Judaism*. Grand Rapids: Eerdmans, pp. 341-345.

Conzelmann, H. 1968. 'Current Problems in Pauline Research.' Interpretation 22:171-186.

_____. 1975 [1969]. *1 Corinthians: A Commentary on the First Epistle to the Corinthians*, tr. J. W. Leitch. Hermeneia. Philadelphia: Fortress Press.

Countryman, L. W. 1988. *Dirt, Greed and Sex: Sexual Ethics in the New Testament and Their Implications for Today*. Philadelphia: Fortress Press.

Court, J. M. 1982. 'Paul and the Apocalyptic Pattern' in Hooker, M. D., and S. G. Wilson, eds. *Paul and Paulinism: Essays in Honour of C. K. Barrett*. London: SPCK, pp. 57-66.

Cranfield, C. E. B. 1975-1979. *A Critical and Exegetical Commentary on the Epistle to the Romans*. 2 vols. International Critical Commentary. Edinburgh: T & T Clark. 『국제비평주석. 로마서 1/2』(로고스).

Crossan, J. D. 1991. *The Historical Jesus: The Life of a Mediterranean Jewish Peasant*. Edinburgh/San Francisco: T & T Clark/Harper. 『역사적 예수: 지중해 지역의 한 유대인 농부의 생애』(한국기독교연구소).

Cullmann, O. 1962 [1951]. *Christ and Time: The Primitive Christian Conception of Time and History*, tr. Floyd V. Filson. London: SCM Press. 『그리스도와 시간: 초기 기독교의 시간관과 역사관』(나단출판사).

_____. 1967 [1965]. *Salvation in History*. London/New York: SCM Press/Harper and Row. 『구원의 역사』(대한기독교서회).

Dahl, N. A. 1977. *Studies in Paul: Theology for the Early Christian Mission*. Minneapolis: Augsburg.

Danker, F. W. 1982. *Benefactor: Epigraphic Study of a Graeco-Roman and New Testament Semantic Field*. St Louis: Clayton.

Das, A. A. 2001. *Paul, the Law, and the Covenant*. Peabody, MA: Hendrickson.

_____. 2003. *Paul and the Jews*. Peabody, MA: Hendrickson.

_____. 2009. 'Paul and the Law: Pressure Points in the Debate' in Given, M. D., ed. *Paul Unbound: Other Perspectives on the Apostle*. Peabody, MA: Hendrickson, pp. 99-116.

Das, A. A., and F. J. Matera, eds. 2002. *The Forgotten God: Perspectives in Biblical Theology: Essays in Honor of Paul J. Achtemeier on the Occasion of His Seventy-Fifth Birthday*. Louisville, KY: Westminster John Knox Press.

Davies, J. P. 2016. *Paul among the Apocalypses? An Evaluation of the 'Apocalyptic Paul' in the Context of Jewish and Christian Apocalyptic Literature*. Library of New Testament Studies. London: T & T Clark (forthcoming).

Davies, W. D. 1980. *Paul and Rabbinic Judaism*. 4th edn. Philadelphia: Fortress Press.

Davis, J. B., and D. Harink, eds. 2012. *Apocalyptic and the Future of Theology: With and Beyond J. Louis Martyn*. Eugene, OR: Cascade Books.

de Boer, M. C. 1988. *The Defeat of Death: Apocalyptic Eschatology in 1 Corinthians 15 and Romans 5*. Sheffield: JSOT Press.

_____. 1989. 'Paul and Jewish Apocalyptic Eschatology' in Marcus, J., and M. L. Soards, eds. *Apocalyptic and the New Testament: Essays in Honor of J. Louis Martyn*. Sheffield: Sheffield Academic Press, pp. 169-190.

_____. 2002. 'Paul, Theologian of God's Apocalypse.' *Interpretation* 56.1:22-33.

_____. 2011. *Galatians: A Commentary*. Louisville, KY: Westminster John Knox Press.

de la Durantaye, L. 2012. 'Afterword: On Method, the Messiah, Anarchy and Theocracy' in Agamben, G., ed. *The Church and the Kingdom*. London: Seagull Books, pp. 48-62.

Deines, R. 2001. "The Pharisees between 'Judaisms' and 'Common Judaism'" in Carson, D. A., Peter T. O'Brien, and Mark A. Seifrid, eds. *Justification and Variegated Nomism, Vol. I: The Complexities of Second Temple Judaism*. Tübingen/Grand Rapids: Mohr/Baker Academic, pp. 443-504.

Deissmann, A. 1926 [1912]. *Paul: A Study in Social and Religious History*. London: Hodder & Stoughton.

deSilva, D. A. 1999. *The Hope of Glory: Honor Discourse and New Testament Interpretation*. Collegeville, MN: Liturgical Press.

_____. 2000. *Honor, Patronage, Kinship and Purity: Unlocking New Testament Culture*. Downers Grove, IL: InterVarsity Press. 『문화의 키워드로 신약성경 읽기: 명예, 후원, 친족, 정결 개념 연구』(새물결플러스).

Dodd, C. H. 1959 [1932]. *The Epistle of Paul to the Romans*. London: Collins/Fontana.

Donaldson, Terence L. 1997. *Paul and the Gentiles: Remapping the Apostle's Convictional World*. Minneapolis: Fortress Press.

Duling, D. C. 1996. 'Millennialism' in Rohrbaugh, R. L., ed. *The Social Sciences and New Testament Interpretation*. Peabody, MA: Hendrickson, pp. 183-205.

Dunn, J. D. G. 1977. *Unity and Diversity in the New Testament: An Inquiry into the Character of Earliest Christianity*. London/Philadelphia: SCM/Westminster Press. 『신약성서의 통일성과 다양성』(솔로몬).

_____. 1988. *Romans 1-8*. Word Biblical Commentary. Waco, TX: Word Books. 『로마서 상 1-8』(솔로몬).

_____. 1993. *A Commentary on the Epistle to the Galatians*. Black's New Testament Commentaries. London: A. & C. Black.

_____. 1996a. *The Epistles to the Colossians and to Philemon: A Commentary on the Greek Text*. Grand Rapids: Eerdmans.

_____., ed. 1996b. *Paul and the Mosaic Law*. Tübingen: Mohr.

_____. 1998. *The Theology of Paul the Apostle*. Grand Rapids: Eerdmans. 『바울신학』(CH북스).

_____. 2008 [2005]. *The New Perspective on Paul*. Grand Rapids: Eerdmans. 『바울에 관한 새 관점』[감은사(2장)/에클레시아북스(1장)].

_____. 2009. *Beginning from Jerusalem. Vol. 2 of Christianity in the Making*. Grand Rapids: Eerdmans. 『초기 교회의 기원-상/하』(새물결플러스).

Duffy, E. 2005 [1992]. *The Stripping of the Altars: Traditional Religion in England 1400-1580*. New Haven: Yale University Press.

Ehrensperger, K. 2007. *Paul and the Dynamics of Power: Communication and Interaction in the Early-Christ Movement*. London: T & T Clark.

Eisenbaum, Pamela. 2009. *Paul Was Not a Christian: The Original Message of a Misunderstood Apostle*. San Francisco: HarperOne.

Eliot, T. S. 1944. Four Quartets. London: Faber & Faber.

Elliott, J. H. 1981. *A Home for the Homeless: A Sociological Exegesis of 1 Peter, Its Situation and Strategy*. Philadelphia: Fortress Press.

_____. 1993. *What Is Social-Scientific Criticism?* Minneapolis: Fortress Press.

_____. 1995. 'The Jewish Messianic Movement: From Faction to Sect' in Esler, P. F., ed. *Modelling Early Christianity: Social-Scientific Studies of the New Testament in Its Context*. London: Routledge, pp. 75-95.

_____. 1996. 'Patronage and Clientage' in Rohrbauch, R. L., ed. *The Social Sciences and New Testament Interpretation*. Peabody, MA: Hendrickson, pp. 144-156.

Elliott, N. 2010. 'Ideological Closure in the Christ-Event: A Marxist Response to

Alain Badiou's Paul' in Harink, D., ed. Paul, *Philosophy and the Theopolitical Vision: Critical Engagements with Agamben, Badiou, Žižek, and Others*. Eugene, OR: Cascade Books, pp. 135-154.

_____. 2013. 'Creation, Cosmos, and Conflict in Romans 8-9' in Gaventa, B., ed. *Apocalyptic Paul: Cosmos and Anthropos in Romans 5-8*. Waco: Baylor University Press, pp. 131-156.

Ellis, E. E. 1961. *Paul and His Recent Interpreters*. Grand Rapids: Eerdmans. 『최근 바울 연구』(한국로고스연구원).

Engberg-Pedersen, T. 2000. *Paul and the Stoics*. Edinburgh: T & T Clark.

_____, ed. 2001. *Paul beyond the Judaism/Hellenism Divide*. Louisville, KY: Westminster John Knox Press.

Epictetus. 1995. *A Manual for Living*. San Francisco: HarperOne. 『지혜로운 삶의 원칙』(뜨란).

Epictetus, and S. Lebell. 2007. *Art of Living: The Classical Manual on Virtue, Happiness, and Effectiveness*. San Francisco: HarperOne. 『삶의 기술』(싱긋).

Esler, P. F. 1987. *Community and Gospel in Luke-Acts: The Social and Political Motivations of Lucan Theology*. Cambridge: Cambridge University Press.

_____. 1994. *The First Christians in Their Social Worlds: Social-Scientific Approaches to New Testament Interpretation*. London: Routledge.

_____., ed. 1995. *Modelling Early Christianity: Social-Scientific Studies of the New Testament in Its Context*. London/New York: Routledge.

_____. 1998. *Galatians*. London/New York: Routledge.

_____. 2003. *Conflict and Identity in Romans*. London: Routledge.

Farrer, A. 1964. *The Revelation of St John the Divine*. Oxford: Oxford University Press.

Festinger, L. H. 1957. *A Theory of Cognitive Dissonance*. Stanford, CA: Stanford University Press. 『인지부조화 이론』(나남출판).

Festinger, L., H. Riecken, and S. Schachter. 1956. *When Prophecy Fails*. Minneapolis: University of Minnesota Press. 『예언이 끝났을 때』(이후).

Fortna, R., and B. R. Gaventa, eds. 1990. *The Conversation Continues: Studies in Paul and John in Honor of J. Louis Martyn*. Nashville: Abingdon.

Fowl, S. 2010. 'A Very Particular Universalism: Badiou and Paul' in Harink, D., ed. *Paul, Philosophy, and the Theopolitical Vision: Critical Engagements with Agamben, Badiou, Žižek and Others*. Eugene, OR: Cascade Books, pp. 119-134.

Fredriksen, P. 2005. 'Just Like Everyone Else, Only More So.' *Jewish Quarterly Review* 95.1:119-130.

Frey, J., and B. Schliesser, eds. 2013. *Die Theologie des Paulus in der Diskussion: Reflexionen im Anschluss an Michael Wolters Grundriss*. Neukirchen: Neukirchener Verlag.

Friesen, S. J. 2004. 'Poverty in Pauline Studies: Beyond the So-Called New Consensus.' *Journal for the Study of the New Testament* 26:323-361.

_____. 2010. 'Paul and Economics: The Jerusalem Collection as an Alternative to Patronage' in Given, M. D., ed. *Paul Unbound: Other Perspectives on the Apostle*. Peabody, MA: Hendrickson, pp. 27-54.

Fukuyama, F. 2012 [1992]. *The End of History and the Last Man*. London: Penguin. 『역사의 종말』(한마음사).

Fuller, R. H. 1963 [1962]. *The New Testament in Current Study*. London: SCM Press. 『현대신약학의 주류』(한국신학연구소).

Furnish, V. P. 2002. 'Inside Looking Out: Some Pauline Views of the Unbelieving Public' in Anderson, J. C., P. Sellew, and C. Setzer, eds. *Pauline Conversations in Context: Essays in Honor of Calvin J. Roetzel*. Sheffield: Sheffield Academic Press, pp. 104-124.

Gaffin, R. B. 1978. *The Centrality of the Resurrection: A Study in Paul's Soteriology*. Grand Rapids: Baker.

Gager, J. G. 1975. *Kingdom and Community: The Social World of Early Christianity*. Englewood Cliffs, NJ: Prentice-Hall.

_____. 1983. *The Origins of Anti-Semitism*. Oxford: Oxford University Press.

Garlington, D. 2004. *In Defence of the New Perspective on Paul: Essays and Reviews*. Eugene, OR: Wipf and Stock.

Gaston, L. 1987. *Paul and the Torah*. Vancouver: University of British Columbia Press.

Gathercole, S. J. 2000. 'The Critical and Dogmatic Agenda of Albert Schweitzer's The Quest of the Historical Jesus.' *Tyndale Bulletin* 51:261-283.

_____. 2002. *Where is Boasting? Early Jewish Soteriology and Paul's Response in Romans 1-5*. Grand Rapids: Eerdmans.

_____. 2006. 'The Doctrine of Justification in Paul and Beyond: Some Proposals' in McCormack, B. L., ed. *Justification in Perspective: Historical Developments and Contemporary Challenges*. Grand Rapids: Baker Academic, pp. 219-241.

_____. 2013. "Deutsche Erwiderungen auf die 'Neue Perspective': eine Anglophone Sicht" in Frey, J., and B. Schliesser, eds. *Die Theologie des Paulus in der Diskussion: Reflexionen im Anschluss an Michael Wolters Grundriss*. Neukirchen: Neukirchener Verlag, pp. 115-153.

Gaventa, B. R., 2007. *Our Mother Saint Paul*. Louisville, KY: Westminster John Knox Press.

_____. 2011. 'Neither Height Nor Depth: Discerning the Cosmology of Romans.' *Scottish Journal of Theology*, 64:265-278.

_____. 2012. "'Neither Height Nor Depth': Cosmos and Soteriology in Paul's Letter to the Romans" in Davis, J. B., and D. Harink, eds. *Apocalyptic and the Future of Theology: With and Beyond J. Louis Martyn*. Eugene, OR: Cascade Books, pp. 183-199.

_____. ed. 2013a. *Apocalyptic Paul: Cosmos and Anthropos in Romans 5-8*. Waco, TX: Baylor University Press.

_____. 2013b. 'Romans' in Krans, J. et al., eds. *Paul, John and Apocalyptic Eschatology: Studies in Honour of Martinus C. de Boer*. Leiden: Brill, pp. 61-75.

_____. 2013c. "The Shape of the 'I': The Psalter, the Gospel, and the Speaker in Romans 7" in Gaventa, B., ed. *Apocalyptic Paul: Cosmos and Anthropos in Romans 5-8*. Waco, TX: Baylor University Press, pp. 77-91.

Geertz, C. 2000. *The Interpretation of Cultures*. 2nd edn. New York: Basic Books. 『문화의 해석』(까치).

Gerdmar, A. 2014. 'Baur and the Creation of the Judaism-Hellenism Dichotomy' in Bauspiess, M., C. Landmesser, and D. Lincicum, eds. *Ferdinand Christian Baur und die Geschichte des frühen Christentums*. Tübingen: Mohr, pp. 107-128.

Given, M. D., ed. 2010. *Paul Unbound: Other Perspectives on the Apostle*. Peabody, MA: Hendrickson.

Glad, C. E. 1995. *Paul and Philodemus: Adaptability in Epicurean and Early Christian Psychagogy*. Leiden: Brill.

Goppelt, L. 1964. 'Apokalyptik und Typologie bei Paulus.' *Theologisches Literaturzeitung* 89:321-344.

Gorman, M. J. 2001. *Cruciformity: Paul's Narrative Spirituality of the Cross*. Grand Rapids: Eerdmans. 『삶으로 담아내는 십자가: 십자가 신학과 영성』(새물결플러스).

_____. 2009. *Inhabiting the Cruciform God: Kenosis, Justification, and Theosis in Paul's Narrative Soteriology*. Grand Rapids: Eerdmans.

_____. 2015. *Becoming the Gospel: Paul, Participation and Mission*. Grand Rapids: Eerdmans. 『삶으로 담아내는 복음: 바울과 하나님의 선교』(새물결플러스).

Greenblatt, S. 2001. *Hamlet in Purgatory*. Princeton: Princeton University Press.

Gresham Machen, J. 1982. *God Transcendent*. Carlisle, PA: Banner of Truth.

Griffith-Jones, R. 2014. 'Beyond Reasonable Hope of Recognition? *Prosōpopoeia* in Romans 1:18-3:8' in Tilling, C., ed. *Beyond Old and New Perspectives on Paul: Reflections on the Work of Douglas Campbell*. Eugene, OR: Cascade Books, pp. 161-181.

Griffiths, P. J. 2010. 'The Cross as the Fulcrum of Politics: Expropriating Agamben on Paul' in Harink, D., ed. *Paul, Philosophy, and the Theopolitical Vision: Critical Engagements with Agamben, Badiou, Žižek and Others*. Eugene, OR: Cascade Books, pp. 179-197.

Gundry, R. H. 2005. *The Old Is Better: New Testament Essays in Support of Traditional Interpretations*. Tübingen: Mohr.

Habermas, J. 2002. *Religion and Rationality: Essays on Reason, God, and Modernity*. Cambridge: Polity Press.

Hagner, D. A. 2001. 'Paul and Judaism: Testing the New Perspective' in Stuhlmacher, P., *Revisiting Paul's Doctrine of Justification*. Downers Grove, IL: InterVarsity Press, pp. 75-105.

Hanson, A. T. 1974. *Studies in Paul's Technique and Theology*. London: SPCK.

Harink, D. 2010a. *Paul, Philosophy, and the Theopolitical Vision: Critical Engagements with Agamben, Badiou, Žižek and Others*. Eugene, OR: Cascade Books.

_____. 2010b. 'Time and Politics in Four Commentaries on Romans' in Harink, ed., *Paul, Philosophy and the Theopolitical Vision*. Eugene, OR.: Cascade Books, pp. 282-312.

_____. 2012. 'Partakers of the Divine Apocalypse: Hermeneutics, History and Human Agency after Martyn' in Davis, J. B. and D. Harink, eds. *Apocalyptic and the Future of Theology: With and Beyond J. Louis Martyn*. Eugene, OR: Cascade Books, pp. 73-95.

Harland, P. A. 2003. *Associations, Synagogues, and Congregations: Claiming a Place in Ancient Mediterranean Society*. Minneapolis: Fortress Press.

_____. 2009. *Dynamics of Identity in the World of the Early Christians: Associations, Judeans, and Cultural Minorities*. London: T & T Clark.

Harrington, D. J. 1980. 'Social Concepts in the Early Church: A Decade of Research.' *Theological Studies* 41:181-190.

Harris, H. 1990 [1975]. *The Tübingen School: A Historical and Theological Investigation of the School of F. C. Baur*. Grand Rapids: Baker.

Hays, R. B. 1997. *First Corinthians. Interpretation Commentaries*. Louisville, KY: John Knox Press. 『고린도전서』(한국장로교출판사).

_____. 2000. 'The Letter to the Galatians: Introduction, Commentary, and Reflections' in *New Interpreter's Bible*, Vol. 11. Nashville: Abingdon, pp. 181-348. 『갈라디아서』(그리심).

_____. 2002 [1983]. *The Faith of Jesus Christ: The Narrative Substructure of Galatians 3:1-4:11*. 2nd edn. Grand Rapids/Cambridge: Eerdmans. 『예수 그리스도의 믿음』(에클레시아북스).

_____. 2005. *The Conversion of the Imagination: Paul as Interpreter of Israel's Scriptures*. Grand Rapids: Eerdmans. 『상상력의 전환: 구약성경의 해석자 바울』(QTM).

_____. 2008. "What Is 'Real Participation in Christ'? A Dialogue with E. P. Sanders on

Pauline Soteriology" in Udoh, F. E. et al., eds. *Redefining First-Century Jewish and Christian Identities: Essays in Honor of Ed Parish Sanders*. Notre Dame, IN: University of Notre Dame Press, pp. 336-351.

Hays, R. B., S. Alkier, and L. A. Huizenga, eds. 2009. *Reading the Bible Intertextually*. Waco, TX: Baylor University Press.

Heilig, C. 2015. *Hidden Criticism? The Methodology and Plausibility of the Search for a Counter-Imperial Subtext in Paul*. Tübingen: Mohr.

Hellerman, J. H. 2005. *Reconstructing Honor in Roman Philippi: Carmen Christi as Cursus Pudorum*. Cambridge: Cambridge University Press.

Hempel, C. G. 1965. *Aspects of Scientific Explanation and Other Essays in the Philosophy of Science*. New York: Free Press.

Hengel, M. 1974a. *Judaism and Hellenism: Studies in Their Encounter in Palestine During the Early Hellenistic Period*, tr. John Bowden. London: SCM Press. 『유대교와 헬레니즘 1/2/3』(나남).

_____. 1974b. *Property and Riches in the Early Church: Aspects of a Social History of Early Christianity*, tr. John Bowden. Philadelphia: Fortress Press. 『초기 기독교의 사회경제사상』(감은사).

_____. 1981 [1968]. *The Charismatic Leader and His Followers*, tr. James Grieg. New York: Crossroad.

_____. 1983. *Between Jesus and Paul: Studies in the Earliest History of Christianity*, tr. J. Bowden. London: SCM Press.

_____. 1989 [1961]. *The Zealots: Investigations into the Jewish Freedom Movement in the Period from Herod 1 until 70 A.D.*, tr. D. Smith. Edinburgh: T & T Clark.

_____. 1991. *The Pre-Christian Paul*, tr. John Bowden, in collaboration with Roland Deines. London/Philadelphia: SCM Press/TPI.

Hengel, M., and A. M. Schwemer. 1997. *Paul between Damascus and Antioch: The Unknown Years*. London: SCM Press.

Hock, R. F. 1980. *The Social Context of Paul's Ministry: Tentmaking and Apostleship*. Philadelphia: Fortress Press.

Holloway, P. A. 2013. 'Paul as a Hellenistic Philosopher: The Evidence of Philippians' in Blanton, W., and H. de Vries, eds. *Paul and the Philosophers*. New York: Fordham University Press, pp. 52-68.

Holmberg, B. 1978. *Paul and Power: The Structure of Authority in the Primitive Church as Reflected in the Pauline Epistles*. Philadelphia: Fortress Press.

_____. 1990. *Sociology and the New Testament: An Appraisal*. Minneapolis: Fortress Press.

Horn, F. W. 2013. *Paulus Handbuch*. Tübingen: Mohr Siebeck.

Horrell, D. G. 1996. *The Social Ethos of the Corinthian Correspondence: Interests and Ideology from 1 Corinthians to 1 Clement*. Edinburgh: T & T Clark.

_____, ed. 1999. *Social-Scientific Approaches to New Testament Interpretation*. Edinburgh: T & T Clark.

_____. 2000. *An Introduction to the Study of Paul*. London: Continuum. 『바울 연구 입문』 (CLC).

_____. 2002. 'Social Sciences Studying Formative Christian Phenomena: A Creative Movement' in Blasi, A. J., J. Duhaime, and P.-A. Turcotte, eds. *Handbook of Early Christianity: Social Science Approaches*. New York/Oxford: AltaMira Press, pp. 3-28.

_____. 2005. *Solidarity and Difference: A Contemporary Reading of Paul's Ethics*. London: T & T Clark (2nd edn. forthcoming 2015).

_____. 2009. 'Whither Social-Scientific Approaches to the New Testament? Reflections on Contested Methodologies and the Future' in Still, T. D., and D. G. Horrell, eds. *After the First Urban Christians: The Social-Scientific Study of Pauline Christianity Twenty-Five Years Later*. London: T & T Clark, pp. 6-20.

Horsley, R. A., ed. 1997. *Paul and Empire: Religion and Power in Roman Imperial Society*. Harrisburg, PA: Trinity Press International. 『바울과 로마제국』(CLC).

_____, ed. 2000. *Paul and Politics: Ekklesia, Israel, Imperium, Interpretation*. Harrisburg, PA: Trinity Press International.

_____. 2004. *Paul and the Roman Imperial Order*. London: Continuum.

_____. 2005. 'Paul's Assembly in Corinth: An Alternative Society' in Schowalter, D. N., and S. J. Friesen, eds. *Urban Religion in Roman Corinth: Interdisciplinary Approaches*. Cambridge, MA: Harvard University Press, pp. 100-125.

Howard, G. 1967. 'Notes and Observations on the "Faith of Christ".' *Harvard Theological Review* 60:459-465.

_____. 1969. 'Christ the End of the Law: The Meaning of Romans 10:4ff.' *Journal of Biblical Literature* 88:331-338.

_____. 1970. 'Romans 3:21-31 and the Inclusion of the Gentiles.' *Harvard Theological Review* 63:223-233.

_____. 1979. *Paul: Crisis in Galatia. A Study in Early Christian Theology*. Cambridge: Cambridge University Press.

Hübner, H. 1980. 'Pauli Theologiae Proprium.' *New Testament Studies* 26.4:445-473.

_____. 1984 [1978]. *Law in Paul's Thought*, tr. J. C. G. Greig. Studies of the New Testament and Its World. Edinburgh: T & T Clark.

Hunter, A. M. 1951. *Interpreting the New Testament, 1900-1950*. London: SCM Press.

Hurtado, L. W. 2003. *Lord Jesus Christ: Devotion to Jesus in Earliest Christianity*. Grand

Rapids: Eerdmans. 『주 예수 그리스도: 초기 기독교의 예수 신앙에 대한 역사적 탐구』 (새물결플러스).

Jennings, T. W. 2006. *Reading Derrida/Thinking Paul*. Stanford, CA: Stanford University Press. 『데리다를 읽는다/바울을 생각한다』(그린비).

_____. 2013. *Outlaw Justice: The Messianic Politics of Paul*. Stanford, CA: Stanford University Press. 『무법적 정의: 바울의 메시아 정치』(길).

Jeremias, J. 1969. *Jerusalem in the Time of Jesus: An Investigation into Economic and Social Conditions during the New Testament Period*, tr. F. H. Cave and C. H. Cave. Philadelphia: Fortress Press.

Jewett, R. 2007. *Romans*. Minneapolis: Fortress Press.

_____. 2013. *Romans: A Short Commentary*. Minneapolis: Fortress Press.

Jewett, R., and J. S. Lawrence. 2002. *The Myth of the American Superhero*. Grand Rapids: Eerdmans.

_____. 2004. *Captain America and the Crusade against Evil: The Dilemma of Zealous Nationalism*. Grand Rapids: Eerdmans.

Jewett, R., and K. K. Yeo. 2012. *From Rome to Bejing: Symposia on Robert Jewett's Commentary on Romans*. Lincoln, NE: Prairie Muse.

Judge, E. A. 1960. *The Social Pattern of Christian Groups in the First Century*. London: Tyndale.

_____. 2008. *The First Christians in the Roman World: Augustan and New Testament Essays*, ed. J. R. Harrison. Tübingen: Mohr.

_____. 2010. *Jerusalem and Athens: Cultural Transformation in Late Antiquity*. Tübingen: Mohr.

Käsemann, E., 1964 [1960]. *Essays on New Testament Themes*, tr. W. J. Montague. London: SCM Press.

_____. 1969 [1965]. *New Testament Questions of Today*, tr. W. J. Montague. London: SCM Press.

_____. 1971 [1969]. *Perspectives on Paul*, tr. Margaret Kohl. London: SCM Press. 『바울 신학의 주제』(대한기독교서회).

_____. 1980 [1973]. *Commentary on Romans*, tr. and ed. Geoffrey W. Bromiley. Grand Rapids: Eerdmans.

_____. 2010 [2005]. *On Being a Disciple of the Crucified Nazarene*, eds. R. Landau and W. Kraus. Grand Rapids: Eerdmans.

Keck, L. E. 1974. 'On the Ethos of Early Christians.' *Journal of the American Academy of Religion* 42:435-452.

Kee, H. C. 1980. *Christian Origins in Sociological Perspective*. London: SCM Press.

Keesmaat, S. C. 1999. *Paul and His Story: (Re)Interpreting the Exodus Tradition*. Sheffield:

Sheffield Academic Press.

Keller, T. 2014. *Prayer: Experiencing Awe and Intimacy with God*. London: Hodder and Stoughton. 『팀 켈러의 기도』(두란노).

Kennedy, G. A. 1984. *New Testament Interpretation through Rhetorical Criticism*. Chapel Hill, NC: University of North Carolina Press.

Kim, S. 2002. *Paul and the New Perspective: Second Thoughts on the Origin of Paul's Gospel*. Grand Rapids: Eerdmans. 『바울신학과 새 관점』(두란노).

_____. 2008. *Christ and Caesar: The Gospel and the Roman Empire in the Writings of Paul and Luke*. Grand Rapids: Eerdmans. 『그리스도와 가이사』(두란노아카데미).

Kirwan, C. A. 1995. 'Why?' in Honderich, T., ed. *The Oxford Companion to Philosophy*. Oxford: Oxford University Press.

Klein, C. 1978. *Anti-Judaism in Christian Theology*. London: SPCK.

Kloppenborg, J. S., and S. G. Wilson, eds. 1996. *Voluntary Associations in the Graeco-Roman World*. London: Routledge.

Knox, R. A. 1928. *Essays in Satire*. London: Sheed and Ward.

_____. 1950. *Enthusiasm: A Chapter in the History of Religion with Special Reference to the XVII and XVIII Centuries*. Oxford: Oxford University Press.

Koch, K. 1972 [1970]. *The Rediscovery of Apocalyptic: A Polemical Work on a Neglected Area of Biblical Studies and Its Damaging Effects on Theology and Philosophy*, tr. M. Kohl. London: SCM Press.

Kümmel, W. G. 1972/3 [1970]. *The New Testament: The History of the Investigation of Its Problems*, tr. S. M. Gilmour and H. C. Kee. Nashville/London: Abingdon/SCM Press.

_____. 1974 [1929]. *Römer 7 und die Bekehrung des Paulus*. Munich: Kaiser.

Lake, K. 1927. *The Earlier Epistles of St. Paul: Their Motive and Origin*. London: Rivingtons.

Lane, A. N. S. 2006. 'A Tale of Two Imperial Cities: Justification at Regensburg (1541) and Trent (1546-1547)' in McCormack, B. L., ed. *Justification in Perspective: Historical Developments and Contemporary Challenges*. Grand Rapids: Baker Academic, pp. 119-145.

Langton, D. R. 2010. *The Apostle Paul in the Jewish Imagination: A Study in Modern Jewish-Christian Relations*. Cambridge: Cambridge University Press.

Lawrence, L. J. 2009. 'Ritual and the First Urban Christians: Boundary Crossings of Life and Death' in Still, T. D., and D. G. Horrell, eds. *After the First Urban Christians: The Social-Scientific Study of Pauline Christianity Twenty-Five Years Later*. London: T & T Clark, pp. 97-115.

Levenson, J. 1984. 'The Temple and the World.' *Journal of Religion* 64.3:275-298.

Levin, B. 1982. *Speaking Up*. London: Jonathan Cape.

Litwa, M. D. 2012. *We Are Being Transformed: Deification in Paul's Soteriology*. Berlin: De Gruyter.

Loewe, R. 1981. "'Salvation' Is Not of the Jews." *Journal of Theological Studies* 22:341-368.

Longenecker, B. W. 1991. *Eschatology and the Covenant: A Comparison of 4 Ezra and Romans 1-11*. Sheffield: Sheffield Academic Press.

———. 1998. *The Triumph of Abraham's God: The Transformation of Identity in Galatians*. Edinburgh: T & T Clark.

———. 2002. *Narrative Dynamics in Paul: A Critical Assessment*. Louisville, KY: Westminster John Knox Press.

———. 2009. 'Socio-Economic Profiling of the First Urban Christians' in Still, T. D., and D. G. Horrell, eds. *After the First Urban Christians: The Social-Scientific Study of Pauline Christianity Twenty-Five Years Later*. London: T & T Clark, pp. 36-59.

———. 2010. *Remember the Poor: Paul, Poverty, and the Greco-Roman World*. Grand Rapids: Eerdmans.

Macaskill, G. 2013. *Union with Christ in the New Testament*. Oxford: Oxford University Press.

Maccoby, H. 1986. *The Mythmaker: Paul and the Invention of Christianity*. London: Weidenfeld & Nicolson.

———. 1991. *Paul and Hellenism*. London/Philadelphia: SCM Press/Trinity Press International.

McCormack, B. L., ed. 2006. *Justification in Perspective: Historical Developments and Contemporary Challenges*. Grand Rapids: Baker Academic.

MacDonald, M. 1988. *The Pauline Churches: A Socio-Historical Study of Institutionalization in the Pauline and Deutero-Pauline Writings*. Cambridge: Cambridge University Press.

McGrath, A. E. 1986. *Iustitia Dei: A History of the Christian Doctrine of Justification*. Cambridge: Cambridge University Press. 『하나님의 칭의론』(CLC).

McKnight, S., and J. B. Modica, eds. 2013. *Jesus Is Lord, Caesar Is Not: Evaluating Empire in New Testament Studies*. Downers Grove, IL: IVP Academic. 『가이사의 나라 예수의 나라』(IVP).

MacMillan, M. 2013. *The War That Ended Peace: How Europe Abandoned Peace for the First World War*. London: Profile Books.

Malherbe, A. J. 1983. *Social Aspects of Early Christianity*. 2nd edn. Philadelphia: Fortress Press.

Malina, B. J. 1981. *The New Testament World: Insights from Cultural Anthropology*.

London: SCM Press. 『신약의 세계』(솔로몬).

_____. 1986. *Christian Origins and Cultural Anthropology: Practical Models for Interpretation*. Atlanta: John Knox Press.

Malina, B. J., and J. H. Neyrey. 1991a. 'Conflict in Luke-Acts: Labelling and Deviance Theory' in Neyrey, J. H., ed. *The Social World of Luke-Acts: Models for Interpretation*. Peabody, MA: Hendrickson, pp. 97-122.

_____. 1991b. 'First-Century Personality: Dyadic, Not Individualistic' in Neyrey, J. H., ed. *The Social World of Luke-Acts: Models for Interpretation*. Peabody, MA: Hendrickson, pp. 67-96.

_____. 1991c. 'Honor and Shame in Luke-Acts: Pivotal Values of the Mediterranean World' in Neyrey, J. H., ed. *The Social World of Luke-Acts: Models for Interpretation*. Peabody, MA: Hendrickson, pp. 23-65.

Marchal, J. A. 2006. *Hierarchy, Unity and Imitation: A Feminist Rhetorical Analysis of Power Dynamics in Paul's Letter to the Philippians*. Atlanta: Society of Biblical Literature.

_____. 2008. *The Politics of Heaven: Women, Gender, and Empire in the Study of Paul*. Minneapolis: Fortress Press.

_____, ed. 2012. *Studying Paul's Letters: Contemporary Perspectives and Methods*. Minneapolis: Fortress Press.

Marshall, T. R. 2010. *The Catholic Perspective on Paul: Paul and the Origins of Catholic Christianity*. Dallas: St John Press.

Martin, D. B. 1990. *Slavery as Salvation: The Metaphor of Slavery in Pauline Christianity*. New Haven: Yale University Press.

_____. 1995. *The Corinthian Body*. New Haven: Yale University Press.

_____. 2001. 'Paul and the Judaism/Hellenism Dichotomy: Toward a Social History of the Question' in Engberg-Pedersen, T., ed. *Paul beyond the Judaism/Hellenism Divide*. Louisville KY: Westminster John Knox Press, pp. 29-61.

_____. 2004. *Inventing Superstition from the Hippocratics to the Christians*. Cambridge, MA: Harvard University Press.

_____. 2009. 'Patterns of Belief and Patterns of Life: Correlations in The First Urban Christians and Since' in Still, T. D., and D. G. Horrell, eds. *After the First Urban Christians: The Social-Scientific Study of Pauline Christianity Twenty-Five Years Later*. London: T & T Clark, pp. 116-133.

Martyn, J. L. 1979 [1968]. *History and Theology in the Fourth Gospel*. 2nd edn. Nashville: Abingdon. 『요한복음의 역사와 신학』(CLC).

_____. 1997a. *Galatians: A New Translation with Introduction and Commentary*. Anchor Bible 33a. New York: Doubleday. 『앵커바이블 갈라디아서』(CLC).

_____. 1997b. *Theological Issues in the Letters of Paul*. Nashville: Abingdon.

_____. 2008. 'Epilogue: An Essay in Pauline Meta-Ethics' in Barclay, J. M. G., and S. J. Gathercole, eds. *Divine and Human Agency in Paul and His Cultural Environment*. London: T & T Clark, pp. 173-183.

_____. 2010. 'The Gospel Invades Philosophy' in Harink, D., ed. *Paul, Philosophy, and the Theopolitical Vision: Critical Engagements with Agamben, Badiou, Žižek and Others*. Eugene, OR: Cascade Books, pp. 13-33.

_____. 2012. 'A Personal Word about Ernst Käsemann' in Davis, J. B., and D. Harink, eds. *Apocalyptic and the Future of Theology: With and Beyond J. Louis Martyn*. Eugene, OR: Cascade Books, pp. xiii-xv.

_____. 2013. 'Afterword: The Human Moral Dilemma' in Gaventa, B., ed. *Apocalyptic Paul: Cosmos and Anthropos in Romans 5-8*. Waco, TX: Baylor University Press, pp. 157-166.

Mason, S. 2007. 'Jews, Judaeans, Judaizing, Judaism: Problems of Categorization in Ancient History.' *Journal for the Study of Judaism* 38:457-512.

Matlock, R. B. 1996. *Unveiling the Apocalyptic Paul: Paul's Interpreters and the Rhetoric of Criticism*. Sheffield: Sheffield Academic Press.

Maxfield, V. A. 1981. *The Military Decorations of the Roman Army*. Berkely, CA: University of California Press.

Meeks, W. A. 1972. 'The Man from Heaven in Johannine Sectarianism.' *Journal of Biblical Literature*, 91:44-72.

_____. 1983. *The First Urban Christians: The Social World of the Apostle Paul*. New Haven: Yale University Press. (=TFUC)

_____. 1986a. 'A Hermeneutics of Social Embodiment.' *Harvard Theological Review* 79:176-186.

_____. 1986b. *The Moral World of the First Christians*. Philadelphia/London: Westminster/SCM Press.

_____. 1993. *The Origins of Christian Morality: The First Two Centuries*. New Haven: Yale University Press.

_____. 2001. 'Judaism, Hellenism and the Birth of Christianity' in Engberg-Pedersen, T., ed. *Paul beyond the Judaism/Hellenism Divide*. Louisville, KY: Westminster John Knox Press, pp. 17-27.

_____. 2003 [1983]. *The First Urban Christians: The Social World of the Apostle Paul*. 2nd edn. New Haven: Yale University Press. 『1세기 기독교와 도시 문화』(IVP).

_____. 2009. 'Taking Stock and Moving On' in Still, T. D., and D. G. Horrell, eds. *After the First Urban Christians: The Social-Scientific Study of Pauline Christianity Twenty-Five Years Later*. London: T & T Clark, pp. 134-146.

Meeks, W. A., A. R. Hilton, and H. G. Snyder. 2002. *In Search of the Early Christians*. New Haven: Yale University Press.

Meeks, W. A., and R. L. Wilken. 1978. *Jews and Christians in Antioch in the First Four Centuries of the Common Era*. Missoula: Scholars Press.

Meggitt, J. J. 1998. *Paul, Poverty and Survival*. Edinburgh: T & T Clark.

Milbank, J. 1990. *Theology and Social Theory: Beyond Secular Reason*. Signposts in Theology. Oxford: Blackwell. 『신학과 사회이론: 세속이성을 넘어서』(새물결플러스).

———. 2010. 'Paul Against Biopolitics' in Milbank, J., S. Žižek, and C. Davis, eds. *Paul's New Moment: Continental Philosophy and the Future of Christian Theology*. Grand Rapids: Brazos Press, pp. 21-73.

Milbank, J., S. Žižek, and C. Davis, eds. 2010. *Paul's New Moment: Continental Philosophy and the Future of Christian Theology*. Grand Rapids: Brazos Press.

Minear, P. S. 1971. *The Obedience of Faith*. London: SCM Press.

Mitchell, S. 1993a. *The Celts in Anatolia and the Impact of Roman Rule*. Vol. 1 of *Anatolia: Land, Men and Gods in Asia Minor*. Oxford: Clarendon Press.

———. 1993b. *The Rise of the Church*. Vol. 2 of *Anatolia: Land, Men and Gods in Asia Minor*. Oxford: Oxford University Press.

Montefiore, C. G. 1914. *Judaism and St Paul*. London: Max Goschen.

Moo, D. J. 2013. *Galatians*. Grand Rapids: Baker Academic. 『BECNT 갈라디아서』(부흥과개혁사).

Moore, G. F. 1921. 'Christian Writers on Judaism.' *Harvard Theological Review* 14: 197-254.

———. 1927-1930. *Judaism in the First Centuries of the Christian Era: The Age of the Tannaim*. Cambridge, MA: Harvard University Press.

Moore, S. D. 1994. *Poststructuralism and the New Testament: Derrida and Foucault at the Foot of the Cross*. Minneapolis: Fortress Press.

———. 2006. *Empire and Apocalypse: Postcolonialism and the New Testament*. Sheffield: Sheffield Phoenix Press.

Morgan, R. 1973. *The Nature of New Testament Theology: The Contribution of William Wrede and Adolf Schlatter*. London: SCM Press.

Moule, C. F. D. 1967. 'Obligation in the Ethic of Paul' in Farmer W. R., C. F. D. Moule, and R. R. Niebuhr, eds. *Christian History and Interpretation: Studies Presented to John Knox*. Cambridge: Cambridge University Press, pp. 389-406.

———. 1977. *The Origin of Christology*. Cambridge: Cambridge University Press.

Moxnes, H. 1991. 'Patron-Client Relations and the New Community in Luke-Acts' in Neyrey, J. H., ed. *The Social World of Luke-Acts: Models for Interpretation*. Peabody, MA: Hendrickson, pp. 241-268.

Mulhall, S., and A. Swift. 1996 [1992]. *Liberals and Communitarians*. Oxford: Blackwell.
Müller, C. 1964. *Gottes Gerechtigkeit und Gottes Volk: Eine Untersuchung zu Römer 9-11*. Forschungen zum Religion und Literatur des Alten und Neuen Testaments 86. Göttingen: Vandenhoeck und Ruprecht.
Munck, J. 1959 [1954]. *Paul and the Salvation of Mankind*, tr. Frank Clarke. London/Richmond, VA: SCM Press/John Knox Press.
_____. 1967 [1956]. *Christ and Israel: An Interpretation of Romans 9-11*. Philadelphia: Fortress Press.
Murphy-O'Connor, J. 1995. *Paul the Letter-Writer: His World, His Options, His Skills*. Collegeville, MN: Liturgical Press.『편지를 쓴 바오로』(성서와함께).
Murray, J. 1955. *Redemption-Accomplished and Applied*. Grand Rapids: Eerdmans.
Neill, S. C. 1976. *Jesus Through Many Eyes: Introduction to the Theology of the New Testament*. Philadelphia: Fortress Press.
Neill, S. C., and N. T. Wright. 1988 [1964]. *The Interpretation of the New Testament, 1861-1986*. 2nd edn. Oxford: Oxford University Press.
Neyrey, J. H. 1990. *Paul, in Other Words: A Cultural Reading of His Letters*. Louisville, KY: Westminster John Knox Press.
_____., ed. 1991. *The Social World of Luke-Acts: Models for Interpretation*. Peabody, MA: Hendrickson.
Neyrey, J. H., and Eric C. Stewart. 2008. *The Social World of the New Testament: Insights and Models*. Peabody, MA: Hendrickson.
Nineham, D. 1976. *The Use and Abuse of the Bible: A Study of the Bible in an Age of Rapid Cultural Change*. London: Macmillan.
Novenson, M. 2012. *Christ among the Messiahs: Christ Language in Paul and Messiah Language in Ancient Judaism*. New York: Oxford University Press.
Oakes, P. 2001. *Philippians: From People to Letter*. Cambridge: Cambridge University Press.
_____. 2009a. 'Contours of the Urban Environment' in Still, T. D., and D. G. Horrell, eds. *After the First Urban Christians: The Social-Scientific Study of Pauline Christianity Twenty-Five Years Later*. London: T & T Clark, pp. 21-35.
_____. 2009b. *Reading Romans in Pompeii: Paul's Letter at Ground Level*. London: SPCK.
Ollenburger, B. C. 1994. 'The Story behind the Book' in Beker, J. C., ed., *Suffering and Hope: The Biblical Vision and the Human Predicament*. 2nd edn. Grand Rapids: Eerdmans, pp. 1-16.
O'Neill, J. C. 1975. *Paul's Letter to the Romans*. Harmondsworth: Penguin.
Osiek, C. 1984. *What Are They Saying About the Social Setting of the New Testament?* New

York: Paulist Press.

Piper, J. 2002. *Counted Righteous in Christ: Should We Abandon the Imputation of Christ's Righteousness?* Wheaton, IL: Crossway Books. 『칭의 교리를 사수하라』(부흥과개혁사).

────. 2007. *The Future of Justification: A Response to N. T. Wright.* Wheaton, IL: Crossway Books. 『칭의 논쟁』(부흥과개혁사).

Porter, S. E., and A. W. Pitts, eds. 2012. *Christian Origins and Greco-Roman Culture: Social and Literary Contexts for the New Testament, Volume 1: Early Christianity in Its Hellenistic Context.* Leiden: Brill.

Portier-Young, A. 2011. *Apocalypse against Empire: Theologies of Resistance in Early Judaism.* Grand Rapids: Eerdmans.

Purcell, N. 2011 [1996]. 'Rome and the Management of Water: Environment, Culture, and Power' in Shipley, G., and J. Salmon, eds. *Human Landscapes in Classical Antiquity.* Abingdon/New York: Routledge, pp. 180-212.

Räisänen, H. 1986. *Paul and the Law.* 1983. Philadelphia: Fortress Press.

────. 2008. 'A Controversial Jew and His Conflicting Convictions' in Udoh, F. E., ed. *Redefining First-Century Jewish and Christian Identities: Essays in Honor of Ed Parish Sanders.* Notre Dame, IN: University of Notre Dame Press, pp. 319-335.

Rengstorf, K. H., ed. 1969. *Das Paulusbild in der neueren deutschen Forschung.* Wege der Forschung 24. Darmstadt: Wissenschaftliche Buchgesellschaft.

Riches, J. K. 1993. *A Century of New Testament Study.* Cambridge: Lutterworth Press.

Ridderbos, H. N. 1975 [1966]. *Paul: An Outline of His Theology.* Grand Rapids: Eerdmans. 『바울 신학』(솔로몬).

Robbins, V. K. 1996. *Exploring the Texture of Texts: A Guide to Socio-Rhetorical Interpretation.* Valley Forge, PA: Trinity Press International.

Robinson, J. A. T. 1979. *Wrestling with Romans.* London: SCM Press.

Rohrbaugh, R., ed. 1996. *The Social Sciences and New Testament Interpretation.* Peabody, MA: Hendrickson.

Rowe, C. K. 2011. 'The Grammar of Life: The Areopagus Speech and Pagan Tradition.' *New Testament Studies* 57:31-50.

────. 2015. *One True Life: the Stoics and Early Christians as Rival Traditions.* New Haven: Yale University Press.

Rowland, C. C. 1982. *The Open Heaven: A Study of Apocalyptic in Judaism and Early Christianity.* New York: Crossroad.

────. 2010. 'Apocalypticism' in Collins, J. J., and D. C. Harlow, eds. *The Eerdmans Dictionary of Early Judaism.* Grand Rapids: Eerdmans, pp. 345-348.

Rowland, C. C., and C. R. A Morray-Jones. 2009. *The Mystery of God: Early Jewish*

    Mysticism and the New Testament. Leiden: Brill.

Ruether, R. R. 1974. *Faith and Fratricide: The Theological Roots of Anti-Semitism*. New York: Seabury Press.

Rutledge, F. 2007. *Not Ashamed of the Gospel: Sermons from Paul"s Letter to the Romans*. Grand Rapids: Eerdmans.

Safrai, S., and M. Stern, eds. 1974-1976. *The Jewish People in the First Century: Historical Geography, Political History, Social, Cultural and Religious Life and Institutions*. In Compendia Rerum Iudaicarum ad Novum Testamentum. Philadelphia/Assen/Maastricht: Fortress Press/Van Gorcum.

Sanday, W., and A. C. Headlam. 1902 [1895]. *A Critical and Exegetical Commentary on the Epistle to the Romans*. 5th edn. Edinburgh: T & T Clark.

Sanders, E. P. 1976. 'The Covenant as a Soteriological Category and the Nature of Salvation in Palestinian and Hellenistic Judaism' in Hamerton-Kelly, R., and R. Scroggs, eds. *Jews, Greeks and Christians: Essays in Honor of William David Davies*. Leiden: Brill, pp. 11-44.

＿＿＿＿＿＿. 1977. *Paul and Palestinian Judaism: A Comparison of Patterns of Religion*. Philadelphia/London: Fortress Press/SCM Press. (=PPJ) 『바울과 팔레스타인 유대교』(알맹e).

＿＿＿＿＿＿. 1978. 'Paul's Attitude toward the Jewish People.' *Union Seminary Quarterly Review* 33:175-187.

＿＿＿＿＿＿. 1983. *Paul, the Law, and the Jewish People*. Philadelphia/London: Fortress Press/SCM Press. 『바울, 율법, 유대인』(감은사).

＿＿＿＿＿＿. 1985. *Jesus and Judaism*. Philadelphia/London: Fortress Press/SCM Press. 『예수와 유대교』(알맹e).

＿＿＿＿＿＿. 1991. *Past Masters: Paul*. Oxford: Oxford University Press. 『사도 바오로』(뿌리와이파리).

＿＿＿＿＿＿. 1992. *Judaism: Practice and Belief, 63 BCE-66 CE*. London: SCM Press.

＿＿＿＿＿＿. 2008a. 'Comparing Judaism and Christianity: An Academic Autobiography' in Udoh, F. E., et al., eds. *Redefining First-Century Jewish and Christian Identities: Essays in Honor of Ed Parish Sanders*. Notre Dame, IN: University of Notre Dame Press, pp. 11-41.

＿＿＿＿＿＿. 2008b. 'Did Paul's Theology Develop?' in Wagner, J. R., C. K. Rowe, and A. K. Grieb, eds. *The Word Leaps the Gap: Essays on Scripture and Theology in Honor of Richard B. Hays*. Grand Rapids: Eerdmans, pp. 325-350.

＿＿＿＿＿＿. 2009. 'Paul between Judaism and Hellenism' in Caputo J. D., and L. M. Alcoff, eds. *St Paul among the Philosophers*. Bloomington, IN: Indiana University Press, pp. 74-90.

Sanders, J. T. 1993. *Schismatics, Sectarians, Dissidents, Deviants: The First One Hundred Years of Jewish-Christian Relations*. London: SCM Press.

Sandmel, S. 1962. 'Parallelomania.' *Journal of Biblical Literature* 81:1-13.

Schiffman, L. H. 2010. 'Early Judaism and Rabbinic Judaism' in Collins, J. J., and D. C. Harlow, eds. *The Eerdmans Dictionary of Early Judaism*. Grand Rapids: Eerdmans, pp. 279-290.

Schmithals, W. 1971 [1956]. *Gnosticism in Corinth*. Nashville: Abingdon.

Schnelle, U. 2005 [2003]. *Apostle Paul: His Life and Theology*. Grand Rapids: Baker Academic.

Schoeps, H.-J. 1961 [1959]. *Paul: The Theology of the Apostle in the Light of Jewish Religious History*, tr. H. Knight. London: Lutterworth Press.

Scholder, K. 2012 [1987]. *The Churches and the Third Reich: The Year of Disillusionment, 1934: Barmen and Rome*. London: SCM Press.

Scholer, D. M., ed. 2008. *Social Distinctives of the Christians in the First Century: Pivotal Essays by E. A. Judge*. Peabody, MA: Hendrickson.

Schürer, E. 1973-1987. *The History of the Jewish People in the Age of Jesus Christ (175 B.C.-A.D. 135)*. Rev. and ed. G. Vermes, F. Millar, and M Black. Edinburgh: T & T Clark.

Schüssler Fiorenza, E. 1983. *In Memory of Her: A Feminist Theological Reconstruction of Christian Origins*. London: SCM Press. 『크리스찬 기원의 여성 신학적 재건』(태초).

Schütz, J. H. 1975. *Paul and the Anatomy of Apostolic Authority*. Cambridge: Cambridge University Press.

_____. 1982. Introduction. In Theissen, G., *The Social Setting of Pauline Christianity: Essays on Corinth*. Philadelphia: Fortress Press, pp. 1-26.

Schweitzer, A. 1912. *Paul and His Interpreters: A Critical History*, tr. W. Montgomery. London: A. & C. Black.

_____. 1931 [1930]. *The Mysticism of Paul the Apostle*, tr. W. Montgomery. London: A. & C. Black. 『사도 바울의 신비주의』(한들출판사).

Schweizer, E. 1982. *The Letter to the Colossians*, tr. A. Chester. 1976. London: SPCK.

Scroggs, R. 1975. 'The Earliest Christian Communities as Sectarian Movement' in Neusner, J., ed. *Christianity, Judaism and Other Greco-Roman Cults: Festschrift for Morton Smith*, vol. 2. Leiden: Brill, pp. 1-23.

_____. 1980. 'The Sociological Interpretation of the New Testament: The Present State of Research.' *New Testament Studies* 26:164-179.

Seesengood, R. P. 2010. *Paul: A Brief History*. Chichester: Wiley-Blackwell.

Seifrid, M. A. 1992. *Justification by Faith: The Origin and Development of a Central Pauline Theme*. Leiden: Brill.

___. 2000a. *Christ, Our Righteousness: Paul's Theology of Justification*. Leicester: Apollos.

___. 2000b. "In What Sense is 'Justification' a Declaration?" *Churchman* 114.2:123-136.

___. 2000c. "The 'New Perspective on Paul' and Its Problems" Themelios 25:4-18.

___. 2004. 'Luther, Melanchthon and Paul on the Question of Imputation: Recommendations on a Current Debate' in Husbands, M., and D. J. Treier, eds. *Justification: What's at Stake in the Current Debates*. Downers Grove, IL: InterVarsity Press, pp. 137-152.

Shaw, G. 1983. *The Cost of Authority*. London: SCM Press.

Smith, B. D. 2007. *What Must I Do to Be Saved? Paul Parts Company with His Jewish Heritage*. Sheffield: Sheffield Phoenix Press.

Smith, C. S. 2012. *Pauline Communities as 'Scholastic' Communities: A Study of the Vocabulary of Teaching in 1 Corinthians, 1 and 2 Timothy and Titus*. Tübingen: Mohr.

Smith, J. Z. 1975. 'The Social Description of Early Christianity.' *Religious Studies Review* 1.1:19-25.

Smith-Christopher, D. 2013. "'And If Not Now, When?' A Sociology of Reading Micah's Notions of the Future in Micah 4:1" in Dell, K. J., and P. M. Joyce, eds. *Biblical Interpretation and Method: Essays in Honour of John Barton*. Oxford: Oxford University Press, pp. 149-162.

Spence, A. 2004. 'A Unified Theory of the Atonement.' *International Journal of Systematic Theology* 6.4:404-420.

Stanley, C. D. 1992. *Paul and the Language of Scripture: Citation Technique in the Pauline Epistles and Contemporary Literature*. Cambridge: Cambridge University Press.

___. 2004. *Arguing with Scripture: The Rhetoric of Quotations in the Letters of Paul*. New York: T & T Clark International.

Stegemann, E. W., and W. Stegemann. 1999 [1995]. *The Jesus Movement: A Social History of Its First Century*, tr. O. C. Dean. Minneapolis: Fortress Press.

Stendahl, K. 1963. 'The Apostle Paul and the Introspective Conscience of the West.' *Harvard Theological Review* 56:199-215.

___. 1976. *Paul Among Jews and Gentiles*. Philadelphia: Fortress Press. 『유대인과 이방인 사이에 있는 바울』(감은사).

Still, T. D. 2009. 'Organizational Structures and Relational Struggles among the Saints: The Establishment and Exercise of Authority within the Pauline Assemblies' in Still, T. D., and D. G. Horrell, eds. *After the First Urban Christians: The Social-Scientific Study of Pauline Christianity Twenty-Five Years Later*. London: T & T Clark, pp. 79-98.

Still, T. D., and David G. Horrell, eds. 2009. *After the First Urban Christians: The Social-Scientific Study of Pauline Christianity Twenty-Five Years Later.* London: T & T Clark.

Stowers, S. K. 1985. 'The Social Sciences and the Study of Early Christianity' in Green, W. S., ed. *Approaches to Ancient Judaism.* Atlanta: SBL, pp. 149-181.

_____. 1994. *A Rereading of Romans: Justice, Jews, and Gentiles.* New Haven: Yale University Press.

_____. 2008. "What is 'Pauline Participation in Christ'" in Udoh, F. E., ed. *Redefining First-Century Jewish and Christian Identities: Essays in Honor of Ed Parish Sanders.* Notre Dame, IN: University of Notre Dame Press, pp. 352-371.

Strack, H. L., and P. Billerbeck. 1926-1961. *Kommentar zum Neuen Testament aus Talmud und Midrasch.* Munich: C. H. Beck.

Stuckenbruck, L. T. 2014. "Posturing 'Apocalyptic' in Pauline Theology: How Much Contrast to Jewish Tradition?" in *The Myth of Rebellious Angels: Studies in Second Temple Judaism and New Testament Texts.* Tübingen: Mohr, pp. 240-256.

Stuhlmacher, P. 1966. *Gerechtigkeit Gottes bei Paulus.* Göttingen: Vandenhoeck und Ruprecht.

_____. 1986 [1981]. *Reconciliation, Law and Righteousness: Essays in Biblical Theology*, tr. E. Kalin. Philadelphia: Fortress Press.

_____. 2001. *Revisiting Paul's Doctrine of Justification: A Challenge to the New Perspective.* Additional essay by D. A. Hagner. Downers Grove, IL: InterVarsity Press.

Syme, R. 1939. *The Roman Revolution.* Oxford: Oxford University Press.

Taubes, J. 2004 [1993]. *The Political Theology of Paul*, tr. D. Hollander. Stanford, CA: Stanford University Press.『바울의 정치신학』(그린비).

Taylor, C. 2007. *A Secular Age.* Cambridge, MA: The Bellknap Press of Harvard University Press.

Taylor, N. H. 1995. 'The Social Nature of Conversion in the Early Christian World' in Esler, P. F., ed. *Modelling Early Christianity: Social-Scientific Studies of the New Testament and Its Context.* London/New York: Routledge, pp. 128-136.

Theissen, G. 1978 [1977]. *Sociology of Early Palestinian Christianity. [UK title: The First Followers of Jesus].* Tr. J. Bowden. Philadelphia/London: Fortress Press/SCM Press.

_____. 1982. *The Social Setting of Pauline Christianity: Essays on Corinth*, ed. and tr. J. H. Schutz. Philadelphia: Fortress Press.

_____. 1992. *Social Reality and the Early Christians: Theology, Ethics, and the World of the New Testament.* Minneapolis: Fortress Press.

Thielman, F. 1989. *From Plight to Solution: A Jewish Framework for Understanding Paul's View of the Law in Galatians and Romans*. Leiden: Brill.

_____. 1994. *Paul and the Law: A Contextual Approach*. Downer's Grove, IL: InterVarsity Press.

_____. 2005. *Theology of the New Testament: A Canonical and Synthetic Approach*. Grand Rapids: Zondervan. 『신약신학』(CLC).

Thiselton, A. C. 1980. *The Two Horizons*. Exeter: Paternoster. 『두 지평』(IVP).

Thorsteinsson, R. M. 2010. *Roman Christianity and Roman Stoicism: A Comparative Study of Ancient Morality*. Oxford: Oxford University Press.

Tidball, D. 1983. *An Introduction to the Sociology of the New Testament*. Exeter: Paternoster.

Tilling, C., ed. 2014. *Beyond Old and New Perspectives on Paul: Reflections on the Work of Douglas Campbell*. Eugene, OR: Cascade Books.

Torrance, T. F. 1957. 'One Aspect of the Biblical Conception of Faith.' *Expository Times* 68:111-114.

Trebilco, Paul R. 1991. *Jewish Communities in Asia Minor*. Cambridge: Cambridge University Press.

Tuckett, C. M. 1987. *Reading the New Testament: Methods of Interpretation*. London: SPCK.

_____. 2000. 'Paul, Scripture and Ethics: Some Reflections.' *New Testament Studies* 46:403-424.

Vanhoozer, K. 2011. 'Wrighting the Wrongs of the Reformation? The State of the Union with Christ in St. Paul and Protestant Soteriology' in Perrin, N., and R. B. Hays, eds. *Jesus, Paul and the People of God: A Theological Dialogue with N. T. Wright*. Downers Grove, IL/London: InterVarsity Press/SPCK, pp. 235-259. 『예수, 바울, 하나님의 백성』(에클레시아북스, pp. 307-339).

Vernezze, P. J. 2005. *Don't Worry, Be Stoic: Ancient Wisdom for Troubled Times*. Lanham, MD: University Press of America.

Vickers, B. 2006. *Jesus' Blood and Righteousness: Paul's Theology of Imputation*. Wheaton, IL: Crossway Books.

Vielhauer, P. 1964. Introduction [to 'Apocalypses and Related Subjects'] in Hennecke, E., and W. Schneemelcher, eds. *New Testament Apocrypha*. London: SCM, pp. 581-607.

_____. 1966. "On the 'Paulinisms' of Acts" in Keck, L., and J. L. Martyn, eds. *Studies in Luke-Acts: Essays Presented in Honor of Paul Schubert*. Nashville: Abingdon, pp. 33-51.

von Rad, G. 1965. *The Theology of Israel's Prophetic Traditions*. Vol. 2 of *Old Testament Theology*. Tr. D. M. G. Stalker. New York/Edinburgh: Harper and Row/Oliver and Boyd. 『구약성서신학 2권 이스라엘의 예언적 전승의 신학』(분도출판사).

Wagner, J. R. 2002. *Heralds of the Good News: Isaiah and Paul "in Concert" in the Letter to the Romans*. Leiden: Brill.

Wagner, J. R., C. K. Rowe, and A. K. Grieb, eds. 2008. *The Word Leaps the Gap: Essays on Scripture and Theology in Honor of Richard B. Hays*. Grand Rapids: Eerdmans.

Wallis, I. G. 1995. *The Faith of Jesus Christ in Early Christian Traditions*. Cambridge: Cambridge University Press.

Wasserman, E. 2013. 'Paul among the Ancient Philosophers: The Case of Romans 7' in Blanton, W., and H. de Vries, eds. *Paul and the Philosophers*. New York: Fordham University Press, pp. 69-83.

Waters, G. P. 2004. *Justification and the New Perspective on Paul: A Review and Response*. Phillipsburg, NJ: P & R Publishing. 『바울에 관한 새 관점-기원, 역사, 비판』(P&R).

Watson, F. B. 1997. *Text and Truth: Redefining Biblical Theology*. Grand Rapids: Eerdmans.

_____. 2007 [1986]. *Paul, Judaism and the Gentiles: Beyond the New Perspective*. Rev. and expanded edn. Grand Rapids: Eerdmans.

Way, D. V. 1991. *The Lordship of Christ: Ernst Käsemann's Interpretation of Paul's Theology*. Oxford: Clarendon Press.

Westerholm, S. 2004. *Perspectives Old and New on Paul: The 'Lutheran' Paul and His Critics*. Grand Rapids: Eerdmans.

Whiteley, D. E. H. 1964. *The Theology of St. Paul*. Philadelphia: Fortress Press.

Wilckens, Ulrich. 1974. *Rechtfertigung als Freiheit: Paulusstudien*. Neukirchen-Vluyn: Neukirchener Verlag.

_____. 1977. *Resurrection: Biblical Testimony to the Resurrection: An Historical Examination and Explanation*. Edinburgh: Saint Andrew Press.

_____. 1978-1982, 3 vols. *Die Brief an die Römer*. Cologne/Neukirchen-Vluyn: Benziger/ Neukirchener Verlag.

Williams, J. J. 2015. *Christ Died for Our Sins: Representation and Substitution in Romans and their Jewish Martyrological Background*. London: Pickwick.

Winter, B. W. 1994. *Seek the Welfare of the City: Christians as Benefactors and Citizens*. Grand Rapids: Eerdmans.

_____. 2002 [1997]. *Philo and Paul among the Sophists: Alexandrian and Corinthian Responses to a Julio-Claudian Movement*. Grand Rapids: Eerdmans.

Wire, A. C. 1990. *The Corinthian Women Prophets: A Reconstruction through Paul's Rhetoric*. Minneapolis: Fortress Press.

Witherington, B. 1994. *Paul's Narrative Thought World: The Tapestry of Tragedy and Triumph*. Louisville, KY: Westminster John Knox Press.

_____. 1998. *Grace in Galatia: A Commentary on St Paul's Letter to the Galatians*.

Edinburgh: T & T Clark.

Wolter, M. 2011. *Paulus: Ein Grundriss seiner Theologie*. Neukirchen-Vluyn: Neukirchener Verlagsgesellschaft.

Wrede, W. 1907. *Paul*. London: Philip Green.

Wright, N. T. 1978. 'The Paul of History and the Apostle of Faith.' *Tyndale Bulletin* 29:61-88.

_____. 1980. 'The Messiah and the People of God: A Study in Pauline Theology with Particular Reference to the Argument of the Epistle to the Romans.' Unpublished D.Phil thesis, Oxford University. Oxford.

_____. 1989. 'Review of Watson 2006.' *Journal of Theological Studies*, n. s. 40:200-206.

_____. 1991. *The Climax of the Covenant: Christ and the Law in Pauline Theology*. Edinburgh/Minneapolis: T & T Clark/Fortress Press.

_____. 1992. *The New Testament and the People of God*. London/Minneapolis: SPCK/Fortress Press. (=NTPG) 『신약성서와 하나님의 백성』(CH북스).

_____. 1996a. 'Jesus' in Sweet, J. P. M., and J. M. G. Barclay, eds. *Early Christian Thought in Its Jewish Context: Essays in Honour of Professor Morna D. Hooker*. Cambridge: Cambridge University Press, pp. 43-58.

_____. 1996b. *Jesus and the Victory of God*. London/Minneapolis: SPCK/Fortress Press. (=JVG) 『예수와 하나님의 승리』(CH북스).

_____. 1997. *What St Paul Really Said*. Oxford/Grand Rapids: Lion/Eerdmans. 『톰 라이트 바울의 복음을 말하다』(에클레시아북스).

_____. 2002. 'Romans' in *New Interpreter's Bible, Vol. 10*. Nashville: Abingdon, pp. 393-770. 『로마서』(에클레시아북스).

_____. 2003. *The Resurrection of the Son of God*. London/Minneapolis: SPCK/Fortress Press. (=RSG) 『하나님의 아들의 부활』(CH북스).

_____. 2005. *Paul: Fresh Perspectives*. London/Minneapolis: SPCK/Fortress Press. 『톰 라이트의 바울』(죠이선교회).

_____. 2008. *Surprised by Hope*. London/San Francisco: SPCK/HarperOne. 『마침내 드러난 하나님 나라』(IVP).

_____. 2009. *Justification: God's Plan and Paul's Vision*. London/Downers Grove, IL: SPCK/InterVarsity Press. 『톰 라이트 칭의를 말하다』(에클레시아북스).

_____. 2011. *How God Became King: The Forgotten Story of the Gospels*. San Francisco/London: HarperOne/SPCK. 『하나님은 어떻게 왕이 되셨나』(에클레시아북스).

_____. 2013a. *Paul and the Faithfulness of God*. London/Minneapolis: SPCK/Fortress Press. (=PFG) 『바울과 하나님의 신실하심』(CH북스).

_____. 2013b. *Pauline Perspectives: Essays on Paul 1978-2013*. London/Minneapolis: SPCK/Fortress Press. (=Perspectives)

_____. 2014a. 'Justification by (Covenantal) Faith to the (Covenantal) Doers: Romans 2 Within the Argument of the Letter' in Eklund, R. A., and J. E. Phelan, eds. *Doing Theology for the Church: Essays in Honor of Klyne Snodgrass*. Eugene, OR: Wipf and Stock, pp. 95-108.

_____. 2014b. 'A New Perspective on Käsemann? Apocalyptic, Covenant, and the Righteousness of God' in Harmon, M. S., and J. E. Smith, eds. *Studies in the Pauline Epistles: Essays in Honor of Douglas J. Moo*. Grand Rapids: Zondervan, pp. 243-258.

_____. 2014c. *Surprised by Scripture: Engaging Contemporary Issues*. San Francisco/London: HarperOne/SPCK. 『시대가 묻고 성경이 답하다』(IVP).

Yarbrough, R. W. 2004. *The Salvation Historical Fallacy? Reassessing the History of New Testament Theology*. Leiden: Deo Publishing.

Yinger, K. L. 1999. *Paul, Judaism and Justification According to Deeds*. Cambridge: Cambridge University Press.

Zahl, P. F. M. 1996. *Die Rechtfertigungslehre Ernst Käsemanns*. Stuttgart: Calwer Verlag.

Zetterholm, M. 2009. *Approaches to Paul: A Student's Guide to Recent Scholarship*. Minneapolis: Fortress Press.

Ziegler, P. 2011. 'The Fate of Natural Law at the Turning of the Ages: Some Reflections on a Trend in Contemporary Theological Ethics in View of the Work of J. Louis Martyn.' *Theology Today* 67:419-429.

_____. 2012. "'Christ Must Reign': Ernst Käsemann and Soteriology in an Apocalyptic Key" in Davis, J. B., and D. Harink, eds. *Apocalyptic and the Future of Theology: With and Beyond J. Louis Martyn*. Eugene, OR: Cascade Books, pp. 200-218.

Ziesler, J. A. 1989. *Paul's Letter to the Romans*. London/Philadelphia: SCM Press/Trinity Press International.

고대 자료 찾아보기

1. 구약

창세기
1장 102, 418
2:2-3 603n36
6장 319
12장 261n73
15장 352-353, 356n81, 401
15:6 210, 352
17:10-11 262n75

출애굽기
3장 353
20:11 603n36

신명기
27-30장 166
30장 234, 237, 262

31:29 235n29
32:20 235n29

시편
2편 407n64, 614, 631n77
2:8 297
8편 407, 418
17:2 104
17:15 104
18:43-50 631n77
22:25-31 631n77
24편 631n77
33:8-22 631n77
37:6 104
46편 631n77
47:6-9 631n77
48편 631n77
57:5 631n77

683

57:11 631n77

66:1-4 631n77

67편 631n77

68:28-35 631n77

72편 631n77

89편 631n77

93편 631n77

96편 631n77

97편 631n77

98편 631n77

99편 631n77

102:15-16 631n77

102:22 631n77

110편 614, 631n77

138:4-5 631n77

이사야서

11장 623

11:1-10 631n77

49:6-7 631n77

52:15 631n77

64:1 281n10

다니엘서

2장 318, 323, 328

2:36-45 313n10

7장 166, 318, 323, 328, 392

7:9-14 313n10

7:21-22 313n10, 351n75

7:23-27 313n10

7:25-27 351n75

8:13-14 313n10

8:17 313n10

8:19 313n10

9장 296n6, 314, 318, 323, 328-329, 356n81, 357

9:3-19 328n36

9:24-27 313n10, 328n36

12:1-4 313n10

하박국

2:4 210

2. 외경

솔로몬의 지혜

18:15 212

마카베오2서

5:25 603n36

3. 위경

『바룩2서』

44:15 313n10

48:50 313n10

56장 319n19

73:5 313n10

『에녹1서』

1-36장 319, 326, 329

37-71장 319

91-105장 320

『에스라4서』

6:9 313n10

7:12-13 313n10

7:113 313n10

8:1 313n10

8:52 313n10

4. 쿰란 문서

1QS (『공동체 규칙』)

11장 234n27

4QMMT (Halakhic Letter)

198n13, 234

5. 요세푸스

『유대전쟁사』 (*Jewish War*)

2.162-165 231n23

『유대고대사』 (*Jewish Antiquities*)

18.13-18 231n23

18.81-84 399n55

6. 랍비 문서

미슈나

mAbodah Zarah

2:7 314n12

4:1 314n12

4:16-17 314n12

5:19 314n12

mBaba Metzia

2:11 314n12

mBerakoth

1.5 314n12

mKiddushin

4.14 314n12

mPe'ah

1.1 314n12

mSanhedrin

10.1-4 314n12

바빌로니아 탈무드

bYoma

21b 281n10

7. 신약

마태복음
28:18 301n14

마가복음
13장 123

누가복음
5:39 222n1

사도행전
17장 50, 622
17:31 403
26:17-18 646n85

로마서
1장 392, 413
1-2장 393, 566
1-4장 96, 367-368, 372, 374n13, 377-380, 382, 388, 391n45, 394-398, 400, 403-406, 414-415, 418
1-8장 369, 404, 407, 411, 418
1:2-3 304
1:3-4 100n32, 245, 343-344, 419, 614n52, 640
1:4 161
1:5 106n48
1:8 106n48
1:16-17 112, 242, 245, 307, 419, 597n23
1:16-3:20 385
1:17 307n30, 369, 400
1:18 393, 403
1:18-32 385, 387, 412
1:18-2:16 202n22, 399-400, 403
1:18-3:20 385, 398
1:18-4:25 402-403, 411
1:19-25 412
1:20 412
1:24-32 412
1:28 412
2장 132, 218n53, 405-406
2:1-16 160n25, 405
2:2-13 385
2:3 385
2:6-10 160n25
2:12-13 405
2:13 160n25
2:15 200n18
2:16 401
2:17-20 399-400
2:17-24 414
2:17-29 71n43, 294, 400
2:17-3:9 398n53
2:21-22 399
2:24 399
2:25-29 385, 400, 412
2:26 200n18
3장 200, 206, 208n31, 296, 300, 645
3:1 361
3:1-2 400

3:1-8 90n12

3:1-9 412

3:3 401

3:5-9 400

3:9 388

3:10-18 202n22

3:10-20 322

3:19-20 361n91, 385, 399

3:20 201

3:21 260n70, 307n30, 348, 369

3:21-26 152, 205, 322, 369

3:21-31 205

3:21-4:25 385, 402, 405

3:22 642

3:24-26 64n29, 100n32, 124, 296, 343, 411, 640

3:27-28 124, 152

3:27-31 205, 260n70

3:28 201, 254n59

3:29-30 152, 244n39, 254n59

3:31 136

4장 172, 210, 260, 261n73, 297, 398n53, 401, 405, 645

4:5 127

4:11 262

4:13 297, 345n66, 407n64

4:15 361n91

4:16-17 402

4:18-22 412

4:18-25 401

5장 129, 141, 297, 405-406

5-8장 96, 368-369, 373, 378-379, 403-405, 408, 410

5:1 405

5:1-11 104, 406, 528

5:8 652

5:9 405

5:12-21 406, 642

5:15-21 83

5:16 405

5:17 405-406

5:20 361n91, 387

5:21 405

6장 133, 250, 406

6:7 406

6:13 406

6:15-16 644n84

6:16 406

6:18 406

6:20 406

6-8장 96

7장 103, 128, 129n93, 133, 170, 201, 207, 412

7:5 361n91

7:7-25 361n91, 384, 387, 388n42

7:14 133

8장 113, 174, 297, 405-406, 409, 411-412, 423, 508n31, 558

8:1-2 347

8:1-4 251, 405

8:3 161

8:3-4 221, 408

8:10 406

8:12-16 251

8:18-25 297, 369, 405, 407n64

8:19-21 412

8:24 241, 242n36

8:28 238n32

8:29-30 404

8:30 406

8:31-34 64n29

8:31-39 410

8:33-34 405, 407

8:37-39 407, 652

9장 392

9-11장 96, 102, 133, 294, 385, 412

9:4-6 196

9:6-29 261

9:6-10:4 71n43

9:19 384n33

9:32 106n48

10:3 71n43, 106n48

10:4 81-82, 102, 135, 358

10:14-21 515n48

10:16 106n48

10:17-11:36 566n145

11장 102

11:11-35 117n67

11:19 387n40

11:30-32 106n48

12장 412

12-16장 96

12:1 412

12:2 412

13:1-7 566, 585

14장 561

14-15장 558, 561, 563

14:10-12 160n25

15:6 101n33

15:7 101n33

15:7-13 515n48

15:9-12 562

15:12 343, 614

15:18 107n48

15:31 107n48

16:17-20 390

16:19 106n48

고린도전서

1:12 54

1:18-29 263

1:22-23 556n136

2:2 580n1

5장 176, 213

6:12-13 124n83, 348n34

7장 597

7:30-31 602n33

8-10장 558-559

8:1 124n83

8:1-5 348n34

8:6 559

9장 513

9:21 65n32

10:1-2 212

10:1-13 514

10:11 212n37

10:26 559

10:31 101n33, 559

10:32 556n136

11장 450

12-14장 386

15장 90n12, 102, 186, 301, 423, 558

15:3 243, 344

15:3-8 124n82

15:3-11 581n2

15:17 161

15:20-28 297, 301n15, 333

15:24-28 315n12

15:28 101n33

15:42-44 602n33

16:16 238n32

고린도후서

1:29 101n33

3장 136, 261

4:15 101n33

5:7 539n110

5:10 160n25

5:11-6:2 528

5:13-17 652n90

5:16-17 423

5:17 568

5:20 243

5:21 260, 528n90

6:1 238n32

9:6-14 616

9:12-15 101n33

9:13 107n48

10:4-5 581n3

10:5-6 107n48

10:15 107n48

11장 413, 626

11:7-11 481n116

11:21-33 455

12:10 516n53

갈라디아서

1장 170, 247

1:1 360n88

1:3-5 341

1:4 124n83, 341, 344-345, 378, 411n69, 640

1:7 378n22

2장 474, 640, 645

2-3장 200

2:11-14 58

2:11-21 205, 641

2:13 478

2:15-16 641

2:15-21 179, 200n19, 260, 349

2:16 641

2:17 82n6, 215

2:17-18 644

2:19 360n88, 633n78

2:19-20 221, 648

2:20 360n88, 598

2:21 349, 649

3장 96, 136, 172, 179, 210, 260, 261n73, 352, 358, 645

3-4장 96, 355

3:1-4:11 403

3:13 134

3:13-14 345

3:19 81, 102, 521n70

3:19-20 521n70

3:21 350n73

3:21-22 202

4장 96, 352

4:1-11 354

4:3-5 350

4:4 352, 356-357

4:4-7 346

4:8-11 346

4:9 423

4:12-20 386

5장 652

5:3 200n19

5:5 350n73

5:6 652n89

5:7 107n48

5:10 378n22

5:13-14 652n89

5:22 652n89

6:2 65n32

6:14 652n90

에베소서

1:10 600

1:19-23 359

1:22 508n31

2:1-10 264

2:6 359n87

2:8 242

2:8-10 264

2:10 603n35

2:11-22 264

5:2 347

6:10-20 359

빌립보서

2장 648

2:1-4 553

2:5-11 565

2:8 642

2:11 101n33

2:14-16 557

2:25 511n37

3장 170, 206, 250, 513

3:2-8 71n43

3:2-11 179, 202, 404

3:4-6 399

3:6 170

3:8 172

3:8-9 82n6

3:8-14 215

4:8-9 557

골로새서

1:15-20 359, 508n31

2:10 508n31

2:14-15 359

3:1-4 359n87

데살로니가전서

1:8 106n48

1:10 393

2:14-16 219n58

디모데후서

4:7-8 602n33

빌레몬서

2장 511n37

히브리서

3-4장 603n36

4:10 603n36

8. 이교 자료

Aeschylus

Eumenides

647-648 623

현대 저자 찾아보기

*굵게 표시된 페이지는 해당 학자에 관한 핵심 논의를 포함하고 있다

가벤타(Gaventa, B. R.) 286n20, 310, 311n4, 325n30, 336n50, 337n51, 376n18, 377n19, 421-422, 650n88

갈링턴(Garlington, D.) 227n14

개더콜(Gathercole, S. J.) 91n14, 199n16, 226, 227n13

개스턴(Gaston, L.) 220n61, 248n45

개핀(Gaffin, R. B.) 246, 247n41

거드마(Gerdmar, A.) 59n25-26

건드리(Gundry, R. H.) 223, 225n6, 249n48, 250n50

게이저(Gager, J. G.) 220n61, 248n45, 452, 479n111

고먼(Gorman, M. J.) 205, 647-648, 652n91

고펜트(Goppelt, L.) 354n77

그레셤 메이첸(Gresham Machen, J.) 204n25

그리피스(Griffiths, P. J.) 598n26, 605n40, 608n43

그리피스존스(Griffith-Jones, R.) 385n38

그린블랫(Greenblatt, S.) 87n9

그립(Grieb, A. K.) 212n38

글래드(Glad, C. E.) 537n107

기븐(Given, M. D.) 25n20, 265n78

기어츠(Geertz, C.) 70n42, 73, 74n47, 165, 439, 470n91-92, 471

김세윤(Kim, S.) 192n2, 193, 226n11

나인험(Nineham, D. E.) 43n3, 463n75

네이리(Neyrey, J. H.) 435n8, 452-454, 476n106, 482n117, 483, 484n122, 487, 488n128, 518n60

노벤슨(Novenson, M.) 509n34

녹스(Knox, J.) 13

녹스(Knox, R. A.) 58n23, 389n43

뉴먼(Newman, C. C.) 28

닐(Neill, S. C.) 25n17, 26, 51n12, 52n14,

692

65n31, 91n14, 122n76, 133n103, 146n2, 197, 436n10, 450n45

다빌라(Davila, J.) 69n39

다스(Das, A. A.) 91n13, 202n21, 226, 234n28

다이스만(Deissmann, A.) 63

달(Dahl, N. A.) 91n13, 499n8, 520n69

댕커(Danker, F. W.) 481

더피(Duffy, E.) 168n32

던(Dunn, J. D. G.) 19, 70n41, 132n102, 147n4, 165, 191, **194-200, 203-208**, 215-216, 224n4, 226, 227n14, 242, 244, 249, 253-254, 642

데 라 듀란테(de la Durantaye, L.) 590n18

데이비스(Davies, J. P.) 27, 329n38, 337n52, 511n37

데이비스(Davies, W. D.) 64, 65n31, 71n43, 68, 314n12, 634

데이비스(Davis, C.) 588n15, 595n21

데이비스(Davis, J. B.) 422n82

도널슨(Donaldson, T. L.) 214n42, 224n4

도드(Dodd, C. H.) 13, 90n12, 277, 361, 362n92, 388

듀하임(Duhaime, J.) 433n4

듈링(Duling, D. C.) 491n135

드 보어(de Boer, M. C.) 288n26, **309-313**, **315-327**, 329-331, 333-334, 336-341, 343, 349-350, 356-358, 364, 366, 372-373, 375-377, 410, 421-422, 635, 643, 650n88

드 브리스(de Vries, H.) 582n6

드실바(deSilva, D. A.) 454n57, 481n115, 482n117

디니스(Deines, R.) 234n27

라이켄(Riecken, H.) 479n111

랜드메서(Landmesser, C.) 52n14

랭턴(Langton, D. R.) 633n79

러틀리지(Rutledge, F.) 287n24, 539n109, 635n80

레벤슨(Levenson, J.) 169n34

레비나스(Levinas, E.) 581

레빈(Levin, B.) 11

레이제넨(Räisänen, H.) 173n39

레이크(Lake, K.) 436n10

레인(Lane, A. N. S.) 168n33

렝스토르프(Rengstorf, K. H.) 15n7

로렌스(Lawrence, J. S.) 457n64, 574n154

로렌스(Lawrence, L. J.) 517-519

로빈스(Robbins, V. K.) 487n125

로빈슨(Robinson, J. A. T.) 136n107

로어바우(Rohrbaugh, R.) 435n8

로예(Loewe, R.) 229n20

로우(Rowe, C. K.) 21n15, 50n11, 73n45, 212n38

롤런드(Rowland, C. C.) 279n8, 283n14, 323, 335n49

롱네커(Longenecker, B. W.) 21n14, 215n44, 224n4, 233n26, 262n76, 307n31, 446n36, 504-505, 538n108

루크만(Luckmann, T.)　164, 439, 468n88

루터(Luther, M.)　42, 58, 74, **80-84, 86-88**, 97, 106, 112, 126-127, 133-134, 156n20, 169, 173, 178, 187-188, 195, 197, 215, 249, 253, 259, 263, 265, 295, 363-364, 375, 410, 415, 421, 498, 609, 627

류(Lieu, J.)　27

류터(Ruether, R. R.)　149n10

리델보스(Ridderbos, H. N.)　138n113, 139, 140n116, 141n117, 163n27

리치스(Riches, J. K.)　26n21

리트웨(Litwa, M. D.)　648n87

린시컴(Lincicum, D.)　52n14

마샬(Marchal, J. A.)　515n49

마샬(Marshall, C.)　27

마샬(Marshall, T. R.)　13n6

마코비(Maccoby, H.)　64n30, 625, 626n71

마테라(Matera, F. J.)　91n13

마틴(Martin, D. B.)　21n15, 59n24, 68n37, 518, 519n62, 531-534, 627n72

마틴(Martyn, J. L.)　18, 42, 58, 81n4, 95, 97, 124n83, 214n42, 287, 288n26, 301n14, 309-311, 324n29, 325, **331-366**, 373-374, 377, 383n32, 421-422, 495, 525, 538-539, 587, 595n21, 609, 629, 635-639, 650n88

말리나(Malina, B. J.)　434n6, 436n11, 452-454, 476n106, **482n117, 484n122-123,** 485n124, 487-488, 490

말헤르버(Malherbe, A. J.)　435n8, 436n10

매캐스킬(Macaskill, G.)　28, 98n28, 185n70, 216n47-48

매틀록(Matlock, R. B.)　65n33, 90n12, 91n14, 99n30, 113n58, 374

맥그래스(McGrath, A. E.)　81n3, 82n5, 83n7, 163n28

맥나이트(McKnight, S.)　585n11

맥도널드(MacDonald, M.)　468, 469n89, 471

맥밀런(MacMillan, M.)　457n63

맥스필드(Maxfield, V. A.)　455n61

맥코맥(McCormack, B. L.)　163n28

머레이(Murray, J.)　246, 247n41

머피오코너(Murphy-O'Connor, J.)　68n38

멀홀(Mulhall, S.)　545n116

메깃(Meggitt, J. J.)　21n14, 446n36, 504, 534n104

메이슨(Mason, S.)　68n37, 627n72

모건(Morgan, R.)　12n2, 89n11, 99n31, 292n1

모디카(Modica, J. B.)　585n11

모레이존스(Morray-Jones, C. R. A.)　335n49

모울(Moule, C. F. D.)　13, 221n62, 239n33

모핏(Moffitt, D.)　28

목스네스(Moxnes, H.)　481n115

몬테피오리(Montefiore, C. G.)　64n30, 149n8

무(Moo, D. J.)　19n12

무어(Moore, G. F.)　17n11, 149, 185, 314n12, 320n24

무어(Moore, S. D.)　360n89, 515n49

뭉크(Munck, J.) 113n58

뮐러(Müller, C.) 296n5

미니어(Minear, P. S.) 453n56

미첼(Mitchell, S.) 440n23, 501n12

믹스(Meeks, W. A.) 16, 18, 20-21, 58, 59n24, 68n37, 194, 218n54, 273, 321n26, 331, 430n2, 431, 442, 444, 452, 454n58, 460, 463-466, 471-472, 487-488, 491, **493-543**, 545-546, 548, 558-559, 565, 576, 587, 589, 634, 637-639

밀뱅크(Milbank, J.) 48n8, 492n136, 588n15, 590n17, 591, 594n20, 595n21, 607n42, **611-623**

바디우(Badiou, A.) 573, **585**, **586n12**, **587n13**, **589n16**, **591**, 620

바르트(Barth, K.) 49n10, 57, 113-115, 119, 133, 143, 160n26, 187-189, 199n17, 204, 277, 293, 355, 365, 382-383, 415, 421, 432, 539, 606, 639

바우르(Baur, F. C.) 12, **52-60**, 62, 64, 70, 72, 100n32, 115, 343, 335n48, 372, 391, 449, 627-628, 630, 634, 640

바우스파이스(Bauspiess, M.) 52n14

파울(Fowl, S.) 595n21

바클레이(Barclay, J. M. G.) 74n47, 222n63, 264, 441n24, 454n59, 476n106, 478n110, 533n102, 618n64

바튼(Barton, S. C.) 490n134

배럿(Barrett, C. K.) 13

밴후저(Vanhoozer, K.) 216n48, 251n53

버거(Berger, P. L.) 164, 439, 468n88, 535

버네즈(Vernezze, P. J.) 583n8

버드(Bird, M. F.) 25n20, 165, 224n3-5, 247n41, 369n4, 370n7

베어드(Baird, W.) 26n21, 52n14, 53n16, 56, 436n10

베일비(Beilby, J. K.) 163n28

베커(Becker, H. S.) 477n107

베커(Beker, J. C.) 18, 273-275, 277, 281n12, 286, **300-307**, 311, 331, 337, 356n80, 361-362, 421

벤야민(Benjamin, W.) 57, 581-582, 584, 590n18, 593, 604-605, 608-609

벤하비브(Benhabib, S.) 563n143

보그(Borg, M. J.) 286n21

보른캄(Bornkamm, G.) 12, 111-113, 139, 437n14

보야린(Boyarin, D.) 547-548

보어(Boer, R.) 16n9

보카치니(Boccaccini, G.) 67n35

보컴(Bauckham, R.) 69n39

보크뮈엘(Bockmuehl, M.) 234n27

볼터(Wolter, M.) 14n7

부셋(Bousset, W.) 70, 149, 168, 630, 631n75

불트만(Bultmann, R.) 12, 27, 42, 49, 56-57, 61, 70, 74, 84, 90, 91n13, **99-113**, 115, 116n62, 117, 119, 122-123, 126n86, 127-129, 131-133, 138-140, 142, 168, 174, 178-180, 183, 186, 197, 213n40,

252, 260, 265, 267, 273-274, 277, 291-292, 294-295, 300-301, 316, 318, 321-322, 324, 329, 334-335, 343, 348n70, 362-363, 365, 376, 380, 381n29, 389, 422, 424, 428, 435, 438, 464, 572, 584, 587n13, 591, 597, 610, 634, 637, 640, 651

브라운(Brown, D.) 40

브레데(Wrede, W.) 12, 94, 97, 116n62, 154, 156, 204, 243, 417, 536

브릭스(Briggs, A.) 433n4

블래지(Blasi, A. J.) 433n4

블랙번(Blackburn, S.) 557n138

블랙웰(Blackwell, B. C.) 648n87

블랜튼(Blanton, W.) 582n6, 584, 587n13, 589-591, 613

블로흐(Bloch, M.) 468

블루멘펠트(Blumenfeld, B.) 613n48, 614n54, 616

비커스(Vickers, B.) 226n8

빌러벡(Billerbeck, P.) 66, 315n12, 507n30

빌켄스(Wilckens, U.) 131-132

사임(Syme, R.) 44

사프레이(Safrai, S.) 440n21

샌더스(Sanders, E. P.) 16, 17n11, 18-20, 25n20, 26n20, 27, 42-43, 58, 64, 72, 80n1-2, 84n8, 91, 97, 99n29, 104n45, 113, 142-143, **146-187**, 189, **191-197, 199, 204-206, 208, 210-212, 215-217, 219-220, 222,** 224-225, 227n13, 228-229, 232-233, 234n27, 235-241, 246-249, 254, 256, 259n68, 263, 265, 267, 269-270, 273, 322n28, 331, 340, 364, 379, 382-383, 401n58, 415, 440, 487, 490, 495, 521, 538-541, 587, 592, 626, 629-630, 632-634, 636-641, 644, 648

샌더스(Sanders, J. T.) 474n102, 477, 478n108

샌데이(Sanday, W.) 134n105

샌드멜(Sandmel, S.) 66n34

샥터(Schachter, S.) 497n111

세이프리드(Seifrid, M. A.) 167n31, 192n2, 226n8-9, 243n38, 261

쇼(Shaw, G. B.) 515n49

숄러(Scholer, D. M.) 441n26, 442, 446n37, 447n41, 455n60-61

숍스(Schoeps, H.-J.) 64n30, 149, 172

쉬러(Schürer, E.) 149, 314n12, 440

쉬슬러 피오렌자(Schüssler Fiorenza, E.) 534

쉬프만(Schiffman, L. H.) 313n11

슈넬(Schnelle, U.) 211n36

슈미탈스(Schmithals, W.) 293n2

슈바이쳐(Schweitzer, A.) 12, 15n8, 23, 25n20, 26n20, 27, 52n12, 56, 62-63, 65, 68-69, 72, 80n1, 88, **91-99**, 101-102, **108-113**, 122-123, 139, 142, 150, 178, 179n54, 180, 183, 204-205, 220, 243, 246, 254, 267, 276, 289, 301n11, 303, 336, 338, 370, 374, 379, 403, 417, 432,

471, 540, 621, 623, 629-630, 637, 648, 651
슈바이처(Schweizer, E.) 135n106
슈베머(Schwemer, A. M.) 227n12
슈츠(Schütz, J. H.) 435n8, 451n47-48, 452n50, 454n58, 469, 478n109, 513n43
슈트쿤브룩(Stuckenbruck, L. T.) 335, 336n49
슐라터(Schlatter, A.) 12, 116n62, 139
슐리저(Schliesser, B.) 14n7
스나이더(Snyder, H. G.) 464n77-78, 465n79, 496n4-5, 514n47, 539n110, 541n113, 546n118
스미스(Smith, B. D.) 251n52
스미스(Smith, C. S.) 447n40
스미스(Smith, J. Z.) 457n65, 468
스미스크리스토퍼(Smith-Christopher, D.) 434n5
스위프트(Swift, A.) 545n116
스크록스(Scroggs, R.) 435n8, 436n12, 437, 460n69, 461, 472, 473n99, 474n102-103, 488
스타워스(Stowers, S. K.) 184n67, 387n41, 388n42, 489, 490n133
스탠리(Stanley, C. D.) 209n35
스턴(Stern, M.) 440n21
스테그먼(Stegemann, E. W.) 454n57
스테그먼(Stegemann, W.) 454n57
스텐달(Stendahl, K.) 16-17, 72, **117n67**, **119**, **120n69**, **121**, 128, 129n94, 147n4, 149, 154, 169, 248, 253, 269, 300, 350, 363n93, 463, 540, 566n145, 632

스툴마허(Stuhlmacher, P.) 101n35, 126n86, 149n7, 252-254, 296n5
스튜어트(Stewart, E. C.) 452n52
스트라크(Strack, H. L.) 66, 315n12, 507n30
스틸(Still, T. D.) 28, 489n129, 496n4, 511, 515
스펜스(Spence, A.) 343n63
시센구드(Seesengood, R. P.) 25n20

아감벤(Agamben, G.) 71n44, 585, 587n13, 591, 595n21, 597-606, **608-611**, 617n61, 621
아담스(Adams, E.) 511-512
아도르노(Adorno, T. W.) 581, 597, 598n24
아베마리(Avemarie, F.) 228
아울렌(Aulén, G.) 322, 381n28
아이젠바움(Eisenbaum, P.) 247n44
알레띠(Aletti, J.-N.) 13
알렉산더(Alexander, L. C. A.) 512
알키어(Alkier, S.) 209n33
애스코우(Ascough, R. S.) 511n39
앤더슨(Anderson, G. A.) 298n8
앨런(Allen, R. M.) 157n21
앨리슨(Allison, D. C.) 286n23
야브로(Yarbrough, R. W.) 13n4, 57n22, 113n58, 115, 116n62
에디(Eddy, P. R.) 163n28
에렌스퍼거(Ehrensperger, K.) 147n5, 515n50
에슬러(Esler, P. F.) 218n55, 434n6-7, 435n8, 452-454, **462**, **465-466**, **468**, **472**, **473n99**, **474n100-101**, **476n104**,

482n117, 487-488, 491, 546n118, 556n136, 565, 571
엔버그페데르센(Engberg-Pedersen, T.) 21n15, 220n60, 364, 365n94, 448n43
엘리스(Ellis, E. E.) 26n21
엘리엇(Eliot, T. S.) 386, 387n39, 546n119
엘리엇(Elliott, J. H.) 218n55, 435n8, 442, 452-453, 473n99, 455n60, 473n99, 481n115, 488n128
엘리엇(Elliott, N.) 360n89, 595n21
여(Yeo, K. K.) 462n73, 605n39
예레미아스(Jeremias, J.) 12, 227n13, 440
오닐(O'Neill, J. C.) 348n70
오브라이언(O'Brien, P. T.) 167n31, 192n2, 226n9
오식(Osiek, C.) 435n8, 442
옥스(Oakes, P.) 454n59, 502, 503n17
올렌버거(Ollenburger, B. C.) 274n1
와그너(Wagner, J. R.) 209n33, 212n38
와서맨(Wasserman, E.) 583n7
와이어(Wire, A. C.) 534
왓슨(Watson, F. B.) 116n62, 147n4-5, 149n10, **216-219**, 224n4, 439n18, 473n99, 488, 536
워터스(Waters, G. P.) 226n8
월리스(Wallis, I. G.) 206n28
웨스터홈(Westerholm, S.) 25n20, 81n3, 82n5, 132n101, 138n111, 182n63, 192n2, 207n31, 209n34, 224n5, 243, 250n50, 251n51, **255-257**, **258n66**, **259-265**,

269, 341n58
웨이(Way, D. V.) 122n76, 292n1
위더링톤(Witherington, B.) 215n44, 487n125
윈터(Winter, B. W.) 447n40, 481n115
윌리엄스(Williams, J. J.) 247n42
윌슨(Wilson, S. G.) 511n39
윌켄(Wilken, R. L.) 496n4
잉거(Yinger, K. L.) 251n53

잘(Zahl, P. F. M.) 122n76, 292n1
저지(Judge, E. A.) 47n6, **441-450**, **452-455**, 460, 472n95, 488, 503, 506-507, 510, 512
제닝스(Jennings, T. W.) 616n58
제터홈(Zetterholm, M.) 25n20, 147n3, 203n24, 224n5, 259n68, 265n78
주잇(Jewett, R.) 124n83, 344n64, 399, 453, 457n64, 462, 574, 605n39
지슬러(Ziesler, J. A.) 194n7
지젝(Žižek, S.) 588n15, 591, 595n21, 620

찰스워스(Charlesworth, J. H.) 69n39
챈스(Chance, J. K.) 483n121
체스터(Chester, S. J.) 476n105
치글러(Ziegler, P.) 310n1, 343n63
칠튼(Chilton, B. D.) 68n38

카니(Carney, T. F.) 472n97
카민스키(Kaminsky, J. S.) 298n8
카스텔리(Castelli, E. A.) 515n49

카슨(Carson, D. A.) 167n31, 192n2, 226, 228n18, 234
칼뱅(Calvin, J.) 42, **80-84, 86-88**, 97, 107, 133, 138, 141, 151, 160n26, 163n27, 178, 187-189, 215, 246, 259, 370-373, 375-376, 382, 396, 415, 421
캐드베리(Cadbury, H. J.) 466-467
캐치폴(Catchpole, D. R.) 551n127
캠벨(Campbell, D. A.) 25, 97, 141-142, 147n5, 183, 204, 287n24, 318n18, 338, 348n70, 367-398, 399n54-55, 401n57-59, **402-406, 408-422**, 651
캠벨(Campbell, W. S.) 147n5
커완(Kirwan, C. A.) 456n62
컨트리맨(Countryman, L. W.) 556
케네디(Kennedy, G. A.) 487n125
케어드(Caird, G. B.) 13, 160, 185, 186n71, 283n15, 284n16-18, 299n9
케제만(Käsemann, E.) 12, 17, 27, 57, 60, 63n29, 97n27, 100n32, 102n35, 106, 109-110, 112, 115, 116n62, 117n67, **119-133**, 139, 142, 145, 180, 183-184, 186, 193, 214n42, 252, 254, 260, 267, 273, 275, 277-278, 289n27, **291-302**, 306, 309-312, 314, 315n13, 316, 318, 321-322, 324, 332-338, 341, 343, 348, 350, 354, 362-366, 369-370, 372, 376, 410, 421-422, 424, 584, 587, 591, 634, 636, 640
켁(Keck, L. E.) 207n30, 436n10, 437n13,
438n17, 439n19
켈러(Keller, T.) 204n25
코트(Court, J. M.) 289n27
코헨(Cohen, L. J.) 456n62, 458n66
코흐(Koch, K.) 123, 276, 277n5, 285-287, 288n25, 292n1, 295-296, 318n17, 334, 340, 353n76, 354n77, 357n85
콘첼만(Conzelmann, H.) 12, 90n12, 507n30
콜리지(Coleridge, S. T.) 36
콜린스(Collins, J. J.) 279n8, 282n14, 323, 335
쿨만(Cullmann, O.) **113-117**, 119-120, 130n97, 139, 214n42, 289n27, 301, 363n93
큄멜(Kümmel, W. G.) 26n21, 52n14, 103, 139
크랜필드(Cranfield, C. E. B.) **133, 135-138**, 142, 153, 260n71
크로산(Crossan, J. D.) 469n70
클라인(Klein, C.) 149n10
클라크(Clarke, A. D.) 516n52
클로펜보르크(Kloppenborg, J. S.) 454n59, 511
키(Kee, H. C.) 435n8, 438n17, 448n43, 466-467, 468n85, 472n95, 476n105, 489
키이즈마트(Keesmaat, S. C.) 209n33

타우베스(Taubes, J.) 585, 587n13, 591, 620
타이센(Theissen, G.) 435, 442, **449-454**, 462, 469, 487, 503, 532
터켓(Tuckett, C. M.) 209n34, 435n8, 438n17, 460n69
터콧(Turcotte, P.-A.) 433n4
테일러(Taylor, C.) 48n8, 73, 74n47, 439

테일러(Taylor, N. H.) 476n105

토런스(Torrance, A. J.) 28, 373n12

토런스(Torrance, J. B.) 373n12, 396

토런스(Torrance, T. F.) 207n29

토르스테인손(Thorsteinsson, R. M.) 537n107

트레빌코(Trebilco, P. R.) 441n24

티드발(Tidball, D.) 435n8

티슬턴(Thiselton, A. C.) 100n31

틸링(Tilling, C.) 147n5, 419n80

틸만(Thielman, F.) 225, 249

파나요토프(Panayotov, A.) 69n39

파러(Farrer, A.) 227

파울(Fowl, S.) 595n21

파이퍼(Piper, J.) 226n8

퍼니시(Furnish, V. P.) 567n147

퍼셀(Purcell, N.) 518n61

페스팅거(Festinger, L.) 478-479

포르티에영(Portier-Young, A.) 280n9, 325n30, 360n89

포터(Porter, S. E.) 435n8, 441n24

포트나(Fortna, R.) 311n4

풀러(Fuller, R. H.) 26n21

프레드릭센(Fredriksen, P.) 202n20

프레이(Frey, J.) 14n7

프리센(Friesen, S.) 21n14, 267n79, 446n36, 504

피츠(Pitts, A. W.) 435n8, 441n24

필하우어(Vielhauer, P.) 50n11, 282n13, 289, 313, 335-336

하버마스(Habermas, J.) 549, 554n133, 565-566, 571, 581, 591, 594

하워드(Howard, G.) 152

하이징아(Huizenga, L. A.) 209n33

할란드(Harland, P. A.) 474n102, 511n39

할러웨이(Holloway, P. A.) 583n7

해그너(Hagner, D. A.) 149n8, 225n6, 228n16, 244n39, 248-249, 251n53

해리스(Harris, H.) 52n14

해링크(Harink, D.) 318n18, 355n78, 422n82, 595n21, 605n39

해링턴(Harrington, D. J.) 435n8

핸슨(Hanson, A. T.) 206n27

허타도(Hurtado, L. W.) 631n76

헌터(Hunter, A. M.) 26n21

헤들람(Headlam, A. C.) 134n105

헤이스(Hays, R. B.) 28, 120n69, 142n119, 152n13, 184n67, **206-212**, 213n40, 214-216, 224n4, 247, 254, 301n14, 402n60, 546n118, 551n125, 642

헤이프만(Hafemann, S.) 28

헤일릭(Heilig, C.) 361n90, 585n11

헬러만(Hellerman, J. H.) 482n118

헴펠(Hempel, C. G.) 458n66

헹엘(Hengel, M.) 68, 69n40, 132n102, 143, 194, 227n12, 440, 508n32, 635

호렐(Horrell, D. G.) 28, 435n8, 436n10, 437n15, 438n17, 448n43, 451n49, 454, 461n71, 463n76, 469n89, 472n95, 473n99, 474n102-103, 476n106,

479n111, 482n117, 488, 489n129, 490, 493, 496n4, 499n6, 518, 533, **543-564, 565n144, 566-577**, 579, 581, 589, 591-592, 594, 621, 626, 637, 642

호슬리(Horsley, R. A.)　21, 511, 512n40, 518, 534, 585

호크(Hock, R. F.)　457n65, 459, 473

혼(Horn, F. W.)　15n7

홀름베리(Holmberg, B.)　435n8, 438n17, 472, 513n43

후쿠야마(Fukuyama, F.)　587, 588n14

휘브너(Hübner, H.)　132, 138, 183n65, 302n17

힐튼(Hilton, A. R.)　464n77-78, 465n79, 496n4-5, 514n47, 539n110, 541n113, 546n118

옮긴이 **최현만**은 청년 때 N. T. 라이트를 접하고 하나님 나라에 관한 그의 이야기에 매료되어 그의 저서를 번역하는 일에 뛰어들었고, '에클레시아북스'에서 N. T. 라이트의 책을 비롯해 다수의 기독교 서적을 번역했다. 정신건강의학과 전문의로 진료 활동을 하면서, 틈틈이 유익한 신앙 서적을 발굴하고 소개하려는 계획을 갖고 있다.

바울과 그 해석자들

초판 발행_ 2023년 5월 2일

지은이_ N. T. 라이트
옮긴이_ 최현만
펴낸이_ 정모세

펴낸곳_ 한국기독학생회출판부
등록번호_ 제2001-000198호(1978.6.1)
주소_ 04031 서울시 마포구 동교로 156-10
대표 전화_ (02) 337-2257 팩스_ (02) 337-2258
영업 전화_ (02) 338-2282 팩스_ 080-915-1515
홈페이지_ http://www.ivp.co.kr 이메일_ ivp@ivp.co.kr
ISBN 978-89-328-2148-1

ⓒ 한국기독학생회출판부 2023

책값은 뒤표지에 있습니다.
무단 전재와 복제를 금합니다.